蓮都年鑒

LIANDU YEARBOOK

2018

中共丽水市莲都区委、丽水市莲都区人民政府 主办
《 莲 都 年 鉴 》编 纂 委 员 会 编

方志出版社
Publishing House of Local Records

图书在版编目（CIP）数据

莲都年鉴.2018/《莲都年鉴》编纂委员会编.--北京:方志出版社,2019.1
ISBN 978-7-5144-3623-5

Ⅰ.①莲… Ⅱ.①莲… Ⅲ.①区(城市)—丽水—2018—年鉴 Ⅳ.①Z525.53

中国版本图书馆CIP数据核字(2019)第043091号

莲都年鉴(2018)

编　　者：《莲都年鉴》编纂委员会
责任编辑：刘方圆

出 版 人：冀祥德
出 版 者：方志出版社
地址　北京市朝阳区潘家园东里9号(国家方志馆4层)
邮编　100021
网址　http://www.fzph.org
发　　行：方志出版社图书经销中心
电话(010)67110500
经　　销：各地新华书店
印　　刷：丽水市新时代教育印刷有限公司

开　　本：889×1194　　1/16
印　　张：29.75
字　　数：793千字
版　　次：2019年1月第1版　2019年1月第1次印刷
印　　数：0001～1000册

ISBN 978-7-5144-3623-5　　**定价**：150.00元

LIANDU YEARBOOK

编辑说明 <<<

EXPLAIN <<<

一、本年鉴以马克思列宁主义、毛泽东思想、邓小平理论、“三个代表”重要思想、科学发展观、习近平新时代中国特色社会主义思想为指导，坚持辩证唯物主义和历史唯物主义的立场、观点和方法，客观、真实、准确地记述丽水市莲都区经济、政治、文化、社会、生态文明建设的基本情况，充分发挥资政、咨询、教化、媒介、存史的作用。

二、本年鉴分类编辑，框架结构由卷首、百科、卷尾三个部分组成。除特载、文件选编为综合性文献外，其他栏目均采用条目体。百科部分设类目、分目、条目三个层次。条目是记述信息的基本形式，标题反映条目的内容实质。

三、本年鉴共设30个类目，依次是：特载、专辑、大事记、莲都概览、中国共产党丽水市莲都区委员会、莲都区人民代表大会·人大常委会、莲都区人民政府、政协莲都区委员会、中共莲都区纪委·区监委、民主党派与工商联、社会团体、侨务·台湾事务、编制·人事·劳动·社保、法治、军事、农村经济、林业、工业·经济·商贸、旅游、交通·信息、财政·税务·金融、城建·城管·征迁·环保、经济管理、教育、科学技术、文化、卫生、社会生活、乡镇·街道、文件选编。

四、本年鉴记述时限从2017年1月1日至12月31日；特载类目收录全区三级干部大会报告、莲都区第十六届人民代表大会第二次会议上区政府工作报告、莲都区第十六届人民代表大会第二次会议上区人大常委会工作报告、政协第十五届丽水市莲都区委员会第二次会议上区政协常务委员会工作报告、莲都区第十六届人民代表大会第二次会议上区人民检察院工作报告、莲都区第十六届人民代表大会第二次会议上区人民法院工作报告、区发改局关于莲都区2017年国民经济和社会发展计划执行情况与2018年国民经济和社会发展计划草案的报告、莲都区第十六届人民代表大会第二次会议上区财政局关于莲都区2017年预算执行情况和2018年预算草案的报告。

五、本年鉴收入的区直部门和乡镇、街道机构及负责人名录均系担任实职的副科级以上领导干部。

六、本年鉴由承编任务单位提供初稿，经年鉴编辑部修改完稿，主编汇总审查后报区年鉴编纂委员会批准，方志出版社审核后出版。主要数据以区统计局公布的数据为准。

2017年8月8日，丽水市委常委、莲都区委书记杜兴林（右二）调研全国文明城市创建工作

（区委办提供）

2017年9月4日，莲都区委副书记、区长陈豪（右二）督导中央环保督察组信访件交办办理工作

（区府办提供）

2017年5月8日，莲都区人大常委会主任陈元龙（右二）到黄村乡调研民生实事项目工作推进情况

（区人大办提供）

2017年11月1日，莲都区政协主席谷江南（右二）调研大港头镇美丽乡村建设情况

（区政协办提供）

目录

特　　载

向着高质量发展奋力奔跑
——在全区干部大会上的讲话 …………… (1)
政府工作报告
——在莲都区第十六届人民代表大会
第二次会议上 ……………………………… (9)
莲都区人大常委会工作报告
——在莲都区第十六届人民代表大会
第二次会议上 ……………………………… (19)
中国人民政治协商会议第十五届丽水市莲都区委员会常务委员会工作报告
——在政协第十五届丽水市莲都区委员会
第二次会议上 ……………………………… (26)
莲都区人民检察院工作报告
——在莲都区第十六届人民代表大会
第二次会议上 ……………………………… (31)
莲都区人民法院工作报告
——在莲都区第十六届人民代表大会
第二次会议上 ……………………………… (38)
关于莲都区2017年国民经济和社会发展计划执行情况与2018年国民经济和社会发展计划草案的报告(审议稿)…………………… (46)
关于莲都区2017年预算执行情况和2018年预算草案的报告
——在莲都区第十六届人民代表大会
第二次会议上 ……………………………… (53)

专　　辑

创建全国文明城市记述 ……………………… (85)
世界丽水人大会莲都分会 …………………… (87)

大 事 记

1月 ……………………………………… (90)
2月 ……………………………………… (91)
3月 ……………………………………… (91)
4月 ……………………………………… (93)
5月 ……………………………………… (94)
6月 ……………………………………… (96)
7月 ……………………………………… (97)
8月 ……………………………………… (98)
9月 ……………………………………… (100)
10月 ……………………………………… (101)
11月 ……………………………………… (103)
12月 ……………………………………… (104)

莲都概览

自然环境 ………………………………… (107)
地理位置 ………………………………… (107)
地形地貌 ………………………………… (107)
水系径流 ………………………………… (107)
气　象 …………………………………… (108)
概　况 …………………………………… (108)

气　温 …………………………………… (108)
降　水 …………………………………… (108)
日　照 …………………………………… (108)
初、终霜…………………………………… (108)
雷　暴 …………………………………… (108)
重大天气气候事件 ……………………… (108)
自然资源 …………………………………… (109)
概　况 …………………………………… (109)
历史沿革 …………………………………… (110)
概　况 …………………………………… (110)
行政区划 …………………………………… (111)
概　况 …………………………………… (111)
人口与民族 ………………………………… (113)
人　口 …………………………………… (113)
民　族 …………………………………… (113)
区和乡镇、街道机构及负责人名录………… (113)
中国共产党丽水市莲都区委员会 ……… (113)
丽水市莲都区人民代表大会常务委员会 ………………………………… (113)
丽水市莲都区人民政府 ………………… (114)
中国人民政治协商会议丽水市莲都区委员会 ………………………………… (114)
中国共产党丽水市莲都区纪律检查委员会 …………………………………… (114)
丽水市莲都区监察委员会 ……………… (115)
丽水市莲都区人民法院 ………………… (115)
丽水市莲都区人民检察院 ……………… (115)
丽水市莲都区人民武装部 ……………… (115)
区委工作部门 …………………………… (115)
区政府工作部门 ………………………… (117)
区级民主党派 …………………………… (120)
部分群众团体 …………………………… (120)
垂直管理部门 …………………………… (121)
部分事业企业单位 ……………………… (122)
岩泉街道 ………………………………… (122)
紫金街道 ………………………………… (122)
白云街道 ………………………………… (123)
万象街道 ………………………………… (123)
联城街道 ………………………………… (123)
碧湖镇 …………………………………… (124)
大港头镇 ………………………………… (124)
峰源乡 …………………………………… (124)
太平乡 …………………………………… (124)
雅溪镇 …………………………………… (124)
仙渡乡 …………………………………… (125)
老竹畲族镇 ……………………………… (125)
丽新畲族乡 ……………………………… (125)
黄村乡 …………………………………… (125)

中国共产党丽水市莲都区委员会

综　述 …………………………………… (126)
重要会议 …………………………………… (126)
区委常委会会议、区委常委会扩大会议…… (126)
莲都区召开区委武装工作会议暨区国防动员委员会第十四次全体(扩大)会议 …… (130)
莲都区委十四届三次全体(扩大)会议 … (131)
全区干部大会 …………………………… (132)
莲都区召开创建全国文明城市总结大会暨深化常态长效创建工作推进会 …… (133)
莲都区召开工业经济、金融等工作会议暨一季度集中签约仪式 ……………… (134)
莲都区委召开政法、组织、宣传、统战工作会议 ………………………………… (134)
莲都区举行“首善担当创一流”第一次工作交流会 ……………………………… (135)
全区领导干部会议 ……………………… (137)
莲都区委十四届四次全体(扩大)会议…… (138)
办公室工作 ………………………………… (139)
文字工作 ………………………………… (139)
督查考评工作 …………………………… (139)
综合协调工作 …………………………… (139)
干部队伍建设 …………………………… (140)
组织工作 …………………………………… (140)
“两学一做”学习教育常态化制度化 …… (140)

发展党员和党员管理 …………………… (140)
“五好”服务型乡镇(街道)创建工作 …… (141)
基层服务型党组织星级管理评定 ……… (141)
大学生村官管理 ………………………… (141)
农村第一书记 …………………………… (141)
党内统计 ………………………………… (141)
党内先进评比 …………………………… (141)
党代表联络 ……………………………… (143)
“两新”组织党建 ………………………… (144)
党员远程教育 …………………………… (144)
区直单位基层党建巡查工作 …………… (144)
机关基层党建示范点创建 ……………… (144)
机关基层党组织设置优化调整 ………… (145)
开展党员志愿服务 ……………………… (145)
基层党建工作规范 ……………………… (145)
领导班子和干部队伍建设 ……………… (146)
干部教育 ………………………………… (146)
公务员管理 ……………………………… (146)
干部人事档案 …………………………… (147)
干部监督管理 …………………………… (147)
人才工作 ………………………………… (147)
宣传工作 ………………………………… (148)
概　况 …………………………………… (148)
新闻宣传 ………………………………… (148)
舆论引导 ………………………………… (148)
精神文明建设 …………………………… (149)
统战工作 ………………………………… (149)
概　况 …………………………………… (149)
首届世界丽水人大会莲都分会场工作 … (149)
多党合作事业 …………………………… (149)
非公经济两个健康发展 ………………… (149)
统战组织建设工作 ……………………… (149)
少数民族工作 …………………………… (150)
宗教领域工作 …………………………… (150)
新的社会阶层人士统战工作 …………… (150)
港澳台海外交流联谊工作 ……………… (150)
党外代表人士队伍建设 ………………… (150)
统战组织和成员参与社会公益 ………… (150)
信访工作 ………………………………… (150)
概　况 …………………………………… (150)
信访工作领导责任制 …………………… (150)
“信访积案歼灭战”活动 ………………… (151)
法治宣传 ………………………………… (151)
莲都区统一政务咨询投诉举报平台
建设 ………………………………… (151)
围绕平稳平和抓重点时段 ……………… (151)
党校工作 ………………………………… (151)
概　况 …………………………………… (151)
区委区政府中心工作 …………………… (152)
教学培训工作 …………………………… (152)
理论宣讲工作 …………………………… (152)
科研资政工作 …………………………… (152)
人才工作 ………………………………… (153)
老干部工作 ……………………………… (153)
概　况 …………………………………… (153)
老干部服务保障工作 …………………… (153)
老干部思想建设水平 …………………… (153)
老干部正能量和影响力 ………………… (154)
史志工作 ………………………………… (154)
概　况 …………………………………… (154)
《莲都区志》复审 ………………………… (154)
《丽水县志(民国版)》点校和出版 ……… (154)
《下圳探源》编写工作 …………………… (155)
农村文化礼堂“星期日活动” …………… (155)
《栝苍史志》刊物提升改版 ……………… (155)
党委政府重点工作 ……………………… (155)
档案工作 ………………………………… (155)
概　况 …………………………………… (155)
档案业务指导工作 ……………………… (155)
基层档案室工作 ………………………… (155)
数字档案馆(室)建设 …………………… (155)
最多跑一次改革 ………………………… (156)
“非遗”口述档案建档 …………………… (156)
档案宣传工作 …………………………… (156)
档案资源建设 …………………………… (156)

莲都区人民代表大会·人大常委会

综　述 …………………………………（157）
概　况 ………………………………（157）
区人大及其常委会自身建设 ……………（157）
区、乡人大代表选举工作…………………（157）
人大宣传信息工作 ………………………（157）
重要会议 ………………………………（157）
莲都区第十六届人民代表大会第一次会议 ………………………………（157）
区十五届人大常委会会议 ………………（158）
区十六届人大常委会会议 ………………（158）
区十五届人大常委会主任会议 …………（159）
区十六届人大常委会主任会议 …………（159）
法律监督 ………………………………（161）
政府依法行政 ……………………………（161）
监察和司法体制改革 ……………………（161）
基层民主法治建设 ………………………（161）
备案审查规范性文件 ……………………（161）
工作监督 ………………………………（161）
计划、预算等执行情况报告 ………………（161）
莲都区农旅融合专项工作报告 …………（161）
"最多跑一次"改革 ………………………（162）
全国文明城市创建 ………………………（162）
剿灭劣V类水行动 ………………………（162）
决定重大事项 …………………………（162）
审议区政府提请的议案 …………………（162）
重大事项权行使 …………………………（162）
区、乡两级民生实事项目代表票决工作 ………………………………（162）
人事任免和对任命干部的监督 ………（162）
人事任免 …………………………………（162）
对任命干部的监督 ………………………（163）
联系人大代表和人民群众 ……………（163）
代表建议、批评和意见督办工作…………（163）
人民来信来访工作 ………………………（163）

莲都区人民政府

综　述 …………………………………（164）
区政府常务会议 ………………………（164）
概　况 ………………………………（164）
第十五届政府常务会议 …………………（164）
第十六届政府常务会议 …………………（164）
区政府工作会议 ………………………（167）
莲都区召开"五水共治"现场部署会 ……（167）
全区城镇危旧房撤离腾空及治理改造工作部署会 ………………………………（167）
莲都区召开"最多跑一次"专项行动工作推进会 ………………………………（168）
全区农业农村、"五水共治"、"六边三化三美"、旅游、卫计工作会议…………（168）
全区工业经济、金融、安全生产、消防工作会议 ………………………………（168）
全区地质灾害综合治理"大搬快治"工作推进会 ………………………………（169）
全区禁毒工作会议 ………………………（169）
全区金融形势分析暨对接资本市场工作座谈会 ………………………………（170）
市区重点项目政策处理百日攻坚行动指挥部第三次全体会议 ………………（170）
2017古堰画乡小镇艺术节暨"玩转画乡"旅游季活动组委会全体成员会议 ……（170）
莲都区召开省三项重点督查工作交办会 ………………………………（171）
全区集体经济薄弱村消除工作推进会 …（171）
莲都区召开招商引资工作专题政党协商会 ………………………………（171）
莲都区召开"无违建"创建工作交办会……（172）
丽水万洋低碳智造小镇项目工程建设领导小组会议 ………………………………（172）
全区创建全国文明城市总结大会暨深化常态长效创建工作推进会 ……………（172）
专题协调会 ……………………………（172）
主要工作 ………………………………（176）

农业经济 …………………………………… (176)
工业商贸 …………………………………… (176)
现代服务业 ………………………………… (176)
项目建设 …………………………………… (176)
招商引资 …………………………………… (177)
要素保障 …………………………………… (177)
环境治理 …………………………………… (177)
城乡建设 …………………………………… (177)
基础设施 …………………………………… (177)
农民增收 …………………………………… (178)
民生事业 …………………………………… (178)
改革创新 …………………………………… (178)
社会稳定 …………………………………… (178)
党风廉政 …………………………………… (179)
办公室工作 …………………………………… (179)
综合协调工作 ……………………………… (179)
信息服务工作 ……………………………… (179)
办文办会工作 ……………………………… (179)
督查督办工作 ……………………………… (179)
应急管理工作 ……………………………… (180)
金融服务 …………………………………… (180)
政务公开 …………………………………… (180)
法治建设 …………………………………… (180)
数字城管 …………………………………… (180)
电子政务 …………………………………… (180)
队伍建设 …………………………………… (181)
党风廉政 …………………………………… (181)
外事工作 …………………………………… (181)
信息中心工作 ……………………………… (181)
机关事务工作 ………………………………… (182)
概　况 ……………………………………… (182)
办公用房智能化管理 ……………………… (182)
大型活动后勤保障 ………………………… (182)
合同能源管理 ……………………………… (182)
机关食堂服务 ……………………………… (182)
公务服务工作 ……………………………… (182)
信息沙龙活动 ……………………………… (183)
审批服务工作 ………………………………… (183)
概　况 ……………………………………… (183)
窗口整合 …………………………………… (183)
证照联办 …………………………………… (183)
数据共享 …………………………………… (183)
基层延伸 …………………………………… (183)
百千万系列活动 …………………………… (183)
局长坐班 …………………………………… (184)
投资项目审批 ……………………………… (184)
公共资源交易平台整合 …………………… (184)

政协莲都区委员会

综　述 ……………………………………… (185)
概　况 ……………………………………… (185)
重要会议 ……………………………………… (186)
政协第十五届丽水市莲都区委员会第二次会议 ……………………………………… (186)
政协丽水市莲都区委员会常务委员会会议 ……………………………………… (187)
重要建议和调研活动 ………………………… (189)
创建“风情畲乡”田园综合体　助推丽水“大花园‘中心园’”建设 ……………… (189)
关于地质灾害综合治理“大搬快治”工作专项民主监督报告 ……………………… (190)
关于防洪排涝和山塘水库除险加固工程及长效管理机制建设情况专项民主监督报告 ……………………………………… (191)
关于剿灭劣Ⅴ类水及长效监管机制落实情况专项民主监督报告 ………………… (191)
关于农村生活污水处理设施运维管理机制专项民主监督报告 …………………… (191)
关于莲都区“最多跑一次”改革长效机制建设情况的建议案 ……………………… (192)
加强传统文化保护利用　推动美丽乡村建设 ……………………………………… (193)
社情民意信息工作 ………………………… (195)
政协丽水市莲都区委员会专门委员会工作 … (195)
提案委员会 …………………………………… (195)
大会服务 …………………………………… (195)

提案指导 …………………………… (195)
提案成果转化 ………………………… (196)
提案进程公开透明 ……………………… (196)
提案工作扎实推进 ……………………… (196)
经济委员会 …………………………… (196)
委员履职能力 ………………………… (196)
建言献策 ……………………………… (196)
监督视察活动 ………………………… (197)
委员沟通交流 ………………………… (197)
各项重点工作 ………………………… (198)
科教文卫体委员会 …………………… (198)
理论学习 ……………………………… (198)
专题调研 ……………………………… (198)
民主监督 ……………………………… (198)
各项活动 ……………………………… (198)
社会法制委员会 ……………………… (198)
参政议政 ……………………………… (198)
民主监督 ……………………………… (199)
调研视察 ……………………………… (199)
信访等重点工作 ……………………… (199)
港澳台侨民族宗教委员会 …………… (199)
学习工作 ……………………………… (199)
调研视察 ……………………………… (199)
监督工作 ……………………………… (199)
文史资料委员会 ……………………… (200)
《莲都老工业纪实》文史专辑征编出版…… (200)
上级政协文史协作任务 ………………… (200)
“美丽乡村建设与传统文化保护”课题调研 ……………………………… (200)
专委会其他职能 ……………………… (200)
文史工作队伍建设 …………………… (200)
委员工作委员会 ……………………… (201)
换届工作 ……………………………… (201)
履职管理 ……………………………… (201)
学习氛围 ……………………………… (201)
调研活动 ……………………………… (201)
联络交流活动 ………………………… (202)
社情民意信息 ………………………… (202)

中共莲都区纪委·区监委

纪委工作 ……………………………… (203)
区纪委三次全会 ……………………… (203)
纪律保障 ……………………………… (203)
主体责任 ……………………………… (204)
作风建设 ……………………………… (204)
巡察(查)利剑充分彰显 ……………… (204)
践行“四种形态” …………………… (204)
体制改革 ……………………………… (204)
纪检监察干部队伍建设 ……………… (205)
监察工作 ……………………………… (205)
机构编制 ……………………………… (205)
案件查办 ……………………………… (205)

民主党派与工商联

民革莲都区委会 ……………………… (206)
概　况 ………………………………… (206)
自身建设 ……………………………… (206)
参政议政 ……………………………… (207)
社会服务 ……………………………… (207)
祖统工作 ……………………………… (208)
民盟莲都区委会 ……………………… (208)
概　况 ………………………………… (208)
学习教育活动 ………………………… (208)
基层组织建设 ………………………… (208)
参政议政民主监督 …………………… (209)
社会服务 ……………………………… (209)
民建莲都区委会 ……………………… (210)
概　况 ………………………………… (210)
注重自身建设 ………………………… (210)
履行职能 ……………………………… (210)
服务社会 ……………………………… (210)
民进莲都区委会 ……………………… (210)
概　况 ………………………………… (210)
社会调研 ……………………………… (211)
建言献策 ……………………………… (211)

社情民意反映 …………………………… (211)
民主监督 ………………………………… (211)
社会服务 ………………………………… (211)
农工党莲都区委会 …………………… (212)
概 况 …………………………………… (212)
参政议政与民主监督 …………………… (212)
自身建设 ………………………………… (213)
舆论宣传工作 …………………………… (213)
组织建设 ………………………………… (213)
社会服务工作 …………………………… (213)
九三学社莲都区委会 ………………… (213)
概 况 …………………………………… (213)
参政议政 ………………………………… (214)
社会服务 ………………………………… (214)
思想建设 ………………………………… (215)
组织建设 ………………………………… (216)
莲都区工商业联合会(总商会) ……… (216)
概 况 …………………………………… (216)
非公经济人士理想信念教育工作 ……… (216)
组织建设 ………………………………… (216)
招商引资工作 …………………………… (217)
参政议政工作 …………………………… (217)
会员服务 ………………………………… (217)
社会公益活动 …………………………… (217)

社会团体

莲都区总工会 ………………………… (218)
概 况 …………………………………… (218)
宣传推介职工疗休养 …………………… (218)
基层工会经费收支管理 ………………… (218)
联合工会组建 …………………………… (218)
劳模工匠服务管理 ……………………… (218)
帮扶救助工作 …………………………… (218)
医疗互助工作 …………………………… (219)
劳动法律监督工作 ……………………… (219)
和谐劳动关系创建工作 ………………… (219)
技能提升工作 …………………………… (219)
安全生产工作 …………………………… (219)
宣传教育工作 …………………………… (219)
共青团莲都区委员会 ………………… (219)
概 况 …………………………………… (219)
从严治团 ………………………………… (219)
志愿服务工作 …………………………… (220)
全国文明城市创建 ……………………… (220)
青少年维权关爱 ………………………… (220)
共青团改革试点 ………………………… (220)
少先队改革试点 ………………………… (221)
莲都区妇女联合会 …………………… (221)
概 况 …………………………………… (221)
来料加工工作 …………………………… (221)
妇女儿童关爱工作 ……………………… (221)
全国文明城市创建工作 ………………… (222)
传统品牌创建工作 ……………………… (222)

侨务·台湾事务

华侨事务 ……………………………… (223)
概 况 …………………………………… (223)
服务中心工作 …………………………… (223)
基层基础建设 …………………………… (223)
品牌建设工作 …………………………… (223)
职能服务工作 …………………………… (223)
社会公益事业 …………………………… (223)
台湾事务 ……………………………… (224)
概 况 …………………………………… (224)
丽台各项交流活动 ……………………… (224)
丽台交流的服务工作 …………………… (224)
丽台交流两大平台 ……………………… (224)

编制·人事·劳动·社保

机构编制 ……………………………… (225)
概 况 …………………………………… (225)
“最多跑一次”改革 …………………… (225)
“四个平台”建设 ……………………… (225)
城乡环卫一体化机制 …………………… (225)

媒体融合发展 …………………………（225）
全域旅游创建 …………………………（226）
国资营运机构市场化改革 ……………（226）
事业单位综合改革 ……………………（226）
事业单位登记管理 ……………………（226）
机构编制管理工作 ……………………（226）
编外用工清理规范前期工作 …………（226）
机构编制监督检查 ……………………（226）
人力资源和社会保障 ………………（227）
概　况 …………………………………（227）
人力资源 ……………………………（227）
公务员和事业单位工作人员队伍建设……（227）
人事管理体系 …………………………（227）
人事档案管理 …………………………（227）
人才工作 ………………………………（227）
职称评聘 ………………………………（228）
工资、福利和退管……………………（228）
社会保障 ……………………………（228）
促进就业创业 …………………………（228）
就业服务工作 …………………………（228）
机关事业单位养老保险 ………………（229）
城乡居民社会养老保险 ………………（229）
城乡居民基本医疗保险 ………………（229）
被征地农民基本生活保障 ……………（229）
企业退休人员社会化管理 ……………（229）
劳动监察工作 …………………………（229）
劳动争议调处工作 ……………………（230）

法　治

政法委及综治 ………………………（231）
概　况 …………………………………（231）
优化社会治安环境……………………（231）
社会公共安全 …………………………（232）
基层治理 ………………………………（232）
平安共建共享 …………………………（233）
法治莲都建设 ………………………（233）
概　况 …………………………………（233）
行政复议应诉 …………………………（234）
制度建设 ………………………………（235）
公　安 ………………………………（235）
概　况 …………………………………（235）
维护稳定 ………………………………（235）
惩治犯罪 ………………………………（235）
基础管控 ………………………………（236）
改革创新 ………………………………（236）
基础建设 ………………………………（236）
执法工作 ………………………………（237）
队伍建设 ………………………………（237）
公安宣传 ………………………………（237）
消防工作 ………………………………（237）
检　察 ………………………………（240）
概　况 …………………………………（240）
绿色发展 ………………………………（240）
批捕起诉工作 …………………………（240）
社会矛盾化解 …………………………（240）
未成年人检察 …………………………（241）
民生检察工作 …………………………（241）
刑事诉讼监督 …………………………（241）
民行检察监督 …………………………（241）
刑事执行监督 …………………………（241）
检察改革工作 …………………………（241）
基层基础工作 …………………………（242）
法　院 ………………………………（242）
概　况 …………………………………（242）
刑事审判 ………………………………（242）
民商事审判 ……………………………（243）
行政审判 ………………………………（243）
执行工作 ………………………………（243）
能动司法 ………………………………（243）
司法为民 ………………………………（244）
司法公开 ………………………………（244）
司法改革 ………………………………（244）
司法行政 ……………………………（245）
概　况 …………………………………（245）
公共法律服务体系建设 ………………（245）

普法依法治理工作 …………………… (245)
全国文明城市创建 …………………… (245)
全市第一条法治宣传小巷 ……………… (246)
依法行政工作 ………………………… (246)
人民调解工作 ………………………… (246)
法律援助工作 ………………………… (247)
律师管理 ……………………………… (247)
企业服务 ……………………………… (247)
平安护航十九大 ……………………… (247)
社区矫正教育新模式 ………………… (248)

军　事

人民武装 ………………………………… (249)
概　况 ………………………………… (249)
组织全市冲锋舟操舟手集训 ………… (249)
民兵“四队”兼备应急力量建设 ……… (249)
民兵组织整顿工作 …………………… (250)
基层武装部规范化建设 ……………… (250)
征兵工作 ……………………………… (250)
莲都武警 ………………………………… (250)
概　况 ………………………………… (250)
思想政治建设 ………………………… (250)
军事训练 ……………………………… (250)
双拥工作 ……………………………… (250)
后勤保障 ……………………………… (250)

农村经济

综　述 ………………………………… (251)
概　况 ………………………………… (251)
农民创业增收 ………………………… (251)
农村人居环境 ………………………… (251)
农村社会事业 ………………………… (252)
农村体制机制创新 …………………… (252)
全面小康建设 …………………………… (252)
美丽乡村建设 ………………………… (252)
农民异地转移工程 …………………… (253)
扶贫开发工程 ………………………… (253)
千万农民素质提升工程 ……………… (253)
农家乐民宿乡村旅游产业发展 ……… (254)
“六边三化三美”工作 …………………… (254)
概　况 ………………………………… (254)
环境整治 ……………………………… (254)
项目建设 ……………………………… (254)
现代农业 ………………………………… (255)
概　况 ………………………………… (255)
农业龙头企业 ………………………… (255)
农民合作经济 ………………………… (255)
粮食作物 ……………………………… (255)
蔬　菜 ………………………………… (255)
水　果 ………………………………… (255)
茶　叶 ………………………………… (256)
食用菌 ………………………………… (256)
特色产业 ……………………………… (256)
畜牧业 …………………………………… (256)
概　况 ………………………………… (256)
生态畜牧业 …………………………… (256)
动物疫病防控 ………………………… (256)
动物卫生监督 ………………………… (256)
农业机械 ………………………………… (257)
概　况 ………………………………… (257)
农机服务体系 ………………………… (257)
农机安全监理 ………………………… (257)
农业执法 ………………………………… (257)
概　况 ………………………………… (257)
专项执法行动 ………………………… (258)
农产品质量安全监管 ………………… (258)
重大动植物疫病防控 ………………… (258)
水　利 …………………………………… (258)
概　况 ………………………………… (258)
水利工程 ……………………………… (258)
防汛防台抗旱 ………………………… (258)
标准化管理创建 ……………………… (259)
水行政管理 …………………………… (259)
水利遗产普查 ………………………… (259)
“最多跑一次”改革 …………………… (259)

林　业

综　述 ……………………………… （260）
概　况 ……………………………… （260）
森林生态体系建设 ……………………… （260）
公益林建设管理 ……………………… （260）
公益林非林矢量 ……………………… （260）
绿化造林工作 ………………………… （261）
古树名木 ……………………………… （261）
林政管理 ……………………………… （261）
二类资源调查 ………………………… （261）
丽水市莲都区生态文化协会成立 ……… （261）
最多跑一次 …………………………… （261）
补植复绿基地 ………………………… （261）
莲都峰源省级自然保护区 …………… （262）
林业产业体系建设 ……………………… （262）
一亩山万元钱 ………………………… （262）
集体林权制度改革 …………………… （262）
林业安全管理 …………………………… （262）
森林防火 ……………………………… （262）
病虫害防治 …………………………… （263）
植物检疫工作 ………………………… （263）
松材线虫病防控 ……………………… （263）
林旅融合 ……………………………… （263）
林区治安 ……………………………… （263）

工业·经济·商贸

概　况……………………………………（264）
工业经济 ………………………………… （264）
生态工业“32615”五年培育计划…………（264）
扶工政策 ……………………………… （264）
开展精准服务企业活动 ……………… （264）
问题交办 ……………………………… （264）
工业企业绩效评价 …………………… （264）
培育规模企业 ………………………… （264）
品牌建设 ……………………………… （264）
传统制造业改造提升 ………………… （265）
万洋低碳智造小镇项目 ……………… （265）
“企业上云”计划 ……………………… （265）
淘汰落后产能 ………………………… （265）
区域能评 ……………………………… （265）
节能降耗 ……………………………… （265）
2017年莲都区重点用能企业名单 ……… （265）
安全生产 ……………………………… （265）
商　贸 …………………………………… （265）
电商发展平台 ………………………… （265）
中山街智慧商圈项目 ………………… （265）
“政府联保”协议 ……………………… （265）
应急储备管理 ………………………… （266）
单用途预付卡管理 …………………… （266）
成品油市场监管 ……………………… （266）
电力工业 ………………………………… （266）
概　况 ………………………………… （266）
电网建设 ……………………………… （266）
电力服务 ……………………………… （266）
电能替代 ……………………………… （266）
创新探索 ……………………………… （266）
供销合作社 ……………………………… （267）
概　况 ………………………………… （267）
为农服务 ……………………………… （267）
“三位一体”改革 ……………………… （267）
项目建设 ……………………………… （267）
安全生产 ……………………………… （267）
信访维稳 ……………………………… （268）

旅　游

综　述 ………………………………… （269）
概　况 ………………………………… （269）
旅游营销 ………………………………… （269）
《2017年莲都区关于对旅行社招徕游客的
奖励办法》………………………………（269）
莲都举行“文明旅游我最美”2017年春季
旅游推荐会 ………………………… （269）
莲都旅游苏南办事处 ………………… （269）

莲都旅游驻浙江中石化集团办事处 ……（269）
莲都国家AAAA级景区东西岩第一届畲家国际嘉年华顺利开幕 ……（269）
国际环保汽车品牌“特斯拉”全球宣传片到莲都取景 ……（270）
莲都旅游商品假日集市开市 ……（270）
“感恩母亲节·带上妈妈去莲都”自驾车主题旅游活动顺利召开 ……（270）
“5·19”中国旅游日莲都会场系列活动开幕 ……（270）
莲都区微旅产品发布会 ……（270）
丽水旅游推介会在江苏举办 ……（270）
丽水首条景区直通车开通 ……（271）
莲都举行2017古堰画乡小镇艺术节暨“玩转画乡”旅游季 ……（271）
莲都区举办2017首届中国休闲度假大会 ……（271）
规划建设 ……（271）
莲都区四座厕所获2017丽水市“最美旅游厕所”称号……（271）
莲都区A级景区村创建工作推进会暨创建专题培训顺利举行 ……（271）
行业管理 ……（271）
莲都区喜获“浙江旅游界奥斯卡”三项大奖 ……（271）
2017“丽水·清韵杯”全国业余围棋公开赛顺利举行 ……（272）
莲都区农旅融合专题研讨班开班 ……（272）
莲都区荣获两个重量级奖项 ……（272）
乡村旅游 ……（272）
古堰凌波园开园 ……（272）
首届丽水夫人山铁皮石斛养生节开幕……（272）
“倾城之约·万蝶舞动”丽水蝴蝶谷开业……（272）
首届全域旅游启动仪式暨第四届纳凉节开幕 ……（273）
莲都区全域旅游暨乡村旅游台湾实践知识讲座召开 ……（273）
轩德皇菊仙渡南源基地盛大开园 ……（273）
“醉美莲都，与世界共享——驻莲外教乡村采风行”活动……（273）
黄金周旅游 ……（273）
春节黄金周 ……（273）
“十一”黄金周 ……（274）
东西岩风景区 ……（274）
概　况 ……（274）
瓯江风情旅游度假区（古堰画乡） ……（274）
概　况 ……（274）
规划建设 ……（274）
招商引资 ……（274）
国家AAAAA级旅游景区创建 ……（274）
市场营销 ……（275）
文化活动 ……（275）
行业管理 ……（275）

交通·信息

公路建设 ……（276）
概　况 ……（276）
南山互通至丽新公路项目 ……（276）
临安至苍南公路莲都区大港头至峰源段（大大线）改建工程 ……（276）
农村客运村村通 ……（276）
农村公路提升改造工程及联网公路 ……（276）
农村公路大中修工程 ……（277）
美丽经济交通走廊创建 ……（277）
危桥改造及边坡处理项目 ……（277）
行业管理 ……（277）
概　况 ……（277）
农村公路管理养护工程 ……（277）
安全生产管理 ……（277）
路域环境整治 ……（278）
中国移动莲都分公司 ……（278）
概　况 ……（278）
市场发展 ……（278）
网络建设 ……（278）

精神文明建设 …………………………（279）

财政·税务·金融

财　政 ……………………………………（280）
概　况 ………………………………（280）
民生保障支出 ………………………（280）
服务经济发展 ………………………（280）
财政监管 ……………………………（280）
财政改革 ……………………………（281）
队伍建设 ……………………………（281）
金　融 ……………………………………（281）
概　况 ………………………………（281）
企业股改上市 ………………………（281）
农村金融改革 ………………………（282）
不良贷款处置工作 …………………（282）
中国农业银行股份有限公司丽水莲都支行 ……………………………………（283）
概　况 ………………………………（283）
促业务发展 …………………………（283）
农村金融建设 ………………………（283）
营销工作 ……………………………（283）
存款工作 ……………………………（284）
“双基”管理 …………………………（284）
经营效益 ……………………………（284）
团队建设 ……………………………（284）
中国银行股份有限公司丽水莲都支行 ……（284）
概　况 ………………………………（284）
党建工作 ……………………………（285）
内控案防体系建设 …………………（285）
“案例警示教育年”活动 ……………（285）
中国建设银行丽水莲城支行 ……………（285）
概　况 ………………………………（285）
工作亮点 ……………………………（286）
重要举措 ……………………………（286）
浙江泰隆商业银行股份有限公司丽水莲都支行 ……………………………………（286）
概　况 ………………………………（286）
“情暖百乡行”系列活动 ……………（287）
资产业务 ……………………………（287）
逾期资产清收与化解工作 …………（287）
合规风险管理 ………………………（287）
营运服务和客户满意度 ……………（287）
内部管理和队伍建设 ………………（287）
浙江丽水莲都农村商业银行股份有限公司 ……………………………………（287）
概　况 ………………………………（287）
改革工作 ……………………………（288）
普惠金融 ……………………………（288）
社区银行 ……………………………（288）
信贷风险管控 ………………………（289）
案件风险管控 ………………………（289）
维稳安保工作 ………………………（289）
总部支撑 ……………………………（289）
科技支撑 ……………………………（290）
创新支撑 ……………………………（290）
“比学赶超年”活动 …………………（290）
干部队伍建设 ………………………（290）
品牌文化建设 ………………………（291）
浙江稠州商业银行丽水分行 ……………（291）
概　况 ………………………………（291）
地方经济发展 ………………………（291）
乡村振兴 ……………………………（291）
服务方式 ……………………………（292）
十周年行庆 …………………………（292）
上海浦东发展银行股份有限公司丽水支行 ……………………………………（292）
概　况 ………………………………（292）
经营效益 ……………………………（292）
不良化解 ……………………………（292）
零售业务 ……………………………（292）
对公业务 ……………………………（293）
风险控制 ……………………………（293）
党建工作 ……………………………（293）

城建·城管·征迁·环保

规划与建设 …………………………………（294）
概 况 ………………………………………（294）
旧住宅区、城中村改造、老旧社区雨污混排区块改造 ……………………………（294）
农村生活污水运维管理 ……………………（294）
危房治理改造 ………………………………（294）
小城镇环境综合整治 ………………………（295）
全国文明城市创建 …………………………（295）
发展建筑产业 ………………………………（295）
做强房地产业 ………………………………（295）
党风廉政建设 ………………………………（295）
城市管理 ……………………………………（295）
·处州· ……………………………………（295）
概 况 ………………………………………（295）
市容管理 ……………………………………（296）
城市管理 ……………………………………（296）
民生服务 ……………………………………（297）
党建工作 ……………………………………（298）
·莲都· ……………………………………（298）
概 况 ………………………………………（298）
两违处置 ……………………………………（298）
无违建区创建 ………………………………（299）
卫片执法 ……………………………………（299）
依法行政 ……………………………………（299）
信访工作 ……………………………………（299）
征收工作 ……………………………………（299）
概 况 ………………………………………（299）
市考核项目 …………………………………（299）
区考核项目 …………………………………（299）
乡镇项目 ……………………………………（300）
百日攻坚阶段 ………………………………（300）
持续攻坚阶段 ………………………………（300）
安置工作 ……………………………………（300）
完善征收制度 ………………………………（301）
环境保护 ……………………………………（301）
概 况 ………………………………………（301）
项目审批 ……………………………………（301）
污染防治 ……………………………………（301）
环境监察 ……………………………………（301）
环保督察 ……………………………………（302）
环境宣教 ……………………………………（302）
环境卫生 ……………………………………（302）
概 况 ………………………………………（302）
浙江省环卫工人节在丽水召开 ……………（302）
厕所革命 ……………………………………（302）
垃圾分类 ……………………………………（303）
项目建设 ……………………………………（303）
网格管理 ……………………………………（303）

经济管理

经济发展与规划管理 ………………………（304）
概 况 ………………………………………（304）
规划综合管理 ………………………………（304）
固定资产投资 ………………………………（304）
重点项目推进 ………………………………（304）
价格管理 ……………………………………（305）
政府定价成本调查 …………………………（305）
行政事业性收费 ……………………………（305）
电价政策 ……………………………………（305）
价格监督检查与认证 ………………………（305）
价格监督检查 ………………………………（305）
市场监管 ……………………………………（305）
价格服务 ……………………………………（305）
价格认证 ……………………………………（305）
国土资源管理工作 …………………………（305）
概 况 ………………………………………（305）
资源保护 ……………………………………（305）
服务民生 ……………………………………（306）
队伍建设 ……………………………………（306）
审计监督 ……………………………………（306）
概 况 ………………………………………（306）
财政审计 ……………………………………（306）
民本审计 ……………………………………（307）

经济责任审计 …………………………（307）
固定资产投资审计 ……………………（307）
审计整改 ………………………………（307）
内部审计 ………………………………（307）
统计工作 ………………………………（307）
概　况 …………………………………（307）
统计服务水平 …………………………（307）
统计规范化建设 ………………………（308）
统计法制建设 …………………………（308）
全国第三次农业普查 …………………（308）
农　业 …………………………………（308）
工　业 …………………………………（308）
固定资产投资 …………………………（309）
内外贸易 ………………………………（309）
交通运输、邮电和旅游…………………（309）
金融和保险 ……………………………（310）
教育和科学技术 ………………………（310）
文化、卫生和体育………………………（310）
人口、就业、人民生活和社会保障 ………（310）
环境和社会安全 ………………………（311）
市场监督管理 …………………………（311）
概　况 …………………………………（311）
·工商行政管理· ……………………（312）
商事登记 ………………………………（312）
年报工作 ………………………………（312）
服务小微企业成长 ……………………（312）
信用建设 ………………………………（312）
品牌培育 ………………………………（312）
市场改造提升 …………………………（313）
稽查工作 ………………………………（313）
消费维权 ………………………………（313）
违法广告整治 …………………………（313）
·食品药品监督管理· ………………（313）
食品安全保障 …………………………（313）
行业协会 ………………………………（314）
食品基层监管网络 ……………………（314）
药械监管 ………………………………（314）
质量技术监督 …………………………（314）
概　况 …………………………………（314）
质量强区建设 …………………………（315）
品牌强区建设 …………………………（315）
标准强区建设 …………………………（315）
特种设备安全监察 ……………………（315）
产品质量监督 …………………………（316）
稽查打假治劣 …………………………（316）
民生计量监管 …………………………（316）
干部队伍建设 …………………………（316）
安全生产监督管理 ……………………（316）
概　况 …………………………………（316）
安全生产责任 …………………………（316）
安全生产秩序 …………………………（317）
安全预防体系 …………………………（317）
安全生产宣传教育 ……………………（318）
国有资产经营管理 ……………………（318）
概　况 …………………………………（318）
监管资产工作 …………………………（318）
资产经营管理工作 ……………………（318）
政府融资工作 …………………………（318）
项目建设工作 …………………………（319）

教　育

综　述…………………………………（320）
学前教育 ………………………………（320）
概　况 …………………………………（320）
学前教育三年行动计划 ………………（320）
义务教育 ………………………………（321）
概　况 …………………………………（321）
德育工作 ………………………………（321）
义务教育课程改革 ……………………（321）
体、卫、艺、科技工作……………………（321）
学生抚困助学 …………………………（322）
成人教育 ………………………………（322）
概　况 …………………………………（322）
老年教育及扫盲工作 …………………（322）
民办教育 ………………………………（322）

民办培训机构的审批和管理 …………… (322)
育英小学搬迁 ……………………………… (322)
民办初中招生 ……………………………… (322)
白云小学投入使用 ………………………… (323)
办学条件 ………………………………… (323)
概 况 ……………………………………… (323)
教育项目建设 ……………………………… (323)
教育装备 …………………………………… (323)
师资队伍 ………………………………… (324)
概 况 ……………………………………… (324)
师德师风建设 ……………………………… (324)
“区管校聘”管理改革 …………………… (324)
校长教师交流 ……………………………… (324)
教师专业培养 ……………………………… (324)
教师聘任工作 ……………………………… (324)

科学技术

科技管理与科技成果 …………………… (325)
概 况 ……………………………………… (325)
科技投入和项目建设 ……………………… (325)
专利与技术合同 …………………………… (325)
科技特派员 ………………………………… (325)
科技合作与交流 …………………………… (325)
人才建设 …………………………………… (326)
防震减灾 …………………………………… (326)
体系建设 …………………………………… (326)
科技团体 ………………………………… (326)
首届“生态文明与绿色发展”莲都国际
生态研讨会 ……………………………… (326)
引智助农经济洽谈会 ……………………… (326)
引智助工经济洽谈会 ……………………… (326)
乡镇、社区科普阵地建设…………………… (326)
科普活动周、科普日活动…………………… (327)
大走访活动 ………………………………… (327)
院士站建设工作 …………………………… (327)
一批科技示范户和农业服务专家 ……… (327)
全国科技工作者日的活动 ……………… (327)
首届“莲都之光”科技大赛 ……………… (327)
学(协)会工作者座谈 ……………………… (327)

文 化

综 述 …………………………………… (328)
概 况 ……………………………………… (328)
文化工作 ………………………………… (328)
概 况 ……………………………………… (328)
文化惠民活动 ……………………………… (329)
农家书屋建设 ……………………………… (329)
图书馆工作 ……………………………… (329)
概 况 ……………………………………… (329)
图书馆服务工程 …………………………… (329)
图书馆项目建设工程 ……………………… (330)
图书馆数字化建设工程 …………………… (330)
图书馆宣传 ………………………………… (330)
文化市场工作 …………………………… (330)
概 况 ……………………………………… (330)
行政审批工作 ……………………………… (330)
文化市场工作 ……………………………… (330)
扫黄打非工作 ……………………………… (331)
广电工作 ………………………………… (331)
概 况 ……………………………………… (331)
网络基础建设 ……………………………… (331)
广播电视安全播出 ………………………… (331)
广播电视业务培训 ………………………… (331)
广电低保工程建设 ………………………… (331)
小城镇环境综合整治“线乱拉”治理 …… (331)
农村电影建设 ……………………………… (331)
新闻宣传工作 …………………………… (332)
概 况 ……………………………………… (332)
中心宣传 …………………………………… (332)
民生报道热点 ……………………………… (332)
外宣工作 …………………………………… (332)
新媒体协同发展 …………………………… (332)
体育工作 ………………………………… (332)
概 况 ……………………………………… (332)

全民健身活动 ……………………………… (333)
基层体育设施建设 ………………………… (333)
纳爱斯体育场馆的管理工作 …………… (333)
各项群众体育基础性工作 ……………… (333)
文化遗产保护工作 ………………………… (333)
概　况 ……………………………………… (333)
重要文保单位维修 ………………………… (333)
通济堰古水利工程测绘和数字化项目…… (334)
执法对违法改建行为进行立案调查 …… (334)
各文保单位安全保卫工作 ……………… (334)
非遗保护制度 ……………………………… (334)
“国遗”项目保护传承成效显著 ………… (334)
非遗项目申报 ……………………………… (334)
非遗传承活动 ……………………………… (334)
非遗保护宣传 ……………………………… (335)
非遗进校园活动 …………………………… (335)
文联工作 ………………………………… (335)
概　况 ……………………………………… (335)
省政协送文化下乡活动的书画笔会与书法讲座 ………………………………… (336)
“莲都杯‘中国好家风’”故事征文大赛 ……………………………………… (336)
“加油·莲都”摄影大赛……………………… (336)

卫　生

综　述 ……………………………………… (337)
概　况 ……………………………………… (337)
卫生监督 …………………………………… (337)
医政管理 …………………………………… (337)
医教科研 …………………………………… (337)
基层卫生工作 ……………………………… (338)
妇幼保健 …………………………………… (338)
疫病预防控制 ……………………………… (338)
爱国卫生 …………………………………… (338)
红十字会 ………………………………… (338)
概　况 ……………………………………… (338)
组织建设 …………………………………… (339)
自身建设 …………………………………… (339)
宣传工作 …………………………………… (339)
救护培训 …………………………………… (339)
救灾工作 …………………………………… (339)
救助工作 …………………………………… (340)
服务中心工作 ……………………………… (340)

社会生活

民政工作 ………………………………… (341)
概　况 ……………………………………… (341)
城市社区 …………………………………… (341)
农村社区 …………………………………… (341)
基层政权建设 ……………………………… (341)
第十一届村委会换届选举工作 ………… (341)
防灾减灾 …………………………………… (342)
重大节日走访慰问困难群众 …………… (342)
城乡最低生活保障制度 ………………… (342)
城乡困难居民医疗救助 ………………… (342)
“救急难”临时救助 ……………………… (342)
落实支宁人员政策 ………………………… (342)
孤儿和困境儿童保障 …………………… (342)
精减、三老人员定期补助………………… (342)
婚姻与收养管理 …………………………… (343)
退役士兵安置工作 ………………………… (343)
军休接收安置工作 ………………………… (343)
专场就业招聘会 …………………………… (343)
祭扫烈士 …………………………………… (343)
优抚工作 …………………………………… (344)
医疗补助 …………………………………… (344)
义务兵优待金 ……………………………… (344)
现役军人奖励金 …………………………… (344)
职业技能教育和培训 …………………… (344)
养老服务 …………………………………… (344)
民间组织管理 ……………………………… (345)
移民工作 ………………………………… (345)
概　况 ……………………………………… (345)

移民遗留积案处理 …………………………（345）
移民项目工作 ……………………………（345）
直补人口年度复核工作 ……………………（345）
移民创业贷款贴息 …………………………（345）
代理征收水库库区基金工作 ………………（345）
残疾人事业 ………………………………（346）
概　况 ……………………………………（346）
残疾人社会保障 …………………………（346）
残疾人康复工程 …………………………（346）
残疾人扶持救助 …………………………（346）
残疾人教育就业 …………………………（346）
残疾人文体宣传工作 ……………………（346）
民族工作 …………………………………（347）
概　况 ……………………………………（347）
少数民族经济 ……………………………（347）
民族优惠政策 ……………………………（347）
民族团结进步创建活动 …………………（348）
少数民族优秀文化 ………………………（348）
老龄工作 …………………………………（348）
概　况 ……………………………………（348）
省“老年友好城市”创建工作 ……………（348）
莲都区老龄事业“十三五”规划 …………（348）
惠老政策落实工作 ………………………（349）
为老服务平台建设工作 …………………（349）
“最多跑一次”改革工作 …………………（349）
老年教育建设工作 ………………………（349）
关心下一代工作 …………………………（349）
概　况 ……………………………………（349）
社会主义核心价值观教育 ………………（349）
“双百”活动 ………………………………（350）
帮困助学 …………………………………（350）
特殊群体 …………………………………（350）
集中培训 …………………………………（350）
自身建设 …………………………………（350）
首家民营企业关工委 ……………………（350）
人口与计划生育 …………………………（350）
计划生育工作 ……………………………（350）

乡镇·街道

岩泉街道 …………………………………（351）
概　况 ……………………………………（351）
全国文明城市创建工作 …………………（351）
“六边三化三美”工作 ……………………（351）
“五水共治”工作 …………………………（351）
“三改一拆及无违建”工作 ………………（352）
经济发展 …………………………………（352）
重点工程政策处理 ………………………（352）
项目建设 …………………………………（352）
民宿经济 …………………………………（352）
养生农业 …………………………………（352）
农村改革 …………………………………（353）
农业生产 …………………………………（353）
社会稳定 …………………………………（353）
平安综治 …………………………………（353）
安全生产 …………………………………（353）
食品安全创新标 …………………………（353）
基层党建 …………………………………（354）
“两学一做”学习教育新高度 ……………（354）
换届选举新风气 …………………………（354）
宣传工作 …………………………………（354）
社会保险救助事业 ………………………（354）
社区便民服务 ……………………………（354）
人民武装工作 ……………………………（355）
卫计工作 …………………………………（355）
紫金街道 …………………………………（355）
概　况……………………………………（355）
从严治党 …………………………………（357）
国家文明城市创建 ………………………（357）
信访维稳 …………………………………（357）
重点项目 …………………………………（357）
“洁净紫金” ………………………………（357）
“最多跑一次”改革，建设“四个平台”……（357）
白云街道 …………………………………（357）
概　况 ……………………………………（357）

经济发展 …………（358）
民生保障 …………（358）
重点项目 …………（358）
剿灭劣V …………（358）
治危拆违 …………（358）
全国文明城市创建 …………（358）
换届选举 …………（359）
社区品牌 …………（359）
平安建设 …………（359）
组织党建 …………（359）
万象街道 …………（360）
概　况 …………（360）
全国文明城市创建 …………（361）
环境整治工作 …………（361）
文教体卫工作 …………（361）
数字城管工作 …………（361）
社区工作 …………（362）
社会保障工作 …………（362）
民政残联工作 …………（362）
人武工作 …………（362）
平安综治工作 …………（362）
基层组织建设 …………（362）
联城街道 …………（362）
概　况 …………（362）
“六边三化三美”工作 …………（364）
“五水共治”工作 …………（364）
“三改一拆”工作 …………（364）
社会保障事业 …………（364）
“平安夺金鼎”工作 …………（364）
“四个平台”工作 …………（364）
科教文卫工作 …………（364）
党建工作 …………（365）
南明山街道 …………（365）
概　况 …………（365）
美丽乡村 …………（366）
基层党建 …………（366）
农村生活污水治理 …………（367）
征收安置 …………（367）
扶贫增收 …………（367）
便民服务 …………（367）
医疗卫生 …………（367）
文化体育 …………（367）
社会保障 …………（368）
碧湖镇 …………（368）
概　况 …………（368）
文明城市创建 …………（370）
环境整治工作 …………（370）
“五水共治”工作 …………（370）
美丽乡村建设 …………（370）
招商引资工作 …………（371）
征迁工作 …………（371）
“大搬快治”工作 …………（371）
“最多跑一次”改革 …………（371）
村级组织换届工作 …………（371）
“百名干部进千家访万民”活动 …………（371）
大港头镇 …………（371）
概　况 …………（371）
农业产业 …………（373）
农旅融合 …………（373）
环境整治 …………（373）
全国文明城市一举创成 …………（373）
美丽城镇、美丽乡村建设…………（373）
扶贫工作 …………（373）
民生事业 …………（373）
峰源乡 …………（374）
概　况 …………（374）
现代农业 …………（374）
生态旅游 …………（374）
小城镇环境综合整治 …………（374）
社会保障 …………（375）
民生工程 …………（375）
社会事业 …………（375）
廉政制度 …………（375）
森林工作 …………（375）
太平乡 …………（376）
概　况 …………（376）

党建引领 …………………………………… (377)
环境整治 …………………………………… (377)
改善民生 …………………………………… (378)
雅溪镇 ……………………………………… (378)
概　况 ……………………………………… (378)
生态农业 …………………………………… (379)
城镇整治 …………………………………… (379)
招商引资 …………………………………… (379)
民生福祉 …………………………………… (379)
仙渡乡 ……………………………………… (380)
概　况 ……………………………………… (380)
主导产业 …………………………………… (380)
畜牧业 ……………………………………… (380)
“三改一拆”工作 …………………………… (380)
“五水共治”工作 …………………………… (380)
民生实事 …………………………………… (380)
社会事业 …………………………………… (380)
招商引资 …………………………………… (380)
平安建设 …………………………………… (380)
创全国文明城市 …………………………… (380)
最多跑一次、四个平台 …………………… (381)
小城镇环境综合整治 ……………………… (381)
农旅融合 …………………………………… (381)
基层组织建设 ……………………………… (381)
党风廉政建设 ……………………………… (381)
村级组织换届 ……………………………… (381)
老竹畲族镇 ………………………………… (382)
概　况 ……………………………………… (382)
农　业 ……………………………………… (382)
文化旅游 …………………………………… (382)
环境卫生整治 ……………………………… (382)
项目建设 …………………………………… (383)
民生工作 …………………………………… (383)
清廉政府 …………………………………… (383)
丽新畲族乡 ………………………………… (384)
概　况 ……………………………………… (384)
农业产业 …………………………………… (385)
工业产业 …………………………………… (385)
民宿旅游 …………………………………… (385)
村庄综合整治 ……………………………… (385)
基础保障 …………………………………… (385)
污水治理工作 ……………………………… (385)
生态环境保护 ……………………………… (385)
扶贫工作 …………………………………… (385)
维稳工作 …………………………………… (386)
社会事业 …………………………………… (386)
政府效能 …………………………………… (386)
黄村乡 ……………………………………… (386)
概　况 ……………………………………… (386)
“六三三”工作 ……………………………… (388)
“五水共治”工作 …………………………… (388)
“三改一拆”工作 …………………………… (388)
文明城市创建 ……………………………… (388)
电子商务工作 ……………………………… (388)
乡村文化建设 ……………………………… (388)
民生保障工作 ……………………………… (388)
养生农业发展 ……………………………… (388)
基础设施建设 ……………………………… (388)
住村联心工作 ……………………………… (388)
基层队伍建设 ……………………………… (389)
农村产权改革 ……………………………… (389)

文件选编

中共丽水市莲都区委关于推动首善担当创一流的若干意见 ………………………………… (390)
关于建立乡镇(街道)“组团下访”工作机制推进服务型基层党组织建设的实施意见 …… (394)
中共丽水市莲都区委关于高举习近平新时代中国特色社会主义思想伟大旗帜奋力推进“城市共建经济共融福祉共享”的决定 …… (397)
中共丽水市莲都区委办公室　丽水市莲都区人民政府办公室　关于深入开展“精准服务企业、振兴实体经济”专项行动的通知 …… (406)
中共丽水市莲都区委办公室印发《关于推进“两学一做”学习教育常态化制度化的实施

方案》的通知 ……………………………… （425）
丽水市莲都区人民政府办公室关于印发《莲都区金融机构支持地方经济发展考核奖励办法》的通知 ……………………………… （432）
丽水市莲都区人民政府办公室关于印发《莲都区"最多跑一次"专项行动工作方案的通知 ……………………………… （437）
丽水市莲都区人民政府办公室关于印发《莲都区农村公路提升改造工程实施办法》的通知 ……………………………… （442）

特　　载

向着高质量发展奋力奔跑

——在全区干部大会上的讲话

杜兴林

一、回眸2017，我们激情奋斗，收获多多

回眸，是为了更好地前进。2017年，是新一届区委区政府的开局之年。一年过去了，这个局"开"得怎么样？我们为莲都人民做了些什么？我想从可以为之自豪的十大收获谈起，晒一晒我们的成绩和不足，让大家来评一评、议一议。

收获一：十九大宣讲零距离，春风吹遍莲都大地。党的十九大是党和国家政治生活中的大事、要事、喜事。我们第一时间抓传达，第一标准抓学习，第一力度抓贯彻，推出学习宣传贯彻的10项举措，把坚定的政治站位亮出来。区领导带头宣讲，近5万人次通过直播平台"莲连看"，收看了"不忘初心跟党走、砥砺建功新时代"演讲比赛决赛直播。十九大精神在讲台上传扬，在笔墨里飘香，在指尖上跃动，在舞台上绽放，在校园中播撒，春风化雨润心田，全区上下跟党走的步伐更加坚定，干事创业的劲头更加激扬。

收获二："一市一区"精准把握，区域发展总体思路基本成型。"一市一区"，既区别于市县体制，又区别于一市多区，准确定位至关重要。面对"一市一区"这个特殊体制，面对生态发达、经济后发的客观实际，面对莲都人民追求更加美好生活的殷切期望，莲都未来的路在哪里？我们准确理解省委、市委对莲都工作的要求和期待，清醒认识莲都的历史方位、工作定位和价值地位，在比较中寻找差距，在反思中更新观念，在实践中完善理论。到现在，莲都的发展蓝图逐步清晰，我们的五年总目标是"一个率先、两个提升、三个迈进"，工作总要求是"同心同向同力、共建共融共享、善谋善作善成"，总任务是"城市共建、经济共融、福祉共享"，路径是融入"创新区"、建设"中心园"，这将引领莲都走好新时代长征路。

收获三：高溪区块成功破题，招商引资呈现多年未有喜人态势。莲都内生性动力不足，亟须借力发展。去年9月，世界丽水人大会莲都分会场，我们成功签约总投资135亿元的丽水万洋低碳智造小镇项目，为丽水史上最大的产业类招商项目，高溪区块"断臂求生"，解决了长期想解决而没有解决的难题。这得益于我们始终坚持招商引资"一号工程"，去年首次区委常委会首个议题安排研究招商引资工作，召开历史上首次浙商恳谈会，首次在一季度开展招商推介，全年实际利用内资、实际利用外资、浙商回归到位资金分别完成年度任务的179.2%、111.1%、132.5%，为莲都实体经济振兴注入强劲动力。今年1月底，丽水万洋低碳智造小镇正式开工，“经济航母”正开足马力，驶向新蓝海。事实证明，只要敢想敢拼，一切皆有可能！

收获四：“腾笼换鸟”取得实效，生态工业走出低谷。去年最后一天，丽水工业园区最后一宗闲置厂房通过司法拍卖成功拍出827万元，溢价率38.5%。全年成功处置全部8宗闲置土地厂房，引入企业8家，当年3家已投产，其中还有行业细分领域的隐形冠军。“没有生态制造业就没有莲都未来”掷地有声，我们是这么想的，也是这么干的。一年来，始终坚持生态工业“第一经济”，出台《关于提振生态工业发展的意见》等政策文件，落实企业奖补资金1400余万元，扶工、强工、兴工的合力明显增强。2017年，区属规上工业增加值同比增长1.5%，增速较上半年转负为正，经历了低走、企稳、探头的过程。同时，深入实施创新驱动发展战略，“浙江制造”团体标准《闭门器》正式发布、实现零突破，莲都被列入省知识产权示范工作创建县。通过努力，莲都生态工业的寒冬已经过去，春天即将到来。

收获五：获批全国休闲农业和乡村旅游示范区，农旅融合成为生态经济新引擎。去年4月11日，莲都作为全国十个特推县之一亮相“首届全国休闲农业和乡村旅游大会”，11月15日，入选全国休闲农业和乡村旅游示范区名单。国家级荣誉的获得，在于我们坚持把农旅融合作为推进农业供给侧结构性改革、培育生态经济新引擎的突破口，打出山耕、山居、山庄、山味、山玩“五山”组合拳，让“好生态”卖出“好价钱”。去年共培育农产品旅游地商品57个，销售额4.8亿元；实现旅游总收入77.18亿元，同比增长29.9%。在农旅融合的带动下，省级全域旅游示范县创建、古堰画乡创AAAAA、东西岩景区提档升级等扎实推进，农家乐民宿健康发展，“以农促旅、以旅强农、产业互动、优势互补”的农旅融合发展新格局逐步显现。

收获六：“小荷”舞动全城，全国文明城市一举创成。去年是全国文明城市创建决胜年。“小荷”志愿者以文明为信仰，以奉献为旗帜，穿梭大街小巷，星星之火渐成燎原之势，队伍迅速发展至122支分队15000余人。我们更精心谋划，以6次“我为丽水”万人系列活动为抓手，城乡联动，勠力同心抓创建。去年春节过后上班第一天，即组织开展“我为丽水洗把脸”万人大清扫活动，向“六乱”宣战。我们还持续打好区领导网格认领、街道交叉互查、社区（城中村）擂台赛等组合拳，打造美丽楼道、文明小巷、示范社区特色品牌。在市区共同奋斗下，丽水以全国第四、全省第一的优异成绩，夺得城市综合评比最高荣誉的全国文明城市奖牌。而丽水获评“全国综治优秀市”，也与莲都息息相关，我区夺取“平安金鼎”基本在望。这是对我们把握大局、服务大局的最好肯定。

收获七：政策处理圆满收官，城市品质进一步提升。去年是政策处理任务相当繁重的一年。5月份，我们启动了百日攻坚行动；10月份，又开展持续攻坚行动；今年1月底，成功拿下“硬骨头”丽水二中项目，标志着我们圆满完成了市委、市政府下达的年度征收任务。据统计，全年共完成攻坚项目114个，完成率95%，征收土地4000余亩、房屋14.5万平方米。累累战果的背后，凝聚着全体参战单位、广大党员干部的辛勤汗水和不懈努力，也为拉开城市框架、提升城市品质提供了保障。可以预见，不久的将来，一批批市政公共设施投入使用，一片片老旧城区旧貌换新颜，一栋栋现代化楼宇拔地而起，“城市让生活更美好”正变成可知可感的生动现实。

收获八：“双增”为“富民”托底，拉开乡村振兴大幕。当前，发展不平衡不充分问题在乡村最为突出。如何破解？我们从低收入农户增收和全面消除集体经济薄弱村工作做起，一村一策、多村联建、区级统筹。2017-2018年，我们每年都安排3000万元专项“消薄”资金，并认真实施省“光伏小康工程”、物业项目、多元化资本运作机制、补助资金股权化改革等，力促村富与民富相得益彰。去年，农民人均可支配收入同比增长10.1%，增幅全市第2，其中低收入农户收入增幅16.3%；“消薄”101个，完成率85.5%。“双增”作为乡村振兴的第一个小目标，业已取得阶段性成效。今年1月份，我区又在全市率先成立乡村振兴学堂，乡村振兴迈出了坚实一步。在中国特色社会主义新时代，乡村是一个可以大有作为的广阔天地，迎来了难得的发展机遇。我们要继续努力，奋勇争先。

收获九：生态环境质量公众满意度全省第一，民生福祉持续增进。2017年，莲都区生态环境质量公众满意度得分89.69，在全省89个县（市、区）中位居第一。这是我区首次获此殊荣，是群众对我们的鼓励和肯定，是对我们工作的最大褒奖。以此为引领，我们去年在全省率先剿灭劣Ⅴ类水，“养猪上楼”被农业部列为“五大治污模式”之一，夺取“大禹鼎”基本在望。在生态环境持续改善的同时，其他民生事业全面进步，财政支出80%以上用于改善民生，十方面民生实事基本完成，“最多跑一次”改革在第三方满意度评估调查中名列全省第九，“大搬快治”提前完成三年搬迁任务，破解教育发展不平衡不充分做法被副省长成岳冲批示肯定，人民健康和医疗卫生水平进一步提高。这些背后，体现了区委区政府将有限财力用在刀刃上、着力增进民生福祉的责任和信心。

收获十：重大项目揭榜领办，首善担当创一流化为座右铭。我们坚持把“首善担当创一流”作为精神坐标，把“自觉快乐高效”作为工作追求，以上率下，带头示范。去年2月4日，我区召开全区干部大会，除了常规动作外，新增区领导领办重大项目议程，包括四套班子主要领导在内的38位区领导，逐一上台领办重大项目。“认领成功”四个字，体现的是沉甸甸的责任，彰显的是首善担当的追求。随后，组织开展了为期半个月的“首善担当创一流”大讨论，推进考核体系改革、干部实绩比拼等，实践证明是有效的。干部上前一步，带来的是抓项目、拼作风的好风尚。全年区领导现场调研领办项目360多次，项目执行率历年最高；区本级固定资产投资63.18亿元，同比增长28.9%。现在，我们欣喜地看到，莲都的党员干部已经把首善担当创一流融入了血液，不等不靠，发奋图强，自觉快乐高效工作。

以上十大收获，从不同侧面反映了莲都一年来的工作和变化。我们以求实务实的干劲，在一点一滴中进步，在一步一步中追赶，把各项事业推向一个新阶段。在丽水市2017年度县（市、区）综合考核中，我区勇夺全市第一，连续7年获得优秀等次。至目前，在2017年度全市各系统综合考核中，9家单位斩获全市第一，4家单位进步明显，还有许多部门、乡镇（街道）、村（社区）和个人受到上级的表彰，在此不一一列举。实践证明，莲都可以争先进，莲都能够争先进，莲都也能够争得全面先进。在此，我为广大党员干部群众打Call！

在肯定付出、肯定成绩的同时，我们也要清醒地看到，发展不平衡不充分的一些突出问题尚未解决，“两山”转换通道没有充分打开，改革红利还没有充分释放，优质公共服务供给仍然不足，社会治理现代化水平还需进一步提升，干部能力和作风建设有待加强。全区上下一定要有强烈的紧迫感、危机感和责任感，善于抓住机遇，勇于直面困难，推动发展行稳致远。

二、展望2018，“高质量发展转型年”牵引全局，扬帆启航正当时

展望，是为了找准前进的方向和发展的跑道。年前召开的区委务虚会，确定2018年为“高质量发展转型年”。何谓高质量发展？就是要取其势，明其道，精其术，努力实现更高质量、更有效率、更可持续的发展。

第一，路在何方？抬头看路是前提。一个人走路，如果只顾埋头赶路，则极有可能走偏方向，甚至南辕北辙。区域发展亦如是。我们必须“抬头看路”，坚决贯彻中央、省委、市委要求，讲政治、真看齐，坚定站位、做好答卷。

在历史方位上，要围绕区党

代会确定的总体思路，保持定力，深处着力，努力推动新时代中国特色社会主义、省委“两个高水平”、市委“两大历史使命”在莲都的生动实践。

在区域方位上，要认识到莲都在浙江是26个加快发展县之一，在丽水是“长子”，必须更加主动地融入大局、服务大局、发展大局，努力在全省争先进位，在全市首善担当。

在发展方位上，要围绕省委、省政府对丽水提出的“打好五张牌、培育新引擎、建设大花园”新定位新要求，实业强区、实干富民，努力为开启基本实现现代化新征程奠定坚实基础。

发展容不得迟疑、经不起折腾。务必坚定方向，坚定步伐，走实高质量发展每一步。

第二，信心几何？蓄势待发是必然。信心比黄金更重要。我们的信心，既来自大环境的诸多利好，也源于自身过去一年打下的坚实基础。

从发展阶段看，中央经济工作会议指出，中国特色社会主义进入了新时代，我国经济发展也进入了新时代，基本特征就是我国经济已由高速增长阶段转向高质量发展阶段。高质量发展“新风”扑面而来，我们要同心共进。

从发展机遇看，省委经济工作会议要求，浙江要在高质量发展上成为全国的排头兵；省“两会”明确提出，要启动生态文明示范创建行动，支持丽水等市打造“两山”理念示范区，启动浙西南景区化高速公路规划，以及构建大通道建设大花园、实施乡村振兴、推进区域协调发展等，利好多多、机遇多多。

从发展路径看，生态是主基调，发展是主旋律，必须坚持生态第一责任、发展第一要务，坚定不移照着“两山”之路走下去。市委、市政府即将召开全市领导干部会议，其中一项重要议程，就是各县（市、区）委书记、开发区党工委书记上台表态，围绕GDP、工业增加值、固定资产投资、财政收入、农民人均收入等5个指标，回答26县排名、赶超谁、如何赶超三个问题。今天上午，区委常委会专题研究了今年莲都争先进位问题。这是一个浓浓的发展信号。生态是底色，是可持续发展的资源，但如果没有把生态优势转化为经济优势、发展优势和民生福祉优势，就跟不上现代化步伐。生态发达经济后发地区，既有保护生态的义务，也有生存和发展的权利。从某种意义上说，绿色生态发展就是高质量发展，发展第一要务必须坚定不移。

从发展态势看，通过一年努力，丽水万洋低碳智造小镇这艘“经济航母”雏形初现，乡村振兴即将全面启动，项目建设、招商引资逐渐补强了发展动能，干事创业激情显著激发，困扰莲都发展的土地、产业、资金等要素制约正逐个破解，区域发展跨上新台阶。

只要我们进一步增强政治自觉、发展自信和奋斗自强，就一定能开创莲都高质量发展新局面。

第三，如何前行？学懂做实是关键。习近平总书记指出，高质量发展，就是能够很好满足人民日益增长的美好生活需要的发展，是体现新发展理念的发展，是创新成为第一动力、协调成为内生特点、绿色成为普遍形态、开放成为必由之路、共享成为根本目的的发展。如何准确理解并深入践行？

要准确把握高质量发展的内在逻辑。我国正处在转变发展方式、优化经济结构、转换增长动力的攻关期，社会主要矛盾转化为人民日益增长的美好生活需要和不平衡不充分的发展之间的矛盾。而解决不平衡不充分问题最终要靠高质量发展。所以，高质量发展与主要矛盾的转化一脉相承，逻辑严密，是历史选择、发展必然。主要矛盾的转化是宏观定性，高质量发展是微观定向，体现的是理论与实践的统一。

要准确把握高质量发展的丰富内涵。主要从五个方面来把握，即“五个转换”。

（1）理念转换是基础前提。坚决摒弃唯GDP论英雄的理念，更加关注速度背后的质量效益，更加关注增长背后的生态环境。深入贯彻落实新发展理念，进一步树立正确政绩观、资源观、生态观，通过解决质的问题、在质的大幅提升中实现量的有效增长，确保经济发展不出现大的起落。从高增长转为高质量，并不代表不要速度了，要的是有质量的速度。省委省政府确定了GDP 7%的增长速度。去年莲都GDP增速为5.2%，全省靠后，因此今年7%是底线，这点必须坚定不移。

（2）动能转换是根本路径。坚持改革、开放、创新共同发力，坚决摆脱依赖低成本竞争、依赖资源大量消耗的粗放型发展模式。坚定推进供给侧结构性改革，深入实施创新驱动发展战略，推动质量变革、效率变革、动力变革，增强经济创新力和竞争力。重点要梳理新优势、找准新引擎、研究新平台，特别是利用好丽水万洋低碳智造小镇、国家农业高新技术产业开发区、国家级农业现代园区、古堰画乡小镇等新平台，做好招商引资、项目建设、科技创新、体制改革等文章，进一步增强和拓展经济发展新动能。

（3）结构转换是主攻方向。供给和需求是市场经济内在关系的两个基本方面，是既对立又统一的辩证关系，二者相互依存、互为条件。要坚持需求导向、问题导向、效果导向，瞄准不平衡不充分发展的领域，抓重点补短板强弱项。不断满足人民群众个性化、多样化、不断升级的需求，以需求引领供给体系和结构的变化，以供给变革不断催生新的需求。重点要推进产业协调均衡发展，全面振兴实体经济。

（4）效率转换是关键所在。坚持质量第一、效益优先，推动资源要素从低质低效领域向优质高效领域流动，不断提高劳动效率、资本效率、土地效率、资源效率、环境效率和科技贡献率，不断提高全要素生产率，促进居民、企业、财政“三大收入”同步提高。重点要推动资源要素向实体经济集聚、政策措施向实体经济倾斜、工作力量向实体经济加强，营造脚踏实地、勤劳创业、实业致富的社会氛围。

（5）环境转换是重要保障。充分发挥有效市场和有为政府作用，着力营造有利于高质量发展的市场环境、法治环境、政务环境和舆论环境。加快形成推动高质量发展的指标体系、政策体系、标准体系、统计体系、绩效评价、政绩考核，创建和完善制度环境。重点要坚持以“最多跑一次”改革倒逼要素配置市场化改革，充分激发各类市场主体活力，营造最佳营商环境。

要准确把握高质量发展的实践要求。推动高质量发展，就是要建设现代化经济体系。具体要处理好“五对关系”：

（1）稳和进的关系。稳和进是辩证统一的，稳是主基调，是大局，进是方向，是目的，在稳的前提下要在关键领域有所进取，该稳的要稳，该进的要进，把握好工作的节奏和力度。

（2）破和立的关系。破不易，立更难。要抓住形势向好的有利时机，深入推进供给侧结构性改革，既坚决打破“坛坛罐罐”，大力破除无效供给，又坚决打赢传统产业改造提升硬仗，大力培育发展新产业新动能，实现腾笼换鸟、凤凰涅槃。

（3）实体和虚拟的关系。要把发展经济的着力点放在实体经济上，同时促进金融回归本源、服务实体，推动互联网、大数据、人工智能和实体经济深度融合，加快建设实体经济、科技创新、现代金融、人力资源协同发展的产业体系。

（4）即期和长远的关系。既要抓好即期的投资、消费、出口，促进稳增长调结构防风险，同时要把重大改革、重大项目谋划好，打牢长远发展基础。

（5）发展和惠民的关系。要永远把人民对美好生活的向往作为奋斗目标，更好满足人民在经济、政治、文化、社会、生态等方面日益增长的需要，更好推动人的全面发展、社会全面进步。底线是抓好决胜全面建成小康社会三大攻坚战。防范化解重大风险方面，重点是防控金融风险，金融服务实体经济能力明显增强，系统性风险得到有效防控。精准脱贫方面，坚决完成低收入农户集中增收、消除经济薄弱村攻坚任务，激发贫困人口内生脱贫动力，巩固扶贫成果，提高脱贫质量。污染防治方面，要下更大决心、采取更有力措施，加大污染防治力度，使主要污染物排放总量大幅减少,生态环境质量持续改善。

第四,何种姿态?求实务实是根本。只有坚持求实务实,我们的事业和工作才能取得不断进步。反之,就不是多走路、走弯路的问题,而是会造成走错路的严重后果。

要遵循规律。习近平总书记指出:“发展必须是遵循经济规律的科学发展,必须是遵循自然规律的可持续发展,必须是遵循社会规律的包容性发展。”推动高质量发展,是保持经济持续健康发展的必然要求,是遵循经济规律发展的必然要求。违背规律,就会受到相应的惩罚。

要理性担当。担当,不仅需要勇气,更需要智慧。在担当面前,拒绝胡干蛮干,拒绝政绩工程,拒绝政绩冲动。要切实把心思放在谋发展上,把精力用在干事业上,学好知识、增强本领、积累经验,不图虚名、不走偏锋、不谋捷径,埋头苦干、少说多做、力戒空谈,担当起该担当的责任。

要注重实绩。坚持结果导向,“成绩单”要漂漂亮亮、实实在在,经得起实践、人民、历史的检验。既要重“显山露水”的显绩,又要重“后人乘凉”的潜绩;既要重视客观指标,又要重视群众评价。当下,莲都呈现积极的发展态势,但现在只是找到了跑道,见到了曙光,还没有真正跑起来。我们要保持清醒头脑,找准发展中的症结和工作中的薄弱点,拿出最大的气势,使出最大的力量,用干部的“辛苦指数”换百姓的“幸福指数”。

三、奔跑新一年,务必首善担当,再创佳绩

2018年是贯彻党的十九大精神的开局之年,是改革开放40周年,是决胜全面建成小康社会、实施“十三五”规划承上启下的关键一年。如何干好这一年?我们要以市委十九大精神贯彻年、创新区建设推进年、重点工作攻坚年“三个年”活动为抓手,认真做好“高质量发展转型年”各项工作,奋力奔跑,再创佳绩,当好新时代的答卷人。

(一)谋好“一整年”。关于今年工作,区委务虚会已作了总体谋划,主要为“一”“二”“三”“五”“十”。

“一”:坚持“一条主线”。以学习宣传贯彻党的十九大精神为统领,深入学习习近平新时代中国特色社会主义思想,认真落实党委(党组)理论学习中心组学习规则,精心实施“十百千”活动(组建十支宣讲团、百名宣讲员、开展千场宣讲),当好学懂弄通做实笃行的排头兵。重点开展好“不忘初心,牢记使命”主题教育活动。“初心”是什么?市委书记张兵大年初二走访景宁坪坑村时说:“初心是党员干部的定盘星、动力源、清醒剂,不忘初心才能永保恒心,才能降低重心立稳脚跟。”我们务必站稳政治立场、群众立场,坚持全心全意为人民服务的根本宗旨,富民惠民乐民,为党和人民的事业做更多贡献。

“二”:把握“两个关键”。一是改革创新。这是内在优化孕动力。浙江是靠吃“改革饭”发展起来的。要高度重视以“最多跑一次”改革为牛鼻子的系列改革创新,全面完成省定任务。对标“创新区”“1+1+10+30”行动计划,抓好“中心园”建设。争创全国畜牧业绿色发展示范县,争取通过省级生态文明建设示范区考核验收。二是扩大有效投资。这是外力输入促发展。对标省委省政府“4+1”投资新政,重点围绕重大基础设施投资、高新技术产业投资、环境保护投资、民间投资,梳理细化项目清单,并继续完善项目领办机制、招商引资、项目建设考核办法,充分发挥有效投资对提高供给体系质量的关键性作用。古堰画乡要形成建设场面,东西岩要有重大进展,丽水万洋低碳智造小镇要有产能释放。

“三”:打好“三大战役”。一是政策处理攻坚战。按照要求,今年市区城中村改造的底线是75万方,中线是120万方,高线是180万方。目前,水东老村已经基本完成第一阶段改造任务,打响了城中村改造新年第一炮,值得肯定。接下去,要坚持依法、阳光、和谐征收,加强市区对接,精准务实高效地推进征收工作,确保完成市下达任务。二是城市管理提升战。强化创建为民理念,进一步拓宽文明创建的载体设置,两月一轮、城乡联动,开展六次“丽水我的城”系列万人大行动。进一步健全常态长效机制，完善网格认领机制，擦亮“小荷”、莲都好人等品牌，持续开展群众性创建活动，防止不文明现象反弹。三是社会治理持久战。理顺街道、社区体制机制，全面加强村级治理、社会治安管理等。严格按照中央、省、市有关要求，扎实开展扫黑除恶专项斗争，在城中村改造、乡村项目实施过程中认真实施，实现黑恶势力违法犯罪特别是农村涉黑涉恶问题得到根本遏制、黑恶势力“保护伞”得以铲除、基层社会治理能力明显提升三大目标，切实提高人民群众的安全感。

“五”：做到“五个确保”。一是确保城乡居民、低收入农户的增收速度在省、市领先，力争两位数。具体是：农民收入增幅继续保持全省前列，农村居民收入增幅高于城镇居民收入增幅，低收入农户收入增幅高于农民收入平均增幅。二是确保全面消除集体经济薄弱村。剩下的17个村都是“硬任务”，需要大家共同努力。三是确保“最多跑一次”改革、“四个平台”建设等取得全面成效。推进审批“无差别受理”，推进各类服务事项向行政服务中心全进驻。实现所有事项100%全覆盖，一般企业投资项目开工前审批“最多跑一次”“最多100天”，常态化企业开办（从受理到领取税务发票）3个工作日内完成。四是确保地质灾害大搬快治、D级危房治理尽快安置，一时安置不了的确保平安过渡。五是确保稳步推进生活垃圾减量化资源化无害化处理。围绕“一年见成效、三年大变样、五年全面决胜”，抓紧研究、抓紧实施，坚决打赢垃圾治理攻坚战。

“十”：抓好“十项重点”。一是始终坚持党建引领。坚持“围绕发展抓党建，抓好党建促发展”，把全区各项重点工作作为检验基层党组织战斗力的试金石，把党的政治优势转化为发展优势。二是系统研究乡村振兴战略。今年中央一号文件对实施乡村振兴战略进行了顶层设计：到2020年，乡村振兴取得重要进展，制度框架和政策体系基本形成；到2035年，乡村振兴取得决定性进展，农业农村现代化基本实现；到2050年，乡村全面振兴，农业强、农村美、农民富全面实现。我们要正确把握乡村振兴战略的全面性和长期性，研究制定可行的规划和方案，走出莲都乡村振兴的广阔天地。三是坚定不移把招商引资作为第一抓手。高度重视公共事业、社会建设、信息产业、新金融、数字经济、文化产业等领域的招商引资，优化经济结构，提升经济总量。四是强势推进国有资产、国有企业整合管理经营处置。全面摸清家底，把部门资产变为区属国资，归拢到一个口子管理，通过变现、出租、经营多管齐下，实现市场化运作。对国企改制，按省里要求三年时间全面完成改制。五是系统谋划与民生福祉密切相关的公共产品有效供给。重点增加学前教育、小学教育、养老产业等紧缺公共产品供给，加快教育基础设施建设，积极招引民间资本投资养老产业。对已经开工或定好的项目，如长岗背小学、城西小学等，要加快建设进度。六是高度重视产业融合和互促。注重旅游业、文化产业及农业产业的培育和融合，尤其做好带动服务居民增收的文章。七是坚持生态工业发展力度不变。一如既往做好企业服务和监管，推动项目落地建设，释放投资、释放产能、形成红利，实现企业和政府良性发展。八是以小城镇环境综合整治为载体，系统谋划乡镇中心村建设，积极培育体现发展趋势和要求的新亮点。九是以信访积案化解、初信初访责任落实为核心，做好维护稳定工作。十是全力争创省美丽乡村示范区、省全域旅游示范区。

（二）干出节奏感。体育比赛中，一旦被对手控制住节奏，就会自乱阵脚，输掉比赛。干工作也是如此。

一要统筹协调。形象地说，有的时候要抓大放小、以大兼小，有的时候又要以小带大、小中见大，就是要十个指头弹钢琴。怎么去统筹？从党委决策上统，要认真贯彻民主集中制原则，汇集集体智慧，增强决策的科学性；从时间计划上统，区分轻重缓急，把握工作节奏，克服工作的随意性；从相互结合上统，尽量把内容相近的工作合并进行，把临时性任务纳入已经安排的工作之中，腾出精力抓落实；从人员力量上统，对中心工作、大项任务和一些重要活动，统一协调力量，集中人力资源，合力合拍完成好。

二要精准发力。要抓重点带一般、抓局部带全盘，善于抓住主要矛盾和矛盾的主要方面，力求“一子落、满盘活”。要务实开展调查研究，吃透实情，准确定位。要以雷霆万钧之势迅速攻破工作难点，打开局面。要顺民意聚民心，充分发动群众的积极性，争取群众最大支持。比如，城中村改造、“双增”、垃圾分类等，任务都很艰巨，要善于找准关键节点、关键环节，打赢关键战役，迅速形成声势。

三要适应变化。适者生存，不适者淘汰。年初定的工作，在执行过程中会出现许多新的要求和新的变化。随着形势变化，上级又会部署新的任务。这个时候，必须要有适应变化的意识和能力，见招拆招，有针对性地抓好落实。

四要持之以恒。抓落实，贵在持之以恒，也难在持之以恒。要发扬“钉钉子”精神，了解情况要细致，分析问题要细心，工作责任要细分，评估考核要细化，以具体求深入、促落实、求实效。要大处着眼、小处着手，每年抓几个重点，完成几项任务，点面结合、步步为营，不断积小胜为大胜。

五要团队协作。工作需要合作。各级各部门要增强服务意识、效率意识、“马上就办”意识，单位之间要主动配合、主动补位，干部之间要团结协作、相互支持，真正发挥“1+1>2”的效果。

（三）夺取“开门红”。一年之计在于春。高质量发展是一场接力跑，起跑影响全程，开局决定全局。

一要对照目标抓推进。今年经济社会发展的主要预期目标是：地区生产总值增长7%左右，规上工业增加值增长7%左右，区属固定资产投资增长10%，一般公共预算收入增长7%，城镇居民人均可支配收入增长8%，农村居民人均可支配收入增长9.5%，节能减排达到上级下达的约束性指标。数据的背后，蕴含着高质量发展的要求，今天在会上晒出来，既是激励大家，也是接受大家监督，压力很大。因为“一市一区”，莲都主要经济指标涉及区本级、市本级、开发区，我们不能拖后腿，要通过不懈努力，提高莲都对市区经济体的贡献度份额。

二要聚焦重点强执行。工作最终效果如何，关键在于执行力强不强。当前正是谋划全年任务的关键时期，对于中央、省、市、区定下的决策部署，要吃透精神、领会实质、坚决执行；对于已经谋划清楚的发展思路、已经明确的具体项目，要争取早作部署、早抓落实、早日见效，决不能在等待观望、坐而论道、看摊守业中错失良机，最后“起了个大早，赶了个晚集”。市里初定3月份在万洋低碳智造小镇开展全市项目集中开工活动，我们一定要做好充分准备，也要选好一批项目在活动上开工。

三要压实责任再加油。强化以上率下，重点工作要有领导领办，一般工作要有专人负责，一级抓一级、一级带一级，人人有担子、个个有事干。用好考核指挥棒，参照市对各县（市、区）考核，完善考核评价办法，激励和倒逼“双管齐下”，进一步浓厚自觉快乐高效的工作氛围。驰而不息纠“四风”转作风，拓展工作视野、提高工作能力，加强工作纪律督查、促进工作作风转变，以“好作风”拼出好局面。

同志们，幸福都是奋斗出来的。让我们紧密团结在以习近平同志为核心的党中央周围，在省委、市委的坚强领导下，不驰于空想、不骛于虚声，抬头看路、埋头赶路、挑担领路，向着高质量发展奋力奔跑，谱写富民强区新篇章！

政府工作报告

——在莲都区第十六届人民代表大会第二次会议上

陈　豪

各位代表：

现在，我代表莲都区人民政府，向大会报告工作，请予审议，并请各位政协委员和其他列席人员提出意见。

一、2017年主要工作

2017年是本届政府的开局之年，也是深入落实“十三五”规划的重要之年。一年来，在上级党委政府和区委的坚强领导下，在区人大和区政协的监督支持下，区政府深入学习贯彻习近平新时代中国特色社会主义思想，全面贯彻落实党的十九大精神，首善担当、争创一流，奋力推进“城市共建、经济共融、福祉共享”。全年实现地区生产总值332.98亿元，增长5.2%，三次产业结构调整为5.7∶37.0∶57.3；完成区属固定资产投资173.70亿元，增长11.5%；实现一般公共预算收入13.53亿元，增长1.7%；城乡居民人均可支配收入分别为41857元、23407元，分别同比增长8.7%、10.1%。年度综合考核排名全市第一，连续七年获得优秀等次。

（一）致力于绿色发展，产业经济在转型升级中提质增效

生态农业亮点纷呈。农业“两区”建设扎实推进，新建粮食生产功能区9417亩。获批创建省级现代农业园区和省级农业科技园区。蔬菜、食用菌、茶叶、水果等传统产业实现产值21.74亿元，铁皮石斛、皇菊、白枇杷、三叶青、覆盆子等特色农业稳定发展。丽新茶叶精品园、老竹白莲精品园被评为全国农村创业创新园区（基地）。中国柑橘产业发展领军人物邓秀新院士在我区成立院士专家工作站。农旅融合步伐加快，新建美丽牧场6家，新增休闲农业观光园区6个、省级示范性家庭农场5家，新增“丽水山耕”合作基地145个，转化农产品旅游地商品33个，实现旅游地商品销售额4.82亿元，成功打造百兴菇业、夫人山养心谷等一批农旅融合基地，农事节庆活动基本实现“一乡一节”，先后被评为全省首批畜牧业绿色发展示范县、全国休闲农业和乡村旅游示范县。

生态工业态势向好。制定出台提振生态工业发展实施意见，深入开展“精准服务企业、振兴实体经济”专项行动，生态工业走出多年困局，全年出让工业用地1303.19亩，总投资135亿元的万洋低碳智造小镇项目实现开工。“腾笼换鸟”取得实质性成效，全年盘活闲置厂房、土地9宗281亩，整治提升“低小散”企业51家，淘汰落后产能3家。产业转型取得积极进展，全年高新技术产业增加值、新产品产值分别增长16.1%、39.2%，分别高出全市平均水平2.4个和20.5个百分点。新增国家高新技术企业6家、省科技型中小企业17家，“浙江制造”标准实现零的突破，万控电气、瓯宝安防、乾麟缝制等3家企业入选省“隐形冠军”培育企业名单。扶工兴工合力增强，全年兑现企业奖补资金1417万元，为企业提供应急转贷资金35笔，金额1.81亿元。企业上市和并购重组“凤凰行动”扎实推进，完成企业股改1家，在浙江股权交易中心挂牌6家。成功入选省知识产权示范工作创建县（市、区）。

现代服务业快速发展。实现旅游总收入77.18亿元，同比增长29.9%。成功举办古堰画乡小镇艺术节暨“玩转画乡”旅游季系列活动，蝴蝶谷、雅溪漂流、欢庭·下南山、利山峡谷穿越等一批旅游项目顺利建成。莲都区获评长三角最具魅力私家旅游目的地，古堰画乡小镇获评长三角最具魅力旅游特色小镇。百兴菇业获评浙江省五星级旅游购物场所，全市唯一。融合发展“互联网+”产业，实现网络零售额37.50亿元，同比增长38.4%，成功入选浙江省电子商务创新发展试点县。集聚发展现代金融服务业，引入台州银行等金融服务企业25家。完成中山街智慧商圈项目建设。全年实现服务业增加值190.73亿元，占GDP比重达到57.3%，同比提高0.6个百分点。

（二）致力于大干项目，发展后劲在强化投入中不断增强

项目推进有为有效。推行重大项目领导领办、季度点评等项目推进机制，大力开展“首善担当创一流”百日百项攻坚战，全年新开工项目比上年度增加了90个；省、市重点项目完成年度投资任务的171.7%和156.3%，执行率历年最高；区本级完成固定资产投资63.18亿元，同比增长28.9%，增幅全市第一。城西小学、碧湖瓯碧园等新建项目顺利开工，联城城郊农民新社区三期、古堰画乡游客中心等续建项目扎实推进，碧湖镇环北路延伸段、丽水花街片区莲都安置小区等前期项目加快推进。积极融入浙江（丽水）绿色发展综合改革创新区，谋划项目142个，总投资达500亿元，为“中心园”建设积蓄了发展势能。

招商引资形势喜人。紧抓招商引资“一号工程”不动摇，坚持“五个通吃”，注重“五资并举”，组建产业招商组和招商小分队“走出去”招商，利用世界丽水人大会“请进来”招商。全年实际利用内资35.50亿元，浙商回归到位资金20亿元，实际利用外资1334万美元，引进大项目13个，综合考核排名全市第二。特别是全市有史以来最大的产业类招商项目万洋低碳智造小镇项目的成功引进，必将为莲都实体经济的振兴注入强劲动力！

要素保障更加有力。市区合力开展重点项目政策处理“百日攻坚”和“持续攻坚”行动，累计销号项目114个，完成率95%，征收房屋14.52万平方米，清场交地4010亩，确保了桐岭路、丽水二中、丽阳溪综合整治等一大批市区重点项目和民生项目的用地需求。多渠道筹措基本建设项目资金9.02亿元。成功入选省“两山（二类）”建设财政专项激励资金扶持县，三年可获资金3亿元。创新项目投融资模式，谋划推出PPP项目10个。扎实推进土地开发，全年垦造水田1000亩、旱地1200亩，建成高标准基本农田2.3万亩。加快推进土地出让，全年共出让土地1554.58亩，划拨土地207.07亩，收储土地2100亩。

（三）致力于全域统筹，城乡面貌在协调发展中展现新姿

生态环境持续改善。高标准完成中央、省委环保督察迎检工作，131件信访交办件全部办结。动真碰硬推进“三改一拆”，全年拆违198.43万平方米、“三改”316.16万平方米，“无违建创建先进区”通过初验。深入推进“五水共治”，全面打赢全境剿灭劣Ⅴ类水攻坚战，创成“清三河”达标县，“养猪上楼”入选农业部“五大治污”模式，农村生活污水治理设施运维管理工作全省优秀，有望首次夺得“大禹鼎”。“六边三化三美”考核全市第一，连续两年被评为全省“四边三化”行动优秀县（市、区）。成功举办首届“生态文明与绿色发展”莲都国际研讨会，全市首家海外院士专家工作站——柯布生态文明院士工作站落户古堰画乡小镇。启动农村生活垃圾分类处理和城市生活垃圾分类智能化试点建设，连续两年被评为全省农村生活垃圾治理工作优胜县（市、区）。峰源省级自然保护区正式设立。碧湖镇被评为省级森林城镇。堰头村被评为全国生态文化村。莲都区生态环境质量公众满意度首次排名全省第一。

城乡品质全面提升。首战当决战奋力推进全国文明城市创建，以6次“我为丽水”万人系列活动为抓手，广泛开展全民创建活动，“小荷”志愿者发展到15079人；全面完成10类重点建设项目、10类重点整治项目和15个挂牌整治项目；成功打造“330条美丽楼道、43条文明小巷、4个示范社区”特色品牌；全面展示了“最整洁、最礼让、最有序、最

有爱心、最平安”的丽水城市形象，助力丽水市以全省第一、全国第四的优异成绩一举创成全国文明城市。大力开展小城镇环境综合整治工作，黄村乡、大港头镇、丽新乡顺利通过省级验收，大港头镇被评为省级样板乡镇。古堰画乡小镇连续两年在省级特色小镇考核中获得优秀。大力推进农村景区化，6个美丽乡村重点村建设有序推进，新增A级景区村25个，其中AAA级景区村2个。老竹镇被评为全省美丽乡村示范乡镇，新陶村等4个村被评为全省美丽乡村特色精品村，西坑村等7个村入选第一批省级传统村落名录，下南山村入选全省首批历史文化村落保护利用重点村典型案例，利山村入选浙江省少数民族十佳特色村寨示范单位培育名录。

基础设施日趋完善。建成碧湖第一水厂，开工建设大港头至碧湖污水处理厂污水主管工程、大港头镇区给排水管网改造工程，谋划推进碧湖平原基础设施一体化项目。南山互通至丽新公路建设项目(一期)完成路基工程主体，“大大线”莲都段改建工程完成项目建议书批复，新建农村联网公路10公里，完成农村公路提升改造31公里、大中修33公里。峰源乡实现通公交，农村客运“村村通”工程全面完成。新能源汽车租赁布点实现乡镇(街道)全覆盖。水利建设项目扎实推进，清理河湖库塘淤泥32.54万立方米，完成老竹溪后坑段、严溪黄村段综合治理，完成高溪水库、黄坛坑水库、枫树湾水库除险加固主体工程，完成农村饮用水提升改造1万户。

(四)致力于惠民利民，人民生活在共建共享中持续改善

强村富民成效显著。启动实施全面消除集体经济薄弱村三年行动计划，消除集体经济薄弱村101个，完成省定三年任务的85.6%，132个村实现村财增收。深入实施“千万农民素质提升工程”，全年完成农村劳动力素质培训9348人，城镇新增就业2036人。扎实推进农民工等人员返乡创业国家级试点，全年实现农家乐民宿营业总收入2.52亿元，发放来料加工费2.23亿元。深入实施“低收入农户收入倍增计划”，成立残疾人就业创业孵化基地，开展医疗救助、临时救助、孤困儿童救助1.3万人次，发放救助资金3250万元。创新开展商业保险助推扶贫工作。全区低收入农户人均可支配收入达到11067元，同比增长16.3%。

民生事业不断进步。全年民生支出31.53亿元，占区本级财政总支出比重80.9%。十方面民生实事圆满完成。全市率先试点“区管校聘”改革，全省首推“两代表一委员”督政督学评议制，梅山中学二期、碧湖中学二期项目完成扩建，城西小学、东港小学、碧湖镇中心幼儿园开工建设。我区作为全国唯一的县(市、区)，在国家义务教育质量监测结果解读会上作典型发言。圆满完成城乡妇女免费“两癌”检查年度任务。开展6家市区医联体建设试点，责任医生规范签约率达到31.3%，岩泉街道社区卫生服务中心等项目建成投入使用。老竹、太平、黄村、峰源等4个乡镇被评为省级卫生乡镇，创成省卫生应急工作示范区。新建日间照料中心示范点5个，基本实现日间照料中心城乡社区全覆盖。改造提升农贸市场15个，创成省级放心农贸市场4个，入选省“放心粮油示范县”试点名单。城乡居民社会养老保险和基本医疗保险参保率分别达到85.3%和99.0%，医保个人账户“家庭共济”人数达到12904人。建成区数字文化馆、区公共图书馆，新建农村文化礼堂9个，新增省非遗代表性项目名录2个。老竹镇被评为省文化强镇，保定村被评为浙江传统戏剧特色村。

平安建设扎实推进。以砸锅卖铁的决心推进“大搬快治”和治危拆违行动，完成避让搬迁项目21个、搬迁1882人、已安置453人，完成工程治理项目12个，解危405人；D级危房和涉及公共安全的C级危房全部完成腾空，农村危房拆除修缮率达79.3%。深入开展信访积案“歼灭战”，化解信访积案102件。全面推进乡镇(街道)“四个平台”建设，建成省级全科网格示范区，实现99%以上的事务处理、矛盾纠纷、群众咨询和投诉举报

在基层解决。全面加强安全生产责任落实，安全生产事故起数、死亡人数均同比下降20%。区科技局荣获全国防震减灾工作先进单位。全面防范和化解金融风险，全区银行不良贷款率从年初的2.6%下降到1.9%。全面加强社会治安综合治理，圆满完成护航十九大等重大活动安保任务，莲都区群众安全感满意率达到99.0%，创历史新高，夺取“平安金鼎”胜利在望！

（五）致力于深化改革，行政效能在作风转变中明显提升

改革创新取得实效。全面推进“最多跑一次”改革，“最多跑一次”事项实现率达到97.5%，27个行业推行证照联办，“百人体验”“千家回访”“万户推送”等创新做法得到社会高度认可，莲都“最多跑一次”改革在第三方满意度评估调查中排名全省第九。农村金融改革持续深化，新增“三权”抵押贷款2.38亿元，农村担保体系、信用体系、保险体系进一步完善。颁发全市首批农村土地承包经营权证，完成农村宅基地及住房确权登记4329宗，入选全国农村集体产权制度改革试点单位。组建成立农合联服务中心、农合联资产经营公司。开展国资营运公司市场化改革、从事生产经营活动事业单位改革。完善新一轮乡镇（街道）财税体制。在全省率先开展财政补助资金股权化改革。全年争取到省级以上改革试点项目11个。

破难攻坚能力增强。对照“莲都铁军”要求，完善制度机制，夯实基层基础，政府议事决策机制、工作推进机制、资金使用管理机制更加健全。以不推诿迎难上的担当，大力开展攻坚破难画句号行动，成功化解历史遗留问题11个，括苍路专建区块危旧房腾空、郎奇-白桥区块坟墓搬迁等一大批难题难事得到妥善处置。实行“目标任务项目化、推进工作时序化、落实工作责任化、督查考核常态化”，行政效能不断提高，万洋低碳智造小镇项目从签约到开工用时不到5个月，充分展现了精准服务企业的“莲都态度”和“莲都速度”。主动接受区人大法律监督和区政协民主监督，全年共办理人大建议和政协提案388件，满意率98.9%，同比提高1.3个百分点。

廉政建设不断加强。认真落实党风廉政建设责任制和“一岗双责”，持之以恒转作风。进一步加强财政预算管理，严肃财经纪律，强化预算刚性。全面加强和规范涉农、扶贫、医保等民生领域财政专项资金管理。严格实施公款竞争性存放。清理规范编外用工使用。严肃国资管理，收回约6500平方米闲置国有房屋，核销、收回财政出借资金3882.22万元。严格项目投资审查和结算审计，财审核减资金1.55亿元，审计核减工程造价4048万元。成立审计整改工作领导小组，审计发现问题基本整改到位。

同时，民族、宗教、慈善、老龄、妇女、儿童、红十字等事业取得新进展，粮食、物价、统计、质监、档案、侨台、外事、史志、保密等工作取得新成效，人民武装、国防教育、拥军优属和国防后备力量建设得到新加强！

各位代表，这些成绩的取得，得益于市委市政府和区委的坚强领导，得益于区人大、区政协的有效监督和鼎力支持，得益于各民主党派、工商联、无党派人士、人民团体、港澳台同胞以及广大侨胞、社会各界人士和驻莲部队的大力支持，得益于全区广大党员干部群众的共同努力。在此，我谨代表区人民政府，向大家致以崇高的敬意和衷心的感谢！

在肯定成绩的同时，我们也清醒看到，在前进的道路上还存在许多困难和问题，主要表现在：经济发展方面，总量偏小、速度偏慢、质量偏低的现状没有得到根本改变，地区生产总值、一般公共预算收入等重点指标增速低于年初预期目标，土地、资金、人才、体制等要素制约仍然存在。社会民生方面，交通等城乡基础设施存在明显短板；教育优质资源供给不足，超班额、师资紧张等问题进一步凸显；医疗卫生人才匮乏，基层卫生服务能力比较薄弱，民生事业发展不平衡不充分的问题比较突出。自身建设方面，少数干部首位意识、责任意识、担当意识、服务意识不强，能力水平与新形势新任

务新要求还不相适应。对这些困难和问题,我们将高度重视,采取有力措施认真加以解决。

二、2018年工作总体要求

2018年是全面贯彻党的十九大精神的开局之年,是决胜全面建成小康社会、实施“十三五”规划承上启下的关键之年,也是我区融入“创新区”,建设“中心园”,奋力推进高质量发展的转型之年。今年工作的总体要求是:高举习近平新时代中国特色社会主义思想伟大旗帜,全面贯彻党的十九大精神,坚持稳中求进总基调,坚持新发展理念,按照高质量发展要求,以供给侧结构性改革为主线,全面落实市委“十九大精神贯彻年”“创新区建设推进年”“重点工作攻坚年”各项工作要求,全力抓好区委“高质量发展转型年”各项重点工作,首善担当、争创一流,奋力推进“城市共建、经济共融、福祉共享”,奋力开辟莲都区高质量发展新境界。

高质量发展,就是能够很好满足人民日益增长的美好生活需要的发展,是体现新发展理念的发展,是创新成为第一动力、协调成为内生特点、绿色成为普遍形态、开放成为必由之路、共享成为根本目的的发展。推进莲都区高质量发展,必须始终根植于“秀山丽水、画乡莲都”的生态优势,使生态优先、绿色发展成为全区共识;必须始终聚力于加快构建现代化绿色产业体系,真正打开“两山”转换通道;必须始终立足于全面推进城乡统筹协调,形成全域统筹、城乡一体的发展新格局;必须始终落脚于全力保障和改善民生,让人民群众在高质量发展中享有更多的改革红利。

根据高质量发展要求,综合考虑我区实际,今年我区经济社会发展的主要预期目标是:地区生产总值增长7%左右,规上工业增加值增长7%左右,区属固定资产投资增长10%,一般公共预算收入增长7%,城镇居民人均可支配收入增长8%,农村居民人均可支配收入增长9.5%以上,各项约束性指标达到上级要求。具体工作中,要以开展“高质量发展转型年”活动为载体,全力抓好五方面重点工作:

(一)坚持项目第一抓手,全力扩大有效投资。项目是经济工作的牛鼻子,也是实现高质量发展的重要抓手。我们将始终坚持“项目为王”的理念,大抓项目、大干项目,全力以赴扩大有效投资。

以项目攻坚扩大有效投资。继续推行领导领办、季度点评、联合督查等项目推进机制,不断提高项目工作组织化水平。围绕“4+1”投资新政,努力优化投资结构,确保交通基础设施、生态环境和公共设施、高新技术产业和民间投资增长10%以上,确保县(市、区)长项目工程落地率达到50%。深入开展项目攻坚活动,围绕215个实施类基本建设项目,全面形成“盯人、盯事、盯项目”全程攻坚机制,确保万洋低碳智造小镇等重点项目顺利推进,郎奇—白桥养生养老等新建项目顺利开工,青林小学等前期项目加快进度,全年区本级固定资产投资增长15%以上。

以精准招商带动有效投资。继续把招商引资作为“一号工程”,依托中心城区、现代农业园区、万洋低碳智造小镇、古堰画乡小镇、环东西岩沿线、北部山区等六大发展平台和世界丽水人大会等重大招商载体,精准对接,全力招引生态制造、农旅融合、休闲旅游、康体养生、文化创意和信息经济等产业项目。积极整合专项招商组和招商小分队资源,强化专业招商;利用莲都商会、海外侨团和社会中介资源,开展以商招商;积极组团参加浙洽会、海洽会等经贸交流活动,注重会展招商。全年力争实际利用内资28亿元、浙商回归到位资金16亿元,实际利用外资1200万美元,引进大项目8个。

以要素集聚保障有效投资。强化土地要素保障,扎实推进阳光征收、和谐征收、依法征收,确保市区重点项目无障碍施工。加大耕地垦造和土地出让力度,全年完成垦造水田1500亩、旱地1500亩、农村土地综合整治200亩,完成土地出让2400亩。加快与社会资本合作,推进万洋低碳智造小镇基础设施、碧湖第二污水处理厂等PPP项目落地建设。发挥政府资金引导作用,成立政府性融资担保公司。拓宽国企融资渠道，发行企业债券6亿元以上。加大向上争取项目资金力度，做好项目资金整合管理，集中有限财力办大事，坚决打好化解地方债务风险攻坚战。

以区域合作促进有效投资。坚持以更加开放的理念融入区域合作交流，积极参与“一带一路”建设，积极融入长三角和海西经济区，主动对接浙西南生态旅游大通道建设。切实加强与周边地区在重点项目安排、产业发展、基础设施互联、公共服务共享等方面的合作。着力深化与义乌市的山海协作，全年力争新引进特色产业项目25个，到位资金17亿元，不断提升园区共建、产业合作水平。认真做好与四川省剑阁县的扶贫协作结对工作。积极引导优质民营企业、进出口企业开展对外贸易，鼓励企业“走出去”参加境内外专业展会，不断拓展新的经济增长点。

（二）坚持产业第一支撑，全力振兴实体经济。产业是实体经济的主体，也是实现高质量发展的重要基础。我们将坚定不移贯彻落实新发展理念，全面推进供给侧结构性改革，切实提高绿色发展的质量和效益，努力实现“投资有回报、企业有利润、员工有收入、政府有税收”。

坚持精品化定位，做优做强生态农业。把增加绿色优质农产品供给放在突出位置，深入推进农业供给侧结构性改革，全面启动省级现代农业园区、省级农业科技园区建设，新增省级现代农业科技示范基地1800亩，新培育生态精品农业示范乡镇2个、生态精品农产品5个，全力推进小水果、生态畜牧业等优势特色产业发展。认真落实粮食安全责任制，提升粮食生产功能区建设水平，创成省级“放心粮油示范县”。扎实推进畜牧业转型升级，新建美丽牧场6家，争创全国畜牧业绿色发展示范县。继续抓好“一区一镇”建设，打造碧湖农业产业集聚区和大港头、老竹等农业特色强镇。深入开展质量强农“八大行动”，新增“三品一标”认证农产品9个，市级以上农业主体质量安全追溯覆盖面达90%以上，标准化程度达63%以上。

坚持高质量要求，提质增效生态工业。深入实施莲都生态工业“32615”行动计划，全力做强先进装备制造、时尚轻工、健康制造、食品加工等主导产业。按照“严守环保底线、严格产业规划、严把招商环节”三大要求，全力推进万洋低碳智造小镇建设，打造生态工业发展新高地。强化亩产论英雄导向，推进低效产能、低效闲置用地、“低小散”企业清理，突出项目投产、增加值率、亩均税收等方面考核，推动企业高质量高效益发展。大力推动“腾笼换鸟”“机器换人”“电商换市”“企业上云”，加快工业园区通用设备、电气机械、金属制品等传统产业改造升级。持续开展“精准帮扶企业、振兴实体经济”行动，着力帮助企业解决融资难、招工难等实际困难。分类实施凤凰行动、小巨人培育行动和小微企业提质行动，全年力争实现新三板挂牌企业1家，新培育亿元企业2家、规上企业5家。

坚持新经济引领，积极培育美丽业态。加快发展现代服务业，推动发展总部经济、共享经济、数字经济，促进各类高端要素向莲都集聚。大力发展文化创意产业，编制出台莲都文化产业振兴计划，加大文化产业招商力度，培育以油画创作为核心的文化艺术产品，探索成立文化创意产业基金，积极发掘民间艺术，弘扬民俗文化，提高文化活动的影响力。加快金融服务、信息科技等生产性服务业和休闲健康、养生养老等生活性服务业发展。大力发展“互联网+”产业，扎实推进省电子商务创新发展试点工作，加快莲都电子商务创业创新综合体建设，加大互联网创业创新主体和品牌培育力度，全年实现网络零售额增长30%以上。

坚持全产业融合，大力推动融合发展。扎实推进农业园区与旅游景区、农业主体与旅游主体、农业品牌与旅游品牌深度融合，积极谋划集生态农业、创意农业、农事体验于一体的田园综合体项目，年内新建休闲观光农业区8个，新增农产品旅游地商品24个。高起点推进万洋融合发展，着力把万洋低碳智造小镇打造成工旅融合的样板小镇，争取列入省级创建类特色小镇。制定出台促进产业融合发展扶持政策，全年新创建省级产业融合示范点5个，打造康体养生游、农事体验游、传统民俗游等旅游精品线路10条。编制全域旅游发展规划，加大古堰画乡小镇建设和创AAAAA工作力度，提升东西岩景区建设管理运营水平，争取一批重大旅游招商项目尽快落地，推进碧湖平原、宣平溪流域、巨溪三岩寺、环东西岩沿线等旅游产业融合集聚区发展，争创省级全域旅游示范区。

（三）坚持统筹第一要求，全力促进城乡融合。全域统筹是促进城乡融合，实现高质量发展的内在要求。我们将以超常规力度实施乡村振兴战略，加快城乡融合发展，全力打造处州韵味的美丽城乡。

以最高的标准，大力建设美丽城镇。打好全国文明城市创建成果巩固战。积极开展“丽水我的城”等群众性创建活动，推进“小荷”志愿服务制度化、规范化、常态化；开展公益广告宣传提升行动，推进公益广告提质增效；深化“美丽楼道、文明小巷、示范社区”创建行动，新增美丽楼道100条，文明小巷10条；大力开展市容环境专项整治行动，不断提高城市文明程度和宜居品质。打好市区城中村改造大会战。全力推进丽水饭店区块、括苍路专建区块、水东老村等区块的拆迁改造，完成改造面积120万平方米以上。完成5个旧住宅区、2个城中村、30个老旧社区截污纳管改造。打好小城镇环境综合整治推进战。老竹、雅溪、太平、峰源、仙渡等5个乡镇完成综合整治任务，黄村、大港头、丽新等3个乡镇巩固提升综合整治成果，碧湖小城镇环境综合整治取得明显成效。完成碧湖—大港头分区规划和老竹畲族镇城镇总体规划修编。

以最靓的特色，精心打造美丽乡村。围绕创建全省美丽乡村示范县（市、区），深化“六边三化三美”行动，“秀丽宣平”港前线、“通济古堰”新50省道、“古道问今”330线等3条美丽乡村风景线争创省、市精品示范。实施“千村精品、万村景区”工程，加强村庄规划、村庄设计和农房设计，严格农村建房管理，建设具有莲都韵味的“处州民居”；充分挖掘生态、人文、产业特色，整合资源，连片分批推进美丽乡村重点村建设，全年力争创建A级景区村25个，其中AAA级景区村3个，创建市级花样村庄、美丽乡村精品村、美丽经济示范村各2个。扎实推进传统村落复兴工程，抓好西溪村、新陶村等历史文化村落的保护和开发利用，提升咸宜村等少数民族村寨建设水平。完善农村道路、农田水利、河道生态治理、饮用水改造提升等基础设施，改善乡村生产生活条件。鼓励社会各界投身乡村建设，全面激发乡村振兴活力。

以最大的力度，加快完善基础设施。大力实施南山互通至丽新公路建设工程等一批综合交通项目，加快推进“大大线”莲都段改建工程项目前期。加快建设农村“四好公路”，巩固建制村客运“村村通”成果，完成公路大中修34公里、安全生命防护工程19公里，提升改造21公里。全面开展农村公路市场化养护。配合推进丽水机场、瓯江航道、衢丽铁路、水东综合交通枢纽等重大交通项目建设。以小城镇环境综合整治为抓手，完善集镇基础设施，启动碧湖镇区基础设施提升工程，加快推进大港头镇区给排水管网（二期）项目，加快谋划碧湖平原基础设施一体化项目和雅溪自来水厂、老竹-丽新自来水厂等重大民生项目。统筹抓好绿色能源、环保设施、安全水利、智慧信息等基础设施建设，不断完善城乡基础设施建设水平。

以最严的要求，持续改善环境质量。实施《莲都区生态文明建设示范区规划》，稳步推进山水林田湖草系统治理，加快创建省级生态文明建设示范区。深入推进“三改一拆”，完善拆改结合、依法治违、源头管控的长效机制，坚决遏制新增违法建筑，全年拆除违法建筑100万平方米，拆后土地利用率达到75%以上，力争创成“基本无违建区”。实施五水共治“碧水”行动计划，巩固提升剿灭劣Ⅴ类水成果，全力争创“污水零直排区”。大力推进“五气共治”，加大工业废气、燃煤锅炉、建筑扬尘、餐饮油烟整治力度，确保市区空气环境质量优良天数稳中有升。深入推进农村面源污染整治，切实加强有害固废、生活固废、污泥固废、建筑固废的处置监管。广泛开展厕所革命，新建、改扩建景区厕所12座。深入推进垃圾革命，城乡生活垃圾分类覆盖面分别达到80%、50%以上。持续开展“811”美丽莲都建设行动，实施平原绿化250亩，建设彩色林、健康林8000亩，加强松材线虫病防治工作，积极创建省级森林康养示范区。

（四）坚持改革第一动力，全力集聚发展动能。改革创新是加快发展方式转变，实现高质量发展的活力之源。我们将继续坚持以“最多跑一次”改革为引领，持续深化各领域各方面改革，不断集聚绿色发展新动能。

深化“最多跑一次”改革。深入推进“互联网+政务服务”应用，进一步打破信息孤岛，打通数据通道，实现公共数据全面整合，年底前所有民生事项和企业事项实现“一次办结”，其中80%以上开通网上办理，50%以上的民生事项实现“一证通办”。加快推进企业投资项目“最多跑一次”改革，建立企业投资项目高效审批服务机制，持续推进投资项目在线审批监管平台2.0版应用，全面实现网上申报、网上审批、办件回传“三个100%”，一般企业投资项目开工前审批“最多跑一次”“最多100天”。依托基层治理“四个平台”和政务服务网，推进“一窗受理、集成服务”向乡镇（街道）、村（社区）延伸。

深化重点领域改革。积极融入浙江（丽水）绿色发展综合改革创新区建设，积极助力丽水创建全国生态文明先行示范区、国家全域旅游示范区、浙江农村电子商务创新发展示范区，争取更多重大产业项目、重大改革事项、重要发展平台在莲都落地。推进投融资体制改革，探索建立基础设施投资基金、旅游产业基金，鼓励更多的社会资本参与基础设施建设。深化国资营运公司市场化改革，整合资源重新组建区国资公司、区城投公司、区旅投公司，促进国有企业做大做强。稳妥推进从事生产经营活动事业单位改革。深入实施新一轮乡镇（街道）财政管理办法。

深化农村综合改革。按照“产业兴旺、生态宜居、乡风文明、治理有效、生活富裕”的总要求，推出一批促进乡村振兴的试点改革。以土地承包经营权再延长三十年不变为契机，统筹推进土地确权登记和土地承包经营权流转，全力抓好全国农村集体产权制度改革试点。推进农合联资产经营公司市场化、实体化运行，培育公司经营实体和服务平台，提升农合联“三位一体”为农服务功能。深化农村金融改革，实现“三权”抵押贷款余额增长5%以上。深化村民自治实践，发挥村规民约作用，不断提升乡村治理水平。

持续推动创新发展。发挥科技创新引领作用，完善科技创新扶持政策，研发经费支出占地区生产总值比重达到1.16%。深入实施高新技术企业和科技型中小微企业“双倍增”行动计划，认定国家高新技术企业6家、科技型中小企业10家。深入开展质量提升三年行动，加快名品名牌培育，新增市级以上名牌产品2个、发明专利申请量1200个。扎实推进省知识产权示范区创建。全力争创丽水国家农业高新技术产业示范区。深化与省旅职院、丽水学院、丽水职技院等高校的合作交流，积极构筑创业创新合作平台。加强高层次、高技能人才队伍建设，争取入选“绿谷精英”或省“千人计划”1人。

（五）坚持民生第一追求，全力保障和改善民生。保障和改善民生是坚持以人民为中心发展思想的重要体现，也是推进高质量发展的价值追求。我们将以十方面民生实事为抓手，认真做好就业、增收、教育、医疗卫生、社会保障等各项工作，不断提高人民群众的获得感、幸福感和安全感。

全力推进城乡居民收入和农村集体经济收入双增长。综合施策，精准发力，力争城乡居民收入增幅保持全市领先。认真抓好高校毕业生、城镇就业困难人员、农村转移劳动力等重点人群的就业创业，新增城镇就业

1300人以上，完成农民就业创业培训2300人次。大力实施助农增收“十大工程”，大力发展农家乐民宿、电子商务、来料加工等富民增收产业，加快农民异地搬迁安置，碧湖瓯碧园主体完工，大港头金港小区二期、紫金水岭根安置小区、丽水花街片区莲都安置小区开工建设，积极谋划碧湖瓯碧园二期和老竹丽新安置小区项目，全年完成农民异地搬迁800人。深入实施“低收入农户全面小康计划”“第三轮少数民族低收入群众增收帮扶行动计划”，确保低收入农户收入增幅达到10%以上。加强农村集体“三资”管理，创新村集体经济增收方式，深入推进“光伏小康工程”等强村项目，年内全面消除集体经济薄弱村。

全面发展社会事业。优先发展教育事业，城西小学投入使用，东港小学、碧湖中心幼儿园迁建项目完成主体工程。实施义务教育班额控制行动，消除起始年级超班额。积极推进第三轮学前教育发展计划。全面推行教师“区管校聘”，探索“校长职级制”改革。编制“健康莲都2030”行动方案，开展全国健康促进县（区）试点，深化医药卫生体制改革，积极开展市区医联体建设，加快丽云中心卫生院迁建项目、钭氏医院新建项目建设进度。优化计划生育和妇幼健康服务。传承发展中医药事业。提升城乡社区建设管理水平，新创建“幸福社区”5个。完善现代公共文化服务体系，启动非遗展示馆建设项目，新建农村文化礼堂9个，持续开展送戏下乡、送书下乡、文化走亲等文化惠民活动，实施“四提升四覆盖”全民健身工程。开展古堰画乡文化特色小镇“一带一路”走进法国交流活动，办好浙江省第五届畲族风情旅游文化节暨竹柳新桥第二十五届“三月三”畲族歌会、“莲都100”越野赛等文化体育活动。

全力提高社会保障水平。积极推进各类社会保障制度整合，建立统一的社会保险公共服务平台。健全大病保险制度和医疗救助制度，实施全民医保。加大社会保障和社会救助力度，着力解决因病返贫、孤老返贫、残疾致贫等特殊贫困问题。加强城乡社区养老服务机构建设，开工建设老年服务中心，新建3个兼具日间照料与全托服务功能的示范型居家养老中心，扎实推进养老机构公建民营。发展残疾人事业，加强残疾预防和康复服务，投入使用残疾人综合服务中心，完成残疾人无障碍设施进家庭70户。加强妇女儿童权益保障，关心关爱农村留守老人、留守儿童，保障困难群众的基本生活。深化优抚安置工作，推进优抚工作社会化服务。

全力提升社会治理能力。扎实推进城乡危旧房治理，全面推进城区D级危房连片征收，全面完成农村危房治理改造。实施地质灾害隐患“解危清零”行动，加快避让搬迁安置及隐患点核销进度，基本消除重大地质灾害隐患。加强食品药品安全监管，完善农产品质量安全追溯体系，建设城乡放心农贸市场3家，创成“省食品安全区”。加强企业“两链”和金融风险防范与化解，切实维护良好的经济发展秩序和金融生态环境。严格落实安全生产责任，强化安全隐患整治，确保不发生重特大生产安全事故。加大救灾减灾防灾力度，新建、改建避灾安置场所10个。完善大调解体系建设，持续推进信访积案化解，妥善处置各类矛盾纠纷，提高社会应急动员能力。严密防范、依法打击各类违法犯罪行为，开展扫黑除恶专项斗争，巩固“平安莲都”建设成果。

同时，要切实加强国防动员和后备力量建设，积极促进军民融合发展。进一步做好统计、质监、档案、方志、移民、双拥、民族、宗教、侨台、外事、老龄、红十字会、关心下一代等工作。

三、全面加强政府自身建设

围绕“为民、务实、清廉”的总要求，深入开展“不忘初心，牢记使命”主题教育，全面加强政府自身建设，着力营造有利于高质量发展的市场环境、法治环境和政务环境，不断提升施政能力和服务水平，打造人民满意政府。

坚持法治思维，做到依法行政。围绕“法治莲都”建设，完善区政府常务会议学法制度，推动政府部门依法依规行使权力、履行职责、开展工作。强化行政权力制约和监督，自觉接受人大依法监督、政协民主监督以及监察、司法、审计、群众、舆论监督，认真办理人大议案、人大代表建议和政协委员提案。严格遵守重大行政决策程序，健全政府法律顾问制度，加强政府重大合同管理。进一步深化行政复议体制改革，成立行政复议局，不断提升依法行政能力。

坚持创新创业，做到高效施政。围绕推动高质量发展，把提高行政效能作为加强政府自身建设的关键环节，推动政府部门善用发展的眼光、改革的办法、市场的机制、创新的手段，破解莲都发展过程中面临的体制性矛盾、结构性问题和政策性障碍。进一步创新工作推进机制，按照“可量化、可执行、可落地”的要求，每月对重点工作实行清单式管理、跟踪式推动、销号式验收，确保指标一个一个落实，项目一个一个推进，难题一个一个破解，全力推动政府工作提速增效。

坚持首善担当，做到实干兴政。始终坚持实干第一导向，大力强化执行力建设，坚决做到群众有需求、党委有部署、政府有行动、落实有成效。按照区委锻造“莲都铁军”的要求，强化重点工作、重点项目和重大难题攻坚，大力营造比学赶超、苦干实干的干事氛围。坚持以结果为导向，以成败论英雄，加快形成推动高质量发展的指标体系、政策体系、标准体系、统计体系和考核体系，确保地区生产总值、一般公共预算收入等五大指标增速排名在全省26个加快发展县向前移位。

坚持深耕基层，做到务实勤政。坚持从打基础利长远的事情做起，更加注重深入基层、深入一线、深入群众开展高质量的调查研究，推动各项决策更加符合莲都实际。坚持高质量履行政府职责，正确处理政府与市场、即期与长远、速度与质量等重大关系，多做标本兼治、量质并举、虚实相符的工作，着力在生态保护、项目建设、产业培育、社会管理等重点工作上求突破、见实效，不断夯实发展的基础和后劲。

坚持干净干事，做到廉洁从政。严格贯彻落实中央八项规定实施细则和省委、市委、区委贯彻落实中央八项规定实施细则办法，继续整治“四风”突出问题。切实履行全面从严治党主体责任，严格落实党风廉政建设“一岗双责”，切实加强政府系统廉政风险防控，切实强化对重点领域、重点单位、重点岗位的全程管控和审计监督。严格执行财政预算制度，强化公共财政管理和国有资产监管。严格规范编外用工的使用和管理。坚持厉行节约，注重开源节流，努力降低行政成本，真正把有限的财力用到发展最需要、群众最受益的地方。

各位代表，新时代孕育新希望，新目标引领新征程！让我们更加紧密地团结在以习近平同志为核心的党中央周围，高举习近平新时代中国特色社会主义思想伟大旗帜，在上级党委政府和区委坚强领导下，振奋精神、勇于担当、真抓实干，奋力推进“城市共建、经济共融、福祉共享”，为决胜高水平全面建成小康社会、高水平全面建设社会主义现代化而努力奋斗！

莲都区人大常委会工作报告

——在莲都区第十六届人民代表大会第二次会议上

陈元龙

各位代表：

我受莲都区第十六届人民代表大会常务委员会的委托，向大会报告工作，请予审议。

一、过去一年主要工作

2017年是本届人大及其常委会的开局之年。一年来，区人大常委会以习近平新时代中国特色社会主义思想为指导，在中共丽水市莲都区委的领导和省、市人大常委会的指导下，认真贯彻十九大精神和省、市、区党代会的决策部署，忠诚担当、勤勉尽职，圆满完成了区十六届人大一次会议确定的目标任务。全年共召开常委会9次，主任会议19次，听取和审议专项工作报告14项，作出决议决定6个，作出审议意见7个。

（一）紧扣中心、服务大局，全力推进区委重点工作

区人大常委会与区委同频共振，主动作为、全力以赴，奋力推进全区各项中心工作。

积极参与全国文明城市创建，推动城市品质提升。常委会连续三年将全国文明城市创建工作列为监督重点，调研《丽水市城市市容和环境卫生管理条例》在我区的贯彻实施情况，提出意见建议，推动该条例有效实施。常委会领导担任“网格长”，常态化督促检查网格的文明创建工作，及时协调解决问题。市、区人大代表在人代会会议期间上街开展文明劝导；闭会期间开展“创建文明城市，代表率先示范”主题活动，助推文明城市创建。组建区人大常委会机关“小荷”志愿服务队，到岩泉街道九里村、联城街道武村等责任区块（路段）开展巡查，以实际行动推进创建工作不断深入，为我区成功创建全国文明城市作出了应有贡献。

开展剿灭劣V类水行动，推动美丽莲都建设。以开展“剿灭劣V类水 代表在行动”主题活动为抓手，紧盯剿劣目标，组织代表广泛参与全区“激浊扬清，碧水莲都”全民剿劣清淤大行动；常委会领导亲自带队，组织多个督查组深入治水一线，围绕截、清、治、修等环节，查找存在问题，制作曝光短片，督促相关责任单位限期整改；认真落实《浙江省河长制规定》，常委会领导率先垂范，全区有270多名代表担任“河长”，扛起治水监督重任。着眼长效机制建设，运用手机APP平台，为代表们就近、就便监督治水工作提供信息化服务和保障，有力地推进了劣V类水剿灭工作。

督查“最多跑一次”改革，推动政府职能转变。“最多跑一次”改革是浙江省“放管服”改革的再深化，也是推进供给侧结构性改革的重要抓手。区人大常委会通过组织基层调研、部门督查、专题研讨等形式，寓支持于监督中，推动全区“最多跑一次”改革不断深化。常委会专门组织6个督查组分赴区行政审批中心和各乡镇街道，听取相关单位工作汇报，与一线工作人员座谈，督查改革措施落实情况；组织代表以普通群众身份到各办事窗口“体验”办事过程，对存在的办事流程设置不合理、告知程序不到位等情况及时向办事窗口反映，督促立即整改；听取和审议政府“最多跑一次”改革专项工作报告，推动政府进一步理顺工作机制、优化工作程序、共享信息资源。

（二）规范程序、认真履职，依法行使任免权和决定权

一年来，区人大常委会认真履行干部任免权和重大事项决

定权，在强化组织保障，推进决策民主化、科学化上持续发力。

行使好人事任免权。常委会坚持党管干部原则与依法行使人事任免权的统一，严格执行任前法律知识考试、任职表态发言、颁发任命书、向宪法宣誓、履职承诺和年终述职等规定，增强被任命干部的宪法意识、公仆意识和受监督意识。一次会议以来，常委会共任免国家机关工作人员100人次，其中决定任免区政府副区长4人、组成部门局长（主任）26人次，保证了国家机关的正常运转。组织新一届区政府组成部门主要负责人，通过《莲都新闻》电视栏目和处州晚报，公开向全区人民作履职承诺；年终开展区政府组成部门局长（主任）、法院副院长和检察院副检察长向区人大常委会书面述职活动。

行使好重大事项决定权。一是深入开展区级层面民生实事项目代表票决制工作。区人代会票决2017年十件民生实事后，常委会及时成立了五个监督小组，负责跟踪监督工作，采取现场察看、听取汇报、提出意见等方式，实时掌握和跟进项目办理进度和成效，常委会年中和年末两次听取政府专题汇报，推动政府把民生实事办实。截至目前，民生实事项目已全部完成。二是配合区委出台《关于实施民生实事项目人大代表票决制的意见（试行）》，常委会三次召开相关会议，就乡镇街道开展该项工作进行部署和推进，确保2018年全区各乡镇民生实事项目代表票决工作全覆盖。三是认真贯彻落实中央和省委关于健全人大讨论决定重大事项制度、政府重大决策出台前向本级人大报告的要求，加强了对政府投资重大建设项目的监督，专题听取区政府高溪低丘缓坡招商引资工作情况汇报，并提出审议意见交由政府落实。

（三）敢于担当、主动作为，加强对经济发展和民生重点领域的监督

一年来，区人大常委会坚持以人民为中心的发展思想，持续把满足人民日益增长的美好生活需要作为人大监督的出发点和落脚点，推进全区的产业振兴和民生改善。

围绕经济社会发展，开展监督。组织开展了农旅融合专题调研，听取政府部门和业界的意见建议，深入了解和剖析我区养生农业、旅游农业、农产品转化为旅游地商品的发展现状，以及打造“全域旅游示范区”的情况。常委会审议后，提出“进一步完善政策措施、优化发展目标、拓宽营销渠道”等意见，交由政府研究落实，促进了农业农村与旅游产业良性互动。着力推进农村产业发展，相继开展水利工程建设、动物防疫执法检查、农产品质量安全、移民工作等调研；着力推进美丽乡村建设，相继开展民族村经济发展情况、小城镇环境综合整治工作、大搬快治、下山脱贫安置工作、危旧房改造、城区老小区和城中村改造等调研；配合市人大开展通景联景公路建设调研、市区征收安置三年行动计划推进情况专题询问等，提出对策和建议，有力推动了政府相关工作。

围绕增进民生福祉，持续发力。以推进莲都区基础教育“三年攻坚”项目建设为抓手，常委会领导在领办重点项目中，认真负责，落细落小抓落实，有力推动东港小学、碧湖中心幼儿园、城西小学等项目如期开工建设；常委会通过综合运用调研视察、审议专项报告，以及主任会议听取区教育局工作汇报等监督手段，推动政府加快解决部分教育项目进度缓慢的问题。有关工委开展了基层综合性文化服务中心标准化均等化建设、分级诊疗制度落实情况、宗教工作等调研，助力社会事业更好发展；开展了民族文化与生态良性互动、少数民族文化发展情况等调研，探寻少数民族特色文化和传统技艺的保护、传承、开发和利用，促进民族区域加快发展。

围绕强化预算管理，多管齐下。常委会专题听取和审议了区政府关于上半年经济社会发展情况、计划和预算执行情况、决算、审计等工作报告。常委会按照上级关于严控地方政府性债务的文件精神，作出了撤回有关政府债务担保型决议。专题审议并批准了上年度区级财政决算和本年度全区预算调整方

案；扩大政府部门预算监督工作，督查农业专项资金使用情况，听取区经商局与文广新体局2017年财政决算和审计情况报告，将区林业局、卫计局、安监局等部门2018年预算提交本次会议审查；常委会首次听取审计查出问题整改落实情况报告，进一步强化审计成果运用。

（四）强化法治、推进改革，不断夯实依法治区基础

一年来，区人大常委会以推进依法行政为重点，加大宪法法律实施的监督力度，进一步推进了“法治莲都”建设。

推动依法行政。常委会听取和审议了区政府、区法院关于行政诉讼法贯彻实施情况专项工作报告，督促行政机关和审判机关进一步端正执法（司法）理念，处理好实体与程序、依法行政和保护公民合法权益、职权与责任的关系，切实提高执法和司法水平。认真落实政府向人代会报告上年度环境状况和环境保护目标完成情况的规定。首次将上级垂直管理部门和非政府组成部门列入主任会议听取工作汇报范围，通过听汇报、点问题、督整改，加强对部门监督。今年，主任会议先后听取了区交通运输局、统计局、建设分局、农业局等部门汇报，并提出加大基础设施建设力度、促进统计成果转化运用、提高城市物业行业管理水平、推进乡村振兴等意见。开展政府规范性文件备案审查工作，全年共审查区政府规范性文件43个。

推进监察和司法体制改革。依法支持监察体制改革和人员转隶工作，及时任命区监察委副主任、委员，主任会议专题听取了我区深化监察体制改革试点工作情况汇报。开展司法体制改革调研，调研组成员深入我区公、检、法、司等单位实地走访，听取案件当事人、承办人、部门负责人意见，深入了解我区司法体制改革取得的进展，要求公、检、法、司等单位继续深化综合配套改革工作，全面落实司法责任制；常委会出台了《关于推动人民法院执行工作的意见》，就法院加大执行力度、完善联动机制、强化工作保障等作出规定，进一步推动了我区法院的执行工作。

关注基层民主法治建设。密切关注《村民委员会组织法》在我区的实施情况，认真做好全区村级组织换届工作指导。常委会领导分组跟进7个选情复杂村的换届选举工作，及时掌握动态、协调解决问题，保障村民民主选举、民主监督等权力的行使，依法推进村民自治。支持市人大紫金基层立法联系点的工作。组织市、区、乡人大代表积极参与《丽水市饮用水水源保护条例》等立法活动，深入水源保护核心区，听取库区群众意见建议。支持法院加强人民陪审员培训，组织代表观摩法院庭审，扩大公众参与司法工作。畅通民意反映渠道，做好群众来信来访工作，一年来共受理来信67件，来访36批次，53人次（其中省、市人大常委会交办3件，集体来访5批次，27人次）。

（五）加强培训、建好平台，扎实做好代表工作

人大代表是国家权力机关的主体。区人大常委会通过抓学习培训、强化平台建设、健全管理机制、深化建议督办等，着力提升代表履职意识和能力，激发代表活力。

工作基础不断夯实。健全代表活动网络，组建12个区人大代表中心组、6个代表专业小组；完善了市代表联系区代表、区代表联系乡镇代表、代表联系选民、常委会组成人员联系区代表等制度，进一步密切常委会组成人员与区代表之间，市、区、乡三级代表之间，以及代表和群众之间的联系。加大培训力度，通过任前履职知识培训、实务操作培训和综合能力提升培训等，实现区、乡（镇）人大代表培训全覆盖。完成新一届代表履职系统数据更新，建议办理系统与代表履职平台、治水App等相继投入使用，全区代表履职信息化水平进一步提高。区十六届人大一次会议以来，有4名区人大代表因工作岗位变动辞去代表职务，常委会依法主持选举（补选）产生了7名区人大代表。

活动开展富有成效。各代表中心组和代表联络站紧紧围绕中心工作和热点问题，组织代表开展了十九大精神宣讲、“五

率先五示范、助力文明城市创建”、查找劣V类水体等活动，有力推动十九大精神学习贯彻、文明城市创建、“五水共治”等工作。推进省、市、区、乡四级人大代表进联络站定期开展活动，加强与选区选民的联系，推动了雅溪小箬坑张氏宗祠涉及百余人的产权分割和资产分配、全区无公害灭蚊灯修复、碧湖主要交通线安全隐患系统排查等问题的解决，联络站已成为代表贴近群众、倾听民声、收集民意的重要渠道。继续扩大代表对常委会工作的参与和监督，一年来共邀请代表130余人次列席常委会、参加调研视察等活动。常委会支持雅溪、大港头等代表联络站完成硬件设施改造、软件提升，为开展代表活动创造了更好条件。

督办力度持续加强。区十六届人大一次会议共确定大会议案2件，会后交由政府部门办理建议194件。从代表反馈情况看，对办理工作满意的占98.5%；基本满意的占1.5%。对办理结果满意的占95.4%；基本满意的占4.6%。一年来，常委会持续改进议案建议的督办工作，坚持区政府领导领办、人大常委会领导督办重点建议制度，通过完善建议督办、优化考核评估、强化办理责任等措施，促成省道碧湖段天网工程安装、岩头村公交站点增设等建议得到落实，代表建议已成为推进政府部门工作、回应人民群众关切的重要抓手。

（六）完善机制、加强指导，提升人大工作能力和水平

区人大常委会深入贯彻《中共中央转发〈中共全国人大常委会党组关于加强县乡人大工作和建设的若干意见〉的通知》精神，把自身建设摆在突出位置，讲政治、强作风、浓学风，不断提高依法履职、服务大局的能力。

注重思想作风建设。常委会党组以政治建设为统领，把学习贯彻十九大精神和省、市、区党代会精神摆在首位，及时传达学习中央和省市区委相关会议精神，认真落实常委会党组从严治党主体责任，严格执行中央八项规定及实施细则，驰而不息抓作风建设。认真落实意识形态工作责任制，按照“学懂弄通做实”的要求，常委会党组书记、副书记和党组成员带头为机关和联系单位的党员上党课，宣讲党的十九大精神。举办两期常委会组成人员履职能力提升专题培训。牢固树立宪法法律意识，推进人民代表大会制度和宪法法律课程纳入全区干部主体班次，进一步拓展和丰富人民代表大会制度在我区的实践。

提升机关服务保障能力。认真开展“两学一做”、主题党日、“首善担当创一流”等活动，严格执行责任清单、廉政谈话等制度，不断加强人大机关党的建设。通过强化人员培训、完善机关制度、优化工作方法、组织志愿活动等，进一步提升人大机关团队精神，增强服务能力。整合人大宣传平台，开通莲都人大微信公众号，复刊莲都人大纸质信息，改版莲都人大网站，积极宣传人民代表大会制度和人大有关工作，传播正能量，进一步扩大了公众对人大工作的知晓度和参与度。

加强乡镇街道人大工作。常委会注重制度建设，建立了主任、副主任联系代表中心组制度和乡镇（街道）人大工作例会制度，完善了乡镇（街道）人大主要负责人列席常委会会议制度，修订了《区人大常委会街道工作委员会工作规则》，把乡镇街道人大工作列入目标责任制考核，通过这些举措，推进基层人大工作做深做实。依照《浙江省乡镇人民代表大会工作条例》，指导乡镇开好每年两次人代会。

各位代表，区人大常委会一年来所取得的各项成绩，是区委坚强领导、常委会组成人员和全体代表共同努力的结果，是区人民政府、区监察委员会、区人民法院、区人民检察院密切配合的结果，也是全区人民和社会各界大力支持的结果。在此，我谨代表区人大常委会，表示衷心的感谢！

在肯定成绩的同时，我们也要清醒地认识到存在的问题和不足：监督方式方法比较单一，监督的针对性和实效性有待增强；代表主体作用的发挥还不充分，人大机关服务代表的能力有待提高；审议意见和代表建议跟踪督办有待加强；民生实事代表

票决工作有待进一步优化等。对于存在的问题，常委会将虚心听取各位代表和各方面的意见，认真加以改进。

二、2018年主要工作安排

各位代表，2018年是全面贯彻落实党的十九大精神的开局之年，是决胜全面建成小康社会、实施"十三五"规划承上启下的关键一年。区人大常委会工作总体思路是：高举习近平新时代中国特色社会主义思想伟大旗帜，深入学习贯彻党的十九大精神，认真落实省、市、区委重大决策部署，坚持党的领导、人民当家作主、依法治国的有机统一，聚焦中心、服务大局，紧紧围绕区委"一个率先、两个提升、三个迈进"总目标，加强人民当家作主制度保障，大力推进民主法治建设，密切联系人民群众，发挥代表主体作用，认真履行法定职责，在推进我区高质量发展转型和"两个高水平"建设中，凝心聚力、首善担当、奋发有为，为融入"创新区"、建设"中心园"、推进"城市共建、经济共融、福祉共享"作出应有的贡献。

（一）以深入学习宣传贯彻党的十九大精神为主线，切实加强思想武装

旗帜鲜明讲政治。要把学习宣传贯彻落实党的十九大精神，作为当前和今后一个时期的首要政治任务。要牢固树立"四个意识"，在思想上、政治上、行动上，同以习近平同志为核心的党中央保持高度一致，坚持维护和服从以习近平同志为核心的党中央的权威和集中统一领导。要进一步弘扬马克思主义学风，用习近平新时代中国特色社会主义思想武装头脑，切实把区、乡两级人大代表和人大干部的思想和行动统一到十九大精神上来，把智慧和力量凝聚到落实十九大确定的各项目标任务上来。

强化党组政治领导责任。区人大常委会党组要严守政治纪律和政治规矩，自觉接受区委对人大工作的领导，保证人大工作正确的政治方向，把党的领导贯穿于人大工作全过程，落实到依法履职的各方面。按照上级统一部署，认真开展"不忘初心、牢记使命"主题教育活动；围绕区委决策，对涉及经济社会发展的重大事项，通过区人大常委会适时作出决议决定，推动莲都经济社会又好又快发展。认真落实意识形态主体责任，加强阵地建设和管理，旗帜鲜明反对和抵制各种错误观点。坚持党管干部原则和人大依法行使任免权的统一，落实好党组织意图，执行好人事任免相关制度，加强对任命干部的监督。

做好机关党建工作。加强区人大机关党支部建设，认真落实责任清单、岗位风险排查与防控、"三会一课"等制度，继续推进机关"两学一做"学习教育常态化制度化，深入开展主题党日活动，增强机关党组织的凝聚力和战斗力。支持派驻人大机关纪检监察组的工作。

（二）以服务改革发展稳定大局为己任，切实推动党委决策部署有效落实

聚焦高质量发展。积极开展"高质量发展转型年"活动，把本次会议确定的目标和举措落实情况，以及各项决议决定的执行情况，作为今年区人大常委会的监督重点；开展集体经济薄弱村消除情况监督；视察丽水万洋低碳智造小镇项目推进情况，并听取相关工作汇报；组织开展"十三五"中期评估，开展科技创新工作情况调研。

聚焦乡村振兴战略实施。听取和审议全区小城镇环境综合整治情况专项工作报告；专题询问农民异地安置工作情况；跟踪监督农旅融合审议意见落实情况；调研全区农村土地"三权分置"工作，加快推进我区农村产权制度改革实施。

聚焦全面深化改革。要持续跟踪"最多跑一次"改革进展情况，适时组织代表以视察调研等方式，关注和跟进我区"四个平台"重点领域改革情况。听取全区国有资产管理情况和国资公司改革情况的专项工作报告。

聚焦民生持续改善。围绕治水治气拆违，对全域创成"清三河"达标县、全面消除中度以上污染天气、工业危废物无害化处理、"河长制"落实等热点问题开展监督；深化代表治水监督平台手机客户端的推广和应用；与市人大常委会上下联动监督推

动垃圾分类工作，跟踪监督城区旧住宅小区改造工作、教育项目建设推进情况审议意见的落实，开展基层医疗卫生服务能力建设情况调研。密切跟踪督查2018年全区民生实事项目的实施进展，努力促成群众“操心事、烦心事”更多地得到解决。

（三）以保证宪法法律实施为重点，切实加强依法监督工作

推动政府依法行政。按照“谁执法、谁普法”的原则，加强督促检查，推动职能部门加大相关法律法规的宣传普及力度。听取和审议区政府关于法治政府（依法行政）专项工作报告，跟踪监督2017年司法监督中发现问题的整改落实情况，组织代表视察宗教工作和森林病虫害防治工作；主任会议拟专题听取区旅委、环保分局、市场监管局、安监局、文广新体局等部门工作汇报；完善规范性文件备案审查工作程序，加强规范性文件审查。通过综合运用各种监督手段，将工作监督与法律监督、专项监督与综合监督、自行整改与依法纠正相结合，进一步提升监督实效。

强化法律法规实施。开展《浙江省学前教育条例》和《浙江省少数民族权益保护条例》执法检查，推进全区学前教育和少数民族权益保护工作。开展宪法宣誓制度执行情况专项督查，提升国家机关工作人员宪法法律意识。配合市人大开展《丽水市物业管理规定》《丽水市南明湖管理条例》等立法调研。继续组织人大代表旁听法院庭审，开展预防青少年违法犯罪工作情况调研，加强和改进人大信访工作。

重视预算执行情况的监督。加强对政府全口径预决算的审查，深化部门预算审查和决算公开工作；监督审查和批准2017年度区财政决算；听取和审议区政府2018年上半年国民经济和社会发展计划、预算执行情况的报告，以及2017年度预算执行和其他财政收支的审计工作报告；对2017年审计查出问题的整改情况进行跟踪督查，并督促整改到位。

（四）以提升履职成效为导向，切实发挥代表主体作用

加强代表与人民群众的联系。区、乡（镇）人大代表由选民直接选举产生，必须对人民负责、受人民监督。要认真落实代表联系选民相关制度，开展区、乡（镇）人大代表向选民述职等活动，进一步增强代表责任意识。支持和鼓励代表积极参与专业小组活动、中心组活动、列席常委会会议等，不断拓宽履职渠道、丰富履职内容；加大大会议案、代表建议的督办力度，运用好代表建议办理系统和履职服务平台，启用建议办理督办系统，推动建议办理工作取得更好的效果，使代表履职活动更具实效。

提升代表联络站工作。进一步推动代表联络站规范化、制度化建设。深化代表主题活动，鼓励各级代表积极参加联络站活动，使联络站成为听取民意、汇聚民智的重要渠道。积极推进网上代表联络站建设，引导代表用好网上联络站，促进代表履职常态化。继续开展优秀代表联络站和先进个人、代表履职积极分子的评选。

加大对基层人大工作指导力度。坚持常委会领导和工委分片联系乡镇（街道）人大制度、乡镇（街道）人大工作例会制度、乡镇（街道）人大主要负责人列席常委会制度；完善乡镇人代会操作流程，依法开好乡镇人代会。推进《人大街道工委工作规则》深入落实。进一步规范乡镇（街道）民生实事项目代表票决工作，确保这项工作有序、全面开展，并取得成效。鼓励乡镇（街道）人大探索创新，及时总结、推广基层人大的好做法、好经验，使基层人大工作更具活力。

（五）以首善担当创一流为标准，切实加强自身建设

加强常委会自身建设。深入抓好中央和省委、市委加强县乡人大工作意见的落实，对2017年省人大常委会督查反馈意见落实情况进行“回头看”。继续开展常委会组成人员专题培训。进一步完善常委会组织制度和工作制度。认真落实中央八项规定精神及省市区委实施细则等相关规定，加大公开力度，自觉接受代表和人民群众对常委

会工作的监督。

加强机关服务保障能力建设。切实增强人大机关的大局意识、团结协作意识、服务意识和效率意识;完善人大机关内部制度建设,优化工作机制,充分发挥各专(工)委的作用,不断提升服务主任会议、常委会会议和人代会的能力。

加强宣传与理论研究。要围绕履职行权和代表作用发挥,运用好各种媒体平台,宣传好人民代表大会制度和我区人大工作,进一步讲好人大故事、展现代表风采,弘扬正能量。要注重人大工作的理论研究,及时发现总结基层创新经验,为坚持和完善人民代表大会制度贡献莲都智慧。

各位代表,新时代要有新气象,新时代更要有新作为!让我们高举习近平新时代中国特色社会主义思想伟大旗帜,更加紧密地团结在以习近平同志为核心的党中央周围,在中共丽水市莲都区委的坚强领导下,不忘初心、牢记使命,凝心聚力、砥砺奋进,为推动人民代表大会制度在莲都的生动实践,为融入“创新区”、建设“中心园”, 在全市率先高水平全面建成小康社会作出更大贡献。

中国人民政治协商会议第十五届丽水市莲都区委员会常务委员会工作报告

——在政协第十五届丽水市莲都区委员会第二次会议上

谷江南

各位委员：

我受政协第十五届丽水市莲都区委员会常务委员会的委托，向大会报告工作，请予审议，并请会议列席人员提出意见。

一、工作回顾

2017年是十五届区政协履职的开局之年。常委会在中共莲都区委的领导下，秉持“同心同向同力、共建共融共享、善谋善作善成”要求，认真开展“同心圆”建设年活动，把协商民主贯穿于政治协商、民主监督、参政议政的全过程，把民主监督融入调研、视察、提案、反映社情民意信息等各方面，先后召开常委会议5次、主席会议12次，完成常委会议、主席会议课题6个，组织集中调研视察73次，交办集体和个人提案194件，反映社情民意信息159期，意见建议被有关党政领导批示59人次，连续18年获评“全市政协反映社情民意信息工作先进单位”，连续5年荣获全市社情民意信息工作第1名，我区政协事业取得新发展。

（一）首善担当，广泛开展协商议政

认真落实年度协商计划，开展重大决策、重点改革、重要问题协商，建言建在需要时，议政议到点子上，为党政科学决策提供参考。

1.围绕重大决策部署献良策。围绕区委年度工作思路、全区年度建设投资计划，组织召开常委会议、主席会议，参与重大建设项目协商，了解党政中心工作，明确履职具体事项。围绕“一府两院”工作报告，梳理并反馈委员、列席人员讨论意见215条，多数意见得到落实。在区委、区政府抢抓机遇、攻坚破难的关键时期，就高溪低丘缓坡区块招商引资项目，召开专题议政性主席会议，充分听取经济界委员的意见建议，形成重要共识，并提出完善工作方案建议，为助推万洋低碳智造小镇项目落地贡献智慧。

2.紧扣重点领域改革谋良方。围绕“最多跑一次”改革，组织委员视察审批中心，学习衢州等地工作经验，深入调查研究，在了解掌握我区改革痛点、难点、堵点的基础上，召开专题议政性常委会议，与相关部门协商打通部门信息数据壁垒，提出进一步简化办事程序等11项工作建议，并以建议案形式监督办理。通过常委会议，先后两次发动常委、委员民主评议20个部门和14个乡镇街道“最多跑一次”改革和作风建设相关情况，评议意见被区委主要领导批示交办。常委会关注莲都区监察体制改革情况，听取区纪委（监委）工作情况通报，全面了解改革的进展及成效，并提出建议。

3.关注重要建设事项建良言。围绕全区美丽乡村、美丽田园、特色小镇建设情况，组织委员开展调查研究、对口协商、提出建议。主席会议课题组调研美丽乡村建设与传统文化保护情况，建议保用兼顾、“物”“文”互促、点面结合，加强传统文化保护利用，完善美丽乡村建设等，被区委、区政府主要领导批示交办。委员工委调研建设“美丽田园”，建议在宣平溪流域老竹区块创建“风情畲乡”田园综合体；港澳台侨民宗委组织委员开展古堰画乡创AAAAA建设视察活动；文史委参与“故事小镇”建设，助力挖掘、整理传统文化；社法委组织委员视察区域消防工作，对区政府出台小城镇环境综合整治建设、新发违建责任追究等规范性文件进行论证，提出修改建议。

（二）提质增效，持续推进民主监督

围绕区委、区政府重大决策部署的贯彻落实，灵活运用民主监督形式，完善“随手拍、快捷报”监督平台，在关键处监督，在关键处发力，努力促进问题解决和工作改进。

1. 专项监督助力“五水共治”。连续4年主题不变、力度不减、一以贯之地开展“五水共治”系列专项集体民主监督，一督到底。与省、市政协同步启动“五水共治”民主监督“干、查、督”大行动，安排100多位委员到10个乡镇街道察小微水体、看生活污水治理点、访防洪排涝工程（山塘水库），助力剿灭劣V类水。组织主席会议课题组，调研剿灭劣V类水、防洪排涝和山塘水库除险加固、地质灾害点治理等情况，走访14个乡镇街道、135个村（社区）、42条河道142公里、183个小微水体、62个生活污水治理点、32个地质灾害点，形成4个民主监督报告，其中提出的制订排污计分标准、落实具体运维职能、村民自治管好“小微水体”、持续做好地质灾害隐患点的动态排查和现有隐患点的工程治理等意见建议，已转化为“五水共治”的有效举措。创建“治水剿劣”监督员队伍，设立“河道监督长”，强化全区河道网格化监督，被省政协领导批示肯定。

2. 视察监督助推全国文明城市创建。常委会组织委员集中视察天宁寺村、东银苑社区和仙渡乡葛畈村文明创建工作，针对路面保洁、墙皮补植、公益广告等问题提出意见建议，经区创建全国文明城市第11次点评会交办，有效助推创建问题整改。安排7个专委会26个界别活动组，以“每周1组”的形式轮流视察全区文明创建工作，编报《随手拍、快捷报》专报26期，经区委区政府领导批示交办，反映的217个问题全部解决。落实政协领导联系村（社区）工作，组织委员视察厦河、天宁、永晖、大洋河、北苑路、大水门等片区文明创建工作，建议解决各种困难，助推这6个“网格”实现创建目标。

3. 提案监督助攻热点难点问题。着重对提案落实情况进行监督，促进提案成果转化。开展提案工作专题调研，督办9件重点提案，民主评议区市场监管局和瓯度委提案办理工作，落实提案办理“三见面”370多人次，实现提案年内采纳、问题短期内解决或列入工作计划178件，占交办提案总量的91.75%，一大批热点难点问题被缓解化解。事关政府投资项目资金监管、乡村建设、农民增收、旅游资源开发等意见建议被财政、农业、农办、旅游等部门承办落实，事关“大搬快治”、危房治理、网络外卖食品安全、计生特殊家庭扶助、乡村卫生院建设、乡村公路拓宽等意见建议被国土、建设、市场监管、卫计、交通等部门承办落实。参照提案办理的29篇大会发言，全部得到交办落实。其中弘扬好家风、考核瘦身、成立莲都留联会等建议，经相关部门办理，取得成效。

4. 反映社情民意监督汇集民众意见呼声。把反映社情民意工作作为政协履职的重要工作，健全信息网络，完善工作机制，被上级政协采用信息65期，得到省、市、区领导批示14人次。建议尽快下架宣扬消极思想的“官场文化”类游戏被全国政协办公厅转送有关部委局落实；建议规制二手房交易委托代理公证、建立亲企服务机制、整改征兵宣传海报、纠正社会主义核心价值观宣传材料不规范用字等11期信息被省政协采纳；“呼吁更换中山街行道树的建议”得到市委主要领导批示，已召集专家再论证；“建立常态化联系机制，发挥世界丽水人大会后续效应的建议”得到区领导批示，正纳入部门决策参考。

（三）凝心聚力，不断深化团结联谊

常委会以“同心圆”建设年活动为载体，深化合作共事，加强文史工作，扩大履职宣传，促进大联谊大团结。

1.合作共事再谱新篇。支持区各民主党派、工商联和无党派人士履行职责，调研团区委、区妇联、区侨联年度履职情况，重点安排各党派、团体大会发言27人次，交办集体提案55件，编报相关社情民意信息116期，分别占总数的92%、98%、66%。主席会议成员走访委员76名，常委联系委员72名，委员联系群众637名，相互间的交往和联系更加密切。科教文卫体委协助省政协来莲“送文化下乡”，社法委协助市政协“送法下乡”，直接惠及干部群众3000多人次，其中承办省政协“送文化下乡”的雅溪学校受邀参加省政协“民生论坛”发言。港澳台侨民宗委走访民族村、侨（台）资企业、宗教场所，经济委走访11个莲都异地商会，积极助推莲商回归。女委员联谊会组织“鲜花送文明”和“喜庆十九大、共赴新征程”等主题活动，理论与实践研究会征文获得省理论研究会奖项8个，区政协书画会、摄影之友社参与开展了各具特色的展览比赛等活动。

2.文史工作再结硕果。不断加大文史资料征集力度，注重发挥文史工作存史、资政、团结、育人的独特作用。文史委与经济商务局联合征编的《莲都老工业纪实》文史专辑顺利出版。该专辑汇集了新中国成立以来丽水县、原县级丽水市工业发展史料，为留住莲都工业发展记忆、丰富莲都工业发展史料作出了贡献。完成了省政协古村落楹联和市政协对外援建文史资料征集协作任务。建立了一支既热心文史工作、又有较高写作水平的文史征集编审员队伍，为做好文史工作奠定了良好基础。

3.履职宣传再上台阶。坚持团结稳定鼓劲、正面宣传为主，积极营造良好履职环境。媒体宣传方面，《莲都政协委员履职有压力有活力有动力》《莲都政协助推现代农业园区建设》等16篇信息在人民政协报、联谊报、丽水日报和处州晚报发表，《莲都政协开展地质灾害民主监督活动》《莲都政协推进随手拍工作》等71篇信息在《莲都新闻》播出，宣传总数较往年大幅增长。自身宣传方面，出版《莲都政协》第7期、第8期，通过网站发布全会信息82条、政协要闻196条、专委工作信息92条、党派团体信息187条，通过微信公众号发布履职信息263条，宣传内容更加丰富，宣传渠道更加通畅。

（四）固本强基，全面加强自身建设

注重在实践中加强自身建设，持续鼓励学习、研究和创新，积极探索智慧履职新思路、新方法，不断推进政协履职制度化、规范化、程序化，着力夯实政协工作基础。

1.组织学习有突破。秉持政协组织重视学习的优良传统，通过召开常委会议、主席会议、党组理论学习中心组学习会等方式，专题学习党的十九大、习总书记“7·26”重要讲话和各级党委、政协重要会议精神。首次组织全体委员赴省委党校轮训，安排十九大报告解读、提案撰写、社情民意反映和全域旅游发展等课程，邀请高校教授和省直部门领导授课。以“请进来、走出去”形式组织社情民意信息工作培训，邀请省政协专家来莲辅导，组织委员、信息员赴温州学习交流，提升反映社情民意信息工作整体能力水平。

2.制度建设有进展。我们把制度建设作为开局之年的工作重点来抓，继续立规矩、讲规矩、守规矩。结合近年协商民主实践，参与出台《关于加强人民政协协商民主建设的实施意见》，进一步明确协商内容、规范协商形式、完善协商程序。主动适应新形势新任务新要求，出台发挥常委示范引领作用、加强政协委员队伍建设、明确委员退出（暂停履职）机制等5项制度，修订常委会工作规则、委员履职情况评价办法、优秀调研视察课题评选办法等6项制度，推动履职制度化规范化程序化，进一步激发政协各参加单位和政协委员的履职热情。经委员管理服务系统综合统计，农工党区委会、民革区委会、民建区委会、民进区委会等参加单位的年度履职居前，委员年度履职超过100分的有13名。

3.实干“一线”有作为。政

协各位主席深入“一线”，主动作为，积极领办重点项目、联系重点企业、参与重点工作。领办的万丰医院、古堰画乡景区停车场、2017年配电网建设、碧湖镇环北路延伸段道路工程等按期完成年度工作目标，大坑村避让搬迁项目等4个地质灾害综合治理项目完成治理，水岭根村等6个选情复杂村顺利换届，4件重点信访积案得以化解。联系浙江非王泵阀、丽水天宇建筑等12家重点企业，结对6个扶贫重点村和18户困难群众，兼任丽和线、外靖线等6个路段长，蹲点大港头镇大港头村等6个村美丽乡村建设。继续助推叶平头村建设，该村“归零书院”揭牌成立。

4. 机关服务有提升。积极推进“两学一做”学习教育常态化制度化，开展“首善担当创一流”活动，以主题党日、创新履职等举措锤炼工作作风，《“快广实”助推“五水共治”》在全区“首善担当创一流”工作会议上交流发言。落实机关结对厦河村、大港头村有关工作，参加党员志愿服务活动和“文明交通、礼让丽水”等活动235人次，参与创成全国文明城市被区委区政府集体嘉奖。完善应用建议提案系统、委员管理服务系统，加强委员微信群管理，推出手机微网站，发挥新媒体新技术服务履职的积极作用。

各位委员！常委会过去一年所取得的成绩，是奋斗来的，是中共莲都区委坚强领导的结果，是区人大常委会、区人民政府以及各部门各单位大力支持的结果，是政协各参加单位和广大政协委员积极履职的结果，也是区政协历届老领导、老同志和老委员关心帮助的结果。在此，我代表区政协常委会表示衷心的感谢！

各位委员！对照新时代新要求，我们也清醒认识到工作中存在的问题。主要有：一是调查研究不够深入，二是提案建议质量偏低，三是履职成果督促转化不够有力等等。我们真诚希望各位委员和会议列席人员对常委会工作提出意见和建议，常委会将高度重视，认真研究，切实加以改进。

二、工作任务

2018年是全面贯彻落实中共十九大精神的开局之年，是改革开放40周年，也是我区“融入创新区建设中心园”、推进“城市共建经济共融福祉共享”高质量发展的关键一年。区政协工作的总体要求是：高举习近平新时代中国特色社会主义思想伟大旗帜，认真落实中央和省、市、区委重大决策部署，积极履行政治协商、民主监督、参政议政职能，不断发展人民政协事业，为助推我区决胜高水平全面建成小康社会、实现人民对美好生活的向往作出新的贡献。

（一）聚焦十九大精神和政协章程，继续画好“同心圆”。把学习贯彻党的十九大精神作为首要政治任务，坚决维护以习近平同志为核心的党中央权威和集中统一领导，切实增强“四个意识”。组织委员开展各类型的专题学习会，切实在学懂弄通做实上下功夫。注重发挥常委示范引领作用、参加单位履职骨干作用和委员主体作用，召开参加单位工作交流会，组织常务委员、信息员专题培训，团结引领各参加单位和广大政协委员，切实把思想和行动、智慧和力量凝聚到“一个率先、两个提升、三个迈进”的目标和任务上。继续加强常委与委员、委员与群众的联系，深化走访委员、民族村、侨（台）资企业、宗教场所、异地商会，丰富女委员联谊会、书画会、摄影之友社活动，组建政协理论研究专题组，同时，把学习贯彻政协章程同服务大局、推进政协的理论和实践创新紧密结合起来。

（二）聚焦党政中心任务，助推经济社会高质量发展。紧扣区委十四届四次全会决定，加强议题征集工作，与区委、区政府商定2018年度协商工作计划。全会协商“一府两院”工作报告。常委会议开展“超常规实施乡村振兴战略”专题议政，组织课题组深入调研，开展“走近集体经济薄弱村”界别月活动，助推我区农业强起来、农村美起来、农民富起来。各界别活动组围绕区委部署的创建“古堰画乡”AAAAA景区、省级美丽乡村示范区、省级全域旅游示范区、省级电子商务示范区等工作，安排视察，为各项创建工作助智聚力。

（三）聚焦人民对幸福美好生活的向往，助力解决民生热点难点问题。主席会议开展“最多跑一次”改革、乡镇街道“四个平台”建设、垃圾分类等专项民主监督，组织生态工业绩效评估、养生养老和教育资源配置等课题调研。开展莲都教育发展、老竹记忆文史专辑征编工作。提前征集提案线索，加强撰写指导，实现提案控量提质，争取每个提案都是一个金点子；继续完善提案督办机制，促进提案成果转化。探索“一月一主题”集中反映社情民意信息模式，力争保持全市领先。继续开展“随手拍、快捷报”“河道监督长”、民主评议政府部门和乡镇街道等工作。

（四）聚焦政协自身建设，开创务实创新的工作新局面。落实政协协商民主、民主监督工作制度，完善党政领导领办督办提案机制，规范调查研究工作程序，评选履职先进个人，发挥专委桥梁纽带作用，努力建设一支“懂政协、会协商、善议政，守纪律、讲规矩、重品行”的委员队伍。坚持高标准、严要求，持续推进“两学一做”学习教育常态化制度化，深入开展“不忘初心、牢记使命”主题教育，深入贯彻执行八项规定和实施细则，驰而不息加强作风建设，努力造就一支政治坚定、作风优良、学识丰富、业务熟练的政协机关干部队伍。进一步发挥好政协网站、微信群、微信公众号、微网站的作用，做好《莲都政协》组稿工作，营造良好氛围。

各位委员，新时代赋予新使命，新一年展现新作为！让我们紧密团结在以习近平同志为核心的党中央周围，在中共莲都区委的坚强领导下，以更加昂扬的精神斗志、更加务实的工作作风、更加严谨的履职态度，群策群力，履职尽责，为莲都向高质量发展转型、在全市率先高水平全面建成小康社会贡献政协智慧和力量！

莲都区人民检察院工作报告

——在莲都区第十六届人民代表大会第二次会议上

王小刚

各位代表：

现在，我代表区人民检察院向大会报告工作，请予审议，并请区政协委员和列席会议的同志提出意见。

2017年工作回顾

过去的一年，是我区奋力推进“城市共建、经济共融、福祉共享”，努力谱写“首善担当创一流”新篇章的一年，也是我区检察工作适应改革新常态、开创工作新局面的一年。我院在区委和上级检察院的领导下，在区人大及其常委会的监督下，在区政府、政协和社会各界的支持下，深入学习贯彻习近平新时代中国特色社会主义思想，全面贯彻落实党的十九大精神，立足莲都地位特殊、作用特殊、责任特殊的实际，坚持“示范引领、勇立潮头”的首位意识，充分履行检察职能，各项工作取得新进展。

一、在依法办案中体现司法为民，全力维护社会稳定

充分履行捕诉职能。坚决打击影响人民群众安全感的严重刑事犯罪，始终将案件质量作为办案生命线，严把事实关、证据关、程序关和法律适用关，确保所办案件优质高效。全年共受理各类提请批捕案件391件548人，依法批准或决定逮捕334件442人；受理移送审查起诉案件797件1364人，提起公诉656件1098人。依法从重从快打击故意杀人、强奸等严重暴力犯罪，盗窃、抢夺、诈骗等多发性侵财犯罪和毒品犯罪，批捕282人、起诉358人；依法提前介入、批捕起诉涉案金额高达数亿元人民币的“7·5”网络买卖彩票案、“6·15”网络诈骗案等重大案件，切实助力“平安莲都”建设。

积极化解矛盾纠纷。把防范和化解社会矛盾、减少社会对抗贯穿于办案始终，对犯罪情节轻微、社会危险性不大的犯罪嫌疑人不批捕117人，同比上升1.3%，捕后判轻缓刑61人，同比下降42%；依法决定不起诉107人，同比上升3.2%。积极搭建平台，努力在检察环节做好社会矛盾化解，最大限度增加社会和谐因素，共促成17件轻微刑事案件达成和解。畅通群众诉求表达通道，妥善处理群众来信来访24件。推进检察环节司法救助，尽最大努力对生活确有困难的刑事被害人及其近亲属提供救助，体现司法人文关怀。

促进完善社会治理。结合办理的生态环保、食品药品监管、金融信贷等领域犯罪，提出加强社会治理检察建议13份。对符合“轻案快办”条件的轻微刑事案件，探索建议公安机关“刑拘直诉”① 6件，在一定程度上简化了诉讼程序，节约了司法资源。践行未成年人“保护性司法”，对涉轻罪未成年人不批捕5人，相对不起诉37人，附条件不起诉16人，依法封存犯罪记录71人。开展涉罪未成年人人格甄别②试点工作，出台和完善心理干预和人格甄别工作制度。全市率先将专业社工引入未成年人刑事检察工作，逐步形成多元化社会帮教格局，对30名涉案未成年人开展帮教。开展“法治进校园”公益巡讲16场，覆盖人数10000余人。

二、在服务大局中体现担当，全力保障经济社会发展

强化生态环境司法保护。依法从快从重办理污染环境、破坏生态、阻碍“三改一拆”“五水共治”等犯罪案件，从严把握不捕不诉尺度，批捕5人，起诉13人。建立健全生态环境司法修复机制，与区林业局、森林公安局联合制发《破坏森林资源刑事犯罪案件“补植复绿”[3]工作制度》，建立全省首个“补植复绿”基地，共督促8名犯罪嫌疑人补植树木，并按照修复成果对其依法酌情从宽处理。建立健全生态环境行政执法与司法联动机制，在峰源乡挂牌成立全省首家派驻自然保护区检察联络室，增强监督实效。依托报刊、电视、“两微一端”等媒体平台，曝光典型案例、推送环保法律知识20余次，提高全民生态保护法治意识。

服务保障非公经济发展。努力营造市场经济秩序平稳发展良好环境，批捕非法吸收公众存款、虚开增值税发票等破坏市场经济秩序犯罪嫌疑人33人，起诉167人。严厉打击职务侵占，侵犯知识产权等侵害企业权益犯罪，起诉12人。慎重办理非公企业涉嫌犯罪案件，做好风险评估、案件回访等工作。办理的丽水某知名企业被诈骗案，被评为丽水市检察机关“服务非公好故事”。依托市检察院“百名检察官联百企”活动，与碧湖工业园区的六家企业联系结对，走访纳爱斯、丽水二建等知名企业，主动问计问需，上门提供法律服务。依托办案，向企业和有关部门发出强化内部管理、注重风险防控检察建议3份，促进企业善治。

切实回应群众需求。把守护人民健康作为司法为民的重要内容，深入开展危害食品药品安全犯罪专项立案监督，共对制售假药劣药、“口水油”等有毒有害食品犯罪起诉43人。坚决打击群众关注度高的网络诈骗、非法获取公民个人信息等电信网络新型违法犯罪案件，批捕25人，起诉27人。办理的全省首例淘宝“代运营”新型网络诈骗案，在2017年“互联网法律大会·检察论坛”[4]上作了经验交流，我院被确定为“互联网法治研究联盟检察实践基地”。积极落实“最多跑一次”改革，以“互联网+”思维完善便民措施，通过完善先行预约机制，实现律师阅卷、约见承办检察官、查询程序性信息、非公企业查询档案文书等事宜“最多跑一次”。

三、在法律监督中促进公平正义，全力深耕主责主业

强化刑事诉讼监督。强化对侦查机关有案不立、有罪不究、不该立案而立案以及侦查行为不规范等问题的监督。对应当立案而不立案的，监督公安机关立案33人，其中被判处三年以上有期徒刑3人；对不应当立案而立案的，监督撤案2人。对侦查活动中遗漏犯罪嫌疑人的，追捕3人，追诉8人。对刑事侦查违法情况提出纠正意见4件次，均被采纳。及时纠正错误裁判，对适用法律错误、定罪量刑不当、显失公平公正等问题，提出刑事抗诉5件6人均获法院改判，抗诉成效位居全省前列。

强化民行检察监督。依法开展民事行政审判监督，切实维护民事行政诉讼活动统一、公正。提请抗诉一起民间借贷虚假诉讼案，为被害人挽回经济损失200余万元。监督执行的“朱某某等人与浙江某公司劳动争议仲裁纠纷”案，为民工追回工资63万余元，获评全省检察机关“民行监督精品案件”。强化对行政执法的检察监督，督促行政机关依法依规行使职权，开展环境资源保护和食品药品安全等领域行政执法监督6件。积极稳妥推进检察机关提起公益诉讼[5]，充分保护国家利益和社会公共利益，对生态环境和资源保护、食品药品安全、国有资产保护领域启动行政公益诉讼诉前程序3件，相关行政机关均做出回复整改落实。

强化刑事执行监督。积极开展捕后羁押必要性审查[6]，督促对关押在看守所的犯罪嫌疑人变更强制措施27人。办理的刘某某等6人羁押必要性审查案获评“全国检察机关羁押必要性审查优秀案件”；办理的一起盗伐、非法收购林木案，被评为“浙江省检察机关羁押必要性审查优秀案件”。积极开展监外执行检察监督，依法监督收监执行12人。主动开展财产刑执行监督，发出建议34件均被采纳，有效维护刑事判决的权威性。与区司法局联合开展“社区矫正监外执行专项检查工作”，先后到全区13个乡镇、街道司法所进行检察督导。

四、在改革创新中激发活力，全力落实检察改革

积极支持配合监察体制改革。切实提高政治站位，按照监察体制改革的时间表和路线图，全力配合做好转隶工作。原反贪局、反渎局、预防科在编干警共17人，转隶到监察委员会9人，其中员额检察官4人；对未转隶8名人员因才施用，妥善安排至各个岗位。做好改革背景下全体干警思想政治工作，统筹抓好改革与业务协调推进，确保改革试点工作取得预期成效。认真梳理近年来收集的案件线索，共向区纪委、区监委移送问题线索66条。依法起诉监委移送职务犯罪案件1件1人。

推进以司法责任制为核心的司法体制改革。根据上级院关于司法体制改革的统一部署，完成员额检察官[7]、司法辅助人员和行政人员分类管理、员额检察官基本工资套改、办案组织构建、员额检察官单独职务序列改革、内设机构改革等5大类21项任务。遴选的24名员额检察官全部配置到司法办案一线，相比改革前一线办案力量增加18%。院内设机构由12个整合为8个，进一步优化了检力资源。新型办案模式成效初显，院领导、检委会专职委员检察官带头办案逐步常态化。

推进以审判为中心的诉讼制度[8]改革。全面贯彻证据裁判规则，严防案件"带病"进入审判程序。强化诉前主导、审前过滤和证据审查，对故意杀人等严重暴力犯罪案件、电信网络诈骗等涉及面广、有重大影响的案件提前介入9件次，排除非法证据27份。作为全省首批开展诉前会议[9]制度试点工作单位，积极就符合条件的案件主持召开诉前会议，针对案件定性、犯罪数额认定等问题与侦查人员、辩护人开展平等交流，对诉前会议制度在全市的推开发挥了示范效应，相关文章被《检察日报》刊发。推进刑事案件证人、鉴定人出庭作证3件，有效促进庭审实质化。

五、在从严治检中增强素能，全力打造过硬检察队伍

加强思想作风建设。持续深化"两学一做"学习教育，及时组织学习贯彻习近平新时代中国特色社会主义思想和党的十九大精神，以及关于政法、检察工作的新定位新要求，增强政治定力，坚定理想信念。狠抓作风建设，扎实开展"干净干事创新业"作风建设专项行动、全力整治"庸、懒、散、慢、推"等作风问题，着力增强干警创新精神、担当精神和工匠精神。抓实机关党建工作，认真落实党风廉政建设主体责任和监督责任，严格执行廉政谈话、函询、诫勉谈话和述职述廉等制度，做到苗头性、倾向性问题早发现、早处理，确保队伍"零违纪"。

加强业务能力建设。坚持把学习培训作为提升队伍素质的重要载体，开展各类培训150余人次。坚持"仗怎么打兵就怎么练"，组织干警积极参加各类业务竞赛，6个案事例入选省、市检察机关精品案事例，2名干警获评全市检察机关青年干警优秀辩手，1人获"丽水市杰出青年提名奖"、4人被市院授予个人三等功，检察调研文章在市级以上平台发表或获奖20余篇次。注重年轻优秀人才的培养和引进，全院现有本科以上学历干警53人，占82.8%，其中硕士17人（含在读6人），35岁以下年轻干警占全院的近40%，人才总量列居全市检察机关首位。

加强基层基础工作。主动适应大数据与人工智能新时代，加快"智慧检务"[10]建设，"智慧公诉辅助系统""智慧语音识别系统""电子卷宗系统"等部署完成并投入使用。加快推进基层检察室创新发展，以"服务生态旅游、非公经济、社会矛盾化解"为履职主线，做好服务大局、服务基层群众、服务农村改革发展工作，完善检察监督服务生态旅游机制，与大港头镇政府签订《服务大港头镇生态旅游框架协议》，积极参与辖区生态环境保护，精准服务当地生态旅游经济。

各位代表，一年来，我们始终牢固树立监督者更应主动接受监督的意识，坚持把接受各方监督作为检察机关依法履职、公正司法的重要保证。一年来，我们主动向人大汇报工作，认真贯彻落实人大及其常委会的决议，定期走访联络人大代表，邀请人大代表参加检察开放日活动、视察检察工作，高度重视听取人大代表意见；我们自觉接受政协民主监督，邀请政协委员座谈调研，虚心听取意见建议；我们自觉接受以人民监督员为主体的社会第三方监督，为监督检察、支持检察凝聚社会力量，努力在接受监督中提升公信，树牢莲都检察良好形象；我们努力推进“阳光司法”，主动公开案件程序性信息1600余条、生效法律文书700余份，借助微信公众号等新媒体平台讲好检察故事、传播检察好声音，努力让莲都检察“朋友圈”越来越大，被评为“全国检察宣传先进单位”“浙江省政法微信排行榜检察系统百期十强”。

各位代表，检察工作成绩的取得，是区委正确领导、区人大有力监督和区政府、区政协以及社会各界关心、支持的结果。在此，我代表区检察院向各位人大代表、政协委员，向所有关心支持检察工作的领导和同志们表示衷心的感谢，并致以崇高的敬意！

与此同时，我们也清醒地认识到，在面临多重改革叠加的新常态下，检察工作仍存在一些突出问题。主要表现在：面对莲都全心融入“创新区”、奋力建设“中心园”的新形势，检察机关服务保障大局、参与社会治理的举措有待进一步实化深化；面对以审判为中心的诉讼制度改革新要求，检察办案的质量保障和责任落实有待进一步强化；面对司法体制改革初步完成的新挑战，检察队伍正规化、专业化、职业化程度有待不断提升；面对信息化快速发展和深度应用的时代潮流，检察信息化建设相对滞后，亟待进一步加强。对此，我们将坚持问题导向，认真研究并切实加以解决。

2018年工作思路

2018年，是贯彻十九大精神的开局之年，是我区全心融入“创新区”，建设“中心园”的全面推进之年。莲都检察工作的总体思路是：深入学习贯彻习近平新时代中国特色社会主义思想，全面贯彻落实党的十九大精神，在区委和上级院的坚强领导下，以改革为驱动力，以破解难题、补齐短板为抓手，强化法律监督，深化司法改革，创一流业务、建一流队伍，推进莲都检察工作向更高水平发展，为莲都经济社会发展提供更加有力的司法保障。 重点抓好以下五个方面工作：

一是服务绿色发展有新举措。围绕莲都当前绿色发展的新任务新要求，切实担当起莲都生态环境和资源保护的第一责任，努力打造更加鲜明的生态检察莲都特色。依法严格办理涉嫌污染环境、破坏生态、破坏水资源等犯罪案件，积极督促损害环境资源的行为人赔偿损失、负有管理职责的行政执法单位依法履行监管职责。着力探索更加多元化的生态修复模式，在2017年尝试开展投放鱼苗、补植复绿等方式进行修复补偿的基础上，进一步完善多样化、规范化、常态化生态修复制度。强化破坏环境资源犯罪专项立案监督，严防“有案不移”“以罚代刑”现象发生。着力深化“两法衔接”，推动环境资源案件执法标准和司法尺度的统一，积极促进行政执法和司法力量的整合，形成打击破坏生态环境行为的整体合力。

二是强化法律监督有新提升。强化检察职能主业，构建检察监督更大格局。强化重点领域法治保障，根据上级院关于检察机关深入开展扫黑除恶专项斗争统一部署，积极运用法治思维和法治方式，突出打击重点，全面履行检察职责，确保依法、准确、有力惩处黑恶势力犯罪；严厉打击利用互联网实施诈骗、传销、非法集资、贩毒、赌博等犯罪案件，营造健康良好的网络环境；密切关注危害食品药品安全等民生领域犯罪，妥善处置非法吸收公众存款、集资诈骗等涉众型经济犯罪，进一步回应人民群众日益增长的美好生活新需要。加强对刑事、民事和行政诉讼的法律监督，推进派驻公安机关检察监督等工作，促进执法司法更加规范文明。把释法说理融入检察办案，健全未成年人等特殊群体的保护机制，实现良法善治。贯彻习近平总书记“检察官是国家利益和社会公共利益的代表”重要论断，加大检察机关提起公益诉讼力度，进一步促进依法行政。

三是践行绿色司法[11]有新作为。进一步树立谦抑、审慎、善意司法理念，以规范、理性、文明司法为核心，在对司法公正的不懈追求中践行绿色司法，努力让人民群众在每一起司法案件中都感受到公平正义，增强人民群众司法获得感。着重降低审前羁押率，加强逮捕必要性、捕后羁押必要性审查，减少轻刑案件羁押。降低轻微刑事案件起诉率，准确把握不起诉的适用条件，依法及时办理不起诉案件。深入推进规范司法行为整改，降低检察办案不规范投诉率。讲好检察故事，更好地接受人大监督、政协民主监督和社会各界监督，加强与社会互动，保障人民群众的知情权、参与权、表达权和监督权。

四是深化检察改革有新突破。坚定不移深化检察改革，把深化司法体制综合配套改革作为贯穿全年的重点工作，按照上级统一部署扎实推进“正规化建设、专业化队伍、规范化运行、多元化监督、职业化保障”五大综合配套工程，确保检察环节司法体制综合配套改革落地见效。积极适应以审判为中心的诉讼制度改革，进一步贯彻证据裁判规则，完善公诉机制、对侦查活动和刑事审判活动的监督机制，推动构建新型检警、检法、检律关系。切实把提升检察工作信息化、科技化水平放在战略位置来抓，着力加快“智慧检务”建设，加强大数据、云计算、物联网、人工智能与司法改革的深度融合，深度应用并不断完善智能辅助办案系统，促进科学决策，提升办案质效。

五是加强自身建设有新成效。严抓思想政治，将讲政治作为“为检之魂”放在首位，扎实推进“两学一做”学习教育常态化、制度化，坚持用习近平新时代中国特色社会主义思想和“红船”精神武装头脑、推动工作。严抓业务能力，以素能提升为核心，健全符合检察官、检察辅助人员、司法行政人员职业特点的素能培训体系，重点加强对检察官、检察辅助人员司法能力的精准化培训和专业化训练，不断提升干警的司法能力水平。严抓党风廉政，落实全面从严治党部署要求，健全以党建带队建促业务机制，坚持从严治检，加强纪律作风建设，保护干警依法履行法定职责，努力打造绝对忠诚、干事担当、干净自律、充满活力的莲检铁军队伍。

各位代表，新的一年，我们将继续在区委和上级检察机关的坚强领导下，认真落实本次会议各项决议，以首善担当创一流的精神状态，勇当绿色发展的探路者和模范生，为莲都更好地融入“创新区”、建设“中心园”，奋力推进“城市共建、经济共融、福祉共享”奉献更多检察元素！

《区检察院工作报告》名词解释

①轻微刑事案件刑拘直诉：是指对于案情简单、事实清楚、证据确实、充分，犯罪嫌疑人、被告人不符合逮捕条件的轻微刑事案件，遵循法定程序和期限，确保办案质量的前提下，简化工作流程，缩短办案期限，公安机关、人民检察院、人民法院依法对刑拘犯罪嫌疑人、被告人直接移送审查起诉、审查起诉、审判的工作机制。

②涉罪未成年人人格甄别：是指通过引入专业心理专家、依托人格测评量表、借助信息化手段对涉罪未成年人人格进行测评，结合社会调查对涉罪未成年人作出科学、精准的人身危险性、教育挽救可能性评估，为司法处遇措施、帮教方案制定提供依据参考。莲都检察院是省检察院确定的开展涉罪未成年人人格甄别制度试点单位之一。

③补植复绿：是检察机关立足检察职能，落实宽严相济刑事政策，服务生态文明建设的一项措施。检察机关在依法办案的同时，要求破坏环境案件犯罪嫌疑人对破坏的林地重新播种、植树，让受损的森林生态得到及时有效的恢复。检察机关可以检查当事人或其亲属是否按照要求对林地进行修复，并按照修复的成果对其依法酌情从宽处理。这样，受损的生态有了修复的资金和人力，比仅仅让犯罪行为人入狱服刑更有效果，还能起到“查处一个、教育一片”的目的，实现了办案的法律效果、社会效果和生态效果的统一。

④“互联网法律大会·检察论坛”：2017年11月18日在杭州举行，由浙江省高级人民法院、浙江省人民检察院、浙江省公安厅、国家“2011计划”司法文明协同创新中心支持，浙江大学、阿里巴巴集团、蚂蚁金服集团主办，浙江大学光华法学院互联网法律研究中心联合协办。浙江三级检察机关派出强大阵容参加，与理论界、司法实务界和互联网企业共同研讨互联网法治、携手共建网络空间命运共同体。

⑤检察机关提起公益诉讼：公益诉讼从广义上理解，就是对侵犯社会公共利益或者不特定多数人利益的违法行为，个人、社会组织和国家机关向法院起诉。2017年7月1日起，新修订的民事诉讼法和行政诉讼法开始实施，确立了检察机关提起公益诉讼制度。检察机关以“公益诉讼人”的身份提起诉讼，目的是为了加强对“公益”的保护。

⑥羁押必要性审查：修改后刑事诉讼法第九十三条规定，犯罪嫌疑人、被告人被逮捕后，人民检察院仍应当对羁押的必要性进行审查，对不需要继续羁押的，应当建议予以释放或者变更强制措施。

⑦员额检察官：是指从现具有助检员以上法律职务的人员中，经过统一遴选标准和程序择优选择，依法行使检察权的检察人员，占政法专项编制数的39%。员额检察官按照法律规定和检察长授权，在规定的职权范围内，依法独立对案件提出处理意见或作出处理决定，并对案件终身负责。

⑧以审判为中心的诉讼制度：就是以庭审作为整个诉讼的中心环节，侦查、起诉等审前程序都是开启审判程序的准备阶段，都是围绕审判中事实认定、法律适用的标准和要求而展开，法官直接听取控辩双方的意见，依据证据裁判规则作出裁判。简而言之，以审判为中心的诉讼制度就是要求庭审实质化，提高审判质量，其对检察机关审查起诉、出庭支持公诉提出了更高更严的要求。

⑨诉前会议：是指检察机关在对刑事案件审查起诉过程中在决定提起公诉之前，针对证据合法性、全面性等特定事项，召集侦查人员、当事人以及辩护人、诉讼代理人平等地进行交流沟通、解惑释疑，就相关问题的认识和处理达成意见的一种审查起诉机制。这是改进审查起诉方式的新尝试，其目的是确保起诉的案件经得起法律的检验。

⑩智慧检务：是指检察机关进一步引进“互联网+”理念、强化“大数据思维”，把信息技术深度融入检察改革、司法办案、检务管理、检务公开等多个层面，逐步实现“智慧办案、智慧服务、智慧管理”，进一步提升办案效率和司法公信力。

⑪绿色司法：指的是司法办案必须坚持以规范、理性、文明为核心，以司法公开、司法公正和司法公信力为本质要求，实现公平正义所要求的司法动机、方式和效果统一。其中，“规范”要求严格遵循法定程序，确保实体公正和程序公正有机统一；“理性”要求正确把握各种辩证关系，在严守法律底线的前提下实现政治效果、社会效果最大化；“文明”要求用现代文明方式司法，既树立法律权威，又体现司法温度和人文情怀。

莲都区人民法院工作报告

——在莲都区第十六届人民代表大会第二次会议上

李美顺

各位代表：

现在，我代表丽水市莲都区人民法院向大会报告工作，请予审议，并请区政协委员和其他列席会议的同志提出意见。

2017年工作回顾

2017年，我院在区委的领导、区人大及其常委会的监督和上级法院的指导下，在区政府、区政协和社会各界的关心、支持下，深入学习贯彻党的十九大精神，主动适应社会主要矛盾新变化，围绕“让人民群众在每一个司法案件中都感受到公平正义”的目标，坚持“司法为民、公正司法”主线，忠实履行宪法和法律赋予的职责，不断深化司法体制改革，狠抓执法办案和队伍建设，各项工作取得新进展。全年共受理各类案件17209件，办结18131件（含旧存，下同），同比分别下降1.4%和上升11%，同期结案率为105.4%。收、结案数持续高位运行，常年位列全市首位。一年来，全院干警勇于奉献，常态加班，竭尽全力完成各项工作任务，主要办案质效指标保持正向运行态势。

一、主动服务发展大局，全面加大司法保障力度

依法助力全区中心工作。紧紧围绕维稳重心，做好矛盾纠纷排查化解工作，全力护航全国两会、厦门金砖会议、党的十九大等重要会议，实现零进京上访，为全区平安夺金鼎提供有力司法保障。围绕市区“文明城市创建”“六边三化三美”“五水共治”等重点工作，积极履行司法职能，保障重点工作依法推进。审慎审理城西区块、江滨区块等一批涉重点项目征地拆迁纠纷，积极促进协调和解。严厉打击环境资源犯罪，加强舆论宣传，助推市区生态文明建设。紧扣“大花园”建设目标，积极推进旅游巡回法庭工作，有力保障古堰画乡、东西岩等景区的发展升级。

加快推动经济转型升级。围绕中心工作，将绿色司法理念融入审判执行工作中，推动全区经济又好又快发展。因案制宜做好涉困企业审执工作，帮扶企业维持生产、渡过难关。完善并加快“僵尸企业”退出机制，稳妥推进破产案件审理，成功实现德众等四家关联汽车销售服务有限公司的破产重整，加强“执转破”衔接，促进全区经济转型升级。努力化解银行不良资产，通过实现担保物权程序快速审结金融债权案件19件，结案标的3372.4万元，共执结金融案件1561件，执行到位标的5.9亿元，有力保障全区金融稳定。

积极参与社会综合治理。充分延伸司法职能，分别就农村土地流转、劳动争议、未成年女性欺凌等领域展开调研，全年共形成调研成果5项，加强成果转化，有力指导审判实践。健全未成年人案件审理机制，注重教育、感化。积极落实未成年人轻罪犯罪记录封存制度，共对12名未成年被告人的犯罪记录进行封存。加强与社区矫正机构对接，配合做好帮教工作，就罪犯户籍地、居住地、工作地三分离情形下社区矫正机构难以确定的情况，向市司法局发送司法建议，进一步完善社区矫正工作。高度重视信访积案化解，院领导全年共包案化解积案2件。

二、依法履行审判职责，全力维护社会公平正义

坚持以审判为中心，宽严相济惩治犯罪。全年共受理各类

刑事案件662件，审结662件，同比分别下降20.2%和23.6%，判处罪犯972人，其中，判处5年以上有期徒刑47人，重刑率为4.8%。依法惩治危害人民群众生命财产安全的犯罪行为，审结故意杀人、故意伤害、强奸、抢劫等严重暴力犯罪案件61件79人，审结盗窃、诈骗等侵财型犯罪案件219件285人，审结集资诈骗、非法吸收公众存款、非法传销等涉众型经济犯罪案件7件13人，审结涉"黄赌毒"犯罪案件106件235人。保持惩治腐败高压态势，审结贪污、贿赂、渎职等职务犯罪案件7件8人，其中处级1人，村干部2人。坚持"宽严相济"，对527名具有从轻、减轻情节的未成年被告人、初犯、偶犯、从犯依法判处非监禁刑。积极推进"以审判为中心"的刑事诉讼制度改革，落实相关人员出庭作证制度，强化诉辩对抗。会同公安、检察机关完善轻微刑事案件快速办理机制，探索案件信息网上流转、集中诉审、远程开庭等，有效节约审判资源。

贯彻调判结合原则，妥善化解民商纠纷。全年共受理民商事案件 8497件，审结8672件，同比分别上升12.4%和27.2%。坚持调解优先，调判结合，共调解撤诉3859件，民事调撤率为44.5%。审结道路交通事故、医疗损害赔偿等各类侵权纠纷343件，为受害者追偿9200万元。审结婚姻家庭、继承等家事纠纷658件，更加关注亲情修复。审结买卖、承揽、租赁合同纠纷等案件703件，保护市场交易秩序。审结商品房买卖、房屋质量及建设工程合同纠纷等案件362件，促进房地产市场健康发展。审结民间借贷、金融借款、担保追偿纠纷等案件4234件，规范借贷融资行为。审结军产租赁合同纠纷10件，妥善处理涉军案件。审结涉外、涉港澳台商事案件25件，平等保护中外当事人合法权益。

及时应对新法实施，监督支持依法行政。全年共受理各类行政案件361件，审结352件，同比分别上升19.5%和24.4%。收案中，市级行政机关涉诉57件，景宁36件，青田18件，云和4件。监督依法行政，共审查非诉行政案件241件，裁定准予执行222件，其中，国土非诉执行历史积案基本清理完毕。坚持试点工作，积极推进跨行政区域管辖变革发展。沉着应对新行政诉讼法实施所带来的新变化，妥善处理涉征迁、"三改一拆"、"五水共治"等案件，努力做好敏感案件、涉中心工作案件的协调工作。积极落实行政机关负责人出庭应诉制度，负责人出庭应诉率为77.5%。推进审判公开，邀请行政执法人员旁听庭审，并通过专题授课、提出司法建议等形式，规范行政执法行为。

三、强力推进执行攻坚，全面提升执行工作公信力

探索执行新机制，提高执行效率。全年共收各类执行案件7252件，结案7966件，同比分别上升9.6%和16.3%，未结案789件，同比下降47.5%。同期执结率为109.8%，同比上升24%，位列全省基层法院第二。实际执行率为59.8%，执行质效年度考核位列全市法院前列，为确保与全省同步基本解决执行难奠定了坚实基础。积极建立联动协同机制，争取党政支持，形成"党委领导、政府支持、法院主办、多方联动"的执行工作格局。创新组建"综合、实施、裁决"三大执行团队，推进集约化管理。在全市法院率先打造"辅助事务集约平台"，设置执行事务中心，为当事人提供一站式窗口服务；试行辅助事务外包化，首次引入公证机构、检察机关参与强制腾房案件执行，试点网拍线下辅助事务外包机制，加强社会服务购买，实现提质增效。

加大执行力度，增强执行效果。积极开展"春雷""风暴""秋风"等执行专项活动，共集中传唤被执行人320人，执行到位标的1.7亿元，其中涉公职被执行人45人，执行到位标的100余万元。借助中院派驻协同机制，多次开展"清理积案"专项活动，完善执限督办制度，大幅提高办案效率。加大对涉执行房产"腾退难"问题的解决，联合供水、供电、供气公司建立停水、停电、停气执行协作机制，全年重点攻坚"腾房难"案件58件，敦促主动腾退房屋19处，腾房面积5.1万平方米，变现金额1亿元。2名被执行人因拒不腾房被移送公安机关立案侦查，其中1名已被追究刑事责任。坚持24小时值班备勤，依托公安布控，夜间出警执行常态化。公布失信被执行人5226人次，司法拘留151人次。首创体验式普法威慑教育，让失信被执行人旁听拒执“老赖”案件庭审，以案释法，起到警示威慑作用。在全省率先推行闹市区显示屏曝光“公职老赖”，社会评价良好。

强化内部管理，优化执行作风。制定基本解决执行难工作方案和责任清单任务分解表，逐项分工落实责任。首创执行专业法官会议制度，总结执行经验，统一办案标准，破解执行难题。推行案件质量双评查制度，实现案件质量全程跟踪管理。设立执行指挥中心，配置执法记录仪，对重大执行行动全过程指挥监督。开展执行队伍建设专项行动，积极组织业务培训，加强实务交流。每周对执行疑难案件集中研讨，交流工作经验，切实提升干警法律适用能力。增设执行申诉信访专员，耐心接待来访，详细登记反映事项，并逐一核实督办整改反馈。执行局1名干警荣获全省“最美执行干警”称号。

四、努力践行司法为民，全力推进“三大机制”建设

建立“大立案”机制，有效提升诉讼服务供给。严格落实立案登记制，坚持“有案必立、有诉必理”，依法保障当事人诉权。加强立案管理，确保立案规范、准确。进一步落实民事诉讼立案调查令制度，共签发立案调查令9份、协助调查函346份。通过一次性告知、信件沟通、电子送达等机制，增强立案便利性和快捷性，努力实现当事人“最多跑一次”。积极推广网上立案、网上信访、律师服务平台、视频接访等跨区域诉讼事务。全年共网上立案4635件，立案率56.7%，跨域立案76件，位居全市前列。在全市率先开展延伸立案工作，联合区司法局在全区14个司法所设立诉讼服务网点，为群众就近提供调解、立案等诉讼服务。

完善“大服务”机制，切实满足群众司法需求。在现有条件下，积极改造，构建一站式、立体化、综合性的新型诉讼服务中心。设立律师服务中心、调解速裁中心、档案查询阅卷室、心理咨询室以及母婴室等，为群众提供多元化诉讼服务。完善财产保全机制，实行财产查控前移，引进浙商银行当场出具保函业务，大力推进诉前财产保全。落实中层干部值班制度，加强诉讼服务指导。优化案款管理系统，确保诉讼费退款安全、便捷、高效。强化巡回审判功能，开展乡镇巡回审判、调解50余次。健全司法救助体系，设立司法救助委员会办公室，对符合条件的45名案件当事人办理缓交诉讼费合计82.6万元，申报司法救助14件，办理司法救助金合计39万元。

强化“大调解”机制，整合资源全力助推解纷。构建大调解平台体系，设立诉前引调、立案调解、简案速裁平台，与区司法局、区妇联、市保险行业协会等建立诉调对接机制，实现“一条龙”式的案件辅导分流、诉前委派调解、司法确认。引进特邀调解员、保险行业调解员以及律师调解员等入驻我院并开展调解工作。联合区妇联成立家事纠纷调解中心，形成联动化解机制，聘请心理咨询师4名，助力家事审判。设立行政争议调解中心，加强调解、速裁工作，提高行政争议化解率。积极探索案件繁简分流，优化程序衔接机制，实现简案快审、繁案精审。此外，我院大胆尝试在线纠纷解决平台应用，促进矛盾纠纷网上化解。

五、始终坚持“抓早抓小”，全面提升队伍能力素质

以深化司改促进法官精英化。认真落实省、市法院统一部署，针对法官入额压力大、未入额比例居全市最高的现状，进一步细化标准、严格程序，顺利完成第二批法官入额共14名，其中35周岁及以下年轻法官9人。积极推进民商事案件繁简分流，全院共设30个审判团队，启动新型审判团队运行模式。不断推进审判权力运行机制改革，精简整合原有内设机构，提高运行效率。全面落实司法责任制，严格落实院庭长办案制度，入额的院庭领导全年办案共计3997件，占全院员额法官办案数的51.4%，同时，带头办理疑难、复杂案件，充分发挥示范带头作用；试行专业法官会议制度，加强监督管理，不断提升审判专业化水平；落实法官办案质量终身负责制，明确裁判文书签发权，促进法官队伍正规化、专业化、职业化。

以创新管理增强办案质效。不断强化质效意识，实施常态化每月定期通报、每周重点数据通报和即时个案情况整改通知。加强案件流程节点、超审限案件实时监控，强化结案情况监督力度，及时分析研判质效数据。深化法院门户网站建设，积极推送智慧法院手机软件应用，及时公布工作动态、诉讼流程等信息，方便当事人即时了解案件流程节点。深化案件质量和裁判文书评查工作，全年共评查案件3552件，评查裁判文书18131份。积极推进庭审记录改革，全年庭审录音录像率达100%，庭审直播案件数688件，其中1名法官直播案件数位列全国前40名，入选全国优秀直播法官。建立严格考评机制，强化院、庭领导的主体责任，完善岗位目标责任考核制度，及时引导、督促审判团队进一步严格司法。

以匠心钻研提高业务能力。加强法官职业化建设，锤炼法官队伍。以民法总则、新行政诉讼法等新法实施为契机，深入抓好业务培训。重视青年干警培养，开展中层干部择优选任工作，18名新晋中层中“80后”占比61.1%。完善司法人员分类管理，强化培养机制，通过导师传帮带、培训进修、岗位练兵等，不断提升干警司法实务技能。加强理论调研，建立案例报送常态机制。全年共参与省高院重点调研课题2个，承担市级调研课题2个、区级调研课题1个，发送司法建议3个，报送学术论文11篇。其中3篇论文获市级奖项，1名干警撰写的案例分析被中国法院2016年年度案例录用。

以改进作风提升司法公信。加强党风廉政建设，坚持全面从严治党，强化纪检督察和院风院纪巡查力度，将“两个责任”“两个规定”落到实处。落实“抓早抓小”，以全面绩效考核为抓手，开展“三比一争”主题实践活动，形成能者上、庸者下、劣者汰的鲜明导向。加强“八小时”以外监督，坚决杜绝严重影响司法形象的行为。加强职业风险培训，增强法官自我防范意识。加强基层法庭建设，不断推进法庭创新管理，突出服务发展、保障民生功能。目前，碧湖法庭审判大楼已全面投入使用，南城法庭审判用房建设正在推进，同时，积极开展星级法庭评定工作，争创“省级模范五好法庭”。

六、主动接受各界监督，全面规范司法权力运行

牢固树立“监督就是支持”的理念，不断强化监督意识。认真落实人大及其常委会的各项决议，全年办结人大代表、政协委员、党代会提案5件。主动接受人大监督，及时向区人大专题汇报新行政诉讼法实施、司法改革推进情况等。积极加强与人大代表、政协委员的沟通联系，以法官联系人大代表、定期邀请旁听庭审等方式，向代表和委员通报法院工作，听取意见建议，加强整改落实。主动接受检察机关的法律监督，积极邀请检察长列席审判委员会会议，共同促进公正司法。加强陪审员队伍建设，注重陪审员司法能力提升，组织我院陪审员参加业务提升培训。主动接受新闻媒体监督，建立健全新媒体时代法院新闻宣传工作机制。全年共开展普法宣传活动54次，推送微信文章32篇次；协助央视一套《今日说法》栏目制作普法节目《三上法庭》和《速成的“微整形”大师》并播出；制作《情怀下的担当》执行纪录片，网络点播达上万次；在丽水广播电台《百姓热线》栏目中就法院工作近况与听众互动交流，引导公众对“破解执行难”“三大机制建设”以及“司法体制改革”予以正确认识。深化阳光司法，坚持“公开网拍优先”原则，全年网拍成交211件，总成交额7.2亿元，平均溢价率48%，为当事人节省佣金1668.4万元。

各位代表，过去一年，我院各项工作取得了一定成效。成绩的取得，离不开区委的领导、区人大的监督和区政府、区政协以及社会各界的关心和支持。在此，我代表区法院，向长期支持法院工作的人大代表、政协委员及社会各界人士，致以崇高的敬意和衷心的感谢！

在看到成绩的同时，我们也清醒地认识到，法院工作还存在一些问题和困难：一是办案效率、结案均衡度有待进一步提升。在办案节点流程管理、运用创新方法破解“案多人少”矛盾方面的能力还有待加强。二是司法环境有待进一步改善。社会上讲利不讲理、信访不信法的现象依然存在，执行难问题没有得到根本性破解，依法独立公正行使审判权的各项保障机制仍需强化。三是司法能力有待进一步增强。法官思想观念、审判能力尚不能完全适应司法改革新要求，司法责任制背景下，对主审法官独立判断案件事实、适用法律的水平要求更高，司法能力有待进一步提升。四是队伍建设需进一步强化。虽然我院在提升队伍精气神、整治工作作风方面作了积极改进，但仍有个别干警缺乏担当意识和攻坚克难的精神，存在慵懒散现象，队伍建设有待进一步加强。

2018年工作思路

2018年是贯彻党的十九大精神的开局之年，也是我区“高质量发展转型年”。今年，我院总体工作思路是：高举习近平新时代中国特色社会主义思想伟大旗帜，深入学习贯彻党的十九大精神，在区委的领导和上级法院的指导下，在区人大及其常委会的监督下，全面落实省、市、区决策部署，不忘初心，牢记使命，以“尤为如此”的担当和追求，深化司法体制综合配套改革，全面落实司法责任制，切实抓好审判执行工作，为全区打好五张牌、培育新引擎、融入“创新区”、建设“中心园”凝心聚力，为奋力开创“城市共建、经济共融、福祉共享”新境界提供更加有力的司法保障。

一、勇于担当，进一步服务经济社会发展

紧紧围绕党委中心工作，坚决贯彻新发展理念，充分发挥审判职能作用，首善担当，争创一流，全面服务保障全区高质量发展转型。一是全力做好各级“两会”、第五届世界互联网大会等重点时期、敏感时期的涉诉信访维稳工作，着力加强源头预防，抓好信访积案化解。依法严惩影响群众安全感的“两抢一盗”、危害食品药品安全、电信诈骗等犯罪，助推“全国最平安城市”建设。二是充分运用法律手段，结合绿色发展、乡村振兴等战略新要求，妥善审理各类涉中心工作案件，依法保障大搬快治、治危拆违、小城镇环境综合整治、“五水共治”等工作顺利进行。加强调研，及时了解中小微企业司法需求，提供精准服务。完善破产审判机制，依法化解过剩产能，服务供给侧结构性改革。三是坚决贯彻生态文明建设新要求，进一步加强环境资源审判工作，紧扣“大花园”建设目标，推进环境资源刑事、民事、行政案件的“三审合一”归口审理。积极推进旅游巡回法庭工作，力推古堰画乡创5A工作开展，实现省级全域旅游示范区建设。

二、忠实履职，进一步维护社会和谐稳定

有序推进以审判为中心的刑事诉讼制度改革、刑事案件速裁等试点工作，宽严相济依法惩治各类刑事犯罪。进一步促进民商事繁简分流，树立繁案精品意识和简案效率意识，深化家事审判改革，提高破产案件审判效率。积极应对新行政诉讼法实施要求，妥善审理各类行政案件，充分发挥行政争议调解中心功能，促进纠纷实质性化解。继续把执行工作作为重中之重，加大清理未结案和恢复执行案件力度，严格控制执限天数，不断提高执行效率，确保一次性通过第三方评估。在完善民事、刑事案件繁简分流机制基础上，全力推进行政、执行案件繁简分流，实现简案快审、繁案精审。强化办案流程和节点管控，完善并落实审判管理机制，不断提升办案质效。加快“智慧法院”建设，进一步拓宽智能化服务，最大限度减轻法官事务性负担。

三、深化司改，进一步提升法院司法公信

始终坚持党的领导，严格按照上级法院部署，深化司法体制综合配套改革，全面落实司法责任制。一是严格贯彻落实中央、省委关于司法体制改革的工作

部署，不断完善内设机构改革，推进审判权力科学运行。二是严格落实院庭长办案制度，充分发挥审判、执行专业法官会议的咨询作用，促进审判质效提升，统一裁判尺度。同时，注重法官责任制的落实，压实责任。三是加强对新型审判团队运行模式的调研，从当前案件繁简分流机制、各类司法人员职责、权限、业绩考核等方面进行调研，制定细则，确保分工明确、权责清晰，有效提升办案质效。四是针对审判辅助人员短缺现状，大力推进司法雇员招录，注重内部挖潜，将部分未入额法官安排到简案调解岗位，将符合条件的事业编制书记员任命为法官助理。五是运用大数据，进一步完善司法公开平台建设，加大审务公开、信息公开范围。

四、以民为本，进一步满足群众司法新需求

落实以人民为中心的发展思想，准确把握人民群众对诉讼服务的新需求、新变化。强化诉前引导、诉中释明、判后答疑等告知解释工作，努力使诉讼活动的专业性、规范化与群众的诉讼能力相适应。积极响应省委“最多跑一次”改革和省高院“最多跑一次，最好不用跑”的诉讼服务理念，继续深入推进“大立案、大服务、大调解”三大机制建设。大力推广网上立案、跨域立案、延伸立案，实现群众诉讼便捷高效。完善诉讼服务大厅标准化建设，进一步提高窗口服务水平，提升诉讼服务软实力。全面完善“大调解”机制，实现“诉前化解—立案调解—简案速裁—繁案精审”的“四步”解纷法，充分发挥“三道过滤网”作用，实现纠纷分层递进解决。配强诉讼服务团队，强化中层干部值班轮岗制。加强引导宣传，让更多民众了解法院信息化建设，让大数据、信息化红利真正惠及当事人。

五、固本强基，进一步提高队伍司法能力

加强组织领导，将学习红船精神、研读《习近平谈治国理政》同宣传贯彻党的十九大精神结合起来，从思想上引导干警坚守政治信仰、法治信仰，不断改进司法作风。切实增强“四个意识”，加强党风廉政建设，有效运用监督执纪“四种形态”，推动全面从严治党不断向纵深发展。落实“抓早抓小”，全面加强纪律建设，杜绝慵懒散现象。继续开展“三比一争”主题实践活动，营造你争我赶的向上氛围。以司法体制改革为契机，加强法官“正规化、专业化、职业化”标准建设，完善员额法官遴选、培养工作机制，提升干警职业素养和司法能力。主动接受人大、政协等各界监督，严格公正司法，不断提升干警司法能力和服务水平，打造一支信念过硬、政治过硬、责任过硬、能力过硬、作风过硬的法院干部队伍。

各位代表，面对新形势、新任务，我们将更加紧密地团结在以习近平同志为核心的党中央周围，高举习近平新时代中国特色社会主义思想伟大旗帜，在区委的领导和区人大及其常委会的监督下，坚定信心、求真务实、克难攻坚，忠实履行宪法和法律赋予的职责，全力保障区委中心工作，为推进我区高质量发展转型，奋力开创“城市共建、经济共融、福祉共享”新境界提供更加有力的司法保障！

有关用语说明

同期结案率：报告期内总结案数占总收案数的比例。

轻微刑事案件快速办理机制：指人民法院、人民检察院、公安机关和司法行政机关分工负责，互相配合，对案情简单、事实清楚、证据确实充分，且犯罪嫌疑人、被告人认罪的轻微刑事案件，在依照法定程序、确保案件质量的前提下，简化工作流程、缩短办案期限的工作机制。

涉外商事案件：2013年4月，最高人民法院批复指定莲都法院为审理涉外商事纠纷案件第一审法院，从2014年1月1日起正式受理辖区内一审涉外、涉港澳台商事案件。

实际执行率：报告期内以强制执行、自动履行、和解方式实际执行完毕结案数量占执行收案数的比例。

“三大机制”建设：是浙江法院深入贯彻五大发展理念，破解“案多人少”矛盾，完善矛盾纠纷多元化解机制的创新之举和经验摸索，即通过“大立案、大服务、大调解”，涵盖所有司法辅助服务功能的体系，旨在提供一站式、立体化、综合性的诉讼服务。

律师服务平台：指省高院在我院试点开发的网上服务平台，该平台以服务律师、当事人为导向，律师无需到法院即可完成立案、缴费、提交证据材料，以及申请诉讼保全、证人出庭、延长举证期限等诉讼业务，还可与案件承办法官和其他诉讼参与人在线沟通，对司法行为提出投诉与建议等。该平台已在全省推广应用。

行政争议调解：为及时、有效化解行政争议，根据《浙江省高级人民法院关于开展在行政诉讼中深入推进“大立案、大服务、大调解”三大机制建设试点工作的通知》（浙高法52号）文件要求，区法院设立行政争议调解中心，在登记立案阶段对相关行政案件引导先行协调和调解，达到案结事了的目的。

“两个规定”：指中央办公厅、国务院办公厅印发的《领导干部干预司法活动、插手具体案件处理的记录、通报和责任追究规定》和中央政法委印发的《司法机关内部人员过问案件的记录和责任追究规定》。

“三道过滤网”：第一道过滤网，是指与检察、公安、司法行政、工青妇组织联手，积极构建多方参与、优势互补、合力共济的多元化矛盾纠纷解决体系，力争将家事纠纷、相邻纠纷等可以调解前置的民商事案件消化在诉前；第二道过滤网，是指除了当事人缺席、破产案件等法律规定不适用调解的情形外，在登记立案之后、开庭审理之前先行调解；第三道过滤网，是指经过诉前调解和立案调解两道过滤程序后还调解不成的，根据案件事实、法律适用、社会影响等因素实行繁简分流，简案由速裁组、简案组速裁速判。实现简案快办，繁案精审。

图1　2017年全市结案数排名前四法院结案情况对比图（含旧存）

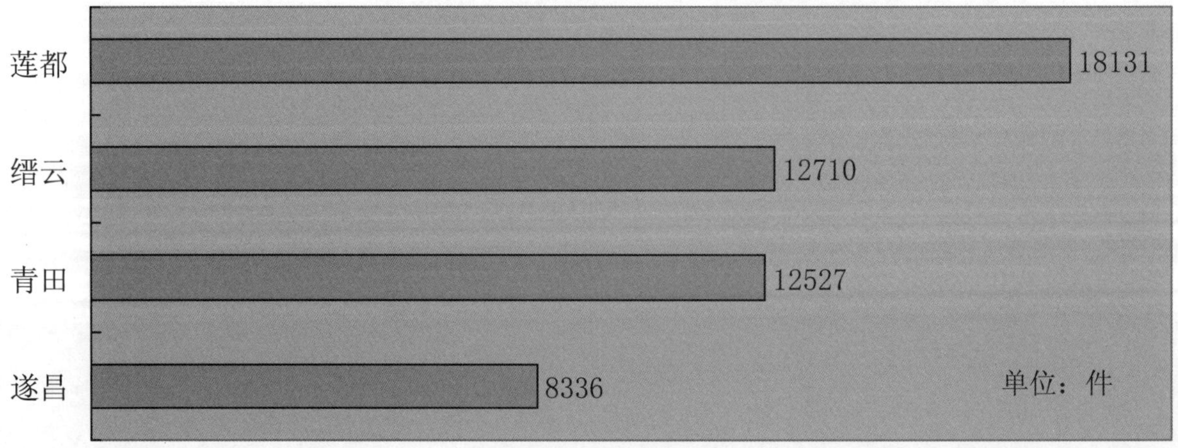

图2　2017年莲都人民法院审执结案件类型结构图

关于莲都区2017年国民经济和社会发展计划执行情况与2018年国民经济和社会发展计划草案的报告（审议稿）

莲都区发展和改革局

各位代表：

受莲都区人民政府委托，现将莲都区2017年国民经济和社会发展计划执行情况、2018年国民经济和社会发展计划草案以书面报告形式提请各位代表审议，并请区政协委员和其他列席人员提出意见。

一、2017年国民经济和社会发展计划执行情况

2017年是实施“十三五”规划的重要一年，是供给侧结构性改革的深化之年。一年来，全区上下坚持走“绿水青山就是金山银山”的绿色生态发展之路，紧紧围绕“一个率先、两个提升、三个迈进”的奋斗目标，秉持“同心同向同力、共建共享共融、善谋善作善成”的总要求，积极应对错综复杂的宏观经济环境和各种挑战，加快推进“城市共建、经济共融、福祉共享”，全区经济总体平稳运行。

年初计划报告提出的26项指标中，除去2项数据未公布，有16项指标总体符合或好于预期，8项指标较预期有差距（见附件1）。从指标类别看，结构优化、环境保护和民生事业类指标均基本完成或好于预期目标，经济和社会发展的质量和效益进一步提升。

（一）从经济基本面看，运行稳定性进一步增强。经济总量稳步提升。初步核算，实现地区生产总值332.98亿元，占全市比重达到25.7%；增幅为5.2%，分别比前三季度、上半年和一季度回升0.1个、1.1个、1.2个百分点。三次产业结构加快调整。实现农业增加值19.13亿元，增长3.5%；实现区属规模以上工业增加值9.58亿元，增长1.5%；实现服务业增加值190.73亿元，增长5.5%；三次产业结构调整为5.7∶37.0∶57.3，三产比例较上年同期提高0.6个百分点，“三二一”产业格局进一步巩固。三大需求协同拉动。投资稳中有升，完成173.70亿元，增长11.5%。消费平稳增长，实现社会消费品零售总额195.98亿元，增长6.2%。出口有所回落，实现出口总额7.12亿元，增长-3.3%。

（二）从结构调整层面看，增长质量效益进一步提高。产业融合不断加快。农旅融合加快发展，培育农产品转化为旅游地商品33个，建设旅游地商品购物网点23个，累计实现旅游地商品营销额4.82亿元。推出了百兴菇业、夫人山养心谷等一批产业融合项目。电子商务加快发展，实现网络零售额37.50亿元，同比增长38.4%；实现农村电商销售额25.40亿元，同比增长45.3%。创新驱动不断增强。新增各类市场主体8589家，认定高新技术企业9家，“浙江制造”标准实现零突破。全域旅游加快推进。全年实现旅游总收入77.18亿元，同比增长29.9%。蝴蝶谷、雅溪漂流、欢庭下南山、利山峡谷穿越等一批项目顺利建成。古堰画乡小镇完成固定资产投资7.67亿元，连续两年在省级特色小镇考核中被评定为优秀，全市唯一。重点项目建设不断提速。深入落实区领导领办重点项目制度，38位领办领导共调研领办项目365次，完成投资19.19亿元，完成年度任务的93%，为历年执行率最高。其中工业园区绿色食品加工基地等

一批项目提前完工。项目谋划招引不断强化。全区完成实际利用内资35.50亿元，浙商回归到位资金20亿元，引进大项目13个，实际利用外资1334万美元，均超额完成年度目标。世界丽水人大会期间签约丽水万洋低碳智造小镇等10个项目，总投资额达259亿元。

（三）从生态保护层面看，环境发展质量进一步优化。生态文明示范区建设扎实推进，区域环境质量持续改善。水质保持长期优良。扎实推进"五水共治"，顺利完成全境剿灭劣V类水任务。全区县级以上集中式饮用水水源地水质达标率100%，跨行政区域河流交接断面水质达标率为100%。空气质量居全省前列。市区PM2.5平均浓度为33微克/立方米，与去年同期持平，排名全省第2；空气环境优良天数340天，优良率为93.2%，排名全省第2。节能减排顺利推进。化学需氧量、氨氮、二氧化硫、氮氧化物排放量等指标均能顺利实现年度目标任务。美丽城乡加快建设。成功创成全国文明城市。扎实推进"三改一拆"、"六边三化三美"、小城镇环境综合整治等工作。

（四）从改革创新层面看，发展活力不断增强。供给侧结构性改革稳步推进。认真落实降成本各项政策。完成"低小散"企业整治提升51家，淘汰落后产能3家，淘汰燃煤锅炉31台，完成闲置厂房土地处置9宗。不良贷款处置工作有效推进，不良贷款余额12.34亿元，不良率1.9%，比年初下降0.7个百分点。高效推进"最多跑一次"改革。推进"一窗受理、集成服务""证照联办"、数据共享等工作，"最多跑一次"事项实现率达到97.5%。重点突破企业投资项目"最多跑一次"改革，投资项目在线审批监管平台(2.0版)应用提前实现省里要求的"四个100%"。积极谋划推动重大改革试点。争取到全国基层农技推广体系改革创新、全国农村集体产权制度改革、省级电子商务创新发展、省级农村生活垃圾减量化资源化处理等省级以上试点11个，为持续深化改革夯实了基础。

（五）从社会和谐层面看，民生事业发展进一步强化。民生保障持续加强。全年完成民生类支出31.53亿元，同比增长17.9%，民生支出占一般公共预算支出的比重达到80.9%。社会保险更加惠民，基本医保参保率达到98.9%。积极稳定就业，城镇新增就业1535人，完成率118%；城镇登记失业率2.7%，控制在3.5%以内。居民收入增长较快，城镇常住居民人均可支配收入41857元，增长8.7%；农村常住居民人均可支配收入23407元，增长10.1%。城乡居民可支配收入增速快于经济增速。社会事业加快发展。开展6家市区医联体试点，责任医生签约规范签约率达31.34%，不断完善分级诊疗制度。加快完善养老设施，新建18个城乡日间照料中心。推进文化惠民工程，新建农村文化礼堂9个，新建"天天乐"活动点42个。推进一批社会发展类项目，东港小学、城西小学等项目开工建设，岩泉街道社区卫生服务中心、白云街道社区卫生服务中心投入使用。社会平安和谐稳定。深入开展"大搬快治"和治危拆违行动，完成避让搬迁项目21个，搬迁1882人，已安置453人，完成工程治理项目12个，解危405人。深化基层治理四平台建设，推行"双随机"抽查监管，有效预防和化解社会矛盾纠纷。有望夺取"平安金鼎"。

总体来看，2017年我区经济社会发展各项工作取得了新成效，成绩的取得来之不易。同时，在计划执行过程中我们也清醒看到，全区经济社会发展仍面临许多困难和挑战，主要表现在：经济总量小，与中心城区首位度不相符，生态农业层次较低，生态工业基础薄弱，生态服务业发展核心竞争力不强；大项目偏少，投资可持续增长面临困难；居民持续增收难度加大，居民消费比例偏低；财政收支平衡矛盾更加突出。对于存在的问题和困难，我们要加以深入研究，精准施策，着力加以解决。

二、2018年国民经济和社会发展主要预期目标

2018年是贯彻党的十九大精神的开局之年，是改革开放40周年，是决胜全面建成小康社会、实施"十三五"规划承上启下

的关键一年，也是我区高质量发展转型年。从外部看，发展环境有望继续改善，但仍然复杂多变。从国际层面看，世界经济温和复苏，积极因素在增加，但不确定因素依然较多。随着十九大的胜利召开，中共中央、国务院出台系列利好政策，我国经济稳中向好势头延续。坚持新发展理念，推动高质量发展成为各级各部门和广大党员干部的自觉行动。从内部看，区域经济总体平稳，但是下行压力依旧较大。区第十四次党代会明确了今后五年“一个率先、两个提升、三个迈进”奋斗目标。全区上下紧抓浙江（丽水）绿色发展综合改革创新区建设机遇，全力建设丽水大花园的“中心园”，发展目标进一步明确，转型升级步伐加快，干事创业氛围更加浓厚。随着全国文明城市成功创建等重大举措的落实，基础设施更加完善，市区一家的体制更加理顺，中心城区的区位优势不断突出。但同时也要清醒地看到，我区经济结构性矛盾依旧突出。对此我们要保持定力，增强信心，牢牢把握经济工作主动权，保持经济社会平稳发展。

在充分对接市年度增长目标并结合莲都实际的基础上，我们提出如下主要经济指标安排（见附件2）：

1.地区生产总值增速：增长7.0%左右；

2.区属规模以上工业增加值增速：增长7.0%左右；

3.服务业增加值增速：增长7.5%左右；

4.区属固定资产投资增速：增长10.0%；

5.社会消费品零售总额增速：增长10.0%；

6.出口总额增速：保持适度增长；

7.一般公共预算收入增速：增长7.0%；

8.市区居民人均可支配收入增速：城镇常住居民人均可支配收入增长8.0%，农村常住居民人均可支配收入增长9.5%以上；

9.节能减排等指标按省定任务下达。

为完成上述计划目标，要深入贯彻中央、省、市的重大决策部署，把推动高质量发展作为根本要求，深入贯彻稳中求进工作总基调，以“大花园”“中心园”建设为新引擎，以供给侧结构性改革为主线，以深化“最多跑一次”改革为主要任务，以扩大有效投资为第一抓手，为在全市率先高水平全面建成小康社会奠定坚实基础。

（一）坚持项目驱动，不断增强发展后劲

固化“项目为王、项目制胜”理念，持续深入打好扩大有效投资攻坚战，围绕“4+1”投资新政，努力优化投资结构。一是完善项目库建设。谋深谋细“大花园”项目库，突出全域旅游、生态制造、基础设施、乡村振兴、现代服务业等重点领域，筛选、论证一批效益好、辐射带动作用强的好项目、大项目。二是强力推进重大项目。建立重大项目推进机制，落实县市（区）长项目工程。加快推进丽水万洋低碳智造小镇项目、郎奇-白桥养生养老项目等一批重点建设项目和大大线莲都段改建工程、碧湖三小新建工程等一批重大前期项目。深入开展“领导领办、联合督查、集中开工、百日攻坚”等活动，加快项目落地投产。三要强化项目招引。坚持“五个通吃”、注重“五资并举”，强化专业招商、注重会展招商、拓展零地招商、开展以商招商，借助“世界丽水人大会”等平台，不断拓宽招商渠道。四要破解要素体制制约。推进投融资体制改革，探索建立基础设施投资基金、旅游产业基金。继续完善PPP项目推介库，重点推进碧湖第二污水处理厂及管网工程、宣平溪流域综合治理等一批PPP项目。

（二）突出先进制造业，着力提振实体经济

牢固树立“没有生态制造业就没有莲都的未来”的理念，做强平台、做实产业、做优环境，全面提升实体经济发展的质量和效益。一是聚力优化发展平台。进一步完善丽水工业园区基础设施配套，提升服务效能，千方百计促成新入园的企业早投产、早产能。抓住万洋低碳智造小镇项目契机，加快小镇产业谋划、项目包装和落地，打造现代智造业企业集聚区。二是聚力发展主导产业。围绕莲都区生态工业“32615”五年行动计划，全力做强“先进装备制造、时尚轻工、健康制造”三大主导产业，积极谋划培育信息经济。大力推动“腾笼换鸟”“机器换人”“企业上云”，推动工业发展模式向质量效益型转变。三是聚力优化实体环境。加大金融风险排查防控，积极践行“凤凰行动计划”，努力创造金融支持实体的良好环境。继续深入开展“精准服务企业、振兴实体经济”专项行动，真正形成领导、部门走访联系企业的常态化帮扶机制。

（三）培育新兴业态，加快发展生态服务业

集中精力做好“生态+”“文化+”文章，精益求精做好“旅游+”文章，积极培育新产业、新业态，促进服务业转型升级。一是加快培育现代服务业。以建设环瓯江现代服务业集聚区为抓手，完善要素配给、人才引进、龙头企业培育、重点产业发展奖励等扶持政策体系，努力将我区打造成省服务业强区。高标准推进古堰画乡等特色小镇建设，协同推进中心城区大花园打造，促进中闲区块服务业业态集聚开发。积极引导社会资本发展金融服务、健康产业、特色文化产业，培育发展数字经济、总部经济、分享经济。二是加快发展全域旅游。以全域旅游引领生态旅游业品质与效益双提升。强化景区建设，推动旅游产业升级。加快推进古堰画乡创5A，打造丽水“大花园”的金名片。推动东西岩景区提档升级。丰富旅游产品，推进旅游线路整合、产品组合、服务融合。三是积极促进消费增长。促进旅游消费、节庆消费，拓展消费市场。加快发展餐饮、物流、文化娱乐，教育、医疗、健身、养老等服务性消费。引导中山街商圈、万地商圈品质升级，打造现代商贸综合体。推进电子商务创业创新综合体建设，促进线上线下融合，刺激消费增长。

（四）注重统筹发展，全力推进乡村振兴

高度重视“三农”工作，加快推进农业产业化发展，不断促进城乡融合发展，全力推进乡村振兴战略。一是振兴农村产业。促进农旅结合，积极融入并稳步提升“丽水山耕”“丽水山居”影响力、美誉度和品牌溢价，让更多的优质农产品转化成旅游地商品。着力推进农业两区建设，打造引领我区现代农业发展的示范样板。加大农业龙头企业、规范化合作社、生态精品家庭农场等多层次、多元化新型农业经营主体扶持培育力度。二是推动农民增收。全面抓好集体经济薄弱村消除和低收入农户奔全面小康行动计划，年内完成全部集体经济薄弱村脱困任务。扎实推进光伏小康工程建设，继续提升民宿农家乐、电子商务、来料加工等产业发展，带动农户增收。深入实施千万农民素质提升工程。培养一批懂营销、善管理、有内涵、讲诚信的“莲都管家”，不断提高农村经济产业人才的专业技能，增加农民收入。三是打造宜居环境。深化美丽乡村建设，持续提升美丽乡村品位，打造美丽乡村升级版。创成美丽乡村示范县。深化小城镇环境综合整治和“六边三化三美”工作，推进百村景区化工程。做好莲都区农村生活污水治理设施常态化运维管理，争取完成垃圾减量化资源化试点工作。

（五）推动试点先行，不断深化改革开放

顺应改革趋势、增强改革定力、保持改革韧劲，真正把全面深化改革和扩大开放工作落到实处。一是推动改革试点落地成效。加快推进全国农村集体产权制度改革等一批国家和省市试点建设。做好先行先试改革事项评估、总结和推广，同时，围绕补齐短板、转换动能，争取更多与上级要求、与地方实际同步合拍的改革试点。二是推动区域开放发展。深化与长三角、海西区域合作。借助“义新欧”等对外通道，融入“一带一路”建设，加快推进莲都—义乌山海协作产业园建设，深化莲都—义乌在产业转移、对外贸易、电子商务、旅游及民生事业等领域的推广合作，打造山海协作工程升级版。三是继续推进“最多跑一次”改革。全面加强基层治理四平台建设。进一步完善“一网集成、数据共享”公共服务数据平台。年底前所有民生事项和企业事项实现“一次办结”，其中80%以上开通网上办理，50%以上的民生事项实现“一证通办”。重点推进项目审批流程优化再造。实现一般企业投资项目开工前全流程审批“最多100天”。

（六）加大社会保障，不断改善民生福祉。

不遗余力抓好保障和改善民生各项工作，不断增强人民的获得感、幸福感、安全感。一是提高社会保障水平。以参保扩面、内控机制建设、基金平稳运营等内容为重点，不断完善社会保障制度。健全就业困难人员就业援助机制。加快养老服务综合改革，实现城乡社区居家养老服务照料中心全覆盖。大力推进创业创新，在返乡创业、困难人员就业援助、创业担保贷款、企业减负等领域实现创新突破。二是加强公共服务普惠性。坚持教育优先发展，推进基础教育“三年攻坚”行动，促进义务教育优质均衡。高水平建设健康莲都，深化医药卫生体制改革，推进市区医联体建设，健全分级诊疗制度。实施文化惠民工程，加快基本公共文化服务体系构建。全面推进基层文化阵地建设，探索形成“基层点菜、按需送菜”的“菜单式”文化服务新模式。三是加强综合治理。着眼系统治理、综合治理、源头治理，完善社会治安防控体系，助推“雪亮工程”国家级示范城市建设和平安浙江示范区创建，打造全国最平安城市。严格落实安全生产责任制，深入实施食品安全战略，推进社会信用体系建设。全面推进“美丽莲都”建设，落实最顶格的生态标准、最严格的生态治理、最科学的生态制度，积极助力丽水创建全国生态文明先行示范区。

三、2018年投资计划及重点领域

坚持质量第一，效益优先，着力优化结构，切实把扩大有效投资作为推进经济转型、加快民生改善、实现绿色发展的核心抓手，为建设“纯美、实力、宜业、活力、安康”莲都提供强劲动力。初定2018年区属固定资产投资增速目标为10.0%，计划完成投资191亿元。区本级固定资产投资增速目标为15.0%以上，完成投资73亿元以上；重点突出“4+1”指标，“4”即重大基础设施投资、高新技术产业投资、环境保护投资、民间投资增速目标均为10.0%以上。“1”即做好县市（区）长项目工程落地，确保郎奇—白桥养生养老建设项目等开工建设。

投资（区本级）重点领域主要有：

1.抓好生态工业，重点推进丽水万洋低碳智造小镇等制造业项目建设。以万洋低碳智造小镇为市区发展的重要增长极和莲都工业腾飞的突破口，推进制造业企业集聚区建设，同时，积极推进碧湖产业北区块一批新出让土地项目。（年度投资29.44亿元）

2.抓好生态服务业，重点推进全域旅游建设。以古堰画乡创AAAAA、风情东西特色小镇建设为引擎，积极推进休闲养生旅游、文化创意产业、健康养老产业、人才公寓配置等项目建设。加快发展民宿经济，大力推进碧湖郎奇—白桥区块等项目建设。（年度投资24.03亿元）

3.抓好生态农业，重点推进乡村振兴工程建设。大力推进“六边三化三美”项目、畜牧业绿色发展示范县项目、古民居建设项目、土地整治、大搬快治安置工程等乡村振兴工程，充分利用农村空闲农房和农地资源，着力促进农村发展。（年度投资6.85亿元）

4.抓好生态治理，重点推进城镇基础设施项目建设。重点是继续完善碧湖镇基础设施建设，大力推进小城镇环境综合整治工程，加快市区老小区、城中村改造和主城区生活区块基础设施改造项目，提升城区品味。突出交通网、能源网完善，加强城镇防洪能力，注重环境保护和生态建设。（年度投资19.45亿元）

5.抓好民生工程，重点推进公共服务领域项目建设。加快推进城西小学新建项目、东港小学新建工程、长岗背小学新建工程、碧湖镇中心幼儿园迁建工程、莲都区人民医院改扩建工程等项目建设，提升公共服务水平。（年度投资15.52亿元）

附件1

表1

2017年莲都区国民经济和社会发展预期目标完成情况表

类别	序号	指标	单位	目标	实际增长	备注
经济发展	1	地区生产总值(市区)	%	7.5	5.2	未完成
	2	区属规模以上工业增加值	%	7.5	1.5	未完成
	3	服务业增加值(市区)	%	9	5.5	未完成
	4	农业增加值	%	3.5	3.5	—
	5	区属固定资产投资	%	12	11.5	未完成
	6	社会消费品零售总额(市区)	%	9	6.2	未完成
	7	出口总额	%	适度增长	-3.31	未完成
	8	一般公共预算收入	%	7	1.7	未完成
结构优化	9	战略性新兴产业增加值	%	12	12.3	—
	10	高新技术产业增加值	%	7	20.2	—
	11	旅游产业增加值	%	10	数据未出	—
	12	城市化率(市区)	%	73以上	预计完成	—
环境保护	13	单位生产总值综合能耗	%	按市下达	数据未出	—
	14	化学需氧量消减率	%	-0.3	预计完成	—
	15	二氧化硫排放量消减率	%	-0.5		—
	16	氮氧化物排放量消减率	%	-0.5		—
	17	氨氮排放量消减率	%	-0.3		—
	18	空气质量优良率	天	90	93.2	—
	19	地表水Ⅰ—Ⅲ类水比例	%	94以上	93.3	未完成
民生事业	20	城镇居民人均可支配收入(市区)	%	8	8.7	—
	21	农村居民人均可支配收入(市区)	%	9.5	10.1	—
	22	义务教育标准化学校创建率	%	85以上	92.6	—
	23	千人床位数(卫生)	%	4.13	10.27	—
	24	城镇新增就业岗位	人	1300	1535	—
	25	城镇登记失业率	%	3.5	2.7	—
	26	人口自然增长率	‰	7以内	6.722	—

说明:①地区生产总值增幅按可比价格计算;②城镇居民人均可支配收入和农村居民人均纯收入增幅为名义增长速度

附件2

表2

莲都区 2018年国民经济和社会发展主要目标初步建议情况表

类别	序号	指标	单位	目标	备注
经济发展	1	地区生产总值(市区)	%	7左右	—
	2	区属规模以上工业增加值	%	7左右	—
	3	服务业增加值(市区)	%	7.5左右	—
	4	农业增加值	%	3.5左右	—
	5	区属固定资产投资	%	10	—
	①	交通基础设施投资	%	10以上	—
	②	生态环境和公共设施投资	%	10以上	—
	③	高新技术产业投资	%	10以上	—
	④	民间投资	%	10以上	—
	⑤	省市县长项目工程落地率	%	50	—
	6	社会消费品零售总额(市区)	%	10	—
	7	出口总额	%	适度增长	—
	8	一般公共预算收入	%	7	—
质量效益	9	战略性新兴产业增加值	%	8	—
	10	高新技术产业增加值	%	9左右	—
	11	旅游产业增加值	%	10左右	—
生态文明	12	单位生产总值综合能耗	%	按市要求	—
	13	单位生产总值二氧化碳排放量	%		—
	14	化学需氧量消减率	%		—
	15	二氧化硫排放量消减率	%		—
	16	氮氧化物排放量消减率	%		—
	17	氨氮排放量消减率	%		—
	18	空气质量优良率	%	90以上	—
	19	地表水Ⅰ—Ⅲ类水比例	%	94左右	—
民生福祉	20	城镇居民人均可支配收入(市区)	%	8	—
	21	农村居民人均可支配收入(市区)	%	9.5以上	—
	22	低收入农户收入	%	10以上	—
	23	城镇新增就业岗位	人	按市要求	—
	24	城镇登记失业率	%	3.5以内	—

说明:①地区生产总值增幅按可比价格计算;②城镇居民人均可支配收入和农村居民人均纯收入增幅为名义增长速度;③环境保护类指标和城镇新增就业岗位市里尚未下达

关于莲都区2017年预算执行情况和2018年预算草案的报告

——在莲都区第十六届人民代表大会第二次会议上

莲都区财政局

各位代表：

受区人民政府委托，现将莲都区2017年预算执行情况和2018年预算草案提请各位代表审议，并请区政协委员和其他列席会议的同志提出意见。

一、2017年预算执行情况

2017年，在市委、市政府、区委的正确领导和区人大及其常委会的监督下，全区上下紧紧围绕中心，服务大局，积极谋大事、想远事、干实事，认真落实各项财政政策，积极发挥财政职能，全区预算执行情况良好。

（一）一般公共预算执行情况

1.收支预算执行情况

2017年，全区实现一般公共预算收入135304万元，完成调整预算的104.1%，增长1.7%。其中：税收收入104991万元，完成预算的100.1%，下降5.9%；非税收入30313万元，完成调整预算的120.8%，增长41.0%（见表1）。

2017年，全区实现一般公共预算支出389645万元，完成调整预算的109.1%，增长27.2%，其中：当年省专项支出25920万元，上年结转支出8997万元（见表2）。剔除省专项和上年结转后支出354728万元，增长31.7%。一般公共预算支出中实行权责发生制核算支出的执行数为20798万元。

按照现行的分税制和市区财政体制测算，2017年一般公共预算收入加上税收返还收入、上年结转收入、省市财政转移性收入、债务转贷收入以及调入资金，预计一般公共预算收支平衡。由于2017年省与市、市与区之间的财力结算有一个过程，最后的平衡结果待全省决算会审后，依照法律的规定程序，再专题向区人大常委会报告。

2.收支具体执行情况

（1）收入主要科目完成情况

增值税55214万元（其中营改增增值税30943万元），完成调整预算的102.5%，比上年增长27.4%；企业所得税15907万元，完成调整预算的92.2%，下降32.8%；个人所得税7019万元，完成调整预算的78.0%，增长12.9%；城建税3315万元，完成调整预算的73.7%，下降26.0%；车船税2452万元，完成调整预算的108.5%，增长17.2%；非税收入30313万元，完成调整预算的120.8%，增长41.0%。

（2）支出主要科目完成情况

教育支出57178万元，完成调整预算的122.0%，增长0.3%。教育基本建设、教育教学设备、义务教育免费教科书、落实民办中小学扶持政策、教育教学质量奖、学前教育扶持、学生安全交通车、扶困助学等得到优先保障。

科学技术支出8250万元，完成调整预算的101.6%，增长13.4%。主要用于科学研究、扶持重点企业技改、科技创新扶持等方面支出。

文化体育与传媒支出9805万元，完成调整预算的149.2%，增长23.6%。群众文化支出、文物保护、外宣平台建设等得到优先保障。

社会保险和就业支出58346万元，完成调整预算的95.0%，增长25.6%。主要用于城乡居民基础养老保险、残疾人“两项补贴”、财政补助机关事业单位养老保险基金收支缺口、城乡居民最低生活保障、城乡困难居民临时救助等方面支出。

医疗卫生与计划生育支出52622万元，完成调整预算的106.5%，增长13.9%。主要用于城乡居民基本医疗保险、医疗救助、城乡居民基本公共卫生服务、医疗设备采购等方面支出。

城乡社区支出32207万元，完成调整预算的118.7%，增长76.1%。主要用于垃圾场处置、社区城中村保洁、小城镇环境综合整治、主街道保洁、下山脱贫安置等方面支出。

农林水支出56812万元，完成调整预算的129.7%，增长18.0%。生态公益林补偿、农村公益事业"一事一议"财政奖补、村两委村监会报酬、村级组织运转、农村生活污水治理、美丽乡村建设等得到优先保障。

3.债务情况

2017年省财政厅核定我区地方政府债务限额为210750万元，其中：一般债务限额167050万元、专项债务限额43700万元。截至2017年年末，全区地方政府债务余额210695万元，其中：一般债务余额166995万元，占79.3%；专项债务余额43700万元，占20.7%，均控制在省财政厅核定的我区债务限额以内。2017年末地方政府债务余额比2016年末增加29955万元，其中：2017年新增地方政府债券资金30000万元，归还国债资金减少债务余额45万元。

（二）政府性基金预算执行情况

2017年政府性基金预算收入71432万元，完成调整预算的94.8%，增长373.9%，其中：其他政府性基金收入47471万元，增长215.7%。加上转移性收入31609万元，收入合计103041万元，比上年执行数增长109.1%（见表5）。

2017年政府性基金预算支出60538万元，完成调整预算的97.1%，增长78.0%，其中：其他政府性基金安排支出45166万元，增长42.5%。加上转移性支出42503万元，支出合计103041万元，比上年执行数增长109.1%（见表6）。收支相抵，全区政府性基金收支平衡。

（三）国有资本经营预算执行情况

2017年国有资本经营预算收入95万元，完成年度预算的113.1%，增长171.4%。国有资本经营预算支出54万元，完成年度预算的80.6%，增长92.9%。加上调出至一般公共预算资金30万元，结转下年支出11万元，支出合计95万元。收支相抵，国有资本经营预算收支平衡（见表9、表10）。

（四）社会保险基金预算执行情况

2017年，全区实现社会保险基金预算收入63784万元，完成预算的98.6%，下降1.5%，实现社会保险基金预算支出63945万元，完成预算的101.9%，下降2.2%，当年收支结余-161万元，年终滚存结余16826万元（见表13、表14）。

（五）落实区十六届人大一次会议预算决议情况

按照区十六届人大一次会议的决议要求，以及区人大财经工委的审查意见，财政部门认真组织研究，积极采取措施贯彻落实人大决议。

1.积极拓宽增收渠道，不断提高财政保障能力。一是全力组织财政收入。密切配合国地税部门加强税收征管，建立税收协同管理机制，深入开展税源分析和监控，依法应收尽收，门征收入同比增加1亿多元。二是深入挖掘非税收入增收潜力，加强国有资产有偿使用收入监管，努力实现国有资产、资源保值增值。三是加大存量资金盘活力度，健全动态管理和定期清理机制，全年共清理整合盘活存量资金14800多万元。四是吃透上级政策，积极争取省市财政的支持，争取到省财政"两山"（二类）建设专项资金3亿元（三年，每年1亿元），新增地方政府债券资金3亿元，省农业综合开发资金2745万元，农业综合改革试点补助资金2000万元。五是联合国税部门抓好"短、平、快"项目招商，全年落户古堰画乡小镇基金和服务类公司34家，实现税收收入3500多万元。

2.强化财政资金统筹监管，持续助力经济社会发展。严格控制"三公"经费及一般性支出，

2017年“三公”经费执行数为1734万元，下降0.2%，其中：公务出国经费67万元，增长15.5%，公务接待经费556万元，下降3.1%，公务用车购置及运行维护费1111万元，下降0.5%。一般公共预算一般性支出比上年压减5.1%。支持工业企业转型升级，全年累计兑现技改等政策支出2.78亿元。小城镇环境综合整治、全国文明城市创建、地质灾害大搬快治、五水共治、“村村通”班车等重点项目资金需求得到有效保障。规范PPP模式，推动PPP项目落地实施，南山互通至丽新公路一期已完成投资1.77亿元，推进区人民医院改扩建及丽云中心卫生院迁建工程、丽水万洋低碳智造小镇基础设施项目、宣平溪流域综合治理工程等一批PPP项目的各项工作。引入市生态产业基金投资2亿元，已全部到位，有力推动了古堰画乡创AAAAA建设。

3.坚持优化支出结构，着力加大民生领域投入。坚持公共财政导向，把保障民生作为财政工作的出发点和落脚点，坚持加大投入与完善机制并重，不断提高基本公共服务均等化水平。全年一般公共预算民生支出31.53亿元，增长17.9%，占80.9%，继续保持在三分之二以上。推进中小学校改扩建工程，逐步补齐教育资源“短板”。完善城乡义务教育经费保障机制，提高学前教育家庭经济困难幼儿资助标准，最高资助标准由每生每学年1200元调整为3600元。支持中小学校课程改革，不断提升全区教育教学质量。健全基本公共文化服务体系经费保障，推进基本公共文化服务均等化，支持农村文化礼堂建设，落实公共文化设施和体育场馆免费开放经费。调整城乡居民基本医疗保险筹资标准，将城乡居民基本医保财政补助标准和城乡居民基本公共卫生服务补助标准分别提高至年人均760元、50元。支持农业农村发展，深化财政支农体制机制改革，落实各项强农富农惠农政策。深化村级公益事业“一事一议”财政奖补政策运用，全区财政投入3150万元，带动社会力量共同建成村级公益事业项目77个。助力“双增”攻坚，试水农发财政补助资金股权化改革，入股到各农业企业，每年按股金8%固定分红，壮大村集体经济，助力乡村振兴。支持开展农村垃圾减量化、资源化处理试点。落实资金推进农村基层党组织和基层政权建设。

4.继续深化财政体制改革，实现财政管理水平新提升。深入贯彻落实《预算法》和省政府《关于加快建立现代财政制度的意见》，推进现代财政制度建设。深化财政体制改革，抓好财政各项改革政策的落实。按照“四张清单一张网”建设要求，完善专项资金管理清单，加快项目库建设，推动专项资金监管系统全覆盖。出台《关于进一步加强财政预算管理的通知》文件，规范财政管理，严肃财经纪律。深化预决算公开，全区62个部门在规定时限公开了部门预决算和“三公”经费，公开率达100%。制定出台《莲都区2017—2019年乡镇（街道）财政管理办法》，按照乡镇（街道）类别合理确定财政收支范围和分成补助比例，增强各乡镇（街道）发展经济和增收节支的意识。助力“最多跑一次”改革，主动到预算单位“上门服务至少一次”，为部门提供优质、精准的预算编制服务。推进“一卡通”涉农补贴发放，创建“一个门进、一个平台办事、一卡通使用”的乡镇公共财政服务新模式，依托社保卡推行“一卡通”发放，提高发放效率和透明度。根据新《预算法》和《国务院关于加强地方政府性债务管理的意见》，严格地方政府债务管理，制定隐性债务逐年化解计划。统一口径，规范操作，做好新增债券的支出管理工作。

积极开展政府综合财务报告编制工作，持续深化公款竞争性存放，全区超过5.1亿元资金相继开展公款竞争性存放。强化国资监管，完成全区行政事业单位国有资产清查，厘清家底，夯实管理基础。立足重点项目支出，积极开展财政监督和绩效评价，共涉及5个重点项目2.78亿元资金。推进财政投资评审改革，实行事前、事中、事后动态监管，全年净核减财政性资金1.55亿元，净核减率为8.73%。

积极构建“内控、内审”和“外控、外审”相结合的财政监督机制，建立“1+8+X”内部控制制度体系，强化内部流程控制，构建规范、安全、高效的内部运行体系，有效防控行政风险和廉政风险。

在肯定成绩同时，我们也清醒地看到，我区财政收支矛盾仍非常突出，预算平衡压力很大，收入结构问题突显，财政增收后劲不足；在财政管理过程中还存在预算编制还不够细化，预算执行约束力度不够，财政支出绩效有待提升，财政监管还需进一步加强等一系列问题。对此，我们高度重视，将通过支持实体经济发展，完善财政制度，严格规范管理等一系列扎实有效的措施切实加以解决。

二、2018年预算草案

（一）2018年财政经济形势

2018年，财政运行不确定不稳定性因素仍然较多。从收入上看，我区经济基础偏弱，总量偏小，结构不优，财政收入可持续增长的基础不稳固等问题依然存在。从支出上看，财政支出刚性增长的趋势没有改变，特别是各项民生提标等刚性支出日益增长，财政收支矛盾将进一步加剧，厉行节约，雪中送炭，集中财力办大事是今后财政工作的主基调。

（二）财政预算编制的指导思想

全面贯彻党的十九大精神，以习近平新时代中国特色社会主义思想为指导，紧紧围绕区委、区政府确定的工作目标，适应把握经济发展新常态，紧扣社会主要矛盾变化，遵循“划清边界、厘清事权、做好‘蛋糕’、集中财力办大事”的理财思路和“保基本、守底线、促均衡、提质量”的理财要求，继续实施积极的财政政策，调整优化支出结构，着力防范财政运行风险，充分发挥财政职能作用，促进我区经济可持续发展、民生可持续改善、生态可持续优化。

（三）一般公共预算草案

1.收入预算。按照当前的财政经济形势及上述指导思想，参考2018年市区生产总值增长预期以及市本级一般公共预算收入增长预期，根据莲都区收入结构实际，2018年莲都区一般公共预算收入预期为144800万元，比上年增长7%，其中：税收收入108100万元，增长3.0%，占74.7%；非税收入36700万元，增长21.1%，占25.3%（见表3）。加上转移性收入270881万元（其中：税收入返还收入8361万元、省市财政结算补助收入134230万元、省专项转移支付收入18845万元、上年结转收入18430万元、动用预算稳定调节基金3000万元、调入资金88015万元），减去上解支出26681万元，收入合计389000万元。

2.支出预算。拟安排2018年一般公共预算支出389000万元（见表4），比上年支出预算315000万元增加74000万元，增长23.5%，比2017年调整预算执行数389645万元下降0.2%，剔除上年新增地方政府债券资金3亿元后同口径支出执行数为359645万元，增长8.2%。收支相抵，一般公共预算收支平衡。2018年安排预备费4000万元，占支出预算的1.03%，符合预算法的规定。

3.重点科目支出预算情况

教育支出48242万元，比上年执行数下降15.6%。免费义务教科书、民办中小学生均公用经费、教育教学质量奖、民办学前教育、中小学校教学设备、扶困助学营养餐等得到优先保障。

科学技术支出9339万元，比上年执行数增长13.2%。主要用于企业技改扶持、科技创新扶持、科普经费等方面支出。

社会保障和就业支出66597万元，比上年执行数增长14.1%。主要用于城乡居民养老保险补助、财政补助机关事业养老保险收支缺口、城乡低保、企业退休人员社会化管理、农村五保供养等方面支出。

医疗卫生与计划生育支出59497万元，比上年执行数增长13.1%。主要用于城乡居民基本医疗保险、城乡医疗救助、基本公共卫生服务等方面支出。

农林水支出47932万元，比上年执行数下降15.6%。生态公益林补偿、村集体公益项目“一事一议”财政奖补 、村两委村监会报酬等得到优先保障。

（四）政府性基金预算草案

1.收入预算。2018年本级

政府性基金收入预期177294万元,增长148.2%,其中:国有土地使用权出让金收入108720万元,增长387.9%;其他政府性基金收入60606万元,增长27.7%。加上转移性收入18179万元,收入合计195473万元,比上年执行数增长89.7%(见表7)。

2. 支出预算。2018年政府性基金支出预算拟安排135415万元,比上年执行数增长123.7%,加上转移性支出60058万元,支出合计195473万元,比上年执行数增长89.7%,其中:安排征地和拆迁补偿支出62853万元,补助被征地农民支出19567万元,其他政府性基金支出31369万元,调出资金作一般公共预算收入58000万元,收支结余2058万元(见表8)。收支相抵,全区政府性基金预算收支平衡。

(五)国有资本经营预算草案

1. 收入预算。按照"量入为出,以收定支"的原则编制预算。国有资本经营预算收入预期24万元,比上年执行数下降74.7%,使用上年结转资金11万元,收入合计35万元(见表11)。

2. 支出预算。国有资本经营支出预算拟安排20万元,下降63.0%,调出资金15万元,支出合计35万元(见表12)。收支相抵,国有资本经营预算收支平衡。

(六)社会保险基金预算草案

2018年,莲都区社会保险基金预算包括城乡居民基本养老保险、城乡居民基本医疗保险和机关事业单位基本养老保险三项。

1. 收入预算。社会保险基金收入预期76997万元,增长20.7%(见表15)。

2. 支出预算。社会保险基金支出预算拟安排75278万元,增长17.7%(见表16)。收支相抵,当年收支结余1719万元,年末滚存结余18545万元。

(七)2018年地方政府债务预算管理

2018年地方政府债务按照省财政厅核定的政府债务限额控制,2018年我区地方政府债券没有还本支出。新增债券待省财政厅下达后,依法编制调整预算(草案)并提交区人大常委会审议批准。2018年地方政府一般债券和专项债券的利息支出分别列入一般公共预算和政府性基金预算。

三、完成2018年预算任务的主要措施

2018年,我们将认真贯彻区委的决策部署,全面落实区人大有关决议,坚持新时代新发展理念,更加精准把握财政服务经济社会发展的切入点,把依法理财、深化改革、提高效能贯穿始终,努力完成全年各项预算目标任务。

(一)加强收支管理,保平衡。财政收入是党委政府履职行政、促进经济社会发展的物质基础,也是财政支出的重要前提,要将组织收入工作和提高财政收入质量放在"第一要紧"的位置,科学谋划、抓紧抓实。着力扩大财力规模,联合国地税部门定期走访重点税源企业,加强协调、服务和动态监管,帮助企业协调解决发展中的问题。加大非税收入征管力度,做到应收尽收,及时足额缴库。健全财政收入考核办法,充分调动乡镇(街道)和部门争取资金、组织收入的积极性。密切关注绿色发展奖补、生态补偿等政策,争取更多省市转移支付资金。继续抓好"短、平、快"项目招商工作。

加强支出管理,提高支出绩效。明确部门预算主体责任,定期通报支出进度,对支出进度慢的部门进行函告,做到进度与绩效并重。严控预算追加,执行中原则上不再追加一般性支出。加强财政资金统筹力度,对超过两年的或项目已实施完毕的,一律收回,收回资金优先保障区委、区政府中心工作、民生支出和重点项目支出。大力压缩一般性支出,从严控制行政经费,继续实行"三公"经费零增长控制。加强财政监督检查,自觉接受区人大的监督和区政协的建议,认真落实审计整改意见,严肃维护财经纪律。

(二)聚焦实体经济,助转型。实体经济是经济发展的根基,也是财税收入的重要来源。所谓"皮之不存,毛将焉附",要充分认识实体经济的重要性。

全面落实减税降费政策，强化放水养鱼意识，按照中央、省市统一部署，进一步清理规范基金和收费，切实把企业负担再降低。聚焦创新扶持方式，按照“政府引导、市场运作”的原则，改革财政资金投入方式，以事后奖励替代事前补贴，充分调动企业技术创新和转型升级的积极性。聚焦金融政策联动，充分发挥财政资金杠杆效应带动融资担保体系建设，着力解决中小企业融资难问题。要举全力以最优的服务助推万洋低碳智造小镇建设。

（三）深化财政改革，促发展。划清政府与市场边界，合理确定政府提供基本公共服务的范围和方式。深化预算制度改革，完整编制全口径预算，同步编制政府购买服务预算、政府采购预算、专项资金预算，提高资金统筹能力；同步公开财政预决算、部门预决算和“三公”经费预决算，确保公开范围全面覆盖，公开内容不断细化，公开质量不断提高。切实防范财政风险，加强政府性债务管理，做好隐性债务化解，推进融资平台公司市场化转型，积极争取新增地方政府债券额度。推进国有企业管理改革，理顺各方管理职能，严把“进人关、薪酬关、考核关”。推进信息化改革，在试点基础上，全面推广“政采云”平台上线运行，稳步推进授权支付改革。推进投融资改革，大力推广PPP模式，健全完善PPP管理机制，借力社会资本支持项目建设。全面落实惠农政策，运用一事一议等财政政策助推美丽乡村建设，实施乡村振兴规划。

（四）加强财政管理，提效率。加强国有资产管理，持续开展对各类闲置国有资产的梳理交办和非行政事业单位无偿占用国有资产的清理工作。规范临时机构资产管理，有效使用区级“公务仓”调剂各临时机构间的资产使用。严肃单位财经纪律，根据新形势、新问题及时出台相关规定。加强专项资金管理，出台或联合主管部门出台专项资金管理办法。规范公务支出管理，继续与纪检部门配合，开展全区差旅费、会议费、培训费使用情况等系列检查。把好政府性投资项目审核关，出台中介机构激励与约束相结合的考核办法。防范利益输送，继续有效推进公款竞争性存放工作。加强绩效评价结果运用，将评价结果与部门预算安排相挂钩。强化行政事业单位财务人员培训，分类清理行政事业单位往来账务，提升会计信息质量。

各位代表，2018年财政改革发展任务艰巨、责任重大，我们将在市委、市政府和区委的坚强领导下，严格按照区十六届人大二次会议的决议和要求，自觉接受人大代表的监督，虚心听取政协委员的意见，认真贯彻市委、市政府和区委的各项决策部署，锐意进取、埋头苦干、奋力前行，以过硬的作风、过硬的业绩，圆满完成财政的各项工作任务！

莲都区2017年一般公共预算收入执行情况表

表1　　　　单位:万元

项 目	2016年决算数	2016年调整后决算数	2017年预算数	2017年调整后预算数	2017年执行数	完成调整预算的	比上年决算数+、-
一、税收收入小计	114303	111594	104900	104900	104991	100.1%	-5.9%
1.增值税	37884	43326	53850	53850	55214	102.5%	27.4%
其中:营改增增值税	11084	10443	20000	20000	30943	154.7%	196.3%
2.营业税	18237	10086	—	—	223	—	-97.8%
3.企业所得税	23657	23657	17260	17260	15907	92.2%	-32.8%
4.个人所得税	6218	6218	9000	9000	7019	78.0%	12.9%
5.城建税	4482	4482	4500	4500	3315	73.7%	-26.0%
6.房产税	3137	3137	3140	3140	3511	111.8%	11.9%
7.土地使用税	2168	2168	2180	2180	2456	112.7%	13.3%
8.车船税	2092	2092	2260	2260	2452	108.5%	17.2%
9.印花税	908	908	920	920	1003	109.0%	10.5%
10.土地增值税	978	978	990	990	2041	206.2%	108.7%
11.资源税	147	147	300	300	204	68.0%	38.8%
12.耕地占用税	8903	8903	5000	5000	1713	34.3%	-80.8%
13.契税	5492	5492	5500	5500	9933	180.6%	80.9%
二、非税收入小计	21500	21500	37000	25100	30313	120.8%	41.0%
1.行政事业性收费收入	830	830	380	380	284	4.6%	-65.8%
2.罚没收入	3878	3878	19460	5560	4109	1081.3%	6.0%
3.专项收入	6292	5934	6160	6160	11578	208.2%	95.1%
4.国有资产(资源)有偿使用收入	10500	10858	11000	13000	14342	110.3%	32.1%
一般公共预算收入合计	135803	133094	141900	130000	135304	104.1%	1.7%

说明:

1.2016年调整后决算数根据上级规定按同口径调整了2016年1-4月增值税、营业税分享比例

2.2017年水资源费收入由专项收入调整为国有资产(资源)有偿使用收入,2016年调整后决算数参照2017年收入划分执行

3.2017年税收收入下降5.9%,主要是受重点企业税收收入下滑减收影响

4.增值税、营业税增幅变化主要是营改增政策原因

5.企业所得税收入下降32.8%,主要是受重点企业所得税下滑减收影响

6.城建税下降26.0%,主要是受重点企业下滑减收和营改增政策影响

7.土地增值税增长108.7%,主要是2017年房地产形势较好,厂房、店面交易量大幅度增加

8.耕地占用税下降80.8%,主要是2017年土地报批数减少

9.契税增长80.9%,主要是2017年房地产形势较好,房产交易量增加

10.行政事业性收费收入下降65.8%,原因是2017年1月起二胎放开社会计生抚养费减少和国家清理行政事业性收费减少收入

11.专项收入增长95.1%,主要是2017年从土地出让收入中计提农田水利建设基金市区体制划入5248万元

12.国有资产(资源)有偿使用收入增长32.1%,主要是国有资源有偿使用收入增加6600万元

莲都区2017年一般公共预算支出执行情况表

表2　　单位：万元

支出科目	2016年决算数	2017年预算数	2017年调整后预算数	2017年执行数	其中：省专项支出数	其中：上年结转支出数	完成调整预算的	比上年决算数+、-
一般公共服务支出	27505	26655	28905	34174	839	15	118.2%	24.2%
公共安全支出	20258	21120	23147	24533	24	29	106.0%	21.1%
教 育支出	57015	44452	46851	57178	6390	47	122.0%	0.3%
科学技术支出	7276	8095	8123	8250	209	6	101.6%	13.4%
文化体育与传媒支出	7932	6395	6571	9805	153	215	149.2%	23.6%
社会保障和就业支出	46444	58870	61442	58346	1188	466	95.0%	25.6%
医疗卫生与计划生育支出	46212	48655	49426	52622	138	—	106.5%	13.9%
节能环保支出	5082	5139	10219	6170	195	—	60.4%	21.4%
城乡社区支出	18293	14201	27135	32207	190	3036	118.7%	76.1%
农林水支出	48139	30978	43819	56812	13427	4403	129.7%	18.0%
交通运输支出	3665	1244	1547	7110	2351	780	459.6%	94.0%
资源勘探信息等支出	3389	18525	15077	17494	21	—	116.0%	416.2%
商业服务业等支出	1010	1961	1010	2977	341	—	294.8%	194.8%
国土资源气象等支出	146	177	186	4513	—	—	2426.3%	2991.1%
住房保障支出	10787	9105	9217	9381	393	—	101.8%	-13.0%
粮油物资储备支出	559	500	500	543	—	—	108.6%	-2.9%
其他支出	786	10616	15513	3185	61	—	20.5%	305.2%
债务付息支出	1752	8312	8312	4312	—	—	51.9%	146.1%
债券发行费用支出	105	—	—	33	—	—	—	-68.6%
支出总计	306355	315000	357000	389645	25920	8997	109.1%	27.2%

说明：1.2017年执行数比上年决算数增加较大的科目，主要是当年有新增地方政府债券资金和“两山”建设专项资金支出，如：交通运输支出、资源勘探信息等支出。 2. 2017年国土资源气象等支出比上年决算数和预算数增长高，主要是2017年我区大力开展“大搬快治”三年行动计划，共支出大搬快治相关经费4312万元。3. 债务付息支出2017年比上年增幅较大，主要是2016年置换债务后2017年开始支付债务付息

莲都区2018年一般公共预算收入表(草案)

表3　　　　单位:万元

项　目	2017年调整后执行数	2018年预算数	比上年调整后执行数+、-
一、税收收入小计	104991	108100	3.0%
1.增值税	55214	58300	5.6%
其中:营改增增值税	30943	33300	7.6%
2.营业税	223	400	79.4%
3.企业所得税	15907	14000	-12.0%
4.个人所得税	7019	7300	4.0%
5.城市建设维护税	3315	3600	8.6%
6.房产税	3511	3750	6.8%
7.城镇土地使用税	2456	2650	7.9%
8.车船税	2452	2650	8.1%
9.印花税	1003	1050	4.7%
10.土地增值税	2041	2100	2.9%
11.资源税	204	300	47.1%
12.耕地占用税	1713	2000	16.8%
13.契税	9933	10000	0.7%
二、非税收入小计	30313	36700	21.1%
1.行政事业性收费收入	284	1460	414.1%
2.罚没收入	4109	23500	471.9%
3.专项收入	11578	9740	-15.9%
4.国有资产(资源)有偿使用收入	14342	2000	-86.1%
一般公共预算收入合计	135304	144800	7.0%

说明:

1.2018年一般公共预算收入增幅安排7%,税收收入预计增长3%。主要考虑:一是受重点企业所得税减少影响,以及在房地产住宅功能回归和宏观调控的背景下,房地产相关税收存在较大的不确定性;二是因振兴实体经济,国家实施减税降费政策,政策性减税对莲都区税收收入影响

2.2018年非税收入中罚没收入23500万元,增幅较大,主要是区公安部门加大重大案件侦破力度,预计2018年罚没收入大幅度增加

3.行政事业性收费收入增长414.1%,主要是诉讼费2017年列政府性基金收入,2018年列一般公共预算收入,预计2018年诉讼费收入1200万元

4.国有资产(资源)有偿使用收入下降86.1%,主要是上年国有资源有偿使用有一次性收入6600万元

莲都区2018年一般公共预算支出表(草案)

表4　　　　单位:万元

科目编码	科目名称	2017年执行数	2018年预算数	比上年执行数增长+、-
	一般公共预算支出合计	389645.00	389000.00	-0.2%
201	一般公共服务支出	34174.00	28347.00	-17.1%
20101	人大事务	1177.00	1313.00	11.6%
2010101	行政运行	921.00	985.00	—
2010102	一般行政管理事务	13.00	25.00	—
2010104	人大会议	98.00	85.00	—
2010106	人大监督	11.00	32.00	—
2010107	人大代表履职能力提升	36.00	36.00	—
2010108	代表工作	59.00	130.00	—
2010199	其他人大事务支出	39.00	20.00	—
20102	政协事务	663.00	590.00	-11.0%
2010201	行政运行	438.00	356.00	—
2010204	政协会议	70.00	71.00	—
2010205	委员视察	19.00	40.00	—
2010206	参政议政	6.00	20.00	—
2010250	事业运行	29.00	28.00	—
2010299	其他政协事务支出	101.00	75.00	—
20103	政府办公厅(室)及相关机构事务	15357.00	10026.00	-34.7%
2010301	行政运行	11887.00	6238.00	—
2010302	一般行政管理事务	70.00	—	—
2010303	机关服务	80.00	—	—
2010305	专项业务活动	8.00	400.00	—
2010306	政务公开审批	269.00	305.00	—
2010307	法制建设	41.00	60.00	—
2010308	信访事务	243.00	160.00	—
2010350	事业运行	253.00	611.00	—
2010399	其他政府办公厅(室)及相关机构事务支出	2506.00	2252.00	—
20104	发展与改革事务	1454.00	904.00	-37.8%
2010401	行政运行	533.00	465.00	—
2010406	社会事业发展规划	2.00	25.00	—
2010407	经济体制改革研究	18.00	20.00	—
2010408	物价管理	51.00	75.00	—
2010450	事业运行	212.00	199.00	—
2010499	其他发展与改革事务支出	638.00	120.00	—

续表4

科目编码	科目名称	2017年执行数	2018年预算数	比上年执行数增长+、-
20105	统计信息事务	678.00	631.00	-6.9%
2010501	行政运行	178.00	151.00	—
2010505	专项统计业务	87.00	88.00	—
2010507	专项普查活动	107.00	124.00	—
2010508	统计抽样调查	15.00	15.00	—
2010550	事业运行	250.00	208.00	—
2010599	其他统计信息事务支出	41.00	45.00	—
20106	财政事务	2208.00	2144.00	-2.9%
2010601	行政运行	1072.00	1014.00	—
2010602	一般行政管理事务	20.00	15.00	—
2010607	信息化建设	47.00	116.00	—
2010608	财政委托业务支出	312.00	515.00	—
2010650	事业运行	341.00	296.00	—
2010699	其他财政事务支出	416.00	188.00	—
20107	税收事务	520.00	470.00	-9.6%
2010799	其他税收事务支出	520.00	470.00	—
20108	审计事务	655.00	442.00	-32.5%
2010801	行政运行	287.00	225.00	—
2010804	审计业务	190.00	132.00	—
2010850	事业运行	110.00	85.00	—
2010899	其他审计事务支出	68.00	—	—
20110	人力资源事务	321.00	271.00	-15.6%
2011001	行政运行	180.00	172.00	—
2011011	公务员招考	16.00	—	—
2011050	事业运行	27.00	24.00	—
2011099	其他人力资源事务支出	98.00	75.00	—
20111	纪检监察事务	825.00	860.00	4.2%
2011101	行政运行	681.00	707.00	—
2011150	事业运行	19.00	23.00	—
2011199	其他纪检监察事务支出	125.00	130.00	—
20113	商贸事务	984.00	902.00	-8.3%
2011301	行政运行	581.00	501.00	—
2011308	招商引资	177.00	120.00	—
2011350	事业运行	184.00	184.00	—
2011399	其他商贸事务支出	42.00	97.00	—
20115	工商行政管理事务	2275.00	2232.00	-1.9%

续表4

科目编码	科目名称	2017年执行数	2018年预算数	比上年执行数增长+、-
2011501	行政运行	1852.00	1584.00	—
2011502	一般行政管理事务	201.00	200.00	—
2011503	机关服务	0.00	16.00	—
2011506	消费者权益保护	6.00	7.00	—
2011507	信息化建设	0.00	40.00	—
2011550	事业运行	45.00	79.00	—
2011599	其他工商行政管理事务支出	171.00	306.00	—
20117	质量技术监督与检验检疫事务	356.00	305.00	-14.3%
2011701	行政运行	214.00	185.00	—
2011706	质量技术监督行政执法及业务管理	50.00	40.00	—
2011750	事业运行	92.00	80.00	—
20123	民族事务	206.00	286.00	38.8%
2012301	行政运行	21.00	1.00	—
2012304	民族工作专项	15.00	285.00	—
2012399	其他民族事务支出	170.00	—	—
20124	宗教事务	29.00	122.00	320.7%
2012401	行政运行	9.00	29.00	—
2012404	宗教工作专项	20.00	20.00	—
2012450	事业运行	0.00	10.00	—
2012499	其他宗教事务支出	0.00	63.00	—
20125	港澳台侨事务	94.00	108.00	14.9%
2012501	行政运行	40.00	32.00	—
2012504	港澳事务	7.00	—	—
2012505	台湾事务	26.00	35.00	—
2012506	华侨事务	7.00	—	—
2012599	其他港澳台侨事务支出	14.00	41.00	—
20126	档案事务	326.00	345.00	5.8%
2012601	行政运行	223.00	171.00	—
2012604	档案馆	102.00	174.00	—
2012699	其他档案事务支出	1.00	—	—
20128	民主党派及工商联事务	233.00	212.00	-9.0%
2012801	行政运行	143.00	142.00	—
2012899	其他民主党派及工商联事务支出	90.00	70.00	—
20129	群众团体事务	924.00	1049.00	13.5%
2012901	行政运行	383.00	373.00	—
2012904	厂务公开	4.00	4.00	—

续表4

科目编码	科目名称	2017年执行数	2018年预算数	比上年执行数增长+、-
2012905	工会疗养休养	31.00	30.00	—
2012950	事业运行	39.00	39.00	—
2012999	其他群众团体事务支出	467.00	603.00	—
20131	党委办公厅(室)及相关机构事务	2193.00	2166.00	-1.2%
2013101	行政运行	1856.00	1855.00	—
2013105	专项业务	0.00	5.00	—
2013150	事业运行	274.00	306.00	—
2013199	其他党委办公厅(室)及相关机构事务支出	63.00	—	—
20132	组织事务	1160.00	1637.00	41.1%
2013201	行政运行	445.00	382.00	—
2013250	事业运行	53.00	47.00	—
2013299	其他组织事务支出	662.00	1208.00	—
20133	宣传事务	498.00	372.00	-25.3%
2013301	行政运行	329.00	271.00	—
2013350	事业运行	85.00	78.00	—
2013399	其他宣传事务支出	84.00	23.00	—
20134	统战事务	290.00	194.00	-33.1%
2013401	行政运行	207.00	129.00	—
2013402	一般行政管理事务	22.00	20.00	—
2013499	其他统战事务支出	61.00	45.00	—
20136	其他共产党事务支出	698.00	663.00	-5.0%
2013601	行政运行	423.00	366.00	—
2013650	事业运行	74.00	67.00	—
2013699	其他共产党事务支出	201.00	230.00	—
20199	其他一般公共服务支出(款)	50.00	103.00	106.0%
2019999	其他一般公共服务支出(项)	50.00	103.00	—
204	公共安全支出	24533.00	24592.00	0.2%
205	教育支出	57178.00	48242.00	-15.6%
20501	教育管理事务	2573.00	7708.00	199.6%
2050101	行政运行	315.00	273.00	—
2050102	一般行政管理事务	15.00	—	—
2050199	其他教育管理事务支出	2243.00	7435.00	—
20502	普通教育	50388.00	35479.00	-29.6%
2050201	学前教育	5109.00	3580.00	—
2050202	小学教育	27661.00	18894.00	—
2050203	初中教育	16723.00	10653.00	—

续表4

科目编码	科目名称	2017年执行数	2018年预算数	比上年执行数增长+、-
2050299	其他普通教育支出	895.00	2352.00	—
20503	职业教育	23.00	—	-100.0%
2050399	其他职业教育支出	23.00	—	—
20504	成人教育	95.00	49.00	-48.4%
2050499	其他成人教育支出	95.00	49.00	—
20507	特殊教育	15.00	19.00	26.7%
2050799	其他特殊教育支出	15.00	19.00	—
20508	进修及培训	869.00	788.00	-9.3%
2050801	教师进修	541.00	514.00	—
2050802	干部教育	328.00	274.00	—
20509	教育费附加安排的支出	162.00	20.00	-87.7%
2050901	农村中小学校舍建设	17.00	—	—
2050904	城市中小学教学设施	20.00	—	—
2050999	其他教育费附加安排的支出	125.00	20.00	—
20599	其他教育支出(款)	3053.00	4179.00	36.9%
2059999	其他教育支出(项)	3053.00	4179.00	—
206	科学技术支出	8250.00	9339.00	13.2%
20601	科学技术管理事务	384.00	327.00	-14.8%
2060101	行政运行	188.00	144.00	—
2060102	一般行政管理事务	0.00	20.00	—
2060199	其他科学技术管理事务支出	196.00	163.00	—
20604	技术研究与开发	7725.00	8825.00	14.2%
2060402	应用技术研究与开发	719.00	290.00	—
2060404	科技成果转化与扩散	6.00	535.00	—
2060499	其他技术研究与开发支出	7000.00	8000.00	—
20607	科学技术普及	141.00	159.00	12.8%
2060701	机构运行	90.00	88.00	—
2060702	科普活动	40.00	58.00	—
2060703	青少年科技活动	1.00	3.00	—
2060799	其他科学技术普及支出	10.00	10.00	—
20699	其他科学技术支出	0.00	28.00	—
2069999	其他科学技术支出	0.00	28.00	—
207	文化体育与传媒支出	9805.00	6866.00	-30.0%
20701	文化	3851.00	2992.00	-22.3%
2070101	行政运行	388.00	347.00	—
2070104	图书馆	247.00	470.00	—

续表4

科目编码	科目名称	2017年 执行数	2018年 预算数	比上年执行数 增长+、-
2070108	文化活动	82.00	115.00	—
2070109	群众文化	1916.00	1770.00	—
2070111	文化创作与保护	58.00	64.00	—
2070112	文化市场管理	17.00	22.00	—
2070199	其他文化支出	1143.00	204.00	—
20702	文物	342.00	155.00	-54.7%
2070204	文物保护	342.00	155.00	—
20703	体育	93.00	93.00	0%
2070308	群众体育	33.00	28.00	—
2070399	其他体育支出	60.00	65.00	—
20704	新闻出版广播影视	806.00	1037.00	28.7%
2070404	广播	58.00	35.00	—
2070499	其他新闻出版广播影视支出	748.00	1002.00	—
20799	其他文化体育与传媒支出(款)	4713.00	2589.00	-45.1%
2079902	宣传文化发展专项支出	0.00	123.00	—
2079903	文化产业发展专项支出	0.00	90.00	—
2079999	其他文化体育与传媒支出(项)	4713.00	2376.00	—
208	社会保障和就业支出	58346.00	66597.00	14.1%
20801	人力资源和社会保障管理事务	2384.00	1943.00	-18.5%
2080101	行政运行	833.00	691.00	—
2080104	综合业务管理	5.00	—	—
2080105	劳动保障监察	335.00	43.00	—
2080108	信息化建设	0.00	2.00	—
2080109	社会保险经办机构	336.00	320.00	—
2080110	劳动关系和维权	79.00	69.00	—
2080112	劳动人事争议调解仲裁	15.00	37.00	—
2080199	其他人力资源和社会保障管理事务支出	781.00	781.00	—
20802	民政管理事务	931.00	1313.00	41.0%
2080201	行政运行	212.00	188.00	—
2080204	拥军优属	45.00	56.00	—
2080205	老龄事务	189.00	220.00	—
2080206	民间组织管理	0.00	8.00	—
2080207	行政区划和地名管理	0.00	2.00	—
2080208	基层政权和社区建设	166.00	183.00	—
2080299	其他民政管理事务支出	319.00	656.00	—
20805	行政事业单位离退休	19671.00	18523.00	-5.8%

续表4

科目编码	科目名称	2017年执行数	2018年预算数	比上年执行数增长+、-
2080501	归口管理的行政单位离退休	129.00	112.00	—
2080504	未归口管理的行政单位离退休	19.00	—	—
2080505	机关事业单位基本养老保险缴费支出	9724.00	9817.00	—
2080506	机关事业单位职业年金缴费支出	3857.00	3901.00	—
2080599	其他行政事业单位离退休支出	5942.00	4693.00	—
20807	就业补助	680.00	1094.00	60.9%
2080701	就业创业服务补贴	97.00	113.00	—
2080702	职业培训补贴	62.00	152.00	—
2080704	社会保险补贴	322.00	350.00	—
2080705	公益性岗位补贴	60.00	22.00	—
2080711	就业见习补贴	37.00	48.00	—
2080713	求职创业补贴	2.00	2.00	—
2080799	其他就业补助支出	100.00	407.00	—
20808	抚恤	2339.00	3198.00	36.7%
2080801	死亡抚恤	97.00	150.00	—
2080802	伤残抚恤	354.00	478.00	—
2080803	在乡复员、退伍军人生活补助	519.00	583.00	—
2080804	优抚事业单位支出	2.00	2.00	—
2080805	义务兵优待	791.00	863.00	—
2080806	农村籍退役士兵老年生活补助	262.00	346.00	—
2080899	其他优抚支出	314.00	776.00	—
20809	退役安置	935.00	1005.00	7.5%
2080901	退伍士兵安置	450.00	592.00	—
2080902	军队移交政府的离退休人员安置	350.00	266.00	—
2080903	军队移交政府离退休干部管理机构	91.00	82.00	—
2080904	退役士兵管理教育	44.00	65.00	—
20810	社会福利	1306.00	2204.00	68.8%
2081001	儿童福利	525.00	852.00	—
2081002	老年福利	691.00	1264.00	—
2081004	殡葬	90.00	88.00	—
20811	残疾人事业	3433.00	4649.00	35.4%
2081101	行政运行	125.00	98.00	—
2081104	残疾人康复	33.00	3.00	—
2081105	残疾人就业和扶贫	158.00	126.00	—
2081106	残疾人体育	7.00	15.00	—
2081107	残疾人生活和护理补贴	0.00	2462.00	—

续表4

科目编码	科目名称	2017年执行数	2018年预算数	比上年执行数增长+、-
2081199	其他残疾人事业支出	3110.00	1945.00	—
20815	自然灾害生活救助	526.00	317.00	-39.7%
2081501	中央自然灾害生活补助	227.00	—	—
2081502	地方自然灾害生活补助	85.00	148.00	—
2081503	自然灾害灾后重建补助	150.00	3.00	—
2081599	其他自然灾害生活救助支出	64.00	166.00	—
20816	红十字事业	107.00	99.00	-7.5%
2081601	行政运行	72.00	64.00	—
2081699	其他红十字事业支出	35.00	35.00	—
20819	最低生活保障	3464.00	4585.00	32.4%
2081901	城市最低生活保障金支出	431.00	571.00	—
2081902	农村最低生活保障金支出	3033.00	4014.00	—
20820	临时救助	372.00	377.00	1.3%
2082001	临时救助支出	372.00	372.00	—
2082002	流浪乞讨人员救助支出	0.00	5.00	—
20821	特困人员救助供养	449.00	545.00	21.4%
2082102	农村特困人员救助供养支出	449.00	545.00	—
20825	其他生活救助	186.00	206.00	10.8%
2082502	其他农村生活救助	186.00	206.00	—
20826	财政对基本养老保险基金的补助	17710.00	20019.00	13.0%
2082602	财政对城乡居民基本养老保险基金的补助	6890.00	7389.00	—
2082699	财政对其他基本养老保险基金的补助	10820.00	12630.00	—
20899	其他社会保障和就业支出(款)	3853.00	6520.00	69.2%
2089901	其他社会保障和就业支出(项)	3853.00	6520.00	—
210	医疗卫生与计划生育支出	52622.00	59497.00	13.1%
21001	医疗卫生与计划生育管理事务	675.00	734.00	8.7%
2100101	行政运行	539.00	470.00	—
2100199	其他医疗卫生与计划生育管理事务支出	136.00	264.00	—
21002	公立医院	1366.00	1336.00	-2.2%
2100201	综合医院	1366.00	1336.00	—
21003	基层医疗卫生机构	5325.00	4536.00	-14.8%
2100301	城市社区卫生机构	1931.00	1630.00	—
2100302	乡镇卫生院	3175.00	2846.00	—
2100399	其他基层医疗卫生机构支出	219.00	60.00	—
21004	公共卫生	2704.00	3456.00	27.8%
2100402	卫生监督机构	14.00	18.00	—

续表4

科目编码	科目名称	2017年执行数	2018年预算数	比上年执行数增长+、-
2100408	基本公共卫生服务	1869.00	2202.00	—
2100409	重大公共卫生专项	378.00	604.00	—
2100410	突发公共卫生事件应急处理	27.00	26.00	—
2100499	其他公共卫生支出	416.00	606.00	—
21006	中医药	20.00	0.00	—
2100601	中医(民族医)药专项	20.00	—	—
21007	计划生育事务	1516.00	1842.00	21.5%
2100717	计划生育服务	518.00	413.00	—
2100799	其他计划生育事务支出	998.00	1429.00	—
21010	食品和药品监督管理事务	561.00	563.00	0.4%
2101016	食品安全事务	411.00	445.00	—
2101050	事业运行	75.00	30.00	—
2101099	其他食品和药品监督管理事务支出	75.00	88.00	—
21011	行政事业单位医疗	10232.00	9174.00	-10.3%
2101101	行政单位医疗	3905.00	3570.00	—
2101102	事业单位医疗	6327.00	5604.00	—
21012	财政对基本医疗保险基金的补助	23880.00	33483.00	40.2%
2101201	财政对城镇职工基本医疗保险基金的补助	0.00	—	—
2101202	财政对城乡居民基本医疗保险基金的补助	23880.00	33483.00	—
21013	医疗救助	2849.00	3000.00	5.3%
2101301	城乡医疗救助	2849.00	3000.00	—
21014	优抚对象医疗	287.00	310.00	8.0%
2101401	优抚对象医疗补助	287.00	310.00	—
21099	其他医疗卫生与计划生育支出	3207.00	1063.00	-66.9%
2109901	其他医疗卫生与计划生育支出	3207.00	1063.00	—
211	节能环保支出	6170.00	7332.00	18.8%
21102	环境监测与监察	20.00	20.00	0.0%
2110203	建设项目环评审查与监督	0.00	20.00	—
2110299	其他环境监测与监察支出	20.00	—	—
21103	污染防治	59.00	144.00	144.1%
2110399	其他污染防治支出	59.00	144.00	—
21104	自然生态保护	59.00	2440.00	4035.6%
2110401	生态保护	59.00	20.00	—
2110402	农村环境保护	0.00	2400.00	—
2110499	其他自然生态保护支出	0.00	20.00	—
21105	天然林保护	127.00	0.00	—

续表4

科目编码	科目名称	2017年执行数	2018年预算数	比上年执行数增长+、-
2110599	其他天然林保护支出	127.00	—	—
21111	污染减排	3091.00	120.00	-96.1%
2111103	减排专项支出	3080.00	20.00	—
2111199	其他污染减排支出	11.00	100.00	—
21112	可再生能源(款)	68.00	0.00	—
2111201	可再生能源(项)	68.00	—	—
21199	其他节能环保支出(款)	2746.00	4608.00	67.8%
2119901	其他节能环保支出(项)	2746.00	4608.00	—
212	城乡社区支出	32207.00	23778.00	-26.2%
21201	城乡社区管理事务	5758.00	5755.00	-0.1%
2120101	行政运行	3275.00	3157.00	—
2120102	一般行政管理事务	122.00	27.00	—
2120104	城管执法	1059.00	782.00	—
2120109	住宅建设与房地产市场监管	45.00	41.00	—
2120199	其他城乡社区管理事务支出	1257.00	1748.00	—
21202	城乡社区规划与管理(款)	840.00	1271.00	51.3%
2120201	城乡社区规划与管理(项)	840.00	1271.00	—
21203	城乡社区公共设施	3852.00	510.00	-86.8%
2120303	小城镇基础设施建设	3000.00	—	—
2120399	其他城乡社区公共设施支出	852.00	510.00	—
21205	城乡社区环境卫生(款)	9887.00	9575.00	-3.2%
2120501	城乡社区环境卫生(项)	9887.00	9575.00	—
21206	建设市场管理与监督(款)	178.00	184.00	3.4%
2120601	建设市场管理与监督(项)	178.00	184.00	—
21299	其他城乡社区支出(款)	11692.00	6483.00	-44.6%
2129999	其他城乡社区支出(项)	11692.00	6483.00	—
213	农林水支出	56812.00	47932.00	-15.6%
21301	农业	11277.00	15774.00	39.9%
2130101	行政运行	1056.00	962.00	—
2130104	事业运行	3475.00	3072.00	—
2130106	科技转化与推广服务	1065.00	30.00	—
2130108	病虫害控制	373.00	695.00	—
2130109	农产品质量安全	151.00	87.00	—
2130111	统计监测与信息服务	2.00	—	—
2130112	农业行业业务管理	19.00	50.00	—
2130119	防灾救灾	5.00	84.00	—

续表4

科目编码	科目名称	2017年 执行数	2018年 预算数	比上年执行数 增长+、-
2130120	稳定农民收入补贴	35.00	—	—
2130122	农业生产支持补贴	103.00	362.00	—
2130125	农产品加工与促销	70.00	135.00	—
2130126	农村公益事业	333.00	3685.00	—
2130135	农业资源保护修复与利用	5.00	421.00	—
2130148	成品油价格改革对渔业的补贴	40.00	233.00	—
2130152	对高校毕业生到基层任职补助	163.00	122.00	—
2130199	其他农业支出	4382.00	5836.00	—
21302	林业	8309.00	8070.00	-2.9%
2130201	行政运行	568.00	477.00	—
2130202	一般行政管理事务	0.00	7.00	—
2130204	林业事业机构	1402.00	1257.00	—
2130205	森林培育	146.00	446.00	—
2130206	林业技术推广	8.00	15.00	—
2130207	森林资源管理	6.00	7.00	—
2130208	森林资源监测	240.00	84.00	—
2130209	森林生态效益补偿	2849.00	3321.00	—
2130210	林业自然保护区	0.00	55.00	—
2130211	动植物保护	0.00	40.00	—
2130213	林业执法与监督	20.00	20.00	—
2130221	林业产业化	0.00	3.00	—
2130226	林区公共支出	0.00	300.00	—
2130234	林业防灾减灾	803.00	1098.00	—
2130299	其他林业支出	2267.00	940.00	—
21303	水利	20635.00	7163.00	-65.3%
2130301	行政运行	607.00	542.00	—
2130304	水利行业业务管理	0.00	20.00	—
2130305	水利工程建设	1765.00	248.00	—
2130306	水利工程运行与维护	41.00	50.00	—
2130308	水利前期工作	44.00	6.00	—
2130309	水利执法监督	6.00	—	—
2130310	水土保持	22.00	—	—
2130312	水质监测	4.00	—	—
2130313	水文测报	151.00	178.00	—
2130314	防汛	196.00	400.00	—
2130316	农田水利	232.00	—	—

续表4

科目编码	科目名称	2017年执行数	2018年预算数	比上年执行数增长+、-
2130317	水利技术推广	668.00	559.00	—
2130319	江河湖库水系综合整治	800.00	—	—
2130322	水利安全监督	6.00	—	—
2130334	水利建设移民支出	701.00	670.00	—
2130335	农村人畜饮水	300.00	—	—
2130399	其他水利支出	15092.00	4490.00	—
21305	扶贫	4427.00	1968.00	-55.5%
2130504	农村基础设施建设	2200.00	—	—
2130506	社会发展	440.00	650.00	—
2130599	其他扶贫支出	1787.00	1318.00	—
21306	农业综合开发	2798.00	1702.00	-39.2%
2130601	机构运行	69.00	82.00	—
2130602	土地治理	20.00	1400.00	—
2130603	产业化经营	60.00	210.00	—
2130699	其他农业综合开发支出	2649.00	10.00	—
21307	农村综合改革	7051.00	9120.00	29.3%
2130701	对村级一事一议补助	3128.00	3612.00	—
2130705	对村民委员会和村党支部的补助	3459.00	3328.00	—
2130799	其他农村综合改革支出	464.00	2180.00	—
21308	普惠金融发展支出	260.00	0.00	—
2130802	涉农贷款增量奖励	97.00	—	—
2130899	其他普惠金融发展支出	163.00	—	—
21399	其他农林水事务支出(款)	2055.00	4135.00	101.2%
2139999	其他农林水事务支出(项)	2055.00	4135.00	—
214	交通运输支出	7110.00	5838.00	-17.9%
21401	公路水路运输	4749.00	5604.00	18.0%
2140101	行政运行	291.00	254.00	—
2140104	公路建设	500.00	—	—
2140199	其他公路水路运输支出	3958.00	5350.00	—
21402	铁路运输	206.00	234.00	13.6%
2140299	其他铁路运输支出	206.00	234.00	—
21406	车辆购置税支出	2155.00	0.00	—
2140699	车辆购置税其他支出	2155.00	—	—
215	资源勘探信息等支出	17494.00	11388.00	-34.9%
21505	工业和信息产业监管	21.00	24.00	14.3%
2150510	工业和信息产业支持	21.00	24.00	—
21506	安全生产监管	891.00	764.00	-14.3%

续表4

科目编码	科目名称	2017年执行数	2018年预算数	比上年执行数增长+、-
2150601	行政运行	437.00	393.00	—
2150605	安全监管监察专项	222.00	190.00	—
2150699	其他安全生产监管支出	232.00	181.00	—
21508	支持中小企业发展和管理支出	15954.00	10600.00	-33.6%
2150805	中小企业发展专项	9000.00	10600.00	—
2150899	其他支持中小企业发展和管理支出	6954.00	—	—
21599	其他资源勘探信息等支出(款)	628.00	0.00	—
2159999	其他资源勘探信息等支出(项)	628.00	—	—
216	商业服务业等支出	2977.00	3314.00	11.3%
21602	商业流通事务	540.00	487.00	-9.8%
2160201	行政运行	249.00	227.00	—
2160299	其他商业流通事务支出	291.00	260.00	—
21605	旅游业管理与服务支出	2189.00	2827.00	29.1%
2160501	行政运行	233.00	179.00	—
2160505	旅游行业业务管理	50.00	—	—
2160599	其他旅游业管理与服务支出	1906.00	2648.00	—
21606	涉外发展服务支出	50.00	0.00	—
2160699	其他涉外发展服务支出	50.00	—	—
21699	其他商业服务业等支出(款)	198.00	0.00	—
2169999	其他商业服务业等支出(项)	198.00	—	—
217	金融支出	0.00	99.00	—
21702	金融部门监管支出	0.00	60.00	—
2170299	金融部门其他监管支出	0.00	60.00	—
21703	金融发展支出	0.00	39.00	—
2170399	其他金融发展支出	0.00	39.00	—
220	国土海洋气象等支出	4513.00	4892.00	8.4%
22001	国土资源事务	4513.00	4892.00	8.4%
2200101	行政运行	11.00	—	—
2200106	土地资源利用与保护	0.00	3634.00	—
2200111	地质灾害防治	4312.00	—	—
2200150	事业运行	188.00	258.00	—
2200199	其他国土资源事务支出	2.00	1000.00	—
221	住房保障支出	9381.00	11305.00	20.5%
22101	保障性安居工程支出	393.00	216.00	-45.0%
2210105	农村危房改造	48.00	—	—
2210199	其他保障性安居工程支出	345.00	216.00	—
22102	住房改革支出	8920.00	11012.00	23.5%

续表4

科目编码	科目名称	2017年执行数	2018年预算数	比上年执行数增长+、-
2210201	住房公积金	8277.00	10212.00	—
2210203	购房补贴	643.00	800.00	—
22103	城乡社区住宅	68.00	77.00	13.2%
2210399	其他城乡社区住宅支出	68.00	77.00	—
222	粮油物资储备支出	543.00	516.00	-5.0%
22201	粮油事务	43.00	16.00	-62.8%
2220112	粮食财务挂账利息补贴	43.00	16.00	—
22204	粮油储备	500.00	500.00	0.0%
2220402	储备粮油差价补贴	500.00	500.00	—
227	预备费	—	4000.00	—
229	其他支出(类)	3185.00	19671.00	517.6%
22999	其他支出(款)	3185.00	19671.00	517.6%
2299901	其他支出(项)	3185.00	19671.00	—
232	债务付息支出	4312.00	5455.00	26.5%
23203	地方政府一般债务付息支出	4312.00	5455.00	26.5%
2320301	地方政府一般债券付息支出	4312.00	5455.00	—
233	债务发行费用支出	33.00	0.00	—
23303	地方政府一般债务发行费用支出	33.00	—	—

说明:1. 教育支出下降15.6%,主要原因:一是2018年预算数只包括省财政提前下达数,2017年包括省财政全年实际下达支出数;二是2017年执行数中包含新增地方政府债券资金支出,而2018年省里新增地方政府债券资金还未下达,支出预算中未包括此项支出;三是2017年支出数中包含了一次性人员经费支出

2.文化体育与传媒支出同比下降30.0%,主要是2018年预算数只包括省财政提前下达数;2017年包括省财政全年实际下达支出数

3.社会保障和就业支出增长14.1%,主要是2018年财政对机关事业养老保险基金的补助、财政对城乡居民社会养老保险基金的补助增加

4.医疗卫生和计划生育支出增长13.1%,主要是2018年财政对城乡居民医疗保险基金的补助增加

5.农林水支出下降15.6%,主要是2018年预算数只包括省财政提前下达数;2017年包括省财政全年实际下达支出数,预计年终执行数将超过上年执行数

6.城乡社区支出下降26.2%,主要是2017年执行数中包含新增地方政府债券资金支出,而2018年省里新增地方政府债券资金还未下达,支出预算中未包括此项支出

7.资源勘探信息等支出下降34.9%,主要原因是2017年执行数中包含新增债券支出,而2018年省里新增债券还未下达,支出预算中未包括此项支出

8.债务付息支出增长26.5%,主要是2017年增加新地方政府债券3亿元,债务付息支出增加

9.其他支出19671万元,主要包括了增人增支等需细化至相关支出功能科目的资金,在年度执行过程中根据规定将按支出项目列至对应的支出科目

10.预备费4000万元,占一般公共预算支出的1.03%,符合《预算法》按预算支出的1%-3%比例安排预备费的规定

莲都区2017年政府性基金预算收入执行情况表

表5　　　　单位：万元

项　目	2016年决算数	2017年调整后预算数	2017年执行数	完成调整预算的	比上年决算数增长+、-
一、政府性基金收入合计	15072	75384	71432	94.8%	373.9%
（一）新型墙体材料专项基金收入	27	43	366	851.2%	1255.6%
（二）散装水泥专项资金收入	8	—	—	—	—
（三）国有土地收益基金收入	—	1233	1233	100.0%	—
（四）农业土地开发资金收入	—	71	78	109.9%	—
（五）国有土地使用权出让收入	—	21904	22284	101.7%	—
其中：1. 土地出让价款收入	—	21904	21858	99.8%	—
2. 划拨土地出让收入	—	—	451	—	—
3. 缴纳新增建设用地土地有偿使用费	—	—	-25	—	—
（六）其他政府性基金收入	15037	52133	47471	91.1%	215.7%
二、转移性收入	34213	31609	31609	100.0%	-7.6%
其中：1. 政府性基金转移性收入（上级补助收入）	9820	5500	6369	115.8%	-35.1%
2. 上年结余收入	2893	4200	5240	124.8%	81.1%
3. 调入资金	21500	20000	20000	100.0%	-7.0%
收入合计	49285	106993	103041	96.3%	109.1%

说明：1. 表中有关项目收入2017年比上年有较大增加，主要是2017年四季度开始规划区外土地出让金收入由原市区结算纳入莲都区收支

2. 其他政府性基金收入增长215.7%，主要是2017年耕地占补平衡调剂收入增加

3. . 政府性基金转移性收入下降35.1%，主要是2017年省补助资金减少

莲都区2017年政府性基金预算支出执行情况表

表6　　　　单位：万元

项　目	2016年决算数	2017年调整后预算数	2017年调整预算后执行数	完成调整预算的	比上年决算数+、-
一、政府性基金支出合计	34005	62328	60538	97.1%	78.0%
（一）文化体育与传媒支出	—	—	3	—	—
国家电影事业发展专项资金及对应专项债务收入安排的支出	—	—	3	—	—
其中：资助城市影院	—	—	3	—	—
（二）社会保障和就业支出	539	501	989	197.4%	83.5%
大中型水库移民后期扶持基金支出	505	501	510	101.8%	1.0%
其中：基础设施建设和经济发展	—	—	480	—	—
其他大中型水库移民后期扶持基金支出	505	—	30	—	-94.1%
小型水库移民扶助基金支出	34	—	479	—	1308.8%
其中：基础设施建设和经济发展	—	—	—	—	—

续表6

项 目	2016年决算数	2017年调整后预算数	2017年调整预算后执行数	完成调整预算的	比上年决算数+、-
一、政府性基金支出合计	34005	62328	60538	97.1%	78.0%
其他小型水库移民扶助基金支出	34	—	479	—	1308.8%
(三)城乡社区支出	53	11887	11531	97.0%	21656.6%
国有土地使用权出让收入及对应专项债务收入安排的支出	—	11460	11531	100.6%	—
其中:征地和拆迁补偿支出	—	9941	9941	100.0%	—
土地开发支出	—	—	71	—	—
农村基础设施建设支出	—	—	—	—	—
补助被征地农民支出	—	1519	1519	100.0%	—
土地出让业务支出	—	—	—	—	—
其他国有土地使用权出让收入安排的支出	—	—	—	—	—
国有土地收益基金及对应专项债务收入安排的支出	—	—	—	—	—
农业土地开发资金及对应专项债务收入安排的支出	53	101	—	—	—
新增建设用地土地有偿使用费及对应专项债务收入安排的支出		326	—	—	—
(四)农林水支出	45	61	118	193.4%	162.2%
大中型水库库区基金及对应专项债务收入安排支出	45	61	118	193.4%	162.2%
其中:基础设施建设和经济发展	—	—	78	—	—
解决移民遗留问题	—	—	—	—	
库区防护工程维护	—	—	40	—	—
其他大中型水库库区基金支出	45	—	—	—	—
(五)资源勘探信息等支出	29	11	11	100.0%	-62.1%
新型墙体材料专项基金支出	29	11	11	100.0%	-62.1%
其中:宣传和培训	—	—	—	—	—
其他新型墙体材料专项基金支出	29	11	11	100.0%	-62.1%
(六)商业服务业等支出	6	—	113	—	1783.3%
旅游发展基金支出	6	—	113	—	1783.3%
其中:地方旅游开发项目补助	—	—	113	—	—
(七)其他支出	32924	45548	46453	102.0%	41.1%
其他政府性基金支出	31705	45548	45166	99.2%	42.5%
彩票公益金及对应专项债务收入安排的支出	1219	—	1287	—	5.6%
其中:用于社会福利的彩票公益金支出	—	—	591	—	—
用于体育事业的彩票公益金支出	—	—	346	—	—

续表6

项 目	2016年决算数	2017年调整后预算数	2017年调整预算后执行数	完成调整预算的	比上年决算数+、-
一、政府性基金支出合计	34005	62328	60538	97.1%	78.0%
用于教育事业的彩票公益金支出	—	—	49	—	—
用于残疾人事业的彩票公益金支出	—	—	301	—	—
用于其他社会公益事业的彩票公益金支出	—	—	—	—	—
（八）债务付息支出	382	4320	1320	30.6%	245.5%
（九）债务发行费用支出	27	—	—	—	—
二、转移性支出	15280	42503	42503	100.0%	178.2%
其中：调出资金	10040	36556	36556	100.0%	264.1%
年终结余	5240	5947	5947	100.0%	13.5%
支出合计	49285	104831	103041	98.3%	109.1%

说明：表中有关项目支出2017年比上年有较大增长，主要是2017年四季度开始规划区外土地出让金收入由原市区结算纳入莲都区收支

莲都区2018年政府性基金预算收入表（草案）

表7　　单位：万元

项 目	2017年调整预算后执行数	2018年预算数	比上年执行数增长+、-
一、政府性基金收入合计	71432	177294	148.2%
（一）新型墙体材料专项基金收入	366	—	—
（二）国有土地收益基金收入	1233	6830	453.9%
（三）农业土地开发资金收入	78	1138	1359.0%
（四）国有土地使用权出让收入	22284	108720	387.9%
其中：1. 土地出让价款收入	21858	101720	365.4%
2. 划拨土地出让收入	451	7000	1452.1%
3. 缴纳新增建设用地土地有偿使用费	-25	—	—
（五）其他政府性基金收入	47471	60606	27.7%
二、转移性收入	31609	18179	-42.5%
1. 政府性基金转移收入（上级补助收入）	6369	1481	—
2. 上年结余	5240	1698	—
3. 调入资金	20000	15000	-25.0%
收入合计	103041	195473	89.7%

说明：1. 根据规定，新型墙体材料专项基金收入2018年起停止征收，故2018年无预算收支

2. 规划区外国有土地出让收入自2017年四季度开始由市区结算改为纳入莲都区收入，故2018年国有土地出让价款收入，以及从国有土地出让收入中计提的国有土地收益基金收入、农业土地开发资金收入、耕地开垦费收入比上年增幅较大

3. 其他政府性基金收入增加的主要原因是2018年耕地占补平衡指标调剂收入增加

莲都区2018年政府性基金预算支出表(草案)

表8　　　　　　　　　　　　　　　　　　　　　　　　单位:万元

项　　目	2017年调整预算后执行数	2018年预算数	比上年执行数增长+、-	说明
一、政府性基金支出合计	60538	135415	123.7%	—
(一)文化体育与传媒支出	3	—	—	—
国家电影事业发展专项资金及对应专项债务收入安排的支出	3	—	—	—
(二)社会保障和就业支出	989	712	-28.0%	—
大中型水库移民后期扶持基金支出	510	479	-6.1%	—
其中:基础设施建设和经济发展	480	479	-0.2%	—
其他大中型水库移民后期扶持基金支出	30			—
小型水库移民扶助基金支出	479	233	-51.4%	—
其中:基础设施建设和经济发展	—	233	—	—
其他小型水库移民扶助基金支出	479	—	—	—
(三)城乡社区支出	11531	100388	770.6%	—
国有土地使用权出让收入及对应专项债务收入安排的支出	11531	92420	701.5%	—
其中:征地和拆迁补偿支出	9941	62853	532.3%	计提成本72853万元,其中1亿元用补充社保基金欠款,转列补助被征地农民支出
土地开发支出	71	—	—	—
农村基础设施建设支出	—	—	—	—
补助被征地农民支出	1519	19567	1188.2%	补充社保基金
土地出让业务支出	—	—	—	—
其他国有土地使用权出让收入安排的支出	—	10000	—	—
国有土地收益基金及对应专项债务收入安排的支出	—	6830	—	—
农业土地开发资金及对应专项债务收入安排的支出	—	1138	—	—
(四)农林水支出	118	50	-57.6%	—
大中型水库库区基金及对应专项债务收入安排支出	118	50	-57.6%	—
其中:基础设施建设和经济发展	78	50	-35.9%	—
解决移民遗留问题	—	—	—	—
库区防护工程维护	40	—	—	—
(五)商业服务业等支出	113	—	—	—
旅游发展基金支出	113	—	—	—
其中:地方旅游开发项目补助	113	—	—	—
(六)其他支出	46464	32945	-29.1%	—

续表8

项　目	2017年调整预算后执行数	2018年预算数	比上年执行数增长+、-	说明
其他政府性基金支出	45177	31369	-30.6%	2017年的执行数中含新型墙体材料专项基金支出11万元。
彩票公益金及对应专项债务收入安排的支出	1287	1576	22.5%	—
其中:用于社会福利的彩票公益金支出	591	1062	79.7%	—
用于体育事业的彩票公益金支出	346	310	-10.4%	—
用于教育事业的彩票公益金支出	49	24	-51.0%	—
用于残疾人事业的彩票公益金支出	301	180	-40.2%	—
(七)债务付息支出	1320	1320	0.0%	—
二、转移性支出	42503	60058	41.3%	—
其中:调出资金	36556	58000	58.7%	拟从土地出让收益中调出1.3亿元，从折地指标收入中调出4.5亿元，合计调出5.8亿元
年终结余	5947	2058	-65.4%	—
支出合计	103041	195473	89.7%	—

说明:1.城乡社区支出科目2018年比上年有较大增长，主要是2017年四季度开始规划区外土地出让金收入由原市区结算纳入莲都区收支。支出预算主要安排城乡社区科目支出

2.其他支出下降29.1%，主要是其他政府性基金收入用于调剂一般公共预算平衡4.5亿元，用于项目支出比上年执行数减少

3.转移性支出增长41.3%，主要是2018年预算调出资金到一般公共预算平衡的资金增加

莲都区2017年国有资本经营预算收入执行情况表

表9　　单位:万元

项　目	2016年决算数	2017年预算数	2017年执行数	完成预算的	比上年决算数+、-
一、利润收入	35	84	95	113.1%	171.4%
其中:电力企业利润收入	19	23	20	87.0%	5.3%
贸易企业利润收入	16	27	34	125.9%	112.5%
其他企业利润收入	—	34	41	120.6%	—
二、使用结转资金	—	—	—	—	—
收入合计	35	84	95	113.1%	171.4%

说明:国有企业利润上缴暂按净利润的20%上交入库，作为国有资本经营预算收入纳入预算

莲都区2017年国有资本经营预算支出执行情况表

表10　　　　单位：万元

科目名称	2016年决算数	2017年预算数	2017年执行数	完成预算的	比上年决算数+、-
一、国有资本经营预算支出	28	67	54	80.6%	92.9%
其中：其他国有资本经营支出	28	67	54	80.6%	92.9%
二、调出资金	7	17	30	176.5%	328.6%
三、结转下年支出	—	—	11	—	—
支出合计	35	84	95	113.1%	171.4%

说明：国有企业利润上缴暂按净利润的20%上交入库，作为国有资本经营预算收入纳入预算

莲都区2018年国有资本经营预算收入表（草案）

表11　　　　单位：万元

项　目	2017年执行数	2018年预算数	比上年执行数+、-
一、利润收入	95	24	-74.7%
1.电力企业利润收入	20	—	—
2.贸易企业利润收入	34	24	-29.4%
3.其他企业利润收入	41	—	—
二、使用结转资金	—	11	—
收入合计	95	35	-63.2%

说明：2018年区国有企业利润上缴合计下降63.2%，主要是有5家企业2017年有利润上缴，2018年没有利润

莲都区2018年国有资本经营预算支出情况表（草案）

表12　　　　单位：万元

科目名称	2017年执行数	2018年预算数	比上年执行数+、-
一、国有资本经营预算支出	54	20	-63.0%
其中：其他国有资本经营支出	54	20	-63.0%
二、调出资金	30	15	-50.0%
三、结转下年支出	11	—	—
支出合计	95	35	-63.2%

说明：2018年区国有企业利润上缴合计下降63.2%，主要是有5家企业2017年有利润上缴，2018年没有利润

莲都区2017年社会保险基金预算收入执行情况表

表13　　　　　　　　　　　　　　　　　　　　　　　　单位：万元

项　目	2016年决算数	2017年预算数	2017年执行数	完成预算的	比上年决算数+、-
一、城乡居民社会养老保险基金收入	7656	7827	7443	95.1%	-2.8%
其中：个人缴费收入	527	710	415	58.5%	-21.3%
财政补贴收入	6965	6890	6890	100.0%	-1.1%
利息收入	164	227	138	60.8%	-15.9%
二、城乡居民医疗保险基金收入	27032	32020	30558	95.4%	13.0%
其中：个人缴费收入	6419	7671	6562	85.5%	2.2%
财政补贴收入	20283	23880	23880	100.0%	17.7%
利息收入	330	469	116	24.7%	-64.8%
三、机关事业养老保险基金收入	30036	24838	25783	103.8%	-14.2%
其中：个人缴费收入	20637	15377	14949	97.2%	-27.6%
财政补贴收入	9369	9430	10820	114.7%	15.5%
利息收入	30	31	14	45.2%	-53.3%
收入合计	64724	64685	63784	98.6%	-1.5%

说明：1. 2017年城乡居民养老保险收入减少原因是参保人员转职工养老保险引起参保人数下降

2. 2017年城乡医疗保险基金利息收入减少原因是定期存款比上年减少

3. 机关事业养老保险基金个人缴费收入下降原因是2016年收入包含以前年度个人缴费清算资金

莲都区2017年社会保险基金预算支出执行情况表

表14　　　　　　　　　　　　　　　　　　　　　　　　单位：万元

项　目	2016年决算数	2017年预算数	2017年执行数	完成预算的	比上年决算数+、-
一、城乡居民社会养老保险基金支出	7239	7251	8103	111.8%	11.9%
其中：城乡居民社会养老保险待遇支出	6255	6235	7024	112.7%	12.3%
二、城乡居民医疗保险基金支出	27195	31137	31139	100.0%	14.5%
其中：城乡居民医疗保险待遇支出	26319	30058	29508	98.2%	12.1%
三、机关事业养老保险基金支出	30920	24394	24703	101.3%	-20.1%
其中：机关事业养老保险待遇支出	30920	24394	24695	101.2%	-20.1%
支出合计	65354	62782	63945	101.9%	-2.2%

说明：机关事业养老保险基金支出减少原因是2016年支出包含以前年度个人缴费清算资金

莲都区2018年社会保险基金收入预算表(草案)

表15　　　　单位:万元

项　目	2017年预算数	2017年执行数	2018年预算数	比上年执行数+、-
一、城乡居民社会养老保险基金收入	7827	7443	8009	7.6%
其中:个人缴费收入	710	415	462	11.3%
财政补贴收入	6890	6890	7389	7.2%
利息收入	227	138	158	14.5%
二、城乡居民医疗保险基金收入	32020	30558	41172	34.7%
其中:个人缴费收入	7671	6562	7522	14.6%
财政补贴收入	23880	23880	33483	40.2%
利息收入	469	116	167	44.0%
三、机关事业养老保险基金收入	24838	25783	27816	7.9%
其中:个人缴费收入	15377	14949	15157	1.4%
财政补贴收入	9430	10820	12630	16.7%
利息收入	31	14	29	107.1%
收入合计	64685	63784	76997	20.7%

说明:2018年城乡居民医疗保险基金收入增长较多,主要是2018年财政对城乡居民医疗保险基金的补助增加

莲都区2018年社会保险基金支出预算表(草案)

表16　　　　单位:万元

项　目	2017年预算数	2017年执行数	2018年预算数	比上年执行数+、-
一、城乡居民社会养老保险基金支出	7251	8103	7780	-4.0%
其中:城乡居民社会养老保险待遇支出	6235	7024	6810	-3.0%
二、城乡居民医疗保险基金支出	31137	31139	39780	27.7%
其中:城乡居民医疗保险待遇支出	30058	29508	37885	28.4%
三、机关事业养老保险基金支出	24394	24703	27718	12.2%
其中:机关事业养老保险待遇支出	24394	24695	27718	12.2%
支出合计	62782	63945	75278	17.7%

注:1.城乡居民社会养老保险基金支出减少原因是转职工养老保险引起参保人数下降

2.城乡居民医疗保险待遇支出增长原因:药品目录调整,门诊报销比例、大病报销比例提高,最高支付限额提高

附表：莲都区2018年一般公共预算基本支出预算

单位：万元

经济科目名称		2018年预算数
基本支出合计		134945.15
机关工资福利支出	小计	44512.10
	50101工资奖金津补贴	23779.95
	50102社会保障缴费	9385.41
	50103住房公积金	3956.05
	50199其他工资福利支出	7390.68
机关商品和服务支出	小计	10649.80
	50201办公经费	6251.77
	50202会议费	82.00
	50203培训费	141.90
	50205委托业务费	2693.00
	50206公务接待费	46.00
	50208公务用车运行维护费	603.00
	50299其他商品和服务支出	832.13
对事业单位经常性补助	小计	73692.66
	50501工资福利支出	64163.11
	50502商品和服务支出	9529.56
对个人和家庭的补助	小计	6090.59
	50901社会福利和救助	1194.38
	50905离退休费	4893.51
	50999其他对个人和家庭补助	2.70

专 辑

创建全国文明城市记述

2017年11月17日，丽水市以全省第一、全国第四的优异成绩荣膺“全国文明城市”殊荣。在此全市人民欢欣鼓舞的时刻，时任市委史济锡书记点赞到：创建成功，莲都要记首功！

回顾三年不平凡的创建历程，2015年随着市委市政府的一声令下，莲都吹响了文明创建集结号，区委区政府发出首战当决战的总命令。这一年，丽水的文明创建成绩单是全省第2、全国第21，目标是2轮6年创成。2016年，市委市政府决定加快创建步伐，目标从6年创成提速至3年创成，莲都作为创建主战场，以舍我其谁的气魄，郑重承诺首善担当、力拼前列。一年时间，总成绩被改写为全省第1、全国第10，成为文明创建史上的最大黑马。2017年，市委市政府发出追求卓越、实现梦想的总动员令，莲都完成了首善担当使命、践行了力拼前列承诺，助力丽水实现了一举创成梦想。

成绩来之不易，成功绝非偶然。展现的是莲都区深厚的文化底蕴，良好的市民文明素养，区委区政府强大的动员力组织力，各级各部门单位铁的执行力，全体党员领导干部过硬的战斗力。

回顾三年不平凡的创建历程，莲都上下充分发挥创建“主阵地、主战场、主力军”作用，全力践行“一举创成、力拼前列”的要求，坚持价值引领、坚持创建为民、坚持问题导向、坚持以上率下、坚持合力共创原则，紧紧围绕公民道德、公共环境、公共秩序、公共服务、公共文化、公共关系、公益活动这七个关键要素，从正面达标和负面清单两方面量化任务、实化措施、细化流程、固化机制，从环境整治着手，设施改善着力，城市管理着眼，氛围营造着重，打好了一场全员全域全民参与的文明创建攻坚战。

创建最成功的是建立了一套行之有效的工作机制，确保了压力层层传导到位。一是一日不歇地坚持“周检查、月点评、季考评、年考核”工作机制，仅2017年就召开全区创建工作点评会11次，推进会3次。二是健全和完善部门自查、交叉巡查和专项督查、领导督查、社会督查与市区两级创建办联合督查等各类考核方法，三年来共发出交办单1500多单，涉及点位3万多个。三是出台《丽水市莲都区创建全国文明城市工作督查考核办法》《丽水市莲都区创建全国文明城市工作奖惩办法》，极大地鼓舞了队伍士气，提振了创建信心，推动了责任落实。四是建立健全了区领导结对帮扶网格制度、区直单位结对帮扶社区(村)创建等制度，全区39位区领导主动认领网格长并牵头抓总，示范表率；66家区直单位每周坚持深入各社区（村）指导、帮扶创建工作。

创建最扎实的是民生项目的有效推进，为民创建成果丰硕。一是推进城市更新优化工程，留住共同的乡愁记忆。桂山弄、酱园弄、绅弄等背街小巷得到改造提升；完成农贸市场改造提升、老小区改造项目，灯塔临时菜市场等14个农贸市场和星火商城等7个专业市场设施得到改造提升，35个老旧小区面貌一新。二是推进城市环境提升工程，群众幸福感强烈。通过推进挂牌整治项目工作，攻坚城市治理难题，消除历史遗留问题，如消除了岩泉村马路市场，对九里湾新村环境卫生秩序进行全面整治，城市整体面貌得到有效提升；对社区（城中村）“六乱”、市场周边环境整治、市容环境专项整治等10类重点问题组织开展专项整治。三是推进城市网格化管理，及时优化消防通道，增划小车停车位，加强住宅小区消防通道管理，积极消除消防安全隐患；开展社区创建“擂台赛”，推进市容常态管理；落实区直部门包路口、包路段责任制。

创建最可喜的是社会主义核心价值观深入人心，营造了全域性的文明风尚。一是从点滴入微的文明细节做起，不断擦亮一座城市精神风貌的窗口。围绕全民践行社会主义核心价值观，推出“我为丽水”系列万人志愿服务活动，“我为丽水洗把脸，干净干事创新业”“我为丽水献爱心”“我为丽水助助力，乡风文明促和谐”“我为丽水讲文明，模范榜样在我心”“我为丽水树新风，节俭养德易风俗”“文明丽水总动员”等6次万人志愿活动，莲都全城万人空巷，10余万名市民群众纷纷走上街头、深入居民家中，开展“四关爱”等志愿服务行动，接力践行奉献、友爱、互助、进步志愿服务精神。二是创建文明城市，绝不让乡村成为被人遗忘的角落。全面开展“我为丽水助助力，乡风文明促和谐”活动，重点针对铺张浪费、厚葬薄养、婚丧大操大办等开展专项整治，推动丽水“乡村春晚”蓬勃开展，乡风文明之风吹拂丽水大地。借助全省小城镇环境综合整治行动，推进“小城镇文明行动”，实施“垃圾不落地、出行讲秩序、办酒不铺张、邻里讲和睦”四项行动。三是聚焦“齐家”，全面开展文明家庭创建工作。有序推进“美丽楼道、文明小巷、示范社区”创建活动，以“美丽楼道、文明小巷、示范社区”创建为总载体，打造出和谐楼、书画楼、摄影楼、孝道楼等20余类2000多条美丽楼道；结合老小区改造，深入挖掘背街小巷的历史文化内涵，在全区重新塑造文明小巷33条；全面铺开示范社区建设活动，在显著位置设置社会主义核心价值观、讲文明树新风和遵德守礼公益广告50000多平方米，道旗广告3200余幅，让核心价值观举足可见、抬头即观。四是持续加强未成年人思想道德建设，点亮一座城市的希望和未来。连续六年推进“践行核心价值观　争当美德好少年”为主题的莲都区未成年人思想道德文化节活动，开展学习雷锋、道德模范、“身边好人”“美德少年”和经典诵读等系列活动。加强家长委员会、家长学校建设，利用“小手拉大手”等方式，在全区43个中小学校开展“小手拉大手、一起立家规”活动，全区4000多个学生家庭中开展“立家规家训”活动，发挥家庭教育的关键作用；以爱国主义教育为抓手，抓住建军90周年、香港回归20周年、十九大召开等时间节点，组织全区40000多名未成年人开展“清明祭英烈”“童心向党”“向国旗敬礼”等系列“我的中国梦”主题教育活动，教育引导学生深深刻理解“中国梦”的实现需要广大学生坚定理想信念，励志刻苦学习，积极投身实践。五是捍卫好公益广告这一感染人心、震撼心灵的重要阵地。按照“5+X”的内容标准，印发了任务清单，明确了提升要点和时间任务要求，全面铺开公益广告提升工作，目前累计新增公益广告提升点位982个、公益广告2508幅；根据场所的不同，公益广告还增加了“丽水文明十条”“创建知识问答”“未成年人建设”“最美好人”等内容的宣传。此外，加大了对公益广告破损、污损、缺损等问题的督查整改力度。

全国文明城市创建工作，是一个复杂的系统工程。三年不平凡的创建历程，积累了许多宝贵经验。省市领导专家对我区创建工作的支持和关心，不仅坚定了我区创建的信心，更在方法、理念、思路等方面提供了指引，是创建活动取得成效的关键。区委、区政府领导高度重视创建工作，在组织、经费、人员等方面给予大力支持，坚持“干着指挥、带头冲锋”，身体力行、率先垂范，是创建活动取得成效的前提。坚持“创建为了群众”“依靠群众创建”理念，通过创新各类宣传和活动载体，引导广大市民出小家进大家，人人参与创建，是创建活动取得成效的基础。部门协同是创建活动取得成效的支撑。全区创建铁军，秉承着“五加二”“白加黑”的苦干精神，发扬着“舍小家顾大家”的敬业精神，坚守着“勇挑重担”的拼搏精神，不怕吃苦，不怕受累，排除一切干扰，以饱满的精神状态投入到创建工作中，是创建成功的重要保障。

回顾三年不平凡的创建历程，可以总结的创建经验成绩还有很多，可以述说的创建故事令人感怀，值得记录珍藏的创建瞬间永远镌刻在丽水·我的城。

世界丽水人大会莲都分会

根据首届世界丽水人大会的总体安排，于9月27日至28日举办首届世界丽水人大会莲都分会场活动，按照“讲莲都故事、见莲都特色、见发展实效”的总体要求，围绕“莲系四方，都忆故乡”的活动主题，先后举办了世界莲都人联合会成立大会、“莲心莲味莲情”欢迎家宴、“莲心莲情”文艺晚会、乡景乡宿乡情——莲都西乡行等系列活动，并于28日下午召开了莲都分会场开幕式暨主旨大会。

莲都分会场举办期间，共有200余名莲都人杰出代表，包括来自20多个国家和地区华人华侨回莲都参会，签约项目10个，总投资259亿元，活动取得了良好效果。

一、主要成效

高标准落实嘉宾邀请。莲都分会场共邀请200余名嘉宾参加分会场活动，分别为主会场邀请嘉宾45名，主会场邀请参加莲都分会场嘉宾67名，莲都分会场邀请嘉宾90名，包括商会代表23名、海外代表25名、新莲都人代表5名，新生代代表4名，媒体代表3名、项目签约10名（含2名参会代表）以及义乌山海协作20名，境内外媒体20多名；超额完成招商引资任务。莲都分会场共签约10个项目，其中一产类项目3个，二产类项目3个，三产类项目4个，总投资额约259亿元。尤其是丽水万洋低碳智造小镇项目落地在莲都区高溪低丘缓坡区块，总用地面积约2860亩，总建筑面积约496万平方米，总投资约135亿元，成为莲都工业腾飞的突破口，为莲都绿色生态发展增添强劲动力；命名表彰莲都区发展贡献杰出人物。莲都分会场举办了“莲都区发展贡献杰出人物”颁奖盛典，表彰了周国强、陈晓建、赵乾麟、王正郁、木晓东、李炎、陈旭东7位“莲都区发展贡献杰出人物”。7位获奖者都在各自领域，为莲都发展作出了积极的贡献；多方面开展莲都分会场活动。莲都分会场开展了世界莲都人联合会成立大会、“莲心、莲味、莲情”家宴、“莲心莲情”文艺晚会、乡景乡宿乡情——莲都西乡行、开幕式暨主旨大会等系列主题活动，以故乡味、故乡景、故乡情款待杰出莲都人代表和嘉宾，共叙情谊，共谋发展。

二、经验做法

（一）精心组织，健全组织机制和制度。

领导高度重视。市委常委、区委书记杜兴林将首届世界丽水人大会莲都分会场工作列为“一把手工程”，就筹备的节点工作和重点工作亲自把关、亲自监督。杜兴林书记先后10余次听取筹备工作情况汇报，6月23日，区委常委会就《首届世界丽水人大会莲都分会场活动方案》进行专题研究，并审议通过。7月6日，召开首届世界丽水人大会莲都分会场筹备工作领导小组第一次会议暨筹备工作动员部署会，杜书记作动员讲话。工作体系完善。成立首届世界丽水人大会莲都分会场筹备工作领导小组，杜兴林书记、陈豪区长任组长，领导小组下设办公室（综合协调组）、项目洽谈组、邀请联络组、宣传策划组、区域环境组、后勤保障组、安全维稳组、督查组等8个专项工作组，综合协调组组长兼任办公室主任，各专项工作组在筹备工作领导小组的领导和协调下开展工作。为加强对首届世界丽水人大会莲都分会场的组织领导和工作协调，以及对外联络需要，经首届世界丽水人大会莲都分会场筹备工作领导小组研究，成立首届世界丽水人大会莲都分会场组织委员会，由区委常委、统战部部长翁伟标任组长、副区长俞丽威任副组长，组织机构进一步健全。同时，编制《各专项组工作方案汇总表》和《各专项组工作计划汇总表》，形成了“1+8”的方案体系，统领全局推动工作。为顺利推进筹备工作，区委统战部整合资源，从区委统战部内部和民主党派抽调13名领导干部，经主要领导同意，还从其他单位抽调4名领导干部集中办公，专门负责分会场筹备工作；工作制度健全。建立信息报送制度，编制莲都分会场筹备工作简报，及时向市筹备办上报动态信息。建立工作进展周报制度，每周报送工作完成情况和下步工作计划，上报市筹备办和区领导。建立周例会，双周点评，月汇报工作制度，每两周召开各专项组组长会议，协调推进筹备工作中遇到的问题。每月召开各专项组筹备工作会议，区领导听取筹备工作汇报。

（二）精心部署，扎实做好嘉宾邀请工作。

办好大会的关键是请好人，请对人。我们主要从三个方面下功夫：一是开展摸底调查。根据全市的统一部署，6月1日，召开外出创业人员和乡贤情况摸底调查工作部署会，共调查摸底了14个乡镇街道，外出创业人员和乡贤总人数为67672人。二是整合现有信息。多次召集区委组织部、区人力社保局、区教育局等相关单位负责人部署邀请对象推荐工作，与丽水中学、实验小学、囿山小学等学校直接对接，整合侨情调查数据库、海外代表人士队伍数据库、异地商会数据库、人才资源库、校友数据库等，全面梳理我区各类杰出人才和代表人士。三是全区上下总动员。根据区委书记杜兴林批示要求，区委办下发了《关于推荐首届世界丽水人大会参会重要领导嘉宾的通知》，全区每单位推荐3名以上人员。四是开展热情周到服务。建立联络员队伍，制定联络员工作手册，细化嘉宾对口接待方案，根据大会主要活动安排，明确接待职责和接待流程，及时编发各阶段活动通知短信。重要嘉宾采用多对一的方式，主要领导亲自接待，9月26日区四套班子主要领导对重要嘉宾分别进行拜访，区人大常委会主任陈元龙全程陪同洪普洲，区文广新体局局长胡菊萍亲自联系、接送柯洁、李玲蔚，做到热情周到。同时，还收集了嘉宾的照片及个人相关信息，制作了大会通讯录发给每位参会嘉宾。

（三）精准发力，全力推动项目签约落地。

一是领导挂帅亲自抓。把招商引资作为“一号工程”，党政领导“一把手”亲自挂帅，杜兴林书记、陈豪区长、王世强常务副区长、俞丽威副区长等区领导先后多次亲自带队到北京、青岛、温州等地考察对接万洋集团、多弗集团、天洋集团、杭萧钢构、泰林涌集团、绍兴华绣科技公司等企业，争取到多家企业明确来莲投资意向。二是密集招商集中抓。组建3支招商小分队，分别开展驻“杭州—嘉兴—湖州”、“金华—义乌”、“温州—台州”等招商实体化运作。先后举办“侨商回家—走进莲都”招商引资推介会、2017年莲都区“浙商之春”招商推介会暨浙商（莲商）恳谈会、怡亚通集团“走进莲都”招商项目推介会及上海、宁波、广东等商会招商项目推介会。7月18日，莲都区举行百日百项攻坚战扩大有效投资项目集中开工仪式，进一步推动重大项目攻坚。三是重大项目重点抓。莲都区专门成立了万洋低碳智造小镇谈判组，先后召开征求意见会5次，与万洋集团面对面谈判4次，区委区政府两位主要领导分别主持7次专题会议听取项目谈判情况汇报，从项目对接到项目谈判再到项目落地前后只用了4个月不到的时间，并于9月10日签订投资总额达135亿元的正式协议。

（四）精细安排，全方面开展氛围营造。

一是全面落实宣传方案。形成了首届世界丽水人大会莲都分会场宣传总体方案、宣传报道方案、网络宣传方案、对外宣传方案等方案。二是多渠道开展宣传报道。在钱江国际频道、浙江经视等电视媒体，刊播了《同心同力首届世界丽水人大会莲都分会场共商共建丽水大花园"中心园"》等10多篇报道。在新华网、腾讯网等网站，刊发了《叙乡情谋发展 世界丽水人大会莲都分会场吸引259亿投资》等10多篇报道。莲都新闻网首页显著位置开设了"首届世界丽水人大会莲都分会场"专题。微莲都微信公众号共推送微文36篇，自主采写报道28篇，累计点击率31183次，其中《杜兴林书记主旨演讲刷爆朋友圈》点击量超14万。首次开通"莲连看"直播间，对首届世界丽水人大会莲都分会场开幕式暨主旨大会进行全程视频直播，直播观看人数达到16.02万人次。三是多种角度进行宣传。制作"花园莲都"专题宣传片，制作"花园莲都"画册、莲都老照片展、"花园莲都"建设主题照片展和莲都区招商引资项目成果展，开展"微"宣传，在"莲都宣传""莲都旅游"等微信公众号推送转载莲都人文风情主题微文80余篇，以丰富多彩的宣传视角展示莲都、推介莲都。

（五）精心准备，认真细致落实会务保障。

后勤保障、区域环境和安全维稳等工作按照大会总体方案的要求，注重细节精心安排，高标准、高质量抓好工作落实。一是后勤保障落实到位。莲都分会场提前落实嘉宾住宿酒店，详细制定了医疗保障、食品安全等工作方案，提前从旅游集散中心预订了会议期间嘉宾的接送车辆，做好会务保障。同时，对"莲心、莲味、莲情"家宴、世界莲都人联合会成立大会、"莲心莲情"文艺晚会及开幕式暨主旨大会等活动进行多次的预演，确保大会各项活动议程万无一失。二是环境整治落实有序。建立了"城区市容环境组、城区卫生保洁组、乡村环境组、市场秩序组、病媒生物防制组、交通秩序组、市政设施维护组、氛围营造组、群众文化组"9个环境整治工作小组，结合创建部署安排，全面整合城管、环卫、建设、市场监管、乡镇（街道）等重点单位力量，强力推进10类18个子项的重点整治项目。三是安全维稳落实细致。进一步细化了莲都分会场信访和安全保卫方案，全面开展了两轮影响社会稳定问题排摸调研工作，共排摸各领域较大矛盾涉稳问题46项，全力推进化解和稳控工作，确保了安全办会。

三、存在问题

（一）因是首次举办此类大会，相对经验不足，对嘉宾的前期摸底不够充分，尚未完全做到重要嘉宾应请尽请。

（二）因首次办会，在经费预算上估计不足，对不可预见经费的产生估算不够充分。

四、意见建议

（一）为更好地服务嘉宾，把世界丽水人大会办成永不落幕的盛会，建议由市委统战部出面与编办进行协调，每县（市、区）设立常设机构，给予相应的编制。

（二）建议世界丽水人大会每3年举办一次。

（首届世界丽水人大会莲都分会场组织委员会）

大事记

1月

1月3日上午，全省扩大有效投资重大项目集中开工活动（丽水分会场：华东药用植物园PPP项目）举行，区领导参加。

1月3日下午，全市地质灾害综合治理“大搬快治”三年行动动员会召开，区委书记杜兴林、代区长陈豪、区委副书记胡伟华、副区长叶建光参加。

1月4日上午，召开区委书记专题会议、区委常委会议、区委全会。

1月4日下午，召开区委常委民主生活会。

1月5日上午，党风廉政和意识形态主体责任考核会议召开，区领导参加。

1月6日上午，市委经济工作电视电话会议召开，区领导参加。

1月7日上午，市长朱晨慰问困难群众，区委书记杜兴林、代区长陈豪陪同。

1月8日下午，市委书记史济锡调研高铁站、丽阳坑治水工作，区委书记杜兴林，代区长陈豪，区委常委、常务副区长王世强，副区长俞丽威陪同。

1月9日下午，省“五水共治”考核组到莲都检查，区委书记杜兴林，代区长陈豪，副区长俞丽威陪同。

1月9日晚，全省县（市区）委书记工作交流会举行，区领导参加。

1月10日上午，省长李强到莲都慰问困难群众、武警官兵，区委书记杜兴林，代区长陈豪陪同。

1月10日下午至11日上午，召开区委区政府务虚会。

1月11日下午，省纪委十三届六次全会电视电话会议召开，区领导参加。

1月11日下午，召开区委书记专题会、区委常委会议。

1月11日下午，全国、全省、全市安全生产电视电话会议召开，代区长陈豪，副区长俞丽威参加。

1月11日晚，召开区政府党组民主生活会。

1月12日上午，全省财政工作电视电话会议召开，代区长陈豪参加。

1月12日下午，召开2017年主要经济指标及“四个计划”专题会议，区委书记杜兴林，代区长陈豪，区委常委、常务副区长王世强参加。

1月12日—13日，中央政法工作电视电话会议召开，区委副书记胡伟华参加。

1月17日下午，召开工业经济运行情况分析会暨企业家座谈会，代区长陈豪、副区长俞丽威参加。

1月17日晚，召开H7N9禽流感联防联控会议，代区长陈豪，副区长徐旭卿参加。

1月18日下午，召开区委常委扩大会议、区委书记专题会议、区委常委会议。

1月19日上午，召开区政府第65次常务会议。

1月20日上午，乡镇（街道）党（工）委书记抓基层党建工作述职评议会议召开，区委书记杜兴林，代区长陈豪，区委常委、纪委书记宋珍花、区委常委、组织部长周显荣参加。

1月20日下午，召开区委常委会议。

1月21日下午，县（市、区）委书记抓基层党建和人才工作述职会议召开，区委书记杜兴林参加。

1月22日下午，全省审计工作电视电话会议召开，代区长陈豪参加。

1月23日上午，召开全区领导干部会议。

1月23日下午，2017年春节团拜会举行。

1月23日下午，召开区委书记专题会议、区委常委会议。

1月24日上午，市长朱晨慰问环卫工人、中立建筑公司，代区长陈豪陪同。

1月25日，市长朱晨赴峰源乡调研，代区长陈豪陪同。

2月

2月3日上午，丽水市创建全国文明城市誓师大会召开，区领导参加。

2月3日下午，莲都区创建全国文明城市"我为丽水洗把脸，干净干事创新业"万人大清扫活动举行，区领导参加。

2月4日上午，召开全区领导干部大会。

2月4日下午，市委书记史济锡到莲都调研，区委书记杜兴林、区委副书记胡伟华陪同。

2月6日下午，全省剿灭劣五类水工作会议召开，区委书记杜兴林，代区长陈豪参加。

2月6日晚上，区侨联2017年"侨缘侨心一侨界在行动"新春联谊活动举行，区委副书记胡伟华、副区长黄程参加。

2月7日下午，召开区委书记专题会议、区委常委会议。

2月8日上午，区纪委全会召开，区领导参加。

2月8日上午，H7N9流感防控工作会议举行，代区长陈豪，副区长徐旭卿参加。

2月9日上午，省委农村工作电视电话会议召开，区领导参加。

2月9日上午，召开区委书记专题会议、区委常委会议。

2月9日下午，全市县（市区）委书记座谈会召开，区委书记杜兴林参加。

2月10日上午，市委政法工作会议召开，区委书记杜兴林，区委副书记胡伟华参加。

2月12日下午，2017年莲都区"浙商之春"招商推介会暨浙商（莲商）恳谈会举行，区委书记杜兴林，代区长陈豪，副区长俞丽威参加。

2月12晚上，政府班子"首善担当创一流"主题大讨论活动举行，区政府领导参加。

2月13日上午，全区公安工作会议召开，区委书记杜兴林，区委副书记胡伟华参加。

2月13日—2月18日，莲都区十六届人大一次会议、莲都区政协十五届一次会议举行，区领导参加。

2月14日下午，市长朱晨调研好溪堰，代区长陈豪、区委副书记胡伟华陪同。

2月19日上午，区监察委成立大会举行，区委书记杜兴林，区委副书记胡伟华，区委常委、纪委书记宋珍花参加。

2月20日上午，召开区政府第1次常务会议。

2月21日上午，莲都区扩大有效投资项目集中开复工仪式举行，区领导参加。

2月21日上午，市政协主席陈瑞商调研全国文明城市创建，区委书记杜兴林陪同。

2月21日下午，浙江省副省长孙景淼到莲都调研现代农业，区委书记杜兴林，区长陈豪，副区长郭巧燕陪同。

2月22日下午，省建设厅厅长项永丹调研古堰画乡特色小镇建设，区长陈豪陪同。

2月23日上午，市委书记史济锡调研丽阳坑治水，区委书记杜兴林陪同。

2月23日下午，市委副书记尹学群到莲都调研，区委书记杜兴林，区委副书记胡伟华陪同。

2月24日上午，全区信访工作会议暨信访积案"歼灭战"专项行动动员召开，区委书记杜兴林，区长陈豪，区委副书记胡伟华，区委常委、纪委书记宋珍花参加。

2月24日下午，省政府第九次全体（扩大）会议和全省安全生产工作电视电话会议召开，区领导参加。

3月

2月26日至3月1日，中国共产党丽水市第四次代表大会召开，区委书记杜兴林，区长陈豪，区委副书记胡伟华，区委常委、纪委书记宋珍花，区委常委、组织部部长周显荣参加。

3月2日上午，市委常委会会议召开，市委常委、区委书记杜兴林参加。

3月2日下午，召开区委常委扩大会议、区委书记专题会议、区委常委会会议。

3月2日下午，市政府第65次常务会议召开，区长陈豪参加。

3月3日上午，召开全国文明城市创建推进会，区领导参加。

3月3日下午，召开全区地质灾害综合治理"大搬快治"三年行动动员部署会暨国土资源管理工作会议，市委常委、区委书记杜兴林，区长陈豪，副区长叶建光参加。

3月4日上午，举行"我为丽水献爱心"万人微笑志愿服务活动，市委常委、区委书记杜兴林，区长陈豪，区委副书记胡伟华，区委常委、宣传部部长赵加慧，区委常委、组织部部长周显荣参加。

3月6日下午，全省村和社区组织换届工作视频会召开，市委常委、区委书记杜兴林，区委常委、组织部部长周显荣参加。

3月7日下午，省委两项主体责任检查汇报会召开，市委常委、区委书记杜兴林参加。

3月9日上午，全市村（社区）组织换届工作电视电话会议和业务培训会召开，市委常委、区委书记杜兴林，区委常委、组织部部长周显荣参加。

3月9日上午，全市地质灾害防治工作领导小组（扩大）会议召开，市委常委、区委书记杜兴林参加。

3月9日下午，全市农业农村工作会议召开，市委常委、区委书记杜兴林，区长陈豪，区委副书记胡伟华参加。

3月13日上午，市委常委会扩大会议、市委常委会会议召开，市委常委、区委书记杜兴林参加。

3月14日下午，市委书记史济锡调研城市建设工作，市委常委、区委书记杜兴林陪同。

3月15日上午，召开全区村和社区组织换届工作部署会，市委常委、区委书记杜兴林，区委副书记胡伟华，区委常委、纪委书记宋珍花，区委常委、组织部部长周显荣参加。

3月15日上午，省政府办公厅解决拖欠农民工工资问题专项督查汇报会召开，区长陈豪参加。

3月15日晚，召开一季度主要经济指标研判分析会，区委常委、常务副区长王世强参加。

3月16日上午，召开全区农业农村、环境整治、旅游、卫计工作会议，区领导参加。

3月16日下午，召开全区工业经济、金融、安全生产、消防工作会议暨招商引资一季度集中签约仪式，市委常委、区委书记杜兴林，区长陈豪，区委常委、常务副区长王世强，区委常委、碧湖镇党委书记叶祖平参加。

3月17日上午，全市领导干部会议召开，市委常委、区委书记杜兴林，区长陈豪参加。

3月17日上午，市委落实全面从严治党主体责任点评会召开，市委常委、区委书记杜兴林，区委常委、纪委书记宋珍花参加。

3月20日上午，召开第2次区政府常务会议。

3月20日下午，市委书记史济锡、市长朱晨调研市区"拆违治危"工作，市委常委、区委书记杜兴林、区长陈豪、副区长雷成陪同。

3月20日晚，全市乡镇（街道）党（工）委书记工作交流视频会召开，区领导参加。

3月21日上午，国务院第五次廉政工作会议和省政府第五次廉政工作会议召开，区长陈豪参加。

3月21日上午，召开区总工会十六届五次全委（扩大）会议，区委副书记胡伟华参加。

3月21日下午，市委书记史济锡巡查丽阳坑，市委常委、区委书记杜兴林陪同。

3月22日上午，全省剿灭劣V类水誓师大会召开，区领导参加。

3月22日上午，举行"激浊扬清，碧水莲都"全民剿劣V清淤大行动启动仪式，市委常委、区委书记杜兴林、区委副书记胡伟华参加。

3月23日上午，省政协黄旭

明副主席调研剿灭劣Ⅴ类水工作，市委常委、区委书记杜兴林陪同。

3月23日上午，全市最多跑一次改革、安全生产、廉政工作会议召开，区长陈豪、区委常委、常务副区长王世强参加。

3月23日上午，召开区文明委全会，区委副书记胡伟华，区委常委、宣传部长赵加慧参加。

3月23日下午，召开区委落实全面从严治党主体责任点评会，区领导参加。

3月24日上午，召开区领导项目领办工作汇报会，区领导参加。

3月24日，全省组织部长会议在杭州召开，区委常委、组织部部长周显荣参加。

3月27日上午，市委常委会会议召开，市委常委、区委书记杜兴林参加。

3月28日上午，召开"激浊扬清、碧水莲都"剿灭劣Ⅴ类工作推进会，区领导参加。

3月28日上午，全国医改工作电视电话会议召开，市委常委、区委书记杜兴林，区长陈豪参加。

3月29日上午，召开区委理论学习中心组学习贯彻丽水市第四次党代会精神暨"两学一做"学习教育第二次专题学习研讨会，区委理论学习中心组成员参加。

3月29日下午，市委理论中心组"从严监督管理干部"专题学习会召开，市委常委、区委书记杜兴林，区委常委、组织部部长周显荣参加。

3月29日下午，全省金融工作电视电话会议召开，区委常委、常务副区长王世强参加。

3月30日上午，省委统战部长冯志礼调研，市委常委、区委书记杜兴林，区委常委、统战部部长翁伟标陪同。

3月30日下午，全省"服务迎接十九大信访督查练铁军"电视电话会议召开，区委副书记胡伟华参加。

3月30日，全省推进媒体深度融合工作座谈会召开，区委常委、宣传部部长赵加慧参加。

3月31日上午，全省平安浙江建设表彰大会召开，市委常委、区委书记杜兴林，区长陈豪，区委副书记胡伟华，区委常委、宣传部部长赵加慧参加。

3月31日下午，召开区委书记专题会议、区委常委会会议。

4月

4月1日上午，市委常委会会议召开，市委常委、区委书记杜兴林参加。

4月1日上午，市委党建工作会议召开，市委常委、区委书记杜兴林，区委常委、宣传部部长赵加慧，区委常委、组织部部长周显荣，区委常委、统战部部长翁伟标参加。

4月1日，全市"三改一拆"工作会议召开，副区长雷成参加。

4月5日上午，市委常委会会议召开，市委常委、区委书记杜兴林参加。

4月6日上午，召开全区政法、组织、宣传、统战工作会议，区领导参加。

4月7日上午，召开莲都区"首善担当创一流"工作交流会，区领导参加。

4月7日上午，全市农村基层作风巡查工作部署会召开，区委副书记胡伟华，区委常委、纪委书记宋珍花参加。

4月10日上午，市委常委会扩大会议、市委常委会会议召开，市委常委、区委书记杜兴林参加。

4月10日—11日，全国休闲农业和乡村旅游大会在安吉县召开，区长陈豪参加。

4月11日上午，省政协副主席黄旭明调研，市委常委、区委书记杜兴林，区委常委、常务副区长王世强陪同。

4月11日上午，市委人才工作领导小组会议召开，区委常委、组织部长周显荣参加。

4月11日下午，全国打击侵权假冒工作电视电话会议召开，副区长俞丽威参加。

4月12日上午，召开区委理论学习中心组"两项法规"专题学习会，区委理论中心组成员参加。

4月13日上午，全市标准化工作会议召开，副区长俞丽威参加。

4月13日下午，召开全区"四个平台"建设现场会，区长陈豪，区委常委、常务副区长王世强参加。

4月13日，全市小城镇环境综合整治工作点评会召开，区委副书记胡伟华参加。

4月14日上午，全市金融工作会议召开，区长陈豪参加。

4月14日下午，召开区委书记专题会议、区委常委会会议。

4月14日，全省建制村客车“村村通”工作现场会在磐安召开，副区长叶建光参加。

4月15日下午，举行首届中国写生大会作品展启动仪式、“诗画浙江”好歌曲唱作大赛总决赛暨颁奖仪式，市委常委、区委书记杜兴林，区委常委、常务副区长王世强参加。

4月16日下午，召开近期提任（转任重要岗位）领导干部集体谈话会，市委常委、区委书记杜兴林，区委常委、组织部部长周显荣参加。

4月17日上午，市委常委扩大会议召开，市委常委、区委书记杜兴林参加。

4月17日下午，市委武装工作会议召开，市委常委、区委书记杜兴林，区人武部部长潘新雄参加。

4月17日下午，全省禁毒工作会议召开，区委常委、常务副区长王世强，区委常委、公安分局局长叶建利参加。

4月17日晚，县（市、区）委书记工作交流会召开，区领导参加。

4月18日—22日，市政协四届一次会议、市四届人大一次会议召开，市委常委、区委书记杜兴林，区长陈豪，区委副书记胡伟华，区委常委、纪委书记宋珍花，区委常委、统战部部长翁伟标参加。

4月21日上午，举办“莲都论坛”—“微笑丽水”文明礼仪推广行动专题报告会，区领导参加。

4月24日上午，召开第3次区政府常务会议。

4月24日下午，召开区委常委扩大会议。

4月25日上午，全市一季度县（市、区）工作汇报会召开，市委常委、区委书记杜兴林，区长陈豪参加。

4月25日上午，召开团区委十九届三次全委（扩大）会议，区委副书记胡伟华参加。

4月25日下午，市委深化改革领导小组第22次会议、市委全委会议召开，市委常委、区委书记杜兴林参加。

4月26日上午，举办莲都区“五一”国际劳动节庆祝大会，市委常委、区委书记杜兴林，区委副书记胡伟华，副区长俞丽威参加。

4月27日上午，举办“我为丽水助助力，乡风文明促和谐”活动，市委常委、区委书记杜兴林参加。

4月28日上午，全省土壤污染防治工作电视电话会议召开，副区长俞丽威参加。

4月28日下午，召开区委常委会会议。

4月29日，召开全区乡镇（街道）第二次归侨侨眷代表大会，区委常委、统战部部长翁伟标参加。

5月

5月2日上午，全市重点项目破难攻坚百日行动誓师大会召开，市委常委、区委书记杜兴林，区长陈豪，副区长叶建光参加。

5月2日下午，市委书记史济锡调研丽阳坑综合治理项目，市委常委、区委书记杜兴林陪同。

5月3日上午，全省安全生产电视电话会议召开，副区长俞丽威参加。

5月3日上午，全市编制、审计暨依法行政工作会议召开，区长陈豪，区委常委、常务副区长王世强参加。

5月3日下午，市委常委扩大会议召开，市委常委、区委书记杜兴林参加。

5月5日上午，召开区金融工作和对接资本市场企业家座谈会，区长陈豪，区委常委、常务副区长王世强，副区长俞丽威参加。

5月5日下午，市委常委会会议、市委全委会召开，市委常委、区委书记杜兴林参加。

5月5日下午，召开全区禁毒工作会议，区长陈豪，区委常委、常务副区长王世强，区委常委、公安分局局长叶建利参加。

5月8日上午，市委常委扩大会议、市委常委会会议召开，市委常委、区委书记杜兴林参加。

5月9日下午，市委书记史济锡调研“最多跑一次”改革工作，市委常委、区委书记杜兴林，区长陈豪，区委常委、常务副区长王世强陪同。

5月10日上午，全市“平安夺金鼎”工作总结会暨深化平安丽水建设工作会议召开，区领导参加。

5月10日下午，全市推进“两学一做”常态化制度化工作座谈会召开，市委常委、区委书记杜兴林，区委常委、组织部部长周显荣参加。

5月11日下午，召开区委常委扩大会议。

5月11日—12日，全省社会治安综合治理创新工作会议召开，区委副书记胡伟华参加。

5月12日下午，召开莲都区“首善担当创一流”百日百项攻坚战誓师大会，区领导参加。

5月15日上午，召开第4次区政府常务会议。

5月15日下午，省政协陈加元副主席调研，市委常委、区委书记杜兴林陪同。

5月16日上午，召开莲都区“决战五月”全境剿灭劣V类水万人攻坚大会，区领导参加。

5月16日下午，全市“四个平台”建设工作现场会召开，区长陈豪，区委常委、常务副区长王世强参加。

5月16日下午，全国文明城市创建工作点评会召开，区委副书记胡伟华，区委常委、宣传部部长赵加慧参加。

5月17日上午，全市反恐工作领导小组(扩大)会议召开，区委副书记胡伟华，区委常委、公安分局局长叶建利参加。

5月17日上午，全区民兵整组点验大会召开，区委常委、常务副区长王世强，区人武部部长潘新雄参加。

5月17日上午，召开莲都论坛——大健康战略专题报告会，区领导参加。

5月17日，全省美丽公路现场会在安吉召开，副区长叶建光参加。

5月17日下午，召开全区推进两学一做常态化制度化工作座谈会，市委常委、区委书记杜兴林，区长陈豪，区委副书记胡伟华，区委常委、组织部长周显荣参加。

5月19日下午，召开区委2017年全面深化改革领导小组会议，区领导参加。

5月24日，中华文化交流基金会理事长、全国政协港澳台侨委员会副主任赵阳到莲都外国语学校考察，区委常委、统战部部长翁伟标陪同。

5月24日下午至25日上午，全省地质灾害隐患综合治理“除险安居”三年行动现场推进会在遂昌召开，副区长叶建光参加。

5月25日上午，举行城西小学工程开工仪式，市委常委、区委书记杜兴林，区长陈豪，区委常委、常务副区长王世强参加。

5月25日下午，全市国防教育工作会议召开，区委副书记胡伟华，区人武部部长潘新雄参加。

5月25日下午，召开区委书记专题会议、区委常委会会议。

5月26日上午，召开区“大搬快治”工作现场会，副区长叶建光参加。

5月26日，全省全面推进“多证合一”电视电话会议召开，副区长雷成参加。

5月26日下午，召开区委人才工作领导小组会议，市委常委、区委书记杜兴林，区委常委、组织部部长周显荣参加。

5月26日晚，举行莲都区创建全国文明城市“红五月”表彰大会，市委常委、区委书记杜兴林，区长陈豪，区委常委、宣传部部长赵加慧参加。

5月27日上午，市长朱晨调研好溪堰，区长陈豪陪同。

5月27日上午，全市文明创建点评会召开，区委副书记胡伟华，区委常委、宣传部部长赵加慧参加。

5月27日上午，召开区委武装工作会议暨区国动委第十四次全体会议，区领导参加。

5月27日下午，召开莲都论坛—全面从严治党专题辅导报告会，区领导参加。

5月31日上午，市委常委扩大会议、市委常委会会议召开，市委常委、区委书记杜兴林参加。

5月31日下午，丽水论坛暨第100期“丽水人文大讲堂”专题报告会，区领导参加。

6月

6月1日，开展“六一”儿童节慰问，区领导参加。

6月1日下午，召开区留学人员和家属联谊会成立大会，区委常委、统战部部长翁伟标参加。

6月2日下午，市重点项目破难攻坚百日行动点评会召开，区长陈豪参加。

6月5日上午，丽水论坛—全域旅游专题报告会召开，区领导参加。

6月5日下午，市长朱晨调研好溪堰，副区长卢进陪同。

6月6日上午，召开莲都区“首善担当创一流”暨2017年新任村（社）干部培训会，区领导参加。

6月6日下午，全市“平安护航十九大大会战”工作部署会暨平安丽水建设形势点评会召开，区委副书记胡伟华参加。

6月7日上午，全市防汛工作视频会议召开，区长陈豪参加。

6月7日下午，市长朱晨调研全国文明城市创建工作，市委常委、区委书记杜兴林，区长陈豪陪同。

6月8日上午，市委书记史济锡调研市区重点项目推进情况，市委常委、区委书记杜兴林，区长陈豪，副区长叶建光陪同。

6月9日，全国农村集体产权制度改革试点工作部署会在成都召开，副区长卢进参加。

6月10日—16日，中国共产党浙江省第十四次代表大会在杭州召开，市委常委、区委书记杜兴林参加。

6月12日下午，召开“莲都论坛”— 坚定文化自信 走好中国特色社会主义新长征专题辅导报告会，区领导参加。

6月13日上午，召开莲都区首批民宿特种行业许可证颁证仪式暨民宿特种行业许可证办理培训会，区委副书记胡伟华参加。

6月13日上午，全国推进简政放权放管结合优化服务改革电视电话会议召开，区领导参加。

6月13日下午，全市土地确权颁证工作会议召开，副区长卢进参加。

6月14日—16日，举行全区村（社区）“两委”主职干部培训班，市委常委、区委书记杜兴林，区长陈豪，区委副书记胡伟华，区委常委、纪委书记、监委主任宋珍花，区委常委、组织部部长周显荣参加。

6月16日下午，召开全区领导干部会议，区领导参加。

6月16日下午，召开全区依法行政与廉洁政府建设工作会议，区领导参加。

6月19日上午，市委常委扩大会议、市委常委会会议召开，市委常委、区委书记杜兴林参加。

6月19日上午，召开第5次区政府常务会议。

6月19日晚，举办“我为丽水树新风，节俭养德易风俗”万人志愿活动，市委常委、区委书记杜兴林，区长陈豪，区委副书记胡伟华，区委常委、宣传部部长赵加慧，副区长郭巧燕，副区长雷成参加。

6月20日上午，省第十四次党代会精神丽水宣讲报告会召开，区领导参加。

6月21日上午，省委副书记、代省长袁家军在莲都调研，市委常委、区委书记杜兴林，区长陈豪，副区长叶建光陪同。

6月21日下午，市委常委会扩大会议召开，市委常委、区委书记杜兴林参加。

6月22日上午，丽水市农村金融改革试点工作领导小组扩大会议召开，市委常委、区委书记杜兴林，区委常委、常务副区长王世强参加。

6月22日上午，丽水市“五水共治”工作领导小组第九次会议暨河长制工作会议召开，市委常委、区委书记杜兴林参加。

6月22日上午，全市村级组织换届工作总结会召开，区委常委、组织部部长周显荣参加。

6月22日上午，召开全区反恐工作会议，区委副书记胡伟华，区委常委、公安分局局长叶建利参加。

6月22日下午，召开全区“平安护航十九大”暨“平安夺金鼎”工作动员大会，市委常委、区委书记杜兴林，区委副书记胡伟华，区委常委、常务副区长王世强，区委常委、公安分局局长叶建利，区委常委、碧湖镇党委书记叶祖平参加。

6月23日上午，举行区领导领办重点项目点评会暨二季度招商引资项目集中签约仪式，区领导参加。

6月23日下午，召开区委常委扩大会议、区委书记专题会议、区委常委会会议。

6月26日下午，全省党政领导干部依法执政专题研讨班电视电话会议召开，区领导参加。

6月26日晚，全市乡镇（街道）党（工）委书记工作交流会召开，区领导参加。

6月27日上午，市委举办“七一”专题党课，区领导参加。

6月29日上午，省人大常委会党组书记、副主任王辉忠调研浙江绿园禽业有限公司，市委常委、区委书记杜兴林陪同。

6月29日下午，召开“莲都论坛”—省第十四次党代会精神专题辅导报告会，区领导参加。

6月30日上午，召开莲都区庆祝中国共产党成立96周年大会，区领导参加。

6月30日上午，全市新的社会阶层人士统战工作联席扩大会议召开，区委常委、统战部部长翁伟标参加。

6月30日下午，市委史济锡书记调研丽水“大花园”建设，市委常委、区委书记杜兴林，区委常委、常务副区长王世强陪同。

7月

7月1日—9日，区长陈豪率团赴意大利、法国友好城市访问考察。

7月3日上午，全省消防安全工作紧急电视电话会议，区委副书记胡伟华，区委常委、常务副区长王世强参加。

7月3日上午，市委常委会（扩大）会议、市委常委会会议、全市领导干部会议召开，市委常委、区委书记杜兴林参加。

7月3日下午，全国扶贫资金改革电视电话会议召开，副区长卢进参加。

7月4日上午，召开莲都区“五水共治”工作领导小组会议暨河长制工作会议，市委常委、区委书记杜兴林，区委副书记胡伟华，区委常委、碧湖镇党委书记叶祖平以及副区长俞丽威、卢进、雷成参加。

7月5日上午，市委常委会会议召开，市委常委、区委书记杜兴林参加。

7月5日下午，召开区委常委扩大会暨区党政领导干部依法执政专题研讨会议，区领导参加。

7月5日下午，召开区委常委会会议。

7月6日上午，召开首届世界丽水人大会莲都分会场活动筹备工作部署会，市委常委、区委书记杜兴林，区委常委、常务副区长王世强，区委常委、统战部部长翁伟标，副区长俞丽威参加。

7月7日下午，全省党政领导干部依法执政专题研讨班结班式召开，区领导参加。

7月10日上午，全国司法体制改革推进会视频会议召开，区委副书记胡伟华参加。

7月10日上午，全省扩大有效投资重大项目集中开工活动启动仪式举行，区领导参加。

7月11日上午，市长朱晨调研好溪堰，区长陈豪陪同。

7月17日上午，市委史济锡书记调研农旅融合工作，市委常委、区委书记杜兴林，副区长卢进陪同。

7月17日上午，召开第6次区政府常务会议。

7月17日下午，市委书记史济锡调研“最多跑一次”改革，市委常委、区委书记杜兴林，区长陈豪陪同。

7月18日上午，举行莲都区百日百项攻坚战扩大有效投资项目集中开工活动，区领导参加。

7月20日下午，全国安全生产电视电话视频会议召开，区长陈豪参加。

7月21日下午，全省征兵工作会议、全市征兵工作会议召开，区委常委、常务副区长王世强，区人武部部长潘新雄参加。

7月21日下午，市委常委扩大会召开，市委常委、区委书记杜兴林参加。

7月22日上午，市长朱晨检

查高温天气安全生产和慰问高温作业人员，市委常委、区委书记杜兴林，区长陈豪陪同。

7月24日上午，市纪委常委（扩大）会议召开，区委常委、纪委书记宋珍花参加。

7月24日晚，全省县（市、区）委书记工作交流会召开，区领导参加。

7月25日上午，市委书记史济锡调研消防安全、慰问高温工作者，慰问军分区，市委常委、区委书记杜兴林陪同。

7月25日下午，全省基层党建工作重点任务推进会召开，区委常委、组织部部长周显荣参加。

7月25日下午，开展“送清凉”慰问、消防安全检查和“八一”走访慰问，区长陈豪参加。

7月26日上午，召开区委常委扩大会议。

7月26日下午，召开半年度社会经济形势分析交流会暨乡镇（街道）工作汇报会，区领导参加。

7月27日，全市“放管服”改革暨经济体制改革工作领导小组会议召开，区长陈豪参加。

7月27日上午，开展“八一”慰问、慰问高温工作者，市委常委、区委书记杜兴林，区委副书记胡伟华，副区长卢进参加。

7月27日下午，举办“莲都论坛”—国防教育专题辅导报告会，区领导参加。

7月27日晚，举办处州白莲节开幕式，区委副书记胡伟华参加。

7月28日，全市半年度经济形势和党建工作分析交流会暨二季度县（市、区）工作汇报会召开，市委常委、区委书记杜兴林，区长陈豪参加。

7月31日上午，丽水市深化全国文明城市创建工作推进大会召开，市委常委、区委书记杜兴林，区长陈豪，区委副书记胡伟华参加。

7月31日上午，召开全区2017年征兵工作会议，区委常委、常务副区长王世强，区人武部部长潘新雄参加。

7月31日上午，丽水市餐厨垃圾项目开工仪式召开，区委常委、统战部长翁伟标，副区长雷成参加。

7月31日下午，市委理论学习中心组“最多跑一次改革”专题学习视频会召开，区领导参加。

7月31日晚，召开第一轮区委巡察工作情况汇报会，市委常委、区委书记杜兴林，区长陈豪，区委副书记胡伟华，区委常委、纪委书记宋珍花，区委常委、组织部部长周显荣参加。

8月

8月1日上午，市委议军会议召开，市委常委、区委书记杜兴林参加。

8月1日上午，市委书记史济锡走访慰问驻丽水部队，市委常委、区委书记杜兴林陪同。

8月1日下午，召开莲都区深化全国文明城市创建工作推进会，区领导参加。

8月2日，全省嘉善县域科学发展示范点建设现场交流会在嘉善召开，市委常委、区委书记杜兴林参加。

8月2日下午，全省特色小镇规划建设工作现场推进会在嘉善举行，市委常委、区委书记杜兴林参加。

8月4日上午，全省“三改一拆”、小城镇综合整治推进会（视频）召开，市委常委、区委书记杜兴林，区长陈豪，副书记胡伟华，副区长雷成参加。

8月4日下午，全省安全生产电视电话会议暨省安委会全体（扩大）会议召开，区长陈豪，副区长俞丽威参加。

8月4日下午，召开区委理论中心组（扩大）会议，区领导参加。

8月4日晚，举行2017古堰画乡小镇艺术节暨“玩转画乡”旅游季开幕式，市委常委、区委书记杜兴林书记，区长陈豪，区委常委、宣传部部长赵加慧，区委常委、常务副区长王世强，副区长郭巧燕参加。

8月7日上午，市委常委会扩大会议召开，市委常委、区委书记杜兴林书记参加。

8月7日下午，全市特色小镇党建现场推进会召开，区委常委、组织部部长周显荣参加。

8月7日—8日，全省垃圾分类工作现场会在台州市三门县召开，副区长卢进参加。

8月9日上午，市长朱晨调

研好溪堰，区长陈豪陪同。

8月9日下午，召开区委常委会扩大会议、区委书记专题会议、区委常委会会议。

8月10日上午，全省文化产业发展工作会议召开，区长陈豪，区委常委、宣传部部长赵加慧参加。

8月10日下午，市委常委会会议召开，市委常委、区委书记杜兴林参加。

8月10日，全省司法体制改革暨党的十九大维稳安保工作推进会召开，区委副书记胡伟华参加。

8月11日上午，中央环保督察组浙江省工作动员会召开，市委常委、区委书记杜兴林，区长陈豪，区委常委、常务副区长王世强，副区长俞丽威、雷成参加。

8月11日下午，全市安全生产工作暨专业安委会会议召开，区长陈豪参加。

8月11日下午，举行莲都论坛《依宪治国的基本原理》专题辅导报告，区领导参加。

8月13日，市长朱晨调研欢庭下南山民宿、郎奇—白桥区块等工作，区长陈豪，区委常委、常务副区长王世强陪同。

8月14日上午，市委常委会会议、市委常委会扩大会议召开，市委常委、区委书记杜兴林参加。

8月14日下午，召开市区重点项目政策处理百日攻坚行动总结大会，市委常委、区委书记杜兴林，区长陈豪，区委常委、碧湖镇党委书记叶祖平，副区长叶建光参加。

8月15日上午，召开莲都区农民增收工作现场会，市委常委、区委书记杜兴林，区委副书记胡伟华，区委常委、碧湖镇党委书记叶祖平，副区长卢进、黄程参加。

8月16日，副省长孙景淼调研农高新区创建工作，市委常委、区委书记杜兴林，区长陈豪，区委常委、碧湖镇党委书记叶祖平，副区长卢进陪同。

8月17日，全国人大环境督查组调研，市委常委、区委书记杜兴林，区长陈豪，区委常委、碧湖镇党委书记叶祖平陪同。

8月18日，市委四届二次全会暨浙江(丽水)绿色发展综合改革创新区建设动员会召开，市委常委、区委书记杜兴林，区长陈豪，区委常委、纪委书记、监委主任宋珍花参加。

8月19日下午，全省科技成果转化视频会召开，副区长郭巧燕参加。

8月21日上午，召开区政府第7次常务会议。

8月21日下午，召开区委常委扩大会议，区领导参加。

8月21日下午，全市司法体制改革会议、中共十九大维稳安保、反邪教工作会议召开，区委副书记胡伟华，区委常委、公安分局局长叶建利参加。

8月22日—23日，全省“最多跑一次”改革研讨班召开，区委常委、常务副区长王世强参加。

8月24日上午，全省深化医药卫生体制改革视频会召开，区长陈豪，副区长郭巧燕参加。

8月24日上午，召开省委扶贫领域专项督查座谈会，市委常委、区委书记杜兴林，区委副书记胡伟华，区委常委、纪委书记、监委主任宋珍花，副区长卢进参加。

8月25日下午，召开区委常委会会议。

8月28日上午，全市群团改革工作推进会召开，区委副书记胡伟华参加。

8月28日—29日，全省政府理财治税专题研讨班举办，区长陈豪参加。

8月29日下午，市委书记史济锡调研重点项目工程建设工作，市委常委、区委书记杜兴林陪同。

8月29日上午，召开莲都区法学会成立暨第一届会员大会，区委副书记胡伟华，区委常委、公安分局局长叶建利参加。

8月30日下午，全省消除集体经济薄弱村视频会议召开，市委常委、区委书记杜兴林，区委常委、组织部部长周显荣，副区长卢进参加。

8月31日上午，召开区委十四届三次全体(扩大)会议。

8月31日下午，丽水市基层党建工作重点任务推进会召开，市委常委、区委书记杜兴林，区委常委、组织部部长周显荣参加。

8月31日下午，召开区政府

第8次常务会议。

9月

9月1日下午，中国社科院王伟光院长在莲都调研，市委常委、区委书记杜兴林，区长陈豪陪同。

9月4日下午，召开全区定兵工作会议，区委常委、常务副区长王世强，区人武部部长潘新雄参加。

9月5日上午，市委书记史济锡调研丽阳坑水系治理工作，市委常委、区委书记杜兴林，区长陈豪陪同。

9月5日上午，"丽水山耕"品牌发展大会召开，区委常委、常务副区长王世强参加。

9月6日上午，全市涉宗拆违案件专题会议召开，区委副书记胡伟华参加。

9月6日上午，丽水市全域旅游规划中间成果汇报会召开，区委常委、常务副区长王世强参加。

9月7日上午，市委理论学习中心组学习习近平总书记"7·26"讲话专题学习会召开，市委常委、区委书记杜兴林参加。

9月7日下午，全市特色小镇规划建设推进会召开，市委常委、区委书记杜兴林，副区长孙蓓蕾参加。

9月7日下午，召开全区"网络安全"和"扫黄打非"加强文化市场管理工作部署会，区委副书记胡伟华，区委常委、宣传部部长赵加慧参加。

9月7日—8日，区领导开展教师节慰问活动。

9月8日上午，举行"高举队旗跟党走 红领巾喜迎十九大"莲都区"喜迎四少"队旗传递活动，区委常委、宣传部部长赵加慧参加。

9月8日下午，全市食品安全工作会议召开，副区长雷成参加。

9月8日下午，召开区委常委会会议。

9月8日下午，全省护航十九大维稳部署会召开，区委副书记胡伟华参加。

9月11日上午，市委常委会会议暨市委深改组会议召开，市委常委、区委书记杜兴林参加。

9月11日下午，召开创建全国文明城市动员会，市委常委、区委书记杜兴林，区委副书记胡伟华，区委常委、宣传部长赵加慧，区委常委、常务副区长王世强，区委常委、纪委书记宋珍花，区委常委、碧湖镇党委书记叶祖平参加。

9月11日晚，"文明丽水总动员"万人志愿服务活动举行，区领导参加。

9月12日，全省传统制造业改造提升工作推进会在绍兴召开，区长陈豪参加。

9月12日下午，全省审计工作报告反映问题整改工作电视电话会议召开，区委常委、常务副区长王世强参加。

9月13日，全省信访工作会议在杭州召开，区委副书记胡伟华参加。

9月13日下午，全市安全生产电视电话会议召开，副区长俞丽威参加。

9月13日晚，全市乡镇（街道）党（工）委书记工作交流会召开，区领导参加。

9月14日上午，市委书记史济锡参加碧湖人大代表联络站开展联系群众主题活动，市委常委、区委书记杜兴林，区委常委、碧湖镇党委书记叶祖平陪同。

9月14日下午，全市重大活动消防安全暨农村火灾防控工作推进电视电话会议召开，区委常委、常务副区长王世强参加。

9月15日上午，市委书记史济锡调研市区重点项目，市委常委、区委书记杜兴林，副区长叶建光陪同。

9月15日下午，浙江股权交易中心丽水生态经济板开板仪式举行，区委常委、常务副区长王世强参加。

9月17日下午，全市领导干部会议召开，市委常委、区委书记杜兴林，区长陈豪参加。

9月18日上午，全市消除集体经济薄弱村视频会议召开，区委常委、组织部部长周显荣，副区长卢进参加。

9月18日，召开第9次区政府常务会议。

9月18日下午，召开莲都区平安护航十九大信访维稳安保工作会议，市委常委、区委书记杜兴林，区委副书记胡伟华，区委常委、公安分局局长叶建利、区委常委、碧湖镇党委书记叶祖平参加。

9月19日上午，全国社会治安综合治理表彰大会视频会议召开，区委副书记胡伟华参加。

9月19日上午，召开区委常委会扩大会议暨区委理论学习中心组学习（扩大）会议，区领导参加。

9月19日上午，召开区委常委会会议。

9月19日下午，全市决胜十九大信访维稳安保工作推进会（视频会议）召开，市委常委、区委书记杜兴林，区委副书记胡伟华，区委常委、公安分局局长叶建利参加。

9月20日上午，市委常委会扩大会议、委常委会会议召开，市委常委、区委书记杜兴林参加。

9月20日下午，全省人才工作会议（视频会议）召开，区领导参加。

9月21日上午，浙江（丽水）绿色发展综合改革创新区创建动员大会（视频会议）召开，区领导参加。

9月21日下午，全省基层群团改革工作现场推进会在义乌召开，区委副书记胡伟华参加。

9月22日上午，2017丽水生态精品农博会暨中国长寿之乡养生名优产品博览会在杭州召开，区长陈豪，副区长卢进参加。

9月22日下午，召开莲都区基层党建工作重点任务推进会暨“组团下访”现场会会议，市委常委、区委书记杜兴林，区委常委、组织部长周显荣，区委常委、碧湖镇党委书记叶祖平参加。

9月26日上午，市委书记史济锡检查安全生产工作，区长陈豪陪同。

9月27日上午，世界丽水人大会开幕式暨主旨大会召开，市委常委、区委书记杜兴林，区长陈豪参加。

9月27日下午，大花园战略和丽水人使命论坛召开，市委常委、区委书记杜兴林，区长陈豪参加。

9月27日下午，举行丽水市莲都区世界莲都人联合会成立大会，市委常委、区委书记杜兴林，区长陈豪，区委副书记胡伟华，区委常委、统战部部长翁伟标参加。

9月27日晚，举办世界莲都人欢迎家宴，“莲心莲情”文艺晚会，区领导参加。

9月28日上午，举行乡景乡宿乡情—莲都西乡行活动，市委常委、区委书记杜兴林，区长陈豪，区委副书记胡伟华，区委常委、常务副区长王世强，区委常委、统战部部长翁伟标参加。

9月28日下午，世界丽水人大会莲都分会场开幕式暨主旨大会召开，区领导参加。

9月29日上午，全省深化平安浙江建设暨中共十九大维稳安保工作会议召开，区领导参加。

9月29日上午，召开莲都区“三位一体”改革产业农合联成立大会，副区长卢进参加。

9月29日下午，全市国有企业党的建设工作会议召开，市委常委、区委书记杜兴林，区委常委、组织部部长周显荣参加。

9月29日晚，丽水山居与一机游全面合作系列活动启动仪式在老竹镇沙溪村举行，区长陈豪，副区长卢进参加。

9月30日上午，举行国家烈士纪念日向烈士纪念碑敬献花篮活动，区领导参加。

9月30日下午，全省民房等重点领域火灾隐患集中排查整治行动视频会议召开，区委常委、常务副区长王世强参加。

9月30日下午，召开第3次“首善担当创一流”工作交流会，区领导参加。

10月

10月9日上午，市委常委扩大会会议召开，市委常委、区委书记杜兴林参加。

10月9日下午，全省维稳安保工作视频会议召开，市委常委、区委书记杜兴林，区委常委、常务副区长王世强参加。

10月9日下午，全省企业上市和并购重组工作视频会召开，区长陈豪，区委常委、常务副区长王世强参加。

10月10日上午，召开首届“生态文明与绿色发展”莲都国际研讨会，区领导参加。

10月11日下午，省人大常委会党组副书记、副主任毛光烈督查中央、省委文件落实情况，市委常委、区委书记杜兴林陪同。

10月11日下午，全市公共资源交易监管体制改革工作推进会召开，区委常委、常务副区长王世强参加。

10月12日上午，2017丽水市社科普及周启动仪式举行，区委常委、宣传部部长赵加慧参加。

10月12日上午，第二届中国农村电子商务主题会议召开，副区长俞丽威参加。

10月12日上午，召开项目领办点评会暨百日百项总结会，区领导参加。

10月12日下午，召开莲都区“护航十九大”信访维稳视频会议，区领导参加。

10月12日晚，丽水市第四届运动会开幕式举办，市委常委、区委书记杜兴林参加。

10月12日—13日，全省城市基层党建工作推进会召开，区委常委、组织部部长周显荣参加。

10月13日上午，中国少年先锋队丽水市第四次代表大会召开，市委常委、区委书记杜兴林参加。

10月13日下午，市委全委（扩大）会议、全市“决胜十九大”维稳安保工作会商研判会召开，市委常委、区委书记杜兴林参加。

10月14日下午，在武汉市举办邓秀新院士专家工作站签约仪式，区长陈豪，区委常委、组织部部长周显荣参加。

10月15日上午，举办“民盟同心 社区服务站”揭牌仪式，区委常委、统战部部长翁伟标参加。

10月15日下午，全市护航十九大会议召开，市委常委、区委书记杜兴林，区委副书记胡伟华，区委常委、常务副区长王世强参加。

10月16日上午，召开国家安全人民防线建设情况汇报会，区委副书记胡伟华参加。

10月16日上午，全市农高区建设座谈会召开，副区长卢进参加。

10月16日晚，举办“永远跟党走——喜迎十九大”文艺晚会，区领导参加。

10月17日上午，全省维稳安保暗访督导组和工作专班视频调度会召开，区委副书记胡伟华参加。

10月17日上午，全市扶贫日活动在云和县举办，副区长卢进参加。

10月17日下午，全市基层群团改革推进会召开，区委副书记胡伟华参加。

10月18日上午，集中收看中共十九大开幕式，区领导参加。

10月18日下午，召开区委十九大精神学习讨论会，区领导参加。

10月19日上午，2017年市区重点项目政策处理持续攻坚行动动员大会召开，市委常委、区委书记杜兴林，区长陈豪，副区长叶建光参加。

10月19日下午，全省国土资源节约集约示范省建设暨城镇低效用地再开发现场会在宁波召开，副区长叶建光参加。

10月20日上午，召开区委常委会议。

10月20日下午，全省文物安全电视电话会议召开，副区长郭巧燕参加。

10月22日上午，召开第10次区政府常务会议。

10月24日上午，举办莲都区农村客运“村村通”暨峰源通公交通车启动仪式，市委常委、区委书记杜兴林，区长陈豪，副区长叶建光参加。

10月24日上午，举行莲都区医联体合作单位签约授牌仪式，副区长郭巧燕参加。

10月24日下午，浙江（丽水）绿色发展综合改革创新区建设推进会议召开，区委常委、常务副区长王世强参加。

10月26日下午，推进丽水村级互助担保融资模式现场会召开，区委常委、常务副区长王世强参加。

10月27日上午，全市领导干部会议召开，市委常委、区委书记杜兴林，区长陈豪参加。

10月27日下午，召开区委常委会扩大会议。

10月28日，2017首届中国休闲度假大会召开，市委常委、区委书记杜兴林，区委常委、常务副区长王世强参加。

10月30日上午，县（市、区）工作汇报会召开，市委常委、区委书记杜兴林，区长陈豪参加。

10月30日，浙江省电商创

新发展试点工作评审会在杭州召开，副区长俞丽威参加。

10月30日下午，市委中共十九大精神专题学习会召开，市委常委、区委书记杜兴林，区长陈豪参加。

10月31日上午，召开区委中共十九大精神专题学习会，区领导参加。

11月

11月1日上午，全省维稳安保工作视频会议召开，区委副书记胡伟华参加。

11月2日下午，丽水市委党校第九期“书记论坛”召开，市委常委、区委书记杜兴林，区委副书记胡伟华，区委常委、组织部部长周显荣参加。

11月3日上午，召开莲都区全面消除集体经济薄弱村工作推进会，市委常委、区委书记杜兴林，区长陈豪，区委副书记胡伟华，区委常委、组织部部长周显荣参加。

11月3日下午，浙江（丽水）绿色发展综合改革创新区建设领导小组第一次会议召开，市委常委、区委书记杜兴林参加。

11月6日上午，市委常委会扩大会议、市委常委会会议召开，市委常委、区委书记杜兴林参加。

11月6日晚，丽水山居·台湾民宿交流合作活动周暨农家乐民宿协会会员“秋实”轮值活动启动仪式在大港头镇利山村举行，区长陈豪，区委副书记胡伟华参加。

11月7日上午，市委书记史济锡调研莲都区基层街道（社区）并宣讲中共十九大精神，区领导参加。

11月7日下午，全市金融形势分析会召开，区委常委、常务副区长王世强参加。

11月7日下午，召开区委常委会扩大会议。

11月7日下午，全市十九大维稳安保总结暨平安丽水建设推进会召开，区委副书记胡伟华参加。

11月8日上午，全市能源双控工作督查汇报会召开，副区长俞丽威参加。

11月8日，杭州国际人才交流与项目合作大会召开，区委常委、组织部长周显荣参加。

11月9日，省委十四届二次全体（扩大）会议召开，市委常委、区委书记杜兴林，区长陈豪参加。

11月10日下午，市长朱晨检查2017丽水摄影节暨第二届国际摄影研讨会筹备工作，区长陈豪陪同。

11月12日上午，2017中国文联、中国美协“送欢乐下基层”赴丽水古堰画乡采风写生慰问活动启动仪式举行，市委常委、区委书记杜兴林参加。

11月12日晚，举行万洋杯男职工篮球赛开幕式，区领导参加。

11月13日上午，召开全区领导干部会议。

11月14日上午，省委宣讲团中共十九大精神报告会召开，区领导参加。

11月14日，全省机关党建工作会议召开，区委常委、组织部部长周显荣参加。

11月14日，全省爱国卫生工作会议召开，副区长郭巧燕参加。

11月14日下午，市委书记史济锡调研丽阳坑治水和重点项目建设，市委常委、区委书记杜兴林，副区长叶建光陪同。

11月15日上午，召开莲都区十九大维稳安保总结会暨“平安夺金鼎”誓师大会，市委常委、区委书记杜兴林，区委副书记胡伟华参加。

11月15日上午，市行政服务中心启用仪式举行，区长陈豪参加。

11月15日上午，召开莲都文化传媒中心干部大会，区委常委、宣传部部长赵加慧参加。

11月15日，全市动物防疫应急演习在缙云县举行，副区长卢进参加。

11月15日下午，市委常委会扩大会议召开，市委常委、区委书记杜兴林参加。

11月16日上午，全省第四届世界互联网大会维稳工作动员部署视频会议召开，区委副书记胡伟华参加。

11月16日，全省美丽乡村和农村精神文明建设现场会在衢州召开，市委常委、区委书记杜兴林，区委常委、宣传部部长赵加慧参加。

11月16日下午，全市领导干部会召开，区长陈豪参加。

11月17日下午，召开全区文化产业振兴计划座谈会，区委常委、宣传部长赵加慧，副区长郭巧燕参加。

11月17日下午，丽水市军分区停止有偿服务工作动员会召开，区委常委、常务副区长王世强参加。

11月20日上午，市委常委会会议召开，市委常委、区委书记杜兴林参加。

11月20日上午，召开全区第四届世界互联网大会维稳安保工作动员部署视频会议，区委副书记胡伟华参加。

11月20日，市四届人大常委会第六次会议召开，区长陈豪参加。

11月20日，全市松材线虫病防治和森林消防工作部署会在景宁县召开，副区长卢进参加。

11月20日下午，举行"莲都论坛"—中共十九大精神专题辅导报告会暨宣讲培训会，区领导参加。

11月20日晚，召开第11次区政府常务会议。

11月21日上午，召开莲都区网络微文化协会成立大会，区委常委、宣传部部长赵加慧参加。

11月21日，市委四届三次全体（扩大）会议召开，市委常委、区委书记杜兴林，区长陈豪，区委常委、纪委书记、监委主任宋珍花参加。

11月21日—22日，全省畜牧业暨农业园区发展现场会在龙泉市召开，副区长卢进参加。

11月22日上午，召开区委常委会扩大会议、区委书记专题会议、区委常委会会议。

11月22日下午，省委巡视工作动员部署视频会召开，市委常委、区委书记杜兴林，区委副书记胡伟华参加。

11月22日下午，全省见义勇为表彰视频会议召开，区委常委、常务副区长王世强参加。

11月23日上午，召开区委书记专题会议（专题调研双增工作）。

11月23日，全市小城镇环境综合整治四季度现场会召开，副区长雷成参加。

11月23日下午，全省金融工作视频会议召开，市委常委、区委书记杜兴林，区长陈豪，区委常委、常务副区长王世强参加。

11月23日晚，举行"党的十九大精神宣讲进农村文化礼堂"启动仪式，区委常委、宣传部部长赵加慧参加。

11月24日上午，省委宣传部副部长唐中祥调研文化产业发展，市委常委、区委书记杜兴林，区委常委、宣传部部长赵加慧陪同。

11月24日上午，全市小城镇环境综合整治工作点评会召开，区长陈豪参加。

11月24日上午，全市冬春火灾防控工作部署会召开，区委常委、常务副区长王世强参加。

11月24日上午，全市传统制造业改造提升工作推进会暨第四次工业经济运行分析点评会召开，副区长俞丽威参加。

11月24日上午，召开全区今冬明春火灾防控工作部署会，区委常委、常务副区长王世强参加。

11月24日上午，举行市第二人民医院与雅溪卫生院医联体授牌仪式，副区长郭巧燕参加。

11月24日下午，全市基层治理体系"四个平台"建设有效运行推进会召开，区委常委、常务副区长王世强参加。

11月27日上午，召开全区预防青少年犯罪工作推进会，区委常委、常务副区长王世强参加。

11月27日—29日，市四届人大二次会议召开，市委常委、区委书记杜兴林，区长陈豪，区委副书记胡伟华参加。

11月28日下午，全市电网建设推进会召开，副区长俞丽威参加。

11月30日上午，全市卫生与健康大会召开，市委常委、区委书记杜兴林，副区长郭巧燕参加。

11月30日下午，市委常委会会议召开，市委常委、区委书记杜兴林，区长陈豪参加。

12月

12月4日下午，丽水市中心

城市康养旅游空间布局研究会召开,区长陈豪参加。

12月4日下午,召开全区农村火灾隐患排查整治工作现场会,区委常委、常务副区长王世强参加。

12月5日上午,浙江省环境保护第二督察组督察丽水市工作动员会、浙江省环境保护督察组督察丽水市工作汇报会召开,区领导参加。

12月5日上午,丽水市森林康养研究会议召开,副区长卢进参加。

12月6日上午,召开区委书记专题会会议、区委常委会会议、区委常委会扩大会议。

12月6日下午,召开2018年莲都净土国际越野挑战赛筹备会议,区长陈豪,副区长郭巧燕参加。

12月7日上午,全市城市基层党建推进会召开,市委常委、区委书记杜兴林,区委常委、组织部部长周显荣参加。

12月8日上午,全省处置“僵尸企业”工作电视电话会议召开,副区长俞丽威参加。

12月8日下午,全省生活垃圾分类处理工作动员会召开,市委常委、区委书记杜兴林,区长陈豪,区委副书记胡伟华,副区长雷成参加。

12月10日上午,召开区政府务虚会议。

12月11日晚,全省县(市区)委书记工作交流会召开,区领导参加。

12月12日下午,全市“无欠薪”工作电视电话会议召开,副区长俞丽威参加。

12月13日上午,召开全区松材线虫病防治推进会,副区长卢进参加。

12月13日,召开区委十四届四次全体(扩大)会议。

12月13日下午,市长朱晨调研好溪堰,区长陈豪陪同。

12月14日下午,全市宣传工作会议召开,区委常委、宣传部部长赵加慧参加。

12月15日上午,全市轻型知识产权高端论坛举行,副区长郭巧燕参加。

12月15日下午,全市人才工作会议召开,区领导参加。

12月15日下午,市委常委会扩大会议、市委常委会会议召开,市委常委、区委书记杜兴林参加。

12月18日上午,市委务虚会召开,市委常委、区委书记杜兴林参加。

12月18日上午,召开第12次区政府常务会议。

12月18日下午,丽水市创建全国文明城市总结大会暨深化常态长效创建工作推进会召开,区领导参加。

12月19日上午,召开区委常委会扩大会议、区委常委会会议。

12月19日下午,市委第三轮巡察工作动员部署会召开,市委常委、区委书记杜兴林,区委副书记胡伟华,区委常委、纪委书记、监委主任宋珍花,区委常委、组织部部长周显荣参加。

12月20日上午,全国打黑办督导组督导汇报(视频)会召开,区委副书记胡伟华参加。

12月20日上午,市委理论学习中心组专题学习(扩大)会议、市委常委会会议召开,市委常委、区委书记杜兴林参加。

12月20日下午,全市机关党建工作会议召开,区委常委、组织部部长周显荣参加。

12月21日上午,市委全面深化改革领导小组会议召开,市委常委、区委书记杜兴林参加。

12月21日,区工商联总商会安徽分会成立大会召开,区委常委、统战部长翁伟标,副区长俞丽威参加。

12月21日下午,召开莲都区创建全国文明城市总结大会暨深化常态长效创建工作推进会,区领导参加。

12月22日下午,市委常委会扩大会议召开,市委常委、区委书记杜兴林,区长陈豪参加。

12月24日上午,中央第二环境保护督察组督察浙江省情况反馈视频会议召开,区领导参加。

12月25日上午,召开全区机关事业单位编外用工清理规范工作动员会,区委常委、常务副区长王世强参加。

12月25日,省委经济工作会议召开,市委常委、区委书记杜兴林,区长陈豪参加。

12月26日,全省综合行政

执法工作总结会召开，副区长雷成参加。

12月26日—27日，召开莲都区残疾人联合会第七次代表大会，副区长卢进参加。

12月27日上午，市委常委会（扩大）会议、市委常委会会议召开，市委常委、区委书记杜兴林参加。

12月27日，召开莲都民革五届三次全体会议暨成立三十周年庆祝大会，区委常委、统战部部长翁伟标参加。

12月27日晚，全市乡镇（街道）党（工）委书记工作交流会召开，区领导参加。

12月28日上午，市委经济工作会议召开，市委常委、区委书记杜兴林，区长陈豪参加。

12月28日上午，市中医联盟成立大会举行，副区长郭巧燕参加。

12月29日下午，召开区委常委扩大会议、区委书记专题会会议、区委常委会会议。

莲都概览

自然环境

【地理位置】 莲都区位于浙江省西南部，瓯江中游，区境介于北纬28°06′—28°44′和东经119°32′—120°08′之间。东与青田县毗邻，南与云和县、景宁畲族自治县接壤，西与松阳县相连，西北与武义县交界，东北与缙云县连接。市人民政府驻地。

【地形地貌】 莲都区境处在括苍山、洞宫山、仙霞岭3座山脉之间。地形属浙南中山区，以丘陵山地为主，间有小块河谷平原。地势具有盆地格局，四周高山环抱，峰峦连绵高峻，海拔1000米以上山峰有30余座。境内最高处为南部八面湖山峰，海拔1389米，最低处是下风化村河漫滩，海拔40米。地形大势自西南向东北倾斜。

境内地形可分为河谷平原、丘陵、山地3种。其中：河谷平原海拔在100米以下，面积192.2平方千米，占总面积的12.8%，主要有碧湖平原和城郊平原。碧湖平原面积80.3平方千米，地势平坦，海拔60米—70米，相对高差小于20米。城郊平原面积44.8平方千米，海拔50—80米，相对高差小于30米。丘陵可分为低丘和高丘，低丘海拔100—250米，面积364平方千米，25度以上陡坡面积占78.3%。高丘海拔250—500米，面积493.1平方千米，相对高差100—200米，25度以上陡坡面积占89.16%。低丘和高丘合计面积857.1平方千米，占全区总面积的57%。山地可分为低山、中山。低山海拔500—800米，面积319.3平方千米，相对高差200—300米，25度以上陡坡面积占67.9%。低山、中山合计面积452.8平方千米，占全区总面积的30.2%。

境内山脉位于大溪以南的属洞宫山北支，位于大溪以北的属仙霞岭支脉，位于好溪以东的属括苍山西端。洞宫山北支主脉，自龙泉市黄茅尖（1929米）向东北延伸，经云和县的鸡头尖（1127.9米），至莲都云和界上有水苋湾（1069米）、李山坟（1062米）、朝头湾（814米），入境经新砀山（1062米）、坳帅（1135米）至莲都、青田界上大路后（1071米）分为两支：一支续向东北，经石步尖、双尖炎、大山尖、大梁山至境内大溪边下端尖；一支向东南，经莲都、青田界上有葑垟湖（1059米），延伸境内水牛相筑（1325米），折往东北莲都、青田界上有草坳（1276米）、八面湖（1389米）。仙霞岭山脉呈西南—东北走向，西南接武义山，东北接大盘山脉、天台山脉。境内仙霞岭支脉有4支，千米以上山峰有千岗顶（1071米）、竹翠横栏尖（1082米）等。境内括苍山脉主要有2支，名山有天堂山（1010米）、连尖山（994米）等。

【水系径流】 莲都境内河流皆属瓯江水系。瓯江发源于庆元、龙泉两县市交界的锅帽尖北麓，上游段称龙泉溪，流经云和县进入莲都区大港头镇，与松阴溪会合后称大溪，再经碧湖、水阁、联城、富岭、万象、紫金等乡镇（街道）后入青田县境，与小溪会合后称瓯江，大溪干流在莲都境内长46千米，河道落差43米，流域面积1373.65平方千米。境内主要支流有好溪、小安溪、宣平溪、松阴溪4条。南部峰源一带溪流（流域面积128.45平方千米）汇入瓯江支流——小溪。

江溪径流量多年平均年径流深850毫米，最大年径流深1585.5毫米，最小年径流深411.5毫米。多年平均年径流量12.76亿立方米，其中从大溪出境水量11.30亿立方米，从峰源乡汇入瓯江支流——小溪的水量1.46亿立方米。外县(市)流入莲都境多年平均年径流量69.37亿立方米，其中龙泉溪入境水量34.5亿立方米，松阴溪入境水量18.41亿立方米。全区年均出境总水量82.13亿立方米。径流在年内分配不均，5—9月汛期径流量约占全年2/3。大溪河底坡度较小。4条主要支流河床切割深度较大，均属山区性河流，源短流急，水位暴涨暴落，汛期保持一段时间中高水位，每年10月至次年2月，长期保持在低水位状态。

（区史志办）

气　象

【概　况】 2017年莲都区年平均气温19.5℃，较常年偏高1.1℃，为莲都区气象建站以来的次高年。极端最高气温41.6℃，极端最低气温-1.7℃；年日照1533.0小时；年降水量1313.0毫米，较常年偏少6.6%；年雨日161天，较常年偏多3.2天，暴雨日1天，较常年偏少2.5天。

2017年，莲都区平均气温偏高、高温日数偏多明显；低温日数明显偏少；降水、暴雨日数、日照时数较常年略偏少。年内天气较平稳，无特别重大气象灾害。年内影响较大的天气过程有：1月底和2月中旬的寒潮、2月上旬和下旬的乡镇和中高山区降雪、3月中下旬较长时间的连阴雨、4—5月春旱、6月低温多雨寡照、降水集中期较大范围的暴雨、7月盛夏高强度长时间的高温、“纳沙”和“海棠”台风的连续影响、初秋的高温、9月中旬到11月上旬的秋季干旱、 11月中下旬的连阴雨和秋季暴雨、春夏秋季的多局地暴雨和强对流等。

【气　温】 年平均气温19.5℃，较常年偏高1.1℃。各季节平均气温：冬季(2016年12至2017年2月)10.6℃，较常年偏高2.5℃；春季18.6℃，较常年偏高0.8℃；夏季28.4℃较常年偏高0.4℃；秋季21.4℃，较常年偏高1.6℃。极端最高气温41.6℃，出现在7月24日；极端最低气温-1.7℃，出现在12月18日。日平均气温滑动恒定≥10℃初日2月26日，恒定≥22℃初日5月3日，终日10月11日，恒定≥10℃终日12月4日。日最高气温≥35℃高温日数69天，较常年偏多22.2天；日平均气温≤5℃低温日数10天，较常年偏少6.5天。

【降　水】 年降水量1313.0毫米，较常年偏少6.6%，年雨日161天，较常年偏多3.2天。各季降水冬、春偏少，夏、秋偏多：冬季雨量88.0毫米，较常年偏少51.3%，雨日29天，较常年偏少4.7天；春季雨量367.7毫米，较常年偏多20.0%，雨日49天，较常年偏少0.6天；夏季雨量604.4毫米，较常年偏多13.2%，雨日52天，较常年偏多7.4天；秋季雨量244.8毫米，较常年偏多7.3%，雨日33天，较常年偏多3.3天。年暴雨日数1天。最大日雨量61.7毫米，出现在6月11日。年内最长连续无降水时段出现在10月20日至11月6日，持续17天；年内最长连续降水时段出现在6月11日至7月5日，持续24天。

【日　照】 年累计日照时数1533小时，较常年偏少91.5小时。年内春季日照略偏多，冬、夏、秋季均偏少：冬季269.4小时，较常年偏少26.4小时；春季364.2小时，较常年偏多5.1小时；夏季505.6小时，较常年偏少57.9小时；秋季368.5小时，较常年偏少37.3小时，为历史同期新低。

【初、终霜】 春季终霜2月13日；冬季初霜12月21日；无霜期310天。

【雷　暴】 年地闪(及地雷电)4550次，雷暴日82天，初雷3月19日，终雷12月13日；年内地闪频次较高的有：9月9日493次、6月11日478次、7月13日387次。

【重大天气气候事件】

1.冬季平均气温创新高，但起伏大，部分时段出现寒潮天气

2017年冬季(2016年12月—2017年2月)气温异常偏高，季

平均气温10.6℃,较常年偏高2.5℃;其中1月偏高尤为明显,月平均10.6℃,较常年偏高3.8℃,为建站以来最高。季内冷空气活动频繁,气温起伏大,其中1月29—31日冷空气强度达寒潮级,降温幅度10.0℃;2月22—24日降温幅度9.6℃,达强冷空气的强度。

2. 2月降水明显偏少,出现2次降雪

2月降水量为25.8毫米,较常年偏少67.0%。月内出现2次降雪过程,但强度均较弱。其中8日夜里降雪主要出现在山区,部分高山地区有积雪;23日后半夜到24日上午降雪范围较大,大部分平原地区有雨夹雪,山区有雨夹雪或雪,海拔500米以上的山区有积雪,高山地区积雪较明显。

3. 4—5月降水持续偏少,部分山区出现春季干旱

4—5月晴多雨少,降水持续偏少且强度偏弱。4月1日—5月31日雨量184.7毫米,较常年偏少41.7%;雨日30天,较常年偏少22.7%,均为建站以来第四少年。少雨干旱致江河、水库水位偏低,部分山区现春旱。

4. 盛夏高温强度强、持续时间长

夏季高温(日最高气温≥35℃,下同)日数明显偏多。高强度、长时间的持续高温集中出现在盛夏的7—8月,期间高温日数达51天,7月20日—25日连续6天日最高气温均在40℃以上,其中24日达41.6℃,为年内最高。

5. 双台风缓解持续高温,遏制干旱苗头

7月30日—31日,台风1709“纳沙”和1710“海棠”先后登陆福建福清,之后西北偏西行进入江西省境内并逐渐减弱消亡。受其外围影响,7月29日夜里至8月1日白天,莲都出现明显风雨,但强度不大。降水缓解高温并遏制夏季干旱苗头。

6. 秋季前期少雨,有旱情;后期连阴雨,降水偏多

9月中旬至11月上旬持续多晴少雨,气温偏高,9月11日—11月10日雨量62.4毫米,较常年偏少57.1%;雨日17天,较常年偏少34.6%。持续少雨致秋季干旱突显,森林火险气象等级持续走高。11月中、下旬降水明显增多且长时间阴雨,11—30日雨量118.5毫米,较常年偏多193.3%;雨日15天,较常年偏多78.6%,其中14—22日连阴雨。多雨和连阴雨影响秋季农业收晒。

自然资源

【概　况】 莲都区自然资源较丰富,生态环境保持较好,为国家级生态示范区。

土地资源:全区土地面积15.02万公顷,合1502.10平方千米。其中山区占28.52%,丘陵占45.18%,平原占26.3%。人均土地面积0.40公顷,全区耕地11150.8公顷,人均耕地面积0.03公顷(0.45亩)。2012年,垦造耕地100.73公顷。

森林资源:1976年全区林木总蓄积量135.01万立方米,1989年201.42万立方米。2002年开始,实施生态公益林、绿色长廊、退耕还林建设。2005年全区林业用地面积12.034万公顷,林木总蓄积量227.79万立方米。森林覆盖率79%,森林资源特点以马尾松、杉木等针叶树最多。樟树、枫香、柏林、苦槠等散生各处,无成片林。1990年前油茶林分布较广,莲都区为全省3个油茶重点基地县(区)之一。1994年消灭宜林荒山,1999年实现绿化达标。2012年完成迹地更新876.53公顷;“四边”山体绿化77.3公顷;阔叶林发展工程286.67公顷;建设景观林42公顷;抚育中幼林4739.07公顷。

矿产资源:20世纪90年代前,境内发现矿产20多种,分布在170个点,其中金属矿有钛磁铁矿、铅锌矿、银矿等,非金属矿有萤石、花岗岩、泥煤、高岭土等。2012年具有开采证的金属矿有钼矿,非金属矿有砖瓦用页岩、建筑石料。

水力资源:全区水力资源比较丰富,理论储藏量为28.5万千瓦,可开发26.5万千瓦,(其中瓯江干流为19.5万千瓦,属市管辖),莲都区实际可开发量为7.4万千瓦。至2012年底已开发6.8万千瓦。

生物资源:境内动植物资源较为丰富。木本植物有93科278属655种,主要分布在山间、

山脚坡地、溪坎路旁多被野草覆盖。列入国家重点保护的植物有11科12种，属二级重点保护植物有伯乐树（钟萼木）、香果树、银杏、鹅掌楸、华东黄杉、长叶榧等6种。属三级重点保护植物有银钟树、凹叶厚朴、黄山木兰、短萼黄连、短穗竹、中华水韭等6种。境内自然散生的古、珍、稀树种有南方红豆杉、樟、枫楮、漆、榕、罗汉松、槐等56个树种。动物种类较多，其中脊椎动物有5纲，37目，76科，400多种。哺乳纲有8目，19科，36属，44种，主要有山兔、松鼠、黄鼬、蝙蝠等。属国家一类保护的有黑麂；属国家二类保护的有穿山甲、大灵猫、水獭、猕猴、九江狸、野山羊等。爬行纲有3目，9科，25属，40种，属国家一类保护动物为鼋。两栖纲有2目，7科，13属，35种，属国家二类保护动物有大鲵。鸟纲有14目，22科，68属，200种，属国家二类保护的鸟类有鸳鸯、勺鸡、白鹇。鱼纲有10目，19科，61属，66种。节肢动物有多足、甲壳、蛛形、昆虫4纲，昆虫纲中天敌昆虫36种。

旅游资源：以“生态·休闲·养生”为主题，以瓯江流域和自然山水为主线，着力打造“绿色莲都”旅游品牌。国家AAAA级风景名胜区风情东西距市区28千米，景区属典型的丹霞地貌，东、西两岩对峙，险峰绝壁、穹隆崛起，宏奇壮观，并以民族风情为特色。省级风景名胜区南明山多象形怪石、石梁、飞瀑，寺阁古迹掩映于远眺如螃蟹形的山崖之中，景区有摩崖石刻58处，自然、人文景观独特。古堰画乡包括碧湖镇和大港头镇，核心区块包括大港头镇区、坪地、堰头、保定，有建于南朝梁天监年间的国家级文物保护单位通济堰、保定青瓷古窑址；有省内外著名的摄影、巴比松画派和专业美术写生创作基地，历史文化底蕴深厚，发展生态休闲度假中心具有独特优势。全区有省级森林公园白云山森林公园、大山峰森林公园2个；省级文物保护单位有南明山摩崖石刻、灵鹫寺石塔、谭宅古民居、沈家邸、花门楼、河桥、西溪村乡土建筑7处；国家级湿地公园有丽水九龙湿地公园1个；省级农家乐特色村有碧湖镇堰头村、老竹镇沙溪村2个。生态自然景观保持完好，正在组织开发或列入开发计划的旅游区有峰源猕猴峡、葑垟湖、西溪古民居、雅一电站库区、天堂山、石牛城市温泉度假中心、瓯江风情旅游度假中心等。2012年，全区有重要革命遗址、纪念地40多处，红色旅游点主要有中共浙江省委机关旧址、巨溪三岩寺红军洞、峰源小岭根村红军挺进师驻地、仙渡葛畈村北乡革命纪念馆、雅溪岱后村中共丽水县委旧址等。

（区史志办）

历史沿革

【概　况】 置县（市、区）1400余年，莲都区名的由来是因丽水城依山傍溪，在环山之中，形如莲瓣，宋代以后别名莲城，丽水又特产“处州白莲”，定“莲都”为市辖区区名，意欲将美丽的莲都建成繁华的都市。此区名系从全丽水地区2000多名参与区名征集者中精选所得。

隋开皇九年（589），分松阳东乡置括苍县，置处州，治设括苍。开皇十二年（592），改处州为括州。大业三年（607），括州改称永嘉郡（隋代括苍县境包括今莲都区、云和县、景宁县、青田县大部，文成县、缙云县及武义县南部）。

唐武德四年（621），复为括州，括苍、丽水二县属括州。武德八年（625）省丽水入括苍。万岁登封元年（696）分括苍、永康两县地置缙云县。景云二年（711），析括苍置青田县。天宝元年（742），改括州为缙云郡。乾元元年（758）复改郡为州，括苍属括州。大历十四年（779），避德宗讳，改括州为处州，改括苍县为丽水县。《元和郡县志》：“丽水本名恶溪，以其湍流阻险，九十里间五十六濑，名为大恶，隋开皇中，改为丽水，皇朝因之，以为县名。”《名胜志》：“以县北七里有丽阳山，故以丽水为名。”《括苍汇记》：“县北七里有丽阳山，下环清溪，县名丽水以此。”

五代十国，丽水县为吴越国地，属处州。宋太平兴国三年（978），吴越归宋，州县沿前代。

元至元十三年（1276），改州为路，丽水县属处州路。

明代改路为府，丽水县属处州府。景泰三年(1452)，分丽水浮云乡、元和乡之半置云和县；析宣慈乡、应和乡及懿德乡之半置宣平县。

清代丽水县属处州府，直至宣统三年(1911)七月，除丽水县，划归府兼理。自隋建州设县以来，丽水县历为州、郡、路、府治所。

清宣统三年(1911)十一月二十五日，浙江革命军攻克丽水，立处州军政分府，兼理丽水县政事，上隶浙江军政府。

中华民国3年(1914)行省、道、县三级制，丽水县属瓯海道。民国16年废道，行省、县二级制，丽水县直属省。民国19年省分设县政督察区，属第十一区　，后改第二特区。民国24年，改设行政督察区，丽水县属第九行政督察区。民国37年4月，改第六区，7月改第七区。丽水县均为督察专员公署驻地。

1949年5月10日，丽水解放，属浙江省第七专区。

1949年10月1日，中华人民共和国成立，丽水县属丽水专区。1950年4月，县府迁驻碧湖镇。1952年1月，撤丽水专区，丽水县属温州专区。5月13日，县府迁返城关镇。1958年7月、1960年2月，云和、景宁两县先后并入。1961年6月1日，县府迁驻云和镇。1962年4月份县(国务院6月1日发文)，县府迁返城关镇。1963年5月，复设丽水专区，丽水县属丽水专区，仍为专署驻地。1968年11月专区改称地区，丽水县属丽水地区。1986年3月1日，国务院批准撤丽水县置丽水市，仍属丽水地区。2000年5月，撤丽水地区设地级丽水市，撤县级丽水市设市辖莲都区。7月18日莲都挂牌授印。

行政区划

【概　况】 2000年6月6日，省政府下发《关于撤销丽水地区设立地级丽水市的通知》，决定丽水撤市(县级)设区，莲都区的区划范围与县级丽水市相同。根据《浙江省人民政府关于丽水市莲都区部分乡镇行政区划调整的批复》(浙政函〔2006〕90号)和《丽水市人民政府关于莲都区部分行政区划调整的复函》(丽政函〔2006〕62号)精神，莲都区对部分行政区划做出调整：撤销郑地乡建制，与峰源乡合并；撤销严鸟乡建制，与黄村乡合并；撤销巨溪乡建制，与太平乡合并；撤销西溪乡、泄川乡、双溪镇建制，合并设立雅溪镇；撤销富岭乡建制，设立富岭街道办事处。2011年12月22日撤销联城镇建制，改设联城街道。2012年12月11日根据《浙江省人民政府关于丽水市莲都区部分行政区划调整的批复》(浙政函〔2012〕209号)和《丽水市人民政府关于莲都区部分行政区划调整的批复》(丽政函〔2012〕101号)精神，撤销高溪乡建制，其行政区域并入碧湖镇。撤销双黄乡建制，其行政区域改由莲都区政府直辖，并入岩泉街道。2014年6月20日，根据《丽水市人民政府关于莲都区部分行政区划调整的批复》(丽政函〔2014〕53号)精神，撤销水阁街道、富岭街道，合并设立南明山街道。2017年，莲都区辖峰源、太平、仙渡、丽新、黄村5个乡；碧湖、大港头、雅溪、老竹4个镇及岩泉、紫金、白云、万象、联城、南明山6个街道(其中南明山街道委托市经济开发区管委会管理)。是年，莲都区共有243个行政村(包括南明山街道)，共有28个社区。

2017年莲都区行政区划

表1　　　　　　　　　　　　　　　　　　　　　　　　　　　　单位：个

乡（镇、街道）名称	行政村	社区（居民区）	行政村、社区（居民区）名称
峰源乡	8	—	赛源、庞山、夏庄、库坑垟、郑地、新砀、正岙门、毛山
太平乡	19	—	横岗、戴彰、玉田、下土夭、富源、吾古、太平、留龙、小安、富山头、大河、巨溪、大畈、城头、吴弄、长濑、竹舟、朱弄、长乐
仙渡乡	11	—	根竹园、梅田、董弄、仙里、何金富、葛畈、张山后、皂树、南源、滴水岩、芦村
丽新乡	9	—	畎岸、吾赤口、黄弄、上塘畈、山村、咸宜、马村、白岸口、黄岭上
黄村乡	11	—	黄村、郑村、严鸟、汇村、皂坑、黄泥墩、戈剳、和垟、天堂、池岭、金鸟
碧湖镇	43	3	镇区：一、二、三居委、河口、上街、古井、行口、下街、碧一、上赵、河东、沙岸；新合办事处：魏村、概头、保定、岩头、三峰、周巷、堰头；平原办事处：大陈、红圩、里河、上阁、九龙、章塘、下叶、同心；石牛办事处：郎奇、蒲塘、白桥、下赵、泉庄、石牛、白口；联合办事处：联济、中岙、南山、中溪、松坑口；高溪办事处：高溪、竹溪、南坑、龙岩、大吴山、缸窑、红南
大港头镇	10	1	一居委、大港头、河边、利山、西坑口、小山、均溪、北埠、石侯、西黄、小井
雅溪镇	19	—	双溪、莲房、洪渡、雅义、西溪、里东、库川、上金竹、上黄村、季岭根、周村、雅里、潘百、岩蒙、上陈、金竹、泄下、双源、岱后
老竹镇	12	—	曳岭脚、榴溪、新陶、沙溪、后坑、周坦、郑丰、徐庄、丁公、赤坑、老竹、梁村
岩泉街道	18	6	社区：朝阳、天宁、丽阳、正阳、北苑路、佳和；村委：里佳源、雨伞岗、余岭、枫树湾、下后弄、后甫、天宁寺、九里、凉塘、长岗背、岩泉、青林、社后、关下、冷水、秋塘、黄畈、琯头
紫金街道	19	8	社区：永晖、金苑、东银苑、西银苑、万丰、大洋河、东升、新湖；村委：大众、海潮、新建、厦河、城东、古城、水东、芦埠、塔下、黄垷井、河村、祝庄、杨坑、开潭、瀑泉、风化、湾岙、金东、水岭根
白云街道	4	6	社区：北郭桥、白云、后庆、灯塔、三岩寺、接官亭；村委：城北、灯塔、城西、丽光
万象街道	4	7	社区：丽阳门、夏河门、左渠门、大水门、府前、梅山、凤凰；村委：丽南、城南、水南、丽华
联城街道	21	1	社区：娄丰堰；村委：张村街、下林、坛峡、莲景、苏港、竹道、青岗、花街、金周、路湾、敏河、武村、白前、常宅、林宅口、凤鸣、官桥、坑口、苏埠、港口、瑶畈
南明山街道	35	—	张垵、小木溪、大门楼、中堂、叶村、富岭、大坑口、下仓、下张、陶庄、前垟、张村、水阁、叶<土+夭>、旭光、白岩、垟店、吴垵、桐岭、俞庄前、七百秧、丽沙、上沙溪、龙石、岑山、里坑、陈店、山根、章巷、大源、下章、松坑圩、丽周、金山、潘田

人口与民族

【人　口】 2017年，全区总户数187391户，总人口409867人，分别比2016年增加3489户和4287人，上升1.9%和1.57%，平均每户2.19人。全区总人口中：男性205632人，占总人口数50.17%；女性为204235人，占总人口数49.83%。性别比为101（女性人口为100）。全区城镇人口187514人，占总人口数45.75%，比2016年183386人增加4128人，乡村人口数222194，占总人口数54.78%；全区出生人数6614人，出生率16.14‰死亡人数3714人，死亡率9.06‰。全区迁入人数3684人，迁出人数2291人。全区人口自然增长率10.57‰。

（傅陈健）

【民　族】 丽水市莲都区是浙江省民族工作重点县（市、区）之一，有汉族和蒙古族、回族、藏族、维吾尔族、苗族、彝族、壮族、布依族、朝鲜族、满族、侗族、瑶族、白族、土家族、哈尼族、哈萨克族、傣族、黎族、傈僳族、佤族、畲族、高山族、拉祜族、水族、东乡族、纳西族、景颇族、土族、达斡尔族、仫佬族、羌族、布朗族、毛南族、仡佬族、普米族、塔吉克族、俄罗斯族、京族等39个民族。2017年年底，全区少数民族人口27148人，占全区总人口的6.62%。其中，畲族全市第一位有2.53万人，人口绝对数列全省第二位。辖区内有老竹、丽新两个畲族乡镇，少数民族人口在1000人以上的乡镇（街道）10个，分别是岩泉街道、紫金街道、白云街道、万象街道、联城街道、碧湖镇、大港头镇、老竹畲族镇、丽新畲族乡、南明山街道（水阁街道和富岭街道合并，由丽水市经济开发区管辖）。

（李飞）

区和乡镇、街道机构及负责人名录

【中国共产党丽水市莲都区委员会】

书　记：杜兴林

副书记：周海忠（—2017.1）
陈　豪
胡伟华

常　委：楼章能（—2017.6）
赵加慧（女）
王世强
宋珍花（女）
周显荣
叶建利
翁伟标
叶祖平
潘新雄（2017.12—）

【丽水市莲都区人民代表大会常务委员会】

主　任：雷　萍（女，—2017.2）
陈元龙（2017.2—）

副主任：陈　萍（女，—2017.2）
蓝丽华（—2017.2）
江爱军
兰仁生
陈鲁军
张继芳（2017.2—）
雷勇军（2017.2—）
周贤华（2017.2—）

党组书记：陈元龙

党组副书记：雷　萍（女，—2017.2）
张继芳（2017.3—）
雷勇军（2017.3—）

办公室主任：蓝木申（—2017.12）
黄玉香（2017.12—）

副主任：陈晓宁（—2017.2）
蓝晓芬（女）
吴理信（2017.2—）
刘黎明（2017.6—）
吴丽友（2017.6—）

代表工委主任：徐柳玉（女）

副主任：李丽革（—2017.2）

农工委主任：桑小明（—2017.1）
叶志军（2017.1—）

副主任：吴丽友（—2017.6）

教科文卫工委

主　任：汤永华（—2017.4）
傅瑗君（女，2017.4—）

民侨工委主任：傅瑗君（女，—2017.4）
汤永华（2017.4—）

财经工委主任：麻益民

副主任：刘黎明（—2017.6）

法工委主任：夏宁炎（—2017.4）
尚小林（2017.4—）

城乡建设与资源环境工委

主　任：陈晓宁（2017.2—）

法制（内务司法）委员会

主任委员：江爱军（2017.2—）

副主任委员：夏宁炎（2017.2—）
徐　明（2017.2—）

财政经济委员会

主任委员：周贤华（2017.2—）

副主任委员：蓝旭君（女，2017.2—）
麻益民（2017.2—）

【丽水市莲都区人民政府】

区　长：陈豪（2017.2—）
代区长：陈　豪（—2017.2）
副区长：张　妍（女，—2017.1）
　　陈　豪（—2017.2）
　　蔡通友（—2017.2）
　　徐旭卿（女，—2017.8）
　　王世强
　　俞丽威
　　郭巧燕（女）
　　叶建光
　　黄　程（女）
　　卢　进（2017.2—）
　　雷　成（2017.2—）
　　孙蓓蕾（女，2017.8—）

【中国人民政治协商会议丽水市莲都区委员会】

主　席：谷江南
副主席：谢林森（—2017.2）
　　卢　进（—2017.2）
　　虞为粮（女）
　　叶晓东
　　任文红（女）
　　沈建祖（2017.2—）
　　虞海雄（2017.2—）
党组书记：谷江南
党组副书记：虞为粮（女）
秘书长：王金友
副秘书长：周献贤（—2017.8）
　　邱旭平（—2017.8）
　　朱爱琴（女，—2017.8）
　　瞿宗囡（女，—2017.8）
　　叶良成
　　华俊林
　　王智勇
　　谢晓鹏（2017.8—）
　　李顺富（2017.8—）
　　李美华（2017.8—）
　　蓝云仙（2017.8—）
　　程晓东（2017.8—）
办公室主任：王金友
副主任：纪跃华（—2017.2）
　　黄建兵（—2017.3）
　　赵军浩（2017.2—）
提案委主任：周献贤
副主任：瞿宗囡（女）
　　黄于林（—2017.8）
　　卢土法（2017.8—）
经济委主任：吴雯华（2017.2—）
副主任：赵　涌（—2017.8）
　　叶卫东（2017.8—）
　　李顺富（2017.8—）
　　李秀红（女，2017.8—）
　　叶　旺（2017.8—）
科教文卫体委主任：邱旭平
副主任：江建东（—2017.8）
　　谢发贤
　　吕春耀
　　刘益民（2017.8—）
　　叶青春（2017.8—）

社会法制委
主　任：周奇星（—2017.3）
　　梁智伟（2017.3—）
副主任：吴蔚国（2017.8—）
　　王　青（女，2017.8—）
　　叶伟春（2017.8—）
港澳台侨民宗委
主　任：梁智伟（—2017.3）
　　周奇星（2017.3—）
副主任：李顺富（—2017.8）
　　陈海波（—2017.8）
　　赵建勇（2017.8—）
　　张　艳（女，2017.8—）
文史委主任：黄建兵
副主任：留红伟（—2017.8）
　　任迎春（2017.8—）
　　梅焕根（2017.8—）
委员工委主任：谢晓鹏
副主任：郭晓波（—2017.8）
　　林　军（2017.8—）
　　王伟平（2017.8—）

【中国共产党丽水市莲都区纪律检查委员会】

书　记：宋珍花
副书记：陈江涛
　　施海勇
常　委：田志萍（女）
　　钟勇军
　　周陈亮（2017.1—）
　　陈鲍军（2017.1—）
办公室主任：郑超敏
干部室主任：魏国华（2017.3—）
宣传教育室
主　任：叶小丽（2017.4—）
党风政风监督室（区政府纠正行业不正之风办公室）
主　任：李育虹（女）
信访室主任：陈鲍军（—2017.4）
　　吴　晨（2017.4—）
案件监督管理室
主　任：田志萍（女，—2017.4）
　　付国栋（2017.4—）
第一纪检监察室
主　任：傅　华（—2017.8）
第二纪检监察室主任：汤杨伟
第三纪检监察室
主　任：张　杰（—2017.4）
　　叶　军（2017.4—2017.8）
第四纪检监察室
主　任：王金炜（2017.4—）

案件审理室主任:何瑞芬(女)
区纪委正科级纪检员:田志萍(女)
钟勇军
派驻第一纪检监察组
组　长:陆湘阳
副组长:李　涛
叶　盈(女)
派驻第二纪检监察组
组　长:诸葛彬
副组长:何雪琴(女)
叶伟英(女)
派驻第三纪检组组长:梁满云
副组长:范红胜
派驻第四纪检组
组　长:沈小聪(—2017.4)
赵　颖(女,2017.6—)
副组长:林　蓓(女)
派驻第五纪检组组长:徐雪峰
派驻第六纪检组
组　长:周陈亮(—2017.4)
张　杰(2017.4—)
派驻第七纪检组
组　长:陈红敏(女)
派驻第八纪检组组长:陈君佐
派驻第九纪检组
组　长:吴耿王(—2017.3)
张　霓(2017.3—)
派驻第十纪检组组长:王华平
派驻第十一纪检组
组　长:王伟平(—2017.1)
副组长:尚小军
蓝丽美(女)
派驻区法院纪检组
组　长:宋建中(2017.3—)
副组长:宋建中(—2017.3)
派驻区检察院纪检组
组　长:吴喆文(2017.3—)
副组长:吴喆文(—2017.3)
派驻区委组织部纪检组
(区直属机关纪检委)
组　长:奚海峰(2017.6—)
副组长:林　慧(女,—2017.6)
梁玮珺(女,2017.6—)

【丽水市莲都区监察委员会】

主　任:宋珍花(2017.2—)
副主任:陈江涛(2017.2—)
施海勇(2017.2—)

【丽水市莲都区人民法院】

院　长:李美顺
副院长:魏建平
施建伟
黄祖培
王庆文(女)
审判委员会专职
委　员:阎丽群
张叶伟
王燕芬(女)
执行一局局长:蓝小春
执行二局局长:厉子勇
碧湖法庭庭长:朱益钦
南城法庭庭长:吴威丽(2017.8—)
党组书记:李美顺
党组副书记:魏建平
政治处主任:陈　波
审管办主任:周山丹(女)

【丽水市莲都区人民检察院】

检察长:王小刚
副检察长:卢建华
王韵俊(女)
熊　剑(2017.8—)
检察委员会专职
委　员:林宏伟
朱　乐(女)
傅金霞(女,2017.11—)
反贪局局长:
反渎职侵权局局长:叶　军
党组书记:王小刚
党组副书记:赵金明
政治处主任:赵金明
碧湖检察室主任:汤　湧(2017.7—)

【丽水市莲都区人民武装部】

部　长:潘新雄
政　委:任万户(2017.6—)
副部长:江　勇(2017.11—)

【区委工作部门】

区委办公室(区委政策研究室)
主　任:陶旭峰
副主任:陈江涛(—2017.1)
叶庆武(—2017.1)
陈海波(—2017.2)
潘金发
陆朝霞(女)
李勇军
廖翊慧(2017.1—)
吴祥宇(2017.1—)
江慧霞(2017.3—)
区委政策研究室
副主任:吴祥宇(—2017.1)
陆朝霞
李勇军
江慧霞(2017.3—)
洪盛林(2017.1—)
区委区府办党委
书　记:陶旭峰(—2017.3)
区委区府办党委
副书记:雷　成(—2017.3)
区委、区政府信访局
局　长:陆朝霞(女)
副局长:王瑶鸿
梁　健

陈靖晶（女，2017.4—）
党组书记：陆朝霞（女）
区委防范和处理邪教问题领导小组办公室、区政府防范和处理邪教问题办公室
主　任：徐　明（—2017.2）
廖翊慧（2017.2—）
副主任：赵军飞（—2017.3）
周建荣
区委区政府督查室
主　任：江慧霞（女，—2017.3）
田伟明（2017.3—）
机要局（密码管理局）
局　长：纪正鸿（女）
保密局局长：龚丽丽（女）
区委台湾工作办公室，区政府台湾事务办公室
主　任：陈海波（—2017.1）
陶旭峰（2017.3—）
副主任：何慧丽（2017.4—）
区委组织部部长：周显荣
常务副部长：王东华
副部长：郭晓波（—2017.1）
吴丽云（女，—2017.4）
梁永光
赵礼成
王伟平（2017.1—）
叶玲娣（女，2017.3—）
戴旭伟（2017.4—）
直属机关工作委员会
书　记：郭晓波（—2017.1）
王伟平（2017.1—）
副书记：蓝煜斌（2017.3）
纪工委书记：奚海峰（2017.6—）
纪工委副书记：林　慧（女，—2017.6）
梁玮珺（女，2017.6—）
新经济与新社会组织工作委员会
书　记：郭晓波（—2017.3）
叶玲娣（女，2017.3—）
副书记：奚海峰（—2017.6）
罗文双（2017.8—）
人才办主任：柳晓云
区委副科级组织员：吴　铭（—2017.4）
吴松姝（女，—2017.1）
邹青芬（女）

老干部局局长：赵礼成
副局长：夏伟文（—2017.3）
徐丽静（2017.3—）
蓝池星
党校：校长：周显荣
常务副校长：卜广富
副校长：刘宏华
罗文双（—2017.8）
宣传部部长：赵加慧
常务副部长：蒋　嫦（女）
副部长：留红伟
陈海波（2017.3—）
精神文明建设委员会办公室
主　任：黄　庆（2017.1—）
区委外宣办（区政府新闻办）
主　任：留红伟
专职副主任：许晓燕（女）
社科联主席：留红伟（—2017.3）
陈海波（2017.3—）
副主席：任迎春（女）
统一战线工作部部长：翁伟标
常务副部长：林　军
副部长：朱瑞亮（2017.4—）
赵建勇（—2017.4）
李顺富
政法委员会书记：胡伟华
副书记：管青林（2017.1—）
毛利军
吴蔚国
综治办主任：管青林（2017.1—）
副主任：王文俊（—2017.4）
毛晓飞（2017.4—）
维稳办主任：廖翊慧（—2017.3）
吴蔚国（2017.3—）
副主任：郑丽珍（女）
档案局局长：吴慧彬（—2017.4）
李桂元（2017.4—）
副局长：徐丽静（女，—2017.3）
杨忠根（—2017.12）
夏伟文（2017.4—）
党组书记：吴慧彬（—2017.4）
李桂元（2017.4—）
史志办公室主任：叶庆武（—2017.1）
副主任：郑永忠（—2017.1）
老龄工作委员会主任：郭巧燕（女）
副主任：管兴标
赵　颖（女）
叶志军
办公室主任：朱珈仪（女）
办公室副主任：卢春花（女）
关心下一代工作委员会
名誉主任：张继芳（—2017.10）
雷勇军（—2017.10）
周显荣（2017.10—）
卢　进（2017.10—）
主　任：王国荣
副主任：程敬群（—2017.10）
王品伟（—2017.10）
翁伟标（—2017.10）
张爱勤（—2017.10）
梁守根（—2017.10）
雷金华（—2017.10）
余宗南（—2017.10）
叶志军（—2017.10）

陈江涛(—2017.10)
刘宗林
赵礼成
张丽青(女)
毛志富
金献章
潘金发(2017.10—)
廖翊慧(2017.10—)
吴耿王(2017.10—)
王东华(2017.10—)
蒋　嫱(2017.10—)
章旭宇(2017.10—)
李小富(2017.10—)
管青林(2017.10—)
桑小明(2017.10—)
专职副主任:章旭宇(2017.10—)
办公室主任:陈金奎(—2017.4)
章旭宇(2017.4—)

【区政府工作部门】

区政府办公室主任:雷　成(—2017.1)
郭晓波(2017.1—)
副主任:王伟荣(—2017.1)
周贤华(—2017.1)
王　荷(女,—2017.1)
叶春晓(女,—2017.1)
毛南维(—2017.1)
刘海勇(—2017.3)
赵　颖(女,—2017.6)
曾　锋
徐建波
叶向荣
杨娇云(女,2017.6—)
胡志成(2017.2—)
吴耿王(2017.4—)
叶刘军(2017.4—)
党组书记:雷　成(—2017.1)
郭晓波(2017.1—)

区直机关人武部部长:陈永春(—2017.1)
区机关事务管理局(区接待办)
局长(主任):周贤华(—2017.3)
周慧霞(女,2017.3—)
副局长(副主任):陈永春(2017.1—)
徐叶艳(女)
党组书记:周贤华(—2017.1)
周慧霞(女,2017.1—)
区政府法制办公室副主任:卢土法
区政府应急办公室
主　任:张小平(—2017.4)
胡仙红(2017.4—)
区政府金融办公室
主　任:林　伟(—2017.4)
刘建斌(2017.4—)
区政府行政审批中心
主　任:虞海雄(—2017.3)
李冠武(2017.3—)
副主任:朱丛伟
朱小勇
党组书记:李冠武(2017.1—2017.11)
王世强(2017.11—)
发展和改革局
局　长:章金宝(2017.1—)
副局长:刘鹤林(—2017.1)
周慧霞(女,—2017.1)
吕旭勇(—2017.4)
吴玉贞(女)
何伯成
吴为晨(2017.4—)
洪　飞(2017.4—)
蓝丽芬(女,2017.4—)
党组书记:章金宝(2017.1—)

重点前期办主任:朱文卿(女,—2017.4)
潘春霞(女,2017.4—)
经济商务局
局　长:王君伟 (—2017.4)
陈华君(2017.4—)
副局长:吴雯华(—2017.2)
周林茂
刘鹤林(2017.2—)
瞿宗囡(2017.3—)
总经济师:叶卫东
党组书记:王君伟 (—2017.4)
陈华君(2017.4—)
经济合作办公室
主　任:陈华君(—2017.4)
赵建勇(2017.4—)
副主任:李军舫(2017.4—)
杨作盈(2017.4—)
招商投资服务中心
主　任:李军舫(女,—2017.4)
党组书记:陈华君(—2017.3)
赵建勇(2017.3—)
教育局局长:李小富
副局长:吕春耀
王刘毅
陈真伟
党组书记:李小富
科学技术局
局　长:朱瑞亮(—2017.4)
吴慧彬(2017.4—)
副局长:谢发贤(—2017.4)
雷光伟
吕旭勇(2017.4—)
党组书记:朱瑞亮(—2017.4)
吴慧彬(2017.4—)
监察局副局长:瞿宗囡(女,—2017.2)

民政局局长:叶志军(—2017.1)
桑小明(2017.1—)
副局长:朱珈仪(女)
蓝旭华
郑林土
叶冠俊
党组书记:叶志军(—2017.1)
桑小明(2017.1—)
党组副书记:朱珈仪(女)
司法局局长:管青林(—2017.1)
徐伟群(2017.1—)
副局长:陈一娟(女,—2017.1)
华赴云
纪跃华(2017.1—)
党组书记:管青林(—2017.1)
徐伟群(2017.1—)
党组副书记:华赴云
财政局局长:赖志平
副局长:黄于林
林　伟(2017.4—)
党组书记:赖志平
总会计师:吕焕祺
财政监督局局长:唐林军
预算执行局
局　长:史伟军(—2017.4)
李张芬(2017.4—)
预算编制局
局　长:吕焕祺(—2017.4)
史伟军(2017.4—)
人力资源和社会保障局
局　长:梁永光
副局长:傅佩珍(女,—2017.1)
杨雪琼(女)
蓝丽琴(女)
侯学峰
吴松妹(2017.1—)
党组书记:梁永光(2015.3—)
社会保险事业管理中心
主　任:雷永兵
质量技术监督局
局　长:吴日清(—2017.4)
王　弘(2017.4—)
副局长:吴君跃
张小平(2017.4—)
党组书记:吴日清(—2017.3)
王　弘(2017.3—)
机构编制委员会办公室
主　任:吴丽云(女,—2017.4)
戴旭伟(2017.4—)
副主任:江建东(2017.3—)
俞　洁(女)
交通运输局局长:蓝小华
副局长:洪　飞(—2017.4)
蓝献土
周志方(2017.4—)
李海燕(女,2017.4—)
总工程师:吴　俊
党组书记:蓝小华
党组副书记:蓝献土
公路管理局
局　长:李海燕(女,—2017.4)
刘　俊(2017.4—)
农村工作办公室(扶贫办)
主　任:潘金发
副主任:赵　涌(—2017.1)
陈受贵(—2017.1)
尚佐方(2017.3—)
季伟华(2017.4—)
李秀红(女)
吴海霞(女)
党组书记:潘金发
农业局局长:叶庆武(2017.1—)
副局长:李如林(—2017.4)
陈雪清
朱爱琴(女)
李益平(2017.4—)
总农艺师:程碧霞(女)
党组书记:叶庆武(2017.1—)
党组副书记:李如林(—2017.3)
畜牧兽医局
局　长:梁聪女(女,—2017.6)
舒跃军(2017.7—)
农业特色产业办
主　任:李益平(—2014.7)
农村土地承包经营权流转服务中心
主　任:吴小梅(女)
现代农业园区管理委员会
主　任:陈金奎(2017.4—)
副主任:王路永
孔伟仙(女)
林业局
局　长:陈森云(—2017.4)
王君伟(2017.4—)
副局长:叶立钦
叶春晓(女,2017.1—)
总工程师:俞加夫
党组书记:陈森云(—2017.3)
王君伟(2017.3—)

水利局
局　长:朱祖胜
副局长:钟爱平
陈礼聪(女)
总工程师:林　敏
党组书记:朱祖胜
防汛抗旱指挥部办公室
主　任:陈礼聪(女,—2017.4)
程　涛(女,2017.4—)
文化广电新闻出版局(体育局)
局　长:胡菊萍(女)
副局长:江建东(—2017.4)
叶青春
徐建梅(2017.4—)
党组书记:胡菊萍(女)

卫生和计划生育局
局　长:钟金亮(—2017.4)
吴丽云(2017.4—)
副局长:杨娇云(女,—2017.6)
刘益民
郑雪君(女)
叶旭亮
虞海勇(2017.6—)
党组书记:钟金亮(—2017.4)
吴丽云(2017.4—)
爱国卫生运动委员会办公室
审计局
局　长:徐屈霞(女)
副局长:李益彬
吴武贵
党组书记:徐屈霞(女)
总审计师:刘朝晖
主　任:孙　钧
红十字会
会　长:张妍(—2017.3)
郭巧燕(2017.3—)
常务副会长:王品伟
经济责任审计联席会议办主任:李煜莹(女)
统计局
局　长:戴旭伟(—2017.4)
吴日清(2017.4—)
副局长:谢发贤(2017.4—)
吕慧萍(女)
总统计师:上官潮涌(2017.4—)
党组书记:戴旭伟(—2017.4)
吴日清(2017.4—)
安全生产监督管理局
局　长:赵秀峰(—2017.1)
王伟荣(2017.1—)
副局长:宋新魁
姚顺苗
总工程师:叶君龙(2017.4—)
安委办专职副主任:孙　婷(女)
党组书记:赵秀峰(—2017.1)
王伟荣(2017.1—)
市场监督管理局
局　长:王　弘(—2017.4)
钟金亮(2017.4—)
副局长:陈　杰(—2017.1)
吴为晨(—2017.4)
上官潮涌(—2017.4)
霍跃胜
朱泽霞(女)
李如林(2017.4—)
施慧锋(2017.4—)
叶思敏(女,2017.4—)
稽查大队大队长:朱泽霞(女,—2017.4)
陈霞云(女,2017.4—)
岩泉所所长:王碧军(—2017.8)
陈　勛(2017.8—)
紫金所所长:吴志明(2017.8—)
白云所所长:潘李伟(—2017.4)
饶亚丽(2017.8—)
万象所所长:张　骊(女)
联城所所长:吴志明(—2017.8)
王碧军(2017.8—)
碧湖所所长:陈　杰(—2017.1)
施慧锋(2017.4—)
党组书记：钟金亮(2017.4—)
党组副书记:王　弘(—2017.4)
李如林(2017.3—)
民族宗教事务局
局　长:赵建勇(—2017.4)
朱瑞亮(2017.4—)
副局长:雷岳莲(女)
建设(城乡规划)分局
局　长:章金宝(—2017.1)
赵秀峰(2017.1—)
副局长:杨耀武(—2017.4)
毛南维(2017.1—)
冯　远(2017.4—)
赵灵敏(女,2017.4—)
总工程师:冯　远(—2017.4)
周连军(2017.4—)
党组书记:章金宝(—2017.1)
赵秀峰(2017.1—)
环境卫生管理局
局　长:蓝海霞(女)
副局长:高和平(—2017.6)
朱永胜
吴海平
董永悦(2017.4—)
章锦欧(2017.6—)
土地和房屋征收工作办公室
主　任:章旭宇
副主任:谢建平(—2017.1)
周志方(—2017.4)
许新钢(—2017.4)
蓝炜琮(2017.4—)
王　一(2017.4—)
苑桢子(女,2017.4—)
高和平(2017.6—)
党组书记:章旭宇
旅游委员会
主　任:叶玲娣(—2017.3)
刘海勇(2017.3—)
副主任:杨　杰
陶　琤(女)
周永海(2017.1—)
党组书记:叶玲娣(—2017.3)
刘海勇(2017.3—)
党组副书记:杨　杰
生态休闲养生养老经济委员会办公室
专职副主任:刘鹤林(—2017.1)
周永海(2017.1—)

瓯江风情旅游度假区管委会
主　任：汪强华（—2017.12）
副主任：陈朝信（—2017.4）
　　　　尤恒芳（女）
　　　　熊夏敏
　　　　雷建华（2017.4—）
党组书记：汪强华（—2017.12）
丽水生态产业集聚区莲都分区管委会（浙江丽水工业园区管委会）
主　任：管兴标
常务副主任：李美华（女，—2017.1）
副主任：李丽革
　　　　陈雅云（女，2017.4—）
　　　　麻丽云（女，2017.4—）
总工程师：邵　皓
党组书记：管兴标
区委副科级组织员：钟申友
城管处州分局（国土资源执法监察一大队）
局　长（大队长）：蔡通友
副局长（副大队长）：王再明
　　　　　　　　　周蕴敏（女）
　　　　　　　　　吕建军
办公室主任：林力亚（女）
副主任：郑和发
综合管理科科长：胡根和
法规监督科科长：张作涌
副科长：余世亮
岩泉中队中队长：傅文强
副中队长：夏品文（—2017.3）
　　　　　李　俊
紫金中队副中队长：罗启文
　　　　　　　　　何伟慧
白云中队中队长：季乐天

副中队长：周志凯
　　　　　王龙健
　　　　　季蔚（2017.3—）
万象中队中队长：刘建荣
副中队长：周华懂
　　　　　叶庆游
联城中队副中队长：季蔚（—2017.3）
　　　　　　　　　季祖建
　　　　　　　　　夏品文
　　　　　　　　　（2017.3—）
其他干部：桑立俊（保留副科级）
城管莲都分局（国土资源执法监察二大队）
副局长（副大队长）：孙海波
　　　　　　　　　　王占祥
　　　　　　　　　　张伟杰
党组副书记：孙海波
移民工作办公室
主　任：李桂元（—2017.4）
　　　　余良富（2017.4—）
党组书记：李桂元（—2017.4）
　　　　　余良富（2017.4—）

【区级民主党派】

中国国民党革命委员会莲都区委员会
主　委：虞海雄
副主委：华俊林
　　　　陈哈利

九三学社莲都区委员会
主　委：林玉美（女，—2017.12）
　　　　瞿宗囡（女，2017.12—）
副主委：瞿宗囡（女，—2017.12）
　　　　蓝云仙（女）
中国农工民主党莲都区委员会
主　委：郭巧燕（女）
副主委：朱爱琴（女）
　　　　王智勇
中国民主促进会莲都区委员会
主　委：邱旭平（—2017.12）
　　　　李美华（女，2017.12—）
副主委：李美华（女，—2017.12）
　　　　张小平
　　　　梅焕根（2017.12—）
中国民主同盟莲都区委员会
主　委：周贤华
副主委：叶良成
　　　　洪万升
中国民主建国会莲都区委员会
主　委：任文红（女）
副主委：程晓东
　　　　翁阁谓
主　席：陈海华
副主席：叶　红（女）
　　　　李和根
　　　　朱贤师
　　　　刘新水
　　　　陈小荣
　　　　余建栋
　　　　范春伟
　　　　周忠岳
　　　　郑叶勤
　　　　章声浩
　　　　黄锋勇
　　　　孙育来
　　　　吴永建
　　　　徐剑毅
　　　　虞海勇（专职）
　　　　（—2017.7）
　　　　张　艳（专职）
　　　　（2017.7—）
秘书长：虞海勇（—2017.7）
　　　　张　艳（2017.7—）
副秘书长：

【部分群众团体】

总工会主席：陈森云（2017.4—）
副主席：王　琳（女）
　　　　洪万升

党组书记:陈森云(2017.4—)
经费审查委员会主任:洪万升
团委书记:陈一娟(女,2017.1—)
副书记:尚佐方(—2017.3)
王 震(2017.4—)
张莲芬(女,2017.12—)
妇联主席:蓝旭君(—2017.2)
傅佩珍(女,2017.2—)
副主席:梁玮珺(女,—2017.6)
王 菁(女)
梁聪女(女,2017.6—)
党组书记:蓝旭君(—2017.1)
傅佩珍(女,2017.1—)
工商业联合会(总商会)
主 席:蓝丽华(—2017.4)
周国强(2017.4—)
副主席:王金华(—2017.4)
李 炎(—2017.4)
杜建华(—2017.4)
黄小毛(—2017.4)
熊金平(—2017.4)
孙荣福(—2017.4)
何建勇(—2017.4)
林雪平(—2017.4)
金丽君(—2017.4)
李顺富
章 龙
王 雨(女)
王华文
王爱凤(女)
陈旭东
陈晓建
周仕真
梁 永
叶小凤(女)
吕尚军(2017.4—)
刘少宏(2017.4—)
刘俊毅(2017.4—)
江世平(2017.4—)
李祖军(2017.4—)
吴 伟(2017.4—)
徐建华(2017.4—)
谢亮亮(2017.4—)
刘新水(2017.4—)
党组书记:李顺富
文学艺术界联合会
副主席:林 琳(女)
科学技术协会
主 席:刘进君(—2017.12)
副主席:叶雪军
郑永忠(2017.2—)
党组书记:叶立钦(2017.12—)
刘进君(—2017.12)
残疾人联合会
理事长:李冠武(—2017.3)
赵 涌(2017.3—)
副理事长:阙伟华
朱伟勇
党组书记:李冠武(—2017.1)
赵 涌(2017.1—)
丽水高铁站综合管理办公室
主 任:陈岳波
副主任:曾群英(2017.4—)
吴 铭(2017.4—)
综合科科长:章军伟
执法监督科科长:王苍松
协调管理科科长:吴满平
(2017.4—)
计划生育协会
会 长:
常务副会长:钟金亮
主 席:陈海华
副主席:叶 红(女)
李和根
朱贤师
刘新水
陈小荣
余建栋
范春伟
周忠岳
郑叶勤
章声浩
黄锋勇
孙育来
吴永建
徐剑毅
张 艳
秘书长:张 艳
副秘书长:

【垂直管理部门】

国土分局局长:程 炜
(2017.3—)
副局长:季建忠
谭 伟
江南平
王肖健
党组副书记:程 炜
纪检组长:王肖健
土地储备中心主任:季晓华
不动产登记中心主任:王 亮
环保分局局长:高稔荣
副局长:王炜(—2017.2)
张雪峰(2017.2—)
总工程师:张雪峰(—2017.2)
季立寿(2017.2—)
莲都供电公司
总经理:谢 力(—2017.9)
执行董事:谢力(2017.9—)
党委书记:范 甬(—2017.9)
谢 力(2017.9—)

党委副书记:谢 力(—2017.9)
范 甬(2017.9—
2017.11)

朱会军(—2017.9)
党委委员:周贤富(—2017.11)
杨劭炜
王灿灿
王荣根(2017.11—)
工会主席:朱会军
副总经理:范甬(—2017.9)
周贤富(—2017.11)
杨劭炜
王灿灿
王荣根(2017.11—)
叶　巍(挂职)
(2017.10—)
监　事:朱会君(2017.9—)
纪委书记:朱会军
莲都农村商业银行
董事长:陈胜珠
监事长:叶世瑞(2017.4—)
行　长:刘俊毅
副行长:朱　敏(—2017.10)
林小勇
党委书记:陈胜珠
纪委书记:刘洪芝(女,
—2017.1)
叶世瑞(2017.1—)
公安分局局长:叶建利
政　委:尤晓剑
常务副局长:叶伟春
副局长:潘惠和
周德平
马建伟
施国平
王时豪(2017.3—)
副政委:王时豪(—2017.3)
宋国勇(2017.3—)
党委书记:叶建利
党委副书记:尤晓剑
叶伟春
纪委书记:宋国勇(—2017.3)
舒旭勇(2017.3—)
政治处主任:王芳芳(女)
指挥中心主任:冯征宇
(—2017.3)
邱丽平
(2017.3—)
刑侦大队大队长:施国平
(—2017.3)
杨震宇
(2017.3—)
教导员:林跃儿
网络警察大队
大队长:吴永标(—2017.3)
潘洁冰(2017.3—)
治安大队大队长:章良旺
教导员:谢永多
经侦大队大队长:吴永标
禁毒大队大队长:朱启东(—2017.3)
应典霖(2017.3—)
国保大队大队长:卢兮科(2017.3—)
天宁派出所所长:傅作勤
教导员:任旭东
流动人口服务管理局局长:项巧军
警务保障室主任:余　军

【部分事业企业单位】

供销合作社联合社
理事会主任:余良富(—2017.4)
沈小聪(2017.4—)
理事会副主任:周　亮
熊鑫俊
监事会主任:杨小华
党组书记:余良富(—2017.4)
沈小聪(2017.4—)
国有资产投资经营公司
董事长:王荷(2017.2—)
总经理:王荷(2017.2—)
副总经理:叶丽勇(—2017.6)
朱文卿(2017.4—)

【岩泉街道】

中国共产党岩泉街道工作委员会
书　记:胡　军
副书记:傅文强
周亚军
蓝舒琴(女,挂职)
刘晓海(挂职)
陈　杰(2017.1—)
曹鹏飞(挂职)
(2017.4—)
纪工委书记:陈黎霞
委　员:黄晓波(—2017.4)
王碧军(—2017.8)
陈黎霞
叶超荣
兰立新
袁丽娟(女)
傅志伟
金益林
朱启东(2017.4—)
洪心漪(女,2017.4—)
正科级组织员:蓝林春
周元进
副科级组织员:肖丽君(女)
区人大岩泉街道工作委员会
主　任:李伟军
岩泉街道办事处
主　任:周亚军
副主任:金益林
周苍秀
尤会贤
吴建荣(2017.4—)

【紫金街道】

中国共产党紫金街道工作委员会
书　记:林伟群
副书记:林国友

李朝铨
纪工委书记:杨海霞(女)
委　员:邱丽平(—2017.4)
杨海霞(女)
夏根平
张田信
夏海伟
郑永波
金慧虹(女)
吕君勇(2017.1—)
刘伟华(2017.4—)
副科级组织员:林根永
陈永铭
吴友平
区人大紫金街道工作委员会
主　任:叶　波
紫金街道办事处
主　任:林国友
副主任:吕君勇(—2017.1)
白洁(女,挂职)
(—2017.5)
夏海伟
蓝友春
吴　胤
蓝龙军

【白云街道】

中国共产党白云街道工作委员会
书　记:钟海峰
副书记:季乐天
舒丽红(女)
叶予序
纪工委书记:蔡建辉(女,
2017.1—)
委　员:卢匀科(—2017.4)
章友华
叶文波
沙　狄
张　武
麻和凤(女)
陈卓文
蔡建辉(2017.1—)
叶勇伟(2017.4—)
正科级组织员:叶根平
副科级组织员:刘文波
(—2017.1)
高岳云
区人大白云街道工作委员会
主　任:杨继义
白云街道办事处
主　任:舒丽红(女)
副主任:沙　狄
刘金平
李高祥
刘文波(2017.1—)

【万象街道】

中国共产党万象街道工作委员会
书　记:叶　东
副书记:刘建荣
蒋华靖
王　皓
纪工委书记:叶小丽(女,
—2017.4)
黄晓波(2017.4—)
委　员:周望波(—2017.3)
叶小丽(女,—2017.4)
陈伟贤
陈岳平
张　骊(女)
雷秀云(女)
林伟俊
樊秀娟(女)
周希仁
黄晓波(2017.4—)
正科级组织员:朱明海
副科级组织员:吴建荣
(—2017.3)
陈林伟
陈国武
周永海
(—2017.1)
区人大万象街道工作委员会
主　任:蓝林余
万象街道办事处
主　任:蒋华靖
副主任:陈岳平
何卫芳
任文伟
王永健

【联城街道】

中国共产党联城街道工作委员会
书　记:张　濂
副书记:陈金多
卢　剑
纪工委书记:朱伟林
委　员:叶勇伟(—2017.4)
季　蔚(—2017.3)
吴志明(—2017.8)
朱伟林
王良平
陆庶宽
吴朝勇
章官蔚
熊余伟
叶薛超(女)
李　豪(2017.4—)
正科级组织员:金昌伟
区委副科级组织员:饶连友
副科级组织员:蓝伟军
区人大联城街道工作委员会
主　任:蓝春香(女)
联城街道办事处
主　任:陈金多
副主任:熊余伟
石伟明

黄礼义
罗益锋

【碧湖镇】

中国共产党碧湖镇委员会
书　记:叶祖平(2016.6—2017.12)
　　叶建光(2017.12—)
副书记:蓝煜斌(—2017.3)
　　华官丽
　　潘秀华
　　吴　军(挂职)
　　张美英(女,2017.3—)
纪委书记:梁媛媛(女)
委　员:刘伟华(—2017.4)
　　张美英(女,—2017.3)
　　梁媛媛(女)
　　王贤戴
　　金凌海
　　叶伟权
　　纪学敏
　　陶晓华(2017.3—)
碧湖镇人大主席团
主　席:麻伟明
副主席:刘彤彤
　　吴　昊(2017.8—)
碧湖镇人民政府
镇　长:华官丽
副镇长:杜良飞(—2017.8)
　　王贤戴
　　徐煜军
　　潘　波
　　戴黎明(2017.8—)

【大港头镇】

中国共产党大港头镇委员会
书　记:黄玉香(女)
副书记:杨建贞
　　胡春杰
纪委书记:李亮德
委　员:谢永多(—2017.4)
　　李亮德
　　郭玉伟
　　陈　靖(女)
　　蒋　超
　　许力鹏
　　李春阳(2017.4—)
大港头镇人大主席团
主　席:叶祥根
副主席:吕李媛(女)
　　李　丽(2017.8—)
大港头镇人民政府
镇　长:杨建贞
副镇长:郭玉伟
　　吕建林
　　夏黎平
　　雷发元(2017.8—)

【峰源乡】

中国共产党峰源乡委员会
书　记:金伟君
副书记:孙聪龙
　　陈菁和
纪委书记:陈静磊
委　员:陈静磊
　　郑旭军
　　郭起平
　　刘军武
　　雷国亮
峰源乡人大主席团
主　席:齐国伟
副主席:饶钦茂(2017.6—)
峰源乡人民政府
乡　长:孙聪龙
副乡长:郑旭军
　　翁小雯(女)
　　赵永昌
　　桑超迅

【太平乡】

中国共产党太平乡委员会
书　记:徐伟乐
副书记:王育波
　　刘丽伟
纪委书记:李栽慧
委　员:李栽慧
　　黄琮竣(女)
　　陈肖兰(女)
　　于伟宏
　　叶海波(2017.1)
太平乡人大主席团
主　席:唐　键(女)
副主席:徐雄伟
　　余子来
太平乡人民政府
乡　长:王育波
副乡长:于伟宏
　　张春华
　　梅焕根
　　汤伟波

【雅溪镇】

中国共产党雅溪镇委员会
书　记:周文林
副书记:徐　清
　　张　城
纪委书记:叶伟俊
委　员:李　豪(—2017.4)
　　叶伟俊
　　郭伟平
　　杨　丽(女)
　　张　挺
　　商彬彬
　　徐广胜(2017.4—)
雅溪镇人大主席团
主　席:徐旭芬(女)
副主席:金正武
　　朱泽斌(2017.8—)

雅溪镇人民政府
镇　长:徐　清
副镇长:张　挺
　　　潘国龙
　　　潘林强
　　　张连芬

【仙渡乡】
中国共产党仙渡乡委员会
书　记:郭跃伟
副书记:陈　军
　　　叶志文
纪委书记:黄剑波
委　员:黄剑波
　　　张晓波
　　　潘根明
　　　陈婷莉(女)
　　　张科科
仙渡乡人大主席团
主　席:李海慧
副主席:叶超红(女)
仙渡乡人民政府
乡　长:陈　军
副乡长:张晓波
　　　周炳翔
　　　吴龙兴
　　　丁晓丽(女)

【老竹畲族镇】
中国共产党老竹畲族镇委员会
书　记:周建伟
副书记:叶仙美(女,—2017.3)
　　　蓝伟军
　　　杨耀武(2017.3—)
纪委书记:张　丽(女)
委　员:周旺平(—2017.4)
　　　张　丽(女)
　　　林伟伦
　　　刘　渊
　　　翁靖靖(女)
　　　蓝　青
　　　王　盛
　　　夏华飞(2017.4—)
副科级组织员:莫永勤
老竹畲族镇人大主席团
主　席:叶仙美(女,2017.6—)
副主席:雷金荣
　　　章华祥
老竹畲族镇人民政府
镇　长:蓝伟军
副镇长:周　洵(—2017.4)
　　　蓝　青
　　　褚俊俊
　　　蓝津燕(女)

【丽新畲族乡】
中国共产党丽新畲族乡委员会
书　记:徐根发
副书记:蓝军伟
　　　王　静(女)
　　　吴地花(女,挂职)
　　　(2017.6—)
纪委书记:傅永福
委　员:陈建东(挂职)
　　　(—2017.1)
　　　傅永福
　　　王晓飞
　　　梁俊武
　　　林　彬
　　　钟文焕
副科级组织员:邹永红
丽新畲族乡人大主席团
主　席:应永生
副主席:张俊峰
丽新畲族乡人民政府
乡　长:蓝军伟
副乡长:梁俊武
　　　黄莉蓉(女)
　　　赵　健
　　　叶　辉

【黄村乡】
中国共产党黄村乡委员会
书　记:魏　俊
副书记:刘　华(女)
　　　张　政(2017.1—)
纪委书记:陈　超(女)
委　员:陈　超(女)
　　　李高平
　　　张力鹏
　　　徐　科
　　　施　彦(女)
黄村乡人大主席团
主　席:赵　基
副主席:刘丽娥(女)
黄村乡人民政府
乡　长:刘　华(女)
副乡长:李高平
　　　叶泳梅(女)
　　　项庭武
　　　杨裕斐

(中共丽水市莲都区委组织部)

中国共产党丽水市莲都区委员会

综　述

2017年，莲都区实现地区生产总值332.98亿元，增长5.2%。城乡居民人均可支配收入分别达到41857元、23407元，分别增长8.7%、10.1%。产业发展提质增效，创成全国休闲农业和乡村旅游示范区、畜牧业绿色发展示范县，“浙江制造”团体标准《闭门器》正式发布、实现零突破，3家企业入选省“隐形冠军”培育企业名单。项目为王集聚动能，新开工项目同比增加90个，完成重点项目政策处理114个，省、市重点项目年度投资计划执行率历年最高，成功引进总投资135亿元的丽水万洋低碳智造小镇项目。美丽城乡共建共享，助力丽水以全国第四、全省第一的成绩创成全国文明城市，3个乡镇小城镇环境综合整治通过省级验收，“养猪上楼”被农业部列为“五大治污模式”之一，峰源省级自然保护区正式设立，生态环境质量公众满意度首获全省第一。民生福祉持续增进，被列入省“光伏小康工程”实施县，“大搬快治”提前完成三年搬迁任务，城乡危房全部腾空，化解信访积案84件，“区管校聘”试点经验全市推广，建成区数字文化馆、公共图书馆，创成省卫生应急工作示范区。深化改革奋进有为，“最多跑一次”改革被《新闻联播》报道，农村土地承包经营权确权登记颁证整县推进试点在全市率先通过省专项验收，被列入2017年度全国农村集体产权制度改革试点。

重要会议

【区委常委会会议、区委常委会扩大会议】　1月4日上午，召开区委常委会会议。听取招商引资项目情况汇报；审议《丽水市莲都区安全生产“党政同责一岗双责”暂行规定》；岩泉街道、万象街道主要负责人就信访工作做检讨；听取关于党的十九大代表和省第十四次党代会代表推选情况的汇报；审议《政协第十五届丽水市莲都区委员会委员人选名单（草案）》；研究干部人事工作。

1月11日下午，召开区委常委会会议。听取区十六届人大一次会议筹备工作情况的汇报；听取区政协十五届一次会议筹备情况及区政协常委会工作报告；研究市政协委员推荐人选及区政协委员增补名单。

1月18日下午，召开区委常委会扩大会议。传达学习习近平总书记重要讲话和十八届中央纪委七次全会及省纪委十三届六次全会第一次大会精神；传达车俊省长在丽水调研时的讲话精神；传达全省宣传思想会议精神；传达史济锡书记在莲都区落实全面从严治党主体责任检查考核时的讲话精神；通报区委常委会民主生活会召开情况。

1月18日下午，召开区委常委会会议。听取2016年度安全生产工作及岁末年初安全生产大检查工作汇报；审议2016年度“十佳住村干部”名单；听取区人力社保局关于工作责任制考评结果运用有关奖励措施修改意见的汇报；听取2016年度乡镇、街道、区直单位工作责任制考评情况汇报；研究确定常委分工；研究干部人事工作。

1月23日下午，召开区委常委会会议。审议区政协委员增补和调整建议名单;研究干部人事工作。

2月7日下午,召开区委常委会会议。听取区十六届人大一次会议筹备有关情况汇报及审议区人大、政府、法院、检察院工作报告;审议《关于莲都区2016年预算执行情况和2017年预算草案编制情况的报告》《莲都区2016年国民经济和社会发展计划执行情况及2017年国民经济和社会发展计划(草案)》《莲都区2017年基本建设项目投资计划》;听取莲都区第十四届纪律检查委员会第二次全体(扩大)会议筹备情况的汇报;听取太平乡、区科协、区质监局、区国土分局2016年度工作责任制考评情况说明;传达全省防范处理邪教工作会议精神,听取2016年防范和处理邪教工作简要情况和2017年工作思路汇报;听取《全区"首善担当创一流"主题大讨论活动实施方案》起草情况汇报;研究莲都区深化监察体制改革试点工作相关情况;研究区人大、政协换届人事安排。

2月9日上午,召开区委常委会会议。研究干部人事工作。

3月2日下午,召开区委常委会扩大会议。传达丽水市第四次党代会相关精神及相关市领导参加莲都团讨论时的讲话精神;传达中央、省、市委政法工作会议精神;传达全省公安工作会议精神及贯彻落实情况汇报;传达全省统战部长会议精神及贯彻意见情况汇报;传达全省信访局长会议及全市信访工作会议精神。

3月2日下午,召开区委常委会会议。审议《中国共产党丽水市莲都区委关于从严加强干部队伍建设打造首善担当创一流莲都铁军的决定》;审议《区委区政府今后五年和2017年重点工作责任分解以及2017年十方面民生实事责任分解》(由陶旭峰汇报,区府办刘海勇参加);审议《中共莲都区委关于推动首善担当创一流的若干意见》;听取莲都区2016年度创建全国文明城市奖励情况汇报,审议《莲都区创建全国文明城市工作奖惩办法》;审议《莲都区关于进一步加强招商引资工作的若干意见》;听取区委区政府办公室等党(工)委体制机制调整建议方案有关情况汇报;听取莲都区2016年暨第四季度社会稳定形势分析(平安莲都建设工作)情况汇报;研究干部人事工作。

3月28日下午,召开区委常委会会议。审议莲都区"护航G20、平安夺金鼎"行政奖励名单。

3月31日下午,召开区委常委会会议。传达省人大推进"民生实事项目代表票决制"工作现场交流会会议精神;审议《莲都区委关于落实市委全面从严治党主体责任情况检查和评议反馈意见的整改方案》;审议《莲都区委关于落实省委巡视组反馈意见整改落实情况的专题报告》;审议《莲都区委常委工作汇报制度》;听取2016年全区深化改革工作情况汇报;审议《莲都区乡镇(街道)新一轮财政管理办法》《碧湖镇财政体制改革实施方案》;审议区劳动模范和市五一劳动奖章正式候选人名单;审议《莲都区创建全国文明城市工作奖惩办法》;审议《选拔任用干部相关操作简化和调整意见》;审议《莲都区署名推荐领导干部人选操作办法》;传达全省组织部长会议精神;审议《莲都区地质灾害"大搬快治"三年行动计划》《莲都区地质灾害"大搬快治"三年行动计划实施方案》;审议《莲都区全面推进政务公开工作实施方案》;审议《"811"美丽莲都建设行动方案》;审议《关于提振莲都区生态工业发展的意见》。

3月31日下午;召开区委常委会会议。听取当前莲都区意识形态领域情况汇报;传达全省推进媒体深度融合座谈会会议精神;研究干部人事工作。

4月14日下午,召开区委常委会会议。听取区委常委第一季度落实全面从严治党主体责任、意识形态工作主体责任情况汇报;听取区委常委第一季度工作汇报;听取莲都区2017年第一季度社会稳定形势(平安莲都建设工作)情况汇报;研究干部人事工作。

4月24日下午,召开区委常委会扩大会议。听取2017年一季度重点工作和十大民生实事完成情况汇报;传达市"两会"精神；学习《中国共产党工作机关条例(试行)》精神；学习中共中央办公厅关于印发《中国共产党党委(党组)理论学习中心组学习规则》的通知精神。

4月28日下午，召开区委常委会会议。审议《关于推进中小学教师“区管校聘”管理改革试点工作的实施意见》；审议《关于深入开展“精准服务企业、振兴实体经济”专项行动的方案》；审议《2017年度工作责任制考评实施意见》；审议《莲都区“首善担当创一流”百日百项攻坚战活动方案》；听取区委常委会2017年工作要点汇报；听取《关于对2016年度基层党建专项考核和抓基层党建述职评议情况反馈的整改措施》起草情况汇报；听取第一季度信访工作形势分析；研究干部人事工作。

5月11日下午，召开区委常委会扩大会议。传达学习省委、省政府主要领导在二季度工作部署会上的讲话精神，传达学习省委书记车俊在湖州调研时的讲话精神和在新一届市级领导班子成员集体谈话会上的讲话精神；传达学习中共中央关于部分纪检监察干部违纪案件及其教训警示的通报精神；听取全省农村文化礼堂建设工作现场会精神及贯彻意见汇报；听取全市推进“两学一做”学习教育常态化制度化工作座谈会精神及贯彻意见汇报。

5月25日下午，召开区委常委会会议。审议《区委关于落实市委主体责任检查和评议反馈意见整改措施推进情况的报告》；审议《关于建立干事创业容错免责机制的实施办法(试行)》；审议《2017年莲都区农村基层作风巡查工作实施方案》和《2017年莲都区委巡察工作方案》；审议《区委落实市委意识形态工作重点检查反馈意见的整改方案》；审议《莲都区人民政府部门派驻乡镇(街道)机构和人员管理办法(审议稿)》；审议区审计局增加领导职数事项；听取《关于干部考核奖及一次性奖金发放的建议》；传达全省纪检监察工作会议精神；听取有关领导干部诫勉情况汇报；研究干部人事。

6月23日下午，召开区委常委会扩大会议。传达学习省委副书记、代省长袁家军在丽水调研时的讲话精神；传达学习中共中央办公厅国务院办公厅关于甘肃祁连山国家级自然保护区生态环境问题督查处理情况及其教训的通报精神；传达学习《关于实行国家机关“谁执法谁普法”普法责任制的意见》；传达学习《中共浙江省委办公厅浙江省人民政府办公厅关于2016年度全面从严治党主体责任落实情况的通报》精神；传达省委办、省府办关于天台县“2·5”重大火灾事故调查处理情况的通报精神。

6月23日下午，召开区委常委会会议。审议《莲都区2017年度落实全面从严治党主体责任考核办法》；审议《2017年莲都区党风廉政建设和反腐败工作组织领导与责任分工》；听取创建国家农业高新技术产业开发区相关情况汇报；审议《世界丽水人大会莲都分会场活动方案》；听取关于评选2016年度优秀共产党员、优秀党务工作者和先进基层党组织的情况说明；审议《莲都区共青团改革试点工作方案(审议稿)》；研究干部人事工作。

7月5日下午，召开区委常委会会议。审议《2017年度莲都区招商引资工作目标责任制考核办法》；审议《首届古堰画乡小镇艺术节暨“玩转画乡”旅游季活动方案》。

7月26日上午，召开区委常委会扩大会议。传达学习习总书记在深度贫困地区脱贫攻坚座谈会上的讲话精神；传达省党政代表团赴皖苏沪学习考察精神；传达市党政代表团赴宁波市、嘉兴市、湖州市学习考察精神；传达学习中共中央办公厅印发《关于认真学习贯彻新修改的〈中国共产党巡视工作条例〉的通知》的精神；传达省委办公厅省政府办公厅印发《关于天台县依法依规严肃处理九兴公司违建偷排问题情况的通报》的精神；传达习总书记在全国公安系统英雄模范立功集体表彰大会上的重要讲话和车书记、袁省长在省委常委会传达学习时的讲话精神，听取贯彻意见汇报；听取区委常委工作汇报。

8月9日下午，召开区委常

委会扩大会议。传达学习中央纪委编辑的《党的十八大以来中央纪委查处严重违纪违法中管干部忏悔录选编》精神；传达学习中共中央宣传部《党委中心组学习参考》第4期刊发的《从讲政治的高度看做好意识形态工作的重要性》精神；听取全省各级人大常委会主任学习会精神及贯彻意见汇报；听取全省政协主席读书会精神及贯彻意见汇报；听取《中共浙江省委关于全面加强新形势下国有企业党建工作的意见》、全省基层党建工作重点任务推进会、全市特色小镇党建工作现场推进会精神及贯彻落实意见。

8月9日下午，召开区委常委会会议。听取关于落实派驻纪检组更名有关事项的汇报；听取2017年上半年基层党建工作情况汇报；听取中央环保督察筹备有关情况汇报；听取莲都区2017年上半年社会稳定形势（平安莲都建设工作）情况汇报；听取莲都区2017年第二季度信访形势分析；听取莲都区2017年计划生育工作情况的汇报；听取莲都区2017年上半年安全生产工作情况汇报；研究干部人事工作。

8月21日下午，召开区委常委会扩大会议。传达贯彻市委四届二次全体（扩大）会议精神；传达中央办公厅印发《关于市县党委建立巡察制度的意见》的通知精神；传达全省司法体制改革暨中共十九大维稳安保工作推进会精神；听取高溪低丘缓坡区块招商引资情况汇报；传达学习中央环境保护督查组督察浙江省工作动员会讲话精神和省委省政府主要领导批示精神；达中纪委王岐山书记在扶贫领域监督执纪问责工作电视电话会上的讲话精神。

8月25日下午，召开区委常委会会议。审议区委十四届三次全体（扩大）会议方案、报告提纲和《中共丽水市莲都区委关于贯彻落实丽水市委四届二次全会决定的实施方案（审议稿）》；听取区纪委、监委半年度工作情况汇报；审议《莲都区全面深化河长制工作方案（2017—2020）》；丽新乡就信访工作做检讨；研究干部人事工作。

9月8日下午，召开区委常委会会议。传达学习省政府理财治税专题培训班主要精神；传达学习贯彻全市基层党建工作重点任务推进会精神；听取高溪低丘缓坡区块招商引资工作情况汇报；审议《2016年度六边三化三美工作先进单位和先进个人建议名单》。

9月19日上午，召开区委常委会会议。审议《莲都区发展贡献杰出人物推选建议名单》；审议《关于建立乡镇（街道）“组团夜访”工作机制推进服务型基层党组织建设的实施意见》；研究干部人事工作。

10月20日上午，召开区委常委会会议。传达全市人大常委会主任读书会精神，听取莲都区贯彻落实中央、省委、市委文件精神自查情况汇报；审议《莲都区2017年度卫生和计划生育目标管理责任制考核办法》；审议《2017年度莲都区事业单位工作责任制考评实施意见》《莲都区临时性机构工作人员年终考核实施意见》；审议《关于全面消除集体经济薄弱村三年行动计划的实施意见》；岩泉街道、紫金街道、白云街道、万象街道就信访工作做检讨；听取群团改革总体方案以及区总工会、区妇联、区科协改革子方案汇报；审议《莲都区领导干部个人重大事项报告制度》；审议区管领导干部2016年度考核情况；审议市管副职后备干部初步人选建议名单；听取《莲都区2017年第三季度信访形势分析》；听取区委常委工作汇报；传达全省民办学校党建工作座谈会精神；听取莲都区2017年第三季度社会稳定形势（平安莲都建设工作）情况汇报。

10月27日下午，召开区委常委会扩大会议。传达中国共产党第十九次全国代表大会精神；学哲学用哲学专题学习研讨；听取莲都区争夺“大禹鼎”工作行动方案汇报。

11月7日下午，召开区委常委会扩大会议。传达学习《中共中央关于认真学习宣传贯彻党的十九大精神的决定》《中共浙江省委关于认真学习宣传贯彻党的十九大精神的通知》；传达学习习近平总书记在中央政治局常委集体瞻仰中共一大会址和南湖红船时的重要讲话精神、省委常委扩大会议精神；学习贯彻市委书记史济锡在莲都调研宣讲中共十九大精神时的讲话精神。

11月22日上午，召开区委常委会扩大会议。传达市委四届三次全体(扩大)会议精神；传达全省美丽乡村和农村精神文明建设现场会精神。

11月22日上午，召开区委常委会会议。审议《莲都区机关事业单位编外用工管理办法》《关于开展莲都区机关事业单位编外用工清理规范工作的方案》；听取莲都区国资营运公司市场化改革，莲都区从事生产经营活动事业单位改革工作情况汇报；听取关于建议给予莲都区大港头镇记集体三等功的情况汇报；听取全省机关党建工作会议主要精神及贯彻意见汇报；听取区纪委有关案件情况汇报；研究干部人事工作。

12月6日上午，召开区委常委会会议。审议区委十四届四次全体(扩大)会议方案、报告提纲和《中共丽水市莲都区委关于高举习近平新时代中国特色社会主义思想伟大旗帜，加快推进“城市共建、经济共融、福祉共享”的决定(审议稿)》；审议《莲都区迎接浙江省环境保护督察协调保障工作方案》；审议《关于进一步加强关心下一代工作的意见》；听取莲都区2017年人才工作情况和2018年工作思路汇报；听取莲都区财政资金情况汇报；听取区纪委有关案件情况汇报；听取民进区委会和九三学社区委会换届情况汇报；研究干部人事工作。

12月6日上午，召开区委常委会扩大会议。传达学习《中共浙江省委关于加强和改进人民政协民主监督工作的实施意见》；传达学习十四届省委第二轮巡视工作动员部署会精神和《中共浙江省委关于印发〈中国共产党浙江省委员会巡视工作实施办法〉的通知》《中共浙江省委办公厅印发〈关于加强市、县(市、区)党委巡察工作的实施意见〉的通知》；传达学习全市信访工作集体约谈会议精神；听取莲都区财政资金情况汇报。

12月13日下午，召开区委常委会会议。听取区委十四届四次全体(扩大)会议各组讨论和审议情况汇报。

12月19日上午，召开区委常委会扩大会议。传达习近平总书记就进一步纠正“四风”、加强作风建设的重要指示精神和《中共浙江省委浙江省人民政府关于印发〈贯彻落实中央八项规定实施细则的办法〉的通知》(浙委发〔2017〕51号)文件精神；传达学习省委车俊书记在丽水考察调研时的讲话精神；传达学习全省生活垃圾分类处理工作动员会精神。

12月19日上午，召开区委常委会会议。传达国家监察体制改革试点工作动员部署会主要精神和莲都区监察体制试点改革基本情况；传达学习全市城市基层党建工作推进会精神；审议《莲都区残疾人联合会第七次代表大会方案》；听取莲都区2017年度创建全国文明城市奖励情况汇报，审议莲都区2017年度创建全国文明城市社区(村)星级评定情况；听取莲都区2017年信访工作总结和2018年工作思路汇报；听取关于设置区委巡察机构的情况汇报；审议《莲都区2017年市、区重点项目政策处理攻坚行动奖惩暂行办法》；听取区总工会、团区委、区妇联2017年度工作情况汇报；听取区委党校2017年度工作情况汇报；听取莲都区网络意识形态工作情况汇报。

12月29日下午，召开区委常委会扩大会议。传达学习习近平总书记的重要批示精神和车俊同志的批示精神；传达省委、市委经济工作会议精神。

12月29日下午，召开区委常委会会议。听取全市机关党建工作会议主要精神及区直机关党建工作情况汇报；听取莲都区史志工作汇报；听取纪委案件有关情况汇报；研究干部人事工作；听取莲都区2017年防范处理邪教工作和2018年反邪教工作思路汇报；听取2017年食品安全工作情况和2018年工作思路汇报；听取2017年法治宣传教育工作开展情况和2018年工作计划。

【莲都区召开区委武装工作会议暨区国防动员委员会第十四次全体(扩大)会议】 5月27日上午，莲都区召开区委武装工作会议暨区国防动员委员会第十四次全体(扩大)会议。市委常委、区委书记、区国动委第一主任、区人武部党委第一书记杜兴林出席会议并讲话,区委副书记、区长陈豪主持会议,区领导胡伟华、赵加慧、王世强、翁伟标、叶祖平、潘新雄参加会议。

杜兴林指出,十八大以来国家和军队进入全面深化改革时期,国防动员和后备力量建设的社会环境也发生了新的变化。军地各级要准确把握新形势下党管武装的新内涵,以更加强劲的力度、更加有效的举措、更加扎实的作风,努力推动莲都人民武装工作和国防动员建设再上新台阶。

杜兴林强调,党管武装是我党我军的优良传统和特有政治优势,是国防后备力量建设的根本原则。要深化思想认识,深刻领会习近平总书记治党治国治军理念,充分认识加强党管武装工作的重大意义,切实增强党管武装工作的紧迫感、责任感和使命感;要突出工作重点,以深化全民国防教育、加强后备力量建设、推进军民融合发展等工作为抓手,凝心聚力提升党管武装的质量效益;要把握履职要点,强化责任意识,提高履职能力,狠抓制度落实,务实求进推动党管武装工作落到实处。

会上还表彰通报了2016年度武装工作、国防动员工作先进单位和先进个人,并部署今年武装工作任务。

(区广电新闻中心)

【莲都区委十四届三次全体(扩大)会议】 8月31日,莲都区委举行十四届三次全体(扩大)会议。全会深入学习贯彻习近平总书记系列重要讲话精神和"7·26"重要讲话精神,认真贯彻落实省第十四次党代会、市第四次党代会、市委四届二次全会精神,研究部署融入浙江(丽水)绿色发展综合改革创新区、建设丽水大花园"中心园"各项工作,审议通过《中共丽水市莲都区委关于贯彻落实丽水市委四届二次全会决定的实施方案》,为在全市率先高水平全面建成小康社会而努力奋斗。

市委常委、莲都区委书记杜兴林代表区委常委会作工作报告,并作总结讲话。

全会指出,要充分认清融入"创新区",建设"中心园"的重大意义。要认识到,创建浙江(丽水)绿色发展综合改革创新区体现了省委、省政府对丽水的高度重视和关心厚爱,是丽水绿色崛起的历史性机遇,对丽水未来发展具有重要的里程碑意义。融入"创新区"、建设"中心园"是莲都加快绿色发展的关键任务和重要举措。全区上下要深刻认识到,这是莲都区深入践行"八八战略"和"两山""两鸟"重要思想,落实"绿色发展、科学赶超、生态惠民"发展主线,在全市率先高水平全面建成小康社会的一项重大战略举措;是莲都区深入落实"打好五张牌、培育新引擎、建设大花园"新定位新要求,积极探索创新县域治理的一项重大改革创新;是莲都区深入践行以人民为中心的发展思想,提高人民群众幸福感获得感的一项重大民生工程;是莲都区锻造首善担当创一流莲都铁军,持续推进全面从严治党的一个重大实践载体。全区上下一定要倍加珍惜这一重大机遇,吹响改革集结号,唱响实干最强音,用脚踏实地的真抓实干、豪情满怀的开拓创新、万众一心的艰苦奋斗,把融入"创新区"、建设"中心园"的美好愿景变成生动现实。

全会强调,要辩证把握融入"创新区",建设"中心园"的优势和挑战。莲都"一市一区"优势明显,生态禀赋得天独厚,生态产业长足发展,改革试点多点开花,群众生活相对幸福。要倍加珍惜这些优势,并以此为基础,打通市区沟通协调障碍,突出生态成色、竞争力,补齐产业均衡发展、重大项目建设短板,提高改革创新的系统性、针对性,补上居民增收、服务供给历史欠账,以融入"创新区"、建设"中心园"的鲜活实践和成功经验,不断彰显"八八战略"和"两山"重要思想的科学价值和真理力量,为丽水绿色崛起率先探路、提供经验、作出示范。

全会强调,要全面落实融入"创新区",建设"中心园"的各项任务。以把莲都建设成为纯美、实力、宜业、活力、安康的丽水大花园的“中心园”为目标，坚持发展第一要务、坚持统筹基本方法、坚持首善执着追求、坚持民生根本宗旨。要提升生态涵养，建设纯美“中心园”。强化绿色担当，引领生态标杆，坚决守住生态底线，擦亮生态底色，确保生态环境质量和公众满意度全省领先。全域推进生态治理、积极建设最美生态、加速打造全域景区。要发展绿色产业，建设实力“中心园”。着力激活绿色资产，撬动绿色投资，发展绿色产业，培育绿色消费，把生态优势加快转化为经济实力、发展实力、综合实力。加快推进农旅融合、全面提振生态工业、全力培育现代服务业。要优化空间布局，建设宜业“中心园”。按照“中心集聚、组团布局、集约建设”的原则，优化生态、生产、生活空间，形成“全域统筹、生态引领、城乡一体、多规合一”发展格局。优化生产力空间集聚平台、扎实推进产城融合、打造处州韵味美丽城乡、提升基础设施保障功能。要深化改革创新，建设活力“中心园”。整合集成各类改革试点效应，努力谋求创新红利最大化，不断激发经济社会发展新动能。扛起改革大旗、打通创新道路、谱写开放乐章、筑好引凤之巢。要构筑美好生活，建设安康“中心园”。坚持人民至上，聚焦“富民”“惠民”“安民”“乐民”，着力增进民生福祉，让莲都发展更有温度，让人民幸福更有质感。各级各部门要勇于担当，狠抓落实；党员干部要求实务实，示范引领；社会各界要当仁不让，开拓进取。

全会强调，本次全会召开深化了认识、明确了任务、坚定了信心，全区上下要把融入“创新区”、建设“中心园”作为首要任务，迅速行动、狠抓落实，全力以赴推进各项工作落地见效，奋力夺取“全年红”，走好“中心园”建设第一步。

全会强调，要统一思想，凝心聚力谱新篇。通过四个“辩证把握”，深度领会全会精神，进一步统一思想，形成大合唱；全方位、多角度、有高度地宣传解读全会精神；各级各部门要紧扣实施方案，细化目标任务，认真梳理并形成一批有效的工作载体，保质保量落实全会精神。要聚焦重点，确保实现“全年红”。做好护航十九大、平安夺金鼎工作，全力配合好中央环保督察工作，决胜全国文明城市创建，紧紧盯住全年经济工作目标，持续加快项目建设进度，狠抓农民增收、集体经济增收工作，加大环境整治力度，精心筹备首届世界丽水人大会莲都分会。要首善担当，砥砺奋进创一流。要变“创新区”蓝图为现实、“中心园”愿景为实景，转作风，脚踏实地；勇担当，靠前一步；强党建，固本强基。

全会号召，融入“创新区”，建设“中心园”的奋斗号角已经吹响。全区要更加紧密团结在以习近平同志为核心的党中央周围，在省委、省政府和市委、市政府的正确领导下，团结依靠全区人民，不忘初心、砥砺奋进，全心融入“创新区”，奋力建设“中心园”，向党和人民交出一份满意答卷，以优异的成绩迎接中共十九大胜利召开。

区委委员、候补委员，区纪委委员，区人大常委会、区政府、区政协领导，区法检两长，各乡镇（街道）党政主要领导，区直各单位主要负责人，驻莲有关单位主要负责人等参加会议。区级各民主党派和工商联主要负责人、部分区第十四次党代会代表列席会议。

（莲都发布）

【全区干部大会】 2月4日上午，莲都区召开全区干部大会，但今年的干部大会较之以往，除了常规的表彰2016年度先进集体和先进个人外，还设置了区领导现场领办重大项目议程和相关单位主要负责人围绕“如何贯彻落实区第十四次党代会精神，奋力实现首善担当创一流目标”的主题作表态发言议程。

会上，区委书记杜兴林以“加油，莲都！”为主题，从2017年干什么，2017年怎么干两个方面对今年工作做了部署。

2017年干什么？关键是抓好规定动作和个性动作。规定动作要不折不扣抓到底，确保工作推进、考核先进。必须深刻领会上级决策部署，坚持“立意要高、动作要快、声势要大、方法要新、成果要实”的原则，抓好“拆治归”组合拳、全国文明城市创建、市区重点项目政策处理、小城镇环境综合整治、农民增收、发展民生、换届工作7个方面的规定动作。个性动作要务实求新抓出彩，做到体现特色、富有亮点。做到以招商引资为抓手，增强发展内生动力；以工业振兴为支撑，壮大实体经济；以高溪区块破题为起点，走出广阔天地；以农旅融合为方向，让好东西卖出好价钱；以信访维稳为基础，促进社会和谐发展。2017年怎么干？抓项目、拼作风。抓项目，项目是“实业强区、实干富民”的主载体，今年的干部大会，设置了区领导现场领办重大项目环节，包括区委书记、区长在内的莲都区四套班子35位区领导，当着全区干部群众的面，逐一上台，将35个重点项目逐一领办。

“认领成功”四个字，体现的是沉甸甸的责任，按照“一个项目、一个领导、一个责任单位、一个倒排工作计划表，一揽子抓到底”的运作模式推进项目。领办领导要主动过问、及时掌握项目最新进展情况，每个月过问一次进展情况，2个月开展一次现场调研，一个季度开展一次项目汇报会。同时，强化项目进度通报、问题通报督查督办、工作考核评比等，每半月对项目进行全方面督查，督查通报结果将作为年度部门、乡镇（街道）重点建设工作考核以及年度项目推进单项考核的重要依据，着力营造“比学赶超”氛围，共同推动重点项目顺利实施。

拼作风，要围绕争先进位，务必“首善担当创一流”，优化发展环境。结合市委“干净干事创新业”作风建设专项活动，在全区集中开展半个月的“首善担当创一流”主题大讨论活动，通过深入开展一次学习动员，开展一次“历史方位、工作定位和价值地位”三位一体讨论活动，开展一次“思想进位大家谈”活动，开展一场业务培训，举行一次目标承诺，开工一批重大项目这“六个一”活动，进一步提振干部精气神，合力抓大事、抓重点、抓落实，真正发挥莲都的示范、带动和标杆作用。全区各部门、乡镇街道要重点弄明白本单位“地位、方位和价值”三件事情，回答好“担的责任、处的位置、发挥的作用”三大问题，力争干部队伍争创一流，发展环境保持一流，工作业绩体现一流。

（莲都发布　区发改局）

【莲都区召开创建全国文明城市总结大会暨深化常态长效创建工作推进会】 12月21日下午，莲都区召开创建全国文明城市总结大会暨深化常态长效创建工作推进会。市委常委、区委书记杜兴林在会上强调，文明创建之路不平凡、不停步、不松劲，全区上下要始终高举习近平新时代中国特色社会主义思想伟大旗帜，乘势而上、奋发有为，全面深化常态长效创建工作，为奋力推进“城市共建、经济共融、福祉共享”贡献新力量、开创新局面。

区委副书记、区长陈豪主持会议，区领导陈元龙、谷江南、胡伟华等出席会议。

会议表彰了全国文明城市创建工作先进集体和先进个人，杜兴林在会上代表区四套班子向受表彰的先进集体和个人表示祝贺，向所有为文明城市创建付出艰辛努力的广大干部群众和社会各界人士表示感谢。

杜兴林在讲话时指出，文明创建之路不平凡，荣誉归于大家、属于人民。决胜冲刺以来，奋战在文明城市创建战线上的全体同志更是以热度不下降、一点不放过、一刻不耽误的状态，始终秉持“首善担当创一流”的要求，凝心聚力、攻坚克难、奋勇前行，助力丽水提前原计划三年夺得了全国文明城市这颗城市众多殊荣中最璀璨的“明珠”，变不可能为可能，变可能为现实。创城的决心就是全民的决心，创城的行动就是全民的行动，创城的胜利就是全民的胜利。

杜兴林强调，文明创建之路不停步，务必砥砺奋进再出发。全区上下要坚决摒弃“牌子到手、创建到头”的思想，更加自觉投入到常态长效创建工作中来。要坚持在问题查改上下功夫，清醒认识存在的问题，对牢标准抓整改，切实巩固提升创建成果和城市颜值。要坚持在筑牢根基上下功夫，牢固树立求实务实的工作导向，扎实推进城乡一体创建、社区基层创建、行业窗口创建，把创建的触角向基层延伸，打好文明创建的整体战、阵地战。要坚持在品牌引领上下功夫，坚定不移走特色化创建道路，以“五最城”品牌建设为引领，抓紧抓实基础性工程，助力全市打造全国最文明城市，让城市更有气质、魅力和美誉度。

杜兴林强调，文明创建之路不松劲，务必久久为功抓长效。全区上下要始终保持劲头不松、力度不减、标准不降，责任担当要有高度，氛围保持要有热度，长效管理要有硬度，驰而不息推动文明城市创建向制度化、规范化、常态化发展。要始终高举习近平新时代中国特色社会主义思想伟大旗帜，乘势而上，奋发有为，全面深化文明创建常态长效创建工作，为奋力推进“城市共建、经济共融、福祉共享”贡献新力量、开创新局面！

陈豪在主持会议时要求，全区上下要深刻领会会议精神，紧密结合实际，抓好贯彻落实。要在凝聚文明共识上持续发力，树立归零翻篇的心态，扬帆起航再出发。要在筑牢创建成果上持续发力，使文明城市创建经得起历史、实践和人民的检验。要在打造更高水平文明城上持续发力，努力推动文明城市创建工作向更高、更深、更广的层次发展。会议还部署了莲都区全面推进文明城市创建巩固常态长效化三年计划。相关单位负责人分别做了典型发言。

（区广电新闻中心）

【莲都区召开工业经济、金融等工作会议暨一季度集中签约仪式】 3月16日下午，莲都区召开工业经济、金融、安全生产、消防工作会议暨招商引资一季度集中签约仪式。市委常委、莲都区委书记杜兴林在会上指出，要凝心聚力，顺势而上，确保各项工作取得新成效。区委副书记、区长陈豪主持会议。

会上，莲都区各相关领导分别部署了金融、消防工作和工业经济、招商引资、安全生产工作。并进行了9个亿元以上项目的集中签约，吹响了莲都招商引资新号角。

据统计，莲都区已签约项目33个，其中工业项目2个，农业项目8个，旅游服务业项目23个，合同投资24.83亿元，实际到资4.38亿元；另有在谈项目超过20个，预计合同投资额约39.52亿元。

杜兴林在会上指出，实体经济是保持地区经济社会健康发展和具备长远竞争力的关键所在，莲都要认清形势，顺势而上，坚持“工业第一经济，招商第一抓手”，努力开创莲都实体经济发展新局面，充分体现“尤为如此”的示范和担当。

就振兴实体经济，杜兴林强调发展生态工业是首要，全区上下要围绕“把准脉”“开好方”“用对药”的工作要求，推动工业经济规模大提升、结构大调整、数字大提高；坚持招商引资是关键，要充分认识到招商引资是经济发展的主动力，坚定不移地抓谋划、抓招引、抓推进、抓责任，以有效投资的快速增长促进莲都经济的快速发展；提高服务保障是基础，要通过强化金融保障、安全保障和服务保障，营造良好的发展环境，推动政务服务体系创新，构建“亲、清”政商关系。

（庄啸 常诗静）

【莲都区委召开政法、组织、宣传、统战工作会议】 4月6日上午，莲都区委合并召开政法、组织、宣传、统战工作会议，总结过去一年工作，部署下阶段任务，市委常委、区委书记杜兴林出席会议并讲话，区委副书记、政法委书记胡伟华主持会议。

政法、组织、宣传、统战工作在全区发展稳定大局中发挥着关键作用，过去一年，四条线上工作成效明显，各有亮点。其中，政法方面，连续11年获得省级平安区，护航G20峰会圆满收官。宣传方面，在全国文明城市年度测评中，丽水的成绩位居全国第三、全省第一，成为全国进步最大的“黑马”。组织方面，在全市率先推行社区“大党委制”，党员志愿服务全市领先。统战方面，在全省首创新社会阶层人士到部门挂职锻炼机制，得到中央、省委统战部的肯定。

杜兴林在会上充分肯定了成绩，并代表区委向全区各级党组织和广大党员干部群众的辛勤付出表示感谢和敬意。

就抓好今年工作，杜兴林强

调，要以平安夺金鼎为目标，守护人、管住人，扎实做好政法维稳工作。2018年是中共十九大和省党代会召开之年，也是莲都区夺取“平安金鼎”的最后一年，必须做到稳字当头，为中共十九大和省第十四次党代会胜利召开营造安全稳定的社会环境；决战决胜，全力夺取平安金鼎；拉高标杆，助力打造“全国最平安城市”。要以旗帜鲜明讲政治为首要，武装人、鼓舞人，认真做好宣传思想工作。切实把宣传学习中共十九大、省市区党代会精神作为首要的政治任务，要致力全国文明城市创建，唱响团结向上主旋律；致力意识形态舆论把控，强化责任担当；致力文化文艺阵地建设，丰富精神生活；进一步凝聚广大干部群众向心力。要以莲都铁军建设为重点，选准人、用好人，全面推进组织工作。必须以铁的作风抓好学习教育，以铁的纪律抓好村级组织换届，以铁的决心招才引才，努力打造忠诚干事政治过硬、担当干事本领过硬、干净干事作风过硬、奋发干事实绩过硬的莲都铁军。要以服务大局谋发展为主线，凝聚人、团结人，不断推进统一战线工作。在聚力发展上要有新业绩，促进和谐上要有新贡献，激发动力活力上要有新作为。

区领导胡伟华、赵加慧、周显荣、翁伟标在会上分别部署相关工作，宋珍花、叶建利、叶祖平等区领导出席会议。

（莲都区政府网 ）

【莲都区举行“首善担当创一流”第一次工作交流会】 4月7日上午，经过层层严格筛选，莲都区碧湖镇、东西岩景区管委会、紫金街道大洋河社区等10个单位“一把手”参加了一次特殊的“比武”，参加“季度考”，5分钟、脱稿、晒工作，乡镇（街道）、区直部门和村（社区）当家人同台晒业绩比激情话担当，近千名干部以视频会议的形式分别在主会场和10个分会场收看。

这是莲都区召开第一次“首善担当创一流”工作交流会。“会议这样开，就是让全区上下对‘首善’是什么、‘担当’为什么、‘创一流’要有什么？这三大问题有更深切的感受，让‘首善担当创一流’成为全区干部群众的思想共识和自觉行动。”市委常委、莲都区委书记杜兴林一语道出活动的初衷和意义。

相信大家都迫不及待地想看看选手们都亮出了哪些家底吧？

碧湖镇：在全区率先开展“百名干部进千家访万民”活动，并圆满完成了43个村党支部换届选举任务。拆违体量全区第一，3月连续大干21天，累计拆除面积14.3万平方米，已完成全年任务的43.4%。完成小微水体区级点位74个，生猪减少10381头。全镇干部群众以抓落实一刻也不能耽误、不留退路才能赢得出路、善谋善成才能争创一流的精气神干事创业。

黄村乡：深入开展干部“组团夜访”，将“首善担当创一流”转化为实际行动，作为追求新作为取实效的有力举措。目前，第一轮“访”完11个行政村，共收到问题73个，27个已办结，46个正在办理中。

东西岩景区管委会：虽然只有7名干部，却提出“勇当莲都铁军的‘尖刀班’”的响亮口号，以更加昂扬的精神和更加务实的作风，力争到2017年底，实现东西岩景区营业收入超500万元，从纯观光旅游向文化体验旅游转变、从单一景区发展向景镇共同发展转变的“一个突破，两个转变”。2017年1—4月，景区营业收入将超200万元。

区发改局：“一把手”到任仅两个多月的时间，带领大家站在大格局中精准定位，精心谋划莲都的发展改革大计，在“首善担当创一流”中担重任。就如何抓好项目推进？莲都区发改局提出“筑牢项目根基、坚持市区一家、紧盯发展目标、强化汇报沟通、坚持以上率下”的工作思路。

区经合办：抓准“谋、秀、招、推”四字拳法要领，打好招商引资工作组合拳，一季度共签约招商引资项目33个，合同投资24.8亿元，实际利用内资9.8亿元，浙商回归到位资金2亿元，实现一季度招商引资“开门红”。全员发动、上下联动、内外互动招项目，你追我赶的招商氛围正在全区形成。

区农业局：局长履新两个月，开启了忙碌的“莲都农业”模式:梳理信访积案和历史遗留问题20多项;着力破解农产品质量安全监管难题;强力推进生猪养殖污染整治工作,确保6月底前全面完成整治任务,并全力落实10万头生猪养殖基地;筹办"莲都农业青峰班",创新干部培养模式,促进年轻干部成长……这一切只为"让莲都农业流行起来!"的目标。

紫金街道大洋河社区:作为创建全国文明城市的主战场、主阵地之一。始终秉持"首善担当创一流"的要求,怀揣责任心、奉献心和恒心"三颗心"投入文明创建工作,老小区展现出新面貌、新作为、新业绩。

碧湖镇竹溪村:因户施策治"危",源头管理治"违"。党员干部带头示范,想方设法让治水成为全民的自觉意识和共同选择,层层垒起治水工作的稳固基石。新农村建设、居家养老照料中心等一批惠民项目顺利推进。竹溪村干部队伍正以铁军新面貌干出新作为。

太平乡富山头村:2013年,开发了200多亩的油茶籽基地,实现了部分村民增收;2014年,在横坑自然村试点开辟种植了105亩的覆盆子基地,到2016年亩产3000—5000元。2016年,该村新增覆盆子基地700余亩。农民持续增收的同时,该村积极推进污水管道铺设、村庄道路建设等。

仙渡乡仙里村:2016年以来,共拆除、整治违章点位20多个,新建公厕2个,新建村内沿河小城墙400多米,从"六边三化三美"后进村转型为示范村。针对垃圾倾倒入河的难题,村两委干部逐家逐户做通思想,迅速打开了工作局面,打好生活污水治理战役,如今村里呈现河道清水碧波的动人画面。

会上,区副处以上领导对各单位交流发言情况进行了书面推优评议。市委常委、莲都区委书记杜兴林针对10个单位的交流发言进行逐一点评,并提出下步工作具体要求。下面再来听听杜兴林提出哪些新要求新期待。

一是当前形势怎么看?务必坚定信心、坚定目标再出发。治危拆违、村和社区组织换届、劣V类水和散养生猪治理、文明城市创建、"大搬快治"和集体经济薄弱村消除等等这些"硬骨头"都要按时按质按量啃下。策马扬鞭、砥砺前行,让勇当全市绿色发展模范生,在全市率先高水平全面建成小康社会的美好愿景成为生动现实。1—2月"10+2"重点指标不容乐观,剿灭劣V类水、生猪散养治理、治危拆违、文明城市创建等方面工作进度上有差距。二是我们应当怎么办?务必扬长避短、扬长补短再提升。要做到"首善担当创一流",必须提升战略、进取、创新"三种意识",强化目标、问题、结果"三种导向",弘扬担当、钉钉子、工匠"三种精神"。三是下步具体怎么干?务必精准施策、精准发力再攻坚。具体做到抓重点、重点抓,抓具体、具体抓,抓书记、书记抓。

就当前需要具体抓好的五个方面工作,杜兴林强调:一是抓好文明创建这件大事,确保一举创成、力拼前列。短板仍然突出,必须戒骄戒躁,对标高线,抓好全民共创、项目推进、问题整改和精品创建,全力冲刺最后3个月,确保一举创成、力拼前列。4月,重点开展好"我为丽水助助力,乡风文明促和谐"万人小城镇文明行动以及11个大类示范点建设。二是抓好环境治理这件急事,确保水清岸绿、人民满意。全境剿灭劣V类水,首要抓好散养生猪治理,确保6月底前完成任务,全面消除劣V类水体,年底前实现巩固提升、建立长效机制,夺取"大禹鼎"。确保6月底前所有C级城镇危房停止出租经营,年底前完成农村所有D级自住危房和涉及公共安全的C级、D级危房治理改造。确保汛期前所有隐患点威胁人口完成撤离。严控新发"两违",争创"无违建先进区"。扎实开展小城镇环境综合治理、"六边三化三美"工作。三是抓好项目建设这件实事,确保内能提升、强区富民。牢固树立"项目为王、项目制胜"的工作理念,下大力气破解项目数量偏少、体量不大、储备不多、机制不活、效率不高等瓶颈问题。四是抓好农民增收这件难事,确保稳定增长、奔跑小康。低收入农户增收门路不广,已经成为我们追梦全面小康路上的“拦路虎”。必须千方百计、想方设法促进农民增收致富。五是抓好村社换届这件要事,确保风清气正、活力迸发。区委对换届过程中的违法违纪行为“零容忍”,坚持露头就打,决不姑息。同时,对发生严重违法违纪的村子,今后三年不再安排任何建设项目。

(区委报道组)

【全区领导干部会议】 11月13日上午,莲都区委召开全区领导干部会议,传达学习省委十四届二次全体(扩大)会议精神,研究部署贯彻落实工作。市委常委、区委书记杜兴林主持会议并讲话,他强调,要切实把全区上下的思想和行动统一到中共十九大精神和省委十四届二次全会精神上来,做到“全覆盖”学习、“全方位”思考、“全身心”悟透、“全天候”践行。

区委副书记、区长陈豪传达会议相关精神,区领导陈元龙、谷江南、胡伟华出席会议。

省委十四届二次全会是在全省上下深入学习贯彻中共十九大精神、加快“两个高水平”建设的重要时期召开的一次重要会议。省委书记车俊作的报告和全会审议通过的决定,通篇贯穿习近平新时代中国特色社会主义思想,科学把握我省发展的阶段性特点,突出抓关键、求突破的实干导向,落实新时代党的建设新要求,是引领我省“两个高水平”建设的纲领性文件。

会议在传达学习了省委全会精神后,杜兴林结合会议精神和工作实际谈了个人体会,杜兴林说,新一届省委常委会工作卓有成效,主要体现在:政治意识非常强,所有举措与党中央保持高度一致;改革力度特别大,浙江的明天充满着改革智慧和力量;工作谋划特别深,一系列战略部署与产业调整、动力转换、潜能培育紧密相关;自身建设特别好,深深感受到省委的担当以及对基层的期待和要求。省委领导富有亲和力和前瞻性,对基层同志既压担子又关心厚爱,我们更需要“自觉、高效、快乐”工作。

就如何贯彻落实省委全会精神,杜兴林提出,要“全覆盖”学习,在学习过程中,要深刻认识到,习近平总书记是全党核心、人民领袖、全军统帅;全区上下要不忘初心、牢记使命、紧跟核心,结合“两学一做”学习教育,深入学习贯彻并高举习近平新时代中国特色社会主义思想伟大旗帜,把学习任务落实到每一个党组织、党员,横向到边、纵向到底,实现全覆盖;各级领导干部要带着感情自觉学、带着责任经常学、带着思考反复学,学深悟透、真用笃行。

杜兴林强调,要“全方位”思考,十九大报告中提出了许多新目标、新思想、新要求;省委全会确定了推进“两个高水平”建设的工作方向,明确六大工作重点,总结了“六个坚持”的工作方法,我们都要深刻理解和把握,并结合莲都工作实际,进行深入思考、消化吸收,内化于心、外化于行,不断提高把方向、谋大局、促改革的能力和定力,以此指导推动各项事业健康发展。

杜兴林要求,要“全身心”悟透,各级领导干部要有大局意识,在全国大局、全省大局、全市大局中看清莲都的历史方位、区域方位、发展方位,明晰莲都的发展方向。要树立问题导向,善于切准发展制约,积极借势借力,找差距、抓重点、补短板。尤其要把“乡村振兴战略”作为践行“两山”理论和贯彻十九大精神的重要抓手,对标研究、深入谋划,让群众捧上成色更足的“金饭碗”。

杜兴林同时要求,要“全天候”践行,推动十九大精神和省委全会精神深入践行、必须不等不靠。当前要全力做好融入浙江(丽水)绿色发展综合改革创新区各项工作;要下狠力抓好经济发展、26县考核、项目建设、政策处理、招商引资、“双增”、治危拆违、“大搬快治”、小城镇环境综合整治等工作,尤其要坚决打赢“平安金鼎”“大禹鼎”“文明创建”三大硬仗,全力冲刺四季度,夺取全年红;要高起点谋划明年工作目标、思路、举措,特别及早谋划和安排明年的重大项目计划,以大项目推动大发展,确保明年重点项目和有效投资实现“开门红”。

全区副处级以上领导干部,

区直各单位主要负责人，各乡镇、街道党政主要领导等参加会议。

（区广电新闻中心）

【莲都区委十四届四次全体（扩大）会议】 12月13日，莲都区委召开十四届四次全体（扩大）会议。全会深入学习贯彻中共十九大精神，紧密结合省第十四次党代会、省委十四届二次全会、市第四次党代会、市委四届三次全会和区第十四次党代会以来的各项决策，对高举习近平新时代中国特色社会主义思想伟大旗帜，始终遵循“八八战略”总纲和“尤为如此”重要嘱托，奋力推进“城市共建、经济共融、福祉共享”做出了全面部署。审议通过《中共丽水市莲都区委关于高举习近平新时代中国特色社会主义思想伟大旗帜，奋力推进“城市共建经济共融福祉共享”的决定》。

区委常委会主持会议。市委常委、莲都区委书记杜兴林代表区委常委会作工作报告，并作总结讲话。区委副书记、区长陈豪及其他区委常委出席会议。

全会一致认为，中共十九大是一次具有划时代、里程碑意义的历史性盛会，是引领全党全军全国各族人民满怀信心为决胜全面建成小康社会、夺取新时代中国特色社会主义伟大胜利而奋斗的历史性大会，必将成为实现“两个一百年”奋斗目标和中华民族伟大复兴中国梦历史进程中一座光耀千秋的里程碑。中共十九大把习近平新时代中国特色社会主义思想确立为党必须长期坚持的指导思想，开辟了马克思主义中国化的新境界，实现了党的指导思想又一次与时俱进，对于党和国家事业发展具有极其重大而深远的意义。

全会指出，全区上下要倍加珍惜习近平总书记在浙江工作尤其是到丽水调研时留下的宝贵财富，倍加珍惜十九大赋予的重大历史性机遇，落实省委“当好学懂弄通、做实笃行习近平新时代中国特色社会主义思想的排头兵”的要求，始终遵循“尤为如此”重要嘱托，奋力推进“城市共建、经济共融、福祉共享”，首善担当创一流，浓墨重彩开辟“绿色发展生态惠民”新境界。

全会强调，莲都区奋力推进“城市共建、经济共融、福祉共享”的战略安排是：从现在到2020年，是高水平全面建成小康社会的决胜期。要厚植“秀山丽水、画乡莲都”生态优势，做好“特、富、美、安”四篇文章，完成融入“创新区”、建设“中心园”各项任务，生态涵养持续提升，“两山”转换通道初步打开，高水平全面小康得到人民认可、经得起历史检验。高水平全面建成小康社会之后，要乘势而上、砥砺奋进，分两个阶段高水平全面建设社会主义现代化。第一个阶段，从2020年到2035年，再奋斗十五年，与全省同步高水平基本实现社会主义现代化。生态经济成为区域发展的新引擎，城市首位度进一步提高，“中心园”更富意境，美好生活更有质感，成为“绿水青山就是金山银山”全国标杆、“美丽中国”的璀璨明珠和乡村振兴的国家示范。第二个阶段，从2035年到21世纪中叶，再奋斗十五年，物质文明、政治文明、精神文明、社会文明、生态文明全面提升，社会治理体系和治理能力实现现代化，人民共同富裕水平大幅提升，建成最宜居、最宜业、最宜游城市，成为人人向往的最美“中心园”，在全国生态文明建设中处于领先位置。

全会强调，以更高的新站位干出新作为，忠贞不渝紧跟习近平总书记这个核心走，始终坚持习近平新时代中国特色社会主义思想的光辉指引，深入践行以人民为中心的发展思想；以更足的新动力干出新作为，以敢为人先的魄力推进改革创新，以坚如磐石的决心推进绿色发展，以超常规力度推进乡村振兴；以更好的精气神干出新作为，有好心态、高姿态、优生态。全区上下务必从转作风入手，马上干、务实干、高效干，从现在做起、从当下干起，抓学习贯彻，持续兴起学习贯彻十九大精神的热潮；抓冲刺进位，奋力夺取“全年红”；抓难点突破，聚力民生“小事情”；抓调查研究，聚精会神谋新篇；抓和谐稳定，千方百计保平安。

全会最后号召，更加紧密地团结在以习近平同志为核心的党中央周围，高举习近平新时代中国特色社会主义思想伟大旗帜，带领全区人民抖擞精神再出发、撸起袖子加油干，在新时代长征路上不忘初心、牢记使命，干出新作为、不负新时代。

区委委员、候补委员，区纪委委员，区人大常委会、区政府、区政协领导，各乡镇（街道）党政主要负责人，区直各单位党委(党组)主要负责人等参加会议。

（区广电新闻中心）

办公室工作

【文字工作】 围绕“精、实、简”要求，做好调查研究、信息服务、新闻报道等文字工作，及时为区委决策创造条件、提供依据、营造氛围。做好全区调研工作的组织、协调和重大课题的实施工作，开展针对性调研、对策性调研、决策性调研和经验性调研。全年共确定区领导调研课题35个，完成汇报材料、讲话材料、报刊约稿等文字材料300多个。发挥党委、政府信息工作的主渠道作用，及时采编各类紧急信息、经验信息和上报信息。全年共编发信息314期，其中《莲都信息》231期、《莲都信息增刊》58期、《专报信息》46期，获区领导批示20条、市委领导批示7条。精心组织重大主题、典型事件、重点工作的宣传报道工作。区委报道组在人民网、新华网、中新网等国家级、省级网站发表稿件共76篇(条)，《浙江日报》上刊发新闻稿件41篇(条)，新媒体《浙江新闻客户端》上刊发稿件187篇(条)，《丽水日报》上发表稿件314篇。在丽水各县市区2016年度新闻报道工作考核中，区委报道组成绩再次名列第一，实现“五连冠”。

【督查考评工作】 做好督查考评工作，确保区委科学决策得到有效落实。一方面，强化督查督办。围绕区委中心工作、领导批示事项、上级交办事项、人大、政协提案，开展督促检查。全年共下发督查通知30期，督查会风会纪15次，印发了《重大事项交办单》9件，编发《督查反馈》24期、《督查通报》34期，办理议案、建议、提案470件，上级交办事项按时办结率100%，有效推动了重点工作、重点项目的落实。另一方面，创新考评工作。推进改革体系考核，大幅删减项目，考核分值与评优、奖金挂钩，并拉开差距，打破“干多干少一个样”“干好干坏一个样”局面。制定“双月通报”制度，定期公布阶段性考核成绩，全面营造“争先恐后、争先进位、争创一流”的干事氛围。做好与市考核相关部门的沟通联系工作，并要求全区各相关责任单位落实具体责任人，确保相关指标能够做到全程无缝对接。

【综合协调工作】 强化服务意识，创新服务手段，提升服务内涵，确保办公室工作整体运转流畅。沟通协调无缝化。对外，主动加强与市委办公室、基层各部门及区四套班子之间的联系，形成上情下达、下情上传、配合紧密、整体联动的良好态势；对内，完善办公室机关岗位责任制，促进办公室有序运转、无缝衔接。文秘工作规范化。根据中央“四风”问题的有关要求，统筹安排会议活动、文件印发，强化公文的规范性，会议安排的合理性。办文方面，严格控制文件数量、明确行文职责、规范行文程序、控制发文规格，全年印发正式文件325件。办会方面，与时俱进，继续强化办会水平，树立全区会务工作标杆，全年承办或参与协办会议110余场。机要保密安全化。加强值班制度，顺利完成了JWL102装备、JWL20退装和高清视频监控升级工作。抓好计算机保密管理工作，对全区重要部门、岗位开展保密检查。今年传输办理密码收电1568份，发电128份，中共中央办公厅发电5份。其中特提电报215份，绝密级3份；传输办理明码传真电报2329份，未发生丢失、压误和错办、漏办电报等责任事故。信访维稳制度化。制定出台《莲都区分级分责落实信访工作责任制实施细则》，全区共化解信访积案72件。形成较为完备的三级信访责任体系。开展信访积案“歼灭战”活动，中共十九大，全国及省市区“两会”、党代会，“一带一路”峰会，世界互联网大会等重大政治活动期间“零集体访、零非访、零滋事”。史志工作常态化。《莲都区志》修编工作进入提交复审的重要阶段，《莲都党史二卷》初稿基本形成。《丽水县志(民国版)》出版发行，有效推进全区旧志文献点校与整理工作。翻印1992年版《丽水市志》100本，较好地缓解社会各界对莲都区志的需求。对台服务精细化。共接待乡村发展、旅游民宿、经贸交流等各类参访团15批次、台胞400余人。以"为台服务月"、台胞定点就医活动为契机，帮助7家台属企业和部分莲台胞协调解决在子女就读、涉台婚姻、医疗保障、寻根等方面的问题。中央电视台《海峡两岸》摄制组、台湾中视等媒体走进莲都大地，提高莲都在台知名度和美誉度。

【干部队伍建设】 提出"强素质、优服务、重创新"的工作要求，打造一支业务精良、作风扎实、奋发有为的办公室队伍。开展"首善担当创一流" 主题大讨论活动，安排干部参加普法、公务员知识更新、公文管理等培训等。利用夜学时间组织开展中共十九大精神、习近平总书记一系列重要讲话精神学习贯彻活动，准确领会党的新思想、新观点、新论断和新要求，提升干部全局意识、服务意识、改革意识。丰富干部职工业余生活，组织了2场工会活动及党支部红色主题活动。开展了"不忘初心跟党走 砥砺建功新时代"学习贯彻中共十九大精神演讲比赛和"十九大报告与新党章"知识竞赛，年轻党员干部得到充分锻炼。兰剑在丽水市第六届微型党课比赛中获得第一名。严格执行中央"八项规定"、省委"28条办法"和"六项禁令"、市委实施意见、区委实施办法，将政治品质、职业道德、工作作风、廉洁自律等情况纳入办公室年度绩效考核体系。联系服务接官亭社区，引导党员干部积极参加"创建全国文明城市""剿灭劣V类水""六边三化三美"等活动，全年共组织小荷志愿者服务15次，向外展示良好的工作作风和干部形象。按照年轻化、知识化、专业化的要求，全年共引进年轻干部4名，平均年龄为27周岁；严格按照区里有关规定使用股级干部，提拔任用了16名股级干部，继续给他们铺台子、搭梯子、压担子，使他们干事有方向、工作有动力、成长有空间。制定《区委办2017年度党风廉政建设责任分工》，层层签订责任书，切实履行"一岗双责"，注重从源头上、制度上抓廉政。严抓办公室干部作风建设，组织干部参加各级纪检监察机关举办的各类党风廉政教育学习与培训。强调干部要大兴干净干事之风，进一步增强廉洁自律意识，树好廉洁形象，切实做到警钟长鸣，防微杜渐，廉洁从政。

组织工作

【"两学一做"学习教育常态化制度化】 开展"首善担当创一流"主题大讨论活动，以"三会一课"制度为重要载体，将中共十九大精神和习近平新时代中国特色社会主义思想，以及省市区重要会议精神传达到每一个基层党组织，每一名基层党员。组织开展向廖俊波等先进典型学习活动，选树丽新乡白岸口村党员李建伟遗体捐献等先进事迹。全面深化"6+X"支部主题党日活动，在6项规定动作的基础上，丰富开展"主题党日"之温暖日、服务日、检验日、谈心日、议事日、评议日、治病日等"个性主题"。全面推行"组团下访"联系服务群众机制，14个乡镇(街道)班子"组团下访"220余次、收集各类意见建议1386条，为群众办实事572件，打通联系服务群众"最后一纳米"。在"最多跑一次"改革中发挥红色堡垒作用，推出"百人体验团"挑刺、"局长坐班日"、民宿"证照联办"等举措，跑出"莲都速度"。打造82个"党员文明创建实践区"，开展千人以上的志愿服务活动83次，万人以上活动17次，带动30多万人次参与文明创建。将支部建到攻坚组上，共建立15个工作支部，选派机关党员200余名，组织引导广大党员到重点项目一线攻坚，有效推进重点工作。开展"首善担当创一流"主题实践活动，评选基层党建、社会治理、集体经济发展、志愿服务等方面"十个十佳"典型。

（蒋洪勇）

【发展党员和党员管理】 按照中央"控制总量、优化结构、提高质量、发挥作用"的总要求，2017年全区共新发展党员265人，其中公有制单位(党政机关、事业单位)127名,占47.9%,非公有制经济领域49名,占18.5%,农民党员124名,占46.8%,35岁及以下的有171名,占64.5%,女党员111名,占41.9%,大专及以上的有145名,占54.7%。2017年,先锋指数考评实现农村基层、机关、企事业单位、社区、两新组织等领域全覆盖,实行每半年评定一次,年末开展总体评价。2017年,全区20374名党员参与先锋指数考评,评出年度先锋党员2028名、警示党员117名。

(舒怡然)

【"五好"服务型乡镇(街道)创建工作】 按照乡镇(街道)推动发展好、服务群众好、社会管理好、工作效能好和自身建设好的要求,开展"五好"服务型乡镇(街道)创建工作。经各相关单位考核和区工作责任制考评领导小组成员会议审议,并经区委常委会研究,岩泉街道、紫金街道、白云街道、万象街道、联城街道、碧湖镇、大港头镇、峰源乡、太平乡、雅溪镇、仙渡乡、老竹镇、丽新乡和黄村乡14个乡镇(街道)被命名为2017年度"五好"服务型乡镇(街道)。

(舒怡然)

【基层服务型党组织星级管理评定】 根据省委组织部《关于推行五星级管理深化基层服务型党组织建设的指导意见》(浙组〔2012〕45号)、省委组织部《关于全面实行底线管理深化推进后进基层党组织整顿转化工作的通知》(浙组通〔2018〕12号)文件和区委组织部《关于推行五星级管理深化基层服务型党组织建设的实施意见(试行)》(莲组〔2013〕22号)的文件要求,在全区基层党组织中开展2017年度基层服务型党组织星级评定工作,全区共835个党组织参与评级,有71个党组织被评为五星,有270个党组织被评为四星,有424个党组织被评为三星,有53个党组织被评为二星,有17个党组织被评为一星。按照中组部制定的整顿软弱涣散党组织标准,确定 12个村党组织和2个社区党组织为后进基层党组织,采取"一村(社区)一策"的办法,研究制定整顿方案,提出整改措施,明确目标、时限和责任人,落实区四套班子主要领导及区委常委班子成员挂点联系,按时完成整顿工作。

(舒怡然)

【大学生村官管理】 根据省市统一部署,2016年通过"两项计划"转任大学生村官2名,离岗大学生村官27名,其中两个聘期期满3名、考录公务员及事业单位22名、通过考核招聘择优转任乡镇事业编制人员1名、自主创业1人。

(王宁)

【农村第一书记】 根据《关于公布农村工作第一书记(指导员)名单的通知 》(莲组〔2017〕134号)文件,为加大对莲都区集体经济薄弱村扶持力度,根据区委要求,经区直各单位推荐,选派了2017年新一批农村第一书记(指导员)。结合"双增"工作实际,对部分2016年选派的第一书记(指导员)进行调整。共确定第一书记126名,其中区直单位主要负责人64名(组织关系不转至所在村)。2016年市派第一书记7人,农村工作指导员2人继续在岗。

(王宁)

【党内统计】 截至2017年年底,全区共有基层党组织825个,其中基层党委55个,党总支20个,党支部744个。我区共有党组织835个,其中基层党委55个,党总支17个,党支部763个(含农村支部213个、社区支部124个);派出工委8个,党组43个;党员20838人,其中预备党员334人,少数民族党员1107人,女党员6150人,农村党员11608人。

(王宁)

【党内先进评比】 开展2017年度优秀共产党员、优秀党务工作者和区级先进基层党组织评比活动,共评选出优秀共产党员108名:陈黎霞(岩泉街道党工委委员、纪工委书记)、谢金南 (岩泉街道秋塘村党支部书记)、叶寿庭(岩泉街道关下村党支部书记)、余丽祥(岩泉街道枫树湾村党支部书记)、陈宝龙(岩泉街道琯头村党支部书记)、章丽芬(女,岩泉街道丽阳社区党委书记)、陈旭东(丽水市鱼跃酿造食品有限公司党支部书记、董事长）、金慧虹（女，紫金街道党工委委员）、陈丽华（女，紫金街道社会事业服务中心副主任、计生办主任）、林华仙（女，紫金街道办事处计生专干）、胡宝连（紫金街道塔下村党支部书记）、李文娟（女，紫金街道万丰社区居委会主任）、张烨（女，紫金街道东升社区党委书记）、王淑贞（女，喜尔顿国际飞达联合党支部书记）、舒丽红（女，白云街道党工委副书记、办事处主任）、赵璟（女，白云街道办事处社会事业科负责人、组织干事、纪工委委员、机关第一党支部委员）、刘纪法（白云街道丽光村党总支部书记）、管伟红（女，白云街道接官亭社区党委书记）、陈建平（浙江山水控股集团党支部书记、总裁）、王永健（万象街道办事处副主任）、施建波（万象街道厦河门社区党委副书记、居委会主任）、陈清其（万象街道凤凰社区党委书记）、邵敬屏（女，万象街道丽阳门社区党委书记）、南丽丽（女，万象街道大水门社区党委书记）、蔡宏光（丽森木材有限公司党支部书记、监事）、罗益锋（联城街道办事处副主任）、吴军俊（联城街道办事处安监员）、艾云东（联城街道官桥村党支部书记）、刘梦秋（女，联城街道莲景村党支部委员）、王金伟（联城街道路湾村党支部书记）、张美英（女，碧湖镇党委副书记）、陈泓霖（碧湖镇人武部副部长）、陈皓（碧湖镇团委书记）、陈云峰（碧湖镇征迁办副主任）、方秋霞（女，碧湖镇社保员）、谢真铭（碧湖镇农业农村综合服务中心党支部书记）、周水达　（碧湖镇古井村党支部书记）、魏以东（碧湖镇沙岸村党支部书记）、张伟武（碧湖镇堰头村党支部书记）、李小华（碧湖镇白桥村党支部书记）、杨建贞（大港头镇党委副书记、镇长）、单梦来（女，大港头镇纪检专职副书记）、蓝剑青（大港头镇利山村党支部书记）、黄立军（大港头镇大港头村党支部书记）、陈静磊（峰源乡党委委员、纪委书记）、吕姗姗（女，峰源乡卫生计生办主任）、叶善文（峰源乡庞山村党支部书记）、毛莲玉（女，峰源乡库坑垟村党支部书记）、王育波（太平乡党委副书记、乡长）、徐武（太平乡大河村党支部书记）、郭岳军（太平乡横岗村党支部书记）、周文林（雅溪镇党委书记）、马遇乐（女，雅溪镇专职纪检副书记）、尤婷婷（女，雅溪镇社保员）、李军（雅溪镇里东村党支部书记）、朱松法（雅溪镇库川村党支部书记）、叶超红（女，仙渡乡人大副主席）、张昆（仙渡乡团委专职副书记）、林伟伦（老竹畲族镇党委委员、人武部长）、管佳颖（女，老竹畲族镇宣统干事）、郑建全（老竹畲族镇新陶村党支部书记）、章文正（老竹畲族镇丁公村党支部书记）、傅永福（丽新畲族乡党委委员、纪委书记）、王石玄金（丽新畲族乡主任科员）、李高平（黄村乡党委委员、副乡长）、方雪芬（女，黄村乡金鸟村党支部书记）、方柳庄（黄村乡严鸟村党支部书记）、雷琛君（丽水工业园区企业联合党支部书记、浙江不知慢运动服饰有限公司总经理助理）、刘小杰（浙江欧宝安防科技股份有限公司党支部委员、行政主管）、余俞乐（女，区委办机关党支部委员、区委办法治科主要负责人）、李海花（女，区政协办公室文史资料编辑部副主任）、应俊（区委组织部机关党支部委员、干部监督室主任）、林军（区委统战部常务副部长、机关党总支部书记）、徐奕斐（女，区委宣传部理论教育科科长）、盛勇（区图书馆党支部书记、区图书馆馆长兼区文化馆副馆长）、林奕言（女，区文化广电新闻出版局会计）、邱建红（女，区卫计局办公室主要负责人）、林和兴（万象岩泉街道社区卫生服务中心党支部书记）、应武（紫金街道社区卫生服务中心党支部书记、副主任）、陈真伟（区教育局党组成员、副局长、机关党委书记）、郑巧鑫（碧湖中学党支部委员、副校长）、曾丽蔚（莲都区囿山小学副校长）、何刘燕（女，区成人教育培训中心工作人员）、张玲（女，区民办幼儿园联合党支部委员、区星星幼儿园办公室主任）、陈旭强（莲都区外国语学校教师）、王艳红（女，区司法局机关党支部委员、基层工作管理科副科长）、孙丽丽（女，区法院机关第六党支部委员、法警大队三级警督、行装科副科长）、王韵俊（女，区人民检察院党组成员、副检察长)、何信英(女,区检察院机关第一党支部委员、办公室副主任)、黄晓芳(女,区公安分局民警)、吕焕祺(区财政局党组成员、总会计师)、陈美琪(女,区审计局内审指导中心主任)、周叶蓓(女,区供销合作社联合社机关党委委员、业务科副科长)、黄平(女,莲都农商银行业务管理部副总经理)、傅洁(女,区发改局办公室会计)、刘良(区交通工程质量监督站党支部书记、区交通运输局建管科科长)、陈苗(女,东西岩风景区管委会办公室主任)、夏莹(女,浙江丽水瓯江风情旅游度假区管理委员会办公室主任)、陈　婷(女,区环境卫生管理局机关党支部委员)、叶卫东(区经济商务局党组成员、总经济师)、蓝秀娟(女,区就业管理服务处稽核科副科长)、吴益明(浙江丽水工业园区管委会企业服务中心主任)、钟震东(区质量技术监督局副主任科员)、何华芬(女,区农村工作办公室党支部委员)、陈丽芬(女,区农业局土肥站、能源办负责人)、谢琴(女,区水利局机关党支部书记、机关纪委委员、规划建设科科长)、潘瑞冰(区移民办党组成员、机关党支部委员、综合科科长)、江碧波(女,区残联机关党支部委员、劳动就业服务所所长);共评选出优秀党务工作者23名:谢凯骏(岩泉街道凉塘村大学生村官)、谢茜(女,紫金街道组织干事)、麻和凤(女,白云街道党工委委员)、朱明海(万象街道正科级组织员)、叶薛超(女,联城街道党工委委员)、王琦(女,碧湖镇组织干事)、蒋超(大港头镇党委委员)、刘军武(峰源乡党委委员)、黄琮竣(女,太平乡党委委员)、杨丽(女,雅溪镇党委委员)、蓝秀(女,仙渡乡经济发展办副主任、纪委委员)、翁靖靖(女,老竹畲族镇党委委员)、王静(女,丽新畲族乡党委副书记、政法书记)、陈超(女,黄村乡党委委员、纪委书记)、余琳(女,区委老干部局机关党支部委员、办公室干部)、朱小勇(区政府行政审批中心党组成员、副主任、机关党支部书记)、朱金松(区教育局机关党委副书记、机关纪委书记)、李啸军(区公安分局政治处副主任、机关党委副书记、机关纪委书记)、朱文卿(女,区国有资产服务中心党支部书记,区国有资产投资经营有限公司副总经理)、叶芳(女,区科技局机关党支部委员、计划科科长)、杨苏图(女,区建设分局机关党支部委员、办公室副主任)、金涛(女,区市场监管局机关党委副书记、机关纪委书记)、潘丽芬(女,区民政局机关党委副书记、机关纪委书记、社会救助综合服务办公室副主任);共评选先进基层党组织43个:岩泉街道社后村党支部、紫金街道芦埠村党支部、丽水中航混凝土有限公司党支部、白云街道机关第一党支部、白云街道城西村党支部、白云街道北郭桥社区党委、万象街道丽华村党支部、万象街道府前社区党委、丽水市金丰房屋开发有限公司党支部、浙江讯唯网络发展有限公司党支部、联城街道金周村党支部、联城街道竹道村党支部、碧湖镇竹溪村党支部、碧湖镇碧一村党支部、碧湖镇岩头村党支部、碧湖镇红圩村党支部、大港头镇河边村党支部、大港头镇小山村党支部、峰源乡郑地村党支部、太平乡城头村党支部、太平乡下土夭村党支部、雅溪镇西溪村党支部、雅溪镇上金竹村党支部、老竹畲族镇郑丰村党支部、丽新畲族乡白岸口村党支部、黄村乡黄泥墩村党支部、丽水工业园区企业联合党支部、莲都区机关事务管理局(区委办区府办接待办公室)机关第一党支部、莲都区委党校机关党总支、莲都区文化事业服务中心党支部、莲都区卫计局机关党支部、莲都小学党支部、莲都区花园中学党支部、莲都区法院机关第五党支部、莲都区公安分局白云派出所党支部、莲都农商银行第七党支部、莲都区发改局机关第一党支部、城管莲都分局机关党支部、丽水市百货大楼有限公司党支部、莲都区安监局机关党支部、莲都区农业局机关第三党支部、莲都区林业局机关第一党支部、莲都区现代农业园区管委会机关党支部。

(周黎燕)

【党代表联络】 落实乡镇党代会常任制,各乡镇、街道召开乡镇党代会年会和街道党员代表会议,收到提案97件,其中立案

54件，转为建议43件。乡镇（街道）党（工）委承诺办实事计划114件，其中党建工作实事28件。提案办结率和满意率均为100%。落实代表列席党内重要会议制度，邀请区党代表列席区委全委会、区纪委全委会、七一表彰大会、创建全国文明城市工作动员大会等重要会议，听取代表的意见建议，并做好代表意见反馈工作。2017年组织45名区党代表列席各类重要会议15个。落实代表调研视察制度，2017年以来全区组织200多名区、乡两级党代表开展集中调研视察20余次，涉及重点工程推进、洁净村居创建、省级示范文明城区创建、"五水共治"等群众关心的热点难点问题，组团调研巡查，提出书面意见和建议40余条。邀请党代表担任公务员面试评委和电视问政嘉宾。落实代表联系服务群众制度，党代表扎根基层，深入一线访民情、解民忧、办实事，开展党内民主恳谈会18次，参与党员群众212人；接待党员群众726名，听取意见建议263，交办159件；走访群众182人次，听取意见建议144件，交办144件；开展组团惠民60余次，为党员群众解决实际困难133件。落实代表学习培训，各工作室组织30次"十九大精神""习近平新时代特色社会主义思想"专题研讨、全面加强基层政权建设等学习研讨活动，500多名各级党代表参加学习。

（周黎燕）

【"两新"组织党建】 2017年，莲都区委两新工委把"两新"组织党建纳入基层党建总体布局，不断推进组织覆盖、工作覆盖，着力培育两新党建"红色引擎"，推动两新组织健康发展。截至2017年年底，全区非公企业1281家，有党员的企业数622家，已建党组织的企业1102家，党组织总数182个。社会组织151家，已建党组织的142家，党组织数28个。选派两新党建指导员57名，指导联系企业295家，打造省级特色小镇1个，市级特色小镇3个，园区非公党建示范带2条，示范点10个。

（杨勇）

【党员远程教育】 2017年，根据省市区各项工作要求，电教中心紧紧围绕区委区政府中心工作大局，认真做好莲都区党建工作新闻片、专题片的拍摄制作和报道工作，基本做到了重要会议、重点工作、重大活动的全程记录。以科学发展观为指导，认真开展农村党员群众远程教育培训学习，从党员政治理论、农业适用技术到生活常识和疾病防治，均与本地生活、生产实际需求相结合。及时挖掘典型人物、优秀事迹、先进做法等，村（社）换届期间与市委组织部合作拍摄《村（社区）组织换届纪律违纪违法典型案例》，制播丽水市首位党员遗体捐献者李建伟专题片《"一心为民"一生的承诺》，拍摄制作省党代表纪旭红专题片《我以我心解民忧》，制播《崭新竹溪 筑梦未来》《党建为先携手筑梦》《党建领航思路，爱心铸就丽阳》《党建树先锋，利山新美景》《注入红色基因 培育发展引擎》《在点滴中践行爱的真谛》等10余部党建宣传片。参与多期《丽水先锋行》栏目的拍摄制作，向省级平台报送了80余条党建电视新闻素材，多条党建新闻素材被《时代先锋》及《党建播报》等省级电视栏目采编播出，其中，《我以我心解民忧》和《"一心为民"一生的承诺》均在《党建播报》栏目专题播出。

（舒怡然）

【区直单位基层党建巡查工作】 根据市组部"10+88"和市直机关党工委"10+68"基层党建巡查指标，结合我区机关党建实际，制定出台《2017年区直机关基层党建"10+68"巡查指标》，推进机关党建巡查常态化。抽调各单位党务工作人员组成五个巡查组，采取实地查看，查阅台账，座谈交流等方式进行，对照部门和党委（党组）"4+30"基层党建巡查指标和区直机关基层党建"10+68"巡查指标，逐一检查，逐条评价，一对一进行反馈，使各单位有针对性地进行整改。

（周淑红）

【机关基层党建示范点创建】 制定出台《关于开展机关基层党建示范点创建活动的实施意见》，按照"领导班子强、党员队伍强、运行机制好、特色品牌强、活动场所好、档案资料全"等6个创建标准，经区直各单位党组织申报，区直机关党工委考核验收，机关党工委委员会议审议通过，确定区总工会机关党支部、区行政审批中心机关党支部、区卫计局机关党支部、莲都小学党支部、区机关幼儿园党支部、区培红幼儿园党支部、花园中学党支部、民办幼儿园联合党支部、区公安分局白云派出所党支部、区公安分局老竹派出所党支部、区统计局机关党支部、区环卫局机关党支部、丽水工业园区管委会机关党支部、区安监局机关党支部、区供销社机关第二党支部（退休党支部）等15个基层党组织为2017年区直机关基层党建示范点。

【机关基层党组织设置优化调整】 根据便于管理、便于活动的原则，及时对机关党的基层组织设置进行调整。新建区委办机关党支部、区府办机关党支部、区信访局机关党支部、浙江丽水古堰画乡旅游投资有限公司党支部；新建区机关事务局机关党委，下辖区机关事务局机关第一党支部、区机关事务局机关第二党支部、区机关事务局机关第三党支部、区机关事务局机关第四党支部；老竹民族学校党支部、大港头学校党支部、雅溪学校党支部、碧湖小学党支部、太平小学党支部、碧湖二小党支部、老竹幼儿园党支部、大港头幼儿园党支部、碧湖幼儿园党支部、平原幼儿园党支部、太平乡中心幼儿园党支部等整建制转入区教育局机关党委；新建丽阳小学党支部；将区纪委监察局机关党支部更名为区纪委监委机关党支部；撤销区委办区府办机关党委，撤销区委统战部机关党总支下设的区工商联（总商会）北京分会党支部、区工商联（总商会）宁波分会党支部；区公安分局机关党委撤销区公安分局第十一党支部；撤销丽水市建设局莲都区分局机关党总支下设的物业管理中心党支部、老竹建设管理所党支部、联城建设管理所党支部、建设稽查执法大队党支部、城区建设管理所党支部；区经商局机关党委撤销区经商局机关第二党支部。

【开展党员志愿服务】 引导党员服务中心工作，围绕“创全国文明城市”“剿灭劣V类水”“最多跑一次”等中心工作，积极牵头组织每月29日的卫生保洁、创建巡查、文明劝导、入户文明宣传等志愿服务活动，2017年共组织开展志愿服务12次，参与党员6000余人次。开展党员服务一条街活动，与市工委对接，开展“系统联动”，组织“96345”市民服务中心、卫计局、司法局等单位参与市区党员志愿服务一条街活动，在万地广场、纳爱斯广场、灯塔公园等群众聚集地开展“送政策、送法律、送科技、送文化、送信息”活动，发放各类宣传资料800多份、环保袋等礼品1200多份，接收群众咨询300多人次，便民服务600多人次。开展走访慰问活动，“七一”期间，组织走访慰问困难党员55名，发放慰问金5.15万元，向入党50周年党员发放荣誉牌，凝聚党员干部干事创业合力。

【基层党建工作规范】 与区纪委、区财政局等相关部门沟通，结合相关财务管理报销规定，研究出台《莲都区直机关事业单位党员教育活动经费使用管理办法（试行）》，从使用范围、监督管理等方面对党员教育活动经费进行了规定，进一步规范了党员教育活动经费的使用。规范发展党员程序，按照发展党员的“十六”字方针和“双推三公示”制度，2017年发展党员47名，转正党员58名。举办为期一周的入党积极分子培训班，共有50名来自区直各单位的入党积极分子参加培训。提升党务工作人员水平，举办2期党务工作者培训班，共有200多人次参与培训。做好党员基础信息工作，联合区教育局、各乡镇街道对乡镇中小学党员档案进行排查，完善党员个人档案，划转乡镇中小学党员组织关系。完成全国党员信息系统的党组织和党员基础信息排查、录入等维护工作。组织开展机关党建调研课题评选活动，出台《2017年莲都区机关党建调研课题及研究重点》，各机关党组织立足单位实际，开展调查研究，形成独具各自单位特色的调研报告或论文67篇，共评选出优秀文章18篇。

【领导班子和干部队伍建设】坚持以习近平新时代中国特色社会主义思想为指导，认真贯彻落实中共十九大精神，坚持党管干部原则，将《党政领导干部选拔任用工作条例》作为基本遵循，树立实干实绩导向、规范选人用人程序、匡正选人用人风气、严抓日常监督管理，切实履行好选贤任能的政治责任，打造"首善担当创一流"的莲都铁军。2017年，调整干部12批次204人次，其中提拔使用88人次(提任正科16人，提任副科58人，转任重要岗位14人次)，轮岗交流88人次，免职28人次，其他86人次。坚持以事择人、人岗相适，提升班子整体功能，在"一把手"岗位上，提拔使用敢抓敢管、敢于担当、坚持原则、善打胜仗的好干部，注重配备具有较高专业素养和理论素养的专业型干部，合理配备党外干部、年轻干部、少数民族干部和女干部。把改革攻坚的第一线和服务群众的最前沿作为发现好干部、锻炼好干部、选拔好干部的"赛马场"，共选派300多名干部到"拆治归"、全国文明城市创建、政策处理、招商引资等"三重工作"一线培养锻炼。以跟踪了解和集中考察相结合的方式，加强对"三重工作"一线干部表现情况的了解，50多名在"三重工作"一线表现突出的干部得到提拔使用。创新开展"首善担当创一流"工作PK赛，提振干部精气神，共举办"首善担当创一流"工作交流会4期，40名部门、乡镇(街道)、村(社区)的"一把手"同台PK，晒业绩比激情话担当。将抽调人员和"首善担当创一流"交流发言纳入年度工作责任制考评奖励分项目，以考核为指挥棒，通过量化得分的方式客观公正地反映了各单位工作实绩，激发干部干事创业激情。

(叶晓青)

【干部教育】 围绕区委区政府重点工作，科学制定《2017年度干部教育培训主体班次办班计划》和《2017年度干部教育培训区直部门办班计划》，举办各类培训班81期，培训干部1万余人次。出台《莲都区干部教育培训申报审批制度(试行)》，从干部教育培训的计划申报、审批备案、效果评估等关键环节入手，建章立制，规范培训行为，做到有规可循，有制可依，切实推动干部教育培训工作的良性开展。在科级领导干部进修班和中青年干部培训班的课程安排上，突出理想信念教育和党性党规党纪教育，把学习领会习近平总书记系列重要讲话精神、中共十九大等作为"必修课"，把党中央治国理政新理念新思想新战略作为"新教材"。组织全区500多名区管领导干部，开展十八届六中全会精神集中轮训暨区第十四次党代会精神读书会。坚持围绕中心，服务大局，通过与著名高校合作办班等形式，开展招商引资、生态工业发展、农旅融合等专题研讨班。举办六期《周末讲堂》，强化对重要领域重要知识点的培训，提升区管领导干部和后备干部的能力水平。认真落实区管领导干部在线学习要求，采取"月提醒""季通报"等办法，组织做好区管领导干部网上学习督学促学和管理服务工作。

(柳晓云)

【公务员管理】 2017年，莲都区公开招录26名公务员，其中党群序列单位(区委党校)1名、乡镇机关公务员10名、专职人民武装干部1名、选调生村干部2名。完成33名乡镇选任制公务员登记，3名公务员调任手续报批工作，办理1名公务员辞职手续。完成2016年度录用试用期满的16名公务员考核和任职定级工作。做好公务员日常调动调配工作，全年党群序列单位调配一般干部6批次43人，其中公开选调29人、检察院转隶8人。按照"岗位对责、绩效对账"的要求，加强我区机关公务员日常管理和监督，完善考核机制，联合区人力社保局制定出台《莲都区机关公务员平时考核工作实施细则(试行)》，对区管干部以下的公务员实行日志式精准管理。完善职务与职级并行制度相关工作制度，并常态化开展。审批区管干部晋升正处级1人、副处级12人、正科级7人、副科级3人；完成超职数配置的非领导职务整改工作，党群序列共整改消化超职数正科非领导74人、副科非领导78人；对"三类人员"进行任职年限确认工作，党群序列单位共确认有效任职年限的“三类人员”44人。做好2014年、2015年公务员奖励工作,2014年三等功50人,嘉奖280人;2015记三等功34人,嘉奖284人。

（卓柳军）

【干部人事档案】 集中开展专项审核“回头看”工作,完成1841卷干部人事档案审核,重新核定1026人档案信息。集中对45名事业身份新提任领导干部档案进行整理和专项审核。开展领导干部档案缺失材料补集工作,共督促领导干部补充材料2960余份。做好材料分类、整理、目录打印、装订工作,共计整理归档公务员年度考核表、工资、学历、公务员奖励审批表等材料4500余份,完成100余卷档案目录的打印装订工作。审核整理调入和新录用公务员档案31卷,转出干部档案14卷,整理退休干部档案50卷、死亡干部档案17卷。做好干部档案查借阅工作,全年接待日常查档和干部任前查档526人次,852卷次。

（王抒）

【干部监督管理】 坚持教育在先、警示在先、预防在先,认真开展“九严禁”换届纪律宣传教育,全面开展换届风气巡回督查。精心抓好区“两会”换届风气全程督导,确保区“四套”班子主要领导均满票当选,其他组织提名人选全部高票当选。抓好选人用人全过程监督,认真开展“一报告两评议”工作,对28位党委(党组)书记开展了“离任检查”,对9个单位开展选人用人专项检查。加大干部监管工作力度,整改消化超职数配备领导干部8名、非领导职数394名,全面完成超职数配备干部的整改消化工作。探索规范党委重要部门党外干部任职工作,对在党委重要部门重要岗位任职的7名党外干部分类予以调整。全面清理企业兼职,规范审批社团兼职6批次51人次。从严落实提醒函询诫勉制度,共提醒40人,函询3人,诫勉1人。从严落实“两项法规”制度,广泛深入地开展好“两项法规”学习宣传,以凡提必核、重点查核、随机抽查等方式,实现个人有关事项报告“既报又查”,从严运用核查结果,33名干部因存在漏报情形被严肃批评并责令作出检查和限期整改;3人因隐瞒不报情形被暂缓提拔使用。联合纪检监察、公安等部门开展因私出国(境)证照管理专项自查整改工作,发放整改意见书56份,将因私出国(境)证照管理工作情况纳入区委巡察内容,确保因私出国(境)证照管理制度规定落到实处。

（应俊）

【人才工作】 组织相关部门及重点企业赴杭参加国际人才交流与项目合作大会,与30多位参会人才和海外机构代表进行洽谈。组织50余家企事业单位赴西安、武汉、成都和哈尔滨等地参加15场各类招聘会和人才洽谈会。举办首届“生态文明与绿色发展”莲都生态国际研讨会,20余位国内外顶级生态文明专家参会并作主旨演讲。10月10日,莲都区古堰画乡特色小镇与美国小约翰·柯布院士签约,建立全省首家特色小镇海外院士专家工作站。10月14日,莲都区现代农业园区管理委员会、丽水市农业科学研究院和华中农业大学在武汉举行邓秀新院士专家工作站签约仪式。创建省级博士后工作站1家。共引进人才210人。深化政校企三方合作,2017年成功签约四川大学、浙江大学等6个“双百引领计划”项目。在兰州职业技术学院和江西工业工程职业技术学院开设了校企合作技能人才(万控)班,共培训学员39名。积极组织湍峰畜牧有限公司申报省级引进国外智力项目。相继在台州、广州等地开办了超市管家和创业精英培训班。举办乡村旅游讲解员技能提升培训班,对38名优秀的讲解员进行全方位强化培训。举办各类电子商务培训班38期,培训人数2200人,培育电商职业经理人11人,培养助理电商师和电商师共计21人。指导瓯宝安防科技股份有限公司制定《闭门器》“浙江制造”团体标准,实现“浙江制造”品牌培育零的突破。毛然馨等5人新入选市“138”第二层次培养人才,周林等9人入选市第四批五养技能大师,雷振东等6人入选市第二届绿谷名医、名护士,赵林方入选市精英农师,李志根等2人入选市“绿谷新秀”，周建伟入选市第四批首席技师，吴卫杰技能大师工作室入选市第四批技能大师工作室；推荐省级农村科技示范户6家，市级农村科技示范户12家。同时，评选出第二届莲都区“拔尖人才”28名。2017年，共完成各工种职业技能鉴定1460人，培养高技能人才156人。组织参加丽水市“金牌技师”职业技能竞赛，共摘取一等奖2个、二等奖6个、三等奖7个，共有8人被授予市“技术能手”荣誉称号、15人获得市“金牌技师”荣誉称号，成绩在各县市代表队中遥遥领先。新增省教坛新秀1人，市教坛新秀21人，市德育新秀3人。落实各类人才激励政策，全年兑现各类人才津贴和奖励512.15万元，为企业高层次人才申请古堰画乡、东西岩景区门票5500张，为43位规上工业企业主要负责人提供体检服务，并提供医疗跟踪服务。发挥莲都区“人才之家”和“研究生联谊会”等人才公共服务平台的作用，帮助解决高层次人才的就医、子女教育、配偶就业等问题，积极营造人才创新创业的良好氛围。

（柳晓云）

宣传工作

【概　况】 2017年，莲都区宣传部围绕省十四次党代会精神、市四次党代会精神、“7·26”讲话精神、“最多跑一次”改革、十九大精神、“学哲学用哲学”等专题开展学习交流研讨，全年共集中学习36次。开展中共十九大精神、省十四次党代会、市四次党代会和区十四次党代会精神学习宣讲。发挥“莲都论坛”作用，共举办报告11场次，参与党员干部人次达5500余人次。制定《丽水市莲都区党委（党组）理论学习中心组学习实施细则》，召开全区党委（党组）理论学习中心组学习经验交流会，进一步推进全区各级党委（党组）理论学习中心组学习制度化、规范化。在全区机关事业单位、各乡镇（街道）、社区和农村文化礼堂，开展莲都人文小讲堂活动，共授课500多堂。开展大型社科知识竞赛活动和社科普及周活动，参与人数达3000多人次。

【新闻宣传】 2017年，以学习宣传贯彻习近平新时代中国特色社会主义思想和中共十九大精神为主线，立足莲都实际，策划开展十九大精神宣传，莲都新闻开设《献礼十九大》《新时代　新征程》《学习贯彻十九大精神系列访谈》等专栏，刊发关于十九大宣传报道的播出稿件80余篇。处州晚报推出4期全区学习贯彻十九大精神专版。各微信公众号推出原创融媒体产品，如《十九大时光》《喜迎十九大　感受身边变化》等。组建中共十九大精神宣讲团，区委常委、区级党员领导干部赴基层宣讲100余场次。组织小荷志愿宣讲团、司法宣讲团、廉政宣讲团等，结合自身特色，深入机关、社区、村、企业，分众化宣讲十九大精神。组织开展“创建全国文明城市”“2017古堰画乡小镇艺术节暨‘玩转画乡’旅游季”“首届丽水人大会莲都分会场”“首届‘生态文明与绿色发展’莲都国际研讨会”等10多场主题活动的集中采访报道。2017年国家级、省级媒体宣传莲都的报道共300余篇，其中中央电视台《新闻联播》播出2篇；《人民日报》喜迎十九大专版报道1篇，人民网刊发文章13篇；新华网、中国新闻网刊发报道各50余篇；浙江卫视《浙江新闻联播》播出4篇；《浙江日报》专版刊发4个，要闻近40篇。中宣部《学习与交流》杂志纪实报道丽水市莲都区宣传思想工作侧记《绿水青山多妩媚》。

【舆论引导】 2017年，莲都区宣传部建立了一支由5名红色大V、51名核心网评员和500名基层网评员组成的“网络莲军”，形成组团作战的工作格局。完善《深化“网络莲军”建设工作方案》，制定《莲都区网络评论员工作细则》，明确网络评论员工作任务、工作流程。建立考核激励机制，对工作表现突出、引导绩效明显的给予表彰奖励。开展网络发言人专题培训，组织莲都区第四期核心网评员培训班。加强对影响全区经济社会发展大局和社会安全稳定的重大敏感舆情和各类倾向性、苗头性舆情的收集监看，全年共发现涉莲网络舆情130余件，政治类有害信息200余条。编制《网络舆情观察》42期、《舆情专报》11期、

《网络舆情抄告单》6期。全面部署十九大和互联网大会网络宣传管理工作，成立工作专班，落实值班制度，确保了重大会议活动期间莲都区网络意识形态工作安全有序。开通网络问政直通车的手机端，加强问政直通车的管理考核和日常运行维护，推动了一批民生热点问题的有效解决。

【精神文明建设】 2017年，莲都区宣传部以培育和践行社会主义核心价值观为根本，推进创建文明城市工作。推进民生项目建设，城市基础设施不断完善。成功打造300条美丽楼道，重塑文明小巷33条，精品小巷7条和十大类示范社区。不断深化志愿服务工作，组织开展6次“我为丽水”万人系列活动。常态化开展志愿服务活动，在“志愿汇”APP的活跃率排名位居全国第二。通过市区共同努力，丽水市以全国第四、全省第一的成绩，夺得城市综合评比最高荣誉的全国文明城市奖牌。持续打造“身边好人”品牌，10人入围“丽水好人榜”，6人入围“浙江好人榜”。组建“道德模范和身边好人宣讲团”，开展“最美人物”“凡人善举”基层宣讲30场，听众达12000余人次。开展莲都区移风易俗行动和小城镇文明行动，全区190个村制定了《村规民约》，36个村成立了红白理事会，召开移风易俗动员会、工作推进会90场，举办道德讲堂108次，树立了勤俭节约的文明新风。组织开展第六届未成年人道德文化节，实现乡村学校少年宫全覆盖。常态化开展丰富多样的未成年人活动，25个社区建成未成年人文体活动场所，并推开“四点半”学校试点工作，有效解决学生放学后，家长下班前未成年人看护难题。组织暑期未成年人进社区系列活动，开展 “快乐阅读”“奇妙奥数”“趣味健身”等活动100多项420场。

统战工作

【概　况】 2017年，区委统战部举办三期“同心大讲坛”，组织广大统战成员学习全国“两会”，省、市、区党代会精神。举办统战系统暑期读书会，全区统战干部、少数民族和宗教界人士和非公经济代表人士等培训班。组织侨胞侨眷到嘉兴南湖学习“红船精神”。是年，莲都区委统战部获全市统战工作优秀单位、区直单位工作责任制考评综合优胜单位。宗教工作获省委书记等领导批示肯定。

【首届世界丽水人大会莲都分会场工作】 2017年，区委统战部牵头做好各项工作，围绕“莲系四方，都忆故乡”的活动主题，开展“莲心莲味莲情”欢迎家宴、“莲心莲情”文艺晚会、乡景乡宿乡情——莲都西乡行等系列活动，召开莲都分会场开幕式暨主旨大会。共有200余名莲都人杰出代表，包括来自20多个国家和地区华人华侨回莲都参会，签约项目10个，总投资259亿元。

【多党合作事业】 2017年，区委统战部协助区委制定好政党协商工作计划，全年召开四次专题政党协商会。健全并推动联系交友、对口联系等制度落实到位。引导和支持民主党派和党外人士积极建言献策，区两会上共提交人大议案、建议和政协提案100多件(次)。牵头组织莲都区各民主党派开展专项民主监督，聚焦、助力“最多跑一次”改革和“四个平台”建设。各民主党派对口区民政局等6个区直部门和老竹镇等6个乡镇(街道)就公示事项清单落实推进情况开展专项民主监督。支持民主党派加强自身建设，“民革之家”“民盟同心·社区服务站”和民建区委会-民建杭州市企业家联谊会共建平台发挥作用。

【非公经济两个健康发展】 2017年，区委统战部促成莲商、侨商回归项目6个，到位资金8000多万元。牵头组织完成全区外出创业人员和乡贤情况调查摸底工作，形成数据库，截至年底，全区共有外出投资创业人员3万人。

【统战组织建设工作】 2017年，区委统战部指导区工商联和区新生代企业家联合会完成换届工作任务，全区基层侨联组织进行集中换届。协助民进区委会和九三学社区委会做好换届工作。成立世界莲都人联合会，聘请柯洁为名誉会长。成立区侨界名媛会、区留学生和家属联谊会、区总商会安徽分会。指导白云、紫金、万象等街道成立基层商会，联城街道商会完成换届工作。选派一批统战社团代表人士到政府部门挂职锻炼。建立统战社团联席会议制度和考核制度，每季度举办大型统战联谊活动，举办趣味运动会、助推全国文明城市创建和剿灭劣五类水知识竞赛、气排球友谊赛和新春联谊会等活动。

【少数民族工作】 2017年，区委统战部用好中央、省、市、区民族发展专项资金1110万元，撬动其他资金2000多万元，有力推动民族乡村加快发展。做好民族地区和低收入少数民族群众增收帮扶工作。利山村被授予"浙江省十佳特色村寨示范培育名录"荣誉称号。做好全省民族经济工作现场会服务工作。培育白云街道三岩寺社区为区首个民族团结进步创建示范单位。

【宗教领域工作】 2017年，区委统战部在宗教界开展"五教同行·共剿劣五类水"专项行动，在佛道教领域开展"四治"专项治理及"文明敬香"等工作，推进"教育与宗教相分离"工作，抓好宗教领域公共视频监控建设联网应用，建成覆盖49处宗教场所176个点位的视频监控系统。抓好"护航十九大""互联网大会"等重要时期的社会和谐稳定工作。抵御天主教地下势力渗透工作，获得省委书记、省委统战部长、市委书记、市委统战部长、区委书记的批示肯定，并被省民宗委作为工作典型在全省通报表扬。

【新的社会阶层人士统战工作】 2017年，区委统战部协助区委建立列名制度，首次将统战社团代表人士纳入列名交友制度。实现莲都区14个乡镇街道党员领导干部列名联系新的社会阶层人士代表全覆盖。建立区新的社会阶统人士战统工作联席会议制度，在全市率先成立区新联会分会组织——古堰画乡分会，古堰画乡被确定为全省13个新的社会阶层人士统战工作实践创新基地之一。

【港澳台海外交流联谊工作】 2017年，区委统战部协助办好"浙港青年庆祝香港回归祖国20周年交流活动"走进丽水莲都站活动，170多名香港青年来莲交流。开展"莲台一家亲"等交流交往活动，全年累计接待乡村发展、旅游民宿、文化教育、产业合作、经贸交流等各类参访团24批、参与交流的台胞550余人。中央电视台《海峡两岸》、台湾中视、《联合报》等媒体报道了莲都区对台有关工作。

【党外代表人士队伍建设】 2017年，区委统战部开展无党派代表人士认定工作，健全党外股级干部数据库。以组统联席会议制度为基础，加大党外干部培养力度。挂牌成立区社会主义学校，举办党外中青年干部培训班。

【统战组织和成员参与社会公益】 2017年，区委统战部统一战线组织和成员持续开展助学、公益拍卖助困和环卫工人慰问等公益活动，捐助60多万元，惠及群众6000多人。开展"同心知联·共享阳光"小候鸟活动，打好"侨缘侨心"系列组合牌，设立侨界名媛会公益基金，引导侨界爱心人士为偏远山区学校捐赠校服600多套。

（张艳）

信访工作

【概　况】 2017年，全区信访总量2767件（人次），同比批次增加19.06%，其中来信250件，同比减少6.01%；网上受理信访案件971件，同比增加445.51%；来访559批1546人次，同比批次增加27.05%，人次减少7.43%。全区贯彻落实上级信访维稳工作要求，以落实信访工作各项任务为主线，从创新机制着手，在抓源治本上下功夫，在夯实基础上抓落实，在加大督查力度上做文章，提升信访工作水平，维护了我区社会和谐稳定的局面。2017年，莲都区信访局荣获"丽水市信访工作优秀单位""莲都区社会治安综合治理先进集体"等称号。

【信访工作领导责任制】 区委、区政府始终把信访工作作为一项重要工作，摆在突出位置，分别与14个乡镇（街道）及28个信访重点部门签订信访工作目标管理责任书。坚持每月5日、15日、25日安排1名区四套班子领导接访，重要敏感时期每天安排领导坐班接访，大量的矛盾纠纷被化解在萌芽阶段。

【"信访积案歼灭战"活动】 全区联动开展"信访积案歼灭战"活动，梳理出156件信访积案，全部由区级领导督案化解。各督案领导通过现场接访、带案下访、召开案件协调会等方式研究制定化解方案，督促按期化解。区信访联席会议办公室专门编辑《"信访积案歼灭战"活动专刊》，及时对区领导的督案工作进行跟踪报道，形成各督案领导之间比学赶超的氛围。全区领导把信访积案化解工作作为分内事，"一竿子插到底"督促协调化解，共组织召开协调会85次，走访63次，实地调研39次。通过市、区联动，乡镇、部门合力，律师、心理咨询师等第三方力量参与，信访部门推动，全区共化解信访积案信访积案106件，其中：省级积案2件，市级积案10件，区、乡级积案94件；特别是成功攻克了一批"钉子案"，其中，历时15年以上的1件，10年以上的5件，5年以上的6件，20人以上群体性积案6件。

【法治宣传】 制作《坚决打击非访行为　依法维护信访秩序》宣传片，通过电视台、LED宣传栏、乡村文化礼堂、普法夜市、拘留所等平台广泛播放；制作非访典型案例，通过微信公众号"莲都发布"、微信群、朋友圈广泛宣传，表明我区依法治理非访的决心。发放《信访条例》、"依法信访"宣传折页，举办"我在基层做信访"微型党课比赛，营造"正能量"舆论氛围。在省信访局组织的微型党课比赛中，区联城街道选手陈英俊夺得全省第一名。2017年，区信访局报送的信息共有八条在浙江省信访局"今日头条"公众号上发布；十八篇经验类文章和案例在省、市《信访简报》发表；一篇专报信息得到市委书记史济锡的批示；市委常委、区委书记杜兴林督办的刘俊案件化解案例在省级刊物《信访与民情》刊发。

【莲都区统一政务咨询投诉举报平台建设】 莲都区统一政务咨询投诉举报平台，依托市"12345"政务服务中心，以"12345"一个统一号码对外。莲都区共整合了市场监管、城管执法、劳动监察、环境保护、医疗卫生、国土、建设、文化等领域涉及政务咨询、投诉举报等22个单位27门非紧急类政务服务热线。在浙江政务服务岗上开通了区长信箱和55个部门信箱，并全部接入浙江省统一政务咨询投诉举报平台，实现了信、访、网、电全面整合，共有　14个乡镇（街道）和68个部门单位在浙江省统一政务平台开通了账号运行。

【围绕平稳平和抓重点时段】 全区上下把做好重点时段的信访稳定工作作为重要的政治任务来抓，提前谋划、及时研判、掌握动向、预知预防，采取了一系列的措施，确保平稳平和。在2017年全国"两会"、"金砖领导人峰会"、中共十九大、"世界互联网大会""世界丽水人大会""2017中国·丽水国际摄影节"期间，区委、区政府主要领导亲自批阅每日信访专报信息，每天安排区领导接待来访群众。各乡镇（街道）主要领导审阅每日信访信息，落实"一把手"责任。同时对全区面上不稳定因素进行排查，对排查出的重点稳控人员逐一建立应急稳控小组，超前掌握信访苗头，超前化解信访隐患，超前进行信息预警，超前启动应急预案，确保防患未然，确保了莲都区重点时段和敏感节点总体平稳有序。

（吴鹏）

党校工作

【概　况】 中共丽水市莲都区委党校创建于1957年1月，原名中共丽水县委干校，2000年7月撤市建区，改为中共莲都区委党校。2008年6月，区政府成立莲都行政学校，与区委党校合署办公。现校园占地面积0.4公顷，建筑面积约3860平方米　。学校内设办公室、行政科、教务科、教研室四个科室，实有教职工15人。

【区委区政府中心工作】 2017年，区委党校坚持首善担当，按照区委统一部署，贴近中心、融入大局，有力配合，务实当好中心工作的坚定服务者。成立“河长制”办公室，坚持常态化巡河，按照“一点一策”要求较好完成河道治理工作，当好“河小二”。同时，发挥党校教学优势，创新开展“剿灭劣Ⅴ类水 做最美治水人”主题宣讲，10000余人次参与。联合区政协一起共同做好联系村的指导工作，帮助解决资金和文明创建中的实际困难，按照创建要求积极做好巡查、整改、志愿服务等工作。落实结对村“路段长制”及干部蹲点联系美丽乡村制度，坚持定期巡查制度，按照要求做好洁净日、整改等活动。由常务副校长担任村集体经济薄弱村黄村乡金鸟村“第一书记”，履行结对相关职责。

【教学培训工作】 2017年，区委党校不忘使命，坚持党校姓党，坚持教学立校，发挥干部教育培训学理论、强党性、提能力、促发展的主渠道作用，创新发展，聚焦主课主业，形成以理论教育和党性教育为主体、区情研究与能力提升为特色的“一体两翼”格局。共举办培训班36期，培训人数4685人次。理论教育和党性教育在主体班次课程中比例达84%，其中党性教育课程约占40%。班次设置科学化。分级分类设置科级领导干部进修班、中青年干部培训班、统战干部培训班、入党积极分子培训班等班次，结合中心工作设置党的十九大精神、区第十四次党代会和区委全会精神解读、区直机关党组织党务人员换届业务培训、村（社区）“两委”主职干部培训以及招商引资、农旅融合、生态工业等培训班。办学模式灵活化。首次尝试了跨区域联合办班，与云和县委党校联合举办了“大花园”建设主题培训班，挖掘和利用莲都、云和两地的优质师资、精品课程等培训资源，促进两地45名学员间的工作交流。创新开展“周末讲堂”，实行“固定学员”和“菜单式”选课两种模式，既有效缓解了“工学矛盾”，一定程度上满足了学员个性化需求。教学内容差异化。科级领导干部进修班突出“深”字，侧重于读经典、学理论；中青年干部培训班突出“精”字，侧重群众工作方法、基层实践教育；村（社区）“两委”主职干部培训班突出“实”字，侧重学经验、学典型案例，有效解决了教学“上下一般粗”问题，增强了培训的针对性和实效性。教学方式多样化。推行研讨式、互动式教学，在安排十九大精神、省市区党代会、莲都供给侧改革等主题讨论上，都细化了讨论方案，安排了较为充足的时间进行讨论。此外，组织学员开展“体验式”教学，赴延安追寻红色初心，感悟延安精神等等。

【理论宣讲工作】 区委党校充分发挥政策理论宣讲的主力军、先锋队作用，推进新理论在基层落地生根。2017年，区委党校共围绕中共十九大、省、市、区党代会精神等主题开展宣讲共69场，受众13000余人次。谋变谋新，创新宣讲内容。统筹推进“新理论”“新精神”“新部署”“新生活”的“四新”宣讲，比如区委提出“首善担当创一流”，就围绕“要求如何领会、工作如何推进”进行宣讲，使宣讲更紧密服务中心。借势借力，创新宣讲平台。借党政部门、基层站所和社会组织之力，把宣讲持续下沉。比如开展文明城市创建系列之“社会主义核心价值观具体化、生活化、大众化”宣讲，乡村春晚“微党课”宣讲，“美好生活家庭”等等专题宣讲。融入融合，创新宣讲路径。宣讲过程中形成“供给”和“需求”、“案例”与“理论”、“线上”与“线下”的良好互动。比如，把理论宣讲和“道德模范”“莲都好人”“普法案例”宣讲相融合，把线下教学与微信“微宣讲”相结合，定期推送教师宣讲课程。

【科研资政工作】 区委党校立足莲都实际，加大区情研究力度，切实发挥党校在党委和政府决策中的思想库作用，摘得全省党校（行院）系统2016—2017年度科研工作进步奖。科研层次水平进一步提高。以工匠精神进行“打井式”钻研。完成省级课题4项，市级课题4项，区级课题3项，发表文章23篇；调研报告《注重工程建设科学化 提供农村治污新样本——以莲都区农村生活污水治理为例》被编入省委党校“八八战略”研究丛书；9篇文章在省委党校、市委党校理论研讨会、区社科联成果评比中获奖。决策服务功能进一步发挥。《重振偏远落后乡镇经济的相关建议——基于莲都区峰源乡的调研思考》在市委党校《送阅件》第53期上发表；《关于要求市政府帮助破解市区义务教育资源紧缺难题的建议》被列为市人大优秀建议。管理体制机制进一步健全。与财政对接，单列科研经费保障，加大高层次科研成果、高质量资政报告的激励力度，不断调动教职工科研积极性。

【人才工作】 区委党校坚持人才兴校，制度强校，通过实施人才引进，对外研讨交流，注重规范机制，严格管理等方式，多措并举增强队伍合力。牢固树立“四个意识”，坚持“用学术讲政治”，首抓教师思想政治建设，推进“两学一做”学习教育常态化制度化，履行党风廉政建设、意识形态工作主体责任制，厚植严实校风。实施教师素质提升工程，一方面加强专技教师的职业培养；另一方面注重提升行政人员的能力。建立区委常委到党校上课制度，选聘了一批实践经验丰富、理论水平较高、善于课堂讲授的党政领导干部、企业管理人员、专家学者担任兼职教师，形成师资库。做好对内考核管理工作，重新修订《区委党校工作责任制考评实施意见》，根据工作实效，把工作考核与年终奖励直接挂钩，打破平均主义，形成教职工积极干事、比学赶超的良好氛围。加强内控制度建设，全力堵塞管理漏洞。落实省委党校关心关爱干部身心健康的“十项举措”，营造和谐向上、拴心留人的良好环境。

（徐誉榕）

老干部工作

【概　况】 截至2017年年底，全区归口于区委老干部局服务和管理的离休干部共97人，按单位性质分：行政机关59，事业单16人，企业22人；按年龄分：80岁至90岁有59人，90岁以上38人。按参加革命工作时间分：抗日战争前期的2人，抗日战争后期的有3人，解放战争时期的有92人；按享受级别待遇分：享受副地（厅、司、局）级待遇的1人，享受正县（处）级待遇的3人，享受副县（处）级待遇的35人，享受正、副乡（科）级待遇的62人，享受其他待遇的0人；其中生活不能自理的12人，本年度去世13人。此外，易地安置在莲都的离休干部共18人。

【老干部服务保障工作】 2017年，区老干部局开展“走基层、看变化、促发展”活动4次，先后组织老干部参观考察抗战博物馆、鱼跃酿造厂、好溪堰水系整治等。5月，在缙云举办为期5天的老干部理论学习会，区委书记杜兴林和组织部长周显荣都前往看望。为全体离休干部征订《丽水日报》《浙江老年报》等学习资料，老干部局还定期编印以莲都区区情为主要内容的《老干部学习资料》供老干部学习。健全和落实离退休干部走访慰问制度，在重大节假日、老干部生病住院、家庭重大变故时及时关心看望，全年共走访慰问106人次。每位老干部生日当天，及时送上生日蛋糕。为85岁以上老干部集体祝寿。夏天送清凉，冬季送温暖。10月在仙居县开展为期五天的老干部疗养，区长陈豪、区委常委组织部长周显荣等区领导，专程前来慰问老同志。以社区“居家养老”服务为平台，健全“四就近”服务，共有26个社区参与，服务市、区两级老干部共计321人。利用社会服务机构“霞光”社会服务中心，开展志愿者上门为老干部提供生活帮扶、精神慰藉等个案服务、组织老干部小组活动及论坛等多种形式，拓宽服务老干部的渠道，丰富服务方式。创新“96345”支付创新模式，给老干部以电子卡的方式发放服务券，老干部通过拨打“96345”市民服务热线，为老干部提供修理、送煤气、搬运、维修家电等服务。

【老干部思想建设水平】 突出中共十九大精神为重点，开展“两学一做”学习教育、“建言献策十九大”等学习讨论活动；充分利用社区资源，开展老干部“四就近”服务的“社区书记论坛”，交流和改进工作；建立健全走访慰问、定期谈心谈话、有特殊困难离退休干部帮扶等制度，保持与离退休干部经常沟通，落实离退休干部听报告、参加重要会议、阅读文件、走访慰问等制度；组织有意愿和有能力的离退休干部参加全区重大活动，组织安排离退休干部代表列席全区重要会议，调动离退休干部发挥“正能量”作用的积极性。2017年，各单位已全部落实机关事业单位离退休党员教育、活动经费每人每年不低于560元的标准。全年组织全区27个离退休干部党支部书记参加在缙云举行的为期5天的理论学习会。5月，在区供销社老干部活动中心举办离退休干部党支部书记工作交流会。12月，组织全区离退休党支部书记前往云和梅湾浙西南红军革命纪念馆和小顺兵工厂参观学习，及时传达和落实十九大和习近平总书记最新讲话精神。为全区27个离退休党支部书记征订《浙江老年报》《丽水日报》《学习参考》以及印发本局编写的《老干部学习资料》。全年以老年大学临时党支部牵头组织的各类志愿服务活动有20多场次，共500多人次参加。

【老干部正能量和影响力】 2017年，莲都老年大学围绕“老有所学、老有所乐、老有所为”的总要求，共开设有太极、书法、瑜伽、歌咏、排舞、戏曲、合唱、舞蹈、二胡等18个专业，22个班级，学员人数达到867人，学习课次1031次。全年举办以“践行十九大、共筑中国梦”为主题的文艺会演。莲都区老干部活动中心依托关工办、老年体协、老科协、老促会、老干部书画研究会、莲城诗词学会、老干部集邮协会等涉老组织开展了内容丰富、形式多样的活动，获丽水市象棋比赛团体第一名。区老年书画研究会、集邮协会开展纪念建军九十周年书画展、集邮展。莲城诗词学会、区老年书画研究会帮助农村文化礼堂建设，开展征集党建春联、送党建春联进千家等活动，老科技协会出版第二辑《建言献策》等。老干部文艺爱好者协会，开展送戏下乡进社区和福利院等。莲都苍松志愿服务队，有志愿者150余人。全年服务队参加全国文明城市创建、“三改一拆”、剿灭劣V类水、“六边三化三美”、发放宣传资料、清理烟头垃圾等志愿服务活动共计50多场1000多人次。

（余琳）

史志工作

【概　况】 2017年，区史志办稳步推进区志编撰工作，《莲都区志》顺利通过复审并进入终审准备阶段；继续做好《党史二卷》编修工作，完成党史二卷初稿，共四编，22章，约50万字；继续落实年鉴编纂“一年一鉴”要求。完成《莲都乡愁文化丛书》扫尾工作，现已完成4辑。参与农村文化礼堂“星期日活动”，深入各农村文化礼堂宣讲革命历史和地情文化共7次，免费赠阅《中共丽水（莲都）党史一卷》《莲都乡愁文化丛书》《栝苍史志》书籍500余册。

【《莲都区志》复审】 2017年6月，区史志办向丽水市地方志办公室提请复审，11月21日至22日，《丽水市莲都区志》志稿复审会议在丽水市召开。省地方志办公室副主任章其祥，省地方志办公室市县工作处处长周祝伟，中国（浙江）地方志学术研究中心秘书长徐鹏，衢州市地方志办公室主任胡锡明，丽水市党史方志办公室副主任汪羽中等领导和专家参加评审，莲都区人民政府副区长孙蓓蕾出席评审会。会上，区志编辑部作了志稿初审意见整改落实的说明。与会专家一致认为，志稿在初审后经过修改，总体质量有了明显提高。区史志办和区志编辑部根据省市专家组的评审意见，对志稿进行进一步修改，在形成成熟规范的终审志稿后，报送莲都区地方志编纂委员会终审，经丽水市地方志办公室验收合格后，报莲都区人民政府批准出版。

【《丽水县志（民国版）》点校和出版。】 《丽水县志（民国版）》共十四卷，为铅印本，由李钟岳、孙寿芝纂修，民国15年成稿付梓。2015年着手开展《丽水县志（民国版）》的点校与整理工作，该点校本的出版发行，是继2010年《清·（道光）〈丽水县志〉和〈丽水志稿〉合刊点校本》出版发行之后，对志书进行保护性整理的又一重要举措。

【《下圳探源》编写工作】 “乡愁文化丛书”主要选取莲都区系列古村的村庄沿革、人文、古迹、姓氏、谱牒和社会发展等多个方面内容，展示了各个村落特有的历史脉络文化魅力。作为其中的一部分，《下圳探源》挖掘和整理了碧湖镇下圳村的历史文化资源， 增强新农村文化的历史厚重感。

【农村文化礼堂“星期日活动”】 2017年深入各农村文化礼堂宣讲革命历史和地情文化共7次，免费赠阅《中共丽水（莲都）党史一卷》《莲都乡愁文化丛书》《栝苍史志》书籍500余册。

【《栝苍史志》刊物提升改版】《栝苍史志》于2007年创刊，截至年底，已出刊23期。刊物提升改版后，栏目编排更加合理，内容储量更加丰富。

【党委政府重点工作】 2017年，区史志办会同相关部门做好中共丽水县委旧址纪念馆(岱后)、北乡和南乡革命纪念馆的开馆准备、资料展陈、讲解接待等工作。参与“红色基因”党性教育基地建设，协助区委组织部、区委党校制定申报莲都南乡和北乡两条革命斗争史现场教学路线。协助区老促会做好启动编纂革命老区县发展史前期准备工作，响应中国老促会牵头编纂全国1599个革命老区县发展史丛书的工作安排。做好革命遗址保护、开发、利用工作，会同区民政局、区老促会开展对峰源乡赛源村小岭根自然村红军洞和红军墓的修缮利用，争取相关革命遗址保护资金。

（区史志办）

档案工作

【概　况】 2017年，莲都区档案局，通过开展“节假日预约查档”“异地查档、跨馆服务”等工作，提升档案服务水平，共接待档案利用者5218人次，查阅档案10897卷（件），复印档案9288页。从利用目的统计数据看，为编史修志查阅146卷，为工作参考查阅432卷，为学术研究查阅47卷，为案件纠纷查阅352卷，为办理退休、养老保险，落实精减下放政策，以及公民为出国、贷款等原因出具结婚证明等查阅9920卷，发挥档案的社会价值。

【档案业务指导工作】 2017年，开展对农村土地承包经营权确权登记、“五水共治”、村级组织换届、首届“世界丽水人大会莲都分会”、农村基层巡查档案的指导和监督工作。采取随机抽取、实地检查的方式，对全区60家区直单位档案工作进行了档案工作年度专项检查并对发现的重点情况进行汇总统计。加强重点建设项目档案工作监督和指导，对莲都区总工会办公楼迁建项目（市重点）和丽武公路（省重点）档案专项验收进行前期检查、指导工作。完成区重点“莲都区大大线莲都段二期改建工程”项目档案的专项验收。继续开展“千村档案”建档工作，已完成老竹镇梁村、大港头镇大港头村等11个村的“千村档案”采集建档工作。

【基层档案室工作】 2017年，在碧湖镇和大港头镇开展新农村建设档案规范管理工作，指导乡镇全面收集、合理分类、规范整理、有序上架。碧湖镇规范整理文书档案5528卷(件)，业务等档案7111卷，村档镇管2284件。太平乡规范整理文书档案7667卷(件)，业务等档案2732卷，村档乡管187卷。牵头开展“十佳乡镇、行政村档案室”创建评比活动。经过推选申报、对标创建、核查审定评选出联城街道、碧湖镇、万象街道丽华村、紫金街道水东村等十个莲都区2017年度“十佳乡村档案室”。

【数字档案馆（室）建设】 2017年，初步开展国家数字档案馆创建工作，对照《数字档案馆系统测试办法》的要求，开展自查评分。同时在市档案局信息技术处的指导下，查找缺点、寻找难点、把握重点，明确创建目标。完成电子档案登记备份中心设备采购，并与软件公司工程师对照国家数字档案馆测试创建标准共同对“莲都区数字档案馆藏系统”进行检测完善和对标整改提升。持续开展数字档案室创建工作，区司法局创建“浙江省示范数字档案室”，区供销社、区移民办、区档案局、城管莲都分局4家创建“浙江省规范数字档案室”。莲都区现有6家“浙江省示范数字档案室”、39家“浙江省规范数字档案室”。

【最多跑一次改革】 2017年，稳步推进最多跑一次改革。及时在政务服务网发布我单位第一、第二批公布的“最多跑一次”全部事项清单；重新梳理各事项线上线下目录、基本信息、办事流程等，做到线上线下统一和衔接。开展“最多跑一次”相关行政许可事项归档范围和保管期限报批工作。启动政务服务网“最多跑一次”事项电子化归档工作，完成实施方案的制定、归档范围和保管期限的审核、归档模块的配置、业务知识的培训和电子化归档统一管理平台项目立项工作，共有24个单位216个行政许可事项完成归档审核，完成归档2161件。

【“非遗”口述档案建档】 2017年，启动“非物质文化遗产传承人”口述档案建档工作。莲都区非遗项目历史悠久，形式多样，包括民间音乐、传统手工技艺、民间信仰、民间文学等。截至2017年底，完成非遗口述采访21项，包括国家级非遗：《丽水鼓词》；省级非遗：《处州乱弹》《通济堰营造技艺》《太平庙会》《丽水吹打》；市级非遗：《武村板龙》《踏莲花》《青林村板龙》《莲都剪贴画》等。其中已完成剪辑采访影像21片，完成译稿15篇，并收集一批非遗项目资料。

【档案宣传工作】 2017年，围绕“档案—我们共同的记忆”这一宣传主题，紧密结合实际，重点突出对国家的档案法律法规政策、民生档案的宣传，突出档案与人民群众的平常生活息息相关密不可分的关系。在“6·9”国际档案日当天，在万象山脚共同开展档案宣传活动。活动中，共向市民放档案宣传资料220余份，接受咨询150多人次。发挥爱国主义教育基地传播档案文化知识功能，全年共接待中小学生、部队官兵等社会各阶层人士参观1300多人次。

【档案资源建设】 2017年，通过多渠道向社会广泛征集地方特色档案，征集到宗谱25件、南明山摩崖碑刻拓片14件。对馆藏破产企业档案进行规范化整理，整理完成“浙江飞雁羽绒制品公司”档案2821卷、“丽水市毛巾厂”档案2655卷，可满足编写厂志厂史、职工退休工资查阅等切身利益的需要。开展馆藏抗战档案清查工作。据统计，馆内抗战档案有丽水铁工厂、省立处州中学为抗战捐款、日本侵略军对莲都区实施细菌战等内容，时间为1931年—1947年，共计27卷580页，并全部实现数字化管理。

莲都区人民代表大会·人大常委会

综　述

【概　况】 2017年,区人大常委会以习近平新时代中国特色社会主义思想为指导,在中共丽水市莲都区委的领导和省、市人大常委会的指导下,认真贯彻十九大精神和省、市、区党代会的决策部署,忠诚担当、勤勉尽职,圆满完成了区十六届人大一次会议确定的目标任务。(一)紧扣中心、服务大局,全力推进区委重点工作;(二)规范程序、认真履职,依法行使任免权和决定权;(三)敢于担当、主动作为,加强对经济发展和民生重点领域的监督;(四)强化法治、推进改革,不断夯实依法治区基础;(五)加强培训、建好平台,扎实做好代表工作;(六)完善机制、加强指导,提升人大工作能力和水平。

【区人大及其常委会自身建设】 1月,区人大常委会农业资源环境工作委员会分设为农业与农村工作委员会、城乡建设和环境资源保护工作委员会;2月,设立区人大法制(内务司法)委员会和财政经济委员会。常委会组成人员名额从27名调整至35名,专职委员占比达67.7%。

【区、乡人大代表选举工作】 区十六届人大一次会议以来,有4名区人大代表因工作岗位变动辞去代表职务。常委会按照《中华人民共和国全国人民代表大会和地方各级人民代表大会选举法》《浙江省县、乡两级人民代表大会代表选举实施细则》的有关规定,制定选举(补选)工作方案,安排相应选区进行选举,共选举产生区十六届人民代表大会代表7名。

【人大宣传信息工作】 推进宣传信息工作,区人大及其常委会召开的重要会议、举行的重大活动、开展的主要工作,做到电视上有画面、刊物上有文字、网络上有消息。全年有100余篇人大信息稿件和调研文章在市级刊物和省、市级网站上发表。

重要会议

【莲都区第十六届人民代表大会第一次会议】 2月14日—18日在莲都区会议中心举行。出席会议的代表198名,列席人员141名。会议听取和审议了代区长陈豪作的《政府工作报告》、区人大常委会主任雷萍作的《区人大常委会工作报告》、区人民法院院长李美顺作的《区人民法院工作报告》、区人民检察院检察长王小刚作的《区人民检察院工作报告》。会议决定批准以上报告,并作出相应决议。会议听取和审议了《莲都区2016年国民经济和社会发展计划执行情况与2017年国民经济和社会发展计划草案的报告》《莲都区2016年财政预算执行情况及2017年财政预算草案的报告》。会议批准区国民经济和社会发展计划、财政预算,并通过相应决议。会议首次以代表团为单位,采用无记名投票方式产生了10件民生实事项目交由政府办理。

会议共收到代表10人以上联名提出的议案39件,涉及生态文明、产业转型、民生保障、公共交通、旅游开发、企业发展等方面。根据《中华人民共和国地方各级人民代表大会和地方各级人民政府组织法》《中华人民共和国全国人民代表大会和地方各级人民代表大会代表法》和《莲都区人民代表大会议事规则》的有关规定，经议案审查委员会审议讨论，将戴华翠代表领衔提出的《关于加大内生型企业培育力度的议案》和曾吉玮代表领衔提出的《关于重视莲都学前教育　扶持优质民办幼儿园的议案》，列为本次大会议案，经大会批准后，交区人民政府办理。议案办理情况由区人民政府书面向区人大常委会报告，并在区第十六届人民代表大会第二次会议上印发。其余37件议案拟作为建议，与大会收到的70件代表建议、批评、意见一并交区人民政府及有关机关、组织研究办理，由承办单位负责答复代表并将办理情况及时报告区人大常委会。对事权不在莲都区的意见、建议，将通过其他途径提交市级有关单位处理。

【区十五届人大常委会会议】 2017年，区十五届人大常委会共举行3次会议，作出决议决定1个。

1月13日召开区十五届人大常委会第四十七次会议。会议审议通过《关于召开莲都区第十六届人民代表大会第一次会议的决定》；听取和审议了《区十六届人大一次会议会议日程（草案）》《区人大常委会代表资格审查委员会关于区十六届人大一次会议代表资格的审查报告》，并做出审查决定。会议还书面审查了区政府组成部门局长、区法院副院长、区检察院副检察长年终述职报告。

1月24日召开区十五届人大常委会第四十八次会议。会议审议通过《关于将莲都区人大常委会农业资源环境工作委员会分设为农业与农村工作委员会、城乡建设和环境资源保护工作委员会的决定》；审议通过区政府和区人大的人事任免案，审议通过桑小明委员辞职案，并举行任命人员的宪法宣誓仪式。

2月9日召开区十五届人大常委会第四十九次会议。会议审议通过区十六届人大一次有关事项和《莲都区人大常委会工作报告（审议稿）》；通过2016年度各类先进名单：书面通报了2016年度全区基层人大工作先进集体；听取和审议《莲都区2016年国民经济和社会发展计划完成情况及2017年国民经济和社会发展计划草案的报告》《莲都区2017年基本建设项目投资计划草案的报告》，听取发区发改局2016年预算执行情况和2017年预算草案编制情况以及2017年部门预算项目支出安排的汇报。会议还审议通过区人大常委会的人事任免案，并举行宪法宣誓仪式。

【区十六届人大常委会会议】 2017年，区十六届人大常委会共举行7次会议，作出决议决定5个。

2月18日召开区十六届人大常委会第一次会议。会议审议通过了区监察委员会提交的人事任命案。

4月17日召开区十六届人大常委会第二次会议。会议审议通过了《区人大常委会2017年工作要点和年度监督工作计划》《莲都区人大常委会关于推动人民法院执行工作的意见》，审议通过区十六届人大常委会代表资格审查委员会组成人员名单，以及区人大常委会、区政府、区法院人事任免案。

6月21日召开区十六届人大常委会第三次会议。会议听取和审议了区政府关于《莲都区农旅融合专项工作报告》《区人民政府关于2017年十大民生实事推进情况汇报》，审议通过《莲都区人大代表履职管理办法（试行）》，传达了浙江省第十四次党代会精神，通过了区人大常委会人事任免的议案。

8月8日召开区十六届人大常委会第四次会议。会议传达了全省各级人大常委会主任学习会精神，听取和审议区政府《关于提请撤回〈丽水市莲都区人大常委会关于同意将丽水市莲都区水利开发建设有限公司项目贷款还本付息资金列入区本级同期年度财政预算的决定〉的议案》，并做出相关决议，通过了区政府、区法院、区检察院人事任免事项。

9月5日召开区十六届人大常委会第五次会议。会议传达学习了市委四届二次全体（扩大）会议、区委十四届三次全体（扩大）会议精神；听取和审议了《区政府关于2017年上半年莲都区国民经济和社会发展计划执行情况的报告》《区政府关于2016年区财政决算及2017年上半年预算执行情况的报告》《区政府关于2016年度区财政预算执行和其他财政收支的审计工作报告》《区政府关于高溪低丘缓坡招商引资工作的情况汇报》；审议通过了《莲都区人民代表大会常务委员会关于批准莲都区2016年度财政决算的决议》；听取和审查了区经商局与文广新体局2016年决算情况；通过了区法院、区检察院相关人事任命事项。

11月22日召开区十六届人大常委会第六次会议。会议集体学习了中共十九大精神，听取和审议了《区政府关于莲都区2017年预算调整方案的议案》，听取和审议了《区政府关于全区“最多跑一次改革”开展情况专项报告》，听取审议了区政府和区法院《关于〈中华人民共和国行政诉讼法〉在我区贯彻落实情况专项报告》。表决通过了《丽水市莲都区人大常委会关于批准莲都区2017年预算调整方案的决议》《丽水市莲都区人大常委会街道工作委员会工作规则》，通过了区法院、区检察院相关人事任命事项。

12月28日召开区十六届人大常委会第七次会议。会议听取和审议了《区政府关于全区教育项目建设推进情况专项工作报告》《区政府关于区十六届人大一次会议代表建议、批评和意见办理情况报告》；书面审查了区政府关于2016年审计查出问题的整改情况。审议通过了区人大代表辞职案。会议通报了《莲都区十六届人大代表选举（补选）工作实施方案》；传达了车俊在省十二届人大常委会第四十五次会议上的讲话精神；通过了区人大常委会和区法院相关人事任免事项。

【区十五届人大常委会主任会议】 2017年共举行5次主任会议。

1月11日召开区十五届人大常委会第90次主任会议。会议通过区十五届人大常委会第四十七次会议的有关事宜。会议听取了代表资格审查委员会关于区十六届人大一次会议代表资格的审查报告，以及区十六届人大一次会议日程草案。会议同意将上述事项提交常委会审议。

1月20日召开区十五届人大常委会第91次主任会议。会议听取了区政府关于莲都区农村生活污水治理情况的工作汇报，以及农工委关于养生农业发展的视察情况报告。

1月24日召开区十五届人大常委会第92次主任会议。会议通过区十五届人大常委会第四十八次会议的有关事宜。会议听取了区委组织部关于区人大常委会和政府人事调整的情况汇报；主任会议提出关于将农资环工委分设为农业与农村、城乡建设与环境资源工作委员会决定草案；会议听取了代表工委关于年度代表履职积极分子、优秀代表联络站和先进个人、代表建议承办先进单位和个人等评选事项的推荐情况。

2月4日召开区十五届人大常委会第93次主任会议。会议听取了区十六届人大一次会议有关事项的汇报；听取了区发改局《莲都区2016年国民经济和社会发展计划完成情况及2017年国民经济和社会发展计划草案的报告》《莲都区2017年基本建设项目投资计划草案的报告》，以及区财政局《莲都区2016年财政预算执行情况和2017年财政预算草案的报告》；会议还集体审定了莲都区人大常委会工作报告审议稿。

2月8日召开区十五届人大常委会第94次主任会议。会议通过区十五届人大常委会第四十九次会议的有关事宜。会议提出陈晓宁等人事任免的议案，听取和审议了区委组织部关于区十六届人大一次会议选举办法草案和专门委员会人员通过办法草案，以及人大、政府等工作报告决议草案。

【区十六届人大常委会主任会议】 2017年共举行16次主任会议。

2月18日召开区十六届人大常委会第1次主任会议。会议确定了区十六届人大常委会第1次会议有关事项。听取了区监察委员会人事任职议案的情况汇报，同意将议案提交常委会审议。

2月23日召开区十六届人大常委会第2次主任会议。会议讨论通过了区人大常委会主任、副主任工作分工情况。

4月16日召开区十六届人大常委会第3次主任会议。会议听取并通过了区十六届人大常委会第2次会议有关事项；听取和审议区人大常委会2017年工作要点和年度监督工作计划表；审议通过了2017年度民生实事项目监督小组名单；听取关于推动人民法院执行工作的意见起草和征求意见情况的汇报；听取区法院关于提请人事任职情况汇报；听取区委组织部关于新任副区长人选和新一届政府组成部门人事任职情况的汇报；提出关于尚小林等任免的议案；听取和审议区十六届人大常委会代表资格审查委员会组成人员建议名单。

5月11日召开区十六届人大常委会第4次主任会议。会议听取并通过了关于开展"最多跑一次"专项行动调研督察的工作方案；听取和讨论《莲都区2017年度乡镇、街道人大工作考核办法（讨论稿）》；听取和讨论《丽水市莲都区人大常委会区十六届人大代表（2017-2018）培训计划（讨论稿）》；听取并通过召开全区乡镇、街道人大主席（主任）会议工作方案。

6月9日召开区十六届人大常委会第5次主任会议。会议听取并通过了区十六届人大常委会第3次会议有关事项；听取《莲都区人大代表履职管理办法（试行）》审议稿起草情况的汇报；提出刘黎明等职务任免的议案；听取区交通运输局工作汇报。

7月5日召开区十六届人大常委会第6次主任会议。会议听取了区建设分局工作汇报；审议通过《关于莲都区农旅融合专项工作报告的审议意见》《莲都区市、区、乡（镇）三级人大代表联系制度》《莲都区2017年度乡镇、街道人大工作考核办法》《莲都区2017年度部门人大工作考举证扣分细则》《区人大机关2017年度干部绩效考核办法》等规章制度。

8月7日召开区十六届人大常委会第7次主任会议。会议听取区政府、区法院、区检察院人事任免事项的汇报。

8月22日召开区十六届人大常委会第8次主任会议。会议听取并通过了召开区十六届人大常委会第5次会议的有关事项；听取区政府关于2017年上半年莲都区国民经济和社会发展计划执行情况的报告；听取区政府关于2016年区财政决算及2017年上半年预算执行情况的报告；听取区政府关于莲都区2017年预算调整方案的报告；听取区政府关于2016年度区财政预算执行和其他财政收支的审计工作报告。

8月30日召开区十六届人大常委会第9次主任会议。会议建议区十六届人大常委会第5次会议增加"听取和审议关于万洋众创城项目情况汇报"的议程。听取了区丽水工业园区管委会汇报莲都区低丘缓坡区块招商引资情况，以及区政府与万洋集团有限公司投资协议书的主要内容。

9月7日召开区十六届人大常委会第10次主任会议。会议听取和讨论了关于高溪低丘缓坡区块招商引资工作的审议意见（审议稿）；

9月27日召开区十六届人大常委会第11次主任会议。会议审议通过区人大常委会各街道工作委员会委员名单（审议稿）； 审议区人大机关2017年度干部绩效考核办法，以及分工安排表（审议稿）；审议莲都区人大宣传信息工作考核奖励办法（审议稿）； 审议关于2017年上半年国民经济和社会发展计划执行情况报告的审议意见(审议稿)；审议关于莲都区2017年上半年财政预算执行情况报告的审议意见(审议稿)；审议关于2016年莲都区本级财政预算执行和其他财政收支的审计工作报告的审议意见(审议稿)。

10月19日召开区十六届人大常委会第12次主任会议。会议听取了区教育局工作汇报。

10月20日召开区十六届人大常委会第13次主任会议。会议听取了区统计局工作汇报，以及人大街道工委工作规则修订情况的汇报。

11月16日召开区十六届人大常委会第14次主任会议。会议听取了区法院、区检察院人事任免的情况汇报；听取区人大常委会各街道工作委员会委员建议名单的汇报。

12月12日召开区十六届人大常委会第15次主任会议。会议听取了区农业局工作汇报。审议了关于“最多跑一次”改革开展情况的审议意见；审议了关于行政诉讼法在我区贯彻落实情况的审议意见。集体讨论通过了关于实施民生实事项目人大代表票决制的意见(试行)(代拟稿)。

12月22日召开区十六届人大常委会第16次主任会议。会议听取了区人大常委会办公室主任岗位调整情况汇报；听取了区法院提请人事任免情况的汇报。

法律监督

【政府依法行政】 常委会听取和审议了区政府、区法院关于行政诉讼法贯彻实施情况专项工作报告，督促行政机关和审判机关进一步端正执法(司法)理念，处理好实体与程序、依法行政和保护公民合法权益、职权与责任的关系，切实提高执法和司法水平。认真落实政府向人代会报告上年度环境状况和环境保护目标完成情况的规定。首次将上级垂直管理部门和非政府组成部门列入主任会议听取工作汇报范围，通过听汇报、点问题、督整改，加强对部门监督。2017年，主任会议先后听取了区交通运输局、统计局、建设分局、农业局等部门汇报，并提出加大基础设施建设力度、促进统计成果转化运用、提高城市物业行业管理水平、推进乡村振兴等意见。

【监察和司法体制改革】 依法支持监察体制改革和人员转隶工作，及时任命区监察委副主任、委员，主任会议专题听取了我区深化监察体制改革试点工作情况汇报。开展司法体制改革调研，调研组成员深入我区公检法司等单位实地走访，听取案件当事人、承办人、部门负责人意见，深入了解我区司法体制改革取得的进展，要求公、检、法、司等单位继续深化综合配套改革工作，全面落实司法责任制；常委会出台了《关于推动人民法院执行工作的意见》，就法院加大执行力度、完善联动机制、强化工作保障等作出规定，进一步推动我区法院的执行工作。

【基层民主法治建设】 密切关注《村民委员会组织法》在全区的实施情况，认真做好全区村级组织换届工作指导。常委会领导分组跟进7个选情复杂村的换届选举工作，及时掌握动态、协调解决问题，保障村民民主选举、民主监督等权力的行使，依法推进村民自治。支持市人大紫金基层立法联系点的工作。组织市、区、乡代表积极参与《丽水市饮用水水源保护条例》等立法活动，深入水源保护核心区，听取库区群众意见建议。支持法院加强人民陪审员培训，组织代表观摩法院庭审，扩大公众参与司法工作。

【备案审查规范性文件】 根据《莲都区人民代表大会常务委员会关于规范性文件备案审查的若干规定(试行)》，开展规范性文件备案审查工作，全年备案审查区政府报送的规范性文件43个。

工作监督

【计划、预算等执行情况报告】 8月，听取和审议区政府《关于2017年上半年莲都区国民经济和社会发展计划执行情况的报告》《关于2016年区财政决算及2017年上半年预算执行情况的报告》《关于2016年度区财政预算执行和其他财政收支的审计工作报告》，做出关于批准莲都区2016年度财政决算的决议。审查了区经商局与文广新体局2016年部门决算情况。12月，首次专题听取关于审计查出问题整改落实情况的汇报。

【莲都区农旅融合专项工作报告】 开展农旅融合专题调研，听取政府部门和业界的意见建议，深入了解和剖析我区养生农业、旅游农业、农产品转化为旅游地商品的发展现状，以及打造“全域旅游示范区”的情况。6月常委会审议后，提出“进一步完善政策措施、优化发展目标、拓宽营销渠道”等意见，交由政府研究落实，促进了农业农村与旅游产业良性互动。

【“最多跑一次”改革】 6—10月期间，综合运用基层调研、部门督查、专题研讨等监督“组合拳”，推动全区“最多跑一次”改革不断深化。组织6个督查组分赴区行政审批中心和各乡镇街道，听取相关单位工作汇报，与一线工作人员座谈，督查改革措施落实情况；组织代表以普通群众身份到各办事窗口“体验”办事过程，对存在的办事流程设置不合理、告知程序不到位等情况及时向办事窗口反映，督促立即整改；11月，听取和审议政府“最多跑一次”改革专项工作报告，推动政府进一步理顺工作机制、优化工作程序、共享信息资源，推动政府职能转变。

【全国文明城市创建】 常委会连续三年将全国文明城市创建工作列为监督重点，调研《丽水市城市市容和环境卫生管理条例》在莲都区的贯彻实施情况，提出意见建议，推动该条例有效施行。常委会领导担任“网格长”，常态化督促检查网格的文明创建工作，及时协调解决问题。市、区人大代表在人代会会议期间上街开展文明劝导；闭会期间开展“创建文明城市，代表率先示范”主题活动，助推文明城市创建。组建区人大常委会机关“小荷”志愿服务队，到岩泉街道九里村、联城街道武村等责任区块（路段）开展巡查，以实际行动推进创建工作不断深入，为全区成功创建全国文明城市做出了应有贡献。

【剿灭劣Ⅴ类水行动】 以开展“剿灭劣Ⅴ类水　代表在行动”主题活动为抓手，紧盯剿劣目标，组织代表广泛参与全区“激浊扬清，碧水莲都”全民剿劣清淤大行动；常委会领导亲自带队，组织多个督查组深入治水一线，围绕截、清、治、修等环节，查找存在问题，制作曝光短片，督促相关责任单位限期整改；认真落实《浙江省河长制规定》，常委会领导率先垂范，全区有270多名代表担任“河长”，扛起治水监督重任。着眼长效机制建设，运用手机APP平台，为代表们就近、就便监督治水工作提供信息化服务和保障，有力地推进了劣Ⅴ类水剿灭工作。

决定重大事项

【审议区政府提请的议案】 听取和审议区政府《关于提请撤回〈丽水市莲都区人大常委会关于同意将丽水市莲都区水利开发建设有限公司项目贷款还本付息资金列入区本级同期年度财政预算的决定〉的议案》，并做出相关决议，进一步落实省人大相关文件精神。

【重大事项权行使】 贯彻落实中央和省委关于健全人大讨论决定重大事项制度、政府重大决策出台前向本级人大报告的要求，加强了对政府投资重大建设项目的监督，专题听取区政府高溪低丘缓坡招商引资工作情况汇报，并提出审议意见交由政府落实。

【区、乡两级民生实事项目代表票决工作】 区人代会票决2017年十件民生实事后，常委会及时成立了五个监督小组，负责跟踪监督工作，采取现场察看、听取汇报、提出意见等方式，实时掌握和跟进项目办理进度和成效，常委会年中和年末两次听取政府专题汇报，推动政府把民生实事办实。配合区委出台《关于实施民生实事项目人大代表票决制的意见（试行）》，三次召集相关会议，就乡镇街道开展该项工作进行部署和推进，确保2018年初全区各乡镇民生实事项目代表票决工作全覆盖。

人事任免和对任命干部的监督

【人事任免】 常委会坚持党管干部原则与依法行使人事任免权的统一，执行任前法律知识考试、任职表态发言、颁发任命书、向宪法宣誓、履职承诺、年终述职和向宪法宣誓等规定，增强被任命干部的宪法意识、公仆意识和受监督意识。全年共任免国家机关工作人员100人次，其中决定任免区政府副区长4人、组成部门局长（主任）26人次，保证了国家机关的正常运转。

【对任命干部的监督】 坚持主任扩大会议听取部门工作汇报制度，首次将上级垂直管理部门和非政府组成部门列入主任会议听取工作汇报范围，听取了区交通运输局、统计局、建设分局、农业局等部门工作汇报。组织新一届区政府组成部门主要负责人，通过《莲都新闻》电视栏目和处州晚报，公开向全区人民作履职承诺；年终开展区政府组成部门局长（主任）、法院副院长和检察院副检察长向区人大常委会书面述职活动。

联系人大代表和人民群众

【代表建议、批评和意见督办工作】 区十六届人大一次会议共确定大会议案2件，会后交由政府部门办理建议194件。从代表反馈情况看，对办理工作满意的占98.5%；基本满意的占1.5%。对办理结果满意的占95.4%；基本满意的占4.6%。2017年，常委会持续改进议案建议的督办工作，坚持区政府领导领办、人大常委会领导督办重点建议制度，通过完善建议督办、优化考核评估、强化办理责任等措施，促成省道碧湖段天网工程安装、岩头村公交站点增设等建议得到落实，代表建议已成为推进政府部门工作、回应人民群众关切的重要抓手。

【人民来信来访工作】 畅通民意反映渠道，做好群众来信来访工作，一年来共受理来信67件，来访36批次，53人次（其中省、市人大交办3件，集体来访5批次，27人次）。

莲都区人民政府

综　述

2017年，是本届政府的开局之年，也是深入落实“十三五”规划的重要之年，全年区人民政府自觉践行五大发展理念和“两山”理论，以“八八战略”为总纲，坚持“绿色发展、科学赶超、生态惠民”发展主线和“三美融合、互促共进、主客共享”工作布局，同心同向同力，共建共融共享，善谋善作善成，加快推进城市共建、经济共融、福祉共享，全面融入浙江（丽水）绿色发展综合改革创新区，建设丽水大花园的“中心园”。全年实现地区生产总值332.98亿元，同比增长5.2%。农业总产值28.32亿元，同比增长4.1%；规模以上工业总产值同比增长5.6%（区属1.8%）；固定资产投资同比增长11.8%（区属11.5%）；社会消费品零售总额195.98亿元，同比增长6.2%；旅游总收入77.18亿元，同比增长29.9%；一般公共预算收入13.53亿元，同比增长1.7%。一般公共预算支出38.96亿元，同比增长27.2%；城乡居民人均可支配收入分别为41857元、23407元，分别同比增长8.7%、10.1%；节能减排、安全生产、计划生育等全面完成上级下达的指标，年度综合考核名列全市第一。

区政府常务会议

【概　况】 2017年召开政府常务会议13次。

【第十五届政府常务会议】 第65次区政府常务会议于2017年1月19日召开。审议《莲都区2017年基本建设项目投资计划》《2017年土地整治、出让计划》《丽水市莲都区古堰画乡隐居画乡二期投资项目合同协议》《丽水市莲都区全民健身实施计划（2016—2020年）》《莲都区金融支持地方经济发展考核奖励办法》《莲都区2016年国民经济和社会发展计划执行情况及2017年国民经济和社会发展计划报告（草案）》《政府工作报告》，听取碧湖镇里河村美丽乡村重点村项目和资金问题相关情况的汇报，听取关于2016年预算执行情况和2017年预算草案编制情况的汇报，听取区监察局有关工作汇报。

【第十六届政府常务会议】 第1次区政府常务会议于2017年2月20日召开。审议《莲都区见义勇为人员奖励和保障实施办法（试行）》《莲都区关于进一步加强招商引资工作的若干意见》，研究《区委区政府重点工作责任分解》，听取关于对自然人股东限售股减持实行相关优惠政策汇报，听取关于调整莲都区垦造水田项目指标收购价格相关情况汇报，听取丽龙高速公路南山互通至丽新公路工程（郎奇至丽新段）建设相关情况的汇报，听取莲都区2016年度创建全国文明城市行政奖励的相关情况汇报，听取区政府2月份工作计划安排，学习中央纪委十八届七次全会、省纪委十三届六次全会、区纪委十四届二次全会主要精神和《党政主要负责人履行推进法治建设第一责任人职责规定》，确定区政府班子分工，区长与区政府班子成员签订2017年党风廉政建设责任书。

第2次区政府常务会议于2017年3月20日召开。审议

《“811”美丽莲都建设行动方案》《关于提振莲都区生态工业发展的意见》《莲都区安全生产委员会组织结构设置及工作规则》《莲都区小城镇环境综合整治项目建设和资金使用管理办法》《莲都区鼓励支持个体工商户转型升级为企业的实施方案》《莲都区“最多跑一次”专项工作方案》《莲都区全面推进政务公开工作实施方案》《莲都区乡镇(街道)新一轮财政管理办法》《碧湖镇财政体制改革实施方案》《莲都区农村公路提升改造工程实施方案》《莲都区地质灾害“大搬快治”三年行动计划》《莲都区地质灾害“大搬快治”三年行动计划实施方案》,听取2016年莲都区人口计生、“五水共治”、安全生产、招商引资、劳模评选、依法行政等各类评先评选情况以及2017年度区政府规范性文件制定计划汇报,听取2—3月区政府重点工作完成情况以及4月重点工作安排情况汇报,区政府班子成员学习中共中央办公厅印发的《关于加强和改进人民政协民主监督工作的意见》。

第3次区政府常务会议于2017年4月24日召开。审议《关于推进中小学教师“区管校聘”管理改革试点工作的实施意见》《关于深入开展“精准服务企业、振兴实体经济”专项行动的方案》《丽水市区老旧住宅外墙修缮改造实施方案(试点)》《莲都区人民政府部门派驻乡镇(街道)机构和人员管理办法》,听取全区一季度经济运行情况汇报,听取关于做好莲都区创业担保贷款工作相关情况汇报,听取莲都区2016年度工业企业争先创优获奖企业评选奖励建议的汇报,听取莲都区2016年土地和房屋征收工作考核情况汇报,听取莲都区2016年洁净村居创建工作先进集体与先进个人评选情况的汇报,听取4月区政府重点工作完成情况以及5月重点工作安排情况汇报。

第4次区政府常务会议于2017年5月15日召开。审议《莲都区新型职业农民认定管理办法(试行)、莲都区新型职业农民培育扶持若干政策(试行)》《市区重点项目政策处理百日攻坚活动方案》《关于丽水工业园区干部补贴的建议方案》《关于公务用车服务中心编外用工工资待遇方案》《关于干部考核奖及一次性奖金发放的建议》,通报《莲都区委区政府2017年重点工作和十件民生实事四月份完成情况》,学习省委、省政府主要领导在二季度工作部署会上的讲话精神、省委书记车俊在湖州调研时的讲话精神和在新一届市级领导班子成员集体谈话。

第5次区政府常务会议于2017年6月19日召开。审议《莲都区农民占用集体土地违法建住宅处理办法(试行)》的补充意见,《莲都区畜禽养殖禁养区限养区划分调整方案》《2017年度莲都区招商引资工作目标责任制考核办法》《莲都区社区专职工作者工资福利调整方案》《莲都区深化公立医院综合改革实施方案》《莲都区深化医药卫生体制综合改革实施方案》,听取“一个中心、四个平台”建设工作情况汇报,听取6月份重点工作完成情况和7月份重点工作安排,听取首善担当创一流“百日百项攻坚战”进展情况通报。

第6次区政府常务会议于2017年7月17日召开。审议《莲都区2017年度征地拆迁工作考核办法》《莲都区2017年度扩大有效投资工作考核办法》《莲都区农村客运“村村通”工作实施方案》《莲都区全面深化河长制工作方案(2017—2020)》《莲都区白云小学招生办法(试行)》《2017古堰画乡小镇艺术节暨“玩转画乡”旅游季活动方案》《莲都区安全生产现场检查规定》《莲都区进一步落实生产经营单位安全生产主体责任的若干规定》《莲都区生产经营单位安全生产不良记录“黑名单”管理暂行办法》,听取上半年安全生产工作情况汇报,听取文化交流走进法国有关情况汇报,听取古堰画乡旅投公司增资扩股有关情况汇报,听取上半年小城镇环境综合整治工作进展情况汇报,听取上半年大搬快治工作进展情况汇报,听取7月重点工作完成情况和8月重点工作安排。

第7次区政府常务会议于2017年8月21日召开。审议《莲都区联城城郊农民新社区三期安置住房申购和管理办法》,听取莲都区全国文明城市创建工作情况汇报，听取莲都区计划生育宣传技术指导站医药价格改革有关情况汇报，听取莲都区媒体融合推进工作情况汇报，听取古堰画乡创建国家AAAAA级景区工作汇报，听取关于区国资公司出资丽水生态产业基金和补缴房土两税有关情况的汇报，听取区国资公司董事会、监事会成员调整的情况汇报，听取8月重点工作完成情况和9月重点工作安排，学习《中华人民共和国统计法实施条例》。

第8次区政府常务会议于2017年8月31日召开。审议丽水万洋众创城项目投资协议，《丽水市莲都区人民政府浙江旅游职业学院校地战略合作协议书》《丽水市莲都区人民政府丽水银监分局战略合作框架协议》《2016年度“六边三化三美”工作先进单位、先进个人建议名单》，学习省政府理财治税专题培训班主要精神。

第9次区政府常务会议于2017年9月18日召开。审议《关于加快工业投资项目审批的实施意见》《丽水工业园区森宇科技闲置土地处置方案》《关于在市场体系建设中建立公平竞争审查制度的实施办法》《关于加快推进莲都区城乡基本公共法律服务体系建设的实施意见》《关于建立社区矫正工作责任清单制度的意见》《莲都区农村宅基地及住房确权登记工作实施方案及实施细则》《莲都区“光伏小康工程”试点工作实施方案》《关于全面消除集体经济薄弱村行动计划的实施意见》《莲都区农民合作经济组织联合会农民合作基金管理暂行办法》《首届世界丽水人大会莲都分会场“莲都区发展贡献杰出人物”名单》，听取扩大丽水工业园区省级园区范围的有关情况报告，听取城乡居民基本医疗保险筹资标准的有关情况汇报，听取区人民医院改扩建项目和丽云中心卫生院迁建项目PPP模式实施方案，听取并审议《莲都区2017年度卫生和计划生育目标管理责任制考核办法》及相关工作，听取关于莲都区农村农房测绘工作情况汇报，听取8月重点工作完成情况和9月重点工作安排，学习全省传统制造业改造提升工作推进会精神、《李克强总理在新一轮世界科技革命和产业革命若干前沿领域发展态势专题讲座上的讲话》和袁家军在全省特色小镇规划建设工作现场推进会和三季度工作部署会上的讲话精神。

第10次区政府常务会议于2017年10月22日召开。审议《莲都区农产品转化为旅游地商品扶持政策》，听取丽水饭店区块改造项目储备土地前期开发项目有关情况的汇报，听取莲都区农村生活垃圾分类处理工作汇报，听取莲都区2017年规范性文件清理工作汇报，听取关于审计整改和投资审计转型工作的汇报，传达学习全省文化产业发展大会主要精神、听取莲都区文化产业工作情况汇报，听取碧湖电影院地块处置建议方案的汇报，听取全区重点工作完成情况、区政府10月份重点工作完成情况和11月份重点工作安排情况的汇报，区政府班子成员交流十九大报告学习体会。

第11次区政府常务会议于2017年11月20日召开。审议《莲都区城市生活垃圾分类智能化小区试点工作实施方案》，审议《莲都区危险房屋治理改造实施办法（修订）》，审议《莲都区“11·13”里东村山体滑坡灾后住房重建实施方案补充意见》，审议《关于进一步加强严重精神障碍患者服务管理工作的意见》，审议《莲都区机关事业单位编外用工管理办法》《关于开展莲都区机关事业单位编外用工清理规范工作的方案》，审议《高溪低丘缓坡区块土地出让方案》，听取万洋低碳智造小镇工作进展情况汇报，听取安全生产大检查“回头看”发现问题和隐患整改工作情况的汇报，听取关于莲都区国资营运公司市场化改革工作情况、莲都区从事生产经营活动事业单位改革工作情况的汇报，听取关于建议给予莲都区大港头镇记集体三等功的情况汇报，听取关于财政出借资金处理建议的汇报，听取关于进一步加强财政预算管理以及调整2017年预算情况的汇报，传达学习《浙江省重大行政决策程序规定》《丽水市人民政府重大行政决策程序规则》，传达学习省委十四届二次全会精神，书面通报《2017年政府工作报告重点工作完成情况》《11月重点工作完成情况以及12月重点工作安排情况》。

第12次区政府常务会议于2017年12月18日召开。审议《莲都区小微企业创业园建设管理办法》，审议《丽水市莲都区2018年度松材线虫病疫情除治方案》和《丽水市莲都区松材线虫病防治方案(2017—2021)》，审议《丽水市莲都区垦造耕地和建设用地复垦实施办法》，审议《莲都区市区重点项目政策处理攻坚行动奖惩暂行办法》，审议《莲都区政策性融资担保公司组建方案》，审议《莲都区行政复议体制改革工作方案》，听取关于莲都区国家农业综合开发现代农业园区村股份经济合作社持股农业龙头企业股权归属有关情况的汇报，听取关于莲都区2017年度创建全国文明城市奖励情况、社区(村)星级评定情况的汇报，听取莲都区人民政府台湾事务办公室关于要求设立基层交流专项工作账户的汇报，听取关于年度信访工作情况的汇报，学习《党政机关公务用车管理办法》《党政机关办公用房管理办法》，听取2017年度区政府领导班子成员党风廉政工作情况汇报，听取“冲刺全年红”指标完成情况的汇报，书面听取了《2017年省、市十方面民生实事完成情况》《2017年12月重点工作完成情况以及2018年1月重点工作安排》等情况汇报。

区政府工作会议

【莲都区召开“五水共治”现场部署会】 1月3日上午，莲都区召集各乡镇(街道)及责任部门召开省“五水共治”年度考核部署会，专题研究“五水共治”工作现场检查相关问题，强势推进迎检大会战。区委副书记、代区长陈豪出席会议并讲话，强调必须坚持目标导向，提高思想认识；坚持问题导向，提高工作标准；坚持结果导向，强化责任落实。各单位必须落实“八个一次”，切实做好迎考工作。一是要全域巡河一次，全面摸清河情，督促问题整改。二是要督促各级河长专题研究联系河道一次，抓紧谋划2017年治水思路。三是发现问题集中交办一次，强化问题整治。四是开展一次集中宣传和志愿者服务活动，营造浓厚治水氛围。五是模拟考核一次，以考促整治、以考促提升。六是各级河长巡河日志抽查一次，补齐台账不完善的短板。七是各类企业全面排查一次，发现非法排污行为立即予以整治。八是河长公示牌自查一次，确保信息完整准确。

【全区城镇危旧房撤离腾空及治理改造工作部署会】 2月27日下午，莲都区召开城镇危旧房撤离腾空及治理改造工作部署会，区委副书记、区长陈豪出席会议并讲话。万象街道、岩泉街道、紫金街道、白云街道、碧湖镇、区直各相关部门主要领导和分管领导参加会议。会议由副区长蔡通友主持，副区长雷成在会上部署了相关工作，区治危拆违办、万象街道、碧湖镇等6家单位作了表态发言。陈豪指出，危旧房治理是上级党委政府部署的一项政治任务，是关乎群众生命财产安全的民生大事，也是推进中心城市建设发展的实事，群众关注度最高、最敏感，关系到社会的和谐稳定，全区上下要高度重视，对标“莲都铁军”的政治担当，全力做好危旧房治理各项工作。陈豪强调，要激发生死时速的紧迫感，推进要加速度。紧盯3月底前完成D级危房的撤离腾空的任务时间节点，立即行动，以任务倒逼工作推进。要有毕其功于一役的气魄，措施要有力度。各部门主要领导要带头，分管领导要分片包干，全员上阵、集中攻坚，综合施策、强化保障。要有令行如流的指挥协作，配合要更紧密。各成员单位要牢固树立全区“一盘棋”思想，按照职责分工，主动担当，主动作为，密切配合，形成危旧房治理工作合力。要有铺天盖地的全员行动，宣传要有广度。通过媒体宣传、入户宣传、法律宣传等形式，营造氛围，最大限度争取群众的理解和支持。要有最严的督查考核机制，执纪要有威慑力。做到明察暗访相结合，面上督查和点上督查相结合，做到执纪必严，绝不姑息阳奉阴违、推诿扯皮的情况，通过督查推动各项工作落实到位。

【莲都区召开“最多跑一次”专项行动工作推进会】 3月8日，莲都区召开“最多跑一次”专项行动工作推进会。区委常委、常务副区长王世强出席会议并讲话，全区相关部门分管领导、业务科室负责人和乡镇镇(街道)相关负责人参加会议。“最多跑一次”改革是省委省政府在“四张清单一张网”改革基础上的再推进再深化，是深化简政放权、放管结合、加快政府职能转变的一项重点工作，是以人民为中心发展思想的浙江探索与实践。会上，区行政审批中心对“最多跑一次”服务改革工作进行了详细说明，向与会人员传达了梳理公共服务项目的必要性，并明确了时间要求。区编办、区财政局、区法制办等各专项组牵头单位分别部署了所负责领域“最多跑一次”工作。王世强指出，各相关部门要从思想上高度重视“最多跑一次”服务改革工作，从自身实际出发，确保该项工作尽早落地。他强调，与会人员要站位全局，明确目标，全面梳理行政权力事项和公共服务事项，进一步摸清家底，紧盯目标；要创新机制，狠抓落实，进一步畅通一个窗口受理、联审联办等服务机制，变群众跑为工作人员跑，真正实现政府过紧日子，老百姓过好日子，干部多跑路，群众少跑路。

【全区农业农村、“五水共治”、“六边三化三美”、旅游、卫计工作会议】 3月16日上午，莲都区召开农业农村、“五水共治”、“六边三化三美”、旅游、卫计工作会议。市委常委、区委书记杜兴林在会上强调 ，要明白任务、研究方法，创新推动各项工作。区委副书记、区长陈豪主持会议，区人大常委会主任陈元龙以及区领导王世强、郭巧燕、卢进等出席会议。会议贯彻落实上级有关会议精神，全面总结2016年工作，深入部署2017年各项任务。杜兴林在会上充分肯定了过去一年取得的成绩，并指出近段时间工作任务繁重，农业农村、“五水共治”、“六边三化三美”、旅游、卫计工作关联度较高，且主战场都在农村，会议合并召开，就是让广大干部腾出时间抓落实，各级各部门要树立全局意识，学会“弹钢琴”，一方面要明白任务、研究方法，另一方面要加大力度、加快速度，切实创新推动各项工作。就下一步如何抓好落实，杜兴林强调，全区上下必须深刻把握“三农”工作全局性地位，以推进农业供给侧结构性改革为工作主线，培育农业农村发展新动能，要以改革创新开路，千方百计促进农民增收致富；以农旅融合为方向，坚定不移推进农业供给侧结构性改革；把握“三美融合”工作布局，持续擦亮美丽乡村“金名片”。必须深刻认识环境治理反复性问题，咬定青山不放松，不断把环境治理推向纵深、进行到底，要在全境剿灭劣V类水上勇当先锋；要抓深抓实“六边三化三美”工作，坚持“红黄旗”等好做法，扎实开展六次全流域清淤活动、六大集中拆违行动，形成声势、做出成效；要从速推进地质灾害“大搬快治”行动，以最大努力实现“应搬快搬、应治尽治”。必须深刻研判旅游工作全域性趋势，遵循市场规律，精准发力推动旅游业提档升级，要抓实创建工作，全面推进省全域旅游示范县创建，全力推进古堰画乡创AAAAA；要抓实项目建设，坚持“项目为王，项目致胜”的理念，深入推进现有旅游项目建设，持续加大旅游招商引资力度；要抓实特色培育，大力培育旅游地商品，打造一批旅游文化大戏，建设一批兼具秀美风景和人文内涵的农家乐民宿。必须深刻领会卫生与健康事业共享性原则，突出高质量、均衡性，确保“健康莲都”建设取得实效，要立足“市区一家”，积极谋划“健康莲都”发展大局；立足“城乡一体”，科学配置“健康莲都”资源要素；立足“首善担当”，积极打造“健康莲都”一流服务，让“健康莲都”更好的服务市区群众。

【全区工业经济、金融、安全生产、消防工作会议】 3月16日下午，莲都区召开工业经济、金融、安全生产、消防工作会议暨招商引资一季度集中签约仪式。市委常委、区委书记杜兴林在会上指出，要凝心聚力，顺势而上，确保各项工作取得新成效。区委副书记、区长陈豪主持会议，区人大常委会主任陈元龙以及区领导王世强、叶祖平、俞丽威等出席会议。会上，王世强和俞丽威分别部署了金融、消防工作和工业经济、招商引资、安全生产工作。并进行了9个亿元以上项目的集中签约，吹响了莲都招商引资新号角。据统计，今年莲都区已签约项目33个，其中工业项目2个，农业项目8个，旅游服务业项目23个，合同投资24.83亿元，实际到资4.38亿元；另有在谈项目超过20个，预计合同投资额约39.52亿元。杜兴林在会上指出，实体经济是保持地区经济社会健康发展和具备长远竞争力的关键所在，莲都要认清形势，顺势而上，坚持“工业第一经济，招商第一抓手”，努力开创莲都实体经济发展新局面，充分体现“尤为如此”的示范和担当。就振兴实体经济，杜兴林强调，发展生态工业是首要，全区上下要围绕“把准脉”“开好方”“用对药”的工作要求，推动工业经济规模大提升、结构大调整、数字大提高；坚持招商引资是关键，要充分认识到招商引资是经济发展的主动力，坚定不移地抓谋划、抓招引、抓推进、抓责任，以有效投资的快速增长促进莲都经济的快速发展；提高服务保障是基础，要通过强化金融保障、安全保障和服务保障，营造良好的发展环境，推动政务服务体系创新，构建“亲、清”政商关系。

【全区地质灾害综合治理“大搬快治”工作推进会】 3月28日，莲都区召开地质灾害综合治理“大搬快治”工作推进会。区委副书记、区长陈豪出席会议并指出，全区上下要进一步统一思想，吃透政策精神，确保“大搬快治”工作高效推进。副区长叶建光参加会议。陈豪指出，莲都地质灾害点多、面广、防范难度大，必须要认真贯彻落实省、市两级党委政府的工作部署，动员全区上下迅速行动，以铁的决心、铁的举措、铁的力度推进“大搬快治”工作，确保人民群众生命财产安全。就如何推进下步工作，陈豪强调，全区上下认识要更加到位。地质灾害综合治理“大搬快治”工作是上级党委政府反复强调部署的一项政治任务，也是关乎群众生命财产安全的民生大事，必须更加自觉地推进这项工作；要求要更加明确。围绕目标任务、时间节点和政策底线等三方面不折不扣抓好落实，实现应搬尽搬、应治尽治；进度要全面加快。加速推进撤离腾空、排险治理、安置房建设等工作，确保群众撤得出、住得下、富得起；保障要更加周密。各相关部门要联动配合，为项目快速推进提供全方位的人员、资金、政策保障，确保搬迁治理工作顺利推进；督查要更加严格。按照打造“莲都铁军”的要求，把责任扛起来、把纪律严起来、把任务落到位。按照三年行动计划，一个节点一个节点地完成各项目标，全力打赢地质灾害综合治理“大搬快治”攻坚战。会议还结合安置实施方案，对“大搬快治”工作作了具体部署，与会人员组织学习了地质灾害综合治理相关政策。

【全区禁毒工作会议】 5月4日下午，莲都召开全区禁毒工作会议，区委副书记、区长陈豪出席会议并讲话。陈豪指出，近年来全区禁毒工作成效显著，但新形势下莲都禁毒工作形势依然严峻，禁毒问题还处于“在打击中发展，在治理中蔓延”的趋势。陈豪强调，禁毒工作一刻也不能放松，要重拳出击，持续保持严打毒品的高压态势。必须筑牢防线、严控源头，全域查获、禁种铲毒，依法从重从快集中打击，挤压毒品犯罪的生存空间，铲除吸毒贩毒蔓延的土壤。要分类施策，严格把牢涉毒管控的关键环节。强化重点物品、重点人员、重点行业和禁吸戒毒的管控。要关口前移，扎实筑牢毒品预防的教育防线。禁毒宣传要与时俱进，紧跟“微时代”步伐，开辟莲都禁毒宣传的“微阵地”，让广大群众充分认识到毒品的危害，自觉远离毒品、拒绝毒品。要强化保障，着力形成禁毒工作的强大合力。健全落实禁毒工作责任制，加大对禁毒工作的财政投入力度，加强禁毒专业队伍建设，着力打造一支本领过硬、能打胜仗的禁毒铁军。全区上下要以求真务实的工作作风和奋发有为的精神状态，扛起这份责任，扫毒窝，摧毒瘤，拔毒根，坚决打赢禁毒这场硬仗，为在全市率先高水平全面建成小康社会营造良好的社会环境。区领导王世强、叶建利等出席会议。

【全区金融形势分析暨对接资本市场工作座谈会】 5月5日上午，莲都区召开一季度金融形势分析暨对接资本市场工作座谈会。区委副书记、区长陈豪出席会议并讲话。陈豪强调，金融是现代经济的核心，是地方经济发展强有力的助推剂。政银企三方要以服务实体经济为根本，密切三者之间的关系，构建良好金融生态；吃透用好政策，确保信贷总量平稳增长；不断调优结构，加大对重点领域的资金支持力度。深化各项改革，加大金融支农支小力度；创新防控机制，切实做好风险防范化解工作。推动经济金融工作平稳健康发展。针对企业股改上市工作，陈豪要求，相关部门要紧盯目标强储备，形成合力破难题，极致服务提速度。各企业要建立现代企业制度，做实上市前期基础，发挥资本助推作用。各方共同努力，全力抓好莲都区域资本市场建设。区领导王世强、俞丽威参加会议。市、区相关银行负责人，拟上市后备企业负责人分别在会上发言。

【市区重点项目政策处理百日攻坚行动指挥部第三次全体会议】 6月10日下午，市区重点项目政策处理百日攻坚行动指挥部召开第三次全体会议，区委副书记、区长陈豪出席会议并讲话。会议听取了各攻坚组、专项组、乡镇（街道）工作汇报， 截至6月9日，74个重点项目政策处理百日攻坚项目共完成26个，完成率为35.1%。截至年底，累计征收房屋2.94万平方米，清场交地1003余亩。陈豪指出，市区重点项目政策处理是区委、区政府的重点工作，市、区领导高度重视，但是6月，总体进度偏慢，成绩不理想，各相关单位必须要高度重视，更加强化攻坚行动的紧迫性。陈豪强调，要进一步增强破难攻坚、画圆句号的能力水平，已完成签约的项目，要抓紧腾空拆除。基本完成的项目要抓紧组织清场、尽快销号。历史遗留问题，要对症下药，逐个问题进行破解；要营造同心同力、破难攻坚的良好氛围，学会“十指弹琴”，科学安排人员力量和时间，每个项目要列出任务时间表，有序推进，强化日常督查，及时汇报工作情况，营造声势，及时报道攻坚行动的工作亮点，真正在面上形成百日攻坚的大声势。各乡镇（街道）攻坚组更要借势借力，运用好大规模签约、拆除所形成的工作声势，突破一批重点户，化解一批难点户，确保攻坚工作有声有色。

【2017古堰画乡小镇艺术节暨“玩转画乡”旅游季活动组委会全体成员会议】 7月25日上午，莲都区召开2017古堰画乡小镇艺术节暨“玩转画乡”旅游季活动组委会全体成员会议，区委副书记、区长陈豪出席会议并讲话。陈豪指出，2017古堰画乡小镇艺术节暨“玩转画乡”旅游季活动将于8月4日—11日举行，莲都举办此次活动是响应省委省政府“建设大花园”的战略决策，丽水是浙江的大花园，古堰画乡就是金名片，莲都区要把这张金名片打造成面向全世界的宣传展示窗口。此次活动将有利于推动农业、旅游、文化多产业融合发展，进一步促进农产品转化为旅游地商品，促进农民增收、农村发展，加快乡村旅游品牌的创建，推进全域旅游示范区创建；同时也能为古堰画乡小镇植入艺术特质，寻求差异化发展。陈豪强调，要紧张有序，全力抓好艺术节的筹备工作。要精心策划主题活动，按照抓主抓重的原则，对开幕式、千人写生和系列音乐活动等重要活动进行精心策划，周密安排，把方案设计好，把工作衔接好，把活动办得有声有色，切实体现高标准、高水平；要加快环境综合整治，以全国文明城市创建和小城镇环境综合整治工作为抓手，推进全区环境综合治理，确保以焕然一新的面貌来迎接嘉宾和各方游客的到来；要做好宣传造势工作，积极争取在全国影响力较大的媒体上推出有分量、有影响力的宣传报道，最大限度地吸引人们的视听，吸引更多舆论媒体、社会群体聚焦；要确保活动安全稳定，精心制定活动期间治

安、交通、安全、消防、医疗救护等工作预案，真正做到防患于未然。要强化领导，做到指挥有力，责任到位、协作到位、措施到位，齐心协力把小镇艺术节暨“玩转画乡”旅游季打造成莲都的品牌工作。区委常委、常务副区长王世强主持会议，区委常委、宣传部长赵加慧部署了具体工作，副区长郭巧燕参加会议。

【莲都区召开省三项重点督查工作交办会】 8月10日下午，莲都区召开省三项重点督查工作交办会。区委副书记、区长陈豪出席会议并讲话。副区长孙蓓蕾主持会议。本次会议召开是为了切实落实省里交办的中央环保专项督察、省第五督查组专项督查、“无违建”创建重点督查等三项督查工作，进一步靠实责任，强化担当，全力以赴夺取“大禹鼎”，争创“无违建创建先进区”，顺利通过中央环保专项督察。会议由区政协副主席虞海雄部署剿灭劣V类水、争创“大禹鼎”工作；副区长雷成部署“三改一拆”、“无违建”创建、治危拆违、小城镇环境综合整治工作；副区长俞丽威部署环保专项治理和应对环境保护专项督查工作。全区各乡镇（街道）的主要领导、所涉及工作的分管领导，区直有关单位主要领导，区三改一拆办、区治水办、区六边办、区镇治办专职（常务）副主任以及小城镇环境综合整治10个专项组负责人参加会议。

【全区集体经济薄弱村消除工作推进会】 8月10日晚，莲都区召开集体经济薄弱村消除工作推进会。区委副书记、区长陈豪出席会议并讲话。陈豪强调，要坚决贯彻落实省委、省政府的决策部署，把消除集体经济薄弱村工作作为一项重大的政治任务来抓，切实增强责任感和使命感，推进工作落实，务求取得实效。陈豪指出，推进集体经济薄弱村消除工作是一项涉及面广、资金投入大的民生工程，要坚持“四要四忌”原则。“四要”，即措施要长效、收益要稳定、管理要有序、决策要科学。“四忌”，即忌盲目上项目、忌财政兜底预算化、忌产权不清管理无序、忌分散资金村村上项目。对于下步工作，陈豪要求，一要全面摸清底数，盘活农村“三资”；二要实行“一村一策”，进行精准施策；三要立足当前，要有财政兜底的对策；四要结对挂钩，合力扶贫；五要着眼长远，谋好项目，建立村级集体经济发展长效机制；六要实事求是，有序推进集体经济薄弱村消除工作。会上，周显荣指出，消除薄弱村工作是一项政治任务，各级各部门一定要提高政治站位，协同作战，多轮驱动，规范操作，加强项目建设，构建长效管理机制。卢进指出，消除集体经济薄弱村，既是经济问题，也是政治问题，各级各部门要提高思想认识，调研谋划，破难攻坚，打赢“双增”攻坚战。

【莲都区召开招商引资工作专题政党协商会】 9月8日，莲都区召开招商引资工作专题政党协商会。区委副书记、区长陈豪出席会议并讲话。各民主党派、区工商联、无党派人士代表围绕招商引资工作建言献策，提出各项建议。陈豪指出，各民主党派、区工商联、无党派人士代表提的意见建议针对性、操作性强、很有建设性，为区委、区政府科学民主决策提供了参考依据。区委区政府要逐条研究，进行充分吸收，各责任部门结合实际工作抓好落实。陈豪强调，要充分肯定当前的招商引资成绩，各单位招商引资一号工程意识不断提升，招商体制机制得到进一步完善，招商成效进一步突显，招商环境不断优化。针对下一步招商引资工作，陈豪强调，要深入分析莲都区招商引资工作面临的困难和挑战，看清形势、补齐短板、扩大优势。要持续发力，切实提升本区招商引资工作水平。要始终坚持招商引资“一号工程”不动摇，不断创新招商引资体制机制，精准招商。进一步加大招商工作的考核督查力度，切实以改革的精神推进招商引资工作。要充分发挥民主党派、区工商联、无党派人士在招商工作中的信息对接、人才资源、活动组织和民主监督等特殊优势，合力推动莲都经济绿色发展。副区长俞丽威通报了2017年1—7月招商引资工作情况，区直相关部门主要负责人针对民主党派、区工商联、无党派人士代表的意见建议及招商引资工作进行了发言。

【莲都区召开“无违建”创建工作交办会】 9月20日，莲都区召开“无违建”创建工作交办会，区委副书记、区长陈豪出席会议并讲话。陈豪强调，要以最强的决心凝聚共识、最硬的作风破难攻坚、最实的举措合力推进、最严的纪律强化保障，确保今年创成“无违建创建先进区”。陈豪指出，“无违建”创建工作是省委省政府作出的重大决策部署，是本区融入“创新区”、建设“中心园”的必然要求，对于巩固“三改一拆”成果、改善城乡环境具有十分重要的意义。莲都区“无违建”创建工作基本面总体向好，取得了一定的成效。但还存在着拆违的进度不够快、力度不够大，违建处置滞后等问题。相关单位要再鼓干劲，再强措施，全力推进“无违建”创建工作。陈豪强调，各相关单位要聚焦目标，进一步提高认识、明确目标、清晰任务、细化计划，以最强的决心凝聚共识。要聚焦重点，加快处置存量违建，严格控制新增违建，提高拆后利用率，以最硬的作风破难攻坚。要聚焦进度，注重统筹协调，注重形成合力，注重舆论造势，以最实的举措合力推进。要聚焦成效，强化督查、指导，严明纪律，以最严的纪律强化保障。要根据年度任务，对照考核标准，倒排计划、落实责任、冲刺前行，全力抓好“无违建”创建各项工作落实，确保2017年创成“无违建创建先进区”。副区长雷成在会上通报了“无违建”创建工作进度情况，并部署了具体工作。

【丽水万洋低碳智造小镇项目工程建设领导小组会议】 10月12日下午，莲都区召开丽水万洋低碳智造小镇项目工程建设领导小组第一次会议暨指挥部成立会议，区委副书记、区长陈豪出席会议。陈豪传达了市委、市政府对该项目提出的做深产业规划、形成产业集群，做好环保工作等要求。陈豪指出，该项目是莲都区关于省委建设“大花园”战略的新实践，是市、区重大经济增长极，是莲都绿色发展的新平台，是对莲都铁军的新考验，各级各部门务必高度重视，项目工程建设指挥部必须要靠前指挥，做到即时协调、无缝对接、贴心服务，高效推动项目。陈豪强调，健全项目的推进机制十分紧迫，要建立坚强有力的指挥机制，统筹协调指挥部各项工作；要有快速有效的协调机制，做到每日碰头、每周会商、即时协调；要有高效有序的挂图作战机制，紧抓时间节点、倒排时序，限时完成既定计划；要有协同到位的合力机制，不推诿、不拖延、保障到位；要有科学把关的招商机制，严把产业关、企业关、环保关，建立快速决策、协同招商、快速落地机制；要有严明仔细的督查通报机制，严格督查项目推进进度、部门服务能力等工作。区委常委、常务副区长王世强就相关工作提出了要求，副区长俞丽威宣读丽水万洋低碳智造小镇项目工程建设领导小组成立文件，工业园区管委会、万洋集团汇报了具体工作。

【全区创建全国文明城市总结大会暨深化常态长效创建工作推进会】 12月21日下午，莲都区召开创建全国文明城市总结大会暨深化常态长效创建工作推进会。会议表彰了全国文明城市创建工作先进集体和先进个人，市委常委、区委书记杜兴林在会上代表区四套班子向受表彰的先进集体和个人表示祝贺，向所有为文明城市创建付出艰辛努力的广大干部群众和社会各界人士表示感谢。杜兴林强调，文明创建之路不平凡、不停步、不松劲，全区上下要始终高举习近平新时代中国特色社会主义思想伟大旗帜，乘势而上、奋发有为，全面深化常态长效创建工作，为奋力推进“城市共建、经济共融、福祉共享”贡献新力量、开创新局面。区委副书记、区长陈豪要求，全区上下要深刻领会会议精神，紧密结合实际，抓好贯彻落实。会议还部署了莲都区全面推进文明城市创建巩固常态长效化三年计划。相关单位负责人分别作了典型发言。区领导陈元龙、谷江南、胡伟华等出席会议。

【专题协调会】 2016年12月16日，受副区长叶建光委托，区金融办主任林伟召开碧湖镇环北路16—17号吕书珍拍卖地块房屋历史遗留问题协调会；12月22日,受区政府党组成员、区府办主任雷成委托,区府办副主任毛南维主持召开联城街道金周垃圾中转站环评问题协调会;2017年1月3日,区委副书记、代区长陈豪召开里东山体滑坡灾害相关后续问题专题协调会；1月11日,受副区长叶建光委托,区金融办主任林伟召开莲都区丽龙高速公路南山互通至丽新公路建设工程(南山至高溪段)相关问题协调会；1月12日,副区长俞丽威召开丽水市中凯新型建材有限公司用地相关问题协调会;1月19日,受副区长叶建光委托,区金融办主任林伟主持召开丽新乡黄岭上危桥拆建工程相关问题协调会；1月20日,受副区长俞丽威委托,区府办副主任徐建波召开浙江实利电机有限公司年产80万套微型大扭矩无刷电动工具建设项目工程绿地率超标问题协调会；1月20日,受副区长叶建光委托,区金融办主任林伟主持召开了53省道至利山公路拓宽提升改造工程协调会议；2月9日,区委副书记、代区长陈豪召开碧湖镇郎奇村违章建筑处置相关后续问题专题会议；2月13日,受副区长俞丽威委托,区府办副主任徐建波主持召开环境连片整治项目有关问题协调会议；2月23日,受区委常委、常务副区长王世强委托,区府办副主任叶向荣召开莲都区碧湖镇人民街强弱电管线下地及路灯改造工程有关问题专题协调会议；2月23日,受区委常委、常务副区长王世强委托,区府办副主任叶向荣召开莲都区碧湖镇政府业务用房及食堂修缮工程有关问题专题协调会议；2月24日,受副区长俞丽威委托,区府办副主任徐建波召开丽水工业园区临时LNG气化站建设相关问题协调会；2月24日,受副区长俞丽威委托,区府办副主任徐建波召开丽水市永鑫家俬有限公司分立及用地分割事项专题协调会；3月2日,受副区长叶建光委托,区金融办主任林伟主持召开碧湖镇文一路政策处理遗留问题协调会议；3月4日,受莲都区政府副区长雷成的委托,区创建办负责人金伟君主持召开莲都区绿化补植协调会；3月6日,受莲都区人民政府副区长雷成委托,区创建办负责人金伟君主持召开市区老旧小区外墙脱落专项整治协调会；3月6日,受副区长卢进委托,区府办副主任曾锋主持召开碧湖镇下南山历史文化村落17号建筑修缮项目协调会；3月6日,区委副书记、区长陈豪召开碧湖万人下山脱贫安置小区项目工作推进专题会议；3月6日,区长陈豪主持召开区人民医院改扩建项目建设专题会议；3月6日,受区政府副区长郭巧燕委托,区府副主任曾锋召开老竹畲族镇文化活动中心拆改建项目建设内容增项专题协调会；3月6日,区委副书记、区长陈豪召开郎奇—白桥区块项目工作推进专题会议；3月9日,受俞丽威副区长委托,区府办副主任徐建波召开莲都区电商产业园项目入园决策评价专题会议；3月13日,受区政府委托,莲都区政府和社会资本合作项目联合审查工作领导小组办公室召开莲都区天网工程二期改扩建项目PPP前期工作有关事项专题会议；3月15日,受副区长俞丽威委托,区府办副主任徐建波召开绿谷信息产业园天宁孵化基地电商产业园项目建设有关问题协调会；3月16日,区政府区长陈豪主持召开农村土地承包经营权确权登记颁证工作专题会议；3月24日,副区长俞丽威主持召开浙江广丽科技有限公司杏鲍菇精深加工项目有关问题协调会议；3月29日,副区长叶建光召开古城岛项日房屋征收补偿安置遗留问题协调会；3月30日,莲都区政府副区长雷成主持召开“在水一方”写生创作中心历史遗留问题处置工作协调会；3月31日,受副区长叶建光委托,区金融办主任林伟主持召开大大线K36+890—K37+035段边坡应急抢险工程弃方场地相关问题协调会；3月31日,受区政府副区长雷成委托,区镇治办副主任毛南维在莲都会议中心黄村厅主持召开丽新乡主出入口行道树改造问题协调会；4月7日,受俞丽威副区长委托,区府办副主任徐建波召开浙江浙闽山珍有限公司年产800吨脱水蔬菜建设项目工程竣工违约有关问题协调会；4月14日，受区政府副区长雷成委托，莲都区小城镇环境综合整治行动领导小组办公室常务副主任毛南维主持召开黄村乡小城镇环境综合整治项目论证会；4月20日，区政府副区长卢进主持召开了莲都区老年服务中心项目专题协调会；4月20日，受区政府副区长雷成委托，区府办副主任叶刘军召开仙渡乡冯弄村未批先建审批事项专题协调会；4月27日，区委副书记、区长陈豪在区政府七楼会议室召开万人下山脱贫碧湖安置小区项目地块土地出让工作专题会议；4月27日，副区长俞丽威主持召开浙江新菲特农业科技开发有限公司闲置土地处置有关问题协调会议；4月28日，区政府副区长郭巧燕主持召开巨溪卫生院等建设项目相关问题协调会；5月2日，受区政府副区长雷成委托，区府办副主任叶刘军召开文明小巷建设专题协调会；5月2日，受区政府副区长雷成委托，区府办副主任叶刘军召开市区老旧住宅外墙脱落修缮专题会；5月3日，受区政府副区长卢进委托，区府办副主任吴耿王召开玉溪水库饮用水源保护区和太平乡太平村农村污水治理提标改造项目有关问题专题协调会；5月5日，受副区长俞丽威委托，区金融办主任刘建斌召开莲都区电商产业园项目入园决策评价专题会议；5月11日，受区政府副区长雷成委托，区府办副主任叶刘军召开莲都区丽阳街583号日用废品厂宿舍、大洋路44幢、双渠弄2号、灯塔新村124号等四幢特别危险城镇D级危房处置专题协调会；5月23日，俞丽威副区长召开欧宝安防科技有限公司年产50万套家居智能锁及相关配套产品建设项目工程容积率调整问题协调会；5月24日，受区政府副区长卢进委托，区府办副主任吴耿王召开幸福敬老院供养人员分流安置有关事项专题协调会议；6月2日，受区政府雷成副区长委托，区府办副主任叶刘军召开雅溪镇污水处理站验收相关事宜专题协调会；6月4日，区政府副区长卢进召开了美丽乡村重点村建设项目有关问题专题协调会；6月9日，受叶建光副区长委托，区府办副主任徐建波主持召开高铁项目青林迁建安置点规划调整相关问题协调会；6月16日，根据市政府副市长林康指示精神，莲都区政府雷成副区长主持召开福景华府项目施工事宜专题协调会；6月20日，副区长卢进牵头召开了吴处村移民安置遗留问题专题协调会；6月21日，区政府副区长卢进召开瓯江治理工程丽水市大溪治理工程（莲都段）九龙段设计变更相关问题专题协调会；6月29日，受区委常委、常务副区长王世强委托，区府办副主任叶向荣召开古堰画乡栈道新建、AAA级旅游公厕项目及大港头镇镇区道路改造工程相关问题专题协调会；6月29日，副区长俞丽威主持召开退还浙江天润电力科技有限公司和丽水市中仪电力科技有限公司两家企业税收保证金有关问题协调会议；7月3日，受区政府卢进副区长委托，区府办副主任吴耿王召开了莲都区病死动物无害化处理项目相关问题专题协调会议；7月4日，区政府副区长雷成召开瓯江花苑项目验收相关事宜协调会；7月5日，受莲都区政府副区长雷成委托，区府办副主任叶刘军召开莲都区碧湖第一水厂项目建设专题协调会议；7月5日，受区政府雷成副区长委托，区府办副主任叶刘军召开碧湖镇行基路53号违建处置协调会；7月5日，受区政府副区长郭巧燕委托，区府办副主任曾锋主持召开校园视频监控扩建项目相关问题协调会；7月17日，受区委常委、常务副区长王世强委托，区府办副主任叶向荣召开联城街道瑶畈小学划转处置相关问题专题协调会；7月28日，受副区长叶建光委托，区府办副主任徐建波主持召开莲都区耕地保护补偿机制相关问题协调会；7月31日，受区政府委托，东西岩风景区管委会和相关部门、老竹镇专题研究“莲溪花谷”项目建设有关问题；8月4日，区政府副区长卢进主持召开了金华至温州铁路扩能改造工程附属配套设施工程莲都段非法占用林地案件处理协调会；8月7日，受区政府副区长卢进委托，区府办副主任吴耿王主持召开国家休闲农业和乡村旅游示范区发展规划编制相关问题专题协调会；8月15日，受副区长叶建光委托，区府办副主任徐建波组织召开50省道莲都区公路改建工程安置地相关问题协调会；8月15日，副区长叶建光主持召开莲都区农村客运“村村通”工作领导小组会议；8月16日，受副区长叶建光委托，区府办副主任徐建波主持召开2016年度丽水市中心城区住房困难户、无房户资格审查工作会议；8月18日，区委常委、常务副区长王世强召开北苑新村14幢305室等3套经济适用房所有权归属相关问题专题协调会；8月29日，受副区长叶建光委托，区府办副主任徐建波主持召开会议，专题研究联城街道坑口村拆迁安置项目建设及后续相关事宜；9月4日，区委副书记、区长陈豪主持召开丽水国家农高区规划编制相关问题协调会；9月5日，区人大常委会主任陈元龙主持召开1000千伏项目坑口苏埠圩安置地块相关问题协调会议；9月8日，受区委常委、常务副区长王世强委托，区府办副主任叶向荣召开白云派出所治安管理用房新建项目审计结算相关问题专题协调会；9月8日，受区政府副区长孙蓓蕾委托，区府办副主任杨娇云主持召开丽新畲族乡畎岸村文化礼堂项目有关问题协调会议；9月19日，区政府副区长俞丽威主持召开联城街道清水湾小区生活污水直排有关问题协调会议；9月20日，受区委常委、常务副区长王世强委托，区府办副主任叶向荣召开碧湖镇郎桥山生态性墓地道路征地款和公墓广场改造工程相关问题专题协调会；9月20日，受区委常委、常务副区长王世强委托，区府办副主任叶向荣召开区应急密码通信指挥中心项目建设相关问题专题协调会；9月22日，受区委常委、常务副区长王世强委托，区府办副主任叶向荣召开莲都区公共安全视频监控建设联网应用项目相关问题专题协调会；9月27日，副区长俞丽威召开丽水·莲都电子商务创业创新综合体(绿谷信息产业园天宁孵化基地电商产业园)项目建设有关问题协调会；10月10日，受区政府副区长雷成委托，区府办副主任叶刘军召开莲都区小城镇环境综合整治管线下地相关事宜协调会；10月10日，副区长俞丽威主持召开退还闲置厂房交易税有关问题协调会议；10月10日，副区长俞丽威主持召开莲都区2017年第三次工业投资项目入园决策评价服务工作领导小组会议；10月10日，副区长俞丽威主持召开莲都区2017年第三次工业投资项目入园决策评价服务工作领导小组会议；10月10日，副区长俞丽威主持召开莲都区2017年第三次工业投资项目入园决策评价服务工作领导小组会议；10月17日，副区长俞丽威主持召开浙江康瑞阀门有限公司增建厂房相关问题协调会议；10月17日，受区委常委、常务副区长王世强委托，区府办副主任叶向荣召开原大港头镇政府和原大港头派出所租赁合同及相关项目推进专题协调会；10月29日，区委副书记、区长陈豪召开郎奇—白桥区块政策处理集中攻坚方案汇报会议；10月31日，莲都区政府雷成副区长召开东升菜市场、西银苑菜市场租赁相关事宜专题协调会；10月31日，区委副书记、区长陈豪召开区国资公司企业债券监管银行选择对比情况专题汇报会议；10月31日，受叶建光副区长委托，区府办副主任徐建波主持召开丽武公路管理养护中心项目验收工作相关问题协调会；11月1日，受俞丽威副区长委托，区金融办主任刘建斌主持召开万洋低碳智造小镇项目临时排污设施工程设计方案审查会；11月2日，莲都区政府副区长雷成召集万洋低碳智造小镇基础设施PPP项目中介机构选择专题会议；11月9日，受区委常委、常务副区长王世强委托，区府办副主任叶向荣召开区建设分局办公用房搬迁及装修相关问题专题协调会；11月10日，副区长俞丽威召开丽水市豪胜冷食有限公司安全生产有关问题专题会议；11月17日，受副区长俞丽威委托，区金融办主任刘建斌召开莲都区电商产业园项目入园决策评价专题会议；11月22日晚，莲都区政府副区长雷成召集丽水万洋低碳智造小镇PPP项目咨询服务中介机构招标专题磋商会；11月27日，莲都区政府副区长雷成召开丽水工业园区新合街东段项目审批相关事宜协调会；12月3日，区政府副区长卢进主持召开了好溪堰以北污水治理遗留问题专题协调会议；12月3日，副区长卢进主持召开了民宿特色村创建遗留问题专题协调会；12月6日，受副区长叶建光委托，区府办副主任徐建波主持召开大港头江滨休闲区块徐立花户挂靠安置相关问题协调会；12月19日，受卢进副区长委托，区府办副主任吴耿王主持召开了雅溪镇高树委信访问题专题协调会议；12月25日，副区长俞丽威召开浙江瑞新药业股份有限公司锅炉改造有关问题专题协调会议。

主要工作

【农业经济】 农业"两区"建设扎实推进，新建粮食生产功能区627.8公顷。获批创建省级现代农业园区和省级农业科技园区。蔬菜、食用菌、茶叶、水果等传统产业实现产值21.74亿元，铁皮石斛、皇菊、白枇杷、三叶青、覆盆子等特色农业稳定发展。丽新茶叶精品园、老竹白莲精品园被评为全国农村创业创新园区（基地）。中国柑橘产业发展领军人物邓秀新院士在本区成立院士专家工作站。农旅融合步伐加快，新建美丽牧场6家，新增休闲农业观光园区6个、省级示范性家庭农场5家，新增"丽水山耕"合作基地145个，转化农产品旅游地商品33个，实现旅游地商品销售额4.82亿元，成功打造百兴菇业、夫人山养心谷等一批农旅融合基地，农事节庆活动基本实现"一乡一节"，先后被评为全省首批畜牧业绿色发展示范县、全国休闲农业和乡村旅游示范县。

【工业商贸】 制定出台提振生态工业发展实施意见，深入开展"精准服务企业、振兴实体经济"专项行动，生态工业走出多年困局，全年出让工业用地1303.19亩，总投资135亿元的万洋低碳智造小镇项目实现开工。"腾笼换鸟"取得实质性成效，全年盘活闲置厂房、土地9宗281亩，整治提升"低小散"企业51家，淘汰落后产能3家。产业转型取得积极进展，全年高新技术产业增加值、新产品产值分别增长16.1%、39.2%，分别高出全市平均水平2.4个和20.5个百分点。新增国家高新技术企业6家、省科技型中小企业17家，"浙江制造"标准实现零的突破，万控电气、瓯宝安防、乾麟缝制等3家企业入选省"隐形冠军"培育企业名单。扶工兴工合力增强，全年兑现企业奖补资金1417万元，为企业提供应急转贷资金35笔，金额1.81亿元。企业上市和并购重组"凤凰行动"扎实推进，完成企业股改1家，在浙江股权交易中心挂牌6家。成功入选省知识产权示范工作创建县(市、区)。

【现代服务业】 实现旅游总收入77.18亿元，同比增长29.9%。成功举办古堰画乡小镇艺术节暨"玩转画乡"旅游季系列活动，蝴蝶谷、雅溪漂流、欢庭·下南山、利山峡谷穿越等一批旅游项目顺利建成。莲都区获评长三角最具魅力私家旅游目的地，古堰画乡小镇获评长三角最具魅力旅游特色小镇。百兴菇业获评浙江省五星级旅游购物场所，全市唯一。融合发展"互联网+"产业，实现网络零售额37.50亿元，同比增长38.4%，成功入选浙江省电子商务创新发展试点县。集聚发展现代金融服务业，引入台州银行等金融服务企业25家。完成中山街智慧商圈项目建设。全年实现服务业增加值190.73亿元，占GDP比重达到57.3%，同比提高0.6个百分点。

【项目建设】 推行重大项目领导领办、季度点评等项目推进机制，大力开展"首善担当创一流"百日百项攻坚战，全年新开工项目比上年度增加了90个；省、市重点项目完成年度投资任务的171.7%和156.3%，执行率历年最高；区本级完成固定资产投资63.18亿元，同比增长28.9%，增幅全市第一。城西小学、碧湖瓯碧园等新建项目顺利开工，联城城郊农民新社区三期、古堰画乡游客中心等续建项目扎实推进，碧湖镇环北路延伸段、丽水花街片区莲都安置小区等前期项目加快推进。积极融入浙江（丽水)绿色发展综合改革创新区，谋划项目142个，总投资达500亿元，为“中心园”建设积蓄了发展势能。

【招商引资】 紧抓招商引资“一号工程”不动摇，坚持“五个通吃”，注重“五资并举”，组建产业招商组和招商小分队“走出去”招商，利用世界丽水人大会“请进来”招商。全年实际利用内资35.50亿元，浙商回归到位资金20亿元，实际利用外资1334万美元，引进大项目13个，综合考核排名全市第二。特别是全市有史以来最大的产业类招商项目万洋低碳智造小镇项目的成功引进，必将为莲都实体经济的振兴注入强劲动力。

【要素保障】 市区合力开展重点项目政策处理“百日攻坚”和“持续攻坚”行动，累计销号项目114个，完成率95%，征收房屋14.52万平方米，清场交地4010亩，确保了桐岭路、丽水二中、丽阳溪综合整治等一大批市区重点项目和民生项目的用地需求。多渠道筹措基本建设项目资金9.02亿元。成功入选省“两山(二类)”建设财政专项激励资金扶持县，三年可获资金3亿元。创新项目投融资模式，谋划推出PPP项目10个。扎实推进土地开发，全年垦造水田1000亩、旱地1200亩，建成高标准基本农田2.3万亩。加快推进土地出让，全年共出让土地1554.58亩，划拨土地207.07亩，收储土地2100亩。

【环境治理】 高标准完成中央、省委环保督察迎检工作，131件信访交办件全部办结。动真碰硬推进“三改一拆”，全年拆违198.43万平方米、“三改”316.16万平方米，“无违建创建先进区”通过初验。深入推进“五水共治”，全面打赢全境剿灭劣Ⅴ类水攻坚战，创成“清三河”达标县，“养猪上楼”入选农业部“五大治污”模式，农村生活污水治理设施运维管理工作全省优秀，有望首次夺得“大禹鼎”。“六边三化三美”考核全市第一，连续两年被评为全省“四边三化”行动优秀县(市、区)。成功举办首届“生态文明与绿色发展”莲都国际研讨会，全市首家海外院士专家工作站——柯布生态文明院士工作站落户古堰画乡小镇。启动农村生活垃圾分类处理和城市生活垃圾分类智能化试点建设，连续两年被评为全省农村生活垃圾治理工作优胜县(市、区)。峰源省级自然保护区正式设立。碧湖镇被评为省级森林城镇。堰头村被评为全国生态文化村。莲都区生态环境质量公众满意度首次排名全省第一。

【城乡建设】 首战当决战奋力推进全国文明城市创建，以6次“我为丽水”万人系列活动为抓手，广泛开展全民创建活动，“小荷”志愿者发展到15079人；全面完成10类重点建设项目、10类重点整治项目和15个挂牌整治项目；成功打造“330条美丽楼道、43条文明小巷、4个示范社区”特色品牌；全面展示了“最整洁、最礼让、最有序、最有爱心、最平安”的丽水城市形象，助力丽水市以全省第一、全国第四的优异成绩一举创成全国文明城市。大力开展小城镇环境综合整治工作，黄村乡、大港头镇、丽新乡顺利通过省级验收，大港头镇被评为省级样板乡镇。古堰画乡小镇连续两年在省级特色小镇考核中获得优秀。大力推进农村景区化，6个美丽乡村重点村建设有序推进，新增A级景区村25个，其中AAA级景区村2个。老竹镇被评为全省美丽乡村示范乡镇，新陶村等4个村被评为全省美丽乡村特色精品村，西坑村等7个村入选第一批省级传统村落名录，下南山村入选全省首批历史文化村落保护利用重点村典型案例，利山村入选浙江省少数民族十佳特色村寨示范单位培育名录。

【基础设施】 建成碧湖第一水厂，开工建设大港头至碧湖污水处理厂污水主管工程、大港头镇区给排水管网改造工程，谋划推进碧湖平原基础设施一体化项目。南山互通至丽新公路建设项目(一期)完成路基工程主体，“大大线”莲都段改建工程完成项目建议书批复，新建农村联网公路10公里，完成农村公路提升改造31公里、大中修33公里。峰源乡实现通公交，农村客运“村村通”工程全面完成。新能源汽车租赁布点实现乡镇（街道）全覆盖。水利建设项目扎实推进，清理河湖库塘淤泥32.54万立方米，完成老竹溪后坑段、严溪黄村段综合治理，完成高溪水库、黄坛坑水库、枫树湾水库除险加固主体工程，完成农村饮用水提升改造1万户。

【农民增收】 启动实施全面消除集体经济薄弱村三年行动计划，消除集体经济薄弱村101个，完成省定三年任务的85.6%，132个村实现村财增收。深入实施“千万农民素质提升工程”，全年完成农村劳动力素质培训9348人，城镇新增就业2036人。扎实推进农民工等人员返乡创业国家级试点，全年实现农家乐民宿营业总收入2.52亿元，发放来料加工费2.23亿元。深入实施“低收入农户收入倍增计划”，成立残疾人就业创业孵化基地，开展医疗救助、临时救助、孤困儿童救助1.3万人次，发放救助资金3250万元。创新开展商业保险助推扶贫工作。全区低收入农户人均可支配收入达到11067元，同比增长16.3%。

【民生事业】 全年民生支出31.53亿元，占区本级财政总支出比重80.9%。十方面民生实事圆满完成。全市率先试点“区管校聘”改革，全省首推“两代表一委员”督政督学评议制，梅山中学二期、碧湖中学二期项目完成扩建，城西小学、东港小学、碧湖镇中心幼儿园开工建设。莲都区作为全国唯一的县（市、区），在国家义务教育质量监测结果解读会上作典型发言。圆满完成城乡妇女免费“两癌”检查年度任务。开展6家市区医联体建设试点，责任医生规范签约率达到31.3%，岩泉街道社区卫生服务中心等项目建成投入使用。老竹、太平、黄村、峰源等4个乡镇被评为省级卫生乡镇，创成省卫生应急工作示范区。新建日间照料中心示范点5个，基本实现日间照料中心城乡社区全覆盖。改造提升农贸市场15个，创成省级放心农贸市场4个，入选省“放心粮油示范县”试点名单。城乡居民社会养老保险和基本医疗保险参保率分别达到85.3%和99.0%，医保个人账户“家庭共济”人数达到12904人。建成区数字文化馆、区公共图书馆，新建农村文化礼堂9个，新增省非遗代表性项目名录2个。老竹镇被评为省文化强镇，保定村被评为浙江传统戏剧特色村。

【改革创新】 全面推进“最多跑一次”改革，“最多跑一次”事项实现率达到97.5%，27个行业推行证照联办，“百人体验”“千家回访”“万户推送”等创新做法得到社会高度认可，莲都“最多跑一次”改革在第三方满意度评估调查中排名全省第九。农村金融改革持续深化，新增“三权”抵押贷款2.38亿元，农村担保体系、信用体系、保险体系进一步完善。颁发全市首批农村土地承包经营权证，完成农村宅基地及住房确权登记4329宗，入选全国农村集体产权制度改革试点单位。组建成立农合联服务中心、农合联资产经营公司。开展国资营运公司市场化改革、从事生产经营活动事业单位改革。完善新一轮乡镇（街道）财税体制。在全省率先开展财政补助资金股权化改革。全年争取到省级以上改革试点项目11个。

【社会稳定】 砸锅卖铁的决心推进“大搬快治”和治危拆违行动，完成避让搬迁项目21个、搬迁1882人、已安置453人，完成工程治理项目12个，解危405人；D级危房和涉及公共安全的C级危房全部完成腾空，农村危房拆除修缮率达79.3%。深入开展信访积案“歼灭战”，化解信访积案102件。全面推进乡镇（街道）“四个平台”建设，建成省级全科网格示范区，实现99%以上的事务处理、矛盾纠纷、群众咨询和投诉举报在基层解决。全面加强安全生产责任落实，安全生产事故起数、死亡人数均同比下降20%。区科技局荣获全国防震减灾工作先进单位。全面防范和化解金融风险，全区银行不良贷款率从年初的2.6%下降到1.9%。全面加强社会治安综合治理，圆满完成护航十九大等重大活动安保任务，莲都区群众安全感满意率达到99.0%，创历史新高，夺取“平安金鼎”胜利在望。

【党风廉政】 落实党风廉政建设责任制和“一岗双责”，持之以恒转作风。进一步加强财政预算管理，严肃财经纪律，强化预算刚性。全面加强和规范涉农、扶贫、医保等民生领域财政专项资金管理。严格实施公款竞争性存放。清理规范编外用工使用。严肃国资管理，收回约6500平方米闲置国有房屋，核销、收回财政出借资金3882.22万元。严格项目投资审查和结算审计，财审核减资金1.55亿元，审计核减工程造价4048万元。成立审计整改工作领导小组，审计发现问题基本整改到位。

办公室工作

【综合协调工作】 围绕区委、区政府中心工作，主动参与大搬快治、供给侧结构性改革、“最多跑一次”改革、小城镇综合整治、剿灭劣V类水、万洋低碳智造小镇等重点难点工作，及时解决工作推进中遇到的困难和问题，先后召开专题协调会200余次，形成会议纪要95个。积极参加全国文明城市创建、五水共治等各类志愿帮扶活动630余人次，多名干部被市、区两级表彰。充分发挥府办枢纽作用，做好重大活动的组织协调工作，组织参与了世界丽水人大会莲都分会场、2017古堰画乡小镇艺术节等重大活动的组织。以推动落实为重点，切实做好区政府常务会议、区长碰头会确定的重大事项、重要政策、重点工作协调落实。同时，加强纵向、横向联络沟通，主动做好与市府办、区委办、区人大办、区政协办衔接，科学合理地安排政府工作，保障政府工作高效有序运转。

【信息服务工作】 围绕区委、区政府发展思路，深入调研，掌握实情，参与《莲都区农产品转化为旅游地商品扶持政策》《关于提振莲都区生态工业发展的意见》等政策性文件制定出台。紧贴上级精神和领导意图，做好文字材料起草工作，全年共撰写各类材料800余篇，政府工作报告、全会报告、各类专题会议汇报稿、讲话稿均较高质量完成。充分发挥信息主渠道作用，全年共编发《专报信息》45期、《莲都信息》297期，为区级领导决策提供优质信息服务。及时总结上报莲都重要工作和特色工作。上报各类政务信息581条，市级以上录用211条。本年度共获得的省级领导批示9篇、市级领导批示10篇、区级领导批示26篇，创历年新高。其中，《厚植教育基础提高教学质量建强教师队伍——莲都区破解教育发展不平衡不充分难题》信息获副省长成岳冲批示肯定，并在全省政务信息刊物上进行交流。全年未出现一起紧急信息瞒报、漏报、迟报、错报事件，紧急信息的快速处置能力进一步增强。

【办文办会工作】 精心办文。按照“高标准、严要求、快节奏”的要求，努力提高办文质量。完善机要件、批示件、阅件的登记，加强文件的跟踪管理工作，督促及时办理。调整区政府办公室发文的审核流程，印发区政府(办公室)文件470多个，处理运转公文平台上收到的省级平台1040多件，市区平台9500余件，基本实现公文办理无错传、无漏传、无泄密、无漏办、无积压的目标。用心办会。以重细节、重实效为目标做好会务工作，做到考虑周密、准备充分、规范有序。共接到省市区各类会议、考察、督查960多次，做到及时查收、分类登记、通知到位，确保参会人员及时参会。细致周到、有条不紊地做好区政府常务会议、区长碰头会、中央、省、市各级电视电话会议等全区性重要会务工作，积极协助配合做好“区两会”会务。耐心服务。以精益求精和脚踏实地的工作作风，努力提高服务水平，做好领导行程编发、文件保密、外出审批、印信管理、文件归档、外事服务等日常工作。

【督查督办工作】 为确保区政府的决策部署高质高效完成，推动建立了区政府各口每月重点工作报送制度。突出重点，将百日百项攻坚战、“最多跑一次”改革、中央和省级环保督查、中央扶贫督查、省市区三级媒体曝光问题等20余项作为年度督查任务的重中之重，全面准确掌握工作进度，及时向区政府领导反馈进展情况，逐项开展跟踪督办。截至12月底，全年共下发督查通知40多期，办理反馈市委市政府专项督查件36件，印发了《重大事项交办单》9件，《督查专报》5期，《督查通报》34期，《督查反馈》24期，办理了市、区两级建议提案470件，督促了57个省、市、区媒体曝光问题的整改落实。对区人大及其常委会提出的审议意见，及时报告整改落实情况。

【应急管理工作】 对全区逐年制定的各专项应急预案进行梳理汇总，共梳理出突发公共事件总体预案1个，专项应急预案35个，内容涉及自然灾害、事故灾难、公共卫生和社会安全四个领域。推动《莲都区矿山事故应急预案》等六项预案顺利出台。组织开展了地质灾害应急联合演练、旅游安全事故应急救援演练和饮用水水源地环境污染事件等应急演练。全年，协调各部门开展各类应急演练10余次，实战能力不断提升。

【金融服务】 “三权”抵押贷款继续扩面增量。截至11月底，本区“三权”抵押贷款余额15.44亿元，完成率101.45%。直接融资取得有效突破，区国资公司与浙商证券已签订债券融资协议；3家企业实现新三板签约；成功引进私募基金4家；全力服务台州银行成功落户莲都；6家企业在浙江股权交易中心成功挂牌，截至目前，全区在浙江省股权交易中心挂牌企业数量已达31家。积极助推区属银行处置不良贷款，截至11月底，区属银行不良贷款余额14.54亿元，不良率2.15%，比年初下降0.45个百分点。

【政务公开】 出台《关于全面推进政务公开工作的实施方案》及实施细则，加快推进决策、执行、管理、服务、结果公开，细化重点领域信息，加强政策解读、回应社会关切。以莲都区政府门户网站为主要平台，及时公开行政规范性文件及其解读。继续完善公文类信息的公开属性规范，开展政府信息公开平台网站日常信息监测，确保主动公开信息的及时发布。不断规范依申请流程，制作答复模版，并依法依规办理答复。全年在区政府网站主动公开信息近2万条，发布规范性文件及政策解读信息41条，意见征集4次，信息依申请公开29件。

【法治建设】 及时提请区政府重新调整法治政府建设领导小组，牵头制定《2017年莲都区法治政府建设（依法行政）工作要点》，进一步明确了全区各单位、各部门法治政府建设的方向和重点。牵头修订《莲都区2017年度法治政府建设（依法行政）工作考评内容标准细则》，提高依法行政在政府工作责任制考核中的占比。注重法制队伍建设，积极开展业务培训，全区授训人员达600多人次。牵头制定2017年度规范性文件制定计划，认真开展规范性文件清理，清理后继续执行188件，修改执行16件，废止14件。认真做好行政复议、行政应诉、行政调解工作。全区各级行政机关共调解社会矛盾纠纷案件6678件，调解成功6447件，涉案金额1132.72万元，涉及当事人13356人，调解成功率96.65%，协议履行率达100%。从源头上化解一批社会矛盾纠纷，初步形成了本区除人民调解、行政复议、行政诉讼、信访之外又一重要的社会矛盾纠纷解决渠道。

【数字城管】 全年数字城管共处置案卷33538件，及时结案33369件，累计结案率为99.89%，累计及时结案率为99.5%。处理施工废弃料达、废弃家具设备、违法占道经营、整修各类部件等城市管理中一大批的“琐事”和“小事”24000余件。根据全国文明创建的攻坚行动要求，7月底前全面完成了小区消防通道的优化工作，共优化消防通道点位97个，清洗消防通道边缘线等24726.7多米，网格及文字5759平方米。增设小车、摩托车、电瓶车、三轮车等各类车位8200余个，有力地改善了停车面貌。

【电子政务】 作为全区电子政务的技术支持，较好地维护了政务内、外网平稳运行；有效保障了十九大期间、互联网大会等重大活动期间的网络安全；全年更新区政府门户网站信息2万余条；“莲都发布”微信公众号发布信息1500多条，荣获浙江省第二届大数据舆论高峰论坛“金舆·政务发布活力奖”。完成全区相关单位电子印章的申请制作，完成相关单位共享数据接口的申请对接，政务服务网向乡镇延伸也已通过验收，为全面推进“最多跑一次”改革打好了基础。

【队伍建设】 聚焦存在的“短板”，从文化引领、学习教育、人文关怀等方面着力，不断加强干部队伍建设。建立每月2次常态化夜学制度，其中1日为业务知识学习日，重点围绕公文写作、公务接待等办公室日常工作开展学习，15日为党员固定活动日，组织全体干部认真开展党内政治学习，第一时间传达学习上级重要文件和重要讲话精神。通过常态化学习，极大提升了府办干部的理论素养、服务意识、业务能力和政策水平，为全区召开各类重要会议、开展各项重大活动、推进各项重点工作提供了基础保障和智力支持。

【党风廉政】 年初制定《区府办2017年度党风廉政建设责任分工》，层层签订党风廉政建设责任书。全力抓好对领导干部个人事项报告、“一岗双责”等制度执行情况的落实。对涉及“四风”方面隐身变形的关键性、深层次问题，有针对性地修订完善相关制度规定，每个科室（局、办）进行公开承诺，制定工作职责与流程图。认真开展“干净干事创新业”作风建设专项活动。严格执行中央八项规定、省委“28条办法”和“六项禁令”、市委实施意见、区委实施办法，将政治品质、职业道德、工作作风、廉洁自律等情况纳入办公室年度绩效考核体系。积极配合区纪委派驻第一纪检监察组不定期开展干部上下班纪律检查。

【外事工作】 2017年，莲都区外事办审核审批因公出国（境）4批次14人次，完成出访3批次13人次，其中：6月，区政协主席谷江南为团长一行赴巴西里约热内卢市政府、智利圣安东尼奥市政府学习交流特色小镇建设、生态农业发展等。7月，区政府区长陈豪为团长一行对意大利萨尔扎纳市政府和法国弗勒里市政府就政府职能、社会服务、文化旅游、城市建设等进行了学习交流。8月，区建设分局局长赵秀峰参加市建设局团组赴英国、德国学习交流。11月13日，莲都区政府领导应邀出席了浙江省.静冈县结好35周年庆祝活动。7月13日至18日，花园中学师生14人，到日本静冈县三岛市和东京进行了交流访问活动。7月16日至29日，花园中学14名学生赴英国游学。全年共协助企业办理外国人来华签证13批次21人次。接待外宾7批次46余人次。主要包括2月10日印驻沪总领事古光明一行到莲都考察。4月25日，韩国全罗南道代表团一行到莲都考察。9月8日，瑞士驻沪总领馆霍力轩总领一行来莲都考察。10月10日，美国著名学者“绿色GDP之父”小约翰·柯布，克拉克森大学哲学教授比尔·维特克，美国著名生态农业专家、环境战略专家、哈佛大学博士后伊万杰洛斯·瓦连纳托斯，国家行政学院生态文明研究中心主任、教授张孝德，著名经济学家、“三农”问题专家、管理学博士温铁军等应邀参加“生态文明与绿色发展”莲都国际研讨会。11月7日，韩国丽水市政府代表团到莲都考察。11月15日，日本静冈县三岛市中日友好交流代表团在副市长铃木文子的带领下一行6人到花园中学参观访问。11月29日，美国驻沪总领馆领事、外联处处长费曼舒一行2人到莲都古堰画乡考察。

【信息中心工作】 2017年，莲都区政务内、外网运行平稳，注重网络信息安全工作，有效保障十九大期间、互联网大会期间网络的安全；加强网络安全监管，及时发现、排除安全隐患，有效阻挡了“勒索病毒”入侵，网络信息安全得到切实保障。协同办公公文交换收发文数达50多万份，办公助手用户注册人数为5515人，短信发送量超过400万多条，四项指标较往年都有较大幅度的提高。莲都区政府门户网站内容更新及时，更新信息总量2万多条；“莲都发布”微信发布信息1500多条，充分发挥政务舆论主渠道作用，获浙江省第二届大数据舆论高峰论坛“金舆·政务发布活力奖”。通过视联网召开会100多场次；制作完成包括“世界丽水人大会”等重大活动，落实PPT项目6个；全年开展政务服务、基层综合治理平台相关培训20多场，进一步提升莲都区各位单位信息化操作技能与服务能力，更好地服务莲都区相关政治、经济、社会活动。完成基层综合治理平台的建设，通过该系统的建设、培训、使用，培养一批会运用信息化手段的网格员，为打造“平安莲都”做好服务。根据“最多跑一次”要求完成全区相关单位电子印章的申请制作。新建设完成钉钉系统，安装注册人数已突破4000人。

机关事务工作

【概　况】 2017年，区机关事务管理局脱离区委区府办独立考核。全年共接待546批12168人次，其中团体322批，完成小镇艺术节、世界丽水人大会等大型活动的后勤保障工作。承办会议1400多场，水电维修760次左右，空调维修130次左右，维修成功率均达到98%以上。开展军事训练46次，安全巡查385次，妥善劝导上访619次，其中集体上访20次。在办事中心安装4台监视器，更换指示灯87只、灭火器339只。完成基建、装修及零星维修工程20多项，推进办公用房智能化管理。开展节能宣传活动4次，在区府大楼安装节水型开水器10台，召开2次节能培训会。年底前完成行政机关节水型单位创建工作和区府大楼LED更换工作。在食堂增设晚餐服务，7月中旬开设小卖部，提供饮食类日用品。开展食材源头考察工作，保障食品安全。发表信息近160篇次，总得分344分，名列全市机关事务系统第一名。开展文明城市创建巡查近1000人次，开展“六三三”“五水共治”等活动共100多人次。

【办公用房智能化管理】 采用专业建筑设计软件AutoCAD绘制涉及全区70多家党政机关单位及部分下属单位的建筑平面图，并打印装订成册。7月引进办公用房智能图形管理信息系统，利用“互联网+”大数据技术提升管理水平。整理出全区尚可利用的闲置办公场所10处，可安排10家办公用房外租单位入驻，每年可节省租金、物业费等办公运营成本257.1万元。在区《专报信息》上发表相关信息并得到陈豪区长的肯定批示。

【大型活动后勤保障】 在莲都区举办的小镇艺术节、丽水人大会莲都分会等大型活动中，作为后勤保障组牵头单位，区机关事务局根据活动内容和整体保障方案，多次深入调研和论证，制定后勤工作保障方案。联系市场监管、电力、通信、医疗等多家单位，做好安全保障工作。联系旅游集散中心、丽汽集团、汽车租赁公司，预定活动期间保障用车。从丽水学院抽调25名志愿者，同时做好8名政务讲解员培训、踩点等工作。

【合同能源管理】 在全区公共机构开展节能改造，采用合同能源管理的方式以T8-LED（18瓦）灯替代传统的T8（36瓦）日光灯。整体项目已与国网丽水市莲都区供电有限公司签订协议，分三期实施，一期项目投入约55万左右，预计于2018年6月前完工；二期项目计划改造所有乡镇、街道及其他行政单位，预计于2019年6月前完工；三期项目改造剩余文化、教育、卫生系统等事业单位，预计于2019年年底完成。

【机关食堂服务】 做到菜肴品种多样化，每天午餐保持推出14个以上的菜品，并做到每日更新、随季更新。上半年增设晚餐服务，为干部职工生活提供便利。7月12日，在机关食堂近旁开设小卖部——“小米驿站”，向广大干部职工供应大米、食用油、调味品和各类饮品等十多种商品。通过公开招投标确定食材供应企业，并对供应企业进行实地考察，力争从源头控制食品质量大关。

【公务服务工作】 实行网上预约申请、网上调度，充分利用其他信息化方式管理区公务用车平台集中的车辆。统一派车口径，车辆管理实行一车一档制度，定期组织对车辆进行安全检查，并对公务车进行统一标识化喷涂。严格按照财政部门的文件规定，落实定点加油、定点维修、定点保险“三定点”制度。出台了驾驶员考核、考勤等制度，进行每月考评，抓紧抓实人员规范管理。全年安全行车95.75万公里，无重大责任事故，出险率控制在5%，全年出车21319台次，完成指标304.33万元，完成财政部门下达指标的83.36%。

【信息沙龙活动】 年初，组织全体信息员和科室长开展信息沙龙活动，通过培训、交流提升大家的信息编写水平。研究制定激励制度，对各科室的信息编写提出具体数量和质量要求，完善层层审核机制，确保信息质量。2017年区机关事务管理局在全市机关事务系统内各级媒体上发表信息近160篇次，总得分344分，名列全市第一。在区内信息工作取得了较大进步，在全区各级媒体上发表27篇，其中《莲都区机关事务管理局强化内部管理提升公车服务水平》和《莲都区机关事务管理局三管齐下提升办公用房管理水平降低运行成本显成效》，在《莲都专报》上发表，并得到区委区政府主要领导的批示肯定。

（罗豪）

审批服务工作

【概　况】 2017年，区行政审批中心将"最多跑一次"改革作为提升窗口服务效能、企业服务能力的重要抓手，有序开展事项规范梳理、标准化指南制定、行业证照联办、政务服务网应用等工作，推进"一窗受理、集成服务"平台整合，创新开展百千万系列活动，梳理出群众和企业到政府办理的行政权力和公共服务事项501项，其中实现"最多跑一次"事项487项，完成比例97.2%。办事大厅进驻区行政审批职能部门和便民企业32个，进驻窗口工作人员85名，进驻事项768项，全年办件量41.4万件（含分中心）。改革推进以来，改革典型做法被中央新闻联播、人民网、浙江日报等主流媒体关注，在全省第三方满意度评估调查中，莲都区满意率为99.3%名列全省第九。

【窗口整合】 结合一市一区的特殊体制和市区政务服务中心同一场所办公的实际，市、区合力推进"一窗受理、集成服务"改革，共同设立投资项目、商事登记、不动产登记、公安服务、社会事务五类综合窗口，并同步延伸至人力社保分中心和各乡镇（街道），实现"前台综合受理、后台分类审批、统一窗口出件"的工作模式。

【证照联办】 于全市率先在民宿农家乐、美容美发、食品销售行业先行试点，逐步推广至27个行业证照联办，是实现"证照联办"行业最多的县（市、区），群众提交材料精减率30%以上，办理时限提速80%以上。尤其民宿行业证照联办通过流程再造、材料简化、联审联批、线上办理等方式，实现了民宿审批"零跑路"。

【数据共享】 进一步推进政务服务网应用，全区34家单位申请数据共享接口378个，上线应用74个，上线应用的单位精减居民身份证、工商营业执照等材料，可获取人口、社保、医保、婚姻、营运车辆、组织机构等公共数据。行政审批服务事项办结件归档4466件，归档率100%。

【基层延伸】 发挥政务服务网线上办理和全科网格员线下跑腿的作用，方便群众就近办事，解决偏远乡村群众办事难的问题。老年优待证、生育登记、社保业务等71个事项均下放到乡镇，所有乡镇均建立全科网格员代办队伍，超过90%的事项实现"跑一次"或"零"跑。如以往办理老年优待证需提供身份证、1张红底1寸照片，到审批中心民政窗口进行现场受理。改革后，各乡镇（街道）便民服务中心实现老年优待证即办即领；村（社区）群众也可提供身份证，通过全科网格员免费代办、网上申报、快递送达，即可完成整个办理流程。

【百千万系列活动】 "百人体验"：邀请各审批服务部门的社会第三方监督力量组成百人体验团挑刺"最多跑一次"，通过具体办、跟踪问、现场看，开展定向体验、交叉体验、随机体验和全程体验，为改革把脉问诊，查漏补缺。2017年，有132名体验人员开展了25场体验活动，重点梳理出窗口一次性告知不到位、手机预约功能需完善等体验团代表反映多、呼声大的热门事项及问题10余个，均在第一时间进行了整改。

“千家回访”：组织相关单位的行政服务工作人员深入群众、深入企业，开展审批服务“回头看”，通过“走出去”上门回访、“聚起来”座谈回访、“点对点”电话回访、“面对面”现场回访等方式，深入听取服务对象对改革的真实感受和意见建议。回访活动走进鱼跃，为鱼跃文化产业园区建设项目的档案验收和不动产权证办理提供了业务指导；走进画乡，为民宿业主带去了证照联办的政策辅导；走进丽水工业园区，探讨投资项目审批进一步提速的可行措施，助推投资项目尽快落地建设。

“万户推送”：通过主题演讲、“最多跑一次”宣讲团、业务培训会、理论调研、群众回访等系列活动，深入各乡镇（街道）、村（社区），全面开展“最多跑一次”主题宣传月活动，调动广大人民群众和社会各界的参与热情，营造全面参与、全社会支持的浓厚氛围。

【局长坐班】 组织部门一把手每月到窗口一线坐班，从决策者、服务者和体验者的身份转换中，发现审批服务中的薄弱环节，破解群众办事中的堵点、难点问题，确保“最多跑一次”改革真正落地。2017年，共开展局长坐班活动五期，26个部门参与，收集的一次性告知单表述不清、事项入驻不到位、群众知晓率偏低等30余个问题和困难均已整改落实到位。

【投资项目审批】 全面推进在线审批监管平台（2.0版）应用，省里明确的54个主项，116个小项，都在投资项目在线审批监管平台2.0运行。制定出台《莲都区加快工业投资项目审批实施意见》，绘制《莲都区工业投资项目审批流程图》，无法律、法规前置条件一律取消。并联无前后置条件的审批环节，合并相同部门关联度大的环节，如：工业项目绿化方案并入设计方案审核、合并由同一部门办理的项目报建和工程直接发包备案环节等。针对确实有前后置关系的环节，后置部门提前介入，采取技术审查和行政审批相对分离的模式，预先进行技术审查，待前置审批手续办结后即予批复。如：原来必须在土地出让后进行的环评报告审查和规划设计方案审查，分别由环保、建设部门在土地出让前先行组织审查，出具预审查意见，在土地出让后的规定时限内予以正式批复。

【公共资源交易平台整合】 林业、教育、供电等单位交易活动均纳入区级交易平台统一交易，尤其以电子交易系统建设为重点，先后完成系统硬件采购、安装调试、试标等工作，实现平台从依托有形场所向以电子化平台为主转变。自7月起，莲都区所有房建市政项目均实现开评标全流程电子交易；区内所有2万元—10万元的政府采购协议供货项目和小额采购项目实行网上竞价；依法招标项目“一标一评”率100%。全年共受理招投标项目300个，成交金额9.45亿元，其中：建设工程交易193个，成交金额7.32亿元；政府采购项目95个，成交金额1.07亿元；产权交易项目12个，交易额1.06亿元。为财政节约资金9119.93万元，为财政资金增值179.66万元。

（叶丽春）

政协莲都区委员会

综　述

【概　况】2017年，区政协把握团结民主主题，召开政协重要会议18次，组织委员集中调研视察73次，递交意见建议被党政领导批示59人次，为全区经济社会发展做出贡献。

组织好各类会议。全体会议审议通过区政协常委会工作报告和提案工作情况的报告，听取并讨论区政府工作报告、区法院工作报告、区检察院工作报告以及其他报告，整理编发简报6期，向区政府递交意见建议215条；组织政协参加单位、委员大会发言29篇，征集政协参加单位、委员以提案形式所提意见建议208件。召开常委会议5次，传达全国"两会"、市党代会精神，听取政府工作、监察体制改革、提案办理工作等情况通报，通过"最多跑一次"改革建议案和有关人事事项。召开主席会议12次，部署开展"同心圆建设年"活动，听取重点提案和大会发言办理情况的通报，就高溪低丘缓坡区块招商引资项目进行专题协商。

按计划完成调研视察任务。调研美丽乡村建设与传统文化保护情况，建议保用兼顾、"物""文"互促、点面结合，加强传统文化保护利用，完善美丽乡村建设等。调研建设"美丽田园"，建议在宣平溪流域老竹区块创建"风情畲乡"田园综合体。港澳台侨民宗委组织委员开展古堰画乡创AAAAA建设视察活动；文史委参与"故事小镇"建设，助力挖掘、整理传统文化；社法委组织委员视察区域消防工作，对区政府出台小城镇环境综合整治建设、新发违建责任追究等规范性文件进行论证，提出修改建议。

开展专项集体民主监督。与省、市政协同步启动"五水共治"民主监督"干、查、督"大行动，助力剿灭劣V类水。组织课题组，走访14个乡镇街道、135个村(社区)、42条河道142公里、183个小微水体、62个生活污水治理点、32个地质灾害点，形成4个民主监督报告，许多意见建议已转化为"五水共治"的有效举措。创建"治水剿劣"监督员队伍，设立"河道监督长"，强化全区河道网格化监督，被省政协领导批示肯定。安排7个专委会26个界别活动组，以"每周1组"的形式监督全区文明创建工作，编报《随手拍、快捷报》专报26期，经区委区政府领导批示交办，反映的217个问题全部解决。

加强和改进提案办理工作。交办立案提案194件，确定8件重点提案，全面推进提案网上办理，落实区领导督办领办提案制度，部门提案办理意识和水平明显提高。民主评议区市场监管局和瓯度委提案办理工作；落实提案办理"三见面"370多人次；分别通过主席会议、常委会议听取重点提案情况和提案办理情况的通报。实现提案年内采纳、问题短期内解决或列入工作计划178件，占交办提案总量的91.75%，一大批热点难点问题被缓解化解。参照提案办理的29篇大会发言，全部得到交办落实。

反映社情民意信息。重视社情民意信息的收集、报送和反馈，信息网络更加健全，工作机制更加完善。反映社情民意信息140期，被上级政协采用信息

65期，被省、市、区领导批示14人次。“呼吁更换中山街行道树”“发挥世界丽水人大会后续效应”等得到市、区领导批示，连续18年获评“全市政协反映社情民意信息工作先进单位”，连续5年荣获全市社情民意信息工作第1名。

扎实结对联系工作。落实区领导联系乡镇（街道）、村（社区），以及“河长”“路段长”“网格长”等制度。政协主席、副主席领办的古堰画乡景区停车场等项目按期完成年度工作目标，大坑村等4个地质灾害综合治理项目完成避让搬迁，水岭根村等6个选情复杂村顺利换届，4件重点信访积案得以化解。继续助推雅溪镇自联会和叶平头村美丽乡村建设，取得新进展。区政协机关参与创成全国文明城市被区委区政府集体嘉奖。

深化政协团结联谊。以“同心圆”建设年活动为载体，调研团区委、区妇联、区侨联年度履职情况，安排各党派、团体大会发言27人次，交办集体提案55件，编报相关社情民意信息116期。协助省政协来莲“送文化下乡”、市政协“送法下乡”。女委员联谊会、理论与实践研究会、区政协书画会、摄影之友社等活动丰富。建立了一支既热心文史工作、又有较高写作水平的文史征集编审员队伍，与经济商务局联合征编的《莲都老工业纪实》文史专辑顺利出版。

持续推动履职制度化、规范化、程序化。积极推进“两学一做”学习教育常态化制度化，开展“首善担当创一流”活动，以主题党日、创新履职等举措锤炼工作作风。协调出台《区委办关于加强人民政协协商民主建设的实施意见》，制定发挥常委示范引领作用、加强政协委员队伍建设、明确委员退出（暂停履职）机制等5项制度，修订常委会工作规则、委员履职情况评价办法、优秀调研视察课题评选办法等6项制度。首次组织全体委员赴省委党校轮训。不断完善应用建议提案系统、委员管理服务系统，加强委员微信群管理，推出手机微网站建设，发挥新媒体新技术服务履职的积极作用。

（陈林伟）

重要会议

【政协第十五届丽水市莲都区委员会第二次会议】 中国人民政治协商会议第十五届丽水市莲都区委员会第二次会议，于2018年3月5日至3月8日在莲都举行。应参加会议政协委员们202人，实际到会199人。会议审议通过政协第十五届丽水市莲都区委员会常务委员会所作的工作报告和政协第十五届丽水市莲都区委员会常务委员会关于十五届一次会议以来提案工作情况的报告，补选了3名常务委员。委员们还列席丽水市莲都区第十六届人民代表大会第二次会议，听取区政府工作报告、法院工作报告、检察院工作报告及其他报告。

区政协主席谷江南作工作报告，聚焦人民对幸福美好生活的向往，助力解决民生热点难点问题；聚焦政协自身建设，开创务实创新的工作新局面。

会议举行大会发言。8位委员作台上发言，13位委员作即席发言，7篇大会发言材料作书面交流。发言材料围绕生态工业、农旅融合、“最多跑一次”改革、“厕所革命”、“垃圾分类”、养老教育等热点问题。有委员提出，群众对“最多跑一次”改革还有很多期盼，要广泛宣传，提高群众知晓率；建立“一证通办”系统；将“一窗受理、集成服务”执行到底。有委员认为，深化乡村公厕革命让群众“方便”更方便，要制定城乡公厕标准，做好厕所建设、管理、资金三到位，形成厕所革命长效推进的机制。在即席发言环节，委员提出深入推进精准扶贫，一个都不掉队；警惕网络投票成为新的形式主义；用好两个“窗口期”，顺势借力做好招商引资工作；临时机构要“瘦身”；美丽乡村建设要找准“落脚点”；保护和利用好美丽的乡村资源；古堰景区的小乱象亟待大整治；给失地农民找点事情做；对老师的培养应长期规划；让误入歧途的少年回归正道；政府项目欠薪现象应尽快解决；处州小巷的文化“初心”在哪里；打破排山屏障　拓展丽水城区发展空间等。区委副书记、区长陈豪在认真听取委员发言后，作了重要讲话。

会议通过了区政协提案委关于提案审查情况的报告。会议期间,会议提案组共收到参加单位、广大委员以提案形式提出的意见建议251件。经审查,初步立案提案共221件,其中:各民主党派、工商联、人民团体和界别、委员活动组提出的集体提案57件,委员个人和联名提案164件,不予立案建议26件(涉市提案15件),并案4件。经分类统计,有关经济建设类的提案共116件,占提案总数的52.49%;有关科教文卫体类的提案共55件,占提案总数的24.89%;有关政协统战、政法及其他类的提案共50件,占提案总数的22.62%。

会议审议通过了政协第十五届丽水市莲都区委员会第二次会议决议;补选刘娇英(女)、梅焕根、瞿宗囡(女)等3人为政协第十五届丽水市莲都区委员会常务委员;表彰了2017年度工作先进和区政协十五届二次会议优秀大会发言。

【政协丽水市莲都区委员会常务委员会会议】 2017年,召开区政协常委会议4次。分别为:

2月28日,区政协召开十五届一次常委会议。区政协主席谷江南主持会议。会议审议通过《区政协关于进一步发挥常务委员示范引领作用的意见(试行)》和有关人事事项。会议要求,常务委员在学习、调研、监督、协商等活动中充分发挥骨干和示范引领作用,引导全体委员提升履职能力水平。认识区政协常委会的职责和使命;大兴学习之风,全面提升履行职责的能力和水平;带头履行职责,助推发展、履职为民作表率;充分发扬民主,努力营造团结和谐的议政氛围;坚持与时俱进,不断推进履职制度化、规范化、程序化。要求常委们做好“六个一”,力争年度履职评价得分位居全体区政协委员的前80名。

3月27日,区政协召开十五届二次常委会议。区政协副主席虞为粮主持会议。谷江南、叶晓东、任文红、沈建祖、王金友等出席会议。会议审议通过有关人事事项,修订《政协丽水市莲都区委员会常务委员会工作规则》《政协丽水市莲都区委员会专门委员会通则》;协商通过《政协丽水市莲都区委员会2017年工作思路》;并组织学习全国“两会”和市党代会精神。全国政协委员、丽水市中医院院长雷后兴传达全国政协十二届五次会议精神。市委党校科研处处长、副教授陈敬东作丽水市第四次党代会精神学习辅导。会议要求,加强制度执行和会议精神学习,把思想和行动统一到中共中央对当前形势的分析判断和决策部署上,统一到人民政协工作的新思路和新要求上,统一到全国“两会”、市(区)党代会以及区政协十五届一次会议确定的工作任务上,下功夫推进全年各项工作落实。

8月10日,区政协召开十五届三次常委会议。区政协主席谷江南主持会议。区委副书记、区长陈豪,区政协副主席虞为粮、叶晓东、沈建祖、虞海雄,秘书长王金友出席会议。会议听取区政府2017年上半年工作情况通报,通过区政协副秘书长、各专委会副主任名单和《区政协关于进一步加强政协委员队伍建设的意见》,部署常委联系委员(群众)、委员联系群众工作,征求《中共丽水市莲都区委办公室关于加强人民政协协商民主建设的实施意见(代拟稿)》修改意见,并对区行政审批中心等20个政府部门和14个乡镇(街道)进行了民主评议。会议要求,全体政协委员要围绕区政府下半年工作部署,按照区政协年度工作计划,通过调研视察、专题协商、撰写提案、反映社情民意等方式,履好职、尽好责,为全区“决战三季度、冲刺四季度,力争实现全年红”贡献政协智慧和力量。要加强学习,参与政协协商民主制度建设,及时提出修改和完善制度的意见建设,努力提高履职能力水平。要密切联系界别群众,深入了解民情,充分体察民意,广泛集中民智。

10月27日,区政协召开十五届四次常委会议。区政协主席谷江南主持会议。虞为粮、叶晓东、沈建祖、王金友等出席会议。区委常委、常务副区长王世强,区委常委、纪委书记、监委主任宋珍花等应邀参加会议。会议听取2017年我区纪检监察工作情况，审查通过《关于我区“最多跑一次”改革长效机制建设情况的建议案》，评议团区委、区妇联、区侨联等参加单位履职情况，还部署学习贯彻十九大会议精神、政协委员轮训和大会发言筹备等工作。

2017年，召开区政协主席会议10次。分别为：

2月27日上午，区政协十五届一次主席会议召开。主席谷江南主持会议，副主席虞为粮、叶晓东、任文红、沈建祖、虞海雄和秘书长王金友出席会议。会议审议通过了《区政协主席、副主席、秘书长分工》《区政协机关工作分工》《区政协界别活动组组成人员名单》《区政协2017年“随手拍、快捷报”监督活动方案》等；协商讨论了《区政协关于进一步发挥常务委员示范引领作用的意见》；决定2月28日下午召开区政协十五届一次常委会议和“随手拍、快捷报”监督活动部署会。谷江南主席与主席会议成员“约法三章”共勉：一是忠诚。要求明辨是非，站稳立场，始终忠于党、忠于人民、忠于事业，忠于委员。二是尽责。严格要求自己，以更高的标准，履行工作职责，做示范引领委员履职尽责的带头人。三是干净。思想上干净，心灵上干净，言行上干净，按照中央和省、市、区“廉洁自律、干净干事”要求开展工作，完成任务。

3月20日上午，区政协十五届二次主席会议召开。主席谷江南主持会议，副主席虞为粮、叶晓东、任文红、沈建祖和秘书长王金友出席会议。会议通过区政协专委会专业组组成人员名单和《区政协委员履职评价办法》《区政协公务用车管理办法》；通过《〈莲都老工业纪实〉征编工作实施方案》和“五水共治”专项民主监督相关方案，以及《区政协十五届二次常委会议方案》；还讨论了《莲都区政协2017年工作思路》《区政协常委会工作规则》《区政协专委会通则》《完善区委、区政府有关部门与区政协各专门委员会对口联系和协商制度》，以及其他人事事项。

4月25日下午，区政协十五届三次主席会议召开。主席谷江南主持会议，副主席虞为粮、叶晓东、沈建祖、虞海雄和秘书长王金友出席会议。会议传达学习市政协四届一次会议精神；审议通过区政协十五届一次会议重点提案、区政协2017年委员培训工作计划、区政协女委员联谊会换届工作方案和区政协文史资料稿酬标准；决定建立治水、剿劣监督员队伍；还听取省政协赴莲都“送文化下乡”活动筹备情况的汇报，讨论了区政协关于进一步加强政协委员队伍建设的意见。

6月2日，区政协十五届四次主席会议召开。主席谷江南主持会议，副主席虞为粮、叶晓东、任文红、沈建祖、虞海雄和秘书长王金友等出席会议。会议通过《2017年度协商工作计划》《“理论研究”履职评价修正意见》，讨论《2017年度政协工作举证扣分办法》，并听取各专委会“五水共治”专项民主监督情况。

6月14日，区政协十五届五次主席会议召开。主席谷江南主持会议，副主席虞为粮、叶晓东、任文红、沈建祖，秘书长王金友等出席会议。会议通过《2017年度重点职能工作》《主席会议成员2017年走访委员活动方案》，讨论《政协机关工作责任制考评实施细则》。

7月20日，区政协十五届六次主席会议召开。主席谷江南主持会议，副主席虞为粮、叶晓东、任文红、沈建祖，秘书长王金友等出席会议。会议讨论区政协副秘书长、各专委会副主任名单，通过区政协十五届三次常委会议方案，并听取了区政协各专委会2017年上半年工作情况汇报。

8月25日，区政协十五届七次主席会议召开。主席谷江南主持会议，副主席任文红、沈建祖、虞海雄和秘书长王金友出席会议。会议听取专题调研组关于“参加单位（区侨联、区妇联、团区委）履职情况”的汇报，并组织学习习近平总书记7.26重要讲话《人民日报》评论员文章和习近平总书记在全国宣传思想工作会议上的讲话。

9月21日，区政协十五届八次主席会议在四楼会议室召开。主席谷江南主持会议，副主席虞为粮、叶晓东、任文红、沈建祖、虞海雄和秘书长王金友出席会议。会议讨论《中共丽水市莲都区委办公室关于加强人民政协协商民主建设的实施意见》(代拟稿);听取"剿灭劣V类水及长效监管机制建设情况""防洪排涝和山塘水库除险加固工程及长效管理机制建设情况""农村生活污水处理设施运维管理机制建设情况""地质灾害综合治理'大搬快治'工作""完善提案办理机制、提升提案办理水平"等5个主席会议课题调研成果汇报;审议通过区政协"同心圆建设年"活动方案、区政协十五届二次会议大会发言筹备方案、区政协2017年民主评议提案办理工作方案和区政协委员轮训方案。

10月18日,区政协十五届九次主席会议召开。主席谷江南主持会议,副主席虞为粮、叶晓东、任文红、沈建祖、虞海雄和秘书长王金友出席会议。会议部署中共十九大专题学习工作;讨论了关于我区"最多跑一次"改革长效机制建设情况的调研报告;听取主席会议课题"传统文化与美丽乡村建设"调研情况;审议通过区政协十五届二次会议筹备方案和区政协十五届四次常委会议方案。

12月19日,区政协召开十五届十次主席会议。主席谷江南主持会议,副主席虞为粮、叶晓东、任文红、沈建祖、虞海雄和秘书长王金友出席会议。会议听取区政协网站、公众号、微网站、委员管理服务系统的建设和维护算情况,文史资料《莲都老工业纪实》的印刷预算情况;审议通过《2017年区政协参加单位工作交流会方案》和《区政协调研视察课题评选表彰办法》;讨论修改《区政协委员退出(暂停履职)机制暂行规定》,并决定提交区政协常委会议审议。

重要建议和调研活动

【创建"风情畲乡"田园综合体助推丽水"大花园'中心园'"建设】 为了助推丽水"大花园'中心园'"建设,区政协委员工委于2017年8月份组织部分政协委员,就"如何建设美丽田园"开展专题调研。调研组采取实地考察、开会座谈、走访了解、资料收集等方式全面了解我区农村建设发展情况,同时学习和借鉴无锡市锡山区、惠山区建设田园综合体的经验做法,在此基础上进行反复讨论和研究,形成了"创建'风情畲乡'田园综合体"的调研建议。建议我区在宣平溪流域老竹区块创建"风情畲乡"田园综合体,努力与碧湖平原区块各项目形成比翼双飞新格局。

凝聚共识,形成合力。建议区政府加强对创建工作的领导和协调,成立由区分管领导任组长的创建工作领导小组,设领导小组办公室在区财政局,区发改、农业、水利、交通、国土、建设、旅游、文化等部门及老竹镇协作配合,形成合力。建议农业部门总结经验,增强信心,对照政策要求科学编制"风情畲乡"田园综合体创建规划;财政部门加强与国家、省市财政部门的联系对接,领会创建要求,努力争取帮助与支持;要加大老竹区块创建优势的宣传,提高知名度,增强吸引力,扩大影响力,同时抓好创建基础工作,营造良好的创建氛围。

明确定位,精准招商。一方面,明确定位。准确的战略定位,是创建可持续发展田园综合体的战略选择。建议项目建设地点以周坦、老竹、沙溪、新陶、梁村等5个行政村为整体,打造成试点核心区,辐射带动周边村庄发展。总体定位为"风情畲乡"田园综合体,细分定位为风情畲乡体验地、品莲清莲向往地、农旅融合先行地、田园社区样板地。对照创建要求,建议筛选药食两用药材、水产养殖、特色蔬果等特色种养业和处州白莲、创意花海等观赏性农业为农业主导产业。另一方面,精准招商。从扶持政策、现有产业、现有资源等条件出发,认真挖掘谋划田园综合体具体项目,再往项目选址、招商对象、投资规模、建设内容、预期效益、存在风险等方面精细化项目包装,形成一批可路演、能感知、有温度的田园综合体招商项目。重点围绕农业龙头企业、乡贤、旅游企业等实行精细化、精准化、务实化招商,并积极营造宽松的亲商、安商、富商环境。

夯实基础，搭建平台。继续培育新型农业经营主体。进一步重视白莲产业的发展，持续政策扶持，提振种植业主的信心；进一步发挥乡贤、能人的作用，鼓励乡贤、能人利用自己的聪明才智和实干激情，心系家乡，情牵故土，积极回乡创业；通过土地流转、股份合作、代耕代种、土地托管等方式促进农业适度规模经营，优化农业生产经营体系，逐步将小农户生产、生活引入现代农业农村发展轨道；探索推进“龙头企业+合作社+农户”“合作社+基地+农户”“农社对接”等联结机制，实现互利共赢的现代农业经营新模式。继续推进美丽乡村建设。以小城镇环境综合整治为契机，重点治理镇区道路两侧乱占道、乱搭建、乱设摊、乱停车现象，着力改善镇区整体风貌；广泛宣传，加强监管，抓好农药废弃包装物的回收处置，打造美丽田园；抓好沙溪村、新屋村、梁村三个美丽乡村的改造提升，打造美丽乡村升级版。继续加强农业基础设施建设。加快梁村、新屋等村的高标准农田建设，提升现代农业发展水平；推进赤坑水库除险加固、赤坑水库清淤及小流域山洪综合治理等工程建设，改善农业生产条件；加快上马丽龙高速公路南山互通至丽新段二期工程，建设梁村村至新陶村景观道路，完善交通、供电、游客接待中心等设施建设。

深挖底蕴，彰显特色。深挖畲族文化底蕴。采纳省政协民宗委的建议，积极筹划建设“中国畲族风情园”。将畲族文化注入镇区建设，打造畲乡风情一条街；将畲族文化与莲文化相结合，在观赏荷花的同时欣赏到畲族文化；提升“竹柳新桥”“三月三”歌会层次，变一日“三月三”为天天“三月三”，把“竹柳新桥”“三月三”畲族歌会打造成融文化、旅游、商贸于一体的畲族文化节。深挖莲文化底蕴。将莲文化与现代建筑相结合，建设莲文化广场或莲花标志的大型建筑物；将莲元素融入旅游纪念品开发中，体现莲花之乡鲜明的特色；将白莲生产加工的技艺习俗与旅游有机结合，让游客亲身体验到采莲、剥莲、烘焙等白莲生产农事活动中，增添“莲旅融合”的知识性与趣味性。深挖传统文化底蕴。精心实施梁村历史文化村落保护利用和新屋村古民居修复工程，聘请文化学者充分挖掘这些古村落、古民居的历史背景和文化内涵，在保护古村落原生态的基础上，用文化创意来激活村庄。

【关于地质灾害综合治理“大搬快治”工作专项民主监督报告】

为助推全区“地质灾害综合治理‘大搬快治’三年行动计划”顺利进行，区政协主席会议课题组历经4个月时间，深入32个地质灾害避让搬迁、排险治理点，通过实地查看、座谈交流、查阅资料、走访了解等形式，对全区地质灾害综合治理“大搬快治”工作进行民主监督。

全区“大搬快治”工作存在的问题：前期发动不够充分；政策衔接不够严密；方案细节不够到位；安置点进度不尽人意。对策建议：一、加强政策的衔接与完善。一要细化补偿标准。建议统筹考虑房屋拆迁涉及的结构、年限、装修以及安置区块现状等因素，进一步细化房屋拆迁和安置小区建设等补偿标准，使拆迁安置标准更易操作。二要做好政策衔接。结合莲都实际，建议修改我区2008年出台的农民异地安置政策，让新政策既衔接顺畅又满足新要求，更好推动今后我区农民异地转移工作。二、加快安置房建设进度。一要加快安置房建设，变“人等房”为“房等人”。秉持“建设标准要高、建设品质要好、建设质量要优”的要求，不断优化设计、保证质量。二要联合督促项目进度。由区“大搬快治”领导小组办公室、区政府督查室、区监察局联合开展督查，严格奖惩、严肃问责，让村民早入住。三、持续做好地质灾害隐患点的动态排查和现有隐患点的工程防治。一要持续做好地质灾害隐患点的动态排查，同步落实新发现地质灾害点的治理除险措施。二要按照“快治”要求，盯紧节点、倒排工期，加快工程治理。四、加紧搬迁后续工作谋划。要着眼迁出群众的生产生活和长远发展，所在地乡镇街道要帮助谋划和扶持，确保移民“搬得出、稳得住、快发展、能致富”。

【关于防洪排涝和山塘水库除险加固工程及长效管理机制建设情况专项民主监督报告】 为全面了解全区防洪排涝和山塘水库除险加固工程的建设和管理情况，进一步规范工程建设、完善项目管理、实现长效管理，积极助推党委政府工作，区政协社法委于2017年7月组建调研组，开展专题调研。

全区防洪排涝和山塘水库除险加固工程存在的问题：河道防洪标准普遍较低；山塘水库除险加固工程任务尚未完成；山塘水库除险加固工程基础资料不够完善；重建设轻管理现象较突出；缺少配套政策处理费。对策建议：一、强化工程建设“三提升”。1.提升防洪标准，减少堤防被毁的风险。2014年“8·20”洪灾危害证明，河道5年一遇、10年一遇防洪标准是明显偏低。建议采用“格栅+块石”的防洪堤设计，既生态又牢固。2.提升安全保障，建立山塘水库数据库。水利部门要建立一库（塘）一档制度，以工程过程性资料收集和整理为重点，查漏补缺，完善山塘水库工程基础资料收集。对资料缺失严重的项目，可通过地质勘查单位重新勘探，复原资料，为山塘水库除险加固工程安全鉴定提供保障。3.提升建设速度，确保山塘水库如期除险。一要做好项目前期准备工作和报批手续，要按时间节点推进项目进度。二要结合“最多跑一次”改革，简化审批流程，强化项目跟踪，使山塘水库除险加固工程早日发挥效益。二、优化管理机制“三健全”。1.健全监督机制，优化项目过程管理。以工程效果和资金使用效益为牵引，政府应建立项目绩效抽查制度，对防洪排涝工程设计和执行展开检查，排查项目、设计、施工、管理等环节，推进项目管理水平不断提升。2.健全责任机制，优化项目日常管理。目前，山塘水库已建立日常管理机制（每座山塘水库有1名巡查员并落实巡查补贴）。建议照此模式落实堤防管理责任。同时要及时修复损毁工程，切实将堤防管理工作落到实处。3.健全协调机制，优化项目事前管理。建立政府部门、乡镇街道、村集体三方协调机制，由三方共担政策处理费，破解政策处理费问题。对严重危及群众生命财产安全的除险加固工程，由乡镇街道负责事前政策处理工作；对影响群众财产安全不大的除险加固工程，由村集体负责事前政策处理工作。

【关于剿灭劣Ⅴ类水及长效监管机制落实情况专项民主监督报告】 为进一步助推全区“五水共治”工作，区政协组织委员走访14个乡镇、42条主要河道和183个小微水体，以明察暗访、座谈交流等方式，详细了解剿灭劣Ⅴ类水及长效监管机制建设情况。主要问题：污染源头还没有得到根本控制；“你污染我治理”问题突出。对策建议：一、明确政府监管责任部门。从便于对污染源头的业主监管，由政府确定一个监管单位，如：养殖污染由农业部门监管、工业污染由环保部门监管。二、制订一个排污计分标准。由政府制定规范化超标排污规则，参照排污结果给予量化计分、实行分值累加，并设定超标排污的黄色阀值、红色阀值，明确对应的警示、惩戒措施。对污染物排放超标或重点污染物排放超总量的单位予以“黄牌”，可给予三年不得享受政府扶持政策，或限制生产或停产整治；对整治后仍不能达到要求且情节严重的企业予以“红牌”处罚，限期停业、关闭。三、建立超标排污台账制度。监管责任部门要做好排污企业基本信息和排污信息等台账，如：企业名称、法人、产品产量、社会信用号码、排污口设置以及排污口实测数据等。要加大抽查核查力度，按季公布“黄牌、红牌”名单。同时不断加强社会监督举报，让业主排污暴露在社会公众的监督之下。四、用村民自治管好“小微水体”。既要探索多方筹资修复小微水体生态水系的措施。更要研究要将“治污剿劣”纳入《村规民约》，用制度约束规范行为习惯，引导广大群众爱惜和维护好周边的水环境。

【关于农村生活污水处理设施运维管理机制专项民主监督报告】 区政协响应全省“三个不带人”全面小康决策部署，持续深化开展“五水共治”长效机制专项集体民主监督活动，以察看现场、走访农户、外出考察等方式，就农村生活污水设施运维管理机制展开调研。

发现相关工作存在制度内容待完善、损毁修复不及时、处理工艺需改进、统筹落实不到位等问题，建议：

重视学习，借鉴他人经验。衢州市高位推进治水各项工作，被授予2016年度浙江省“五水共治”工作优秀市“大禹鼎”，实现“三连冠”。工作进度排衢州市前列的开化县、江山市，农村生活污水治理思路和基本一致，都是市场外包和一体化运维，但他们的污水处理工艺更加完善、模式更加多样，特别是两地制定的管理运维办法、量化评价制度比较科学，值得借鉴。

完善制度，出台补充意见。将建设、环保等部门相关工作纳入“考核办法”，将乡镇（街道）和第三方运维单位职能同步纳入“河长制”考核内容，将清扫井到户管路纳入整体管护范围。区别管理30吨以上和30吨以下设施，区分乡镇与第三方运维单位的具体运维职能。以乡镇（街道）为业主单位，负责设施建设维修的政策处理、日常记录、维修上报等工作。引导乡镇、村监督第三方运维单位，各占其工作评价的25%（区级占50%）。

升级技术，补齐工艺短板。在污水处理设施终端套种抗寒能力强的常年绿植湿地植被，打造多样景观湿地，提高生活污水的处理实效。

强化保障，强化人力物力支持。落实乡镇建设所参与农村生活污水处理设施运维的日常监管，建立网格化管理机制，指导群众解决专业技术问题，引导村民参与管网维护。设立管网、终端等维修专项资金，将该资金纳入乡镇（街道）年度预算，并按实际受损情况及时申报使用，确保设施有效使用。探索污水处理费收取方式，将污水处理费合并计入城镇水费，一起缴纳。

【关于莲都区“最多跑一次”改革长效机制建设情况的建议案】 推进“最多跑一次”改革，是省委、省政府践行以人民为中心发展思想的具体行动，是“四张清单一张网”改革的再深化再推进，是“放管服”改革的浙江探索、浙江实践。根据《区委、区政府、区政协2017年度协商工作计划》（莲委办发〔2017〕58号），区政协组建常委会议课题组，对全区“最多跑一次”改革情况及存在的困难和问题开展调研。

在发现窗口集成化面临硬件瓶颈、部门服务有待进一步改进、信息共享度有待进一步提高、改革机制有待顶层完善等情况后，建议：

建设市民服务中心，彻底突破场地瓶颈。借助“最多跑一次”东风，筹建区市民服务中心，以便将全区各部门的审批事项集中一处办公，既方便群众，又便于衔接，解决审批窗口分散、窗位受限等问题。

破除部门利益，将全部审批权集中到审批中心。集中人事权。将进驻审批中心的人员编制、工资福利等由中心统一发放，让审批人员不再“一心挂两头”。建议用3年左右时间把编外用工比例降至10%以内。优化审批权。借鉴南湖、柯桥等经验，让行政权实质性集中，真正做到“一枚公章管审批”。因条件所限，暂时难集中的事项，建立“一窗受理、职责明确、限时办结、逾期即许、免费寄达”的机制，即：审批中心一窗受理，书面（或网上）即时交办给职能部门，并由政府规定职能部门从接收到办结的时限，部门逾期即视为同意而进入下一审批程序，但因逾期许可造成后果的，由逾期部门的责任人承担，事项办结后将免费寄送。过程更简化。行业经营综合许可证照联办等涉及现场核实环节的，建议组建“一支队伍，一车前往”专家评审队伍，实现“多项核评一次勘察、整改意见一次告知，整改情况一次复审”。企业投资项目审批建议将规划许可交费、环评等环节，调整到施工许可之前，推行联办缺席默认制，要让审批材料和结果共享，减少材料重复提交。服务人性化。以四个平台为依托，让便民服务向乡镇（街道）村（社区）延伸。要借鉴社保农信网点代办做法，与银行签约合作，探索个体户注册、企业登记、名称核准等，就近在银行网点办理。建议在审批中心提供电子阅读、

“无声叫号”服务，让办事环境更舒心。

充分利用现代信息手段。加快推进政务服务网应用。加大政务服务网应用力度，实现电子流转取代纸质流转；加快政务服务网的内容更新，消除部门自建系统各自为政的现象，按“主动公开、依申请公开”，分类推进政务服务网上数据公开。未设自建系统的单位，借鉴阿里巴巴开网站模式，推进网上预审、网上办事。打破信息孤岛。创建“公共服务事项库、电子证照库、公共信用信息库”等数据协查系统，由审批中心专人专管，为群众办事提供资料索取服务。拓宽智能信息服务渠道。一方面推广手机客户端、微信公众号等网上预约、查询、办理、支付等服务，将咨询电话融入“114”“96345”平台。另一方面加大电子信息化投入，开设网上申请自助服务区，为群众提供自助申请、网络填报、自助提交、自助查询、自助解答等服务。设立“帮办服务员”，现场帮助群众串联办事流程，协助使用电子信息化设备。

区委对“最多跑一次”改革统筹领导。加强党的领导。十九大强调，党是领导一切的。“最多跑一次”改革作为“一号工程”，已进入“深水区”。建议区委全盘统领“最多跑一次”改革，特别是在人事、编制以及制度规范上强力推进。争取市、区审批分工更清晰。按照“一件事”标准，理顺市、区部门职权，实现横向各环节层级一致，纵向同一职能全部收归市级或全部下放区级，推进市、区审批层级一体化改革，进一步理清市、区层级的审批职权，减少因职权交叉对效率的影响。梳理审批遇到的刚性制约。梳理“最多跑一次”改革遇到的法律法规及政策制约，本着“优化便捷、服务群众”的原则，向上级反馈并提出符合基层实际需要的修改建议。

【加强传统文化保护利用　推动美丽乡村建设】 把莲都建设成丽水大花园的“中心园”，离不开美丽乡村建设。为此，区政协主席会议从2017年6月开始，开展了关于美丽乡村建设与传统文化保护课题调研。调研组实地走访、咨询专家学者、问计相关群众，召开主管部门座谈会听取情况介绍，全面了解我区传统文化保护与美丽乡村建设情况，还赴台州市黄岩区、三门县、临海市、仙居县等4个县(市、区)8个村考察学习。

存在的主要问题：传统文化重“保”轻“用”；美丽乡村重“物”轻“文”；美丽乡村建设重“点”轻“面”等问题。为此，建议：

“保”“用”兼顾，使莲都传统文化有特色有活力。保护为主，深入挖掘，形成莲都特色品牌。莲都区是浙西南的中心区域，也是处州首府，历史文化遗产丰富，当以“处州”文化为核心进行挖掘，努力在江南文化、吴越文化中突出自己的位置。全面理清莲都传统文化家底。整合现有不可移动文物和非遗项目数据库，补充征集莲都传统文化元素，形成莲都传统文化基础库。对各部门各地的零星开展的传统文化研究进行汇总，形成传统文化成果基础数据库。在此基础上，深入挖掘。聘请区内外专家，对区域传统文化深入调研，形成调研报告、课题研究、专著等形式的调研成果，将这些成果纳入整个浙西南、江南文化、吴越文化体系中去加以考察和研究，深入挖掘其独特的文化内涵，明晰其文化地位，形成“处州文化”品牌，凸显莲都特色。利用为要，全面开发，增加莲都传统文化的活力。对于不可移动文物、古村落等，除了让它完好保存外，更要开发其传统文化和民间故事，让其有形更有文。如临海市岭根村，每座古民居都做足了寿星传说和“名人将军”故事，使整个村庄都有传统文化气息。另外，在加强保护的同时，尽量让原村民住在其中，使不可移动文物、古村落具有浓重的生活气息和生活韵味。对非遗等无形的传统文化，除了通过各种形式保留其影、像、字外，更重要的是重新活在群众中。如，对莲都剪贴画、织彩带、马弄村木偶戏、泄川岱后采茶灯等进行改良性开发，让其经常性的活跃在群众中，就会大增活力。通过组成团队走出去表演、互联网、游客来莲都参观等形式，千方百计让莲都传统文化走出去，产生更大的影响力。

“物”“文”互促，使莲都美丽乡村有“根”有“魂”。形成“文”“村”深度融合的机制。建立区农办和区文广局牵头的“美丽乡村建设与传统文化保护”联席会议制度。联席会议每季度召开一次，区农办和区文广局轮流主持会议，建设、旅游、环保、水利、交通等有关部门参加，着重分析美丽乡村建设与传统文化保护情况，有针对性地解决存在的困难和问题。美丽乡村重点村和历史文化名村深度融合机制。美丽乡村重点村积极创建历史文化名村，历史文化名村积极建设美丽乡村重点村，两者通盘考虑，互相促进。规定美丽乡村重点村建设要有10%以上的资金用于传统文化保护，保障其挖掘开发利用。美丽乡村深度融入传统文化。美丽乡村建设不破坏传统文化，不破坏有文化价值的历史空间。如，临海市南溪村，将自来水、排洪、排污“三管”和广播、电力、电信“三线”全部埋在地下，全村整洁美观。因村制宜，发挥传统文化在美丽乡村建设的重要作用。如，黄岩区潮济村保留了古街及两旁的传统建筑，并开出传统美食、根雕、织品等有传统文化因子的各类门店，有形的传统文化和把非遗等传统文化有形化，展现了美丽乡村独特的传统文化韵味。再如，三门县东屏古村，凭借独特的海禁、海防遗存，予以保存并开发，被誉为中国“海禁第一村”和“海防文化第一村”。在美丽乡村建设中，一定要注重挖掘其历史遗迹、风土人情、风俗习惯等，并予以利用。

“点”“面”结合，使莲都美丽乡村有核心群有品牌。以通济堰为龙头，建设通济堰文化美丽乡村群。通济堰是莲都区唯一的国家级重点文保单位。在此区域，有碧湖省级历史文化名镇，和碧湖沈家邸、保定窑遗址等省市级重点文物保护单位，还有双龙庙会、丽水鼓词、民间剪纸、眉毛酥制作工艺、打铁匠、认亲爹（娘）、清明节等非物质文化遗产。堰头村、下圳村已被列入2017年区美丽乡村重点村建设。因此，在此区域建设以通济堰文化为龙头的美丽乡村群，既有物质基础，又有文化基础。以通济堰干流经过村庄堰头村、概头村、碧湖古镇、下圳村为主线，向周边发展，形成有鲜明区域文化特色的美丽乡村群，把平原农耕传统文化做足。在堰头村，把双龙庙会、丽水鼓词、眉毛酥制作等传统文化做足；在概头村，开拓闸是通济堰的一座中心闸，通济堰由此分出东支、中支和西支，可建立通济堰水利博物馆，设立通济堰水利调配模型；在碧湖古镇，把沈家邸等古建筑与民间剪纸、打铁匠、认亲爹（娘）、清明节等传统文化结合；在上阁村，城塘概闸把通济堰划分为上源、中源和下源，可建设碧湖平原农耕文明博物馆。下圳村，是通济堰流末端，通济堰水流向瓯江，在美丽乡村重点村建设的基础上，注入通济堰文化。以东西岩为龙头，建设畲族文化美丽乡村群。从传统文化角度看我区是少数民族人口总数位居全省第二，全市第一，民族文化丰富多彩，特别是老竹、丽新两个民族乡镇。畲族织彩带、畲族打麻糍手工技艺、畲族叙事歌等列入各级非遗文化名录，还有很多畲族的婚嫁习俗、畲族礼仪等。在老竹、丽新还有《清风峡来历的传说》《畲族首领龙麒王的由来》《“三芝堂”的传说》《故事歌：处州睇灯》《曳岭》《赤脚大仙普陀背西岩》等传说故事。从村庄基础看，老竹沙溪村、新屋村列入2017年美丽乡村重点村建设，老竹梁村、丽新畎岸村、马村基础条件都很好。以这五村为第一批美丽乡村重点村建设，着重在美丽乡村建设与畲族文化融合上下功夫，形成五个有侧重又协调的畲族文化美丽乡村样板。第二批重点把联接第一批重点村的5个村列入重点。分别是陶村、金桥畈村（沙溪村和新屋村间），郑坑村、黄弄村、咸宜村（梁村与畎岸村间）。第三批，在条件成熟的时候将这10个村的周边连片推进。这些村庄还可以结合莲文化进行建设。以括苍古道为中心，建设古道文化美丽乡村群。括苍古道俗称“通京大道”，蜿蜒于丽水、缙云山乡之间，丽水一段称俞岭。古道两旁，商铺、宿店、茶楼、酒肆一家挨着一家，还有却金馆的故事，是了解莲都处州文化特别是古道文化的重要地方。由于山高路远，这些村庄人员少发展慢，保留比较原始的处州文化元素。因此把沿线乡村建好，既能改善当地群众生活，还能发挥处州文化的影响力，吸引更多人来莲都。把余岭脚、却金馆、高青村、三望岭等纳入美丽乡村建设。对沿线村庄进行考究，按照民国或更早前的模样修复（建）商铺、宿店等；设计几种村民样板房，鼓励村民建房修房时参照执行；挖掘开发古道文化，实现可看可游可带走。如，调研组在临海市岭根村调研时，调研组成员自费购买蒲扇70多把，这些蒲扇由蒲草编制，图案精美，是健康理念和传统编织工艺的完美结合。括苍古道山高林密，可开发根雕竹雕等工艺品，作为村民增收的重要途径和收入来源。在条件成熟后带动岩泉街道、仙渡乡美丽乡村建设，形成古道文化美丽乡村群，成为莲都名片，吸引游客，促进村民增收。

【社情民意信息工作】 2017年，莲都区政协反映社情民意信息工作蝉联全市政协系统社情民意信息考核第一，全年采用159篇，得到省、市、区领导批示14人次。个人信息采编及批示情况为：区级层面，整理上报区党委政府6篇，其中委员反映的“代课教师管理不规范应引起高度重视”的信息获得市委常委、区委书记杜兴林批示，要求教育局重视并提出具体措施；反映的《建立常态化机制、发挥世界丽水人大会后续效应》的信息获得区长和统战部长批示，并纳入决策研究。市级层面，采用65篇，其中专报市委市政府9期，得到市领导批示11人次。委员反映的“乌桕不宜成为中山街行道树，建议更换树种”的信息获得市委书记批示，市建设部门再次召集专家论证研究并提出整改意见；反映的“丽水城区历史街区消防安全之弦要绷紧”的信息获得副市长和公安局长批示；反映的“历史名阁，名亭、名楼的名字不可随意占用”“建立常态化联系机制发挥‘世界丽水人大会’后续效应”等信息获得市政协主席批示。省级层面，采用11篇，反映的“纠正社会主义核心价值观中的不规范用字”获得省委常委批示，在省级层面先行整改落实；反映的“杭州市征兵宣传海报惊现‘虎王’坦克‘穿越’，建议立即撤销并作出整改”被省政协采用并转送杭州市人民政府整改落实。此外，委员反映的“建立亲企服务机制”“二手房交易委托代理公证渐成炒房‘黑手’亟待引起重视”“车站出口安全隐患亟待消除”“自考毕业生期望公务员招考放宽对非全日制学历的限制”等信息被省政协采用并报全国政协。全国层面，采用1篇，反映的“尽快下架宣扬消极思想的‘官场文化’类游戏”获得全国政协办公厅转送有关部委局落实。

（李海花）

政协丽水市莲都区委员会专门委员会工作

提案委员会

【大会服务】 为了第十五届一次会议其间的提案工作顺利开展， 大会开幕前，召开提案审查工作人员会议进行提案审查工作培训，部署区政协十五届一次会议提案审查工作方案及分工。大会召开时，提案审查工作开始紧张工作，收集、编号、分类、电脑输入及校对、系统录入等工作有序开展。2017年大会期间共收到以提案形式提出的意见建议 208件。委员参与率达87.3%,通过初审、复审正式立案提案194件(初审189件，闭会后与提案者协商，经过补充、完善，符合立案规定的再予以立案5 件)，占提交提案总数的93.27%。其中，集体提案56件，占立案数的28.87%，委员个人和联名提案138件，占立案数的71.13%。

【提案指导】 着重抓好三方面：注重选题引导，在大会召开前一个月，提案委向全体委员和政协各参加单位印发了提案征集参考目录，引导委员围绕党政中心展开调研，掌握第一手资料，增强提案针对性。加强培训辅导，针对换届后新委员对政协工作、提案知识不够熟悉的实际情况，在新委员确定之后召开专题培训会，就提案知识等进行专题辅导，提案撰写能力。三是严格审查把关。根据《提案工作条例》规定，继续坚持"会中初审、会后集中复审"的"二审"机制，确保提案整体水平提升。会议期间工作人员进行了认真的分类，召开提案委员会全体成员会会议，按照"三性"和"三有"的原则(严肃性、科学性、可行性，有情况、有分析、有建议)逐一审查提案。会后召开提案复审会议，提案复审会与重点提案筛选，调整提案交办单位的建议修改共40余件。对形式不规范、内容不具体的提案，及时联系修改补充；对题目不规范的，给予纠正；对14件提案内容不符合条件的，做好与委员的沟通协商，作撤案或转为社情民意处理。29件大会发言，十件转成提案。

【提案成果转化】 突出重点提案督办，针对我区重点工作，事关民生重要、重大问题筛选出20件建议作为重点提案预选，并与区府办联系沟通，主席会议确定了重点堤案9件，呈送区政领导阅示领办，相应落实区政协领导领衔督办，召开重点提案培训暨工作推进会议 ，就重点提案的办理程序及注意事项，进行了讲解，进一步提高重点提案办理水平。二是做实提案办理和评议，通过跟踪督办、民主评议、座谈协商等形式，有效提升办理质量。选取区市场监管局、瓯江风情旅游度假区管委会两个承办单位开展提案办理工作民主评议，认真总结经验、细致查找不足、务实剖析原因、提出整改建议，促进了提案成果转化。三是完善提案办理机制，2017年，提案委牵头开展"完善办理机制，提升办理工作水平"专题调研，通过走访部门、外出学习、咨询专家、座谈讨论等形式，借鉴和拓宽了提案成果落实的思路和机制。

【提案进程公开透明】 加强协作。邀请往年提案办理较多的十几个单位，参与提案审查、分类、立案等工作，协商确定提案承办单位，提高交办准确性。同时进一步提高了提案运行的透明度。加强宣传。提案委在全会期间，发布"提案综述"系列报道，全面系统地介绍了提案产生、移交、办理的全部过程，提高提案产生、移交及办理过程知晓率。在办理过程中，通过网站、微信等媒体，开设"政协提案落地"专题案例系列报道，激发了提案办理单位落实提案建议积极性，营造良好氛围。

【提案工作扎实推进】 提高服务水平是提高提案质量和办理质量的有效途径，把服务贯穿于提案工作全过程。一是服务委员为委员撰写高质量提案打下基础。二是服务承办单位，建议承办单位运用现场办理和面商、电话联系办理等方式，由"文来文往"向"人来人往"转变。三是加强宣传创造良好氛围，提案委在全会期间，通过电视台、网站微信系列报道，提高了办理单位的办理积极性。从提案办理情况看，所提建议得到采纳、问题在当年或短期内解决的115件，占总数的59.28%；列入工作计划准备解决的 63件，占32.47%；解释说明的15件，占7.73%；限于条件难以解决，有待研究或留作参考的1件，占0.52%. 委员意见反馈率、满意率达100%。

（周献贤）

经济委员会

【委员履职能力】 组织全体经济委委员专题学习中共十九大精神、习近平总书记"7·26"重要讲话和政协重要会议精神。组织委员学习《政协章程》、统战知识、政协工作基本常识及《莲都区政协提案工作条例》《政协委员履职情况评价办法》《社情民意信息工作手册》。组织委员参加省委党校轮训，学习提案、社情民意撰写等业务知识。认真落实区政协十五届二次会议筹备工作，在常委会议学习基础上，召开联系界别换届纪律专题学习会，集中学习中央和省、市、区委有关换届纪律文件精神，深刻领会、严格执行换届纪律要求，筑牢纪律防线，保障换届工作平稳顺利进行。向对口联系单位征集提案线索，联系委员、参加单位准备大会发言，以及参加会议有关材料协商讨论工作。

【建言献策】 专委会围绕区委、区政府的中心工作和群众关心的热点、难点问题，精心选题，周密部署，深入调研，用心撰写调研文章。

专委会围绕区委、区政府的重点工作，精心选题，深入调研，通过走访有关部门、咨询专家学者、召开座谈会讨论交流等方式，用心撰写调研文章。11月中旬，结合中共十九大报告提出的“乡村振兴”战略，组织委员到区现代农业园管委会考察调研，完成了《区现代农业园当成为“乡村振兴”样板》调研文章。在提高规划前瞻性、统筹各方形成合力、破解土地集中流转难等方面提出了意见建议。8月，结合全市生态休闲旅游产业培育课题，组织委员到区旅委走访调研，完成了《扬长避短，大力培育莲都生态休闲旅游产业》调研文章，为助推我区生态旅游经济发展积极建言献策。

围绕中心工作献计出力。区政协全会期间，专委会共组织准备了“乡贤归来，发展莲都”“壮大莲都生态经济”“提高民宿内涵”等大会发言和即席发言材料，积极建言献策。区政协“五水共治”四个专项监督组对“治水剿劣”开展多次民主监督和调研，根据各组确定的调研课题，结合民主监督成果，按期完成了《剿灭劣Ⅴ类水及长效监管机制建设情况》《防洪排涝和山塘水库除险加固工程及长效管理机制建设情况》《地质灾害综合治理“大搬快治”工作情况》《农村生活污水处理设施运维管理机制建设情况》等四个民主监督报告，供党委政府决策参考，区政府主要领导批示给予肯定。

【监督视察活动】 开展“五水共治”民主监督，助推“治水剿劣”工作。经济委联系政协“五水共治”工作，为助推全区“五水共治”工作，年初根据省、市政协的统一安排，牵头起草制定区政协“五水共治”三个活动方案，开展二次声势较大的活动。与省、市政协同步开展“干查督”活动，组织全体政协委员到各点位开展“剿灭劣Ⅴ类水”活动，率先在全区掀起“治水剿劣”活动热潮。创新“五水共治”民主监督机制，成立“治水剿劣监督员”队伍，由委员担任域内42条主河道的“河道监督长”，分头到相应河道开展网络化监督活动，7月上旬前全部完成了两轮巡查活动，达到了委员在参与中监督的良好效果。在“治水剿劣”民主监督活动中，区政协委员全体参与，共查看乡镇街道和村（社区）141个，查找小微水体183个，反映问题152个，其中127个问题已经整改到位，25个问题列入治水办工作内容并立即着手解决。编送“随手拍快捷报”21期，两篇宣传信息分别在省、市政协《信息专刊》上刊出，省政协副主席王建满、区委书记杜兴林和区长陈豪均作了专门批示。《处州晚报》《莲都新闻》及政协网站、政府内参、新媒体也都对各项活动作了专题报道，营造了浓厚的宣传氛围。结合联系界别特点，认真组织开展走近美丽乡村、关注民宿经济、强化银企对接等调研视察活动，进一步调动和激发委员履职热情。督办提案办理落实。组织提案人、相关部门和部分委员，到区工业园区管委会督办《关于提升工业园区服务水平》重点提案的落实情况，促进履职成果转化。协调相关部门到正达环保设备有限公司，就委员提出的“加强丽水市化粪池现场无害化处理”提案落实情况进行座谈交流，对项目可行性建议书有关内容作了进一步的探讨，力促项目早日落地。根据政协统一安排，组织调研组成员到团区委开展“参加单位履职情况”专题调研，深入解团区委履职情况。提案和社情民意信息工作取得好成绩。2017年，经济委荣获反映社情民意信息工作先进集体；农业界别李秀红委员撰写的《关于“大搬快治”深入实施地质灾害综合治理的建议》荣获优秀提案；经济界别陈旭东委员荣获提案积极分子荣誉称号。

【委员沟通交流】 加强学习。2017年是换届之年，绝大部分委员是新任委员，为提高委员政治素养和履职水平，专委会积极组织委员认真学习中共十九大会议精神和政协专业知识，进一步调动和提高委员履职积极性和主观能动性。开展委员走访活动。根据政协年度活动方案要求，在主席会议成员的带领下，经济委走访了联系界别大部分委员、企业和对口协商联系单位，深入一线了解委员生产、生活和工作情况，激发委员爱岗敬业，争创业绩的热情，积极展示政协委员的风采。通过走访异地莲都商会、让在异地经商创业的委员倍感政协大家庭的温暖。三是拓展联系平台，利用政协网站平台、委员微信平台，及时报送委员调研视察和各组活动信息，促进联系界别和委员之间的联系和交流。

【各项重点工作】 参与并做好联系领导领办的重点工作。参加全国文明城市创建工作，落实分管领导联系街道、乡镇、社区的创建工作具体事项，参加结对社区、结对村、交通指挥岗亭开展的各项文明创建志愿活动。动员委员积极参加政协机关开展的文明创建志愿活动。助推重点项目建设，协调落实领导重点领办项目碧湖环北路延伸段道路工程有关工作，提前完成年度任务。做好地质灾害综合治理工作，如期完成“大搬快治”项目港口村滑坡排险治理排险治理任务。做好“河道长”治水、“美丽乡村”建设、招商引资等工作。分管领导任河道长的郎奇坑河道全流域基本达到了水清岸美的效果；分管领导领衔的碧湖镇下圳精品村改造提升项目已基本完成；招商引资联系项目已全部完成年度任务。

（吴雯华）

科教文卫体委员会

【理论学习】 组织委员学习活动。利用专门组织委员学习会和开展委组活动的有利时机，组织委员学习贯彻省市党代会精神和政协提案、社情民意信息等方面的业务知识，不断提高政协委员履职的能力和水平。督促委员认真履职。根据区政协委员履职考核的要求，专委会充分利用会议和活动的时机加强学习宣传，平时也注重委员履职情况的督促提醒，委员履职的积极性明显提高。

【专题调研】 与港澳台侨民宗委一起牵头开展农村生活污水治理运维情况监督工作，组织委员深入乡镇、街道实地查看农村生活污水治理运维情况，听取乡镇、街道、群众和运维企业对农村生活污水治理运维工作存在的问题和建议，组织委员到湖州等先进地区学习调研，最后形成《关于农村生活污水处理设施运维管理机制专项民主监督报告》，并以《政协建议》的形式报区委区政府。

【民主监督】 牵头组织“随手拍，快捷报”工作。根据区政协的统一部署，制订工作计划，科学安排，积极开展河道、文明城市创建、两路两侧三化三美、农村生活污水处理情况民主监督工作。细化工作方案，以周为单位，落实委员深入全区，针对性开展监督工作，每周把委员监督过程中发现的问题以“随手拍，快捷报”的形式报送区委、区政府，取得良好效果。动员委员参与“治水剿劣”监督工作，分14个组对14条河道进行全面监督，发现问题及时以“随手拍，快捷报”的形式予以反映。

【各项活动】 组织区政协书画会成员开展送春联下乡活动，为群众赠送春联1000余幅。开展区政协摄影之友社采风活动，组织20多位成员开展主题摄影采风活动。组织委员参加全市政协系统第十一次书画作品联展和全市政协系统第五届摄影展，《清人张维屏诗》等9幅书画作品参加展出。做好市政协四届诗书画社成员的推荐工作，莲都区有14人被市政协四届诗书画社吸收为成员。

（邱旭平）

社会法制委员会

【参政议政】 组织大会发言。承担区政协十五届一次会议的大会发言工作，主要负责即席发言的组织。发动政协各组成单位、界别以及委员专心选题，开展调研，撰写并反复修改发言材料，做好发言演练等工作。全会期间共组织台上书面发言17件、即席发言12个，发言质量高，建议可操作性强，其中7个即席发言得到市委常委、区委书记杜兴林等领导批示计9条，许多建议得到相关部门的重视和落实。做好社情民意信息反映和提案工作。十五届一次会议期间本委组织委员撰写提案，共提交提案26件。全年反映社情民意30篇，其中区级录用24篇，市政协录用8篇,省政协录用1篇。组织委员撰写理论文章4篇。参与区政府规范性文件的论证。组织委员对区政府2017年出台的容错免责机制、新发违建责任追究、小城镇环境综合整治建设等规范性文件进行论证和提出修改建议。

【民主监督】 组织委员参与“治水剿劣V”监督。召集社会福利和社会保障、共青团等界别委员20余人次,对太平乡区域的河道、池塘和小微水体进行检查,发现问题及时上报,发送给相关部门整改,助推“五水共治”。协助主席对所担任河长的河道赵弄源坑开展日常巡查,落实保洁措施。结合莲都区“五水共治”“六边三化三美”和创全国文明城市有关工作,开展“随手拍,快捷报”的民主监督活动,呈报监督材料5期,23个点位,助力整改。

【调研视察】 组织开展“我区防洪排涝工程和山塘水库除险加固及长效机制建设”的主席会议课题的调研,形成调研报告,提出了“三提升,三健全”的建议。组织开展“最多跑一次”长效机制建设的常委会课题的调研,外出考察学习,深入调查,提出“敢集中”“动奶酪”“智能化”“能联动”的建议意见。组织开展消防设施设备建设、小区物业管理等视察活动,开展送法下乡、丽新小学助学活动。

【信访等重点工作】 协助主席协调信访积案化解,息访3件,引导走法律途径1件。鼓励委员积极投身“文明城市”创建和“平安夺金鼎”的活动,争当志愿者。参与村居的文明创建的值班,上街捡拾垃圾。履行所在单位的维稳执法职责,为平安建设出力。

(梁智伟)

港澳台侨民族宗教委员会

【学习工作】 开展学习中共十八大和十八届三中、四中、五中、六中全会精神,学习习近平总书记系列讲话精神,特别是中共十九大精神;贯彻执行党风廉政建设要求,执行党的“条例”和“准则”,切实加强专委会全体成员思想作风教育,切实把学习理论和本专委会工作实际全面履行政协职能相结合。组织委员学习省第十四次党代会及市、区党代会精神,学习有关法律法规、市场经济知识和政协业务知识,提高理论修养和业务能力。

【调研视察】 组织委员们参与专题视察活动。组织委员开展“古堰画乡创五A建设视察活动”,委员们通过望、闻、问、切等环节,以座谈会的形式向古堰画乡管委会提出了一些合理化建议意见;会同区治水办联合开展“剿灭劣五类水”回头看的视察活动,委员们通过实地走访、查看资料等方式对莲都区的剿劣工作进行视察,并向有关乡镇反馈了存在的问题及一些建议意见。开展“三个走近”主题活动。组织开展“走近特色民族村(寨)”“走近侨(台)资企业活动”“走近宗教界别活动”。“三个走近”活动受到了委员的欢迎,委员们相互走访加深对民族村寨建设情况、侨资企业经营情况及宗教界别情况的了解,在活动中穿插联谊活动、沙龙活动,促进了委员们之间的交流和沟通,形成港澳侨台民宗委委员会委员们的工作合力。

【监督工作】 全会以来,组织开展多次“剿灭劣五类水”和“随手拍、快捷报” 民主监督活动,走访了30多个村,掌握了一手基础资料。同时,牵头开展农村生活污水处理设施运维管理机制专项民主监督。召集我委和科教文卫体委的共51位委员,开展大走访活动,走访了14个乡镇(街道),60多个村,掌握了一些材料;与有关乡镇(街道)的分管领导进行了一次座谈,进一步了解他们的意见建议;组织委员到衢州市江山市、开化县等地考察农村生活污水处理设施运维管理机制的情况,取他山之玉。在此基础之上,完成了《关于农村生活污水处理设施运维管理机制建设情况专项民主监督报告》,已报送给区委区政府。今年,还协助省、市及其他兄弟县(市、区)政协的调研活动。全会期间,港澳侨台民宗委委员会的委员发言踊跃;递交30多篇提案,其中《关于要求拓宽通村公路的建议》提案被列为重点提案。闭会期间，港澳侨台民宗委委员会的委员积极参政议政、建言献策，认真抓好社情民意工作。举办了撰写社情民意的委员沙龙，全年积极发动委员撰写社情民意，共投稿10多篇。专委会还组织委员积极参加创建全国文明城市，通过文明劝导、“随手拍、快捷报”、捡烟头等方式助力全国文明城市创建活动，为创成全国文明城市出了一份力；全会期间做好宣传工作。

（周奇星）

文史资料委员会

【《莲都老工业纪实》文史专辑征编出版】 在区经商局征编小组的配合下，先后制定专辑征编方案，发布了征稿启事，整理出丽水县工业企业名录，落实征集任务分工，搜集亲历工业发展文史资料范文，编印《莲都老工业纪实》征编工作会议材料汇编。在做好充分准备的基础上，区政协文史委与区经商局于5月4日联合召开征编工作会议，部署征编工作任务。会后，区政协文史委委员、编审员努力克服当事人联系难的实际，充分利用各种社会资源，寻找人员线索，并上门动员亲历者撰写或口述过往的历史，共征集到文稿60篇，26万余字。之后经修改编辑、补充完善、设计排版、样书送审等程序，于春节前出版。该专辑的出版为留住莲都工业发展的记忆、填补莲都工业发展的史料作出了贡献。

【上级政协文史协作任务】 做好《亲历撤地设市建区》文史专辑的后续工作。一季度，在前期组织征稿的基础上，配合市政协文史委做好专辑的编辑核校等工作，在市区“两会”召开前顺利出版发行。完成浙江古村落楹联征集活动。根据省政协文史委关于开展浙江古村落楹联征编出版工作的部署，区政协文史委及时开展这项工作。通过多方搜寻，整理并上报碧湖镇堰头村、大港头镇大港头村、老竹镇梁村古村落楹联的文字稿件和相关图片。做好市政协对外援建文史资料征集工作。自9月4日市政协文史委和市对口支援办公室领导赴莲都开展工作调研并召开座谈会后，通过加强协调联系和督促落实，共征集到4篇对外援建文史资料。

【“美丽乡村建设与传统文化保护”课题调研】 要把莲都建设成丽水大花园的“中心园”，离不开美丽乡村建设。为此，区政协文史委承担主席会议调研课题，组织专题调研组，开展关于美丽乡村建设与传统文化保护课题调研。从6月开始，调研组通过实地走访、咨询专家学者、问计相关群众，召开主管部门座谈会听取情况介绍，全面了解莲都区传统文化保护与美丽乡村建设情况。调研组还赴台州市黄岩区、三门县、临海市、仙居县等4个县（市、区）8个村考察学习。在此基础上，研究，充分讨论，最终形成调研报告，并以政协建议形式报送区委区政府，得到区委、区政府主要领导和分管领导的批示交办。该调研成果还被区政协评为2017年度优秀调研成果二等奖。

【专委会其他职能】 完成《莲都政协》第6期、第7期的编辑出版。组织区政协“随手拍快捷报”民主监督活动。组织民进、农工党、九三学社、无党派人士界别委员分赴岩泉、白云、太平、雅溪等乡镇（街道）开展“随手拍快捷报”监督活动。参与区小城镇环境综合整治领导小组办公室牵头的“故事小镇”建设。注重发挥文史队伍的优势，为挖掘、整理、传承小城镇的历史文化献计出力。完成了68号《加快推进莲都区现代农业园区项目建设的建议》重点提案督办。落实政协领导走访委员活动，陪同政协领导走访了科技、民盟、民建等界别委员。在区政协办公室的配合下，对区政协成立以来收藏的所有图书进行集中清理，并购置书架，分门别类予以上架保管。

【文史工作队伍建设】 结合政协换届，调整充实文史工作队伍。在区政协主席会议的支持下，区政协文史委通过多方物色，从社会各界聘请了14位热心政协文史工作，又有较高写作水平的人员担任文史征集编审员。

另外，挑选了8位具有较高写作水平的政协委员作为文史委的组成人员。这支文史工作队伍的建立，为政协文史工作的开展奠定了扎实的基础。开展业务培训，促使尽快适应工作。3月30日，文史委组织文史委员和文史征集编审员，赴太平乡巨溪天师楼·岑庄视察农家乐民宿建设，并召开文史工作会议。会上，为文史征集编审员颁发了聘书，开展了政协文史资料工作业务知识培训。会后，文史委根据全年工作安排，给每位同志都布置了征集工业发展史料的任务，使其尽快在实际工作中熟悉业务，提高水平。

（黄建兵）

委员工作委员会

【换届工作】 提出续任委员建议名单。统计整理第十四届委员的履职数据和基本信息，对委员履职情况进行汇总分析和综合排名，为莲都区政协党组向区委提出续任委员建议名单提供参考。协助做好新委员协商提名和考察工作。协助做好换届纪律督查工作。加强换届纪律宣传教育，组织委员进行换届纪律知识测试，通过会议、视频、短信、微信等形式对"九严禁、九一律"等纪律进行宣传。参与全区换届联审工作。拟定第十五届政协各专委会委员建议名单，提交主席会议审议通过。整理形成十五届莲都区政协委员管理体系。

【履职管理】 制定起草一系列制度。为了更好地反映委员履职情况，我们相继出台了《政协丽水市莲都区委员会关于进一步加强政协委员队伍建设的实施办法》《丽水市莲都区政协委员履职情况评价办法》《政协委员履职先进个人评选办法》《莲都区政协委员退出机制暂行规定》等一系列制度，有效地加强了委员履职管理。建立十五届区政协委员个人信息数据库。做好莲都区政协委员管理服务系统的日常维护和运行管理，日常及时审核更新委员履职及个人信息，确保数据库数据准确。加强数据运用管理。运用数据库资料，对委员年度履职情况进行综合评价，将结果报告主席会议，抄送组织、统战等部门，并以书面形式向每位委员通报个人年度履职情况。

【学习氛围】 坚持对委员进行分层分类培训，构建多层次的学习培训格局。制定学习培训计划，把培训形式分为新任委员培训班、委员轮训班、骨干委员提高班，并择机搞好委员专题学习会、委员小组学习会等集中学习培训。力求通过学习培训进一步提升委员整体素质，培养一批"懂政协、会协商、善议政"的高素质政协委员。举办十五届区政协新任委员培训班。在十五届一次会议前夕，利用1天时间对政协统战理论、委员权利义务及履职规定纪律、政协提案、社情民意等专业工作知识进行培训，使新任委员尽快进入角色、积极履职。举办十五届区政协委员履职能力提升轮训班。我们分别于11月6日至10日和11月20日至24日分两批带178名委员到省委党校参加委员履职能力提升轮训，认真学习了政协理论知识和提案、社情民意写作技巧，还学习了中共十九大精神，极大丰富了政协委员的理论知识，进一步提升了委员履职能力。不定期举办委员专题学习会，委员沙龙。针对区委区政府的重点工作，不定期组织委员进行8期专题学习。

【调研活动】 按政协办公室统一安排，今年我们委员工委要牵头完成两个课题，于是、我们委员工委在虞为粮副主席带领下，结合课题要求组织委员开展地质灾害综合治理"大搬快治"专项民主监督课题调研和莲都区农旅融合发展课题调研活动。为了助推莲都区"地质灾害综合治理'大搬快治'三年行动计划"顺利进行，区政协主席会议组织科技界和教育界的委员，在虞为粮、叶晓东两位副主席带领下，深入莲都区32个地质灾害避让搬迁、排险治理点，通过实地查看、座谈交流、查阅资料、走访了解等形式，对莲都区地质灾害综合治理"大搬快治"工作进行民主监督，历经4个月时间，在此基础上形成了民主监督报告。为了助推丽水"大花园'中心园'"建设，委员工委于2017年8月组织部分政协委员，就"如何建设美丽田园”开展专题调研。调研组采取实地考察、开会座谈、走访了解、资料收集等方式全面了解莲都区农村建设发展情况，同时学习和借鉴无锡市锡山区、惠山区建设田园综合体的经验做法，在此基础上进行反复讨论和研究，形成了“创建‘风情畲乡’田园综合体”的调研建议。

【联络交流活动】 开展走访委员活动。为加强莲都区政协领导和专委会与委员的工作联络指导，制定区政协领导走访委员方案，开展为期5个月（6月至10月）的走访委员活动，2017年在主席会议成员带领下共走访了76名委员，了解委员履职过程中碰到的困难和问题。继续开展“双联系”活动。为弘扬人民政协密切联系群众的优良传统，落实党的群众路线教育实践活动有关要求，继续建立常委联系委员、委员联系群众的“双联系”制度。全年常委联系委员共72名，委员联系群众637人。日常综合协调、联系接待兄弟县市政协委员工作领导、干部到莲都指导交流工作。完善专委会对口联系部门制度。区委制定并出台《中共丽水市莲都区委办公室　丽水市莲都区人民政府办公室丽水市莲都区政协办公室关于完善区委、区政府有关部门与区政协各专门委员会对口联系制度的通知》，明确了政协各专门委员会与区委、区政府相关部门对口联系并形成机制，方便政协专委会了解区委、区政府相关部门情况，达到知情明政的目的。做好民主监督员的选派和管理工作。选派委员2000多人次参与区委、区政府中心工作，如“五水共治”“文明城市创建”“六边三化三美”等，以及区委、区政府相关部门邀请的各类议政会议和民主监督活动。其它工作。如女委员联谊会工作。女委员联谊会换届工作；举办女委员喜庆十九大召开庆祝活动。

【社情民意信息】 加大对委员写作技巧的培训力度。一是纳入政协大培训计划。将反映社情民意信息工作纳入政协工作大培训计划，在举办委员培训时都把反映社情民意信息写作知识辅导作为重要内容，并积极争取并参加市政协新任委员培训学习。开展专题学习培训。于4月1日邀请省政协信息处叶毅来作反映社情民意信息写作知识专题辅导讲座，100多位委员、反映社情民意信息员参加；11月6日至10日和11月20日至24日在带领178位委员到浙江省委党校轮训期间，还专门请省政协专家给委员培训放映社情民意写作技巧。组织委员、信息员到温州学习交流。于10月12日至13日带部分政协委员、反映社情民意信息员到温州鹿城、乐清学习反映社情民意信息写作技巧。四是不定期组织信息沙龙活动。围绕省市政协信息约稿课题、选择社会热点和民情热点，组织社情民意信息员、相关界别委员开展信息沙龙活动，涉及省市相关政策的，邀请有关部门专业人员进行辅导，全年不定期的举办11期。信息报送情况。2017年，全年共收到信息238篇，采用159篇，采用率66.8%。其中：上报区党委政府6篇；上报市政协信息153篇，被采用65篇，采用率42.48%；市政协编报的信息中，属于莲都区被省政协采用信息11篇；全国政协采用1篇。在全市政协系统25个考评单位中位列第1名，得分234分，再次荣获2017年度丽水市政协反映社情民意信息工作特等奖。按时保质保量完成区政协交办的各项工作，特别是服务中心工作。一是按要求做好十五届一次全会的组织工作；二是保质保量完成组织交办的文明城市创建、五水共治、联系贫困户等工作；三是积极做好政协交办的各项其他工作。

（谢晓鹏）

中共莲都区纪委·区监委

纪委工作

【区纪委三次全会】 2018年3月2日，中国共产党莲都区第十四届纪律检查委员会第三次全体（扩大）会议在莲都会议中心举行。

全会认真传达学习了十九届中央纪委二次全会、省纪委十四届二次全会和市纪委四届二次全会精神，回顾总结了莲都区2017年党风廉政建设和反腐败工作，研究部署2018年工作任务。全会由区纪委常委会主持，审议通过了区纪委书记宋珍花代表区纪委常委会所做的《新时代新气象新作为，奋力谱写全面从严治党的莲都篇章》工作报告。市委常委、区委书记杜兴林同志出席会议并作重要讲话。区委四套班子领导和有关区领导出席会议。有关方面负责同志参加了会议。

全会指出，2017年来，全区各级党委、政府和纪检监察组织深入学习贯彻习近平新时代中国特色社会主义思想，保持坚强政治定力，坚定不移正风肃纪，坚定不移惩治腐败，全面从严治党、党风廉政建设和反腐败斗争取得新成效，有力保障了我区改革发展稳定的各项工作。

全会强调，做好2018年工作，要以习近平新时代中国特色社会主义思想为指导，全面贯彻中共十九大精神，按照十九届中央纪委二次全会、省纪委十四届二次全会和市纪委四届二次全会部署，不忘初心、牢记使命，增强“四个意识”，坚定“四个自信”，弘扬“红船精神”，以党的政治建设为统领，以深化监察体制改革为动力，以深化作风建设为关键，以严厉惩治腐败为重点，以加强纪律建设为根本，以加强党内监督为保证，以基层党风廉政建设为基础，以清廉浙江建设为抓手，推动全面从严治党向纵深发展、夺取更大战略性新成果，为推进“高质量发展转型年”各项工作提供坚强的政治和纪律保障。

全会要求，2018年要重点抓好七个方面工作：一是全面贯彻中共十九大精神，开创新时代全面从严治党新局面；二是全面深化监察体制改革，加强党对反腐败工作的统一领导；三是强化责任担当，推动全面从严治党在基层落地生根；四是驰而不息深化作风建设，带动党风政风持续向上向好；五是有效运用监督执纪“四种形态”，不断巩固发展反腐败斗争压倒性态势；六是夯实基层党风廉政建设基础，严厉惩治群众身边腐败问题；七是坚持从严管理，打造一支让党放心、人民信赖的纪检监察铁军。

全会号召，新时代新气象新作为，全区党员干部要紧密团结在以习近平同志为核心的党中央周围，不忘初心、牢记使命，和衷共济、奋发有为，不断取得全面从严治党、党风廉政建设和反腐败斗争新成效，为贯彻落实中共十九大战略部署、奋力谱写全面从严治党的莲都篇章做出新的更大贡献！

【纪律保障】 严明政治纪律和政治规矩，开展中共十九大精神、省第十四次党代会、市区重大决策部署贯彻落实和党章党规执行情况的监督检查共20余次，全区共有22名干部因违反政治纪律、组织纪律等问题受到党纪处分。加强村级组织换届风气监督，严把政治关、廉洁关，查处违反换届纪律问题3起，党纪处分10人。开展扶贫领域监督执纪问责专项督查，共发现12方面25类问题，全部整改到位。在落实“护航十九大”“创建全国文明城市”等重大政治任务期间，忠诚履职、精准发力，为各项事业攻坚克难提供坚强的纪律保障。

【主体责任】 在纪委全会上播放作风建设暗访视频，直接点出被明察暗访单位的问题，相关单位党委（党组）书记现场认领问题清单，共5类8个问题，已全部整改到位。抓实党委（党组）履行主体责任汇报载体，各党委（党组）书记限时脱稿汇报主体责任落实取得的成效、存在问题和今后的努力方向，并接受纪委委员和党风政风监督员的提问质询。协助区委召开落实全面从严治党主体责任点评会，会上不留情面点问题，会后以清单式分工、动态化管理、制度化报告为抓手，强化责任分解和监督检查。用好用足考核“指挥棒”，创新开展“双月考核”制，把主体责任压力传导在平时。

【作风建设】 结合“干净干事创新业”作风建设专项活动，紧盯重要节点，加大正风肃纪力度，利用交叉检查、专项督查、回头看等形式，创新使用税务大数据、公车轨迹查询平台等新手段，全年共开展专项检查34次，发现问题22个，处理22人，通报7期。开展“树清廉家风、创廉洁家庭”系列活动，通过观看警示教育片、廉政知识问答、表彰廉洁家庭、亲情寄语等形式，增强党员群众廉洁自律意识。2017年，开展廉政教育活动100多场次，举办“百姓廉洁讲堂”宣讲活动6场，廉政文化下乡80场，受众群众2万多人，“清莲之都”廉政品牌建设初显成效。

【巡察（查）利剑充分彰显】 牢固树立“四种意识”，不折不扣落实上级关于巡视巡察的工作部署，着力打造区委巡察和农村基层作风巡查“金字招牌”。2017年莲都区委巡察组开展了两轮巡察，共对6个区直部门和3个乡镇（街道）进行巡察，共发现党的领导弱化、党的建设缺失、全面从严治党不力问题370个，移送问题线索34件。首轮巡察共处理干部46人，其中区管干部12人，给予党政纪处分11人，建章立制35项，挽回直接经济损失313万元，第二轮巡察整改正有序推进中。全年共巡查行政村66个，共开展调查谈话2534人次，召开座谈会152次，清查村级“三资”账目135次，接待群众来访210批次，转办交办问题1130个，现场指导整改问题36个，给予村级党员干部党纪处分32人，挽回直接经济损失56.51万元。

【践行“四种形态”】 始终把纪律挺在前面，贯彻“惩前毖后、治病救人”的方针，综合运用约谈提醒、组织处理、纪律处分等方式，抓早抓小，防患未然。2017年，共受理群众来信来访543件次，处置问题线索306件，立案151件，共办结违纪案件176件（含上年立案45件），处分党员干部176人，使用留置措施3人，挽回直接经济损失560余万元。其中立案查处科级领导干部7人，移送司法机关处理1人。运用“四种形态”处理315人次，第一至第四种形态占比分别为43.5%、31.7%、14.3%、10.5%。开展党纪政务处分决定执行情况监督检查，对8起处分决定执行不到位的情况进行纠正，追缴多发钱款16.6万余元，切实维护了党纪政纪的严肃性。

【体制改革】 落实中央和省委深化国家监察体制改革试点工作部署，通过法定程序依法组建莲都区监察委员会和莲都区监察委员会第一批领导班子。全区从检察机关划转编制17名，实际转隶9名。科学合理安排转隶干部科室岗位，定期开展全体干部思想政治教育，通过鼓励司法考试、开设纪检人微讲堂、组织业务比武、开展专题培训等方式提升业务能力，在较短时间内实现了“人员、思想、业务”的全融合；充分发挥区委反腐败工作协调小组作用，健全案件移送管辖、审查起诉、审判及协调沟通机制，增强反腐败工作合力；树立安全文明办案理念，办结全区首例留置案件，从监委立案到宣判仅用70天时间，实现政治效果、纪法效果、社会效果相统一。

【纪检监察干部队伍建设】 树立“打铁必须自身硬”的理念，以更高标准、更严要求抓自身建设。持续打造“因我出彩、有你自豪”团队文化，倡导大家做一个阳光大气的纪检人，让干部在做事中收获成就感，在参与团队建设中增强归宿感。建立谈心家访制度，全年共谈心家访40余人次。从严从实加强自身建设，开展委机关内控制度自查行动，对考勤制度、保密制度、外出执行纪律、财务管理等16项内控制度进行修改完善，并将执行情况纳入干部考核，严防“灯下黑”。通过以案代训、顶岗挂职、抽调巡察等多种方式，锻炼提升干部的创业干事能力。

监察工作

【机构编制】 2017年2月17日，莲都区第十六届人民代表大会选举宋珍花为莲都区监察委员会主任。2月18日，区第十六届人大常委会一次会议根据提名任命陈江涛、施海勇为区监察委员会副主任，任命田志萍、钟勇军、周陈亮为区监察委员会委员。2月19日上午，莲都区召开转隶组建工作会议，丽水市莲都区监察委员会在全市率先正式挂牌成立。莲都区监察委员会与区纪委合署办公，实行两块牌子一套人马。区纪委、区监委现有行政编制49名，事业编制2名，工勤编制1名，其中从莲都区检察院划转行政编制17名。区纪委、区监委现有内设科室11个，直接从事执纪监督审查的科室达8个，从事执纪监督审查的人员编制超过总编制数的80%。

【案件查办】 2017年11月21日，经区委批准，莲都区监察委员会对区科协党组书记、主席刘进君进行立案审查。2017年12月25日，该案移送莲都区人民检察院审查起诉。

（周有容）

民主党派与工商联

民革莲都区委会

【概　况】 中国国民党革命委员会(简称“民革”)是具有政治联盟性质的、致力于建设中国特色社会主义和祖国统一事业的政党，是中国共产党领导的多党合作和政治协商制度中的参政党。民革由原中国国民党民主派和其他爱国民主人士所创建。1987年2月，民革浙江省委会在丽水市(县级)发展党员并成立民革丽水市(县级)支部，1989年1月，成立民革丽水市(县级)委会， 2000年7月，撤丽水市(县级)设莲都区(县级)时，民革丽水市委会更名为民革莲都区委会。2017年民革莲都区委会发展新党员6名，一位老党员过逝，一位党员因工作调动党员关系转市民革。至2017年年底，全区共有党员70名，平均年龄51.45岁，大专以上文化程度54名，占77.14%；中、高级职称35名，占50%。区委会有市人大代表1人，市政协委员1人，区政协委员15人(其中区政协副主席1人，区政协常委1人)；实职副处级干部1人，实职科级干部5人，区管后备干部2人。

【自身建设】 通过区委会(扩大)会议、座谈会、支部会议和各种实践，多形式地开展学习教育活动，把区委会班子和党员的思想建设贯穿于自身建设的各项工作中，深化对统一战线和多党合作理论的思想认识，牢固树立“四个意识”，坚定同以习近平同志为核心的党中央保持高度一致，以中共十九大精神为指引，深入践行以人民为中心的发展思想。坚定接受中国共产党领导的信念，增强走中国特色社会主义政治发展道路的信心。党员撰写学习体会5篇，撰写理论研究文章3篇；党员撰写的各类文章被人民政协网采用1篇，被《浙江民革》杂志采用1篇，被市民革网站采用30余篇，被区政协采用20余篇。其中，章晓敬、周晓丹撰写的《民革浙江丽水市莲都区委会参与垃圾分类活动》被人民政协网采用，严香琴撰写的《工作繁忙参加不了组织生活？看看这个民革支部怎么办?》被《浙江民革》杂志采用。积极组织党员参加市民革组织的“不忘合作初心，继续携手前进——纪念民革成立70周年”知识竞赛，在此次竞赛中，莲都民革陈萍等三位党员组成的参赛队荣获市民革二等奖；由莲都民革陈萍与市民革党员组成的参赛队荣获省民革三等奖。华俊林被评为民革浙江省2012—2016年度机关工作先进个人；郭赛军被民革省委会评为2012—2016民革先进党员。共选送20余人次参加各类学习培训班。区委会全年组织社情民意培训一次，组织社情民意交流会一次，参加党员达到近50余人次。党员们通过各种层次的培训丰富了知识，拓宽了视野，提高了政治理论水平和党务工作能力。区委会依据统战部的要求，完善《民革莲都区委会财务报销制度》等相关制度。“莲都民革党员之家”建成后，开展了一系列很有意义的活动，得到民革党员的欢迎和支持。6月，民革浙江省委会到莲都拍摄“民革之家”组建情况，摄制组为区委常委、区委统战部部长翁伟标，民革莲都区委会主委虞海雄分别录制了民革之家建设专访，还采访了骨干党员对莲都民革之家建成后的感想和体会。2017年来，区委会在“莲都民革党员之家”召开参政议政会议两次，各支部多次在“莲都民革党员之家”开展支部活动，区委会还在“莲都民革党员之家”接待了上海民革、西安民革、江山民革、台州民革、新疆民革等单位来访。区委会围绕我市创建全国文明城市这一中心工作，组织开展了劝导市民、民意测验、捡拾烟头等系列活动。区委会积极参加市民革组织的“支部创意活动”，各支部组织支部创意活动6次。第一支部组织党员到联城瑶畈黄村夫人山参与铁皮石斛养生节的相关活动；第二支部16名党员被区市场监管局聘为食品监督安全员，开展校园食堂食品安全专项检查，监督校园食堂规范管理，提高食堂服务师生水平，保障师生健康；第三支部组织党员与黄村乡联合开展垃圾分类宣传。丽舸筝社在民革省委会来“莲都民革党员之家”拍摄组建情况时，在民革之家进行了高雅的古筝表演，丰富了拍摄内容，拓展了民革之家的内涵和外延。

【**参政议政**】 区委会参加中共莲都区委、区政府举行的协商会、情况通报会、专题座谈会等重要会议。围绕专题政党协商课题“征求《2017年莲都区政府工作报告》意见建议” “招商引资工作专题协商会”等开展调研，发挥民革党员中的政协委员的参与度，准备建议材料，先后4次参加了区委区政府和有关部门召开的政党协商，相关建议得到了区委、区政府重视和采纳。两会期间，围绕旅游、农业、教育、医疗、卫生、文化等经济发展和民生保障问题提交提案17件，其中集体提案4件。区委会提交《着眼“保健养生”，发展养生农业》（华俊林主笔）的大会发言。叶旭瑶作《做强在莲企业，补齐“归”字短板》的即兴发言。区委会被评为“2016年度优秀履职单位”。《做强在莲企业，补齐“归”字短板》的大会即兴发言获得区委书记杜兴林的批示，《着眼“保健养生”，发展养生农业》的大会发言获得副区长郭巧燕的批示。区委会集体提案《关于推进我区农产品电子商务发展的建议》《关于加强村级财务监管的建议》和党员个人提案《关于提升东西岩景区民族风情韵味的建议》被区政协评为2016年度重点提案。华俊林、阙沛军被区政协评为2016年度提案积极分子。区委会重视反映社情民意、信息工作。作为参政议政的经常性工作载体，区委会常抓不懈，使党派参政议政工作融入日常支部组织生活、机关工作中，使党派落实职能更为规范化。区委会2017年的信息工作成绩依然喜人，10多名党员参与了调研，共撰写社情民意30余篇，其中4篇被区政协录用，14篇被市政协录用，7篇被省民革录用，区委会信息反映工作在区政协的考核成绩连续四年领先。其中，阙沛军撰写的《历史街区迫切需要装上“防火墙”》《以“网格化”监管强化农产品生产环节质量安全管控》等6篇社情民意信息被市政协采用，周春红撰写的《循序渐进，“迫使”家用电器到期“退休”》、厉日红撰写的《征兵宣传工作中片面追求感染力，不利于树立国家军队形象》、吴飞燕撰写的《非师范类院校毕业生考取教师资格证缺少实践测评建议“先”实践“后”发证》、余金玉撰写的《改革红绿信号灯，允许红绿色盲者考取驾照》、陈萍撰写的《建立填埋劣V类小微水体科学分类研判体系》分别被市政协采用并上报省政协。区委会被评为“2016年度反映社情民意工作一等奖”；华俊林、阙沛军获得2016年度区政协反映社情民意信息工作一等奖；周晓丹、厉日红获得2016年度区政协反映社情民意信息工作二等奖。华俊林荣获民革全国参政议政工作先进个人。

【**社会服务**】 区委会主委虞海雄因各方面表现突出，当选莲都区政协第十五届委员会副主席；区委会副主委华俊林当选莲都区政协第十五届委员会常委；区委会副主委陈哈利创办的哈灵公司入驻江干区杭州创意设计中心；吴彬雄提任区水利局水利管理所所长；第二支部主委阙沛军被区文明办评为“2016年莲都好人”，被市国土资源局评为“美丽丽水国土”先进典型人物；陈艳的美术作品分别获浙江省中小学2017年度优秀美术作品二等奖，莲都区"莲都之秋"书法作品一等奖；周晓丹获2016年度丽水市农村生污水治理工作优秀个人；朱雪圭获2016年度区优秀教育工作者和区平安校园先进个人。

【祖统工作】 随着两岸关系和平发展新局面的形成，赴台会亲和接待返乡探亲、旅游观光的台胞逐渐成为主流。面对面的交流，近距离的沟通，成为现实。区委会筹备台湾摄影家来丽交流的接待工作。二支部主委阙沛军在民革市委会和区委会支持下，利用台联会这个平台，以区台联会副会长的身份做好祖统工作。周晓丹、陈萍、章晓敬、陈艳等4名民革党员以台联界别政协委员的身份，投入到台联会的工作中，周晓丹当选市台联会副秘书长。据不完全统计，党员全年共接待海外亲朋好友20余人次，书信、电话联络30余人次。

民盟莲都区委会

【概　况】 2017年，中国民主同盟丽水市莲都区委员会下设四个支部。全区有盟员58人，其中女盟员18人，占31%；退休盟员17人，占29%；在职盟员41人，占70%；高级技术职称23人，占39%，中级技术职称25人，占43%，平均年龄51岁。界别分布：高等教育1人，普通教育25人，占43%，科学技术9人，占15%，文化艺术、公有经济各1人，占2%，法律界2人，占4%，政府机关17人，占29%，党派机关2人，占4%。盟员中担任市人大代表1人，市政协委员1人，区人大常委会副主任1人，区政协常委1人，区政协委员7人；担任副科以上实职5人。现担任区法院人民陪审员2人。民盟莲都区委会获全市2017年度盟务工作综合考核二等奖。

【学习教育活动】 2017年，中国民主同盟丽水市莲都区委员开展各类学习教育活动。组织以区委会班子成员、盟员人大代表和政协委员、支部主委为中心学习组，先后开展中共十九大、习近平总书记7.26重要讲话、民盟全国第十二次代表大会、中共浙江省第十四次代表大会、民盟浙江省第十二次代表大会、中共丽水市第四次代表大会、中共莲都区委十四届以来历次全会以及区委杜兴林书记召集主持的全区各民主党派、区工商联和无党派人士代表座谈会等会议精神专题集体学习。按照年初民盟中央《关于开展"不忘合作初心，继续携手前进"专题教育的通知》部署，3月8日，区委会制订《关于开展"不忘合作初心，继续携手前进"专题教育活动的实施方案》，专题研究部署动员开展"不忘合作初心，继续携手前进"专题教育活动。组织盟员参观爱国主义教育基地，召开专题教育活动座谈会。利用"浙江民盟""丽水民盟""莲都统战"等微信公众号，在"莲都民盟微信群"里推送内容涵盖盟务工作、盟史盟章、统战政策法规、时事热点等方面文章，为盟员业余性学习提供了新的素材。利用"丽水民盟""莲都政协"等网站，开展宣传工作，传递民盟的"好声音"。

【基层组织建设】 始终以素质为前提，以履职需要为根本，遵照民盟市委会提出的思想政治成熟、岗位业务出色、党派事业热心的基本要求，改善盟员专业结构、层次结构和年龄结构，处理好盟员数与质量、重点与非重点的关系。全年共发展盟员5名，截至年底，全区现共有盟员58名，平均年龄明显下降，人才队伍进一步充实。在助力莲都区全国文明城市创建工作中，发动全区盟员积极行动，争当志愿者、义务劝导员、文明宣传员，在亲身参与中自觉践行社会主义核心价值观。各支部把盟员学习教育的需要、社会公益服务的需求、关注民生履职调研、关心老盟员生活等基层组织工作的开展进行有机结合，创新了组织生活方式，扩大了社会影响。如教育支部杜丽珠老师被评为优秀"小荷"志愿者。在盟内系统先后选派2人参加2017年全省民盟基层组织骨干轮训班。区委会以《民盟丽水市基层组织目标管理和盟员评优实施办法》为导向。完善了《民盟莲都区委会议事规则》《区委委员分工及联系支部制度》《人大代表政协委员联系盟员制度》，新修订了《民盟莲都区盟员盟内履职工作量化计分办法》《民盟莲都区支部主委工作例会制度（试行）》《民盟莲都区委会履职成果奖励办法》等多项工作制度。区委会办公室以担当的精神务实高效地开展工作。及时指导督促各个支部开展活动，为广大盟员服务、为区委会领导当好参谋助手；及时征集编报各类参政议政文稿；筹备策划民盟区委会的各项会务和活动。按时完成民盟市委会、区政协、区委统战部布置的各项工作。

【参政议政民主监督】 民盟区委会始终把履行参政党职责作为各项工作的落脚点，紧紧围绕区委工作大局，坚持履职立盟不动摇。新一届市、区人大、政协换届期间，民盟区委会与相关部门沟通协商，共在我区民盟盟员中推荐并被安排了市人大代表1人，市政协委员1人，区人大代表政协委员9人。有6位盟员参加民盟市委会的相关专委会，扩大了盟员的参与面，发挥了盟员专业优势，为履职创造条件。市、区“两会”期间，共提交大会发言材料3篇，团体提案5件，个人提案议案（建议）15件。其中《民宿“热”后的“冷”思考》（口头发言）被市政协四届一次会议评为优秀大会发言，《年终考核急需清理“瘦身”》（即席发言）被区政协十五届一次会议评为优秀大会发言，得到区委主要领导批示，《民宿经营除了“颜值”更需“内涵”》书面大会发言被副书记、副区长分别批示；区委会提交的《建议尽快补上政府投资项目监管薄弱环节的短板》《建议进一步完善对计生特殊家庭的扶助制度》等提案被列为2017年度莲都区重点提案，由常务副区长等区政府领导领办。区民盟作为区政协的参加单位，区民盟界别和其他各界别的盟员区政协委员，参加区政协的全体委员会议、常委会议、秘书长会议，就各个协商、议政、监督议题踊跃建言，在经济发展、社会管理、城市建设、民生改善等众多领域，提出建设性意见，受到党委政府重视和部门采纳落实。参加“最多跑一次”改革、“助推全面剿灭劣V类水”、“小城镇环境治理”等专项民主监督和专题视察调研活动。参与多项政府部门提案办理的沟通协商和民主评议部门提案办理工作。充分利用盟内外资源，积极鼓励盟员撰写信息，上报信息的数量和质量都有了显著提高。盟员参与率达到30%，多篇社情民意信息被各级采用。民盟区委会参加了4次重要政党协商会议，其中2次由杜兴林书记召集主持、1次由陈豪区长召集主持，议题分别是中共莲都区第十四次党代会报告、中共莲都区委关于贯彻落实丽水市委四届二次全会决定的实施方案、全区招商引资工作专门向民主党派征求意见建议。还参加了区政府工作报告征求意见会，中共区委工作情况通报会、党风廉政建设和反腐败工作情况通报会等，有建设性针对性地提出意见建议，为区委区政府科学决策提供了有益参考。关注治水剿劣。区委会和支部共同响应民盟浙江省委会、民盟丽水市委会关于“助推全面剿灭劣V类水”的倡议，组织发动盟员，以各种形式参与了“助推全面剿灭劣V类水行动”，并在监督助推过程中发现问题，提出建议报送信息。5月8日，民盟莲都区经济支部组织本支部盟员到港口村开展剿劣助推活动，以实际行动做好“助推全面剿灭劣V类水”的宣传员、信息员、监督员。民盟区委会被省民盟评为“助推全面剿灭劣V类水”优秀组织奖。关注部门“最多跑一次”改革和乡镇（街道）“四个平台”建设运行，组织盟员以体验调查、座谈协商、会诊评估等形式开展参加专项民主监督活动，向部门和街道反馈意见建议多条。在充分调研的基础上形成相关的调研报告，并进行交流。

【社会服务】 10月15日，莲都“民盟同心·社区服务站”在我区丽阳社区启动，并邀请民盟丽水市直属支部的盟员医疗专家前来服务。今后，将切实发挥盟内各方面专家优势，并有效利用盟内外资源，把“民盟同心·社区服务站”作为窗口，按照“党盟合作，携手共进；围绕中心，立足需求”的工作思路，本着“同心同行聚合力，服务社区惠民生”的理念，定期开展服务活动。此外，区委会组织盟员志愿者服务队伍走进社区助力文明城市创建；

经济支部开展了“禁毒宣传进校园”、“孝道文化专题讲座”进校园、“爱心毕业照拍摄”走进校园；教育支部开展“心理健康教育”进校园等系列化公益活动，全年共计举办9场次，受益师生达1100余人次。

民建莲都区委会

【概　况】 2017年，民建莲都区委员会下设3个基层支部。

全区有会员74人，其中女会员29人，占39.1%；离退休会员20人，占27%；硕士3人，本科学历36人；具有高级技术职称的会员4人，占5.4%，中级技术职称的会员34人，占45.9%。经济界和非公有制经济代表人士比例为37.8%；有市政协委员1人，区政协委员12人，其中区政协副主席1人，常委3人。基本形成界别特色明显、智力密集、参政渠道畅通的局面。

【注重自身建设】 2017年，区委会被各级组织采用的通讯报道60余篇。联系社会各界，尤其是经济界的优秀分子，注重培养与发展新会员。全年共发展新会员4名，平均年龄39岁，均为大专以上文凭，其中企业家2人，公务员1人，经济界人士1人。健全和完善适合基层组织特点和实际的工作制度、工作机制，加强对基层支部工作的指导和考核。全年共召开区委委员会议7次；妇女委、老龄委、企业委和调研委均按照年度计划完成活动任务。对支部组织生活的数量、反映社情民意的数量都进行量化考核，并将之纳入基层组织评先创优的标准。

【履行职能】 2017年，区委会完成重点调研课题4个，其中2个调研成果转化为区政协集体提案，市民建立项调研课题2篇，完成调研报告3篇，其中由任文红副主席牵头的“最多跑一次”政协专项监督文章上报市委会后形成的《关于“最多跑一次”改革民主监督建议书》获市委书记史济锡、市委常委、统战部部长任淑女批示。在市“两会”期间任文红主委提交3篇提案。区“两会”期间，区委会向区政协大会提交大会发言材料《用会展经济助推“两山”战略落地》，由翁阁谞副主委代表区民建发言，该发言和黄丽珍会员的即席发言《让本土经济林在美丽乡村建设中唱主角》获“优秀大会发言”称号。大会期间，共提交集体提案8件，均被立案，其中领导批示2篇，4件为重点提案。区政协委员提交个人提案7件。全年向各级组织提交社情民意11件，被采纳8件，其中梁智伟撰写的《二手房交易委托代理公证渐成炒房“黑手”亟待引起重视》被省政协采用，《“放管服”改革背景下建议修改〈公证服务收费管理办法〉取消公证服务按标的比例收费》被市政协采用。许国清撰写的《应强力整治消防通道乱停车》被市政协采用，得到市领导批示。此外许国清撰写的《对社情民意信息工作考评机制的建议》，孔伟仙的《消除“散户”农产品监管盲区有实招》，邓骅的《关于尽快加固金丽温高速公路“洪渡、双溪1千米出口标志牌前100米左右”挡墙底部原基础的建议》，程晓东的《剿灭劣V类水重结果考核　更需重项目全过程执行》被区政协采用。

【服务社会】 2017年，区委会创新思路，积极主动发挥经济界的特色作用，抓住民建杭州市委会联系丽水市的机遇，在杭州举行与民建杭州会员企业家联谊会签约暨莲都区招商引资专场推介会；与水东小学开展留守儿童赠送体育器材和结对活动，送上2万多体育器材，丰富留守儿童业余生活；连续3年联合区装饰装修行业协会在丽新乡上塘畈村举行扶贫结对暨送科技、法律下乡活动，20位贫困农户获得资助，100多位农户接受科技、法律等服务，为宣传民建、紧密联系困难群众作出了应有的社会贡献。还围绕市、区创建文明城市，积极组织会员开展文明行为劝导、进社区服务等活动；先后35人次参加“五水共治”“随手拍、快捷报”政协委员履职活动。

民进莲都区委会

【概　况】 民进丽水市莲都区第八次会员大会于2017年12月19日召开，会议选举产生了7名委员，其中李美华任主委，张小平、梅焕根任副主委。民进区委会下设支部5个，专委会3个，有会员81人。2017年，团结带领全体会员自觉践行“为执政党助力、为国家尽责、为人民服务”的职责使命，履行参政议政、民主监督职能，充分发挥参政党地方组织作用，助推莲都经济发展和社会进步，成为区政协2017年度优秀履职单位，《加快推进莲都区村级集体经济发展的建议》《关于加快三岩寺景区开发的建议》等被评为2017年度优秀提案。

【社会调研】 组织会员参加“议政日”调研活动，参政议政专委会课题组以及民进界别政协委员活动组先后多次分别到碧湖、老竹、联城、岩泉等乡镇街道以及相关部门单位调研“生态工业招商引资”、“致力农旅融合发展生态休闲农业”、“建设瓯江沿江绿道提升丽水城市品位”、实现农民建房审批“最多跑一次”等课题，为政党协商、参政议政提供高质量的发言材料。其中《餐饮业放宽准入后经营扰民等问题亟待解决》（李美华、胡迪）获得民进省委会参政议政课题成果三等奖，《关于实施处州乱弹抢救保护研究传承工程的建议》（赵创华）等多篇调研报告，被区委书记或区长等领导做出批示；叶小郭等会员撰写的《加强第三方环境检测机构的监管》《我市农村集体“三资”管理工作的研究》《植根传统文化　提升软实力》等多个调研课题被市委会立项并采用，或转化为区政协大会发言，或以提案的形式提交市区两级政协会议。

【建言献策】 区委会围绕区委区政府中心工作和热门话题，通过每月开展的会员“议政日”和参政议政“沙龙”，提出真知灼见。在2017年的区“两会”上，钟毓琴委员代表民进区委会向大会作题为《亮出莲都最壮美风光》的台上发言，被大会评为优秀发言，受到区委书记杜兴林、副区长郭巧燕的现场批示。会议期间，民进区委会向政协会议提交提案14件，其中集体提案5件，委员个人提案9件。区政协大会上，多名民进会员受到表彰，赵创华会员被评为区政协提案积极分子，纪江明、李蒙惠、赵创华等3名会员被评为区政协文史工作积极分子。两位市政协委员撰写的提案被列为重点提案，并在市“两会”期间接受媒体采访。

【社情民意反映】 区委会建立了以参政议政骨干会员为主体，以会内政协委员和支部负责人为信息员的网络，全员参与，调动会员撰写社情民意信息、调研文章、课题等，区委会将任务落实到各支部，反映社情民意信息工作有了新进展。全年共编报《莲都民进信息》14期，向区政协报送了《农民建房审批权“面”在乡镇“实”则部门，改革仍需深化》等14条社情民意信息，其中《考研调剂工作缺乏统一性　令“考研高分”无学可上亟须引起重视》被民进中央录用，《“中国人民政治协商会议章程”修改意见》《建议取消征订中小学CD（录音带）音像教材》等信息被省、市政协采用。

【民主监督】 区委会高度重视政党协商、民主监督活动。参加区委、区政府、区政协、区委统战部组织召开的座谈会、协商会，针对招商引资等协商课题，区委会通过会议、微信平台、调研等形式征集意见建议，为区委、区政府提供决策参考。组织政协委员和会员积极投身“五水共治”“最多跑一次”改革和“四个平台”建设专项民主监督活动。开展助力“小微水体”整治；多次组织政协委员会员参加区政协“随手拍、快捷报”活动，用相机和手机及时拍摄“五水共治”问题照片，制作成PPT，及时报送区政协，为丽水“五水共治”和“全国文明城市创建”贡献力量；成立民主监督团到对口联系单位开展民主监督，推动“最多跑一次”改革取得实效。

【社会服务】 2017年，区委会开展“三下乡服务”活动。为进一步发挥教育界会员的智力优势，支持农村教育教学活动，把社会服务落到实处，6月20日，组织会员到囿山小学峰源校区开展送教下乡活动；10月30日至11月4日，民进囿山支部选派囿山小学的两位会员前往偏远的峰源小学，进行为期一周的送教交流活动；2018年2月，组织相关人员赴服务基地蒲塘开展送戏下乡，开展义诊活动，会同区政协组织毛传书等丽水知名书法家给村民们写春联等。

农工党莲都区委会

【概　况】 中国农工民主党(简称农工党)是以医药卫生界高中级知识分子、环境保护和人口资源领域的代表性人士为主，由一部分社会主义劳动者、社会主义事业建设者和拥护社会主义的爱国者组成的政治联盟，是接受中国共产党领导、同中国共产党通力合作的亲密友党，是进步性与广泛性相统一、致力于中国特色社会主义事业的参政党。1984年农工党浙江省委会在丽水发展了第一批党员，1985年成立省委直属农工党丽水县支部委员会，1989年11月建立农工党丽水市委会，2000年7月，更名为农工党莲都区委会，2003年4月选举产生农工党莲都区第四届委员会，2008年9月选举产生农工党莲都区第五届委员会，2013年11月选举产生农工党莲都区第六届委员会。

下设3个支部，截至2017年底有农工党员72人，平均年龄53.51岁，其中女性34人，占47.22%；离退休党员28人，占38.89%；高级技术职称15人，占20.83%；中级技术职称45人，占62.50%；主要分布在教育界25人，占34.72%，医药卫生界13人，占18.05%；其他34人，占47.22%。

2017年，农工党区委会深入学习贯彻中共十九大会议精神，深入学习习近平总书记新时代中国特色社会主义思想，深入学习贯彻中共中央统战工作会议和《中国共产党统一战线工作条例》精神，深入学习农工党十六届一中全会精神，以“八八战略”为总纲，以“两山”重要思想为指引，大力弘扬红船精神，始终遵循“尤为如此”的重要嘱托，围绕“打好五张牌，培育新引擎，建设大花园”新定位新要求，团结全区农工党员，坚持中国共产党领导的多党合作和政治协商制度，自觉服从和服务于莲都改革、发展大局，主动融入浙江(丽水)绿色发展综合改革创新区、建设丽水大花园“中心园”各项工作，加强自身建设，提升自身水平，发挥自身优势，切实履行参政党职能，各项工作取得新进展。

【参政议政与民主监督】 2017年区委会共有11名党员担任市人大代表1名、市政协委员1名、区人大代表1名、政协委员8名建言献策。4月市政协四届一次大会上，党员郭巧燕代表农工党市委会所做的《拉高标杆　拉升颜值　让“丽水”更丽水》大会发言，获得市委史济锡书记的批示并被市政协评为优秀大会发言，同时被市政协列为重点提案，由市政协副主席陈景飞督办；党员陈可乐撰写《来自企业的心声，为中央环保督查叫好》被省联谊报采用，陈可乐撰写的《“节庆”陷入无序　“节制”迫在眉睫》得到市委书记史济锡和市委副书记尹学群的批示；2月农工政协委员王燕芬等9名党员出席了区政协十五届一次会议，提交提案15篇，其中团体提案四篇。叶文红、钟凤新提交的《补齐基层医疗短板　助推分级诊疗落地》得到了区委书记杜兴林的批示；李伟霞的即席发言《现代物流，莲都农业持续发展的有力保障》被大会选为优秀即席发言材料；团体提案《关于加推进莲都区现代农业园区建设的建议》被列为重点提案。陈可乐撰写的《“问题电缆”事件凸现认证行业缺陷》《改进“低价中标”制度才能更好推进实体经济转型升级》《自考毕业生期望公务员招考放宽对非全日制学历的限制》3篇被农工中央采用，陈可乐的《推行政府机关ISO90001认证为“最多跑一次”提供长效护航》《长假出行高峰将至汽车站出口单向门安全隐患需引起重视》共6篇被省政协、省委统战部、农工省委会采用，另有11篇被市政协采用，其中撰写的《世界丽水人大会后，宜有纽带系乡新》得到区长陈豪和部长翁伟标批示；陈可乐本人在2017年共撰写21篇社情民意。任迎春撰写《关于政协章程修改内容》被农工省委会采用；叶余锋撰写的《基层呼吁河长制工作亟待查漏补缺》被农工省委会采用；周文飞撰写的《关于解决河湖库塘清淤“四难”问题的建议》被农工省委会采用；蓝炜虹撰写《正确引导“家厨外卖”保证餐桌安全》被省政协及联谊报采用;2017年度是我们农工历年来社情民意取得成绩最好的一次,列区政协排名第一,陈可乐荣获省、市、区2017年度优秀信息员。

【自身建设】 4月,区委会扩大会议传达了农工中央提出的“健康中国、美丽中国”专题活动的内容;6月,组织学习了浙江省委十四次党代表精神和农工浙江省委会十二次代表大会精神;7月,以支部为单位学习了习近平总书记的“7·26”重要讲话精神;8月,召开区委扩大会议,学习杜兴林书记22日在政党协商会上的讲话精神;9月,区委扩大会议学习了中共莲都区委十四届三次会议精神;组织党员专题学习“融入‘创新区’建设‘中心园’”主题学习活动。10月,以支部为单位第一时间传达了中共十九大会议精神。

【舆论宣传工作】 办好区委会机关刊物《莲都农工》,及时传递信息,交流经验。建立信息与调研工作考核制度,将支持各支部的活动经费,通过信息与调研的实效挂钩,激励各支部党员参与社会调研和信息写作积极性,以提高调研和信息的质量。

【组织建设】 2017年,先后出台《农工党丽水市莲都区基层组织考核制度》《农工党区委会各专门工作委员会工作制度》《农工党区委会基层组织工作考核评分标准》《参政议政工作制度》《参政议政沙龙制度》。全年共发展新党员3名,均大专文化程度以上。区委会和各支部按照“幸福农工、实力农工”的基本定位,开展系列活动。3月“三八”妇女节期间,与市委会合作在区老干部局活动中心,依托健康促进会“健康美丽你我他”活动平台,组织“健康”讲座和“美丽”讲座,普及女性健康知识和丝巾佩戴方法;4月,“农工之家”落户联城小学,直属支部、文教支部、碧湖医院支部的新老党员们齐聚联城小学进行授牌,邀请丽水学院的茶艺师为党员们进行茶艺培训;春节期间区委会会同文教、直属支部到部分老党员家中开展了新春慰问活动。

【社会服务工作】 2017年1月,农工党市中心医院支部和区文教支部举行了联谊活动,有效增进市、区支部友谊。莲都农工党区委会直属支部会同相关部门在联城小学举行“书香莲都”关爱留守儿童赠书公益活动启动仪式,共捐赠图书658本。5月,文教支部到城中中学义务送教送上学校急需的体育用品;6月,碧湖医院支部会同农工市委会各医院支部赴大山峰军营开展第十届“中国环境和健康宣传周”活动,为雷达站的官兵讲解了应急救护知识并送上了急救包和急救药品;7月,农工党莲都区委会和峰启文化传递浙江福彩资助项目“爱心洗漱包”走进联城小学,资助了278名学生。走进社区开展“中国环境与健康宣传周”“国际科学与和平周”服务活动,在社区举办“国际科学与和平周”大型服务活动等服务群众300余人次;12月,文教支部、直属支部联合组织党员到城中中学捐赠图书500册,并联合爱心人士送上价值3万元被套;碧湖医院支部主委钟凤新多次送急救知识进军营、进校区、进残疾人托养中心讲课;孙青云多次为师生上心理辅导课。

(王智勇)

九三学社莲都区委会

【概　况】 九三学社是以科学技术界高、中级知识分子为主的具有政治联盟特点的政党,是接受中国共产党领导、同中国共产党通力合作的亲密友党,是中国特色社会主义的参政党。九三学社丽水市莲都区委员会是九三学社的一个地方组织。区委会下设农业、文教卫、综合3个支社,现有社员40人,其中在职社员27人,占67.5%;女社员16人,占总人数的40.0%;具有高级技术职称9人,占22.5%;中级技术职称23人,占57.5%;大专以上文化程度38人,占95.0%。现有副科以上实职4人,市政协委员1人,区政协委员11人(其中常委2人),市人大代表1人。区委会设办公室1个,专职干部1人。2017年,社区委以建设“思想上坚定、履职上坚实、组织上坚强”的高素质参政党地方基层组织为目标,继续扎实开展坚持和发展中国特色社会主义学习实践活动，切实加强自身建设，不断提高履职水平，团结带领全体社员，讲政治、讲担当，站位全局、真情履职，各项工作取得新的成绩。

【参政议政】 2017年区两会期间，社区委向区政协大会提交大会发言2篇，团体提案5件，委员个人提案13件，其中，团体提案《关于加快推进我区危房治理工作的建议》、蓝云仙撰写的个人提案《发展民宿应重视安全防范机制建设》被评为2017年度优秀提案，蓝云仙、雷振东被区政协评为提案工作积极分子；蓝云仙撰写的参政议政课题《呼吁防控松材线虫病已刻不容缓》被九三学社浙江省委会评为2017年度参政议政调研成果二等奖，并被九三学社浙江省委会采纳作为九三界别提案提交浙江省第十一届政协四次会议；雷林华代表撰写的两件建议案被市人大立案。社情民意工作富有成效。一年来，社员们在深入调研的基础上，积极反映社情民意，共有18篇信息分别被省、市、区政协等有关单位采用。其中徐君妙撰写的《中小企业呼吁以“最多跑一次”的理念约束党政部门的频繁检查和过度调研》被省政协采用，何翠球撰写的《剿灭劣V类水应重视农村生活垃圾减量化工作》、蓝云仙撰写的《建立长效机制管控农业投入品污染的建议》《精准施策破解畜禽养殖污染难题》等被市政协采用。社区委被区政协评为2017年度社情民意信息工作三等奖，蓝云仙、徐君妙、朱志军、何翠球被区政协评为反映社情民意信息工作先进个人。参与民主协商活动。8月22日，参加市委常委、区委书记杜兴林主持的政党协商会议，就有关《中共丽水市莲都区委关于贯彻落实市委四届二次全会决定的实施方案》征求各民主党派、区工商联和无党派代表人士意见，社区委提出了真挚的意见建议。9月8日，参加莲都区召开的招商引资工作专题政党协商会，在协商座谈会上，蓝云仙代表社区委作了题为《明方向 强基础 抓保障 提高招商引资工作的精准性实效性》的发言，得到区长陈豪的肯定。参加提案办理协商座谈会等活动。参与区农办召开的有关《发展民宿应重视安全防范机制建设》提案办理协商座谈会、区建设分局组织召开的《关于推进我区危房处置工作的建议》提案办理协商座谈会等等，听取办理情况汇报，提出合理化意见和建议。民主监督活动扎实开展。根据区政协和区委统战部的工作部署及要求，社区委组织界别委员及社员参与“五水共治”即全面剿灭劣V类水、大搬快治、小城镇环境综合治理、“最多跑一次改革”等专项民主监督活动，做到敢监督、善监督、真监督，增强监督的实效性，助推政府各项中心工作。

【社会服务】 3月4日，九三学社莲都区委会与莲都区人民医院在碧湖镇开展医卫下乡义诊服务活动，为群众免费测血压血糖、健康咨询诊疗200余人，发放健康宣传资料200余份。3月15日，在碧湖镇行口村开展健康教育和义诊活动，助推全科医生签约。8月5日，社区委委员、莲都区人民医院副院长、主任医师雷振东带队，15名医务人员参加的在莲都区碧湖镇郑榴娟敬老院开展的健康义诊活动，给敬老院的全体老人进行义诊健康体检、健康咨询，宣传高血压、糖尿病等疾病的预防和保健知识，为患者进行诊疗，现场开药方，提供治疗方案，医卫专家把这份特别的关爱送给这些特别的人群。9月19日，在碧湖镇红圩村开展医卫下乡服务活动。活动为留守村民们带来了“现场急救与心肺复苏”的专题知识讲座，并开展了义诊活动。10月26日，九三学社莲都区委会重阳敬老活动走进郑榴娟敬老院，在活动现场，医卫专家给每一位老人解读了各自健康体检报告，本次活动还向敬老院捐赠了价值3000多元的慰问品，向老人朋友送上节日的问候和祝福。九三学社莲都区委会通过发挥自身优势，把服务基层群众作为服务社会的一个实践平台，通过一系列的义诊服务等活动，用实际行动给农村群众一份关爱，向社会传递一份正能量。关爱山区儿童书香润泽校园行动。6月7日，九三学社莲都区委会在峰源乡中心小学组织开展图书捐赠活动。

峰源乡是我区最偏远的乡镇，据了解，峰源乡中心小学在校学生有四分之一是来自单亲家庭，社区委为孩子们挑选了他们最喜爱的经典童话、素质教育、感恩阅读类的图书200多册，希望山区的孩子多读书，读好书，好读书，让书籍陪伴他们度过美好时光，在读书学习中健康快乐成长。主动服务中心大局发挥一线作为。作为民主党派的基层组织，履行好政治协商、民主监督、参政议政职能的同时，时刻保持“一线”意识、担当意识，服务中心大局。参与全国文明城市创建。在志愿者服务日时间里，组织九三社员走上街头，开展捡烟头文明劝导活动，进社区挨家挨户宣传全国文明城市创建知识，鼓励更多市民积极参与文明城市创建活动，用行动践行“讲文明 护环境 我践行 我快乐”的莲都志愿者永不忘的初心和担当，助力全国文明城市创建工作。中心任务面前勇于担当。做好里东“11·13”山体滑坡受灾户的思想工作，做好政策宣传，帮助解决实际困难，掌握思想动态，为护航十九大认真做好维稳工作。立足岗位奉献才智展示九三风采。2017年来，广大社员爱岗敬业，在各自的岗位上取得骄人的成绩，得到组织的肯定：社员刘娇英的科研成果《初中拓展性课程开发与实施研究》荣获丽水市教育局科研成果二等奖，叶华飞入选莲都区第二批拔尖人才，季伟华被评为莲都区级劳模，何翠球荣获丽水市新农村工作先进个人，潘伟春在“护航G20、平安夺金鼎”工作中表现突出受到丽水市政府嘉奖，蓝云仙、朱乐被评为优秀公务员，等等，这些成果的取得，生动展示了我社社员在本职岗位上忠于职守、爱岗敬业、业务精通、乐于奉献、作风优良的良好形象。

【思想建设】 继续扎实开展坚持和发展中国特色社会主义学习实践活动。2017年是学习实践活动的巩固提升年。活动中，做到在系统学习的基础上明确当前重点；在形式多样的基础上提高活动成效；在广泛参与的基础上突出重点对象，认真回顾总结开展学习实践活动的经验做法，转化活动成果，巩固活动成效。开展社史及中国共产党领导的多党合作和政治协商制度等为主要内容的学习教育活动。2017年是建立莲都区九三学社组织30周年，为了回顾历史，弘扬优良传统，社区委在全社组织开展“九三故事”征文和“中国共产党领导的多党合作和政治协商制度及社史”知识竞赛活动。这次活动得到了社员们的响应，全社共有35位社员参加了有关知识竞赛，退休的老社员和年轻的新社员纷纷提笔撰写文章，根据自己亲身经历的生动故事，从不同的侧面、不同的角度，回顾建社历史和发展进步历程，深切感悟到中国共产党领导的多党合作和政治协商制度的优势及新发展的成果，坚定了“四个自信”，明确了自身的职责担当。组织开展浙江省十四次党代会精神读书会。为学习贯彻省第十四次党代会精神，凝聚思想共识，7月14日下午，九三学社莲都区委会组织读书会，通过专题学习，使广大社员对省党代会主题的核心要义、“两个高水平”奋斗目标、建设“六个浙江”的具体目标、“四个强省”的工作导向以及“7+1”任务等内容，有了深刻的了解和理解。认为十四次党代会的报告是指导和推动浙江今后一个时期发展的纲领性文件，深受鼓舞。社区委要求社员自觉学习好、宣传好、落实好浙江省党代会精神，不忘合作初心，继续携手前进，坚定政治信念、坚持正确方向，发挥自身优势，围绕中心，服务大局，积极履职，为实现“两个高水平”奋斗目标作出应有的贡献。组织开展中共十九大精神专题学习会。通过专题学习，使社员对中共十九大报告的主题、过去五年的工作和历史性变革、中国特色社会主义进入了新时代的“五个定位”、社会主要矛盾、新时代中国共产党的历史使命、新时代中国特色社会主义思想和基本方略、决胜全面小康社会开启全面建设社会主义现代化国家新征程中经济、政治、社会、文化、生态文明以及国防和军队现代化、祖国统一事业、外交、新时代党的建设的战略目标、历史任务和要求等等内容，有了初步的认识。思想政治工作与宣传工作紧密结合。社区委办公室向九三学社等各级媒体报送相关信息，被采用的各类学习实践活动先进事迹报道、社务工作动态、经验总结等共计14篇，其中被区政协网站采用的14篇，社市委网站采用的9篇，被社中央网站、社省委网站各自分别采用的4篇。

【组织建设】 加强组织建设是提高民主党派整体素质，履行参政党职能的重要基础。社区委从多方面入手，不断提高组织建设水平。完成了2017年换届工作。九三学社莲都区第六届委员会任期于2017年10月届满，根据九三学社章程的有关规定和社市委批复的《九三学社丽水市莲都区委员会2017年换届工作实施意见》的要求，在社区委和换届工作领导小组的领导下，严格按照有关组织程序，经过充分的民主协商和换届准备工作，于2017年12月26日召开第七次社员大会，完成换届选举工作，九三学社丽水市莲都区第七届委员会由叶华飞、季伟华、蓝云仙、雷振东、瞿宗囡等五位同志组成，瞿宗囡任主任委员，蓝云仙、季伟华2位为副主任委员，蓝云仙同志兼秘书长。通过持续开展先进支社创建活动，不断提升各支社组织活力。干部队伍建设稳步推进。2017年，1人参加省级不同干部主体班次培训学习，11人参加市级不同干部主体班次培训学习，2人参加莲都区科级干部培训班学习，通过学习培训，提升社员队伍的思想政治素养和履职能力。组织发展健康有序。按照组织发展工作的原则及有关规定，严把质量关、入口关，有计划地发展组织工作。关爱前辈关心社员。关爱老领导、老社员已经成为社区委的传统。社区委在春节开展慰问老领导、老社员活动，了解他们的生活情况，带去问候和祝福；同时，通过组织开展“三八”节、“九九重阳节”等活动，丰富社员的文化生活，构建沟通交流的平台，增进了解和理解，进一步增强了组织的凝聚力。

（蓝云仙）

莲都区工商业联合会（总商会）

【概　况】 莲都区工商联紧紧围绕区委、区政府的中心工作，以中共十八届六中全会精神为指导，深入贯彻省、市工商联部署，重点抓好“四好”商会建设，开展非公人士“守法诚信、坚定信心”的教育，认真做好新的社会阶层人士统战工作，加强商会建设和管理，主动承接政府工作，完成全年各项任务。

【非公经济人士理想信念教育工作】 2017年，区工商联召开主席（会长）学习会，4月1日邀请丽水学院郑永忠教授专题讲座“新形势下如何推进和发展非公有制经济”。组织大家学习习近平关于非公经济发展和统一战线工作的系列讲话精神，围绕区第四次党代会提出的奋斗目标，非公经济如何发挥助力莲都发展讨论，提振精神、形成合力，助推进莲都发展。组织开展“守法诚信、坚定信心”主题教育活动。5月中旬，统战部部长翁伟标带队赴河南商会开展主题教育。8月27日，围绕构建“亲”“清”新型政商关系，召开专题座谈会。通过专家教授讲课，点评辅导，学习讨论等新式，引导和教育社会非公人士，增强非公人士“四个自信”。

【组织建设】 2017年，区工商联贯彻落实“四好”商会建设的工作意见，推进基层组织建设。根据浙委办发〔2016〕38号文件要求，组织区工商联（总商会）换届，坚持统战性、经济性、民间性有机统一，以优化结构，提高素质为目标，选好配强工商联（总商会）班子，做好人选的推荐、考核、评价工作。于3月30日至4月1日召开莲都区第十次代表大会，选举产生新一届班子、主席1名，副主席18名、总商会会长1名、副会长30名、秘书长1名。做好基层组织建设工作，1月20日对新生代企业联合会进行换届，产生新一届班子，班子更加年轻化、知识化，合理结构组成。12月21日，完成工商联（总商会）安徽分会的成立工作，选举产生执委51名，其中会长1名，常务副会长15名，副会长15名，秘书长1名（兼）。加强基层商会建设，成立万象街道、紫金街道、白云街道基层商会，完成联城街道商会换届工作。

【招商引资工作】 2017年区委、区政府十分重视招商引资工作，也十分重视商会平台来牵引搭桥，制定出台商会招商引资考核奖励办法，调动商会成员的积极性和参与性。会同招商部门先后赴上海、杭州、宁波、西安、河南等地商会推介招商项目和政策宣传。上海、西安商会先后组织6批次拟企业家到莲都考察。北京商会响应莲商回归，拟将“惠众”公司总部入驻莲都区。上海博将投资公司在义乌商会的牵引下已与莲都区政府签约合作框架协议。1—12月工商联签约项目7个，合同资金3.5亿元，到位资金8000多万元，完成区考核任务100%。

【参政议政工作】 2017年两会期间，区工商联提交集体提案5篇，区工商联沈媛媛代表工商联在十五届一次政协大会作的题为《乡贤归来、助力莲都发展》，区委书记、区长分别批示，并被评为优秀发言。开展五水共治、剿灭劣五类水活动，先后组织政协工商经济组委员赴联城、太平、仙渡、雅溪等地开展专题调研活动，并提出建设意见。积极参与政党协商，在招商引资协商会上作了“精心组织，精准招商”发言，得到陈豪区长点赞。做好政协委员的推荐工作。按照区委统战部和区政协的有关要求，积极做好区政协工商联界别政协委员的推荐工作，将工商联会员中一批政治坚定、作风优良且具有较高参政议政意愿的人推荐为区政协委员。

【会员服务】 关怀商会会员，开展莲商之春走访慰问，区委书记、区长亲自上门看望异地商会部分会长。正月十五，区委书记亲自召集召开莲商座谈会，主要部门领导参加，听取在外创业莲商代表意见，认真吸纳采用。搭建银企合作平台，我会与莲都农商行建立金融合作。莲商银行十分重视商会成员的全程服务，拟确定岩泉分行，为全体莲都商会会员开设多项金融产品服务，提供最优质、最优惠的政策，先后多次赴台州商会、上海等地上门服务，会员很受益。合作开展异地培训，5月联合区委组织部、区农办和丽水职业技术学院等单位，举办莲都籍在外创业人士培训班，提升会员技能水平。开展外出创业和乡贤排查，建立数据，方便联络交流。以首届世界丽水人大会为契机，搭建联系交流平台。

【社会公益活动】 2017年，非公人士参加全国文明城市创建和“五水共治”“平安莲都”等活动。5月7日端午节前，组织民营企业家到老竹敬老院看望慰问孤寡老人。7月30日，莲都商会上海分会组团到黄村慰问困难群众。台州商会慰问消防官兵。新生代组织拍卖活动，募集善款11.1万元，用于联合扶贫帮困专项基金，用于慈善公益事业。同时，参与“我为丽水洗把脸干净干事创新业”创建文明城市等清扫活动。工商联副主席成立单位浙江欧亿轴承制造公司连续五年赞助天宁小学校园文化节，资金达5万多元。

（李顺富）

社会团体

莲都区总工会

【概　况】 莲都区总工会共有职工业余学校、工人文化宫2个下属事业单位，有驻会产业工会财贸工会1个产业工会。乡镇（街道）工会15家，其中总工会6家，工会委员会9家。2017年10月新成立丽水工业园区总工会。莲都区共有基层工会411个，工会会员30500人。2017年，区总工会在市总工会对各县（市、区）工会的考核中连续第六年获得优秀等次。

【宣传推介职工疗休养】 2017年，委托14家旅行社承办疗休养并实行考核退出机制，确定216家农家乐（民宿）为承办单位，建立市级劳动模范（职工）休养基地1个，市级劳动模范（职工）休养接待站9个。2017年12月，联合莲都区乡村旅游办公室组成临时专家评审小组，按照15%的比例评选出27家优秀承办单位。新增莲丰享庄园、西城广场和隐城市民宿2家职工疗休养基地。

【基层工会经费收支管理】 发布《莲都区总工会关于加强和规范全区行政事业单位工会经费收支管理的通知》（莲总〔2017〕55号）文件。2017年，组织2次基层工会经费收支管理情况自查自纠，对19家行政事业单位基层工会进行重点抽查。12月，协助全市基层工会经费收支管理专项检查小组对区财政局、经商局、司法局、碧湖镇4家基层工会进行专项检查，督促工会经费使用不规范的单位做好清退整改工作。协同区教育工会开展工会经费收支管理培训专题讲座，参加讲座职工120人。

【联合工会组建】 成立莲都区农家乐民宿协会联合工会，涵盖农家乐民宿188家。组建完成古堰画乡小镇联合工会，内含农家乐民宿、油画协会2个分会，囊括120家农家乐民宿和40家油画工作室。成立市区首家楼宇商圈西城广场联合工会，登记工会会员200人。

【劳模工匠服务管理】 开展“莲都工匠”宣传选树、劳模工匠岗位创新，向市总选送陈旭东等3位工匠作为培养选树对象。将丽水市鱼跃酿造有限公司列入工匠培养选树单位，兼具劳模身份的企业掌门人陈旭东在“2017第十四届中国中华老字号百年品牌高峰论坛暨中华老字号掌门人大会”荣获“中华老字号华夏工匠奖”。评选出2012—2016年度区级劳模15名，市五一劳动奖章2名。4月26日，主动对接《处州晚报》《浙江工人日报》等新闻媒体，同步报道莲都区“五一”国际劳动节庆祝大会。举办“我为劳模拍张照”“中国梦·劳动美”职工摄影作品大赛、劳模先进系列报道等各类宣传活动。12月8日，组织开展劳模趣味运动会，莲都区各级劳模50人参加。

【帮扶救助工作】 引入第三方机构协助审核，划定受助标准，“金秋助学”原上报110人，委托第三方机构审核及工会干部入户调查后，剔除不符合救助条件职工35人。2017年度，共发放专项救助金70万元，帮扶250人次，其中生活救助发放救助金38万元，帮扶139人次；医疗救助发放救助金11万元，帮扶24人次；

子女助学类发放救助金21万元，帮扶76人次。

【医疗互助工作】 2017年，度莲都区有264家企事业单位参保，参保人数9176人。将女职工生育保险纳入医疗互助保障报销范畴以来，报销人数开创新高，第三期共有492人次申请报销，超过第一期（168人）、第二期（167人）人数之和，其中女职工生育报销部分超过1/3。2017年第四期医疗互助报销人数共有526人（590人次），报销金额64万元。

【劳动法律监督工作】 通过编印宣传册、有奖知识问答、“送法到基层”“普法进社区”“七五”普法宣传等方式宣传落实《浙江省工会劳动法律监督条例》。2017年11月22日举办莲都区工会劳动法律监督员培训，60名参训者拿到了《浙江省工会劳动法律监督员证》。自区总工会派出庭、调解室成立以来共办理案件19起，其中撤诉3起，调解10起，裁决6起，现有兼职仲裁员6名，其中法学硕士研究生、劳动关系协调师1名，法学本科生1名。新聘请律师事务所法律顾问1名，提升工会法律援助专业化水平。

【和谐劳动关系创建工作】 2017年10月举办企业工资集体协商业务培训会，60家企业的工会主席、人事主管参加。开展2017年莲都区创建和谐劳动关系暨“双爱”活动先进企业评选，对燕京啤酒（浙江丽水）有限公司等15家企业进行表彰和奖励。集中发起企业工资集体要约行动，莲都区单建工会开展工资集体协商142家；行业性集体协商2份，涵盖84家；区域性集体协商19份，涵盖750家，总签订率90%以上。丽水市鱼跃酿造食品有限公司被评为丽水市工资集体协商提质增效示范点。

【技能提升工作】 孙黎明劳模创新工作室继推出安全生产系列漫画后，2017年完成《民宿安全指导手册》和《家居安全指导手册》编撰。推荐申报古堰画乡为省级特色小镇创建立功竞赛项目；联城农民新社区三期（里东安置）项目参加市重点工程立功竞赛，先后开展扎钢筋和砌砖墙技能比武。2017年4月，举办职工高处作业培训、面点烘焙和养生菜肴烹饪培训、返乡人员创业创新大赛、卫生应急技能竞赛等各类技能比武，参与职工共300人。

【安全生产工作】 组织推进区域性、行业性“安康杯”竞赛，2017年度选送的2条合理化建议先后荣获浙江省安全生产合理化建议二、三等奖，8条合理化建议获丽水市优秀奖。2017年参与5起安全生产事故调查处理工作，就调查安全生产事故中的违法违规情况和侵犯职工合法权益行为发出工会的声音。

【宣传教育工作】 2017年11月在丽水工业园区举办“颂歌献给党·礼赞十九大”职工文艺演出并穿插进行十九大知识现场问答。成立书法、摄影兴趣小组，不定期组织公益讲座，开展小组活动60次。组织参加“文明上网点赞浙江·争做中国好网民”主题活动，分获视频类二、三等奖。开展“中国梦·劳动美”职工摄影大赛留言点赞、创建全国文明城市暨工会劳动法律监督条例有奖知识竞赛等活动，参赛职工5000人次。

（潘界宏）

共青团莲都区委员会

【概　况】 2017年，全区有基层团（工）委36个，基层团（总）支部452个，专职团干部31人，团员13930人。在“融入‘创新区’、建设‘中心园’”的总体布局中，共青团莲都区委精准定位、科学谋划，推进共青团各项工作稳步发展。

【从严治团】 勤学习、强底气，深入学习贯彻中共十九大精神，推出“青年讲堂”“悦·享读书会”“青声青语朗读会”等各种形式载体，深入基层团组织开展中共十九大、习近平总书记系列重要讲话、省第十四次团代会、市第四次党代会、区十四次党代会等重要精神宣讲，在广大团员青年中营造浓厚的学习氛围；重引领、扬正气，部署落实“两学一做”学习教育常态化制度化、“一学一做一争当”等主题教育活动，不断加强对团员青年的思想引领，坚定政治属性，强化“四个自信”。开展“红领巾相约中国梦”“红领巾喜迎十九大”等各类活动400余场，组织少先队员参加省、市主题征文、演讲等各类比赛2500余人，获得多个奖项；转作风、促风气，时刻牢记习近平总书记关于“团干部要做青年友，不做青年‘官’”的嘱托，领会中央八项规定的精神实质，警惕“四风”问题，执行团干部“1+100”直接联系青年制度和基层团建“双百双提升”蹲点调研制度，做到沉到一线转作风，基层实践长本领，以踏实肯干的坚强作风，不断增强党对青年的凝聚力和青年对党的向心力；优服务、聚人气，先后组织走访留守儿童719人、扶困助学85人，开展青年职业技能培训6场，婚恋交友活动3场，通过深入开展青年走访，竭诚服务青年实际需求，使共青团真正成为青年想得起、找得到、靠得住的力量。

【志愿服务工作】 组织开展形式新颖、内容丰富、深受群众欢迎的志愿服务活动。常态化开展每月三个9的“小荷”主题活动、每月11日的“文明乘梯”专项活动以及每逢节假日的“文明旅游”志愿活动，配合区创建办组织开展“我为丽水”主题活动；成功举办莲都区首届志愿服务项目大赛，评出优秀志愿服务项目27个，建立了莲都区“志愿服务项目库”，推出一批接地气顺民意的服务项目，不断推动志愿服务由“行政化力量推动”向“组织化发动、社会化动员、常态化服务”的方向发展；做好古堰画乡小镇音乐节、城市定向赛、世界丽水人大会莲都分会以及“生态文明、绿色发展”莲都国际研讨会等大型赛会志愿服务工作。推广使用手机“志愿汇”APP，严格项目审查，规范积分管理，推动志愿服务常态化、规范化、制度化发展。2017年，莲都区“志愿汇”共有注册志愿者5.6万人，入驻组织215个，累计开展活动3000余次，总志愿小时数达40万小时。

【全国文明城市创建】 2017年，是丽水创建全国文明城市决战决胜之年。共青团莲都区委自觉参与志愿服务，助力文明创建。加强对“小荷”志愿公益协会的联系指导，精心打造“小荷”志愿者之家，不断推动“小荷”规范化管理，持续助力“小荷”品牌提升。制定共青团莲都区委创建全国文明城市工作方案，做到任务清、责任明、工作实。抓好“微笑丽水”志愿服务站点建设，先后开展三轮实地督导，实现各乡镇（街道）及25个社区基层志愿服务站点高质量地全覆盖。

【青少年维权关爱】 2017年，面对平安建设考核方式的重大调整，共青团莲都区委推进预防青少年违法犯罪和平安志愿者队伍建设两项工作，助力“平安夺金鼎”。在全市率先制定出台《莲都区关于进一步深化预防青少年违法犯罪工作的实施意见》及“考核细则”，逐条分解、逐项落实。统筹推进各乡镇（街道）预青工作，完成五类重点青少年群体排查摸底、走访帮教工作。结合文明城市创建，组建莲都区平安志愿者队伍，推动校地共建，整合高校大学生、教师志愿者，深入社区、村开展“四点半课堂”“七彩夏日”等关心关爱青少年活动。推进“三禁三自”“青春自护”“平安护航”主题教育，联合公检法司政法综治等部门力量，组织公益律师、法官、检察官、警官等在全区中小学开展“开学第一课”暨青少年法治教育公益巡讲。以“两法一例”为重点，开设“青春莲都微课堂”专栏。

【共青团改革试点】 2017年，莲都区被纳入全省县（市、区）级共青团改革试点。共青团莲都区委：“专、挂、兼”并行，破解基础团组织“缺编制”问题。通过改革，共青团莲都区委机关将形成“1（书记）+2（专职副书记）+2（挂职副书记）+2（兼职副书记）”的领导班子结构；乡镇（街道）基层团组织普遍形成由9—21名委员组成的“大团委”；村社团组织班子也由3—5人组成，拓宽基层团组织联系服务团员青年的渠道。“团干+社工+志愿者”并举，破解基础团组织“缺人员”问题。团干层面，全面完成全区14个乡镇（街道）和233个村（社区）的团组织换届，选准配强基层团干部队伍；社工层面，在全市率先成立团属青少年事务社工队伍，配备5名青少年事务社工；志愿者层面，共青团莲都区委专门成立志愿服务事业部，推动志愿者入驻村、社区，实现志愿服务对社会治理基层组织全覆盖。“基础性保障+社会化运作”并重，破解基础团组织“缺经费”问题。加大共青团经费保障力度，明确各乡镇（街道）每年共青团专项工作经费不低于2万元，并实行专款专用。倡导社会化运作模式，不断增强团组织整合资源的意识和能力，推动工作资源和服务阵地共建共享。“线下+线上”并进，破解基础团组织“缺场所”问题。将团建阵地纳入党建工作同规划、同建设、同使用、同管理。在莲都电商产业园、“小荷”志愿者之家、古堰画乡特色小镇等地打造“互联网+共青团门店”，同时，依托“青年之声”、“志愿汇”APP、“青春莲都”微信公众号等各类平台载体，不断完善多平台信息共享和长效发展机制，通过“网上共青团”建设的不断创新，补强共青团阵地建设“短板”。

【少先队改革试点】 《少先队改革方案》出台后，共青团莲都区委先后组织开展各类专题学习会、宣讲会60余场，累计参加人数达26000余人。根据省、市相关文件精神，制定发布《莲都区少先队改革实施细则》。按照少先队改革示范点创建要求，通过全面摸底调研，确定莲都区岩泉街道正阳社区为省级校外少先队改革试点，刘英小学、莲都外国语学校为市级改革试点学校。制定《莲都区创建省级少先队改革示范点工作方案》，围绕社区少先队工作实际，提出了社区少先队改革“六个一”工程，即成立“一个组织”、打造“一个阵地”、组建“一支队伍”、建立“一套制度”、开展“一系列活动”和开办“一所学校”。于12月成立了丽水市第一个社区少先队工作委员会——莲都区岩泉街道正阳社区少先队工作委员会，选举产生社区少工委委员与社区少先队小干部，开创校外少先队新阵地。部署推进各中小学少先队改革，不断夯实学校少先队工作基础。截至年底，全区已有32所中小学校召开学校少代会，成立学校少工委，占全区中小学校总数的75%。

（共青团莲都区委）

莲都区妇女联合会

【概　况】 2017年，全区208个村会改联和28个社区妇联完成换届选举工作，村(社区)妇联主席100%进村(社区)两委。全区共选举产生村妇联主席208名，副主席280名，执委1481名，建立新建功能型妇女小组630个，由妇女干部主导的QQ群、微信群466个，村级妇联组织焕发新的生命力。按照《莲都区妇联改革实施方案》的要求，全区14个乡镇（街道）完成妇联组织设置，选举产生乡镇（街道）妇联主席6名，兼职副主席39名，执委221名。“三八”期间，宣传学习《反家庭暴力法》，开展以“建设法治莲都　巾帼在行动”为主题的维权服务进社区活动。“六一”期间，全区共慰问学校、幼儿园10所，捐款赠物折价总额3.67万元，助学结对18名贫困生，资助金额1.05万元。

【来料加工工作】 2017年，区妇联进一步拓宽增收渠道，有效助力乡村振兴，先后组织18场下乡活动，3000多人次参加了纽扣、鞋帮、饰品等技能培训，为农村留守妇女和留守老人，库区移民和下山脱贫农户，4600元以下的低收入家庭，以及残疾人、智障人等农村特殊群体的就业增收提供渠道。2017年，来料加工人数增加到25888人，共发放加工费2.23亿元。评比表彰来料加工工作先进集体和先进个人、优秀经纪人、业务拓展能手、优秀加工户等成绩突出的单位和个人，共奖励资金19.2万元；发放来料加工持续发展奖金55.054万元；严格落实安全责任，由专业安全生产服务企业对来料加工点定期开展安全生产检查，开展消防安全知识培训，全年我区重大安全生产责任事故零发生。

【妇女儿童关爱工作】 探索女性社会组织建设，2017年5月9日在府前社区探索成立丽人幸福驿站，2017年11月成立“莲都大妈”婚调志愿者队伍；以12338维权热线为载体，协调处理各类婚姻家庭纠纷，全年共接访61件，参与2起社区婚姻家庭纠纷调解；建立区政策法规性别平等咨询评估机制，制定莲都区政策法规性别平等咨询评估项目委托及意见反馈办法；开展农村“两癌”贫困妇女自助工作，全年为11名“两癌贫困妇女”、21名“贫困母亲”送去慰问共计6万多元、“母亲家庭包”10件，有1名“两癌”贫困妇女获全国两癌贫困妇女救助；开展文明家庭、最美家庭先进事迹社区巡回展，“最美家庭”、文明家庭、“好婆婆”、“好媳妇”等各类特色家庭评选，家风故事进农村文化礼堂宣讲36场，家庭教育公益讲座进社区、进校园80多场，惠及8000余名家长；开展“欢乐六一　关爱小候鸟我们在行动”主题活动，到偏远学校rsim山小学峰源校区慰问留守儿童，到碧湖镇上赵村儿童快乐家园开展以“同在蓝天下　共度儿童节”为主题关爱活动等，营造关心保护儿童的社会良好氛围。

【全国文明城市创建工作】 开展家长学校创建工作，举办社区家长学校负责人培训班，加强25个社区家长学校的创建指导检查工作；组织全区233个村（社区）2000多名监护人观看家庭教育讲座视频；举办“绿谷希望父母成长工程”—百场家庭教育知识下乡公益巡讲活动；目前我区已创省级示范社区家长学校3家，市级3家；举办“文明城市在创建最美家庭在身边”宣传咨询和暖冬衣物捐赠活动；举办“提升女性文明素养　争创六型文明户”培训班，开展文明礼仪、文明交通、树好家风好家训的专题培训；推选出全区“最美家庭”70户，省级最美家庭4户、第十届省文明家庭6户，省、市级绿色家庭各3户。

【传统品牌创建工作】 开展2017年度各级巾帼文明岗创建工作，目前全区已创全国级3家，省级14家，市级21家巾帼文明岗。

（区妇联办公室）

侨务·台湾事务

华侨事务

【概 况】 2017年,莲都区侨务部门在凝聚侨心、涵养侨务资源、发挥侨力优势、维护侨界权益、助推经济发展等方面取得一定成效。两项特色工作获得全市侨联系统最具影响力和最具创新奖,岩泉街道侨联和碧湖镇侨联获得“最美侨之家”称号,5人荣获“最美侨之友”称号。

【服务中心工作】 协助做好“浙商之春”走访慰问的侨商走访工作,参加区委区政府招商推介会暨浙商(莲商)恳谈会,举办好“侨商回家——走进莲都”招商引资推介会,牵线搭桥落实侨商项目1个。发起“全国文明城市创建 侨界在行动”的助力活动,共组织800多人次参与创建活动。组建区侨联治水铁军,在各乡镇、街道设立了基层侨联治水铁军,认领河段。侨界政协委员多次参加剿灭劣五类水、生活污水管网维护等民主监督活动。

【基层基础建设】 召开暑期读书会、十九大精神宣讲报告会,增进侨胞侨眷的政治共识。拓展横向交流和纵向交流,与市侨联联合开展“侨爱童心夏令营”“市、区侨联传达学习十九大”等“1+1”活动,与舟山市侨联、海宁市侨联加强工作交流,与平湖市侨联结为友好侨联。成立区侨界名媛会和区留联会,侨组织不断扩大。4月底,召开乡镇(街道)第二次归侨侨眷代表大会,实现基层侨联组织集中大换届。岩泉侨联成立临时党支部。

【品牌建设工作】 正月初十,举办“侨缘侨心 侨界在行动”新春联谊会,邀请海内外侨胞侨眷350多人参加。打好“侨缘侨心”系列组合牌,开展了“助学义行”“医侨联心”“银侨心连心”“侨梦童行”“军侨心连心”“行政执法零距离”“警侨心连心”等系列活动。在侨界代表到政府部门挂职锻炼的基础上,加强与城管处州分局的后续合作和深化服务工作,两期选派20多名侨界人士参加“企业家城管体验日”活动,参与城市执法行动。

【职能服务工作】 做好“三侨生”升学政策加分资格审查工作、华侨回国定居证办理和归侨证办理等日常性工作,完成华侨回国定居办理事项21件,三侨生认定197件,华侨子女入学147件,华侨身份认定15件。开展侨企调研,与万申佳律师事务所签订法律顾问协议,由专业律师帮助侨资企业解决在生产经营中遇到的实际困难,依法维护海外侨胞在国内投资权益。与莲都区农商行签订金融战略合作协议。

【社会公益事业】 激发广大侨胞侨眷参与社会公益事业的积极性和主动性,开展“侨心暖人心 侨联在行动”新春送温暖行动;加拿大华侨为中山小学西溪校区的学生们捐赠336套校服、侨界爱心人士捐助校服到莲都小学高溪校区;哥伦比亚公益事业联合会捐资4万元助学金;基层侨联开展助学、爱心捐赠、学习红色教育、关爱侨界留守儿童活动等活动。承办“画大同心圆 提升贡献度 统战社团助力全国文明城市、剿灭劣五类水大行动”第二季度统战社团大型活动,为老竹敬老院的老人们送上食用油、米等慰问品，传播侨界正能量。全年海内外华侨共捐助40余万元用于公益事业。

（张　艳）

台湾事务

【概　况】 2017年，莲都区台办把握两岸关系和平发展的主题，学习领会中央、省、市对台工作会议精神，围绕区委、区政府中心工作和对台工作的任务，以做好台湾人民工作为主线，以强化对台宣传为抓手，以对台经济工作为重点，创新方法机制，抓措施落实，完成年初确定的各项对台工作目标任务。具体可以概括为“增强一种理念、抓住两个重点、搭建两大平台”。

【丽台各项交流活动】 两岸人员交往交流是做好台湾人民工作的重要载体，也是对台工作的重点之一。2017年，累计接待乡村发展、旅游民宿、文化教育、产业合作、经贸交流等各类参访团27批、参与交流的台胞600余人。6月10日—11日，根据浙台邻里节活动统一安排，成功举办了以茶艺和书画为主题的“莲台一家亲”的文化交流活动。本次交流活动旨在“加强两岸互动交流　弘扬中华传统文化”，活动圆满成功，达到预期效果。同时，充分发挥浙江省对台经贸交流载体——浙江·台湾合作周的平台优势，9月19日，开展了台湾南投县文化团组一行30人、东莞市台商投资企业协会参访团一行31人到莲都的参访交流活动。

【丽台交流的服务工作】 2017年4月下旬，台办以“为台服务月”活动、台胞定点就医活动为契机，先后对7家台属企业及部分定居莲都的台胞进行了走访摸底，积极主动地做好台胞、台属服务工作，帮助协调解决台胞、台属在子女就读、涉台婚姻、就医等方面的问题。11月21日，成功帮助叶天行、叶天洪两位台湾老人完成寻根处州中学之旅。为充分发挥对台工作的促进作用，区台办主动出击，在前期谋划、明确任务、工作落实、协调左右等各个环节将对台工作融入全区发展的大局中。特别是随着习总书记“绿水青山就是金山银山”著名论述的提出，莲都区不断加大乡村旅游业、民宿业、精品农业的等方面的工作力度，放大对台工作牵线搭桥、引资引智的工作空间，莲台两地农业、民宿业交流合作渠道不断拓宽。加强莲都区对台宣传交流的力度，提高莲都在台知名度和美誉度，中央电视台《海峡两岸》摄制组、台湾中视、《联合报》等媒体走进莲都大地，对莲都的真山真水、知名农产品、乡村民宿进行取景拍摄。美丽的风景、清新的空气、厚重的文化底蕴等元素，让这些远道而来的媒体人感叹不虚此行。

【丽台交流两大平台】 在构建工作平台方面，区台办加强与对台重点部门、各乡镇（街道）、区台联会的日常联络，完善我区对台工作网络建设，明确各重点部门、各乡镇（街道）对台工作分管领导和具体负责对台工作的兼职干部，形成与各重点部门上、各乡镇（街道）、区台联会“联动配合、互相补台”的工作机制。通过“走出去　请进来”的方式，2017年莲都区台联会着重在抓学习，加强自身建设；拓渠道，增强联谊交流；多奉献、提升服务意识上下功夫，补齐工作短板，创新工作机制，提升涉台服务水平。全年共计开展各类学习、培训、交流活动11次，参加人数233人次。

编制·人事·劳动·社保

机构编制

【概　况】 2017年，莲都区编办贯彻中共十九大会议精神，立足区情实际，服从市区大局，紧扣“最多跑一次”改革目标，统筹行政体制改革创新和体制内外事业单位改革，严格机构编制管理，为城市共建、经济共融、福祉共享提供体制机制保障。

【“最多跑一次”改革】 2017年，区编办组织各部门对权力清单进行多轮比对规范和动态调整工作，全区各类行政权力从最初公布的3732项瘦身到现在的3201项，瘦身率达14%以上。推进权责清单向乡镇（街道）延伸工作，全区9个乡镇5个街道1个工业园区共公布权力数1577项，实行区乡二级“全覆盖”“标准化”。建立“双随机”抽查监管机制，贯彻政府部门职责管理办法，区级共梳理出主要职责441条、具体工作事项1819条；职责边界事项21项；建立事中事后监管制度218项；乡镇（街道）梳理公布主要职责137项，具体工作790项，责任边界83项，案例21个，事中事后监管制度98个。

【“四个平台”建设】 贯彻落实省、市、关于加强乡镇（街道）“四个平台”建设完善基层治理体系的指导意见，5月底，全区14个乡镇（街道）已基本完成“四个平台”体系框架建设，进入运转阶段。在原有综治网格的基础上，在全区建成358个集行政执法、安全管理、食品药品监管等民生服务事项于一体的全科网格。8月28日上午，全区14个乡镇（街道）基层治理综合信息平台全面上线运行，正式投入使用。目前，群众办事线上可以通过“12345”热线电话、网格员手机APP直接连到后台办理；线下可以通过乡镇综合窗口“一站式”办理、村级便民服务中心代办。“四个平台”受理的各类“最多跑一次”服务事项达130多种，占全部事项的90%以上，办理效率提高了近50%。同时，进一步健全了联合执法机制，平台运行以来，部门乡镇共联动处置了1260多起调解、信访、违章案件，成功率达100%。截至年底，莲都区已实现乡镇99%以上的事务处理、矛盾纠纷和群众咨询投诉举报在基层解决，有效破解以往乡镇“看得见、管不着”和“责大权小”难题。

【城乡环卫一体化机制】 在2012年市区环卫管理体制调整后，由于区农村洁净办公室负责牵头管理全区农村垃圾收集处置等职责，区环卫局负责规划区内主次街道社区、城中村卫生保洁管理，农村垃圾转运处置，工作运行中逐渐出现职责交叉、考核落实不清晰等问题，为进一步理顺全区环境卫生管理职责，区编办充分调研，提出整合方案，明确职责，将区洁净办原有职能及人员编制整建制划转到区环卫局，建立城乡环卫一体化。

【媒体融合发展】 推动传统媒体和新兴媒体融合发展，是党中央着眼巩固宣传思想文化阵地、壮大主流思想舆论作出的重大战略部署。为推动我区推动传统媒体和新兴媒体融合发展，结合我区广电新闻由区文广新体局负责的实际，将区广电新闻中心（中国莲都新闻网）整建制划转到区委宣传部，并更名为莲都区传媒中心（中国莲都新闻网），通过媒体资源整合，构建统一指挥，统一策划，统一采编，多媒体运用，多渠道传播的新闻运作模式，推动莲都新闻宣传取得新突破、新进展、新成效。

【全域旅游创建】 继续深化旅游体制机制改革创新，建立健全"1+3"旅游体制，完善旅游统计、旅游质监机制，在碧湖镇、大港头镇、老竹镇重点旅游景区所在地挂牌设立旅游发展办公室，助推莲都区创建国家全域旅游示范区。

【国资营运机构市场化改革】 根据区委区政府工作安排，为主动适应经济发展新常态，加快推进莲都区国资营运公司整合转型，理顺国有资产监管体制，壮大国资营运公司规模实力，起草《莲都区国资营运公司市场化改革方案（初稿）》，成立了莲都区国资营运公司市场化改革领导小组，下步将稳步推进国资营运公司市场化改革。

【事业单位综合改革】 贯彻落实省市从事生产经营活动事业单位改革精神，开展调研摸底，召开专题会议，明确工作任务和时间节点，重新调整事业单位改革领导小组，稳妥推进我区生产经营活动事业单位改革；做好事业单位政府购买服务改革工作，配合区财政局制定《莲都区事业单位政府购买服务改革实施方案》，明确2020年前分批完成34家公益二类事业单位改革工作，通过政府购买服务促进事业单位分类改革和转型发展；加强对区培红幼儿园、灯塔幼儿园法人治理结构的试点单位的跟踪指导。

【事业单位登记管理】 按照依法行政要求对事业单位法人设立、变更、注销的行政许可事项进行审批，办理事业单位法人设立登记4家，变更登记126家，注销登记1家，证书补领1家。按照国家相关文件精神开展机关、群团统一社会信用代码赋码工作，对已赋予统一社会信用代码机关、群团，因机构名称、机构性质、机构地址、负责人的变更提出变更申请的，及时予以办理。截至12月底，共办理统一社会信用代码证书新赋码2家，信息变更26家，存量转换7家。

【机构编制管理工作】 遵守"财政供养人员只减不增"工作要求，坚守行政编制和事业编制"两个总量"不突破，保障重点、民生领域机构编制需求。落实空编使用核准制度，制定下达了2017年各单位的编制使用计划数345名。根据单位的编制数、实有人数、领导职数设置等情况，2017年度全年共审核审批编制使用计划211批次，进编登记708人次，出编登记712人次，股级干部职数审核审批595人次。

【编外用工清理规范前期工作】 牵头组织制定了《进一步规范莲都区机关事业单位编外用工使用管理的意见》和《关于开展机关事业单位编外用工清理规范的通知》，从编外用工的使用范围、数量管控、清理规范、分类管理、招聘使用、工资待遇管理、经费管理、加强监督管理等方面对全区编外用工进行规范管理，12月份召开全区编外用工清理规范工作动员会议。

【机构编制监督检查】 完成市编办对莲都区的控编减编督查工作，查找控编减编、权责清单、实名制管理中存在的问题，抓好落实整改，确保行政编制和事业编制"两个总量"不突破，巩固控编减编工作实效。加强机构编制监督与审计工作相融合，配合审计部门做好党政主要领导干部经济责任审计和公务支出公款消费专项审计工作，将机构设置、编制使用、编外用工管理及有关规定的执行情况纳入审计的重点内容，同时，将审计结果作为单位调整机构编制事项的重要依据。结合区委组织部"一报告两评议"工作，对全区各单位股级干部情况进行全面核查。3月，对照机构编制实名制管理系统中的基础数据，结合历年来的审核审批股级干部情况记录，及时对单位上报的股级干部名单进行专项审核，查找问题，提出整改意见。联合组织人事部门完成区农业局、水利局等14家离任检查单位的进点检查工作，梳理分析单位股级干部任用、编制使用管理情况,形成专题材料核查材料。

(张博钦)

人力资源和社会保障

【概　况】 2017年,莲都区人力资源和社会保障局在全市人力社保系统目标责任制考评中获得第二,连续第九个年头在区委、区政府工作责任制考评中获得社会管理类优胜奖。莲都区就业处创新实施的“互联网+培训”微课堂平台,被省厅列为“互联网+”创业培训试点区;莲都区人事劳动仲裁院被省厅确定为全省人力资源和社会保障系统先进集体。

人力资源

【公务员和事业单位工作人员队伍建设】 2017年考录公务员26名;组织全区事业单位公开招考,招聘92名工作人员(含教师31名)。面向全市选调公务员和选聘事业单位工作人员21人,调配公务员、事业单位工作人员43人。组织机关公务员、事业单位工作人员各项培训,其中1527人参加了公务员更新知识培训,4873人参加事业单位专业技术人员继续教育培训、446人参加公务员学法用法三年轮训行动培训。招考莲都区国资营运机构工作人员26人,参加校园人才招聘会,引进专技人才和教师6人,办理录用农业、卫计系统定向委培生入职手续6人,以及办理上年度社工替补人员2名。全年共18名公务员从科员级晋升到副科级,有24名从副级晋升到正科级,也有5人办理公务员登记手续。公务员选调和选聘工作中部分岗位进行了相应的调整,加入考察分,占总分的20%,并将入围考察人员按照1:1进行考察的比例改为1:2,条款的修改将更有利于用人单位挑选到真正有才能的人才。

【人事管理体系】 2017年莲都区组织人事部门出台《关于进一步加强区直部分单位工作人员选调(选聘)工作的补充意见》,进一步加强对区直部分单位工作人员选调工作的管理,要求对13个重点部门进人一般应采用公开选调(选聘)方式进行,特殊职位可采取商调方式,但需报组织人事部门审批,并报区委主要领导备案。根据省市相关要求,为切实加强莲都区公务员日常管理和监督,全面客观准确评价公务员的德才表现和工作实绩,6月,联合区委组织部下发《莲都区公务员平时考核工作实施细则(试行)》。平时考核以公务员的职位职责和所承担的工作任务为基本依据,考核公务员在德、能、勤、绩、廉等方面的日常表现,坚持以德为先,主要考核公务员完成日常工作、阶段工作目标和“急难险重”等重点工作情况,突出“岗位对责、绩效对账”。考核指标由共性指标和个性指标构成。共性指标主要包括政治品质、职业道德、工作作风、廉洁自律、出勤情况等方面;个性指标主要包括完成工作的数量、质量、效率以及成效和业务能力等方面。同时,细则中规定考核程序、方法及考核结果的运用。按照区直各单位申报的日常考核方案和季度考核情况,逐一对各单位进行指导和审核,并及时兑现公务员考核奖励。

【人事档案管理】 2017年共接收大专以上毕业生档案1381份、中专毕业生档案49份、村干部档案1份、企事业人员档案106份;转出大专以上毕业生档案203份、中专毕业生档案19份、村干部档案14份、企事业人员档案61份。年底档案在册9034份,集体户在册181人。

【人才工作】 2017年完成职业技能鉴定2359人,工种涉及中式烹调师、中式面点师、育婴师、养老护理员、电焊工、茶艺师、美容师、美发师等专业。组织参加2017丽水市级“金牌技师”职业技能竞赛,全区有15人获“丽水市金牌技师”荣誉称号,8名选手被授予丽水市“技术能手”。成功建立省级企业博士后工作站1家,获评市级首席技师1人、市级技能大师工作室1家、市级“五养技能大师”9人、市“138工程”培养人才5人,共培养新增高技能人才213人。举办省级现代服务业高级研修班1个,联合区相关部门举办了莲都区乡村旅游讲解员技能提升培训班,共有32名学员参加了培训。发布《2017年度莲都区紧缺急需人才需求目录》，为莲都区引才工作起导向作用。落实高层次人才各类优惠政策共有4人申报丽水市高层次人才公寓并获批准，另有68家单位601人申报丽水市高层次人才体检，落实好市区高层次人才各类优惠政策，发放各项人才资金共535万元；共开展高层次困难人员慰问2次，惠及28人。组织莲都区企业参加市本级人才交流会2次，组团外出参加异地人才招聘会10次，分别前往武汉、西安、成都、杭州等地招揽人才，全年莲都区共引进各类人才116人，其中硕士研究生9人。

【职称评聘】 2017年，完成大中专毕业生初定专业技术资格的申报审核并初定确认186人(初级资格170人、中级资格16人)。转发文公布评审新取得专业技术资格765人，其中副高级资格38人、中级资格300人、初级资格459人、员级资格3人，并通知发放相应专业技术资格证书。转发文公布考试新取得一级建造师资格12人、二级建造师81人、职称外语合格人员85人、监理工程师41人。有序开展档案、经济、新闻、群文、教育、交通、林业、水利、质监、建筑、广电、综合工程、企业工程、党校、卫生等系列职称评审申报和经济专业技术资格考试报名、材料审核、监督评审等工作。推荐上报正高级资格5人、副高级资格68人。评审推荐中级资格334人，通过109人。评审通过初级资格132人，并通知发放相应专业技术资格证书。下放职称评聘权力，强化用人单位选人用人自主权，首次开展企业工程自主评价工作，18人通过评审。全年共完成216个事业单位1175名专业技术人员岗位聘(任)用变动材料的审核工作。

【工资、福利和退管】 调整机关事业单位工作人员死亡后遗属生活困难补助费标准、精减退职人员生活困难补助费标准和计划外长期临时工晚年生活补助费标准以及调整部分精减退职人员生活困难补助费标准，共审批1500余人。办理退休审批175人，一次性抚恤费审批89人，遗属生活困难补助费审批22人。办理机关事业单位工作人员工资调动转移手续786人次。审核审批机关事业单位2017年的工资正常晋升、职务、岗位变动等6261余人次。审核审批机关事业单位工作人员工龄86人。审核审批机关单位年终一次性奖金，共审批2100余人次，事业单位人员考核奖4300余人次，审核审批机关及事业工作人员应休未休年休假报酬6300余人次，每季度审核月度考核奖2100余人次。

社会保障

【促进就业创业】 2017年，开展就业创业培训3291人，完成率143%，其中，农村电商培训1498人，完成率166%；残疾人电商培训178人，完成率187%；大学生创业培训157人，完成率285%；城镇新增就业2036人，完成率157%；引领大学生创业59人，完成率151%；发放创业担保贷款1028万元，完成率257%；扶持农村电商创业388人，完成率155%；失业人员再就业1196人，完成率145%，其中，困难人员再就业548人，完成率137%；城镇登记失业率控制在3.5%以内，莲都区失业率为2.67%；及时掌握39家企业就业失业动态监测情况，继续保持城镇“零就业家庭”基数归零、动态归零。

【就业服务工作】 落实大众创业政策，推动创业带动就业。召集人行、财政、银行等部门多次召开创业担保贷款工作协调会，制定出台《关于做好莲都区创业担保贷款工作的通知》，落实《莲都区支持大众创业促进就业政策实施细则》(莲人社〔2016〕250号)等政策，建立莲都区创业担保基金100万。全年累计为31名创业者认定创业贷款资格共计1028万元，贴息金额2.2万元，大学毕业生从事现代农业创业省级财政补助5万元。举办全市首届返乡人员创业创新大赛，大赛以“创享未来、创赢莲都”为主题，吸引莲都区21支优秀创业团队参赛。落实高校毕业生就业见习工作，全年累计认定就业见习基地65家，开发就业见习岗位187个，安排见习生64人，发放见习补贴55人，发放金额54.23

万元；开展高校毕业生就业服务月活动。对2017年莲都生源高校毕业生进行实名登记，共帮扶高校毕业生129人，其中实现就业98人。全年认定就业困难人员599人，其中，城镇“4050”人员482人，被征地农民“4050”人员69人。累计促进失业人员再就业1196人，困难人员再就业548人。审核并发放就业困难人员灵活就业社保补贴1922人，补贴金额764.1946万元；见习期满公益性岗位就业补贴18人，补贴金额40.1万元。再降失业保险费率助企业减负。从5月1日开始再次阶段性降低失业保险费率，全区失业保险单位费率由1%降为0.5%，预计共可为企业减轻负担约920万/年。制定出台《关于开展2017年企业申报稳岗补贴工作的通知》，全年共为33家符合条件的企业发放稳岗补贴，较去年增加17.85%；发放稳岗补贴金额71.5万元，较上年增加12.3%；企业失业保险参保人数2803人，较2016年增加20.3%。创新实施“互联网+培训”微课堂平台，被浙人社厅列为“互联网+”创业培训试点地区，成功举办互联网+农特产电商精英技能助残培训班，70名残疾人学员参加培训。深入推进“最多跑一次”“全市通办”“一卡通办”的改革。根据“全市通办”“一卡通办”实施方案，梳理就业服务事项共计32项。积极开展就业创业培训。实施“莲都区职业培训百千万计划”，全年共举办培训班37个，投入培训资金158.2万元，培训1715人。

【机关事业单位养老保险】 2017年12月，全区有机关事业单位养老保险参保人数6610人，其中享受养老保险待遇人数3504人。全年机关事业养老保险基金收入25803万元，支出24703万元，基金累计结余1515万元。9月，按照省市统一部署，对机关事业单位退休的“中人”按新办法计发退休待遇，按时完成我区495名退休人员的养老金重新计发工作，补发金额为243万元，计发成功率为97%，在全市率先完成该项工作。

【城乡居民社会养老保险】 2017年，城乡居民社会养老保险基金总收入为收入7443万元，支出8103万元。至12月底，全区参加城乡居民社会养老保险人数为参保人数42286人，其中享受养老待遇35677人，基金累计结余9237万元。

【城乡居民基本医疗保险】 继续完善医疗费用总额控制管理，并进行年度考核；及时执行上级文件，将原来在特殊病种诊疗过程中用到的吉非替尼、地西他滨等15种全自费的特殊药品，纳入了大病保险支付范畴；启用社保卡代扣代缴社会保险费，参保人缴费更为便捷。2017年城乡居民基本医疗保险基金收入30558万元，支出31139万元，全年享受城乡居民基本医疗保险门诊待遇140.52万人次、住院待遇4.35万人次，特殊病种门诊待遇12.07万人次，基金累计结余6151万元。

【被征地农民基本生活保障】 至2017年底，完成10001名被征地农民基本生活保障转职工养老保险相关业务。新增参保人数5135人，全年被征地农民基本生活保障资金收入15255万元，支出43555万元。至12月底，全区参加被征地农民基本生活保障的有5135人，其中享受养基本生活保障金450人，资金累计结余3417万元。

【企业退休人员社会化管理】 全面实行企业退休人员社区化管理，强化退休人员档案管理，实施企业退休人员网上生存认证。至12月底，市区有50735名企业退休人员进入了社区管理，新增档案管理505份。

【劳动监察工作】 2017年，莲都区劳动监察大队依据《中华人民共和国劳动法》和《劳动保障监察条例》等法律法规以构建和谐稳定劳动关系为主线，开展农民工工资支付情况、清理整顿人力资源市场秩序、用人单位遵守劳动用工和社会保险法律法规等专项执法检查活动；开展“浙江无欠薪”行动，加强劳动保障日常巡查、服务用人单位；探索化解劳资纠纷新举措，有效发挥人民调解工作的作用，取得明显成效。全年主动巡查用人单位547

家，受理欠薪投诉案件79起，涉及434人，成功追薪510.59万元；调解处理7起重大欠薪隐患，涉及366人，发放工资315.42万元；办理行政处罚案件20起，行政罚款8.12万元。

【劳动争议调处工作】 2017年，全区共受理劳动争议案件315件；涉及劳动者人数314人，涉案经济标的1110.8万元；接待来人来电法律援助咨询500多人次。办理结案298件，结案率95%；其中调解结案267件，调解率89.6%。5月，全市率先启用“仲裁专递”送达方式，争取让当事人少跑路，同时邮递面单上仲裁专业化封面，有效提升仲裁法律文书的威严和公信力； 8月全面施行仲裁裁决“裁后答疑”，“裁前说法说理、裁后释法答疑。”全程释法说理让当事人输得明白、赢得透彻，而达到调整自身行为、理性仲裁的目的。不仅提高劳动仲裁裁决公信力，更使裁决书成为很好的普法教材，发挥法律的规范、预防和教育作用，收到了良好的社会效果。2018年1月被省厅确定全省人力资源和社会保障系统先进集体。

（叶俊飞）

法 治

政法委及综治

【概 况】 2017年，莲都区政法委注重事前防范，强化维稳预警。在重点时期全面实行信访、维稳动态“零报告”和领导带班值班制度，统一汇总收集每日涉稳情报信息，建立信访类重点人员“一日三报”、涉稳动态和非信访类重点人员“一日一研判”制度。注重事中控制，强化重点稳控。落实涉稳重点人员信息化管控及专案经营措施，对面上各利益诉求群体和涉稳人员的动态进行经常性分析，对信访维稳重点对象建立专门管控小组，对其活动轨迹进行密切关注，做好日常稳控工作。做好民师、涉军、滩坑移民、涉宗拆迁以及里东山体滑坡等重点群体和信访老户的重点稳控工作。注重事后处置，强化应急管理。到松阳、浦江等地进行非法打击调研，探索建立依法处置“非访”专项工作机制。2017年以来，先后对9名扰乱信访秩序的信访人给予行政拘留，对1名进行刑事拘留，并将相关信息通过《莲都发布》予以广泛宣传，形成有力震慑。加强应急预案演练，组织开展安全生产、校园安全、食药安全、旅游安全等应急预案演练，提高实战能力和应急能力。突出对重点案(事)件的网上管控和应急处置工作，加强对各类舆情信息的监测，编制《网络舆情观察》42期、《舆情专报》11期，妥善处置各类敏感涉稳舆情，及时消除不良影响，确保涉莲舆情稳定。是年，莲都区政法委平安建设省核查得分964.98分，全省第16名，全市第4名，实现平安建设“十二连冠”，夺得高含金量的“平安金鼎”。

【优化社会治安环境】 突出精准打击，消除治安毒瘤。进一步完善打击机制、强化打击手段、突出打击重点，严厉打击各类违法犯罪活动。以“命案必破、重案快破、财案多破、黑恶必除、丑恶必打”为目标，开展“禁毒清零”“涉黄涉赌百日攻坚”等系列专项行动，及时破获各类影响群众安全感的治安和刑事案件，有力确保社会治安秩序平稳。突出教育帮扶，规范管理秩序。健全完善监地衔接制度，全面落实社区矫正、刑满释放人员安置帮教措施。2017年来，全区在册矫正对象均未发生重新犯罪现象，刑满释放人员重新犯罪率控制在省考核指标以内。推进严重精神障碍患者排摸管控专项活动，共排摸出重性精神障碍患者70人，危险评估三级以上和易肇事肇祸精神病人35名，全部落实公安、卫计以及乡镇(街道)“一对一”管控措施，实现重性精神病人肇事肇祸案(事)件“零”发生。推进流动人口IC卡发放工作，加强对流动人口、出租房屋信息的采集、录入，提升流动人口服务管理水平。突出科技运用，完善防控体系。出台《莲都区公共安全视频监控建设联网应用工作实施方案》，落实建设经费2500余万，推进公共安全视频监控联网，实现联网率居全市首位。同时，推进公共安全视频与社会治理综合指挥中心(室)联网，联网率超过省定标准15.75%。深化专群结合的巡防队伍建设，发挥治安巡防队、平安志愿者等群防群治力量，结合“110”接处警工作，实行巡逻接处警相结合模式，联合巡特警开展24小时常态巡逻，提高对违法犯罪活动的防范能力，有效挤压犯罪空间。推进反恐防范体系建设，对车站、码头等重点目标单位实行常态化巡查制度，及时发现问题并进行整改，实现涉恐重点目标单位有序安全运转。全面加强校园安保工作，做到校园安保视频与“天网工程”全面联网，内部视频监控系统和报警系统覆盖面达到100%。

【社会公共安全】 推进制度落地，强化安全管理。开展散装汽油销售点、农家乐（民宿）和旅馆、寄递企业、汽车站实名登记制度检查，密集开展液化气行业、涉危企业等系列专项整治，全面加强对枪支弹药、管制刀具、煤气钢瓶等敏感物资管理。不断推进汽车站、高铁站安检设备配备，打造“一三五”反应圈。出台《莲都区瓶装燃气供应站点监管检查制度》，加强瓶装燃气销售管控，规范经营行为；出台《莲都区实施遏制重特大事故工作指南侯建双重预防机制的实施方案》，推进工贸企业双重预防机制试点创建工作，融合标准化创建、职业健康尘毒治理试点工作，开展企业风险辨识、评估。推进示范建设，促进行业自律。加强餐饮行业管理，推进餐饮“示范店”和“阳光厨房”建设，大型及特大型餐饮单位、学校食堂基本实现“色标管理”；采取补助引导和行业严管并行举措，进行“前厅后厨”“排污纳管”两项改造，规范提升小餐饮行业。规范校园食堂管理，全区学校食堂餐饮服务许可证持证率、大宗食品统一配送率、品牌超市比例全部达到100%，并全面完成中小学校加热保温水、直饮水系统建设。对农贸市场（专业市场）进行内部环境改造，提升农贸市场建设、管理和服务水平。开展追溯体系建设，实现市级示范性以上农业主体（农业生产环节）追溯体系和城区农贸市场市场经营户溯源系统安装全覆盖。推进问题整改，严格督促检查。组织开展“护航十九大、平安夺金鼎”大督查行动，推进反恐基础、安全生产、食药安全、消防安全、交通安全等重点领域隐患整治，全面完成省、市和区平安综治明察暗访发现的问题整改。突出重大危险源、矿山、危险化学品、人员密集场所、建筑施工等高危行业的监管力度，深化学校、商品交易市场、文化娱乐场所、宗教活动场所、饮食、宾馆等领域隐患治理，在全区所有行业领域开展为期5个月的安全生产大检查（从7月至12月中旬），共组织检查人员7350人次，检查企业3218家次，排查各类隐患2029个（其中重大隐患17个），全部整改到位。推进剿灭劣V类水任务，深化河长制管理机制。采取定点检查与不定时机动巡查和“巡、查、督”相结合方式，组织开展“铁拳”系列专项行动、畜禽养殖业整治、木制品行业摸排等多个环境监察、执法专项行动，做好各类违法违规建设项目清理工作。

【基层治理】 创新网格管理，全面深化“两网融合”。出台《关于推进“全科网格”暨网格员队伍建设，打造“莲都模式”的实施意见》《莲都区网格员工作规范》《莲都区网格事项准入制》等系列文件，重新调整划分358个区域网格，并配齐配强专（兼）网格网格员队伍，落实全科网格员待遇保障，实现网格信息采集量、事件分流分办量、事件办结率均位居全市前列。对全区平安建设信息系统推广运用、分类奖励以及平安通服务之星评选情况，每季度定期进行通报，全年共发放“以奖代补”资金239600元。同时，结合“四个平台”建设工作，将其与乡镇（街道）社会服务管理中心、社会治理综合指挥室建设进行紧密衔接，使各乡镇（街道）综治基础设施得到有力提升。创新调解机制，健全矛盾化解体系。加强信访法律法规宣传，推进通过法定途径分类处理信访投诉请求工作，开展“信访积案歼灭战”行动，全年共化解信访积案84件，其中省级积案2件，市级积案9件，区、乡级积案73件。推进公共法律服务体系建设，开展“以案释法”宣讲、法律咨询、法律援助、法律体检等服务，提升基层法律服务能力。出台《关于建立诉调对机制的若干意见》《关于人民调解对接信访工作的有关意见》《关于建立延伸立案衔接机制的实施意见（试行）》等规范性文件，完善调解衔接机制。创新网上调解模式，推广“在线法院多元纠纷服务平台”，建立“互联网+调解”线上大平台。在各乡镇(街道)设立诉讼服务点，探索“互联网+人民调解+司法确认+诉讼立案”的新路子，通过网上受理、在线点单、视频联调，实现咨询、调解、司法确认一站式服务。建立和完善“一村一法官”和“驻村警官制”，获得人民网、新华网、浙江新闻等多家媒体持续关注报道。创新治理方式，探索社会管理道路。深化吸毒人员社会化管理省级创新试点，推进莲都区曙光服务管理中心建设，强化禁毒工作组织和责任落实，健全完善毒品预防和宣传教育体系。推广“居民自治联合会”模式，以集体会员制为形式，整合和调动村居各类资源和力量，打造“联合自治、跨村理事”特色品牌，增强农村基层组织自治功能。及时完成村级组织换届选举，推进“两约”制定修订和宣传实施，发挥其“小宪法”作用，提升法治、自治、德治水平。围绕“平安三率”宣传，在丽水高铁站出入站口、公路进出口等显要位置树立大型宣传标志牌，在丽水大厦、中山街百货大楼等临街落地显示屏播放宣传标语，通过“三端一网”(微博、微信、客户端和平安网)等同步推进平安综治宣传微文；制作平安建设宣传手册9万余份，实现平安宣传进校园、进家庭；针对市区37万移动、电信用户，通过短信宣传，实现面上覆盖，提升平安建设群众知晓率、参与率和满意度。

【平安共建共享】 注重规划引领，进行精密部署。围绕“目标化管理、项目化运作、常态化推进”的思路，先后召开了全区政法、组织、宣传、统战工作会议，全区“护航十九大”暨“平安夺金鼎”工作动员会，全区政法、平安工作座谈会，全区“平安护航十九大”和“平安建设夺金鼎”工作座谈会等全区性大会和平安建设专题座谈会进行研究部署，全部由区委主要领导参加和进行具体工作部署，并且区委主要领导、分管领导多次带队以暗访形成进行平安创建明察暗访督导，强化工作推进，确保任务落地落实。同时，还专门组建“平安夺金鼎大会战”指挥部，抽调人员集中办公，负责统筹谋划，组织开展了“平安夺金鼎”大会战，形成“上下同心，协力夺金”的良好局面。注重常态管理，补齐创建短板。在借鉴省市“平安报表”做法的基础上，创新平安建设日常工作机制，即年初“一份责任状”(与乡镇街道签订平安综治目标管理责任书)+“一纸承诺书”(与22项过程性指标责任单位进行签订)，每周“一张交办单”、每月“一份体检表”、双月“一份考核表”、每季“一个点评会”，在全区形成平安创建的浓厚氛围。同时，在“平安夺金鼎大会战”期间，全面推行“平安夺金鼎”周报制度和重特大“一票否决”隐患事项即报制度、会商研判制度、巡回督查制度等系列工作机制，对重点隐患和问题短板进行有效突破，并严格落实问题整改，确保决战决胜。注重责任落实，完善考核办法。坚持“属地管理”和“谁主管、谁负责”原则，紧紧围绕平安考核“指挥棒”，从任务分解、督查考核、经费保障等方面入手，抓好平安创建责任落实。同时，创新实施《莲都区“平安莲都”建设工作与年度平安综治绩效考核挂钩办法(试行)》《2017年度莲都区“平安夺金鼎”加扣分考核评分办法》《2017年度莲都区重大突发性、群体性事件和公共安全事件倒扣分项考核评分办法》等系列办法，并探索实行平安考核“双月”通报制度，以考核“杠杆”推动平安创建责任落实。

(叶旭红)

法治莲都建设

【概　况】 2017年，区政府常务会议3次专题听取和研究法治政府建设相关工作。制定《2017年莲都区法治政府建设工作要点》，明确2017年度全区法治政府建设工作七大目标和四十项子任务。制定《关于开展2017年度莲都区依法行政(执政)考核评价工作的通知》，重点突出政府当前急需解决的重难点问题。提升依法行政能力，政府领导4次在常务会议上集中学法；举办了“莲都论坛”—2017年全区副科级以上领导干部法治讲座，邀请浙江大学光华学院副教授郑磊，主讲题目《依宪治国的基本原理》，370多名乡镇（街道）和区政府直属有关单位分管领导及兼职法制人员参加授课。继续开展领导干部任职前法律知识考查和依法行政能力测试。8次组织分管领导及经办人员进行行政规范性文件制定管理、法制信息、执法法律风险防范、行政机关合同管理和综合法律知识等业务培训，授训人员达600多人次，并组织参加省、市举办的各类法制业务培训。出台《莲都区人民政府法律顾问工作规则》，对法律顾问应具备的条件、履行的职责、政府应为法律顾问提供的工作条件等问题作出了具体规定。实现区、乡二级政府法律顾问全覆盖。参与审核或草拟政府重要事项或中心工作有关涉法文书（包括合同）86件，出具法律意见书38份，参与协调各类涉法事务170多次，全程参加区政府常务会审议议题；组织政府法律专家咨询组成员参与政府决策咨询活动共60多次，为“五水共治”“三改一拆”等重点工作顺利推进提供法律保障。全年依法依规制定及修改行政规范性文件44件，内容涉及见义勇为、小城镇环境综合整治、生态工业发展、民宿主题村落基础设施项目建设和资金管理、农村公路提升改造、科技创新、电子商务发展、留守儿童关爱保护、教育改革和政府法治建设等方面，审查乡镇和部门报备文件41件，责令自行纠正备案审查中发现违法或不当行政规范性文件6件；开展行政规范性文件清理，修改执行16件，废止14件；推进执法规范化建设。完成执法主体资格确认公告工作。将全区77家行政执法主体，分2批确认公告，其中法定行政执法主体41家，授权行政执法主体13家，受委托行政执法主体23家。加强执法证管理。开展行政执法证清理工作，对41家单位的行政执法件证提出拟继续有效、注销、更换的意见，集中注销一批不符合《浙江省行政执法证件管理办法》的执法证件；组织新领证行政执法人员培训考试和行政执法证件年审工作。新领证行政执法人员培训考试优秀率达16.9%，全区正式在编在岗人员持证率91%，均位于全市前列。抽查行政执法案卷163卷，书面反馈整改意见。开展行政执法个案监督工作，共立案4起行政执法监督案件。预防和化解社会矛盾纠纷，全年接到行政复议20起（另立案前化解11件）。经审理，维持5件，撤回复议申请3件，撤销行政行为3件，确认违法4件，驳回1件，不予受理1件，移交1件，审理中2件。全区被提起行政诉讼案件共80件（新发74件，结转6件）。新发案件中以区政府作被告18件。经法院审理未审结13件，驳回诉讼请求19件，驳回起诉15件，原告撤诉17件，确认违法9件，撤销1件。行政负责人出庭应诉率达100%。建立了综治部门牵头协调、司法行政部门指导管理、调处中心具体动作、职能部门各负其责、社会各方广泛参与的多元化调处工作格局和矛盾化解工作机制。全区各级行政机关共调解社会矛盾纠纷案件6678件，调解成功6447件，涉案金额1132.72万元，涉及当事人13356人，调解成功率96.65%，协议履行率达100%。不存在未按要求受理行政调解申请的情形。2017年，全区签订624件行政合同均经签订单位的合法性审查。受理涉及合同标的金额100万元以上合同备案99件，标的金额为9.3亿元，共涉及26个单位。

【行政复议应诉】 2017年，区法制办在行政复议方面，全面实行行政复议决定书网上公开。全年除涉及个人隐私和商业秘密外，所有的行政复议决定书上网公开。提高复议案件听证审理比例。为便于当事人各方沟通交流，查明案情，已结的行政复议案件均采用听证方式审理，听证率达100%；积极发挥复议监督指导功能。对复议案件中发现带有普遍性的问题，通过不同的方式向有关单位提出完善制度和改进行政执法的建议意见，并要求整改落实；注重案结事了，在办理复议案件过程中，针对案件特点，细致耐心说导，与申请、被申请人沟通。在行政应诉方面，继续做好“两降低一提高”工作。组织新行政诉讼法培训，完善行政执法文书，进一步规范执法行为；不定期与法院相互通报行政复议、行政审判情况,共同研讨解决行政执法过程中遇到的共性、疑难法律问题;提高行政负责人出庭应诉率、行政案件败诉率考核分值;做好行政机关出庭应诉督促指导。充分发挥与人民法院信息互动作用,及时督促行政机关做好应诉相关准备,并主动与法院、原告沟通和协调;加大行政诉讼案件协调化解力度。

【制度建设】 坚持行政规范性文件制定计划主导的制定体制。围绕区委区政府中心工作和经济社会发展主线,制定“2017年度规范性文件制定计划”,其中,新制定19项,内容涉及见义勇为、小城镇环境综合整治、生态工业发展、民宿主题村落基础设施项目建设和资金管理、农村公路提升改造、科技创新、电子商务发展、留守儿童关爱保护、教育改革和政府法治建设等;修订14项,内容涉及公路养护、畜禽养殖禁养区限养区划分、安全生产等,计划执行率达90%,促进规范性文件制定有序进行。全年依法依规制定政府规范性文件44件,内容涉及见义勇为、小城镇环境综合整治、生态工业发展、民宿主题村落基础设施项目建设和资金管理、农村公路提升改造、科技创新、电子商务发展、留守儿童关爱保护、教育改革和政府法治建设等方面,合法率、报备率以及公开率均为100%。发挥法制主导作用,凡政府部门起草并提请政府审议下发的规范性文件一律经过法制“三把关”制度,确保区政府规范性文件合法性。开展规范性文件清理和备案审查,修改执行16件,废止14件,清理结果已按要求向社会公告。

(章旭红)

公 安

【概 况】 2017年,区公安分局进行大部制改革,现有三处六中心和九个派出所(三处:政治处、警令处、警务保障处,六中心:刑事侦查中心、治安管理中心、技术侦查中心、巡防处突中心、国内安全保卫中心、执法执纪监督中心,城区四所:紫金、万象、白云、岩泉,农村五所:碧湖、联城、大港头、雅溪、老竹)。共有民警398人、职工9人、协(辅)警576人。年内,分局被市委、市政府授予集体二等功,在创建全国文明城市工作中成绩突出被区政府荣记集体三等功一次,荣获2017年全市县级公安机关年度工作综合考评优胜单位,荣获全省公安机关“迎接十九大、忠诚保平安”主题活动“全省优秀单位”;万象所荣获“全省公安基层基础建设示范单位”,岩泉所荣获“全国优秀公安基层单位”。

【维护稳定】 2017年,区公安分局相继完成“丽水半马”“一带一路”峰会、中共十九大和车俊书记、袁家军省长分别来丽调研等各类重大活动安保任务150余次,无一出现纰漏。成功处置“新湖国际”“中梁置业”“元湖壹号”等多个楼盘业主维权重大涉稳事件50余起,无一发酵升温。及时跟进党委政府中心工作,全警配合完成治危拆违“雷霆行动”、重大项目“百日攻坚”“郎奇公墓搬迁”“专建区块腾空持续攻坚”等急难险重专项任务110余次,再次体现了莲都效率和莲都速度。全面护航村级组织换届选举,资格审核候选人1600余人次、查处涉选案件6起(行政处罚15人),确保全区236个村(社区)的换届选举顺利完成。全力助推全国文明城市创建迎检工作,快速处置阻碍创建案件11起(行政拘留10人,行政罚款1人),公安归口的12项工作有序、顺利推行,其中牵头开展消防车通道专项整治工作,依法处罚585起,拖离占道车辆80余辆,实现了“不扣分、不失分”的既定目标。

【惩治犯罪】 2017年,区公安分局以“除毒瘤、净土壤”严打整治行动为抓手,严厉惩治各类违法犯罪活动。全年,共立刑事案件2988起,同比下降29.7%;破案723起,破案率21.3%,3起命案、11起五类恶性案件全破;移送起诉857人。“7·5”特大网络诈骗、网络赌博案侦办工作持续深入,成功移诉104人、取保4人、上网5人,查实涉案非法现金4700余万元,查实涉案银行卡60余张、房产20处、汽车11辆等,该案收缴违法金额高达1.95亿元。成功收网“6.15”特大网络诈骗案,抓获违法犯罪分子 47人；成功侦破代号为“2017-343”部督特大贩毒案件，抓获违法犯罪嫌疑人36人，极大震慑了犯罪分子的嚣张气焰。开展涉黄涉赌“百日攻坚”专项行动，侦破各类涉黄涉赌案件82起，采取强制措施78人，治安拘留309人，收缴非法获利400余万元，有效净化社会治安环境。强势推进“狩猎3号”专项行动，近两个月来，共惩治侵财型犯罪嫌疑人123人，行政处罚侵财违法行为人38人，追回被盗电瓶车51辆，破案追赃率达50%以上案件达90起（涉案价值高达200余万元），全面掀起了惩治侵财型犯罪新高潮。

【基础管控】 2017年，区公安分局优化社区警务模式，梳理工作清单，出台《莲都公安基础管控检查规范》，统一规范派出所社区警务工作。有序推进派出所模块建设，争取财政资金200余万元，发放移动警务通630台，共采集标准地址并虚拟建房6.7万幢，采集录入实有人口27.1万人、流动人口11.9万人，顺利完成现阶段的验收工作。完善《城区110接处警工作暂行规定》，推进巡处合一，完成135快速反应控制圈建设，以警银亭为依托，网格化布警，成立“利剑突击队”，全面提升驾驭复杂治安形势和打防管控能力。围绕“人、地、事、物、场所”等治安和公共安全要素，全面落实基层基础顶格管控措施，确保莲都“大事不出、小事少出”。期间，处罚不如实登记旅馆243起（全区旅馆共482家），停业整改9家；联合区文广新体局，开展网吧严管整治工作，共处罚149家（次），累计罚款金额达15万余元，停业整改14家；以出租房“旅馆式”管理工作为抓手，民宿管理取得阶段性成效，全区363家民宿全部安装管理系统，办证率已达71.6%（260家）；全面推行消防安全“网格化”管理，共监督检查单位1880家次，行政处罚88起，临时查封单位55家，责令三停26家。

【改革创新】 2017年，区公安分局率先完成大部门大警种制改革，莲都分局28个处室科所队精减成“三处六中心”和“九个派出所”，进一步充实派出所和巡防警力（一线警力占89.97%）。深入推进“最多跑一次”改革，共梳理事项99项，按照省厅统一要求均已实现“最多跑一次”，包括“零跑”9项。其中推行同城通办身份证件，过程只需600秒；9月17日，我局民警创新形式首次实现农村户籍申办“零跑”，瑞典华侨致信点赞，并受到市委书记史济锡、公安局长卫中强等领导的批示表扬。创新推行“驻村警官制”，安排503名警力进驻233个村（社区），实现进驻警官全覆盖，全程护航村组织换届选举、中共十九大安保等工作顺利进行。该创新举措被人民网、新华网、浙江新闻等媒体赞扬为新时期“枫桥经验”的莲都模式，2017年5月19日，《莲都区推行“驻村（社）警官”深化基层治理》工作简报在《浙江信息·每日汇报》（省委常委领导内参）上发表。立足“云上公安、智能防控”第一战略部署，有序推行雪亮工程、物联网防盗系统、技侦网侦工作室等建设。在2017年全市公安视频监控联网应用项目建设方案评比会上，我局《“雪亮工程”项目建设方案》勇夺全市第一；成功申办“视频侦查”省级实战化训练教学点（全省共2个），进一步凸显莲都公安信息化警务特色；积极开辟视侦主战场，不到两周时间通过系统认定逃犯13人，抓获8人（包括1名17年的国外逃犯）。

【基础建设】 2017年，区公安分局继续加大公安基础建设，是年投资建设资金达1.7亿元，投资百万元以上的项目共有9个，极大改善基层所队公共用房和办公环境。其中白云所美丽化建设、实习生基地建设顺利完成，大港头所新建项目进入装修阶段，巡特警业务用房改造项目已开工建设，万象所新建项目已完成设计招标，水上所新建项目前期审批正在有序推行，另碧湖所、老竹所、民警训练基地等谋划项目均在有条不紊地进行中。继续加强环境绿化、美化方面建设，投入17万余元建成分局篮球场，投入6万余元新建车棚50余个。不断强化维稳处突和反恐反暴工作，共投入520余万元，采购完成应急处突单警装备61件、液压破拆工具1套、执法艇1艘、冲锋舟1艘、警车9辆等，确保莲都公安战斗力不减。在完成标杆警务室创建的基础上，全年分局又投入88余万元，对全区其他警务室进行全面改造升级并投入使用。

【执法工作】 2017年，区公安分局完善“三管齐下、立体推进”（集中督查、专项督查、联合督查）现场督察机制，上年省厅现场督察交流会上，该机制被作为典型经验向全省公安机关推广。狠抓“十条严管措施”“日接日清”工作机制，推行“专职法制员派驻制”，全年莲都公安执法工作排名全市第二。2017年，全局在各项执法工作中共刑拘662人，取保候审478人，监视居住10人。提请批准逮捕417人，批准逮捕407人，不捕50人；移送起诉842人。共查处违法行为人1814人，其中行政拘留1273人，强制隔离戒毒75人，社区戒毒和社区康复151人。

【队伍建设】 2017年，区公安分局按照习近平总书记“三个绝对”“五个过硬”的要求，建立“党建+业务”机制，坚持把党建工作覆盖基层一线，充分发挥各级党组织的领导核心作用，切实将党的组织优势转化为工作优势。加强对各项纪律规定落实的教育引导和督促检查，坚持用制度管人管事，优化《民警日常违规行为记分办法》《局领导集中督察工作制度》等从严治警、规范执法的制度机制执行，队伍作风进一步好转。全面开展深化廉政风险防控机制建设工作，组织全警深查权力运行风险。探索教育培训新模式，突出教育训练实战化，科学制定教育训练中长期规划，开展“菜单式”练兵。分局与浙江警察学院合作，精心挑选基层工作经验丰富、业务能力突出的民警担任驻校教官，同时派出民警参加警院组织各类专项培训及警察文化研讨会、警察出庭作证座谈会等活动，逐步形成了校局之间优势互补、合作双赢的长效机制。以创建全国文明城市工作为契机，把创建工作与公安内务卫生、警容警姿、警营文化建设相结合，组织开展“消除烟蒂·公安先行”“小荷志愿者”等各类志愿活动，全局上下争创先进、争当优秀的氛围更趋浓郁。全面落实爱警惠警举措，坚持实施体检、年休、工会疗养、生日慰问等各项从优待警措施和看望慰问制度。对接省警院、市人民医院、区慈善工会，成立分局首家心理咨询室、医务室、公安慈善分会；举办“民警退休仪式”“萌警学院”“送奖上门”等活动，进一步增强民警职业认同感、归属感和荣誉感。注重典型培育，相继开展“十大美丽警花”“十大美丽警嫂”“十大美丽标兵”等系列评选活动，以榜样的力量引领全警为“保安全、促满意、创美丽”再立新功。

【公安宣传】 2017年，内部宣传方面，在本局主页“莲都公安要闻”栏目编发信息526期，工作简报25期，较好地反映全局工作的整体动态，及时挖掘工作亮点上报，被市局主页录用308篇，被省厅主页录用22篇，完成调研文章33篇，被市局主页录用42篇，被《丽水警学》录用4篇，被省厅录用4篇，在2017年“平安浙江论坛”校局合作科研工作会议上，报送的4篇调研论文全部被录用编纂入册。全年对外宣传方面，在中央、省、市各级主流媒体发稿915篇（条），其中国家级68篇，省级71篇，市级776余篇，宣传总量和质量在全市公安系统中独树一帜，连续十年获浙江省公安厅《平安时报》新闻宣传工作一等奖。

【消防工作】 2017年，莲都区消防大队营房迁至寿元街177号，新营房依据城市一级消防站建设，内设篮球馆，红门影院，荣誉室，军人俱乐部及大型综合会议室等，集官兵训练和警营文化生活于一体，同年成立岩泉中队。截至12月6日，大队共接警271起，其中火警166起，出动310次（含增援），出动消防车528辆次，消防人员3383人次，抢救被困人员69人，疏散人员23人， 抢救财产价值1249.9万元，圆满完成了十九大、金砖国家领导人会晤、互联网大会等一系列重大消防安保和灭火救援任务。全年共走访党政机关、乡镇街道56批次、执法服务对象186家，向社会单位发放意见建议征求表211份，回收158份，整理归纳意见建议7条。并通过采取“落实两人帮办、发放告知单、短信提醒、电话主动跟进、跟踪服务指导”等举措，缩短审批时限，提高审批时效。窗口群众满意度评价100%，“每案一评”满意度100%，走访、接处警电话回访满意度100%。坚定的政治思想是永葆政治本色的前提，大队始终把政治建警放在首要位置，打牢官兵敢打必胜的思想基础、能力基础、行为基础和环境基础。担当方面，十九大安保期间，大队被省总队授予“安保先进单位”称号，1人被荣记三等功，1人被总队评为A级安保之星，8人被支队评为B级安保之星。从优待警方面，大队十分关心和重视新常态下官兵的心理问题，聘请地方1名在职心理医生为大队辅导员，先后3次来队为官兵提供咨询服务，及时掌握和化解官兵思想难题。双拥促共建方面，深入开展“三个一百”活动，与幸福养老院、丽水外国语学校签订共建协议，开展警营开放、消防培训演练26次；弘扬光荣传统，先后结对帮扶2名困难学子，定期上门看望并送上学习用品和慰问金。与区委宣传部、团区委、民政等部门建立常态互动机制，组建5支消防志愿服务队并纳入“小荷之家”志愿服务体系，经常性开展志愿服务活动，联合举办春节、“八一”警民联欢晚会3场次。明确党委党风廉政建设责任分工，推进落实“一岗双责”，逐级签订《党风廉政建设责任书》和《消防监督执法廉政承诺书》，充分借鉴监督执纪“四种形态”试点工作经验，加大重点时段和重点人员的监督力度。大队始终以规范战斗编程为重点，以落实执勤训练大纲为依托，开展辖区“六熟悉”和灭火救援演练等工作，不断提升部队攻坚克难能力。先后组织协调完成道路运输突发事件应急救援演练、燃气管道泄漏事故应急处置、大跨度和超高层建筑灭火救援等大型演练10余次，组织对各类场所实地熟悉演练300余次，制作重点单位作战信息卡169份，并重点针对易燃易爆行业、人员密集场所等火灾危险性高、处置难度大的单位修订完善各类预案168份，新制定灭火预案103份。按照“现役为主、多种力量、多措并举、综合治理”的要求，积极推进多种形式消防队伍建设。通过前期努力，现已完成8支乡镇专职消防队和20支人口超过千人行政村志愿消防队建设任务，并于年末向区财政上报34支行政村志愿队和部分社区微型消防站建设经费请示。2017年，大队共对各支消防队开展实地督查检查、业务培训指导80次，解决车辆装备保养问题35处，拉动微型消防站687次，切实发挥出了社会消防力量救早灭小的实效。深刻吸取省内外火灾事故教训，严防较大以上火灾事故发生。提请区委、区政府部署开展“重点领域、重点隐患集中排查整治行动”“民房等重点领域火灾隐患集中排查整治”“居住出租房和人员密集场所消防安全专项整治”“消防安全大检查大整治工作”等各类消防安全整治行动6项，逐一建立排查清单、隐患清单和管理清单，共排查各类单位3100家，督改隐患5400处，挂牌督办省级重大火灾隐患1家。形成“零容忍”的执法打击态势，常态化开展联合检查、集中夜查和“霹雳”系列检查行动，全年共检查单位2407家次，督改隐患2746处，行政处罚132起，三停31家、查封59家、拘留5人，执法总量同比均大幅增长。

2017年，区消防大队打造有序警营，明确营区功能分区。中队应按执勤值班、工作生活、娱乐休闲等功能对营区进行划分，每个分区就近统一规划设置。统一部队内务设置。官兵寝室内通常放置木床、衣柜、床头柜等家具，地板（地砖）、门窗、窗帘色调应当基本一致等。加强警营文化建设。建好“红门影院”和队史馆（荣誉室），发挥感染渗透、启迪励志功能，将全体官兵履历成果影像资料纳入队史馆（荣誉室）资源库，开展“老兵归营讲队史”等活动，激发官兵的荣誉感和归属感。健全安全防范设施。营区楼房二层以上的外走廊、回廊、露台、楼顶平台、楼梯、滑竿，应当安装防护设施。完善士兵量化考评制度。开展2017年今冬明春执勤训练，中队坚持每周三集中“熟悉演练日”，每周实地熟悉演练不少于2天。100%完成重点单位和“不放心”场所区域数字化预案制修订工作。完成市政消火栓维护保养、排查测试工作，重新修订花名册，确保完好率达到98%以上。

2017年，大队党委班子共开展集中学习12次，班子成员撰写调研文章6篇。军政主官坚决摒弃“家长制”“一言堂”，严格落实民主集中制，执行党委议事原则，遵守“三不一末”规定，自觉服从维护集体领导。在士官晋升、入党考学、评功授奖、重大经费开支等重大决策问题上，广泛征求意见，反复酝酿研究，保证党内政治生活的政治性、时代性、原则性、战斗性。年内，召开党委会53次，研究解决各类议题200余个，并严格贯彻执行。“七一”前夕，大队党委被省总队表彰为先进基层党组织，5名同志被授予优秀共产党员称号。开展维护核心、听从指挥主题教育和推进“两学一做”学习教育，在年内举办的专题民主生活会中，大队各党组织机构开展批评与自我批评500多人次，开展交流谈心100多人次。为贯彻落实上级党委的决议做了坚强的厚盾。

2017年，区消防大队根据总队支队党委《关于2017年度深化“创满意”活动的意见》要求，强化服务职能，提供“优质高效、人民满意”的消防服务。通过公开八项承诺、优化窗口建设、走访调研、检查指导以及落实便民服务等举措，推进“最多跑一次”改革落地见效。严格落实容缺受理、邮寄送达、合并办理、承诺制“零审批”等审批改革措施，切实让利于民，得到办事群众的充分肯定。做好重点工程项目审批服务，参加项目审批协调会20余次，主动对接丽水天然气工程、处州府城等一批政府重点工程、民生工程进行技术指导。大队共办理各类消防行政许可146件、备案101件，预约服务54件，深入企业单位检查指导80余次，大队窗口一季度被评为红旗窗口，一人被评为服务标兵。通过制定学习计划和奖惩措施、开展每周一夜学、安排参谋跟班轮训、召开业务研讨会等形式，提升大队执法人员的执法素质和办案能力。先后2次组织派出所民警消防业务集中授课，并建立大队领导定点联系、参谋分片包干、民警跟班作业等制度，提升派出所民警消防执法监督业务能力。执行“执法回访”制度，采用电话及上门回访等形式对接处警、行政审批、行政处罚单位开展满意度测评，服务对象回访满意度100%，实现了群众投诉为零、官兵违法违纪为零、行政责任事故为零的“三零”目标。

开展居住出租房和人员密集场所消防、汗蒸、高层等安全专项整治工作，为全面做好莲都区冬春火灾防控工作，重点强化居住出租房和人员密集场所消防安全整治，督促各类单位场所落实主体责任，遏制重特大和群死群伤火灾事故，开展此次整治工作。共计排查足浴场所38家，出租房2221家，高层建筑419幢。共排摸确定省级重大火灾隐患单位1家，分级分类建立了隐患整改清单，逐一明晰整改责任，科学确定整改期限。专项行动期间，全区未发生有影响的火灾事故。截至年底，共开展培训、演练50余次，受教育人数近10000人。加大大港头科普教育馆、红门消防站开放力度，全年共开放教育馆90次；推进“消防安全示范社区”创建和“全民消防我代言”活动，发动78名社区宣传大使走街串巷传播普及消防知识。利用多种媒介延生宣传触角，依托电视、报刊、广播、网站大队政务微信、微博等媒介，定期发布消防动态、安全提示，曝光消防安全隐患；发动社会单位、场所户外视频、LED显示屏传播消防常识，在电影院、娱乐场所开机前播放消防公益广告，利用移动平台发送短信15万条，营造浓厚的消防宣传氛围。发动多支队伍提高宣传知晓率，组织辖区消防志愿者、基层网格员深入商市场、社区、城乡接合部开展电动车消防安全宣传活动，并结合文明城市创建工作，将志愿队纳入小荷志愿者服务体系，组织发动社区宣传大使、专兼职消防执法民警为居民群众开展多样化的防火宣传教育，取得了良好的社会效果。在全区14个乡镇街道全面成立消防安全委员会，在5个街道和2个重点镇各派驻2名消防工作站专职人员，其他乡镇落实1名兼职工作站人员，将消防网格纳入政府“一张网”建设。完成8支乡镇专职消防队和20支人口超过千人行政村志愿消防队建设任务，并于年末向区财政上报34支行政村志愿队和部分社区微型消防站建设经费请示。完成微型消防站建设工作，全区211家重点单位和60%的社区均已经完成微型站的组建工组。10月在丽水永利大酒店承接全市的重点单位现场会的试点建设工作。配合开展消防车通道整治工作，老旧小区消防设施改造，公共场所隐患排查等工作。全区完成了68条消防车通道的画线和治理工作，完成89个老旧小区消防设施提升改造工作。

2017年，区消防大队及时对固定资产实物和账簿进行核实清查，固定资产总数量1631件。完成实木运动地板篮球馆建设，营区配套设施建设，大队荣誉室建设，大队军人俱乐部及阅览室建设，大队红门影院建设，白云中队营房改造建设等。年底规划碧湖消防中队改造事宜及预算。

检　察

【概　况】 2017年，区检察院坚持“示范引领、勇立潮头”的首位意识，坚持依法办案维护社会稳定，坚持服务大局保障经济社会发展，坚持深耕主责主业促进公平正义，坚持改革创新落实各项检察改革，坚持从严治检打造过硬检察队伍，各项工作取得了新成效。本年度办理的6个案事例入选省、市检察机关精品案事例，2名干警获评全市检察机关青年干警优秀辩手，1人获“丽水市杰出青年提名奖”、4人被丽水市检察院授予个人三等功，检察调研文章在市级以上平台发表或获奖的有20篇次，被评为“全国检察宣传先进单位”“浙江省政法微信排行榜检察系统百期十强”。全院有本科以上学历干警53人，占82.8%，其中硕士17人（含在读6人），35岁以下年轻干警占全院的近40%，人才总量列居全市检察机关首位。

【绿色发展】 依法从快从重办理污染环境、破坏生态、阻碍“三改一拆”“五水共治”等犯罪案件，从严把握不捕不诉尺度，批捕5人，起诉13人。建立健全生态环境司法修复机制，与区林业局、森林公安局联合制发《破坏森林资源刑事犯罪案件“补植复绿”工作制度》，建立全省首个“补植复绿”基地，共督促8名犯罪嫌疑人补植树木。建立健全生态环境行政执法与司法联动机制，在峰源乡挂牌成立全省首家派驻自然保护区检察联络室，增强监督实效。依托报刊、电视、“两微一端”等媒体平台，曝光典型案例、推送环保法律知识20余次，提高全民生态保护法治意识。

【批捕起诉工作】 坚决打击影响人民群众安全感的严重刑事犯罪，始终将案件质量作为办案生命线，严把事实关、证据关、程序关和法律适用关，确保所办案件优质高效。全年共受理各类提请批捕案件391件548人，依法批准或决定逮捕334件442人；受理移送审查起诉案件797件1364人，提起公诉656件1098人。依法从重从快打击故意杀人、强奸等严重暴力犯罪，盗窃、抢夺、诈骗等多发性侵财犯罪和毒品犯罪，批捕282人、起诉358人；依法提前介入、批捕起诉涉案金额高达数亿元人民币的“7·5”网络买卖彩票案、“6·15”网络诈骗案等重大案件，切实助力“平安莲都”建设。

【社会矛盾化解】 把防范和化解社会矛盾、减少社会对抗贯穿于办案始终，对犯罪情节轻微、社会危险性不大的犯罪嫌疑人不批捕117人，同比上升1.3%，捕后判轻缓刑61人，同比下降42%；依法决定不起诉107人，同比上升3.2%。积极搭建平台，努力在检察环节做好社会矛盾化解，最大限度增加社会和谐因素，共促成17件轻微刑事案件达成和解。畅通群众诉求通道，妥善处理群众来信来访24件。推进检察环节司法救助，尽最大努力对生活确有困难的刑事被害人及其近亲属提供救助，体现司法人文关怀。结合办理的生态环保、食品药品监管、金融信贷等领域犯罪，提出加强社会治理检察建议13份。对符合“轻案快办”条件的轻微刑事案件，探索建议公安机关“刑拘直诉”6件，在一定程度上简化了诉讼程序，节约了司法资源。

【未成年人检察】 未成年人刑事检察部受理起诉案件53件79人，提起公诉17件22人；受理提请批准逮捕20件29人(其中性侵案件6件9人)，批捕14件18人。践行未成年人“保护性司法”，对涉轻罪未成年人不批捕11人，相对不起诉37人，附条件不起诉16人，存疑不起诉2人，依法封存犯罪记录71人。开展涉罪未成年人人格甄别试点工作，出台和完善心理干预和人格甄别工作制度。全市率先将专业社工引入未成年人刑事检察工作，逐步形成多元化社会帮教格局，对30名涉案未成年人开展帮教。开展“法治进校园”公益巡讲16场，覆盖人数10000余人。

【民生检察工作】 把守护人民健康作为司法为民的重要内容，深入开展危害食品药品安全犯罪专项立案监督，共对制售假药劣药、“口水油”等有毒有害食品犯罪起诉43人。坚决打击群众关注度高的网络诈骗、非法获取公民个人信息等电信网络新型违法犯罪案件，批捕25人，起诉27人。办理的全省首例淘宝“代运营”新型网络诈骗案，在2017年“互联网法律大会·检察论坛”上作了经验交流，区检察院被确定为“互联网法治研究联盟检察实践基地”。积极落实“最多跑一次”改革，以“互联网+”思维完善便民措施，通过完善先行预约机制，实现律师阅卷、约见承办检察官、查询程序性信息、非公企业查询档案文书等事宜“最多跑一次”。

【刑事诉讼监督】 强化对侦查机关有案不立、有罪不究、不该立案而立案以及侦查行为不规范等问题的监督。对应当立案而不立案的，监督公安机关立案33人，其中被判处三年以上有期徒刑3人；对不应当立案而立案的，监督撤案2人。对侦查活动中遗漏犯罪嫌疑人的，追捕3人，追诉8人。对刑事侦查违法情况提出纠正意见4件次，均被采纳。及时纠正错误裁判，对适用法律错误、定罪量刑不当、显失公平公正等问题，提出刑事抗诉5件6人均获法院改判。

【民行检察监督】 依法开展民事行政审判监督，切实维护民事行政诉讼活动统一、公正。提请抗诉一起民间借贷虚假诉讼案，为被害人挽回经济损失200余万元。监督执行的“朱某某等人与浙江某公司劳动争议仲裁纠纷”案，为民工追讨工资63万余元，获评全省检察机关“民行监督精品案件”。强化对行政执法的检察监督，督促行政机关依法依规行使职权，开展环境资源保护和食品药品安全等领域行政执法监督6件。积极稳妥推进检察机关提起公益诉讼，充分保护国家利益和社会公共利益，对生态环境和资源保护、食品药品安全、国有资产保护领域启动行政公益诉讼诉前程序3件，相关行政机关均做出回复整改落实。

【刑事执行监督】 开展捕后羁押必要性审查，督促对关押在看守所的犯罪嫌疑人变更强制措施27人。办理的刘某某等6人羁押必要性审查案获评“全国检察机关羁押必要性审查优秀案件”；办理的一起盗伐、非法收购林木案，被评为“浙江省检察机关羁押必要性审查优秀案件”。开展监外执行检察监督，依法监督收监执行12人。主动开展财产刑执行监督，发出建议34件均被采纳，有效维护刑事判决的权威性。与区司法局联合开展“社区矫正监外执行专项检查工作”，先后到全区13个乡镇、街道司法所进行检察督导。

【检察改革工作】 按照监察体制改革的时间表和路线图，全力配合做好转隶工作。原反贪局、反渎局、预防科在编干警共17人，转隶到监察委员会9人，其中员额检察官4人；对未转隶8名人员因才施用，妥善安排至各个岗位。做好改革背景下全体干警思想政治工作，统筹抓好改革与业务协调推进。认真梳理近年来收集的案件线索，并向区纪委、区监委移送问题线索66条。依法起诉监委移送职务犯罪案件1件1人。推进以司法责任制为中心的司法体制改革。完成员额检察官、司法辅助人员和行政人员分类管理、员额检察官基本工资套改、办案组织构建、员额检察官单独职务序列改革、内设机构改革等五大类21项任务。遴选的24名员额检察官全部配置到司法办案一线，相比改革前一线办案力量增加18%。院内设机构由12个整合为8个。新型办案模式成效初显，院领导、检委会专职委员检察官带头办案逐步常态化。推进以审判为中心的诉讼制度改革。全面贯彻证据裁判规则，严防案件“带病”进入审判程序。强化诉前主导、审前过滤和证据审查，对故意杀人等严重暴力犯罪案件、电信网络诈骗等涉及面广、有重大影响的案件提前介入9件次，排除非法证据27份。作为全省首批开展诉前会议制度试点工作单位，就符合条件的案件主持召开诉前会议，针对案件定性、犯罪数额认定等问题与侦查人员、辩护人开展平等交流，对诉前会议制度在全市的推开发挥了示范效应，相关实务文章被《检察日报》刊发。

【基层基础工作】 主动适应大数据与人工智能新时代，加快“智慧检务”建设，“智慧公诉辅助系统”“智慧语音识别系统”“电子卷宗系统”等部署完成并投入使用。深化检务公开，主动公开案件程序性信息1600余条、生效法律文书700余份；借助微信公众号等新媒体平台讲好检察故事、传播检察好声音，让莲都检察“朋友圈”越来越大。逐步全面落实检察室对辖区内派出所移送的刑事案件审查逮捕、审查起诉工作，共审查逮捕10件13人，审查起诉16件17人，促成轻微刑事案件和解2件2人。推进碧湖检察室创新发展，以“服务生态旅游、非公经济、社会矛盾化解”为履职主线，做好服务大局、服务基层群众、服务农村改革发展工作，完善检察监督服务生态旅游机制，与大港头镇政府签订《服务大港头镇生态旅游框架协议》，参与辖区生态环境保护，精准服务当地生态旅游经济。

（区人民检察院）

法　院

【概　况】 2017年，区法院主动适应社会主要矛盾新变化，围绕“让人民群众在每一个司法案件中都感受到公平正义”的目标，坚持“司法为民、公正司法”主线，不断深化司法体制改革，抓执法办案和队伍建设。不断强化质效意识，实施常态化每月定期通报、每周重点数据通报和即时个案情况整改通知。推进民商事案件繁简分流和“三大机制”建设，组建审判团队，不断规范审判权力运行。逐步推进内设机构改革，转变职能，提升效率。推进以审判为中心的刑事诉讼制度改革，落实司法责任制。推进基本解决执行难工作，建立联动协同机制，组建“综合、实施、裁决”三大执行团队，推进集约化管理，执行质效年度考核位列全市法院前列。完善司法人员分类管理，强化培养机制，通过导师传帮带、培训进修、岗位练兵等，提升干警司法实务技能。加强理论调研，全年共参与省高院重点调研课题2个，承担市级调研课题2个、区级调研课题1个，共有16篇文章、案例分析在国家、省、市级刊物上发表及获奖，其中1名干警撰写的案例分析被中国法院2016年年度案例录用。重视党风廉政建设，坚持全面从严治党，强化纪检督察和院风院纪巡查力度，将“两个责任”“两个规定”落到实处。坚持首善担当，落实“抓早抓小”，以全面绩效考核为抓手，开展“三比一争”主题实践活动，形成能者上、庸者下、劣者汰的鲜明导向。全年共新收各类案件17209件，办结18131件（含旧存），同比分别下降1.4%和上升11%，同期结案率为105.4%。

【刑事审判】 2017年，区法院全年共受理各类刑事案件662件，审结662件，同比分别下降20.2%和23.6%，判处罪犯972人，其中，判处5年以上有期徒刑47人，重刑率为4.8%。依法惩治危害人民群众生命财产安全的犯罪行为，审结故意杀人、故意伤害、强奸、抢劫等严重暴力犯罪案件61件79人，审结盗窃、诈骗等侵财型犯罪案件219件285人，审结集资诈骗、非法吸收公众存款、非法传销等涉众型经济犯罪案件7件13人，审结涉“黄赌毒”犯罪案件106件235人。保持惩治腐败高压态势，审结贪污、贿赂、渎职等职务犯罪案件7件8人，其中处级1人，村干部2人。坚持“宽严相济”，对527名具有从轻、减轻情节的未成年被告人、初犯、偶犯、从犯依法判处非监禁刑。积极推进"以审判为中心"的刑事诉讼制度改革，落实相关人员出庭作证制度，强化诉辩对抗。会同公安、检察机关完善轻微刑事案件快速办理机制，探索案件信息网上流转、集中诉审、远程开庭等，有效节约审判资源。

【民商事审判】 2017年，区法院全年共受理民商事案件 8497件，审结8672件，同比分别上升12.4%和27.2%。坚持调解优先，调判结合，共调解撤诉3859件，民事调撤率为44.5%。审结道路交通事故、医疗损害赔偿等各类侵权纠纷343件，为受害者追偿9200万元。审结婚姻家庭、继承等家事纠纷658件，关注亲情修复。审结买卖、承揽、租赁合同纠纷等案件703件，保护市场交易秩序。审结商品房买卖、房屋质量及建设工程合同纠纷等案件362件，促进房地产市场健康发展。审结民间借贷、金融借款、担保追偿纠纷等案件4234件，规范借贷融资行为。审结军产租赁合同纠纷10件，妥善处理涉军案件。审结涉外、涉港澳台商事案件25件，平等保护中外当事人合法权益。

【行政审判】 2017年，区法院全年共受理各类行政案件361件，审结352件，同比分别上升19.5%和24.4%。收案中，市级行政机关涉诉57件，景宁36件，青田18件，云和4件。监督依法行政，共审查非诉行政案件241件，裁定准予执行222件，其中，国土非诉执行历史积案基本清理完毕。坚持试点工作，推进跨行政区域管辖变革发展。应对新行政诉讼法实施所带来的新变化，妥善处理涉征迁及"三改一拆""五水共治"等案件，做好敏感案件、涉中心工作案件的协调工作。落实行政机关负责人出庭应诉制度，负责人出庭应诉率为77.5%。推进审判公开，邀请行政执法人员旁听庭审，并通过专题授课、提出司法建议等形式，规范行政执法行为。

【执行工作】 2017年，区法院全年共收各类执行案件7252件，结案7966件，同比分别上升9.6%和16.3%，未结案789件，同比下降47.5%。同期执结率为109.8%，同比上升24%，位列全省基层法院第二。实际执行率为59.8%，执行质效年度考核位列全市法院前列，为确保与全省同步基本解决执行难奠定了坚实基础。在全市法院率先打造"辅助事务集约平台"，设置执行事务中心，为当事人提供一站式窗口服务；试行辅助事务外包化，首次引入公证机构、检察机关参与强制腾房案件执行，试点网拍线下辅助事务外包机制，加强社会服务购买，实现提质增效。开展"春雷""风暴""秋风"等执行专项活动，共集中传唤被执行人320人，执行到位标的1.7亿元，其中涉公职被执行人45人，执行到位标的100余万元。加大对涉执行房产"腾退难"问题的解决，联合供水、供电、供气公司建立停水、停电、停气执行协作机制，全年重点攻坚"腾房难"案件58件，敦促主动腾退房屋19处，腾房面积5.1万平方米，变现金额1亿元。2名被执行人因拒不腾房被移送公安机关立案侦查，其中1名已被追究刑事责任。公布失信被执行人5226人次，司法拘留151人次。首创体验式普法威慑教育，让失信被执行人旁听拒执"老赖"案件庭审，以案释法，起到警示威慑作用。

【能动司法】 2017年，区法院紧紧围绕维稳重心，做好矛盾纠纷排查化解工作，全力护航全国两会、厦门金砖会议、中共十九大等重要会议，实现零进京上访，为全区平安夺金鼎提供司法保障。围绕市区"文明城市创建""六边三化三美""五水共治"等重点工作，履行司法职能，保障重点工作依法推进。审慎审理城西区块、江滨区块等一批涉重点项目征地拆迁纠纷，促进协调和解。打击环境资源犯罪，加强舆论宣传，助推市区生态文明建设。紧扣"大花园"建设目标，推进旅游巡回法庭工作，保障古堰画乡、东西岩等景区的发展升级。围绕中心工作，将绿色司法理念融入审判执行工作中，推动全区经济又好又快发展。完善并加快"僵尸企业"退出机制，稳妥推进破产案件审理，实现德众等四家关联汽车销售服务有限公司的破产重整。化解银行不良资产，通过实现担保物权程序快速审结金融债权案件19件，结案标的3372.4万元，共执结金融案件1561件，执行到位标的5.9亿元，保障全区金融稳定。延伸司法职能，分别就农村土地流转、劳动争议、未成年女性欺凌等领域展开调研，全年共形成调研成果5项，加强成果转化，指导审判实践。健全未成年人案件审理机制，注重教育、感化。落实未成年人轻罪犯罪记录封存制度，共对12名未成年被告人的犯罪记录进行封存。重视信访积案化解，院领导全年共包案化解积案2件。

【司法为民】 2017年，区法院努力践行司法为民，推进“三大机制”建设。建立“大立案”机制，有效提升诉讼服务供给。落实立案登记制，坚持“有案必立、有诉必理”，依法保障当事人诉权。通过一次性告知、信件沟通、电子送达等机制，增强立案便利性和快捷性，实现当事人“最多跑一次”。推广网上立案、网上信访、律师服务平台、视频接访等跨区域诉讼事务。全年共网上立案4635件，立案率56.7%，跨域立案76件，位居全市前列。在全市率先开展延伸立案工作，联合区司法局在全区14个司法所设立诉讼服务网点，为群众就近提供调解、立案等诉讼服务。完善“大服务”机制，满足群众司法需求。在现有条件下，构建一站式、立体化、综合性的新型诉讼服务中心。设立律师服务中心、调解速裁中心、档案查询阅卷室、心理咨询室以及母婴室等，为群众提供多元化诉讼服务。完善财产保全机制，实行财产查控前移，引进浙商银行当场出具保函业务，推进诉前财产保全。强化巡回审判功能，开展乡镇巡回审判、调解50余次。健全司法救助体系，设立司法救助委员会办公室，对符合条件的45名案件当事人办理缓交诉讼费合计82.6万元，申报司法救助14件，办理司法救助金合计39万元。强化“大调解”机制，整合资源全力助推解纷。构建大调解平台体系，设立诉前引调、立案调解、简案速裁平台，与区司法局、区妇联、市保险行业协会等建立诉调对接机制，实现“一条龙”式的案件辅导分流、诉前委派调解、司法确认。引进特邀调解员、保险行业调解员以及律师调解员等入驻我院并开展调解工作。大胆尝试在线纠纷解决平台应用，促进矛盾纠纷网上化解。

【司法公开】 2017年，区法院不断深化法院门户网站建设，推送智慧法院手机软件应用，及时公布工作动态、诉讼流程等信息，方便当事人即时了解案件流程节点。推进庭审记录改革，全年庭审录音录像率达100%，庭审直播案件数688件，其中1名法官直播案件数位列全国前40名，入选全国优秀直播法官。接受新闻媒体监督，建立健全新媒体时代法院新闻宣传工作机制。全年共开展普法宣传活动54次，推送微信文章32篇次；协助央视一套《今日说法》栏目制作普法节目《三上法庭》和《速成的“微整形”大师》并播出；制作《情怀下的担当》执行纪录片，网络点播达上万次；在丽水广播电台《百姓热线》栏目中就法院工作近况与听众互动交流，引导公众对“破解执行难”“三大机制建设”以及“司法体制改革”予以正确认识。深化阳光司法，坚持“公开网拍优先”原则，全年网拍成交211件，总成交额7.2亿元，平均溢价率48%，为当事人节省佣金1668.4万元。

【司法改革】 2017年，区法院认真落实省、市法院统一部署，针对法官入额压力大、未入额比例居全市最高的现状，细化标准、严格程序，顺利完成第二批法官入额共14名，其中35周岁及以下年轻法官9人。推进民商事案件繁简分流，全院共设30个审判团队，启动新型审判团队运行模式。推进审判权力运行机制改革，精简整合原有内设机构，提高运行效率。落实司法责任制，落实院庭长办案制度，入额的院庭领导全年办案共计3997件，占全院员额法官办案数的51.4%，同时，带头办理疑难、复杂案件，发挥示范带头作用；试行专业法官会议制度，加强监督管理，提升审判专业化水平；落实法官办案质量终身负责制，明确裁判文书签发权，促进法官队伍正规化、专业化、职业化。

（应利静）

司法行政

【概　况】 2017年，区司法局顺利打赢“护航十九大、平安夺金鼎”维稳硬仗；深化公共法律服务体系建设，打造“惠企便民”法律服务新模式，取得阶段性成效，获省司法厅“惠企便民工作”通报表扬；“莲都区青少年法治教育公益宣讲活动”获“2017年全省法治宣传教育优秀项目”荣誉称号；全力以赴做好全国文明城市创建工作，6个多月时间，市区居民的普法参与率提高70多个百分点，获“丽水市创建全国文明城市工作”集体嘉奖；开展依法行政示范单位创建工作，被丽水市人民政府命名为“丽水市依法行政示范单位”。深化“指尖普法”，借力“莲都司法”微信公众号为载体，开展“集字赢大奖　助力创建全国文明城市”活动，参加人数突破一万人，围观人数超82万人次，取得突破性成效。

【公共法律服务体系建设】 2017年，区司法局及时出台四套具有莲都特色的公共法律服务体系实施专项方案，即《关于加快推进莲都区城乡基本公共法律服务体系建设的实施意见》《莲都区基本公共法律服务均衡化标准》《莲都区乡镇街道公共法律服务站点建设指导意见》和《莲都区公共法律服务产品目录》，既从区级层面对公共法律服务平台建设作出顶层设计、总体部署和均衡化标准，又推出具体基层站点规范化标准。完善和落实巡查走访、法律咨询、矛盾纠纷排查化解、特殊人群教育管理、一月一指导等“五大机制”，形成了一套科学、高效、规范的工作机制，为提升基层公共法律服务效能打下坚实基础。同时，以“组团下乡”活动为载体，让企业、群众在“家门口”就得到优质高效的法律服务，开展“以案释法”宣讲服务、法律咨询服务、法律援助服务、法律体检服务、人民调解服务、村级“法律明白人”培育服务、社区矫正和刑释人员安置帮教服务和公共法律服务站（点）指导等八项服务内容。完成全区14个乡镇（街道）公共法律服务站和236个村（社区）公共法律服务点建设，实现区乡村三级公共法律服务平台全覆盖，群众满意率稳步提升。

【普法依法治理工作】 2017年，区司法局开展普法依法治理工作，重点做好法律进机关（单位）、进村（社区）、进学校、进企业工作。落实“谁执法谁普法”责任制，下发《关于建立重点单位法治宣传教育责任清单制度的通知》，以责任清单抓普法，变主管部门的“独唱”为各部门的“合唱”，形成部门分工负责、各司其职、齐抓共管的普法工作新格局。组建“七五”普法讲师团，利用“三八”维权周、“3·15”消费者权益日、“安全生产月”、“6·26”禁毒日、“12·4”国家宪法日等重要节点，开展有针对性的法治宣传教育活动。做好领导干部、青少年和特殊人群三类重点对象，着重抓好领导干部学法用法守法工作、推动青少年法治教育公益普法宣讲、“女童保护”专项普法宣传活动等活动。加强法治宣传阵地建设，开展“民主法治村”“普法农家院”“诚信守法企业”等创建活动，培育普法成果，积极推进法治元素进农村文化礼堂，以多样化形式和丰富的载体，提升法治宣传整体效果。截至年底，全区建成1个国家级、8个省级和34个市级“民主法治村（社区）”，7个市级“普法农家院”和7家“诚信守法企业”。

【全国文明城市创建】 2017年，区司法局围绕莲都区创建全国文明城市这一中心任务，构建普法大格局，开展尊法学法守法用工作。由区普法办牵头全区各普法成员单位联合开展“人人参与法治宣传　共建文明城市”活动，树立“市区共建”意识。通过“入户式”普法，将全区35家普法成员单位和88家市直文明城市创建考核单位结对市区89个小区，责任单位实现全覆盖。完成89个小区两轮入户抽查和两次督查，在全国文明城市创建中，群众知晓率和满意率都达到95%以上，成效显著，实现了一举创成的目标。开展“千家小微企业法律服务活动”，组建由司法干部、律师、法治宣传志愿者等组成的小微企业法律服务团，走进主城区沿街商铺开展法治宣传，为小微企业提供各类法律、政策咨询服务，走访小微企业一万余家。同时，通过举办村级组织换届选举法治巡演、普法夜市、创设“方言讲座”等活动，积极营造法治宣传新常态。全年开展各类主题宣讲200余场，法治宣传活动70余场次，发放宣传资料8万多份，惠及群众5800余人次，取得良好效果。

【全市第一条法治宣传小巷】为全国文明城市创建营造法治新常态，区司法局将市区白云南弄墙面整修一新，并进行设计装修，将其打造成全市第一条具有本地特色的法治宣传小巷。经过精心设计、专业施工，将白云南弄整修成为一条漂亮的法治宣传小巷。

【依法行政工作】 结合“最多跑一次”改革，依法做好行政许可、其他行政权力事项、公共服务事项等各项可列入“最多跑一次”行政职能的范围。围绕市依法行政示范单位创建工作，强化法律引领，健全制度，强化目标管理，以加强法治宣传教育、完善制约机制为手段，参加规范性文件起草论证，参与行政规范性文件合法性审查，开展执法监督专题培训，推进依法行政工作，成功创成市级依法行政示范单位。全面推行“双随机”抽查及执法监管工作，抓好律师事务所及律师、基层法律服务所及基层法律服务工作者等执法执业监督工作，做好社区矫正执法监督工作，促进规范执法。配合做好人民监督员日常管理和年度考核工作。开展人民监督员制度改革、指导人民监督员开展监督活动、宣传培训等工作，不断强化人民监督员对检察活动监督的独立性和公信力。行政法制科配合做好人民监督员履职活动18次，参加人民监督员培训1次，组织人民监督员座谈会1次。严格规范公正文明执法，不断完善执法监督机制。继续聘请专职律师担任法律顾问，进一步明确工作职责，规范工作程序。完善执法监督机制，提高全员持证人员执法业务水平， 6名执法人员报名参加全市执法证件考试。

【人民调解工作】 打响“莲心品牌”，推进务实高效的“区乡村三级”人民调解体系建设。做实236个村（社区）调委会日常基础性工作，实现小事不出村；突出14个乡镇（街道）调委会主力军作用，实现大事不出乡；重点强化区调委会“莲心工作室”指导、分流、攻坚职能，确保疑难复杂案件区集中力量化解。围绕中心工作，部署开展“平安护航十九大疑难纠纷调解大会战”。制定《关于开展“平安护航十九大疑难纠纷调解大会战”的实施方案》，集中时间、集中力量全面排查、化解矛盾纠纷，确保十九大安保维稳工作顺利进行，发挥人民调解“第一道防线”的作用。2017年以来，区调委会“莲心”工作室指导全区各级调委会共调处各类矛盾纠纷2758件，涉及金额3847余万元，其中调处重大疑难矛盾纠纷111件，涉及金额3295余万元，非正常死亡纠纷48件，涉及金额1400余万元，化解历史遗留纠纷34件，如主动承接了6起高铁项目征迁遗留“骨头案”的化解工作，抽调精干力量组成调解攻坚组，经过两个多月日夜连续奋战，艰难调解，终将6起“骨头案”全部拿下，为“平安莲都”筑牢第一道防线。加强机制建设，推进人民调解工作规范化建设。在人民调解制度层面，先后出台了《莲都区人民调解工作机制（试行）》《关于建立诉调对接机制的若干意见》《关于人民调解对接信访工作的有关意见》等规范性文件。在调解队伍层面，在全市率先全面开展村（居）人民调解委员会推选，全区由村（居）民代表大会推选产生调解员1065名，开展业务培训20场，模拟、观摩现场调解23场次，推行人民调解员等级评定。指导成立莲都区人民调解协会，促进调解队伍向专业化、职业化、社会化方向发展。做好行业性专业性调委会建设，重点加强对驻所调解室、诉调纠纷调委会、劳资纠纷调委会、银行业纠纷调委会的检查指导，推进人民调解和行政调解的衔接互动。创新调解方式，发挥“互联网+调解”线上平台和自联会作用。在全市率先开启网上调解新模式，会同区法院推广运用“在线法院多元纠纷服务平台”,在全区14个乡镇(街道)设立诉讼服务点,探索“互联网+人民调解+司法确认+诉讼立案”的新路子,通过网上受理、在线点单、视频联调,实现咨询、调解、司法确认一站式服务。

【法律援助工作】 2017年,区司法局加强办事流程优化,按照“最多跑一次”服务标准,加强动态调整。完善服务指南,与省政务服务网实现数据对接,打通网上审批通道,让群众申请不用实地跑。加强便民服务提速,推行法律援助申请“容缺受理”机制,开辟维权“绿色通道”,对农民工、残疾人、70周岁以上老年人等特定人群实施申请优先办理机制。下放初审权限。为发挥基层法律援助站点面向基层便利优势,将法律援助审批初审权限下放给14个乡镇(街道)法律援助工作站,并进行专项业务培训,为基层群众提供家门口的法律援助,让干部跑代替群众跑。对行动不便的老弱病残人群,通过电话预约提供上门服务,实现群众“零跑动”。部署开展服务“无欠薪莲都”创建活动,有效发挥区劳动争议仲裁院法律援助工作站作用,为民工讨薪提供法律援助。全年共受理法律援助案件604件,涉及农民工、老年人、军人军属、未成年人等弱势群体,为群众提供来电来访法律咨询逾千人次,通过容缺受理、绿色通道惠及271人。

【律师管理】 以深化“名所名品名律师”培育工程为工作切入点,充分发挥律师职能作用。发挥政府法律顾问作用,建言献策。全区2017年区、乡镇街道政府、区党政部门、事业单位计57家单位聘请了法律顾问,全区、乡镇街道二级政府、区级政府部门法律顾问均实现全覆盖。紧扣重点项目,强化法治把关,在莲都区天网2期PPP项目中参与重大合同合法性审查;在征地拆迁、治危拆违等工作上,有针对性地提供法律意见和建议;在万洋众创城项目中建言献策。紧扣维稳防控,加强依法推进,在森宇项目闲置地块处置工作中有效发挥律师职能优势。加强律师参与信访接待,推进信访法治化建设,加强信访涉诉案件法律援助工作。2017年,开展村务“法律体检”97个,帮助修订、完善村规民约、合同、协议等91个,办理法律援助24件,为乡(镇)政府提供法律意见和建议36条,处理其他涉法事务90件,参与领导接访日律师陪同接访、日常“坐堂”接待上访群众57批91人次,其中有23件信访事项导入诉讼途径,为息访息诉发挥了积极作用,取得良好社会效果。

【企业服务】 围绕护航莲都生态经济,引导律师参与一对一、面对面企业个性化法律服务开展企业大走访活动,深入了解企业法律服务需求。2017年,走访工业园区重点企业、岩泉等乡镇(街道)辖区企业、工商户近300余家,通过法律体检,有效帮助企业提升防范法律风险能力。发挥法律顾问在企业发展中的法律参谋作用,加强与工商联的沟通协作,通过商会平台,为浙商提供法律服务,并在司法行政法律服务中心设立“丽商回归”法律服务“绿色通道”。加强规上企业和小微企业法律服务,丽水万控电气有限公司等26家区规上企业均聘请了法律顾问。推出适合企业需求的法律产品,如浙江博翔律师事务所与丽水工业园区管委会签订《企业法律服务外包合作协议》,打造丽水工业园区“企业法律服务中心”;泽厚(丽水)律师事务所推出“法律菜单”,为企业提供公司法务、人力资源、经济合同等律师服务清单;汇时律师事务所加强与丽水市新生代企业家联合会合作,建立“丽商问法”法律服务平台。上门走访企业300余家,为80余家进行“法律体检”,帮助企业解决法律问题460余个,为企业出具法律意见书138份、风险提示函59份。

【平安护航十九大】 成立“平安护航十九大大会战”工作领导小组,以“绝对安全、万无一失”的工作标准,层层压实攻坚责任,落实工作举措,全面开展安全隐患排查整治,筛查出6名社服服刑重点人员,落实“六个一”管控措施,切实做到“五个包”。同时,开展社区矫正突发事件应急处置演练,实行常态化值班制度,锤炼能力,保持最佳状态,做好社区矫正安全监管工作。期间，成功追捕抓获2名被裁定收监出逃人员、收监执行2名严重违反监管规定的社区服刑人员、稳控450名社区服刑人员，消除安全隐患和不稳定因素，实现“六个坚决防止”和“三个确保”的目标。全区累计接收3395名社区服刑人员，解除2932名，在册社区服刑人员463名，无重新犯罪。深化监地衔接，落实安置帮教措施。组织开展排查走访，掌握刑释人员动向，加强安置帮教工作，帮助特殊人群回归社会，针对重点帮教对象，落实帮教人员，加强衔接，衔接率达到100%，受到省司法厅领导的批示肯定。同时，对50名在服刑人员未成年子女开展结对帮扶活动，落实帮教措施。截至2017年年底，莲都区刑满释放人员在册共计1476人，12名在册人员重新违法犯罪，重新犯罪率为0.81%，无严重刑事犯罪发生，重新犯罪率等控制在平安考核要求范围内。

【社区矫正教育新模式】 整合各方力量，开展教育转化工作，打造社区矫正学习教育莲都模式。通过开展国学教育和价值观教育，促进内心感化，如与南明书院合作办学，除每月组织的集中教育活动中加入国学元素外，每周四晚上安排部分社区服刑人员参加南明书院的国学讲堂。将社区服务教育融入文明城市创建中，每月组织社区服刑人员进村（居）入户、沿街入铺上门宣传社会主义核心价值观、组织“捡烟头”等公益劳动。组织社区服刑人员72批次，累计参加人数5561人次。开展乡土文化教育促自信，以志愿者形式服务村（社区）组织的活动，如为邻里节、重阳节等活动开展提供场地布置、秩序维护、场地清理等服务；以农村文化礼堂为载体，开展社区矫正进文化礼堂学习教育活动，请当地的乡贤讲自己人生的励志故事；开展专题社工个案辅导，促进心理矫正。2017年，全市首个“关心桥驿站”服务项目落户莲都，首期投入5万元公益基金，对莲都区首批30名青少年社区服刑人员开展帮教帮扶工作，取得阶段性成效。

（叶丹青）

军 事

人民武装

【概　况】 2017年，区人武部3支特色队伍参加全省后备力量建设现场会展示；连续第4年组织全市冲锋舟集训和水上救援综合演练；6次代表军分区接受省军区检查考核；征集新兵XX名；组织2期专武干部普训普考，分季度按实绩进行工作考评，基层规范化建设水平走在全市前列；推进民兵“四队”兼备应急力量建设，出台2个规范文件。落实“规定动作”，组织全体干部骨干参加省军区、军分区理论学习授课，精心组织“维护核心、听从指挥”主题教育，推进“两学一做”常态化制度化等，“三个维护”更加坚定自觉。借助中央、省市的官方微信公众平台，坚持每天通过微信群，将优质理论文章推送给干部职工，把理论知识分解在“一指一划”间。推进国防教育深化普及，先后组织优秀军人军属春节座谈会、庆祝建军90周年文艺晚会、新兵入伍欢送会、退役军人返乡欢迎仪式暨专场招聘会、莲都论坛国防形势专家授课以及“征兵宣传进校园、国防宣传进社区”、开设“八一”光荣榜、拥军走访慰问等系列活动。完成作战室、作战值班室规范改造，常年保持良好战备值班秩序，修订完善各类非战争军事行动方案；展开潜力数据统计调查，进一步摸清辖区国防潜力底数。加强应急应战训练，组织全市冲锋舟手集训和水上救援综合演练，组织专武干部集训、民兵连长轮训以及应急连、专业分队训练，选送专武干部和民兵骨干参加上级抽考和跨区联训。调整民兵分队编组布局，完成基干民兵编组任务，并作为军分区代表队，高标准通过省军区检查验收。组织3支特色应急专业分队参加全省后备力量建设现场会装备展示，拟制出台民兵“四队”兼备应急力量建设规范性文件，民兵队伍建设质量进一步提升。落实大型工程装备预征预储，拓宽装备预征渠道，遂行任务保障能力明显增强。巩固深化基层规范化建设成果，全区基层武装部建设基本达标，建成区级民兵应急连部和10个村级民兵连部样板单位。坚持依法廉洁征兵，精准发力抓实兵役登记、征兵宣传、体检政考等工作，大学生比例、双合格人数创近年新高。

【组织全市冲锋舟操舟手集训】 5月22日至26日，区人武部牵头负责，围绕基本理论、基本技能、水上救援等课目，组织全市共69人（其中参训人员45人，跟训人员11人，队部及教员13人），在南明湖水域展开冲锋舟操舟手专业集训。通过考核，全体同志基本掌握了冲锋舟操作技能，考核成绩良好。

【民兵“四队”兼备应急力量建设】 根据《丽水市民兵“四队”兼备应急力量建设规范（试行）》和“龙泉会议”精神，出台《莲都区加强民兵“四队”兼备应急力量建设实施办法》《莲都区民兵应急连常备应急排建设规范》；依托城区6个街道，组建完成常态备勤排建设；通过购买和预征，落实冲锋舟18艘，橡皮艇12艘；申请专项建设经费85.6万元，其中装备器材采购50万元、常备排保障经费25万元、特色排建设5万元，圆满完成全区民兵

“四队”兼备应急力量建设任务。

【民兵组织整顿工作】 在省军区、军分区党委和区委、区政府的正确领导下，人武部始终坚持“主业主抓、有为有位、首善担当”的工作指导，按照“平时服务、急时应急、战时应战”使命要求和“四队”建设目标，圆满完成应急力量、专业力量、特殊力量的编组任务。

【基层武装部规范化建设】 在2015年底召开基层规范化建设现场观摩会的基础上，推开白云街道、仙渡乡两个单位试点经验，指导乡镇（街道）武装部抓好基层规范化建设，协调林业、水利、人防、消防、应急等相关部门抓好综合器材库建设，全区15个乡镇（街道）武装部规范化建设全部达标。下拨20万元基层规范化建设经费，在全区打造完成10个样板民兵连连部。协调地方政府购置20艘冲锋舟，分散配置在沿江防汛防台重点乡镇；投入40万元购买应急装备和物资器材配发基层武装部。

【征兵工作】 全区18周岁适龄青年有X人，100%参加网上兵役登记。经政治考核和走访调查，全区双合格青年X人。区定兵会确定新兵X人，直招士官X人，女兵X人，顺利完成X名新兵征集任务。

（江勇）

莲都武警

【概　况】 2017年，武警莲都中队稳步推进开展各项工作。作为总队树立的“基层建设先进中队”、全支队唯一的警营开放中队、莲都区反恐维稳的尖刀部队，武警莲都中队先后完成“两会”安保，“3·14”“7·5”重点时期城市武装巡逻及十九大安保任务，指导员徐宝学被省委省政府评为十九大安保先进个人，荣立个人三等功。

【思想政治建设】 2017年，武警莲都中队全面贯彻落实中共十九大精神，响应总书记坚持走中国特色强军之路，全面推进国防和军队现代化建设的号召，在全中队开展“传承红色基因，担当强军重任”的主题教育，并制定教育实施计划方案，召开教育动员会，培养有灵魂，有本事，有血性，有品德的新时代革命军人。做好老兵复退，新兵入伍人员的思想工作，帮助其顺利度过思想波动期。

【军事训练】 2017年，武警莲都中队响应习近平主席“军队是要准备打仗的”号召，一切工作坚持围绕战斗力标准，向能打仗，打胜仗聚焦，扎实做好军事斗争准备。根据支队年度训练计划，科学组训，合理施训，注重培养官兵一不怕苦，二不怕死的战斗作风，年度军事训练质量稳步提升。

【双拥工作】 2017年，武警莲都中队以莲都区政府年度工作计划为依据，以区双拥工作为重点，制定中队双拥工作实施方案。作为支队唯一的警营开放中队，莲都中队以警营开放日为契机，推动驻地国防教育深入发展。通过官兵和市民面对面的交流宣传，国防意识，爱国情怀无形当中深入市民内心。中队积极配合丽水市争创全国文明城市，组织官兵义务打扫街道卫生，义务宣传劝导，给驻地人民群众留下良好印象。

【后勤保障】 2017年，武警莲都中队根据《总队保障工作指示》，结合一长五员制度，加强对司务长，军械员，卫生员，给养员，驾驶员，炊事员的专业技能教育培训。在征求官兵对伙食改善的意见建议后，制定多样化食谱表，既满足了广大官兵的口味需求，又满足了高强度训练下的合理营养需要。中队注重做好经费管理工作，重大经费开支需请示报告，并经双主官签字方可开支。严格落实记账挂账、物资交接和检查评比等制度。

农村经济

综　述

【概　况】 2017年，全区实现农业总产值28.32亿元，增长4.1%。其中，农业产值20.90亿元，增长5.8%；林业产值2.51亿元，增长9.1%；牧业产值3.85亿元，下降6.3%；渔业产值0.72亿元，增长1.9%；农林牧渔服务业产值0.33亿元，增长11.3%。继续推进农业"三区"建设，全区粮食播种面积9066.67公顷，总产量4.5万吨，新建粮食生产功能片区626.67公顷，新建高标准基本农田1540公顷。新增市级示范性农民专业合作社3家，新培育示范性、休闲性家庭农场3家；新增基层农技推广体系改革创新试点、全国农村集体产权制度改革试点2个国家级试点，新增农产品质量安全智慧监管试点、浙江省农村综合改革试点2个省级试点，全年安排农业项目扶持资金累计3255.5万元，涉及52个农业生产主体。完成12家美丽生态牧场建设，其中"处州蜂业"被评为"浙江省首批美丽生态牧场"。累计30款产品获得"丽水山耕"品牌授权。建设"丽水山耕"合作基地145个，"丽水山耕"合作开发包装设计29个，参与"丽水山耕"母子品牌运作商标32个。培育农产品旅游地商品生产经营主体57个，旅游地商品57个，实现旅游地商品营销额4.8亿元。获全国休闲农业和乡村旅游示范区、2017中国绿色生态农业示范城市、全省畜牧业绿色发展示范县等荣誉称号。"养猪上楼"模式被农业部列为"五大治污模式"之一，并已申请国家发明专利。

【农民创业增收】 按照《莲都区促进农民增收三年(2016—2018年)行动计划》要求，各单位部门配合，培育发展高效特色农业，实施生态农业提质增效；实施莲都"山耕、山居、山庄、山味、山玩"五山发展战略；紧盯来料加工市场需求和技术，促进农民富余劳动力参与来料加工；优化就业信息对接、政策咨询、劳动力交流等农民就业服务；挖掘农村传统工匠技艺，培育农产品经纪人队伍，鼓励和引导农民就近就业，引导大中专毕业生、返乡农民工、退伍军人等返乡创业；强化社保政策兜底，完善最低生活保障制度"应保尽保"，全面实施"两项补贴"政策，健全关爱帮扶体系。2017年，新增农村电子商务服务网点43个，农村电商销售额达25.4亿元，其中农特产品网上销售额11.38亿元；来料加工参与农民工达25888余人，实现年来料加工费达2.23亿元；新增农家乐民宿床位984张，接待游客331.77万人次，营业总收入达2.52亿元。开展千万农民素质提升工程，惠及农民9348人次，提高农民创新创业和务工就业能力，增加农民工资性收入。通过打好"产业富民、就业富民、项目富民、改革富民、政策惠民"组合拳，实现农村常住居民人均可支配收入23407元，同比增长10.1%，增幅居全市第二位，农村居民收入连续31年位居全市首位。

【农村人居环境】 完成256个农村生活污水治理村项目并全部通过验收进入移交运维，实现43871户农户受益；完成24个农村生活污水治理整改提标改造工程。在农村垃圾集中收集处理全覆盖的基础上，完成20个垃圾资源化减量化试点建设，新建垃圾站房20座，新增厨余垃圾处理设施20套、垃圾车13辆，开展垃圾分类33个村，农村生活垃圾建制村分类覆盖率35%。继续推进农业水环境治理、农药化肥减量行动、农业废弃物资源化利用和无害化处理等工作，完成农业高效节水面积200公顷，投资840万元；化肥减量219吨，完成率108%，商品有机肥推广7700吨；农药减量完成0.3吨，完成率150%；利用秸秆量4.01万吨，秸秆综合利用率92.82%；农药废弃包装物回收30.5吨，回收率达99.5%，处置量30吨，处置率达108.5%。完成生猪养殖户整治790户，其中关停退养678户，整治提升112户，完成整治生猪26039头。全区农村生活饮用水水样抽检合格率72.73%，同比提升9.93%。通过打好系列组合拳，实现农村人居环境水平再提升。

【农村社会事业】 推行校长农村任职制度，在中级、高级、特级校长职级评定中设置农村任职年限；在校长任用中设置农村任职经历要求。成立农村学校和薄弱民办学校教研共同体，提升农村教育教学质量，推动城乡校际均衡发展。全年发放营养餐、教育资助券及困难家庭寄宿生生活费补助款396.918万元，惠及贫困学生7920人次；发放民族教育券资助款23.946万元，资助少数民族学生2347人；235名贫困幼儿获得贫困学前教育资助，发放贫困幼儿保教费补助款27.1425万元；成功结对贫困中小学生549人次，发放贫困生助学结对款12.92万元。 新建“天天乐”文体广场活动点42个，活动点共达520个，新建乡村戏苑3个，戏苑共达52个；新建文化礼堂9个，文化礼堂共达61个；完成送戏下乡419场，送书下乡19539册。新增省级卫生乡镇4家，省卫生村23家，市级卫生村24家；完成建设村卫生室108家，注册乡村医生115人；核定乡镇卫生院床位134张，建制乡镇卫生院（社区卫生服务中心）标准化率100%。创成国家级群众满意乡镇卫生院1家，3家中心镇卫生院医疗服务能力显著提升，全年出院人次493人，同比增长24.49%；通过“师带徒”等形式培养中医人才，实现91.7%的乡镇卫生院设置中医科、中药房，76%的村卫生室能够提供中医药服务。推进村级气象防灾减灾标准化建设，完成莲都区峰源乡庞山村、万象街道丽华村、太平乡下坟村、雅溪镇上黄村的气象防灾减灾标准化村创建工作。

【农村体制机制创新】 继续深化金融服务“三农”，完成“三权”抵押贷款余额15.61亿元，其中：林权抵押贷款3236户，贷款余额8.5923亿元，新增8876万元；农房抵押贷款1961户，贷款余额6.2245亿元，新增13435万元；土地流转经营权抵押贷款132户，贷款余额7919万元，新增1861万元。新增村级互助担保组织3家，累计16家村级担保互助社，实现担保292笔，担保贷款5417万元。完成农村房屋所有权和土地使用权确权登记4329本，区村级股份经济合作社经营体制机制创新村43个，新增农村产权公开交易数120宗，新增农村产权评估业务开展数量30宗，农村承包土地确权登记颁证完成率达96%，完成农村土地承包流转经营权证颁证130本。新增林地流转面积801.07公顷、规模林地流转发证201.8公顷，提高农村土地利用的集约化，合理化。完成2座万方以上山塘确权颁证，完成河道经营管理权承包10段。结合新形势、新任务的要求，创新性地提出一票否决制度和激励机制，进一步提升“民主法治村（社区）”创建质量和实际效果。截至年底，莲都区共创建国家级民主法治村1个、省级民主法治村（社区）8个、市级民主法治村（社区）32个。

全面小康建设

【美丽乡村建设】 2017年，重点打造新陶村等6个美丽乡村重点村。全面深化河长制，巩固提升剿灭劣V类水成果，全区256个农村生活污水治理村项目竣工并全部通过验收进入移交运维；完成24个农村生活污水治理整改提标改造工程。推行城乡生活垃圾分类化减量化资源化无害化处理，建立城乡环卫一体化工作新机制，开展20个试点项目、33个分类村创建，农村生活垃圾分类减量村覆盖率35%以上。创成省级美丽乡村示范乡镇1个、省级特色精品村3个，市级美丽乡村示范乡镇1个、示范村(居)2个、美丽经济项目3个。省级历史文化保护利用第三、四、五批分别完成进度的100%、80%和30%。建成“欢庭·下南山原生态度假村”，拟通过现有资源利用，合理开发、科学经营，创建莲都古村落保护性开发的“下南山模式”。创建市级水利风景区1个——千年西溪水利风景区；创建碧水映村5个，完成河道清淤整治50公里，新增高效节水面积204.07公顷。实施 4个村庄绿化，完成平原绿化63.87公顷、新植珍贵树37.5万株。推进农村景区化，创建A级景区村25个，其中完成AAA级景区村2个，AA级景区村11个、A级景区村12个。完成农村环境整治建制村42个；投资3293万元，建设农村公路提升改造工程计划项目5个，总里程30.95千米。

【农民异地转移工程】 2017年实现搬迁1182户2438人，其中整村异地搬迁287户556人，大搬快治搬迁895户1882人。新投资2.32亿元，推进用地面积26965平方米(约40.4亩)，共11幢391套的联城城郊农民新社区三期等安置小区(点)建设，出台联城城郊农民新社区三期安置房申购和管理办法(里东安置小区)，完成399户异地搬迁户安置房分配工作。总投资4.7亿元，建设总用地面积约8.4公顷，总建筑面积约14.2万平方米的碧湖瓯碧园安置小区，计划2019年12月完工。

【扶贫开发工程】 2017年累计落实扶持资金0.12亿元，扶持项目100多个。出台《关于开展低收入农户产业扶持工作的通知》《关于实施2017年度雨露计划的通知》《莲都区扶贫贷款保证保险和扶贫贷款项目补充保险工作实施细则》等帮扶政策，通过实施产业扶贫、电商扶贫、来料加工、农家休闲旅游(民宿)、就业扶贫、“十箱万元助低收入农户增收”等多项举措推进低收入农户增收，增强低收入农户自身造血功能。开展产业扶贫，全年3083户农户申报产业扶持资金共191.7万元；对雅溪镇、峰源乡、仙渡乡、黄村乡等乡镇72户中蜂养殖户送中蜂720箱；成立光伏小康工程领导小组，出台了《莲都区光伏小康工程实施方案》，通过开展63个省级结对扶贫重点村的调查摸底工作，摸清各村的具体情况，开展光伏小康工程建设。开展教育扶贫，73名低收入农户子女申报雨露计划补助金，补助21.9万元。开展健康扶贫，对全区低保人员，发放低保金3756万元，医疗救助11456人次、支付救助资金2749.7万元。开展小额扶贫贴息贷款，对低收入农户扶贫贷款项目实行保证保险和扶贫贷款项目补充保险补助，全年低收入农户扶贫小额信贷184户次、贷款总额828万元，扶贫小额贷款贴息21.2万元。开展金融扶贫，全区共建立28家村级扶贫资金互助会，1家区级扶贫联合会，互助资金总额达到971万元。参加互助会农户数1144户，其中低收入农户数187户，农户入股资金达134.1万元。莲都区低收入农户人均可支配收入达11067元，增幅达16.3%。

【千万农民素质提升工程】 充分整合各部门培训资源，强化各项政策措施，开展千万农民素质提升工程培训工作。先后举办2017年莲都区农民素质培训基地师资提升研修班、莲都区扶贫创业致富带头人培训班、民宿管家培训班、莲都区“丽水山味”研修班、民宿特色村创建培训班等特色主体培训班次。在广州举办2017莲都籍在粤创业精英培训班暨招商引资推介，开展异地创业培训。发挥“莲都春晚”文化特色，举办“2017年莲都区农村实用人才莲都春晚培训班”，委托区文化馆开展7期357人的莲都“天天乐”农村实用人才排舞培训，丰富农村精神文化生活，受到农民群众的热烈欢迎。开展农村富余劳动力转移技能培训，根据市场需求，开设育婴师、保育员、家政服务等培训科目，批准开班12个，培训学员622人，一次合格率达90%以上。巩固提升乡村能人品牌，培养一批“莲子师傅”“莲都乡厨”，先后评出10名“莲子师傅”、10名“莲都乡厨”和第3批乡村能人30

名。全年完成农村劳动力素质培训9348人次，其中农村实用人才完成2394人，农村转移技能培训622人，普及性培训6332人。

【农家乐民宿乡村旅游产业发展】 发挥莲都的生态优势和乡土文化优势，坚持“市场化、规范化、集聚化、精品化”发展思路，引导农家乐民宿产业向古堰画乡、风情东西、避暑峰源、栖居画乡等片区集聚发展。借力“最多跑一次”改革有利契机，优化审批流程，实现民宿证照办理材料减少率达57.14%。推进民宿特种行业许可证办理工作，举办民宿特种行业许可证颁证仪式暨民宿特种行业许可证办理培训会，全年共颁证271本，办证率79.7%。创建“放心民宿”示范区，完成农家乐民宿住宿登记系统安装，实现农家乐民宿公众责任险应保尽保。开展民宿政策补助和星级评定，共补助精品民宿7家，累计发放星级、农家乐特色村点、农家乐综合体、节庆活动宣传营销、二期民宿客房、G20民宿券派送活动核销经费、民宿独立式烟感报警探测器等各类将补资金866.36万元。先后开展农家乐民宿从业人员素质培训班17个，培训涉旅人员2015人次。承办丽水山居与一机游全面合作系列活动启动仪式、丽水山居·台湾民宿交流合作活动周暨农家乐民宿协会会员秋实轮值活动，举办各类农事节庆活动19场次，累计参与23万人次。组织参加杭州农博会、上海休博会等专场推介9场。全区共有省级农家乐特色村6个，市级农家乐特色村7个，省级农家乐特色点5个，市级农家乐特色点22个，农家乐综合体7个。创成精品农家乐民宿产业集聚区1个。共有农家乐民宿517家，床位5965张，餐位数31890个，从业人员共有2931人，其中三星级以上农家乐155家。2017年新发展农家乐民宿76家，新增餐位2630个，新增床位984张。累计培育农产品旅游地商品生产经营主体57个，旅游地商品57个，建设旅游地商品购物网点23个，实现旅游地商品营销额4.8亿元。全区农家乐民宿游客数331.77万人次，同比增长22.5%。农家乐民宿营业总收入25218.99万元，同比增长33.2%。被评为2017年中国“十大乡村投资目的地”，荣获全省2017年度农家乐休闲旅游工作考核优秀。

“六边三化三美”工作

【概　况】 2017年，全区“六边三化三美”行动坚持“绿色发展、科学赶超、生态惠民”发展主线，同心同向同力，共建共融共享，善谋善作善成，加快推进城市共建、经济共融、福祉共享，围绕“一线一口四村一区块”开展创建工作，荣获浙江省“四边三化”优秀县(市、区)，连续2年全市考核总分第一。

【环境整治】 制定出台《2017年度莲都区“六边三化三美”工作督查考核细则》《莲都区2017年度“洁美莲都”战役实施方案》等文件，实行“日巡查、周通报、月点评、年考核”的考评机制。推进路段长巡查制，区、乡、村三级路段长全面开展巡查，实现“区级路段长+结对单位+路段所在乡镇+结对村”的全域十乱问题巡查网络。完成省级点位整治32个，市级点位整治120个。发出1220组“六边快曝”、4926个点位，完成率99.5%，发出“六边快赞”33组。抓好全域洁美，总结2016年洁净村居红黄旗工作经验，探索“分级分类、整村覆盖、逐村整治、经费统筹”，按照“七个到位”即“垃圾清扫到位、六乱整治到位、公厕保洁到位、公共设施管养到位、家禽家畜圈养到位、群众动员到位、自然村覆盖到位”的标准，持续深入有效推进农村环境卫生治理。全年开展全民保洁日活动41次，累计发动党员干部群众参与超12万人次，累计清理垃圾近3000吨。开展以水体保洁，环境保洁、城乡秩序、田园美化、植树绿化等为整治重点的6次万人的清淤清扫环境整治的“洁美莲都”战役(田园牧歌揭幕战；六边大整治、合力创文明；洁美莲都迎国庆；攻坚奋战四十天、决战必胜迎省考；红旗村回头看；全域洁净迎新春)，有效巩固了红旗村创建成果和四边区域整治成效。

【项目建设】 累计项目总投资4.53亿元，2017年拨付项目建设资金2595.96万元。累计拆除美丽乡村风景线沿线视野范围违章建筑超43万平方米；拆除、降高、喷涂和整治“蓝色屋面”等第五立面近70万平方米；新建绿化面积638亩，提升绿化面积21.33公顷，提高沿线序化美化绿化效果。新50省道与港前线创成省级美丽乡村风景线，G25长深高速丽水（富岭）入城口被评为省级精品示范入城口，新330国道评为市级美丽乡村风景线，小安村、下圳村等5个村庄获得市级花样村庄称号，港口村等4个村庄获得市级美丽经济示范村，西溪村等3个村庄获得市级特色精品村称号，完成2017年度市级“一线三村”创建任务。

（刘怡君）

现代农业

【概　况】2017年，区农业局以农业供给侧改革为主线，围绕“让农业流行起来”这一定位，加快推进农业转型升级，拉高标杆，首善担当，取得一定工作成效。全年实现农业总产值28.32亿元，同比增长4.1%。

【农业龙头企业】2017年，莲都农业局坚持“扶强、扶大、扶优”的原则，培育专业化、规模化、企业化和法人化的现代农业生产经营主体，提高农业产业化水平。截至2017年年底，累计培育农业龙头企业82家其中省级8家，市级31家，区级43家。大力推进农业标准化生产，实施农产品品牌战略。全区累计认证有机、绿色、无公害认证农产品159个，有效期内无公害农产品72个，绿色食品10个，有机农产品16个，有效期内三品认证产品面积96574.8亩，其中，2017年新增无公害农产品20个，新增有机农产品11个，新增无公害产地整体认定1个，新增三品产地1136.35公顷。自2013年全市启动生态精品现代农业“361”工程创建以来，已创建示范乡镇9个，大学生创业典型19个、示范企业18家、示范合作社29家、示范家庭农场120家、生态精品农产品159个。

【农民合作经济】　2017年，全区新发展农民专业合作社10家，至年底，全区共有农民专业合作社428家，其中，省级以上示范性农民专业合作社有25家，市级示范性农民专业合作社17家，区级规范化农民专业合作社122家。全区的农民专业合作社中，有40家合作社通过了“三品”认证，有78家合作社开展省级农产品质量安全追溯系统二维码追溯。

【粮食作物】　2017年，全区粮食播种面积0.98万公顷，产量4.71万吨，与上年基本持平。据统计，水稻播种面积3666.67公顷，蚕（豌）豆播种面积1166.67公顷，比上年减少266.67公顷，甜玉米种植面积1200公顷，与上年略有增加，大豆种植面积为2366.67公顷，与上年增加466.67公顷。油料生产持续稳定发展，油菜种植面积达613.33公顷，花生种植面积466.67公顷，与上年持平。

【蔬　菜】　莲都区是全国蔬菜产业重点县和省特色蔬菜重点产区，2017年，莲都区蔬菜生产面积10000公顷，产量36.75万吨，产值8.4亿元，产值比上年增加5.6%，蔬菜种植效益较上年有所提高。全区已形成了豇豆、苦瓜、八棱瓜、番茄等特色集约基地和专业村。全区蔬菜种植效益明显提升，蔬菜产业已成为农民的最大收入来源，为莲都区农民增收、农业增效作出了贡献。

【水　果】　2017年，水果产业以优势域规划为指导，大力发展最适宜区和适宜区水果生产，大面积改植种柑橘园及发展特色小水果，新发展面积达到326.67多公顷，区域大宗种得到适当压缩，早中晚熟品种比例调优。2016年，莲都区水果产业受低雨雪冰冻灾害天气影响，枇杷、桃子、杨梅等水果减产较多。2017年气候较好，水果产业生产形势较好，枇杷、桃子、柑橘等水果产量较年同期都有较大幅度的提高，全年水果产量14.4万吨，增长8.7%，其中，枇杷产量0.17万吨，增长120%；桃子产量4.1万吨，增长11.1%；杨梅0.62万吨，增长1.5%；葡萄产量0.36万吨，增长5.0%；梨产量0.33万吨，增长4.9%；柑橘产量4.85万吨，增长8.8%。全年水果产业实现产值3.87亿元，增长7.8%。全年水果产业拉动农业增加值增长约1.9个百分点，对农业增加值贡献率约为55%。

【茶　叶】 2017年春茶气温相对往年平稳，春茶产量较高，价格平稳，夏秋茶产量略有增长。全年茶叶产量1932吨，增长5.1%，实现产值1.10亿元，增长6.9%。

【食用菌】 2017年，杏鲍菇、平菇等菇类生产保持平稳，秀珍菇种植规模有所增长，碧湖镇白口村新增一个夏季香菇生产基地，夏菇产量从无到有。香菇价格较去年同期明显回升，价格提高13%左右，食用菌产业实现产值4.52亿元，增长5.6%。

【特色产业】 截至2017年年底，全区共有处州白莲275公顷，种植莲子的农业龙头企业、种莲专业合作社和种莲大户达到30多家，莲产品加工企业3家，营销企业20多家，解决就业1200多人。丽水白枇杷产业依托太平、塔下区块集聚效应，加强精品生产，提高智能温室大棚及各种先进适用技术应用到位率，结合丽白枇杷合作社龙头带动等综合优势因素推动进一步发展壮大，面积474公顷，比2016年同比增长20%，产量1310吨，同比增产185%，产值3060万元，同比增加380%。2017年，进一步打开销售市场，发展远距离快递冷链物流，延伸枇杷产业链（枇杷花茶、枇杷酒），拓展礼品市场。同时结合自助型水果观光旅游线路，发展枇杷采摘游等休闲活动，宣传上发挥"中国十大名牌枇杷"荣誉效应，"丽水枇杷"在全省知名度和美誉度进一步提高。中药材产业迅速发展，2017年全区中药材产业发展迅速，种植面积达1349.8公顷，比2016年年新增49公顷，同比增长3.8%，实现总产量4734.324吨，同比增长3.73%，总产值9489.7万元，同比增长37.15%。其中草本药材铁皮石斛、皇菊、三叶青等保持稳定略有增长，金银花基本处于失管荒芜状态有面积无产量产值；2017年栝楼、杜瓜面积较2016年缩减1270多亩，白术、百合等2017年没有种植，新增药材种植2200多亩，主要是覆盆子、益母草等。

畜牧业

【概　况】2017年，莲都区畜牧生产保持平稳。全年生猪年饲养量18.7万头，家禽年饲养量363万羽，全区畜牧总产值3.85亿元。其中规模养猪场61家，存栏数4.86万头（1000头以上9家，500—1000头18家，200—500头12家，50—200头22家）。

【生态畜牧业】 推进污染整治，实现生态化养殖。截至2017年年底，全区累计关停488家养殖场，治理提升802户，已全部顺利通过验收；推进农牧结合，实现产业化养殖。全面实施《莲都区设施农用地备案监管办法》，截至2017年，共新增审批畜牧用地23块，总面积达31.116公顷；推进科学模式，实现高效化养殖。推广"水禽旱养""非接触式发酵床养猪"零排放等新型养殖模式。截至年底，莲都区已建成标准化水禽场2家，已有浙江丽水意鑫牧业有限公司、丽水和丰苑农业科技有限公司等18家养殖场采用非接触式发酵模式。

【动物疫病防控】 强化免疫工作，严防重大动物疫情发生。及时开展散养畜禽的春秋两季集中免疫和夏、冬季免疫周行动，确保畜禽"应免尽免、不留空当"，全年乡镇（街道）完成率、畜禽规模养殖场免疫率均达100%，散养家畜（家禽）总体免疫率均达99%以上，全区共免疫家畜14.1万头次、家禽276万只次。有效建立重大动物疫病防御屏障；实行企业运作，推进无害化处理工作。建成莲都区病死动物无害化处理场，通过购买服务方式，通过招标确定无害化处理运营企业，实行全区病死动物统一收集和集中处理，确保病死动物无害化处理及时到位；推进畜禽追溯，实现体系化建设。着重加强追溯体系建设，落实村级防疫员上传耳标补贴政策，本年度生猪耳标累计使用量为10.88万个；识读器累计上传信息数据17.16万条。

【动物卫生监督】 推进专项整治，实现规范化管理。相继开展"瘦肉精"、生鲜乳、兽用抗生素、生猪屠宰监管等专项整治行动，全年累计出动检查人员185人次，检查养殖场、屠宰场和兽药饲料经营店等场所530个次。检查中立案查处动物卫生监督案件11起，纠正不规范经营行为25起。确保畜产品质量安全，推进质量检测，实现制度化管理。莲都区全年抽检畜产品90个批次，并配合市级部门抽检畜产品14个批次，配合省级部门抽检畜产品62个批次、饲料和兽药共30个批次，检测结果全部合格。全年屠宰场共抽检生猪7169头，规模猪场抽检生猪1743头，“瘦肉精”检测合格率均为100 %。

农业机械

【概　况】 围绕农业“两区”建设，加强农机农艺（畜艺）融合，全面推进农业机械化科学发展。全区农业机械总动力达10.35万千瓦。主要农业机械中：农用小型拖拉机739台、0.62万千瓦，配套农具1007台，微耕机3441台，运输型拖拉机272台、4828千瓦，联合收割机25台，农产品初加工机械动力9108千瓦，茶叶机械2109台，食用菌机械3196台，设施农业设备温室193万平方米。农业机械原值1.4994亿元。机耕作业面积9459公顷，植保机械作业面积17406公顷，机械收获作业面积1582公顷。国家继续对购置农业机械实行财政补贴，一般补贴额为购机款30%，农民共购置补贴农机具632台，享受财政补贴资金102.7602万元；1家农业生产经营组织补贴建设连栋钢架大棚2144平方米，获中央补贴资金4.9312万元，区配套补贴资金4.288万元。加强机耕路建设，突出农机化主推技术，大力推广了温室大棚、冷藏保鲜、茶叶机械、食用菌机械、畜禽机械、喷滴灌等设施农业装备与技术。

【农机服务体系】 农机服务体系已初具规模，全区有农村维修网点14个，农机专业合作社7个，农机专业户681户，农机户6086户，乡村农机从业人员5565人。农机专业合作社开展了机耕、机插、机收和统防统治等“五统一”的农机社会化服务，共实施水稻机插293公顷。全区农机经营总收入0.69亿元。继续强化农民信箱农机综合信息服务平台建设工作，推进了农机信息化建设。

【农机安全监理】 市、区、乡三级农机安全生产责任制签订率达100%。新建“平安农机”示范镇1个，示范村19个。组织开展农机行业农机安全生产“打非治违”专项行动、“农业安全生产月”活动、农机安全生产大检查等专项整治工作。以各乡镇（街道）警农联络室为依托，建立农机安全长效管理机制，加大农机安全生产大检查力度，重点开展了以“春运”“五一”等节假日和春耕等农忙季节的农机安全检查，及时排查农机安全隐患。开展拖拉机报废补偿工作，共报废补偿拖拉机100台，补偿总金额24.2万元。按规定要求办理新购置的纯农田作业拖拉机、联合收割机的注册登记、核发牌证工作，注册登记联合收割机4台。推进插秧机等农业机械实地安全检验试点工作，结合农时季节组织做好29台插秧机的实地安全检验，检验率达到100%。加强和完善办证大厅的规范化、标准化建设，全年共受理承办农机监理行政审批业务116件，其中拖拉机、联合收割机证书和牌照核发业务52件、拖拉机、联合收割机驾驶操作证核发业务64件。

农业执法

【概　况】 2005年至2016年连续12年获得省重大农业植物疫情防控指挥部“重大农业植物疫情防控责任制考核优秀单位”。2017年农业行政执法工作取得佳绩：一是莲都区农业行政执法大队获评2017年度“全国农业综合执法示范窗口”称号；二是2015—2017年连续3年被评为浙江省农业行政执法绩效考核优胜单位；三是2014—2017年连续4年获丽水市农业行政执法年度考核第一名；四是依法查处各类农业违法案件21起，罚没款总额共计10.16万元，其中莲农（农药）罚〔2016〕4号“经营擅自修改标签内容的农药产品案”被评为2017年度莲都区优秀行政执法案卷；五是成功护航“十九大”，举办3次全区农资经营人员培训班；六是将两个假蚕豆种子案件成功移交区公安分局刑事立案，涉案金额110余万元；七是《吕某某经营假农药案》与《浙江某生物科技有限公司经营未取得农药登记证的农药案》两个案例被编入浙江省《农业执法案例选编》；八是文章《从“大嘴青蛙”引发农业执法新理念的思考》发表在农村信息报和浙江法制报上，并被编入《浙江省农业综合执法20周年回顾与展望》；九是夏秀娇同志在全省农业综合执法大比武知识竞赛中获得个人风采奖；十是成功承办全省新进农业执法人员业务培训班、全市农业执法人员业务能力提升培训班。

【专项执法行动】 开展“肉品安全专项整治百日会战行动”“瘦肉精专项整治”“畜禽屠宰专项整治”和“绿剑执法”等专项行动，广泛开展农业投入品专项整治行动，规范屠宰检疫，严厉打击影响农产品质量安全的违法违规行为。2017年，重点针对种子、农药、肥料、饲料、兽药、食用菌、农机等七大类农资市场进行检查整顿，共出动执法人员1267人次，检查农资经营店、农民专业合作社、生产基地、畜禽养殖场等经营单位472家次，印发资料1600余份。抽检农业投入品68批次，不合格产品7批次，对不合格的依法立案查处，净化了农业投入品源头。推进农资监管信息化建设，在农资监管服务信息化平台备案企业148家，备案产品712种，启用信息化建设单位33余家。受理农业投诉18起，挽回农民经济损失7万余元。

【农产品质量安全监管】 开展农产品质量安全八大行动，不断巩固省级农产品质量安全放心县创建成果，扎实推进农产品质量安全食用农产品合格证制度，基本涵盖规模农业生产主体。开展农安莲都APP智慧监管工作，区、乡级监管人员安装农安莲都APP，实现农产品质量安全信息化管理。全年新认证无公害农产品20个，有机产品11个。

【重大动植物疫病防控】 推进重大动物疫病免疫工作，保障免疫密度和免疫质量，促进莲都区养殖业健康发展。同时，加强植物检疫，重点开展加拿大一枝黄花、柑橘黄龙病等疫情普查、防控工作，并对有疫情发生的13个乡镇（街道）设立专职检疫员，全面做好重大植物疫情防控工作。2017年，全区共设立加拿大一枝黄花、柑橘木虱等各类监测点35个。

水　利

【概　况】 2017年区水利局共组织各类专题学习会6次，结合浙西南革命根据地纪念馆等红色教育资源，开展“不忘初心、牢记使命”等主题教育。设立“党员示范岗”，开展“党员一句话承诺”、党员“佩党徽、亮身份、作表率”活动以及家风家训大讨论活动。共办理省水利厅、市水利局及区纪检委转办信访件 2件、受理网上信访平台信访件39件，均及时给予答复办理。解决历史遗留问题一件。中共十九大、世界互联网大会、省市区党代会及“两会”期间，坚持每日报送信访维稳工作动态情况。全年未发生信访群体性事件和越级非访事件。

【水利工程】 2017年莲都区计划完成水利固定资产投资1.4亿元，实际完成投资2亿元。全年清理河湖库塘淤泥32.54万方；整治万方以上山塘2座，万方以下山塘10座；建成碧湖水厂一座；完成1万人农村饮用水安全提升改造；新增高效节水面积3000亩；完成学坑口等4座水电站增效扩容改造；完成15座水利工程标准化管理创建；完成严溪流域黄村段综合治理工程建设；完成高溪水库、黄坛坑水库、枫树湾水库除险加固。新开展老竹溪（后坑、曳岭脚段）综合治理工程、碧湖灌区节水配套改造项目、樟树源水库、棺材潭水库、赤坑水库除险加固工程、严溪流域小处段综合治理工程。

【防汛防台抗旱】 2017年，全区累计平均降雨量1413.5毫米，其中最大降雨量站点为峰源乡大山峰站1810毫米，主要遭受6月局地强降雨和梅雨期强降雨，应对 9号台风“纳沙”、18号台风“泰利”对我区造成的危害。2017年全区洪涝灾害总经济损失5306万元，受灾人口1.48万人，倒塌房屋262间，共转移人口5300人。其中，农作物受灾面积

2040公顷，损坏堤防38处、护岸91处共21千米，水利直接经济损失1072万元。开展汛前汛期检查，全共开展汛前检查1次，汛期检查3次，及时查找和消除安全隐患。及时调整责任人，完成水库、山塘巡查人员落实和防指成员单位的调整、增补工作，落实防汛防台抗旱各类重点责任人，并在媒体上公布。处置汛情台情。在防御梅雨期强降雨及纳沙、泰利等台风的工作中，及时预警，基层防汛组织第一时间到岗到位，全年未发生因处置不当造成人员伤亡和重大财产损失。

【标准化管理创建】 2017年莲都区计划完成15座(处)、实际完成17座(处)水利工程标准化管理创建工作，并通过招标方式委托浙江中海达空间信息技术有限公司编制莲都区到2020年计划创标的所有小型水利工程的划界方案。7月，莲都区创标的工程管理手册全部编制完成，并投入试运行。截至2017年年底，工程运行管理平台已全部投入试运行，已有4座水文测站，1处饮用水水厂，中型水库1座，小型水库7座，山塘2座，堤防2处通过标准化验收，超额完成年度任务。

【水行政管理】 2017年组织开展河道日常巡查，深入河道“两违”清理工作，实现省、市级河道基本无违建任务目标。做好在建重点工程的水土保持监督管理工作，完成省重点“两区”标识牌制作安装，“三同时”制度落实。开展渔政“打非”专项整治行动100多人次。执法艇出航10余航次、检查渔船300多艘次。全区累计查处各类渔事违法案件14起，收缴捕鱼工具200多件，海杆100余支。投入41万元，增殖放流石斑鱼、鲫鱼、唇鱼骨、彩鲤、鳊鱼、甲鱼等苗种580万尾，打造健康有序的水事渔事环境。建设水产品追溯体系申报2家，对全区大小养殖户88家进行检查，均未发现违规用药情况；对全区各菜市场、养殖户及养殖企业的初级水产品共完成抽检50个批次，送检的样品检测结果均为合格。贯彻实施渔业捕捞许可制度，新增办理捕捞许可证34本，累计152本。开展水产养殖技术培训及推广。

【水利遗产普查】 2017年莲都区根据实际情况，对莲都区范围内1950 年以前已有的水利文化遗产，包括古堰、古堤、古桥、古塘、古井、古埠头、与水相关的祭祀古庙以及相关碑刻文献等开展普查。经过查阅史料和实地走访，共收集了171个水利文化遗产项目，初步建立水利文化遗产资源库，为下步探索全域旅游水旅融合有关工作夯实基础。

【“最多跑一次”改革】 2017年，区水利局对照《莲都区权力事项清单》，组织本单位各职能科室落实“最多跑一次”改革的权力事项和公共服务事项的梳理上报。实现群众和企业到政府办事“最多跑一次是原则，跑多次是例外”的要求。全年共完成各类行政许可承诺件52项，即办件36项，年审备案等其他权力类事项 293件，共审查莲都区水利工程标准化建设评估等各类合同29 份。全年未发生因行政审批而引起的复议和投诉。

（陈晓虹）

林　业

综　述

【概　况】 2017年，莲都区林地面积117046公顷，森林覆盖率76.75%，活立木总蓄积量4965730立方米，比2016年的4458075立方米，增加507655立方米。针叶林、阔叶林、针阔混交林面积比为62.01∶20.58∶17.41。2017年莲都区林业产业总产值39.78亿元，比2016年的36.33亿元增长9.5%，实现了平稳较快增长。其中，一产产值12.72亿元，包括林木种苗、木材采伐、经济林产品的种植与采集等，比上年同期的12.32亿元增长0.4亿元，增长率3.2%。二产产值3.45亿元，比2016年减少0.8亿元，下降18.78%；包括木材加工和竹木制品制造及木本油料、森林药材加工等产业；三产产值23.61亿元，比上年同期的19.76亿元增长3.85亿元，增长率19.5%，主要包括森林旅游及林产品批发零售业。2017年一、二、三产产值比重为32∶8.7∶59.3，与2016年的33.9∶11.7∶54.4相比，一产略有上升，二产降幅明显，三产提升较大。

森林生态体系建设

【公益林建设管理】 2016年因建设《110千伏枫缙1218线改造工程项目》等六个工程和《莲林罚书字〔2016〕第(GA024)号》处罚的破坏林地案件，征占用岩泉街道下后弄村、瑄头村、秋塘村、青林村，峰源乡夏庄村，碧湖镇南山村、松坑口村、周巷村，莲都林场桃山林区，市白云山生态林场白云林区、庵堂林区等省级以上公益林林地共计11.93公顷，其中国家级公益林0.73公顷。按照“占一补一”的原则，将岩泉街道黄畈村33、34号二类小班中的11.93公顷林地调整为省级公益林。通过调整，公益林总量保持平衡。截至2017年底，全区共发放公益林资金3037.8万元，占全区应发放资金3067万元的99.1%。其中，发放损失性补偿损失资金2570.4万元，涉及公益林个人户数35091户；发放护林员管护费318.8万元，公共管护（三项经费）99.1万元，管理资金49.5万元。全区累计建成优质林分57042.73公顷，比2016年增加416.4公顷。评选区级优秀护林员11名，省级优秀护林员5名。

【公益林非林矢量】 根据上级确认的非林地落界面积3007.93公顷，涉及3018个小班，剔除其中非公益林地面积2111.4公顷，涉及2426个小班；保留林地896.53公顷，涉及1052个小班；纠正重叠面积122.47公顷，涉及24个小班；矢量完善后，莲都区公益林68566.4公顷，其中国家级公益林7706.73公顷，省级公益林60859.67公顷，总面积保持平衡。对国家级公益林进行矢量再完善，剔除1亩以上的非林地76公顷，国家级公益林小班求算面积与界定面积调整一致新增面积31.27公顷，共涉及小班数565个；国家级补增小班面积74.53公顷，涉及小班数17个。完善后，全区国家级公益林面积由2016年底的7706.73公顷，恢复到2012年7736.53公顷，且小班界定面积与求算面积保持一致,误差率0%。

【绿化造林工作】 完成人工造林193.33公顷,完成率725%;迹地更新103.6公顷,完成率388.5%。建设美丽林相6848公顷,完成率139.76%;珍贵树计划36.9万株,实际完成37.5万株,完成率101.63%;四旁植树计划8万株,实际完成8.2万株。补植枫香、榉树、木荷、红豆杉、香樟等珍贵彩色苗木666.67余公顷,完成通道沿线林相改造449.13公顷。建设珍贵彩色健康示范林4个80余公顷,其中岩泉街道2个,莲都林场2个;建设示范点4个,分别是新屋村、榴溪村、枫树湾村和青林村,共栽植珍贵树3.63万株;示范单位4个,分别是丽水附高,南明山管委会,绿谷庄园,水梦庭苑,共栽植珍贵树2670株。实施平原绿化63.87公顷,完成率319.33%;其中新建面积42.53公顷,提升面积21.33公顷。完成森林抚育1048.07公顷。

【古树名木】 根据2017年古树普查结果,全区共有各类古树名木2155株,包括马尾松、香樟、枫香、苦槠、南方红豆杉等53个树种。按生长状态区分,目前存活古树2129株,已死亡古树26株;按保护等级区分,现有国家一级古树118株,国家二级古树342株,国家三级古树1695株;按分布状态区分,现有散生古树1362株,古树群46个。2017年保护古村50株,涉及仙渡乡、碧湖镇、岩泉街道等9个乡镇(街道),24个行政村,其中南方红豆杉10株、榧树7株、樟树28株、枫香2株、苦槠2株以及黄檀1株。制定"一树一策"古树保护方案,采取的保护措施主要有:病虫害防治50株、修枝整形50株、修建树池26株、堵洞修补23株、防腐处理23株、外观仿生处理12株、改善硬化11株、绿化美化14株、拆除电线绳索16株。

【林政管理】 全年采伐蓄积17133.78立方米,占年采伐限额的37.1%。受理上报、办理完结各类项目征收占用林地手续43起面积80.86公顷;受理上报完成审批林业生产服务设施1起面积7.11公顷,办理完结审批林业生产服务设施24起面积19.58公顷。征收森林植被恢复费1643.58万元。

【二类资源调查】 本项工作自2016年4月开始,于2017年11月结束,历时近20个月。可分为抽样控制调查(一类样地调查)及小班区划(二类资源调查)调查二部分,每部分经历组织准备、外业调查、内业工作三个阶段。

抽样控制调查工作自2016年4月开始至2016年7月结束,历时4个月,已通过省级验收;小班区划调查于2017年1月开始至2017年11结束,历时11个月,于2017年年底通过省级评审。

【丽水市莲都区生态文化协会成立】 2017年12月,召开成立丽水市莲都区生态文化协会大会,大会选举产生了丽水市莲都区生态文化协会会长、副会长、秘书长,并通过了《丽水市莲都区生态文化协会章程》,丽水市莲都区生态文化协会正式成立。

【最多跑一次】 经省林业系统指导目录比对结果,共有34项行政事项纳入了"最多跑一次",100%入驻窗口,实行窗口受理、部门办理或直接办理。全年办理林木种子生产经营许可证13份;木材运输许可证136份2786.53立方米。

【补植复绿基地】 2017年3月,区林业局、检察院共同挂牌成立我省首个破坏森林资源违法犯罪案件补植复绿基地。基地位于老竹镇新陶村,主要用于辖区内因森林失火、盗伐、滥伐林木、非法占用林地等破坏森林资源的林业行政处罚案件,以及刑事案件中的责任人集中补植林木,抑或在责任人缴纳生态补偿金后由第三方代为补植。2017年5月,区人民检察院、区林业局、区森林公安局联合印发《莲都区破坏森林资源刑事案件"补植复绿"工作制度(试行)》,成立"补植复绿"工作协调小组,建立"补植复绿"工作联席会议制度。补植复绿由林业局根据具体情况进行作业设计。既可本人种植也可委托种植。办案机关将实施"补植复绿"的进展情况,作为犯罪嫌疑人、被告人悔改悔罪酌定情节，记入相关法律文书。“补植复绿”验收合格的，验收报告附案卷一并移送，作为执法或司法机关办理案件的参考依据。

【莲都峰源省级自然保护区】 2017年4月1日，浙江省人民政府（浙政函〔2017〕28号）文件批复，同意建立“莲都峰源省级自然保护区”。保护区坐落于莲都区峰源乡东端，地处洞宫山脉东段南麓，是浙江省生物多样性最丰富的区域之一，也是中国武夷山生物多样性保护优先区域的重要组成部分。保护区内不仅有省内罕见的大面积天然次生林，还有省内最大的中华斑羚野外种群，是华东地区蛙类资源的基因宝库。保护区总面积5053.87公顷，其中核心区面积2287.66公顷，缓冲区面积516.56公顷，实验区面积2243.05公顷，特别功能区面积6.60公顷。保护区内植被类型多样，共有11个植被型42个群系，还分布有3种珍稀植被，分别为毛红椿群落、丽水眼子菜群落和曲轴黑三棱群落。保护区内共有维管植物183科726属1475种，分别占全省维管植物总科数的78.5%、总属数的49.7%、总种数的30.3%。分布有珍稀濒危及保护植物113种。其中：国家Ⅰ级重点保护野生植物2种，国家Ⅱ级重点保护野生植物12种。浙江省重点保护野生植物有20种。其他珍稀濒危植物79种。保护区内野生动植物资源丰富，共有野生脊椎动物209种。其中国家一级重点保护动物3种；国家二级重点保护动物19种。保护区有浙江省境内最大的斑羚种群，也是黑麂浙西南分布中心的重要组成部分，是多种珍稀濒危鸟类的重要栖息地。保护区共记录蛙类26种，占全省蛙类物种数的66.7%，是我省蛙类物种最丰富的地区。发现蛙类新物种2个——丽水树蛙和丽水异角蟾，浙江省分布新纪录1个，同时还拥有4种世界自然保护联盟红色名录认定的易危级别物种，是华东地区无尾目（蛙类）资源的基因宝库。

林业产业体系建设

【一亩山万元钱】 完成“一亩山万元钱”推广任务，完成香榧高效生态栽培面积36.67公顷，完成率110%；开展薄壳山核桃高效生态栽培面积6.67公顷，完成率100%；开展铁皮石斛仿生栽培面积20公顷，完成率103%；完成林下三叶青复合经营面积53.33公顷，完成率100%；实施林下多花黄精复合经营10公顷，完成率100%；毛（雷）竹笋用林早出覆盖7公顷，完成率105%，新增产值110万元。全年抽检林产品109批次，包括鞭笋、板栗、油茶籽、铁皮石斛、春笋等，样本检测合格率为100%。

【集体林权制度改革】 完成2017年林权抵押贷款余额85923万元（2016年末贷款余额77047万元），新增余额8876万元，占任务6300万元的140.89%。发放公益林收益权质押贷款3笔38万元。完成林地经营权流转801.07公顷，办证201.8公顷。根据《丽水市林业新型经营主体认定标准》，认定12家新型林业经营主体，占任务12家的100%，其中合作社6家，家庭林场6家。

林业安全管理

【森林防火】 区人民政府与各乡镇人民政府、街道办事处，国有林场签订了责任状，各乡镇人民政府、街道办事处及森林消防责任单位与村委会、林区及农户、护林员层层签订了森林消防责任书，责任书签订率达90%以上。在林区重要地段、重要路口、进山道口新建永久性森林消防广告警示牌11块。全区共举行集中培训37次，举行“引水灭火”演练9次，受训队员1110人次；同时，购置了高压接力水泵10台、风力灭火机10台、阻燃服3300套、头盔300只以及柴刀、灭火拍等灭火设备。

新增森林消防队伍1支，为雅溪中队，人员60人。全区共有森林消防队伍19支，扑火队员588人，其中区直属中队8支，队员326人。省级森林消防机降灭火队伍1支，人员50人。老竹中队申报注册了非营利社会服务企业。区森林消防指挥部办公室统一为区直属8支中队的森林消防队员落实每人50万元的人身意外伤害保险；省机降队员每人保额100万元。开展林木火灾保险，实现全覆盖、全赔偿，完成率为100%，投入42万元保费参与林木综合保险，保险面积7000公顷。

全区共发生森林火情5起，其中一般森林火灾2起，受害森林面积12.67公顷，森林火灾受害率0.11‰，发生率1.78次/10万公顷，控制率6.33公顷/次，森林火灾起火原因查明率100%，无持续燃烧超过24小时的森林火灾，无人员伤亡事故。

【病虫害防治】 对全区各乡镇(街道)、林场开展林业有害生物调查、测报工作，其中松材线虫病疫情普查2次，5—9月的松树枯死木零报告5次，发生松材线虫病4991.07公顷，马尾松毛虫2291.8公顷、柳杉毛虫143.2公顷。年度预报有害生物发生面积12287.93公顷，实际发生12387.6公顷，测报准确率99.2%，好于省定88%指标。

在丽水市区生活用水的水源地之一的黄村水库上游山场、联城街道瑶畈村夫人山、峰源乡等重点防治区先后采取了悬挂松褐天牛诱捕装置50只、释放松褐天牛的天敌花绒寄甲2万头、松树药剂注干、白僵菌防治等措施开展无公害综合治理。

组织大港头等3支林业有害生物防治队对重点区域森林进行了无公害防治，2017年4月森得保喷粉防治越冬后代马尾松毛虫作业面积达933余公顷，柳杉毛虫防治143.2公顷，一期噻虫啉喷粉作业面积达2724.67公顷。采购树杆注射保护药物10000瓶，3月初对2000多株古松树以及在丽水城区周边、精品村周边山场第一山脊线内较大的松树进行保护和预防。

【植物检疫工作】 共调运检疫苗木340498株、木材2060.76立方米、除害处理木材695.54万千克，签发产地检疫合格证11份，植物检疫证书127份，其中省外27份，实施产地检疫种苗面积133.33公顷，应施产地检疫种苗面积133.33公顷，种苗产地检疫率100%。开展了“2017绿剑”检疫执法专项行动，对辖区内的木材加工厂、重点地段建筑公司和物流公司等进行不定期检查。本年度，查处违法调运案件4起，办结3起，罚款1000元。

【松材线虫病防控】 共清理枯死松木36396株，清理面积4364.4公顷，完成2016年省定松材线虫病防控任务。同时，对春季疫情普查发现的596多株枯死松木进行组织清理。共安全利用枯死木219.44万千克，烧毁476.10万千克，疫木处理量与采伐量相符，除治期间未发现擅自违规调运疫木行为，辖区内木材加工厂无违规加工松材现象。

2017年9—10月，对全区松林开展松材线虫病秋季疫情普查。共调查松林43823.47公顷，4945个小班，其中莲都区39487.67公顷，4266个小班，南明山街道2978.2公顷，414个小班，白云山生态林场1357.6公顷，265个小班，松林监测率达到100%。经统计，松树枯死木共计220215株，其中松材线虫病枯死木99865株，与去年同比增加了4.4倍。

【林旅融合】 碧湖镇堰头村被中国生态协会命名为“全国生态文化村”，为丽水市首个；创建省级生态文化基地1个，为白云森林公园；省级森林村庄1个，为碧湖镇松坑口村；创建省级森林城镇，为碧湖镇；创建省级森林小镇1个，为大港头镇；创建省级森林特色小镇1个，为大港头镇，创建省级森林人家2家为瑶畈黄村与新陶村。创建市级绿化示范村3个，为联城街道官桥村，碧湖镇岩头村、上阁村。新培育农产品转化为旅游地商品经营主体7家，农产品7个，新增“三品一标”农产品数2个，完成“丽水山耕”农产品年销售额1.3亿元。

【林区治安】 全年共办理各类案件79起，其中刑事案件11起，一般刑事案件10起、重大刑事案件1起；行政案件68，行政案件中，擅自改变林地用途案件26起，无证运输案件16起，盗、滥伐林木案件9起，野外用火案件5起，其他案件12起。

（丁波澜）

工业·经济·商贸

【概 况】 2017年，全区规上工业总产值同比增长1.8%，全市排名第9；规上工业增加值同比增长1.5%，全市排名第9；完成工业投资14.67亿元，同比增长5.3%，全市排名第7；完成工业技改投资10.70亿元，同比增长46.6%，全市排名第1；完成重点技改投资5800万元，完成年度任务的112%；实现实际利用外资1334万美元，完成年度任务的111.2%，完成比例全市第2；实现自营进出口总额72338万元，同比下降3.1%，实现出口总额71177万元，同比下降3.3%；市区实现社会消费品零售总额195.98亿元，同比增长6.2%。是年，区经济商务局获全市经信工作考核优胜单位、全市商务工作考核优秀单位、全市生态工业工作专项考核三等奖。

工业经济

【生态工业“32615”五年培育计划】 2017年12月，出台《莲都区生态工业“32615”五年培育行动计划》，提出“32615”目标，即，到2021年，区属规模以上工业增加值达到30亿元，先进装备制造、时尚轻工、健康制造三大产业产值达到200亿元，区属产值超5亿元骨干龙头企业达6家，区属“新三板”上市企业达5家，五年累计引进亿元以上工业大项目10个。

【扶工政策】 按照“全市最优”的标准，重新修订并出台了《关于提振莲都生态工业发展的意见》，提高奖励补助的力度、降低享受政策的门槛、新增扶持条款，为企业在莲发展创造了更宽松、更优越的政策环境。

【开展精准服务企业活动】 开展“精准服务企业、振兴实体经济”专项行动，挑选78家区属各行业重点企业，围绕经济工作的中心内容、当前企业存在的突出问题以及破除政策执行“玻璃门”“弹簧门”“旋转门”等改革需要，重点推进12个领域的清单式服务。活动期间，全区副处级领导累计走访企业222次，收集企业反映的问题60个。

【问题交办】 2017年1月，全区工业经济运行情况分析会暨企业家座谈会之际征集到25家企业反映的37个问题，精准服务活动中收集到问题60个，对所有问题进行交办，97个问题全部办结销号，实现了件件有落实、事事有回音。

【工业企业绩效评价】 2017年，在全区43家规模以上制造业企业中开展企业绩效综合评价，评价指标包括亩均税收、亩均工业增加值、单位能耗工业增加值、单位排放工业增加值。根据四项指标测算的得分排序，共评出A—优先发展类企业4家，B—鼓励提升类企业37家，C—重点整治类企业2家。

【培育规模企业】 2017年，全区新增规模工业企业5家，分别是浙江金尊人防设备有限公司、浙江斯科阀门有限公司、丽水中驰轴承制造有限公司、浙江上工阀门有限公司、丽水万控科技有限公司。

【品牌建设】 2017年，万控科技入选省级中小企业“隐形冠军”现场评审；乾麟缝制入选市级第二批“三名”培育试点企业；百兴菇业申报浙江省工业旅游示范基地；新增国家高新技术企业9家，浙江省科技型中小企业17家。

【传统制造业改造提升】 2017年，出台《全面改造提升传统制造业实施方案（2017—2020年）》（莲政办发〔2017〕83号），重点对电机与轴承行业实施以“机器换人”为核心的传统制造业改造提升，同时在电机、轴承、制笔等行业中选择1到2家企业作为试点，开展“机器换人”分行业试点示范。2017年，10个重点传统制造业实现技改投资增长19.3%，全员劳动生产率增长11.4%，主营业务收入利税率增6.3%。

【万洋低碳智造小镇项目】 2017年9月10日，集智造研发、电子商务、仓储物流、生产生活配套为一体的丽水万洋低碳智造小镇项目正式签约，项目坐落在高溪低丘缓坡区块，总投资约135亿元人民币，是莲都区近年来投资额最大的工业项目。

【“企业上云”计划】 2017年，编制莲都区“企业上云”工作方案，与联通丽水市分公司联合举办“企业上云”专题培训会，普及上云知识，提高企业上云积极性，全年完成企业上云446家。

【淘汰落后产能】 2017年，完成“低小散”企业整治提升51家，淘汰落后产能3家；黄村乡和丽新乡通过省小城镇综合环境整治验收。

【区域能评】 2017年，委托浙江国发节能环保科技有限公司开展节能评估，《莲都区区域节能评估报告》已原则性通过验收。今后，莲都区将执行“区域能评+区块能耗标准”机制，落实区域用能负面清单，严格监管监控区域内用能情况。

【节能降耗】 2017年，区经济商务局与15家重点用能企业和6个重点乡镇（街道）签订了节能目标责任书，不定期对重点用能企业开展节能宣传，推进用电大户节能技术改造。组织4家企业开展清洁生产审核，分别为中航混凝土、宏远塑胶、建材循环、申华水泥。

附：

【2017年莲都区重点用能企业名单】

浙江非王泵阀有限公司
丽水市宏远塑胶有限公司
浙江申华水泥有限公司
燕京啤酒（浙江丽水）有限公司
浙江瑞益不锈钢有限公司
瓯宝安防科技股份有限公司
丽水宾迪实业有限公司
丽水程翔矿业有限公司
浙江省丽水市浙南蓄电池隔板有限公司
丽水东方华泰玻璃有限公司
浙江泉舜流体控制科技有限公司
浙江瑞新药业股份有限公司
浙江依莱特纺织有限公司
浙江方泰铝业有限公司
丽水市处州混凝土有限公司

【安全生产】 2017年，区经济商务局开展季度综合性安全生产大检查、春节期间安全生产大检查、“清明”和“五一”节前安全生产大检查、民爆行业消防安全及安全事故防范处置专项大检查等；组织区直生产经营单位和民爆企业开展“安全生产月”活动，宣传贯彻落实《中共中央国务院关于推进安全生产领域改革发展的意见》《浙江省安全生产条例》《安全生产行政执法手册》等。

商　贸

【电商发展平台】 2017年，完善现有的莲都区电商产业园，全年共接待考察团33个，接待考察人数463人次；推进莲都区电子商务创业创新综合体建设，意向入驻企业超过40%；全年改造提升农村电子商务服务网点42个，累计建成249个。

【中山街智慧商圈项目】 2017年，开展中山街智慧商圈项目建设；项目实施后，共有百货大楼、丽水大厦、金汇广场三大商贸综合体及沿街200多家商铺入驻智慧商圈口碑人气平台。

【“政府联保”协议】 2017年，区经济商务局与中国信用保险公司完成“政府联保”协议书续签工作，投保年限从1年提高到3年，进一步为企业开拓国际市场减轻负担。完成“政府联保”协议书续签工作，为全区500万美元以下出口企业的外贸出口进行投保，投保年限从1年提高到3年，进一步为企业开拓国际市场减轻负担。

【应急储备管理】 2017年推荐浙江湍峰畜牧有限公司和丽水和丰苑农牧科技有限公司为本年度市本级猪肉应急储备企业。调整突发公共事件物资能源应急保障领导小组，做到管得好、调得动、用得上，保障应急所需，稳定市场秩序。

【单用途预付卡管理】 2017年5月，单用途商业预付凭证发卡行为监管职权调整至区经济商务局。全年共接到该类型投诉件300余个，未收到投诉人不满意反馈。

【成品油市场监管】 2017年，完成老竹、大港头两座农村加油站点土地出让；加强加油站（点）的常态化检查，全年开展各类针对加油站（点）突击、联合安全生产检查12次；区经济商务局联合市场监管、安监等部门，打击无证无照成品油经营黑窝点，净化莲都区成品油经营市场。

（王斐斐）

电力工业

【概 况】 国网浙江丽水市莲都区供电有限公司担负着丽水市区（不含南城区块）和莲都区的供电服务及35千伏及以下配电网的规划、建设、运行和维护任务。2017年，公司继续围绕“平安莲电、效率莲电、幸福莲电”建设总目标，首善担当、提质增效，全年累计完成售电量11.43亿千瓦时，同比增长4.3%；营业收入6.73亿元，同比增长2.96%；城网供电可靠率99.9241%；电压合格率99.999%，农网供电可靠率99.8497%；电压合格率99.997%；最高用电负荷311.7兆瓦，同比增长10.9%；截至年底累计安全日4367天。2017年，国网浙江丽水市莲都区供电有限公司被授予全国实施用户满意工程先进单位、浙江省A级“守合同重信用”企业、莲都区创建全国文明城市工作集体嘉奖的等荣誉。

【电网建设】 2017年，公司依照市区两级政府城乡发展战略完成《莲都区配电网“十三五”专项规划》的调整和滚动修编，完成大港头国家级特色小镇配电网专项规划编制，启动碧湖高溪产业园区的专项配电网规划工作。配合完成220千伏西南电网补强工程、110千伏百果输变电项目前期、110千伏寿元输变电项目可研编制工作。电网建设有序推进，全年共完成配网项目包38个，合计子项目完工183项，资金7240万元。完成了碧湖片区、老竹片区新增城农网改造工程等项目的建设。代业主业务高速增长，全年承接代业主工程137个，合同金额达2.024亿元，比2016年增长34.93%，总规模远超历年。完成了春节亮化，中山街改造，桐岭路、绕城西、行政审批中心等一批重点涉电工程。

【电力服务】 2017年，全市率先完成“三型一化”新型营业厅建设，率先开展“综合能源服务”项目，成功为丽水市中心医院、纳爱斯集团、市体育中心三家大用户量身定制综合能源服务方案。优化服务流程，全市率先实现主流业务“零上门”，与政府审批部门共享数据，实现水电气联动过户。高低压业扩工作依托互联网+技术主动服务，实现了客户“最多跑一次”，甚至“一次也不跑”。完成17个老小区1868只电表箱的改造。完成了丽水人大会等46项重大活动保供电工作。碧湖所获评全国实施用户满意工程（服务类）先进单位，雅溪服务站获评全国用户满意服务明星班组。

【电能替代】 2017年，公司出台《莲都区电采暖推广应用指导意见》，签订全市首个居民家庭电采暖建设项目三方合作协议，率先完成全区26所中小学厨房的气改电工程，替代设备总功率8358千瓦，电能替代工作得到《人民日报》《国家电网报》等多家媒体报道。电动汽车分时租赁业务全面铺开，投运站点数已达109个，充电桩上线数806个，电动汽车已经成为丽水百姓出行交通的又一主流选择，年度累计电量66.3万度。

【创新探索】 2017年，公司共获得软件著作权1项，专利授权8项，参与科技项目研发5项，国家期刊杂志发表科技论文11篇。

《降低高山区域柱式瓷瓶扎线易断裂频度》荣获“省质协杯”优秀QC成果一等奖；《减少0.4千伏线路检修主线停电次数》荣获省电力公司2017年QC成果二等奖；《基于公共资源大数据共享的配电网智能应急指挥体系建设》获得省电力公司2017年度“互联网+智能运检”创新创意大赛三等奖；《低压用户应急电源快速接入装置的研制》获得省电力公司2017年度县级供电企业科技成果奖三等奖。

（方方）

供销合作社

【概　况】 丽水市莲都区供销合作社联合社（以下简称“区供销社”）成立于1949年10月，与共和国同龄。主要职能是宣传贯彻区委、区政府有关经济工作的方针政策，落实区委、区政府“三农”工作部署，研究制定区供销合作社和区农合联执委会发展规划，指导基层供销合作社的改革和发展；构建具有生产、供销、信用“三位一体”服务功能的农民合作经济组织综合平台，开展新型农业社会化服务，参与农业产业化经营和农业综合开发；协同有关部门做好全区农业生产资料和再生资源等市场管理；运营、管理、监督社有资产，依法履行出资人职责，维护基层社及其所办企业的合法权益，确保社有资产保值增值。

区供销社是区政府所属的正科级事业单位，参照公务员法管理内设办公室、财务审计科、业务科（农合联服务中心）三个科室。截至2017年底，区供销社下辖3个全资企业，1个控股企业，4个参股企业，2个一类经营服务综合体，3家二类经营服务综合体，15个基层社，32家农民专业合作社，74家农村综合服务社。

【为农服务】 2017年，区供销社提供生产服务，开展技术推广和技能培训，分别在碧湖、联城、老竹举办三场农作物放心工程专题培训会，培训150人次，另外举办农资人员培训班1期，培训70人。提供供销服务，一方面，做好农资淡季储备和农资供应，储备化肥11170吨，农药68吨，农膜70吨，2017年销售化肥149770吨，农药1682吨，农膜635吨，实现销售6840万元；另一方面，助力峰源乡果蔬专业合作社与绿盒电商签订高山蔬菜种植收购协议，本次签订大米、蔬菜等农产品数量达10万多斤，合同金额20多万元。提供农旅服务，农产品转化为旅游地商品，2017年共完成2个主体和2个农产品的培育。

【“三位一体”改革】 区供销社受聘承担区农合联执行委员会职能，在2016年组建区乡两级农合联的基础上，2017年，成立了民宿（农家乐）和蔬菜两个特色产业农合联，设立了农民合作基金，组建了区农合联服务中心，成立了农合联资产经营公司（注册资本1000万元，其中，莲都区农合联占股65%,莲都区供销社下属2个企业占股35%）。全区农合联共吸纳会员748名，其中，单位会员333名，个人会员415名。

【项目建设】 古堰画乡文化产业基地坐落于大港头镇河边新村东侧，被列入2014年省服务业重大项目，分三个地块，由丽水市合力旅游开发有限公司（区供销社占股51%）开发建设的2号、3号地块，占地总面积6.89公顷，其中，2号地块为文化产业街，占地2.43公顷，3号地块为精品酒店和画家村，占地4.46公顷。项目总建筑面积为6.21万平方米，其中，普通住宅17幢306套2.1万平方米，单体住宅50幢 1.49万平方米，临街商铺202间1.1万平方米，精品酒店1.52万平方米。该基地集高端住宅、旅游观光为一体，是古堰画乡景区唯一的综合性旅游文化地产。该项目于2015年6月20日开工建设，概算总投资2.6亿元。截至年底，2号地块已竣工验收交付，3号地块已完工待验收，累计完成投资2.3亿元，销售回笼资金2.15亿元。

【安全生产】 2017年，区供销社开展安全检查127批次，参与检查351人次，累计检查生产经营单位607家，安全隐患排查整改及危房改造修理19处，投入整改资金13.9万元，确保系统生产经营安全无事故。11月9日，全社干部职工和企业承租户共65人，在大港头港和民宿进行了安全生产消防知识培训及应急预案演练。

【信访维稳】 2017年，区供销社在重要时间节点特别是十九大期间开展信访排查、化解、稳控工作。调处化解供销社综合商店要求改制的信访案件。对系统340多位老同志政治上关心、生活中照顾，满足老同志的合理诉求，化解矛盾，实现“三访”为零的工作目标。

（林晓莹）

旅 游

综 述

【概 况】 2017年,莲都区旅游委员会以"两山"重要思想为指引,以创建国家全域旅游示范区、浙江省全域旅游示范县为抓手,以"三美融合互促共进主客共享"为工作布局,秉承"同心同向同力、共建共融共享、善谋善作善成"的总要求,顺应产业跨界融合发展的新趋势,引导"农业+旅游""工业+旅游"等"旅游+"业态发展,全年实现旅游综合收入77.18亿元,同比增长29.89%,AAAA级景区门票收入2554.5万元,同比增长29.59%。先后被评为"全国休闲农业和乡村旅游示范区""浙江省首批休闲农业与乡村旅游示范县""2017同程旅游十大口碑好评旅游目的地""2017去哪儿网最佳旅游目的地"。

旅游营销

【《2017年莲都区关于对旅行社招徕游客的奖励办法》】 莲都区正式出台《2017年莲都区关于对旅行社招徕游客的奖励办法》,于2017年1月1日开始实施。该办法的奖励对象为,凡组织游客到莲都区东西岩、古堰画乡两个国家AAAA级旅游景区游览或到莲都区具有团队接待能力的乡村民宿(农家乐)入住,全年直接送团人数累计达到一定数量的旅行社。

【莲都举行"文明旅游我最美"2017年春季旅游推荐会】 2月26日,莲都区开展以"文明旅游我最美"为主题的春季旅游推荐活动,向来自全国24个省、自治区、直辖市的141家旅行社隆重推介莲都的好山、好水、好风景,盛邀全国各地的朋友到莲都做客。推介会上,莲都区政府与中国老年旅游联合体浙江分会签订了老年市场开发与推广战略合作协议;莲都区旅游委员会与丽水飞扬旅行社签订了2017年5万人游莲都送团协议。推介会结束后,参会嘉宾还参加了"文明旅游我最美"联谊会演、景区踩线考察和"二月二龙抬头千叟长桌宴"活动,实地体验莲都独特的人文和生态魅力。

【莲都旅游苏南办事处】 2月28日,莲都旅游苏南办事处签约授牌仪式在江苏常州举行,莲都区旅游委员会、常州市旅游局等单位、企业代表参加了揭牌仪式。揭牌仪式上,莲都区旅游委员会与江苏上游国际旅行社有限公司就办事处设立及运营等事宜签订了合作协议。

【莲都旅游驻浙江中石化集团办事处】 3月18日,莲都旅游驻浙江中石化集团办事处签约成立,双方将在莲都旅游形象推广、组织大型自驾游活动、开发莲都自驾游市场等方面展开深入合作。在办事处成立仪式上,莲都区旅游委员会与浙江中石化集就办事处设立及运营等事宜签订了合作协议,并与浙江第一汽车服务媒体浙江FM93交通之声频道就自驾游莲都媒体宣传项目等达成战略合作协议。

【莲都国家AAAA级景区东西岩第一届畲家国际嘉年华顺利开幕】 4月8日,莲都国家AAAA级景区东西岩第一届畲家国际嘉年华顺利开幕。本次活动现场，安排了国际歌舞表演、畲乡美食品尝、“VR实景”与“3D打印”科技体验、特色农产品展示等众多活动。本次活动全程通过斗鱼、映客、一直播等主流平台进行现场直播，开展了图文直播、微文转发、微信抽奖等互动活动，网上观看直播粉丝超过百万，展现了东西岩景区的独特魅力，展现了莲都农旅融合、文旅融合、体旅融合发展的新成果，进一步提升东西岩景区品牌和莲都旅游的形象，实现了良好的宣传效果。

【国际环保汽车品牌“特斯拉”全球宣传片到莲都取景】 4月10日至12日，“浙丽·莲都自驾”寻春之旅在莲都启动，国际著名环保汽车品牌“特斯拉”组织了一支约20辆电动车的车队，前往莲都古堰画乡、东西岩、九龙湿地等景区拍摄取景，体验一场为期三天两晚的寻春旅行。本次“寻春之旅”，自驾车主们在直播江南春色的同时，也通过这次旅行传达了莲都“绿色环保、低碳出行”的绿色环保理念。

【莲都旅游商品假日集市开市】 4月29日，莲都旅游商品假日集市在古堰画乡景区鸣锣开市，本次旅游商品集市上，太平白枇杷、大港头溪鱼干等20多种莲都土特产和知名旅游商品悉数亮相，还有仙渡木偶戏、畲族彩带、舞狮表演等莲都民间艺术表演，吸引了众多游客驻足欣赏。本次旅游商品假日集市的举办，将进一步推动莲都相关产业的融合与提升，推进优质生态精品农产品转化为旅游地商品的步伐，让这些莲都的特色产品更好的帮助莲都农民增收致富，也让来莲都的游客们更深入的品味属于莲都的乡土味道。

【“感恩母亲节·带上妈妈去莲都”自驾车主题旅游活动顺利召开】 5月13日，“感恩母亲节·带上妈妈去莲都”自驾车主题旅游活动在莲都冒险岛水世界拉开帷幕，共有200多名自驾游游客参加了开幕仪式和第一天的自驾游活动。本次自驾游活动旨在邀请自驾游爱好者们体验莲都自驾游线路，沿途经过莲都古堰画乡、东西岩、诗画利山等主要景区，主要展现了莲都优美的自然风光和独特的乡风民俗，进一步扩大莲都作为自驾游旅游目的地的知名度，扩大莲都旅游的影响力，让“自驾游莲都”成为越来越多游客们的首选。

【“5·19”中国旅游日莲都会场系列活动开幕】 5月19日，莲都区旅游委员会主办的“中国旅游日”莲都会场系列活动在万地广场拉开了序幕，以“丽水人游丽水”为主题在莲都区各旅游景区开展了“旅游让生活更幸福”文明旅游宣传活动，向游客们宣传文明旅游，倡导绿色出行。本次活动，进一步提升了公民旅游意识，激发了旅游热情，在全区营造关注旅游、参与旅游、支持旅游、推动旅游的良好氛围，倡导游客文明旅游，爱护环境，时刻把“文明”记在心里，落实到行动中，做文明旅游的实践者和传播者。

【莲都区微旅产品发布会】 5月26日，莲都区微旅产品发布会在大港头乡畲族利山村成功召开，来自全国各地的200多位微商代表参加旅游产业发展研讨会和微商经验交流会。通过“微商+旅游”，将促进莲都旅游从产品提供到营销方式，再到接待服务的全链条创新和升级。在本次发布会上一共发布6条旅游线路15个旅游产品，吸引首批200位微商大咖积极加盟。此次微旅产品发布会的召开，标志着莲都的旅游产品也进驻到了微商市场，实现了旅游销售渠道的跨界合作，是推动莲都旅游产品供给侧结构性改革的一次大胆探索和尝试。

【丽水旅游推介会在江苏举办】 6月12日至17日，2017丽水旅游推介会在江苏南京、常州、无锡、苏州等4个城市陆续举行，正式拉开了“乘着高铁游丽水”2017丽水旅游江苏推介会的活动序幕。在推介会活动上，通过发放资料、歌舞表演、现场问答等活动穿插进行旅游推介、广场咨询活动和配套媒体宣传。同时，莲都区旅游委员会工作人员们还走访当地旅游企业，与有意开发莲都旅游市场的相关旅游企业开展了广泛深入的合作对接，并希望通过区域性交流与合作，加强客源互送、市场共享，努力实现旅游业的双赢、多赢。

【丽水首条景区直通车开通】 6月30日，丽水首条高铁站至景区直通车正式开通。从6月30日到9月30日，游客将可以免费乘坐直通车前往莲都区九龙湿地、古堰画乡、东西岩景区，与莲都山水“零距离”接触，为游客出行提供了方便，更进一步体验“慢游莲都”的乐趣，让游客在慢节奏中享受莲都美景，近距离体验莲都景区及公路沿线的自然风光，真正享受到“浙江绿谷，养生莲都”的旅游之乐。

【莲都举行2017古堰画乡小镇艺术节暨“玩转画乡”旅游季】 8月4日，2017古堰画乡小镇艺术节暨“玩转画乡”旅游季活动在古堰画乡小镇盛大开幕，为人们呈现一出“玩转画乡”的旅游盛宴。开幕式上举行中国美术家协会古堰画乡写生基地的授牌仪式。本次艺术节活动包含“画”绿水青山、“摄”绿水青山、“乐”绿水青山、“论”绿水青山、“游”绿水青山和“品”绿水青山等六大系列活动，涵盖绘画、摄影、音乐、学术研讨、旅游等多个方面。

【莲都区举办2017首届中国休闲度假大会】 10月28日，由中国旅游协会、浙江省旅游局、丽水市人民政府主办的“2017首届中国休闲度假大会”在莲都隆重开幕。本次大会是首次以休闲度假为主题召开的一次全国行业盛会。在高峰论坛上，旅游行业内最权威的专家、学者、旅游企业老总们分别进行了主旨演讲，各演讲嘉宾从不同角度发表真知灼见，通过观点交锋、凝聚智慧，共同探讨休闲度假产业发展良策，并为丽水旅游大发展把脉问诊，传经送宝，加油鼓劲。会上，2017首届中国休闲度假大会授予丽水“中国休闲度假5U奖”，还发布了《2017休闲度假行业发展报告》，引领中国休闲度假产业发展迈上新台阶。为了推动丽水市和多方的项目合作，共推丽水旅游业发展，在本届大会上还举行了丽水旅游合作项目集中签约仪式，市内12个旅游合作项目在现场进行了集中签约，总投资达103.4亿元。

规划建设

【莲都区四座厕所获2017丽水市“最美旅游厕所”称号】 古堰画乡次游客接待中心公厕等四座厕所被评为2017丽水市“最美旅游厕所”，莲都成为全市获得“最美旅游厕所”称号数量最多的县(市、区)。全市共有15座旅游厕所获得此项荣誉，莲都区获得此称号的其他三座厕所分别是：丽水市白云国家森林公园入口公厕、莲都区“莲”意主题公厕(丽水日报社边公厕)、莲都区“绿”韵主题厕所(城东路公厕)。

【莲都区A级景区村创建工作推进会暨创建专题培训顺利举行】 11月21日，莲都区A级景区村创建工作推进会暨创建专题培训会在丽水职业技术学员举行。各有关乡镇、街道的分管领导和莲都区2017年A级景区创建村负责人参加了本次会议。会上对部分创建村的旅游资源和特色进行了梳理，指出创建A级景区村工作，将进一步改善莲都城乡环境，提升乡村旅游的服务质量，对莲都旅游的可持续发展有着重要的意义。各创建村要充分挖掘当地特色，尊重群众意愿，因地制宜，做到一村一品，打造有特色，有内涵，有文化的景区化村庄。

行业管理

【莲都区喜获“浙江旅游界奥斯卡”三项大奖】 3月27日，由浙江省旅游联合会、浙江日报报业集团指导，浙江日报、钱江晚报、浙江在线和江南游报联合主办的2016浙江旅游总评榜举办了颁奖典礼，莲都区荣获“2016浙江旅游总评榜之年度旅游发展十佳县(市、区)”，古堰画乡景区荣获2016浙江旅游总评榜之年度旅游景区人气奖，莲都隐居画乡民宿综合体荣获浙江旅游总评榜之年度精品民宿奖。2016浙江旅游榜总评是浙江最具公信力和影响力的旅游评选活动，堪称是浙江旅游界的“奥斯卡奖”，活动自启动以来已受到了浙江旅游业界同仁、游客和读者们的广泛关注。

【2017"丽水·清韵杯"全国业余围棋公开赛顺利举行】 4月10日，2017"丽水·清韵杯"全国业余围棋公开赛拉开帷幕，吸引了来自全国22个省156名选手参赛，赛事为期5天。为进一步推进体旅融合，让各路棋手在比赛的同时能够观赏到莲都的美景，4月13日，比赛将移师东西岩景区，届时，在东西岩景区洞花楼，中国围棋队总教练俞斌将与6名小棋手对弈，进行面对面指导，寻找中国围棋的"希望之星"。以本次赛事举办为契机，莲都将通过打造高端围棋赛事品牌，推出体育旅游精品路线，将莲都打造为具有全国影响力的体育旅游目的地，打造出一条具有莲都特色的"体育+旅游"产业融合发展模式。

【莲都区农旅融合专题研讨班开班】 7月10日，2017年莲都区农旅融合专题研讨班在丽水职业技术学院正式开班，莲都区副区长卢进出席开班仪式并致辞。本次培训班共有42名学员参加，均为各部门、乡镇分管旅游工作的领导和各有关景区、企业、民宿的业主，是莲都农旅融合工作一线的主力军。本次培训班设置了丰富的培训内容，包括农旅融合理论学习、农旅融合课题研讨，并安排学员赴金华现场学习。通过专题培训，将深化各单位对产业融合发展的认识，开拓创新农旅融合工作思路和工作方法，增强发展信心，理清发展思路，为莲都实践"绿水青山就是金山银山"的"两山"理论，实现跨越式发展作出更大贡献。

【莲都区荣获两个重量级奖项】 10月13日，在江苏吴江黎里镇举行的"第十届长三角投资发展论坛·长三角慢生活旅游峰会暨首届长三角慢生活旅游目的地联盟峰会"上，莲都区荣获长三角最具魅力私家旅游目的地荣誉奖，古堰画乡小镇荣获长三角最具魅力旅游特色小镇荣誉奖。本届峰会旨在在全面展示长三角最具魅力旅游目的地和最具魅力特色旅游小镇的品牌形象，围绕旅游特色产业如何打造、如何定位旅游目的地的不同特色、避免同质化等问题进行深入探讨交流，引导和促进长三角特色旅游产业的加快建设和健康发展。

乡村旅游

【古堰凌波园开园】 3月13日，位于堰头村的古堰凌波园正式开园。古堰凌波园位于丽水古堰画乡景区的核心区块，于2016年7月开始建设，规划面积15.33公顷，总投资1.25亿元，是以世界水仙花文化为主题，配套花卉销售、亲子游服务、野外培训拓展、农事风光摄影等多种活动的农旅融合观光园。目前园区已经完成一期建设，引种水仙花品种13个大类，100多个品种，种植面积超过8.67公顷。古堰凌波园建成后，将延长古堰画乡景区旅游线路，丰富游玩内容，并为周边民宿、农家乐等旅游业态增加核心吸引物，为莲都市民提供了赏花、游玩的好去处。

【首届丽水夫人山铁皮石斛养生节开幕】 6月10日，首届丽水夫人山铁皮石斛养生节于夫人山正式开幕。丽水市夫人山铁皮石斛专业合作社承包33多公顷山地，充分利用森林资源，通过实施仿野生农(林)药生态栽培技术种植生产铁皮石斛。在本次开幕式的活动中准备了铁皮石斛养生节开幕式文艺演出、铁皮石斛认养签约仪式、养生石斛宴、夫人山参观体验、夫人山写真秀、石斛采花表演、摄影采风等丰富的体验活动，受到了现场观众的喜爱和欢迎。

【"倾城之约·万蝶舞动"丽水蝴蝶谷开业】 6月17日，由莲都区旅游委员会、莲都区林业局、莲都区人武部、莲都区文广新体局联合主办的"倾城之约·万蝶舞动"丽水蝴蝶谷系列活动正式启动，莲都区人大常委会主任陈元龙参加了开幕式并致辞。蝴蝶谷景区涵盖了蝴蝶养殖、休闲观光、婚庆摄影、户外运动、房车度假等14个旅游项目。在开业仪式上同时举行了"蝴蝶谷军勇"杯CCTV"荣誉军团"战术联赛丽水赛区启动仪式、"蝴蝶谷杯"首届摄影大赛等系列活动的开幕仪式，并邀请了林科院博士李泽建老师开展了公益讲座，为"蝴蝶迷"们进行了知识科普。

【首届全域旅游启动仪式暨第四届纳凉节开幕】 7月22日，首届全域旅游启动仪式暨第四届纳凉节在峰源乡小上垟民宿村隆重举办，莲都区副区长卢进、丽水学院副院长蒋黎红，莲都区旅游委员会等部门的领导参加了开幕式。本次开幕式活动包括了文艺表演、游客互动和篝火晚会等活动。为了让游客们亲身感受农家生活的独特魅力，安排了三个体验区，让游客们玩个过瘾：在“食享峰源”体验区，游客可以品尝麻糍、酒糟发糕、油泡豆腐、灰汤粽、油条、凉茶等传统的农家美食；在“农耕峰源”体验区，游客可以体验传统的竹编工艺、编草鞋工艺；在“趣享峰源”体验区，游客能参加挖泥鳅、山涧戏水等游戏，并通过“我为峰源代言”集赞活动，为峰源乡点赞。

【莲都区全域旅游暨乡村旅游台湾实践知识讲座召开】 10月18日，2017年莲都区全域旅游暨乡村旅游台湾实践知识讲座在莲都会议中心隆重举行，台湾文创产业联盟协会荣誉理事长李永萍、秘书长黄传进等一行应邀参加讲座，探讨全域旅游时代莲都该如何助推产业融合与旅游业发展，建设成为浙江大花园的“中心园”。莲都区副区长孙蓓蕾370多名莲都各单位领导、旅游企业和民宿业主参加了本次座谈会。在本次讲座中，李永萍理事长等一行分别介绍了台湾文化创意产业的发展理念和文创在公共艺术与创意空间中发挥的作用，结合台湾文创旅游实践中的成功典型，介绍了文旅融合中的一些先进经验，并为莲都发展全域旅游和文创产业提出了建议。整场讲座内容丰富，思路开阔，为到场听众打开了艺术视角，激发了创意思维。

【轩德皇菊仙渡南源基地盛大开园】 11月1日，“皇菊斗艳，花开仙渡”轩德皇菊仙渡南源基地开园仪式在南源村的百亩花海中盛大开幕，丽水市委常委、莲都区委书记杜兴林出席并宣布开园，丽水市摄影家协会、丽水市自行车协会、市民游客等300余人慕名而来赏菊，共同见证花开百里的唯美与宁静。轩德皇菊目前有仙渡南源、岩泉里佳源、青田阜山三大基地，共计112公顷，基地产出的皇菊产品，获得中国绿色农产品、世界茶联合会金奖产品等称号，是莲都知名的养生饮品和旅游地特色商品。2017年，仙渡乡与丽水市轩德皇菊有限公司合作，在南源村建立了10.67公顷皇菊基地。本次开园仪式还举办了“菊景悠悠”菊园摄影大赛、现场皇菊品茗、古筝演奏等系列活动，展现仙渡乡自然、纯净的乡村美景，并通过赏菊、采菊、品菊等活动，带动仙渡乡民宿、农家乐等乡村旅游业态发展，打造农村经济新亮点。

【“醉美莲都，与世界共享——驻莲外教乡村采风行”活动】 12月3日，由莲都区旅游委员会、丽水“新壹周”电视报联合举办的“醉美莲都，与世界共享——驻莲外教乡村采风行”正式启动，来自瑞典、美国、波兰等国的驻莲都外教以及莲都区旅委工作人员、丽水“新壹周”电视报记者一行19人参加了本次活动。本次活动内容十分丰富，外教们在向导的带领下，先后红枫古道、百兴菇业工业旅游基地参观采风，体验了诗画利山景区“峡谷穿越”游乐项目，并到农家乐和厨师们一起包山粉饺，品尝富有莲都乡土特色的农家饭菜。通过采风活动体验莲都民俗，增进与市民、游客们交流，通过外教们的视角去发现和外传播莲都的特色乡村之美，提升“秀山丽水、画乡莲都”的知名度、美誉度。

黄金周旅游

【春节黄金周】 据统计，2017年春节黄金周（1月27日至2月2日），莲都区共接待海内外游客28.76万人次，比上年同期增长36.41%；旅游综合收入为2.16亿元，比上年同期增长52.83%。

重点景区接待游客量创历史新高，整个春节长假，古堰画乡实现门票收入（含船票收入）约128.33万元，同比增长15.72%，其他景区游客量都有不同幅度的攀升。春节期间天气晴好，景区人流量较去年大有增长，由于组织管理和现场调度得力，景区运行秩序良好，没有发生安全事故及重大旅游投诉。

【"十一"黄金周】 国庆七天长假，全区共接待游客110.81万人次，同比增长15%；旅游总收入83107.5万元，同比增长40.17%（其中：过夜游客35.46万人次，同比增长14.94%；一日游游客75.35万人次，同比增长15.02%）。

（赖奕宇）

东西岩风景区

【概 况】 2017年，东西岩风景区以绿色发展、经济增长为首要任务，坚持"两山"理论不动摇，充分发挥生态优势，明确方向、加速发展。成立风情东西特色小镇党委。以"绿色发展、红色保障"特色小镇党建工作为引领，成立风情东西特色小镇党委，建立党群服务中心，设立党员同心服务驿站等，通过主题党日、党员志愿服务活动等，全面推进党建工作。实现营业收入突破。全年景区营业总收入461.36万元，同比增长47.14%；门票收入394.84万元，同比增长40.33%。开展旅游营销。以"走出去、带进来"的理念开展旅游推介，奔赴上海市、江苏省、山东省及省内各地开展旅游推介活动20余场，开拓新的旅游市场。同时，融合畲族文化、丹霞文化、红色革命文化等，按照"季季有主题、月月有活动、天天有内容"的要求，稳步开展各项活动，全年共举办活动23场次。持续推进基础建设，启动《东西岩省级风景名胜区总体规划》的编制工作；实施景区基础建设提升工程，包括室外生活污水处理项目、景区基础设施提升工程、景区宾馆安全隐患排除工程、景区宾馆消防设施提升工程，使景区在接待能力、服务水平、旅游安全等方面都有了较大的提升与完善。

2017年，东西岩风景区多次打破丽水旅游史上的历史记录。成功举办金华万人游东西岩活动，一个月内接待金华游客近万人，打破了金华到丽水旅游人数的历史记录；成功举办风情东西千叟宴，同时接待游客2000余人在景区用餐；成功引进山东省常规旅游团队，首次打开山东市场，打破莲都乃至丽水旅游的山东市场零纪录，让莲都旅游走出省外、走向全国。

（陈苗）

瓯江风情旅游度假区（古堰画乡）

【概 况】 2017年，古堰画乡先后获2016年度省级优秀特色小镇（连续两年）、2016年度省级优秀旅游度假区、2016浙江旅游总评榜之年度旅游景区人气奖、同程旅游2017年度最佳突破奖等荣誉。全年共接待国内外游客172.8万人次，同比增长8.24%；实现门票收入2093.2万元，同比增长16.12%。

【规划建设】 2017年共完成固定资产投资6.71亿元，其中，古堰画乡旅投公司完成投资2.73亿元，社会企业完成投资3.98亿元。规划方面，委托中国美院设计团队完成编制《古堰画乡城市色彩详细规划设计》《古堰画乡AAA级公厕建筑改造设计》方案。项目建设方面，古堰画乡景区停车场、中国江南巴比松、滨水花苑、风情商业街、镇区强弱电杆线下地工程等10个项目顺利完工。古堰画乡游客中心、滨水花苑停车场、大港头镇区给排水管网提升工程、AAA级旅游公厕等8个项目进展有序。

【招商引资】 2017年，针对坪地半岛、轿马郑以及小镇沿江优质区块，与秦森、梦东方、汇鑫、美特斯邦威等国内知名企业洽谈对接。同时，完成丽水度假村、大港头画乡新韵、云境、处州古民居根艺文化园等项目的概念性规划方案，投资规模达20亿元。

【国家AAAAA级旅游景区创建】 2017年，古堰画乡争取国家旅游局、省旅游局和市、区旅委的支持，推进景区提质跨越和创AAAAA进程。市、区领导多次主动与国家和省级旅游部门联系汇报工作，5月22日，国家文化和旅游部（原国家旅游局）党组副书记、副部长李金早专题听取古堰画乡创AAAAA工作汇报，并对古堰画乡资源评估等创建工作给予了高度肯定。先后多次与浙江旅游职业学院进行对接。景观资源申报台账、申报视频正在进行最后完善定稿。

【市场营销】 2017年，开通江苏镇江、南京、徐州高铁专列，设立宁德、漳州两家福建新市场办事处，参加各类旅游推介、博览会30余场，组织旅行社老总踩线70余次、共计500余家，接待媒体、画家、作家、影像团队采风40余次。积极争取并完成CCTV－7《乡村大世界》特色小镇系列特别节目《小镇外传》85分钟专题片拍摄（全国仅4地入选，浙江唯一），极大提升古堰画乡的对外影响力和知名度。

【文化活动】 先后举办2017古堰画乡小镇艺术节暨“玩转画乡”旅游季、“世界丽水人古堰画乡行”、全国“诗画浙江”好歌曲唱作大赛总决赛、“古堰画乡&艾莱依2018新品发布会”、“画的N次方”、特斯拉2017“寻找最美江南”全球宣传片拍摄等主题活动。2017年，成功拿下“中国美术家协会写生基地”国字号招牌，院校合作不断深化，接待写生创作人数15万人次以上，油画拍卖、油画定销、国乐雅集、文化快闪等活动联动互扶，油画产值达1.2亿元。

【行业管理】 2017年，旅游市场秩序不断规范，建立并逐步形成较为完善的旅游应急联动机制，古堰画乡、公安、安监、旅委、市场监管、卫生、行政执法等多部门联动参与，加强对景区流动摊贩、乱摆乱设、黑车拉客、违章搭建等不良现象的监管与治理，确保了景区旅游市场秩序的安全、稳定、有序，全年共出动各类整治45次，未发生一起重大旅游安全事故。同时，古堰画乡旅投公司积极完善公司内部框架设置、考核、人事、考勤、财务等各项管理制度，全年组织员工培训33次，涉及仪容仪表、安全演练、服务接待、导游技能等各方面，进一步提升景区运营管理水平。

（夏莹）

交通·信息

公路建设

【概　况】 2017年是“十三五”规划的深化之年，也是莲都区交通发展迎来历史新机遇的关键之年，莲都区交通运输局紧紧围绕莲都区委、区政府中心工作，贯彻实施全市交通运输“5411”工作战略部署，以莲都区综合交通运输“十三五”规划为蓝图，以“五大攻坚战”为目标，以交通建设项目为抓手，抓投资、抓进度，全力推进项目投资落地，全年共完成投资1.9亿元，省重点工程南山互通至丽新公路项目，“大大线”项目前期，农村客运“村村通”，危桥加固改造工程，农村公路提升改造及联网公路工程，农村公路大中修和安保等一批在建和续建项目得到有序推进，为莲都“首善之区”建设打下坚实的基础。

经年终统计，截至2017年年底，全区境内公路里程达1360.16千米，其中：高速公路68.76千米，国道28.02千米，省道80.48千米，县道350.76千米，乡道69.69千米，专用道30.25千米，通村公路732.21千米。

【南山互通至丽新公路项目】 丽龙高速公路南山互通至丽新公路项目是莲都区有史以来最大的交通工程项目，也是莲都区首个PPP交通工程，更是“莲都大环线”的一个重要组成部分。项目总投资10亿元，路线总里程20.8公里，分两期实施，计划“十三五”末期建成。截至2017年底，一期项目南山至高溪段全长5.3公里，投资3.5亿元。该项目累计完成投资2.51亿，占总投资额3.5亿的71.8%。二期工程郎奇至丽新段项目也正有序推进。

【临安至苍南公路莲都区大港头至峰源段（大大线）改建工程】 大大线工程项目起点位于大港头镇石候村与S328省道平交处，终点位于景宁交界，估算投资约为14亿元。2017年7月13日，项目顺利通过工可审查。7月19日，浙江省公路局局长洪秀敏来莲都进行调研指导，并给出宝贵建议和意见。大大线工程项目的实施，实现将全区所有行政区域都纳入“城乡半小时交通圈”。

【农村客运村村通】 “村村通班车”是莲都区综合交通运输发展“十三五”规划的重要内容，同时也是2017年全省“十大交通民生实事”以及莲都区“十件民生实事”之一。全年共投入资金5000多万元，通过实施公路提升改造工程及道路设施配套工程，进一步提升公路等级，完善道路设施，为“村村通”班车的安全运营打下坚实的出行基础。10月24日，莲都区农村客运“村村通”暨峰源通公交通车仪式在汽车客运西站举行，标志着莲都区全面实现了建制村客运班车“村村通”。班车票价实行一票制，为2元/人，老年人、残疾人等特定对象实行减免优惠政策，惠民政策完全与城乡公交接轨，真正体现了城乡一体化。农村客运“村村通”的正式开通，不仅满足了广大人民群众安全、经济、便捷的出行需求，更解决了偏远地区群众的“出行最后一公里”难题。

【农村公路提升改造工程及联网公路】 2017年莲都区实施农村公路提升改造工程和农村联网公路工程，共计9个项目，合计里程41.05千米，总投资约4374万元。其中农村公路提升改造工程计划项目共5个，涉及丽新乡、老竹镇、黄村乡、峰源乡、紫金街道等，合计建设里程31.05千米，总投资约3293万元。截至年底，各乡（镇）、街道有序推进路基开挖、路面施工招投标等工作的开展。

农村联网公路工程计划项目共4个，包括紫金街道河村新村至老村、老竹镇丁公至徐庄、岩泉街道330复线至叶坪头、雅溪镇上金竹村至缙云九里公路，合计建设里程10千米，总投资约1227万元。截至年底，紫金街道河村新村至老村项目已完成实施，其余三个项目正有序推进。

【农村公路大中修工程】 莲都区交通运输局高度重视农村公路大中修工程。2017年开工建设大中修工程共三处，包括县道外靖线（小安至彰口塘段），村道联城街道下林至后弄，碧湖镇郎奇至吴源、吴源至郑山，实施里程33.07千米，总投资1088万元。实施安全生命防护工程两处，包括县道外靖线（金竹口—牛岱岭段）里东段挡墙工程及丽和线（K21+700—K32+860），实施里程22.7千米，计划投资2750万元。

【美丽经济交通走廊创建】 丽武公路（联城至老竹段）是莲都区2017年被列入市政府考核的10条美丽经济交通走廊之一。在公路原有绿化基础上，对线路重要节点再提升再改造，提升沿线绿化品位，丰富绿化层次，提升沿线绿化的生态效益和景观效果，将丽武公路打造成为展示莲都生态底色、人文底色、绿色发展的美丽公路风情风景线，结合"浙江十大最美绿化县道"美丽公路港周线"快进慢出"的设计理念，成为莲都"中心园"建设的大动脉，盘活莲花文化、畲族文化等地方特色文化，助力全域旅游、民宿经济发展。丽武公路文化墙被授予丽水公路系统全市首批文化示范点。该项目实施里程13.3千米，绿化面积约1.3万平方米，投资337万元，截至年底，工程推进顺利，完成2017年市级美丽经济走廊创建目标任务。

【危桥改造及边坡处理项目】 2017年实施的边坡治理工程共计三处，涉及大大线（两处）、港前线（一处），总投资约968万元。其中大大线K36+890—K37+035工程主体工作已完成，其他两处工程也正有序推进。完成危桥改建项目一个，即莲都区丽新乡黄岭上桥危桥拆建工程，总投资550万元。

行业管理

【概　况】 2017年，莲都区交通运输局以中共十九大、省第十四次党代会的会议精神为指导，把"融入'创新区'、建设'中心园'"作为首要任务，贯彻落实区委区政府、上级交通部门重大决策部署，以公路建设和管养为先导，以党风廉政建设为保障，以行业安全监管为基础落实重点职能工作。通过在交通系统开展党的群众路线教育实践活动、"三严三实"专题教育和"两学一做"学习教育，打造一支作风优良、素质过硬的、精干高效的党员干部队伍；通过强化行业管理，推进交通基础设施建设，为群众营造安全、便捷、舒适的路域通行环境。通过强化安全生产管理，把日常安全生产管理工作不折不扣地落到实处，为交通运输系统全年"零事故"奠定了坚实的基础。

【农村公路管理养护工程】 2017年，区交通运输局下属事业单位公路管理局积极开展农村公路管养工作。根据县道和乡村道管养主体不同签订《公路养护承包合同》《安全工作目标管理责任书》《目标考核责任书》共24份。根据考核运行情况，坚持对养护工作一月一检查、一季一通报，按养护目标任务和检查考核内容评定得分，督促养护责任人员做好农村公路养护管理工作，确保农村公路养护质量。养护质量有了进一步的提高，特别是边沟和路肩杂草清理工作有了较大提升。全年共安排了60余万元对县道破板、边沟、挡墙进行修复，确保公路安全畅通，使公路路遇状况得到了大大的提升。

【安全生产管理】 2017年以来，莲都区交通运输局围绕"十九大维稳安保”和“平安夺金鼎”两项中心工作，确保了系统内全年无安全生产事故发生。实施边坡治理工程共计3处，其中大大线2处、港前线1处，总投资约968万元，开展丽武公路底金弄隧道事故多发隐患整治，投资约119万元。开展“打非治违”整治行动。全年整治穿镇公路“七乱”现象（乱停车、乱堆物、乱摆摊、乱开挖、乱建筑、乱竖牌、乱开车），累计拆除公路边各类违章建筑、乱搭建等6250余平方米，清理公路沿线乱堆物8530立方米，清理乱竖牌（非公路标牌）38块，开展抛洒滴漏专项整治9次，查处车辆12辆，共处理行政赔补偿16件，补偿款3790元；区质监站全年共对受监工程进行了57次安全监督抽查，印发《安全监督抽查意见通知书》39份，办理行政处罚案件9件，其中一般程序行政处罚1件，简易程序8件，共处罚金28308元。

【路域环境整治】 2017年莲都区“六边三化三美”工作年度考核全市第一，区交通局美丽公路建设专项组积极作为，“六边三化三美工作”持续发力，累计拆除公路边各类违章建筑、乱搭建等6250余平方米，清理公路沿线乱堆物8920立方米，清理非公路标牌38块。开展抛洒滴漏专项整治11次，查处车辆14辆。全面落实整改区六边办交办点位61个。完善公路标志标线，增设标线450余平方米，标志牌7套，钢质护栏100余米，道路广角镜10面。

（张露淇）

中国移动莲都分公司

【概　况】 2017年，在区委、区政府和省市公司的正确领导下，莲都移动分公司深入学习贯彻习近平新时代中国特色社会主义思想和中共十九大会议精神，坚决践行“两山”战略，参与市经济社会建设，保持良好的发展态势，完成各项工作目标。公司全年运营收入约19917万元，累计上缴各类税收达448万元，助力地方经济社会发展。

【市场发展】 负责莲都区政府移动OA承建、公务员平时考核系统承建和警务通建设，通过信息化技术实现移动办公，打破空间对办公的限制，提升公务人员办公效率。参与政府“公车管理”“天网工程”等信息化项目建设，结合“三改一拆”、山洪预警、五水共治等工作的监管需求，助力地方社会治理和“绿水青山”保护。依托移动网络、大数据云计算优势资源、完善的信息化集成能力和业务服务能力聚焦在丽水医院信息化建设中，为“智慧医疗”建设提供更全面、智慧、精准、实用的一体化解决方案，完成丽水市第二人民医院全院PACS影像云项目，丽水市中医院微信预约及支付平台项目。推进“企业上云”，为企业提供云自动化运维、SDN负载均衡、云容器服务、灾备服务、云存储网关服务、机器学习服务等方面能力，让云成为企业IT运营的坚强支撑，全面提升莲都区工业信息化水平。2017年联合莲都区经信局、绿谷信息实业有限公司，为我区绿谷信息产业园区、天宁工业区、碧湖工业区的企业召开“企业上云”培训会、推荐会，培训覆盖超过500家企业，成功上云182家企业，对区域企业信息化水平有显著提升。员工服务技能有所提升，碧湖营业厅店长黄应倩获得了2017年度中国移动浙江公司岗位能手（营业店长）的荣誉称号，市场楼江红代表丽水分公司参赛获得十佳营业员团队三等奖，政企诸葛佳代表丽水分公司获得十佳优秀客户经理团队三等奖。

【网络建设】 2017年，新增开通4G基站512个。4G行政村覆盖率达到100%，AAA级以上景区覆盖率达到95.70%，AAA级以上景区道路覆盖率达到98.76%，省道覆盖率达到98.79%，龙浦、丽龙等高速实现100%连续覆盖。驻地网行政村覆盖率99.5%，自然村覆盖率66%，全年建设611个片区（含驻地网、集团）、疑难片区15个。100M以上装机及时率99.24%（24小时），100M以下装机及时率99.85%（48小时）。丽水万洋低碳智造小镇项目早介入，加快通信基础设施建设，优化经济发展环境。为确保工作人员信号畅通，已经在万洋区块一期开通2G/4G信号，并关注2—4期进度。完成万洋集团一号区块城乡天眼开通，后续将根据区块开发进度同步做好管道建设和基础光缆接入工程建设工作。全年共完成丽水半程马拉松、老竹三月三活动、古堰画乡特色小镇、张学友演唱会等通信保障14余次，较好保障了各项政府、民间的活动，得到用户的认可。

【精神文明建设】 莲都移动公司为了更好地助力全国文明城市创建，组织成立了以总经理为主要领导、综合办为主要负责部门的全员创建团队。参加小荷志愿服务等系列创建活动，配合完成文明宣传整治工作。共计开展活动22余次，参与人员180余人次，获得了一致好评。公司2名员工获得全市创建全国文明城市个人行政嘉奖。

财政·税务·金融

财　政

【概　况】 2017年，莲都区实现财政总收入22.59亿元。其中：一般公共预算收入13.53亿元，增长1.7%。一般公共预算税收收入10.50亿元，同比增长-5.9%。非税收入3.03亿元，同比增长41%。实现一般公共预算支出38.96亿元，增长27.2%。全年财政收支基本平衡。

【民生保障支出】 全年一般公共预算民生支出31.53亿元，增长17.9%，占一般公共预算支出80.9%，继续保持在2/3以上。推进中小学校改扩建工程，支持中小学校课程改革，逐步补齐教育资源“短板”。完善城乡义务教育经费保障机制，调整学前教育家庭经济困难幼儿资助标准，最高资助标准由每生每学年1200元调整为3600元。健全基本公共文化服务体系经费保障，推进服务均等化，支持农村文化礼堂建设，落实公共文化设施和体育场馆免费开放经费。将城乡居民基本医保财政补助标准和城乡居民基本公共卫生服务补助标准分别提高至年人均760元、50元。深化财政支农体制机制改革，落实强农富农惠农政策。村级公益事业“一事一议”财政奖补政策，全年财政投入3150万元，带动社会力量共建村级公益事业项目77个。深化农业三项补贴政策综合试点工作，成立首个农业联合社，增强横向辐射，推进农业现代化发展。保障小城镇环境综合整治、文明城市创建、地质灾害大搬快治、五水共治、城中村改造、“村村通”班车等重点项目的资金需求。

【服务经济发展】 助力“最多跑一次”改革，为实现预算部门的预算编制更为优质、精准，主动提供“上门服务至少一次”行动；进一步提升预算执行效率，推广不见单审核方式，实现预算单位“零上门”办理国库集中支付业务；实现会计证办理“一次都不跑”；推广统一公共支付平台，实现线上线下一体化收缴，2017年全区通过平台收缴资金26048笔，金额0.36亿元。推进“一卡通”涉农补贴发放，创建“一个门进、一个平台办事、一卡通使用”的服务新模式，全面推行“一卡通”发放，提高发放效率和透明度。落实清费减负政策，促进实体经济发展。聚焦创新扶持方式，改革资金投入方式，以事后奖励替代事前补贴，充分调动企业技术创新和转型升级的积极性，支持工业企业转型升级，全年累计兑现技改等政策支出2.78亿元。聚焦金融政策联动，发挥财政资金杠杆效应带动融资担保体系建设，着力解决中小企业融资难问题。

【财政监管】 严格控制“三公”经费及一般性支出，2017年“三公”经费支出1430万元，下降32.2%，其中：公务接待经费561万元，下降9.6%，公务用车购置及运行维护费802万元，下降44.0%，公务出国经费67万元，增长19.2%。一般公共预算一般性支出比上年压减5.1%。部门预决算和“三公”经费，公开率达100%。开展政府综合财务报告编制工作，深化公款竞争性存放改革，全区超过5.1亿元资金开展公款竞争性存放。推进“政采云”改革试点工作，规范政府采购流程，2017年政府采购共节约资金2295万元，节约率9.44%。建设项目库管理系统，完善专项资金管理清单，推动监管系统全覆盖。开展财政监督和绩效评价，涉及5个重点项目2.78亿元资金。推行财政票据“双随机”专项检查。推进财政投资评审改革，实行动态监管，全年净核减财政性资金1.55亿元，净核减率为8.73%。建立“1+8”内部控制制度体系及操作规程，有效防控行政风险和廉政风险。

【财政改革】 探索政府购买服务新模式，全年执行预算项目总额0.92亿元。全面推广PPP项目建设，助推民生工程提速发展。2017年共筹划8个PPP项目，总投资45.39亿元。其中，南山互通至丽新公路一期已完成投资1.77亿元，区人民医院改扩建工程及丽云中心卫生院迁建项目已进入采购阶段，宣平溪流域综合治理工程、丽龙高速公路南山互通至丽新公路建设工程（郎奇至丽新段）等正在积极筹备前期工作。引入市生态产业基金投资2亿元，推动古堰画乡景区的基础设施建设和文化旅游项目开发。制定5年政府债务化解方案，逐年化解债务风险，做好存量债券置换，优化债务结构和减少债务利息支出。全省首次试水农发财政补助资金900万元入股农业企业，村集体持股每年按股金8%获固定分红，壮大村集体经济，助力乡村振兴。

【队伍建设】 开展与大港头镇政府、市地税二分局、区国税局党建共建联席活动。以“两学一做”学习教育、“党员固定活动日”、上党课、专题研讨为抓手，引导党员干部认真学习贯彻中共十九大精神和习近平总书记系列重要讲话精神。通过举办读书会、演讲比赛、知识竞赛等活动，营造乐学勤学氛围。立体化开展财政专业知识培训，提升干部专业素养、拓宽视野。定期组织专题学习会、民主生活会，剖析存在的问题，增强接受监督、规范履职的自觉性，改进机关作风。举办职务犯罪讲座、观看警示片、家庭助廉等活动，醒示党员干部利剑高悬。

（蓝陈浩 叶碧波）

金 融

【概 况】 2017年，莲都区有工、农、中、建四家国有银行，以及莲都农商银行、建信村镇银行、泰隆莲都支行、邮政营业部共8家金融机构，2家小额贷款公司，1家民间融资服务中心，6家融资性担保公司和16家惠农担保互助社。截至2017年12月底，莲都区工、农、中、建四家国有银行、莲都农商银行、建信村镇银行、泰隆莲都支行、邮政营业部等金融机构本外币各项存贷款余额1354.48亿元，比年初新增141.87亿元，余额同比增长了11.70%，其中，人民币存贷款余额1338.73亿元，比年初新增145.29亿元，余额同比增长12.17%。全年实现“三权”抵押贷款余额15.61亿元，超额完成年度任务。全年完成企业股改1家，省股交中心挂牌6家，进行金融招商，成功引进台州银行、上海博将资本。引导金融服务实体，推进政保合作。

【企业股改上市】 2017年，企业股改任务顺利完成。成立丽水市昌宏网络科技股份有限公司，完成一家股改公司目标任务。截至年底，莲都区共完成企业股改10家。12月26日，在丽水市人民政府主办的“凤凰计划”项目签约仪式上，浙江联合创展装饰股份有限公司与东莞证券成功签约IPO服务协议。莲都区国资公司与浙商证券签订债券融资协议。另外，引进私募基金、投资公司等注册古堰画乡小镇，全年直接融资7单，注册私募管理人2家。省股交中心挂牌数量增长良好。全年莲都区丽水市绿盒电子商务有限公司、丽水市轩德皇菊开发有限公司等6家企业在浙江股权交易中心成功挂牌，超任务完成5家。截至年底，莲都区浙江省股权交易中心挂牌企业数量已达31家。通过贯彻落实全省企业上市和并购重组推进工作电视电话会议精神和《浙江省推进企业上市和并购重组“凤凰行动”计划》（浙政发〔2017〕40号）文件精神，制定推进莲都区企业上市和并购重组“凤凰行动”工作计划。走访排摸拟上市重点企业，了解联合创展、安派科、瑞星医药等拟上市重点企业的进展。针对拟上市企业在上市过程中遇到的问题，按照“一事一议”的原则，予以专题研究解决。对企业在改制、上市过程中遇到需要办理的各种手续，开辟“绿色通道”，为上市培育对象提供优质服务。围绕“十三五”期间做强先进装备制造、时尚轻工、生命健康三大主导产业的目标，选择一批优势企业，作为重点培育上市后备企业。对后备企业实行分类指导和全过程跟踪服务，为上市培育对象做好对口联络和配套服务工作，合力营造促进企业上市的良好环境。全年共走访企业23家次。组织优秀企业家共3批次去北京、上海等多地培训学习，并多次邀请市金融办和浙商证券等中介到莲都区开展股改上市辅导。抓住古堰画乡被列入全国深化城镇基础设施投融资模式创新试点镇的机遇，宣传古堰画乡特色小镇优惠政策，加大金融类招商引资力度，鼓励和引导各类创业投资公司、股权投资类企业、产业投资基金在古堰画乡集聚发展，打造特色金融小镇。引进上海博将资本投资有限公司注册古堰画乡小镇，进行股权私募投资，全年注册基金公司8家，拟注册资本5.3亿元，2018年将持续注册。

【农村金融改革】 2017年，农村金融改革取得显著成效，在2017年考核中居全市第一，农村金融改革得到全面深化。通过抓正面激励、抓任务分解、抓督查督导，引导金融机构加大对“三农”的支持力度；形成金融机构与乡镇、部门联动推进改革的良好工作格局；组成检查组对各项农村金融业务进行督查，从而突出考核引领，激发农村金改动力。通过加快“三权”改革步伐，莲都区推进林权抵押贷款扩面提质，林地经营权流转800公顷。省级农村土地承包经营权确权登记颁证整县推进试点通过专项验收，被列入全国农村集体产权制度改革试点。健全农村宅基地制度，完成农村集体土地不动产登记发证400宗。全区“三权”抵押贷款余额15.61亿元，超额完成市政府下达的任务数。其中：林权抵押贷款余额8.58亿元，新增8830万元，完成率140.16%；农房抵押贷款余额6.22亿元,新增1.34亿元，完成率104.83%；土地流转经营权抵押贷款余额7919万元，新增1861万元，完成率155.08%。通过推进绿色信贷产品，推出了“民宿贷”“光伏贷”，全年余额分别达3393万元和3916万元，占全市的41.5%、35.3%。通过发展农村保险，推进农村小额保险和扶贫贷款保证保险试点，惠及农户近4万户。林木火灾、水稻、油菜、能繁母猪、政策性农村住房等五种农业险实现全覆盖。通过健全信用体系，增强了农村金改的潜力。通过持续推进信用等级评价，莲都区累计创建信用乡镇1个、信用村77个、评定信用农户9.15万户。同时，金融机构在引导下开展“整体批发 集中授信”小额农户贷款批发业务。151个村建立“银村合作”整村授信模式，授信金额68.5亿元，发放贷款34.36亿元。农村担保体系建设也不断完善。全区16家村级担保互助社累计担保292笔，实现担保贷款5417万元。与省农业信贷担保公司合作推出“浙里担”担保产品，累计发放31笔、金额759万元。通过平台服务实体经济，增强农村金改的推力。莲都区成立莲都民间融资服务中心，累计撮合民间借贷资金28.59亿元。推动银行卡助农服务点与村级电子商务服务点共建，升级改造6个村级金融服务示范站。服务建设也得到优化，指导莲都农商银行创新服务，实现农户普惠签约、在外商户办贷、失地农民转保“最多跑一次”。推进政保合作，继续推进小额保证保险贷款试点、农村小额保险工作。小额保证保险贷款累计669笔1.34亿元，农村小额保险累计3.99万户208.28万元。

【不良贷款处置工作】 2017年，开展不良资产处置，加大打击恶意逃废债力度。按照先易后难、先急后缓、依法依规、规范运作的原则和精神，集中化解和处置了一批不良贷款，降低银行不良贷款率，确保不发生区域性、系统性金融风险。截至12月底，全区银行不良贷款余额12.34亿元，不良率1.9%，与年初相比下降0.69个百分点，不良贷款实现下降，信贷风险总体呈下行趋势。此外持续开展的“两链”风险化解引导各金融机构创新推出无还款续贷、年审制贷款等适合困难企业融资需求的金融产品，有效减轻企业资金周转压力。开展小微企业帮扶对接周，达成银企对接合作意向44家，企业意向金额2.28亿元，银行发放贷款6000万余元。专项审计与现场检查相结合开展对小贷公司、民融中心进行属地监管。

（翁菀翎）

中国农业银行股份有限公司丽水莲都支行

【概　况】 2017年，农行丽水莲都支行打好“业务赶超、信贷质量、客户基础、经营转型、平安经营、团队建设”六大战役，推动全行各项业务再上新台阶。获莲都区2017年度金融机构支持地方经济发展考核一等奖以及2017年度工作责任制考评综合优胜单位。

【促业务发展】 2017年，农行丽水莲都支行抓好干部队伍建设，细化“三线一网格”管理，推进思想、组织、作风、廉政、制度建设，打好赶超发展攻坚战，推动全行各项业务再上新台阶提供坚实保障，促进业务的有效发展。落实“两个责任”和“一岗双责”。强化责任意识，抓好分工落实。明确各级行一把手党建工作“第一责任人”的职责，明确纪委书记协管党建的职责，明确了党委班子其他成员根据党委分工，耕好党建的“责任田”。细化考核方案，抓好考核奖惩挂钩。制定并下发《2017年度二级支行领导班子党建工作考核评价方案》，落实二级支行领导班子及成员任期“双百分”评价模型，持续开展基层党组织书记抓基层党建述职评议考核。强化党建工作问责，对于党建工作不到位的一票否决，对于党建工作推进不力，一岗双责落实不到位的，支行行党委约谈单位主要负责人进行问责。通过突出党建，全行各项业务稳步发展，截至年底，全行各项日均存款比年初增24829万元；各项贷款余额增17681万元，增长率14%；净利润同比多增1094万元，全年安全无事故。

【农村金融建设】 将三农工作摆在重要位置，推进农村普惠金融服务模式，拓宽惠农金融服务的广度和深度，提升农行区域影响力和品牌形象，构建服务“三农”长效机制。以碧湖支行为重点，牢把握惠农利农新政。一方面，紧跟新农村建设步伐，继续推进金融自治村信贷模式。主动对接新农村建设村，使其作为支行的重点营销阵地，将金融自治村信贷模式做大做亮。另一方面，借助挂职干部，通过参加选举后的新一届村民代表大会的有利时机，进行宣传、发放宣传单、拉横幅等，开展小额农户贷款宣传，利用客户营销客户的模式，支持农户客户。全年新增金融自治村2个，信用村1个，村民信贷档案有效建档5046户，惠农卡有效客户747户，惠农通服务点55个，有效率96%，完成率113%，惠农通星级服务点新增13个，完成率100%，完成三权贷款指标。

【营销工作】 为做大资产总量，对源头性和批量性客户开展强势营销，经过不断努力，全年资产业务实现突破发展，截至年末，全年共发放贷款96819万元，同比增加17261万元；各项贷款余额增加17681万元，增长率14%。被丽水银监局评为绿色金融三星认证。加强项目贷款营销。把营销项目贷款作为突破资产业务的重点，一把手亲自组织营销推进，一方面加强对已批复项目客户的二次营销，另一方面加快项目落地提款，力争早审批、早投放，争取早受益。2017获批项目贷款2个，金额合计8.14亿元。借势做好同业贸易融资业务。在省、市分行的精准联动下，该行成功办理全市农行首笔大额国内信用证项下福费廷二级市场买入业务2亿元人民币，综合效益显著。加强个人贷款持续性营销。该行持续推进个人贷款业务营销，一方面及早部署，联动营销，形成人人参与、人人有责的营销意识。引导网点转变营销导向，发挥政策优势，如“房抵贷”消费20年、随薪贷等产品优势，突出非房贷，特别是消费类贷款的营销。另一方面利用多渠道、多方式的活动的开展，宣传该行个贷产品及最新政策，如随新贷、新政策下的经营类、房抵贷等产品，收集客户需求，第一时间做好新产品的推广。

【存款工作】 理清思路，准确定位，提高认识，将存款工作确定为全行加快有效发展的“生命工程”，在旺季营销中，各项存款余额和个人存款余额双创历史新高，其中个人存款较年初实现增长率20.7%，实现历史性突破；对公和零售业务均在全省农行名列前茅，支行营业中心获全省“争份额、强基础、扩流量”对公首季综合营销竞赛活动优胜网点，支行在全省春天行动一级支行综合排行榜列第11名和增存排行榜第8名的好成绩，列全市首位。突出目标客户抓增存。认真细分存款市场，建立了以行领导抓机构大户，网点部门抓重点户、全员抓一般户的抓存体系，形成自上而下、层层抓资金组织的有效格局。利用产品优势，抢占市场份额。利用优势个人产品，通过拉横幅、进企业、进单位、走村镇、大堂营销等多种手段进行宣传，努力抢占个人客户市场份额。

【“双基”管理】 为全面提高精细化管理，强化标本兼治，打好平安经营长期战。强化综合推进，强化“三条线”履职，强化“网格化”管理。做到思想认识到位，履职尽责到位，激励约束到位，系统支持到位。持续加强“两重”排查。抓持续推进，抓重点关注，抓排查创新。对内外部检查发现的问题，及时认定责任人，对照《中国农业银行员工违规行为处理办法》，发现一次，处理一次，提升违规处理的震慑力。创新不良贷款催收手段，实现不良贷款双下降。通过加快诉讼进度、公安布控、采取多种催收方式等手段，不良贷款清收成绩显著。截至年底，全行不良贷款占比0.18%，较年初分别下降0.42个百分点。运营管理全方位、精细化，质量提升明显。支行在全市运营质量考评名列前茅。加强安全保卫，强化安全生产管理。

【经营效益】 2017年，莲都支行始终坚持以提高价值创造能力为目标，以增加收入、创造效益为工作成效的评价依据。推进中间业务收入转型，抓投行业务收入，抓国际业务收入，抓理财类业务收入，抓信用卡业务收入。推进资源配置机制转型，绩效考评突出质量效益，工资分配突出效益导向，经营授权突出差异化管理。推进财务收支管理转型。向打包核销资产要效益，加强贷款定价管理，加强存款收益管理，加强费用精细管理。四是推进网点发展方式转变。推进网点人员“走出去”，网点管理“标准化”，网点建设“个性化”，网点考核“精细化”。

【团队建设】 围绕全行发展战略，以人本为主题，以创新为主线，以员工为根本，以团队文化建设为重点，开展多种形式的文体活动，推动岗位建功，大力推进人文关怀工作，发挥工会组织动员、教育引导、联系服务、维护权益等重要职能，凝心聚力，鼓舞士气，在服务大局、服务员工中取得新成效。对各类先进个人全部安排了疗休养；用“员工礼”纪录员工与农行共同成长的足迹，有效传导省分行党委对全行各个层级、各个岗位、各个年龄段员工的关爱与尊重，增强员工的归属感、荣誉感和责任感，提升员工的忠诚度，激发员工热爱农行、坚定奉献的决心和工作激情，推动农行特色团队文化的培育和积淀。在中国农业银行丽水分行第四届职工趣味运动会上，支行高度重视，认真组织，踊跃参与，充分体现出全市农行干部员工的竞争意识、进取意识和超越意识。建设“职工之家”，为员工提供了学习、活动、休息、就餐场所，解决多年未解决的职工食堂，丰富员工的业余生活。

中国银行股份有限公司丽水莲都支行

【概　况】 2017年中国银行莲都支行坚持提升效益为中心，截至12月末，全行实现营业收入5912万元，同比增幅11.8%；拨备前利润4875万元，同比增幅23.86%；本外币存款余额9.53亿元，本外币贷款余额18.23亿元（含银行卡），较年初新增6597亿元，其中人民币公司贷款新增

1.28亿元,个人贷款负增6219万元(含卡透支),银行卡交易量2.7亿元。实现不良清收化解10184万元,不良贷款余额9898万元,较年初-493万元,不良率5.43%,较年初-0.46个百分点。截至11月末,个人基础客户21097户,较年初新增1733户,增幅8.9%;个人中高端客户925户,较年初新增84户,增幅10%;公司有效客户82户,较年初新增2户。

【党建工作】 2017年,中国银行莲都支行做好融入基层、融入业务、融入人心的关键环节,“对内凝聚人心,对外拓展市场”,以最好党建引领最好银行建设,按照分行统一部署,支行以“三会一课”的党的组织生活为基本形式扎实开展党员“两学一做”教育活动,全行党员谈体会谈认识,发挥支行党员先锋模范作用,增强党支部的凝聚力、吸引力、战斗力,为推动全行各项工作再上新台阶提供强大动力支持。4月10日支行开展“党旗引领,清收建功”为主题的党建活动,并成立清收化解工作小组,在支行支委直接领导下,清收化解工作小组党员在清收中发挥作用,在学习先进、赶超先进中充分展现出共产党员的良好风貌。6月18日支行与丽水市人才管理局、市劳动保障监察支队、市人力资源市场服务中心、市劳动能力鉴定中心开展党建共建活动,通过此次党建共建活动,发挥结对双方党组织的自身优势,交流党建工作经验,加强彼此间的联系交往,为以后的业务合作奠定了坚实的基础。在重点产品业务ETC、手机银行的拓展中,全体党员干部不忘初心,积极发挥模范带头作用,通过开展“党建+”等工作模式,推进各项产品业务稳健发展,实现党建工作和业务工作的有机融合、相互促进。其次支行重视员工队伍的培养锻炼。坚持送出去请进来的培训方式,坚持每周夜学制度,客户经理晨会制度,坚持每天晒业绩和心得,定期召开客户经理例会、分享经验,开展头脑风暴,激发客户经理聪明才智。做到员工教育培训全覆盖。加强营销队伍建设,今年支行持续开展“外拓致胜、赢在大堂”活动,出台员工、客户经理绩效考核办法,充分调动柜员、客户经理的营销积极性和主动性。

【内控案防体系建设】 2017年,支行为完善和加强条线内控案防体系建设,加强内控监督,排除案件风险隐患,遏制违规经营和风险事件发生,分行自4月起开展为期两个月的2017年度内控案防专项治理活动。支行成立专项治理工作领导小组,制定排查方案,统一部署,各条线逐条对照排查要点保质保量完成定任务。5月起银监开展银行业“三违反”“四不当”“三套利”、“治乱象”等一系列专项治理工作,支行结合内控案防专项治理的培训教育宣导工作,继续通过教育、培训推进全员树立依法合规经营理念,深化对合规创造价值的认识,强化合规底线意识,认识违规带来的惨痛代价,使法律、法规和行内规章制度成为“带电的高压线”。专项治理工作有序进行,采取集中式排查、交叉式排查等组织方式,坚决杜绝走过场,对于发现的问题,及时做好整改工作,对暂不能整改的情况,制定整改计划及整改期限,跟踪整改进度,不流于形式。

【“案例警示教育年”活动】 2017年分行开展“案例警示教育年”活动,支行结合实际,围绕着“七个一”动作展开。即:召开一场警示教育大会、组织一次实地参观、听一堂廉政教育课、签订一份承诺书、撰写一篇心得体会、组织一次合规测试、开展一次微视频创作。组织全行员工进行学习讨论,把正面宣传与反面警示结合起来,从案例中深刻总结经验,汲取教训,明确方向、路径,坚持“回归本源”,坚持“赚钱不出事”,依法合规发展业务。

中国建设银行丽水莲城支行

【概　况】 2017年末,建行丽水莲城支行在职员工63人。内设综合管理部、业务部、客户部等三个职能部门,直属营业部一个,下辖中山支行、白云支行、万丰支行、莲都支行、纳爱斯支行五个营业网点,其中莲都支行主要服务莲都区财政核算中心、纳爱斯支行主要服务纳爱斯集团。年末各项存款余额35.26亿元，各项贷款余额15.93亿元，不良贷款余额361.48万元，不良率为0.22%，实现中间业务收入2480万元。

【工作亮点】 2017年，建行丽水莲城支行各项工作取得新的进展。成功发放1.1亿元的委托贷款类理财产品，成为省行首笔委贷理财、首笔资管项下委贷。参与机构业务“网点红”“双提升”活动，成功营销首家“党费云”上线的客户和首个“党费云”缴费的客户。普惠金融业务发展取得新进展，小微型企业发放贷款共计24笔，金额为2377.61万元，农乐贷发放2笔，贷款余额44万元。截至12月底，个人贷款11.58亿元，比年初新增4.6亿元，增长率达165%，增增长率排名第一。发展信用卡业务，全年实现信用卡分期业务1.32亿元，在商户营销上取得突破。新增POS商户131户，年刷卡消费额达10.02亿元。拓展ETC业务，共签约1851户，签约量列系统内第一位。支行获浙江省财贸工会“工人先锋号”称号，获丽水市金融系统“创建全国文明城市先进集体”称号，获建行丽水市分行“先进支行”称号，支行志愿团队荣获建行浙江省分行“最美建行人”称号，支行团支部荣获建行浙江省分行五四红旗团委（团支部）称号。支行营业部荣获中银协“四星级营业网点”、总行“五星级营业网点”，白云支行获总行“三星级营业网点称号”，支行党支部连续两年荣获建行丽水市分行“先进基层党组织”称号。

【重要举措】 莲城支行加强账户源头营销，搭建、巩固多样化平台，对接政府、工商、地税、工商联、招商办、行业协会等相关部门；紧盯莲都区未来三年的新项目，提前介入项目的前期规划。成熟一个，申报一个，投放一个，储备一批。抓好项目投放，同时抓好项目资金的流向，建立项目资金流动闭环；成立了机构业务发展领导小组，制定网点红和双提升活动考核方案和激励政策，发动广大员工参与到机构业务发展中来。紧盯“六型客户”抓大不放小，向两头延升，加大对小微企业扶持力度，提高普惠金融业务发展水平。实施零售优先战略。抓好客户分层管理，抓全量资金、做好稳存增存，外拓行外资金和客户，拓展结算类客户；发展个人住房按揭和消费信贷、做大我行资产类业务；落实发展信用卡业务是“抓客户、提中收”的重要途径的理念，不断提高卡类业务中收的贡献度；坚持“移动优先”的原则，将线下业务向线上转移，开展金融生态圈建设，加快个金业务转型发展。倡导合规经营、合规操作的理念，制定合规管理工作考核办法，加强“三线”教育，加强合规监督检查力度，全行全年安全运营，无案件发生。按照“围绕中心抓党建、抓好党建促发展”的工作思路，将党建工作贯穿全年工作，细化工作措施，创新工作方法，基层党建工作取得新的进展。通过开展“两学一做”专题教育活动，抓党性修养锤炼，增强干部员工的责任意识和服务意识。深入贯彻全面从严治党、从严治行要求，切实履行好“两个责任”和“一岗双责”，落实“两考核一评价”制度，加强党风廉政建设。打造一支建设团结协作、精通业务、遵规守纪、干净干事的干部员工队伍。通过星级网点创建活动改善服务环境，提高了服务水平，客户满意度不断提升，参与丽水市全国文明城市创建工作，参与社会公益活动，支行品牌形象不断提升。

（胡琪盛）

浙江泰隆商业银行股份有限公司丽水莲都支行

【概　况】 2017年，莲都支行推进社区化三匹配，乡镇全覆盖，两民业务批量化，四眼原则执行落地，全面风险合规管理、纪律文化队伍建设。经过支行全体员工艰苦努力，支行各项工作得以稳健开展。全年泰隆莲都支行日均存款达6.04亿元，日均资产7.06亿元，全年实现利润4296万元，贷款利息累计收入实现7982.7万元。“三权”抵押贷款余额1315万元，较2016年新增500万元。信用卡垫款日均9726万元，透支余额1.01亿元。员工队伍合格率达100%。

【“情暖百乡行”系列活动】 2017年，开展社区化营销活动26场，存款产效343万元，平均一场活动产效13万元；贷款190万元，平均一场活动产效7.31万元；卡4张，平均一场活动办理0.15张卡；新增首笔贷款达到71笔，人均8笔，发放金额2009万元，人均223万元；1万元以上的开户数达到666户，人均74户。

【资产业务】 扩大授信村的授信面，开展存量二次授信，实现支行农村综合社区的全覆盖。平台搭建，对接政府电商办，扶农下乡重点项目，争取以卡批量推进方式营销。加强企事业和政府单位、林业、公安、学校、乡镇工薪族信用卡和消费贷款营销。推进有质量的大资产业务。同时，重视未续贷款、未续卡客户的梳理跟进，通过上门走访、利率下浮、产品配套等方式二次营销。截至10月末，首笔新增贷款发放397户，金额9980万元，新增发卡198张。

【逾期资产清收与化解工作】 制定清收时间表，蹲点催收、错时催收、专职催收；催收考核签定责任状；每周一天清收日；部门负责人每天清收群汇报清收进度，每周沟通会汇报；清收痕迹及汇报作为每月《部门负责人日常履职评分依据》；次月到期贷款80%提前到本月完成续贷工作。

【合规风险管理】 全年共发放首笔贷款414笔，初审退回9笔，征信查询6081份；建立相关台账：《三查询登记表》《初审退回台账》《贷款审议表》《合同送签确认表》《客户电话回访登记表》等。做好影像上传、系统信息录入等工作。莲都支行重视合规风险教育，开展审计案例合规培训、风险资产分析会；每月三十三项风险点防控“自查与检查”。实施合规积分、合规承诺制度。

【营运服务和客户满意度】 实施柜面积分制管理，包括服务评价、柜面差错、大堂履职、考试考证、竞赛比赛、训练演练、纪律文化、合格率等。结合柜面“8+8”服务、全员营销，不断提高柜面服务水平，实现无重大差错。

【内部管理和队伍建设】 对纪律文化、安保防范、银企对账、信贷档案四方面制定检查处罚标准，每月三项行为规范检查、安保压力测试演练，改变员工行为意识。开展了系列品牌宣传活动：新春金鸡纳财、送姜茶、送汤圆，每周五温馨下午茶，元宵节、妇女节、端午节、“六一”儿童节等节日宣传和雏鹰计划等。

浙江丽水莲都农村商业银行股份有限公司

【概 况】 2017年末，各项存款余额97.34亿元，比年初增加7.12亿元，增幅7.9%；各项贷款余额68.58亿元，比年初增加7.4亿元，增幅12.1%；五级不良贷款余额2.14亿元，占比为3.12%。不良贷款拨备覆盖率为212.98%，比年初减少9.94个百分点；贷款拨备率为6.64%，比年初减少0.96个百分点。全年实现总收入6.49亿元，人均实际利润48.62万元。全年上缴税金7543万元。是年，浙江丽水莲都农村商业银行股份有限公司连续四年获莲都区金融机构支持地方经济发展考核特别贡献奖，连续两年获全市农信系统信息宣传考核第一名，“丰收·惠民”食品安全溯源体系建设项目获全国银行业科技创新领域最高奖项——“全国银行科技发展奖三等奖”，被评为第五轮浙江省银行业金融机构安全评估工作成绩突出集体、2017年度省级治安安全单位和莲都区“双爱”先进企业，获全市金融系统支付结算知识竞赛团体二等奖、全市农信系统第十一届业务技能比赛团体三等奖，由浙江丽水莲都农村商业银行股份有限公司运动员为主力组建的市金融系统代表队获得丽水市第四届运动会篮球赛冠军、羽毛球赛冠军和气排球比赛男子组第二名。报送的审计项目先后获浙江省内部审计案例优秀奖，丽水市内部审计案例二等奖、优秀内部审计项目、内部审计论文三等奖。大港头支行被评为2017年丽水银行业星级营业网点和2017年丽水银行业绿色金融四星认证支行，白云支行被评为浙江农信文明服务示范单位。

【改革工作】 与社保局、税务局、征迁办、住房公积金中心、市场监管局、卫生局、国土等39个部门开展各类业务合作，在“最多跑一次”改革的牵引下，整合窗口职能，实现“三项创新”：率先全国推出“失地农民社保代理业务”，实现所有网点窗口一站式办结“农转保”申请、审批、签约、扣款等全部流程，累计完成转保10770户，这项工作受到人力社保部和省社保厅的高度肯定。推出“三改一拆”行政罚没代缴业务，配合我区“无违建区”创建工作，辖内16家网点实现违建处罚代缴“最多跑一次”，共代缴5373笔，金额5354万元。开通“浙江政务服务网公共支付平台财政非税电子缴款系统”线下缴费业务，成为丽水市区唯一承接非税电子缴款线下业务的金融机构，极大方便了城乡居民特别是农村居民就近缴费，已拓展执收单位42家，累计代收缴业务1.91万笔，代收缴金额1296万元。同时，我行深度参与莲都区“三位一体”改革，为12家农合联、1家资金互助会开立基本结算账户，向莲都区蔬菜产业农合联、民宿产业农合联授信1.3亿元。围绕金融扶贫工作要求，发放7325万元小额扶贫贷款支持539户低收入农户创业，并与区就业管理局联合推出创业担保贷款，与区委组织部联合推出农村党员创业贷款，加大金融扶贫力度。助推丽水农村金融改革，共发放“三权”抵押贷款3540户、余额11.96亿元，新增1.55亿元；其中，林权抵押贷款余额7.03亿元、流转土地经营权抵押贷款余额0.6亿元、农房抵押贷款余额4.33亿元，并建成6个农金改示范村。加强与财政部门合作，参与并中标财政资金账户5个，获财政资金竞争性存放1.5亿元、行政事业单位公款存放1亿元。

【普惠金融】 制定普惠金融提升五年行动计划（2016—2020年），并由区政府进行转发，提升普惠金融的社会影响力。连续第九年开展“走千访万”活动，普惠快车客户建档20.28万户，小微专车评级客户数3580户，授信3262户，授信金额25.98亿元。开展普惠金融挂图作战专项行动，在3个社区、72个行政村推广“整村授信”批量营销模式，普惠客户签约、评级等工作纵深推进，普惠签约客户新增3006户，总数21991户，普惠签约率12.15%，新增发放10万元以下小额信用贷款1194户、金额7697万元，城乡百姓金融服务获得感进一步提升。助推农旅融合发展，向“丽水山耕”“丽水山居”区域公共品牌会员授信8.3亿元；积极搭建“银商、银企、银农”融资平台，累计向区侨联、丽水市超市经济促进会、丽水市商贸业促进会授信12亿元；建立“银村合作”行政村151个，新增10个，建立“银商合作”异地商会17个，新增4个，共发放商户会员贷款732笔、金额1.75亿元。向辖内94户民宿经营户发放“民宿贷”2948万元；向辖内27户小微企业发放“税银贷”1.18亿元；向206户农户发放“光伏贷”1286万元。创新还款方式，开展小微企业融资对接活动，累计帮助65家政府帮扶企业顺利转贷3.67亿元，为小微企业节省转贷成本约550万元，优化实体经济融资环境。

【社区银行】 发展基础客户，以基础代缴、电子银行和理财业务为抓手，提升获客能力，全行水费签约26965户，新增4325户；电费签约71472户，新增7757户；话费及有线电视费签约8785户，新增5297户。理财客户数11152户，新增2138户。ETC签约11172户，新增6914户。丰收互联（手机银行）客户数50606户，新增19644户；存款客户数新增3.98万户，总数60.08万户；贷款客户数新增1344户，总数18550户。优化服务渠道，完成2家网点搬迁、3家网点原址改造；辖内ATM机调整优化至99台，对原有助农服务点进行了功能升级；设立丰收驿站74家，数量居全市农信首位。率先在全市农信系统推出“银铁通”火车票售票机具，为南城外来人口提供火车票购票服务。“智慧菜场”食品安全溯源项目实现市区主要农贸、农批市场全覆盖，并荣获银行业科技创新领域最高奖项——全国银行科技发展奖三等奖；已布设788个摊位的溯源机具，其中85%已升级为一码通，累计发生溯源交易量198.08万笔，交易金额2.91亿元，其中刷卡交易量18.97万笔，刷卡金额1.41亿元。“智慧公交”项目实现市区公交线路全覆盖，完成483辆公交车线路系统改造及运行，日均扫码交易量3600余笔。“智慧医疗”项目在130多家药店、诊所、卫生院、三级以下医院等医疗机构上线，统一部署了医保监管系统和智能付POS，并获得省农信联社第四届产品与服务创新二等奖。“智慧旅游”为景区商户安装一码通、智能付278台。电子渠道方面，大力发展丰收互联、一码通、智能付POS等新业务，共办理智能付410台；拓展一码通商户6447户，商户交易笔数达200万笔，新一代数字金融运营体系初步建立。

【信贷风险管控】 坚持做实、做小、做散，出台“十必问、十必查、十必究”信贷管理制度，建立健全信贷规范化操作机制，强化风险源头把控。严格把关客户准入资格审查，推动隐性不良贷款入账，做实资产质量。推广应用客户风险识别预警系统，提升风险监测预警的精细化水平。组织开展贷款合规性专项检查、信贷经营行为排查、担保公司自查等工作。加大不良贷款处置力度，开展了不良贷款“百日攻坚”专项行动，实行领导领办制，制定切实可行的压降计划，全年共收回不良贷款28463万元，其中，现金收回9336.97万元。设立资产管理中心，拓宽不良清收渠道，不良贷款清收小组全年共收回464笔、本息744万元。加大司法处置力度，开展了联合打击恶意“逃废债”专项行动，全年共申请执行案件192件、金额9862万元；执行收回56笔、金额2925万元。加强违规问责管理，修订完善贷款责任追究管理办法，召开三次不良贷款听证会，对7名高不良率的客户经理实行待岗清收。完成2016年度及以前年度的不良追责工作，完成对2014年至2016年核销贷款的责任追究，完成2016年新增不良贷款的责任认定及追究、在职人员核销贷款罚款及不良赔偿准备金的收缴等工作，持续开展当年新增不良贷款的检查和追责。到年末，全行贷款赔偿准备金账户余额为312.67万元。

【案件风险管控】 加强党风廉政建设，推进“4+2”廉洁合规风险防控模式，推广应用人事“一人一档”管理系统，强化员工异常行为监督管理，深入推进员工行为排查常态化，切实防范员工道德风险。严格落实金融监管政策，贯彻落实银监会整治金融乱象及“三违反”“三套利”“四不当”等专项整治工作要求，组织开展“治乱象、维秩序”等专项排查；配合办事处开展重大政策落实情况检查。引入风险导向审计，组织开展了电子银行业务、阳光工程、资金业务、不良资产处置小组清收情况、自主开发系统等审计项目。加强监审联动，配合做好2017年丽水银监分局对我行开展的重点业务常规检查。全年共组织实施审计项目25个，检查辖属网点152个次，提交风险提示8份，发出整改通知书5份，提出整改意见71条。

【维稳安保工作】 贯彻落实省联社及区委区政府关于十九大维稳安保工作的重要部署，做好安全巡检、值班和信访管理等工作，确保了十九大期间安全经营无事故。严格落实安全生产责任制，逐级签订安全保卫相关协议书，组织开展舆情桌面演练、应急预案演练、消防疏散逃生演练及安全消防大检查等。加大网点安防设施的改造力度，增设监控设备；加强大堂保安管理，对保安公司及其保安人员实行优胜劣汰制度；对全辖营业网点、总行大楼、监控中心、业务库、离行式自助银行等进行了全面检查，层层落实安全管理责任。推进“心防工程”和电信防诈骗工作常态化，落实“四问一必签字”和电信诈骗防范奖惩措施，共成功防范和劝阻涉电信诈骗汇款5起。推进全省第五轮金融机构安全评估工作并顺利通过验收。

【总部支撑】 提升总部盈利创收能力，2016年金融机构往来收入及投资收益1.55亿元，同比增加3107.7万元，增幅24.79%；银行卡中间业务实收手续费收入达1848.5万元，比上年增加1298.54万元，增幅236.12%。审慎稳健发展资金理财业务，成立同业投资评审委员会，梳理完善同业制度。全年共发行同业存单8期、金额7亿元；大额存单2期；理财产品58期，募集资金15.76亿元。持续推进薪酬制度改革，不断完善薪酬绩效管理办法和相关系统。试点FTP内部资金转移定价工作，开展行社整体会计基础达标并顺利通过验收。优化组织架构，机关中心从5个增至7个，增设资产管理中心和国际业务中心。积极推进总部集约化管理，实现单位结算账户集中统一管理、WiFi无线网络环境集中统一管理。为所有信贷人员配备了“丰收E行”移动平板和“普惠通”手机，为全体中层干部配备了“办公E本通”PAD，实现管理人员“移动办公”和客户经理“移动办贷”。

【科技支撑】 加强系统平台建设，上线丽水市住房公积金接口系统、社保HIS系统、智能付POS应用、国土使用权网上交易保证金管理系统、招投标中心保证金系统、电票系统、失地农民转保、第三方存管业务新系统、“企业直通车”系统、季季盈配套营销系统、太平洋人寿安贷宝业务等新系统。开发和完善了数据综合查询、催收短信平台、薪酬绩效管理等系统，实现菜场扫码溯源和免签功能、公交扫码功能。加强数据分析服务，共完成各类软件开发申请15份、数据提取需求800多份。开展机房应急演练、计算机网络系统检查，完成托管机房核心网络设备更新，在重要岗位部署数据防泄密系统，实施门户网站安全运维防护，完成业务网平台扩容、数据容灾备份等工作，确保全行科技网络安全运营。

【创新支撑】 推进金融产品创新，先后推出光伏贷、税银贷、创业担保贷款、保单分期、租金分期、季季盈等新产品。率先全市农信系统开办住房公积金委托贷款业务，并派专人进驻住房公积金管理中心，专职拓展公积金委托贷款业务，共办理公积金贷款36笔、金额1686万元。与山东黄金公司合作重启贵金属业务，举办贵金属展销会。完成第三方存管业务新老系统切换，与浙商证券新建合作关系。上线电票系统，并成功加入上海票交所，辖内一级支行全部开通电票业务，共办理49笔、金额2846万元。开通电子银行放款自助投保太平洋人寿安贷宝业务，实现客户快速投保。

【“比学赶超年”活动】 把握省联社和丽水办事处“比学赶超年”活动的总体目标和主要任务，对照分层分类经营管理考核要求，制定活动方案，召开动员大会，加大考核激励，从总行、部室、支行三个层面深入查找短板。对标先进标杆，由行领导班子成员牵头组成学习小组，先后到鱼跃公司，路桥、乐清、瓯海、常山、东阳农商行等地考察学习，加快复制推广好经验好做法，促进全行均衡发展、共同进步。加强“五个一”特色载体推动，举办了“首善担当 收获幸福——比学赶超”大讲堂，学习鱼跃百年老店文化精神和劳模精神。面向广大员工开展“金点子”合理化建议征集活动，共征集到合理化建议253条。设置支行“比学赶超龙虎榜”，加强数据分析，每月下发通报，激励先进，鞭策后进。同时，以开展“四大提升行动计划”为抓手，针对普惠基础、合规管理、风控管理、电子银行等“短板”制定专项考核方案，开展“年末补短板”考核，并实行流动红黄旗考评制度，每月进行分析、评比和授旗，推动形成“比学赶超、争先进位”的浓厚氛围，有力助推了各项中心工作的开展。

【干部队伍建设】 学习中共十九大精神，召开党委理论中心组学习（扩大）会议，举办学习贯彻十九大精神专题讲座，把学习宣传贯彻中共十九大精神作为当前和今后一个时期的首要政治任务，牢固树立“四个意识”。完成第二届纪委、工会和妇委会的换届选举工作，开展“首善担当创一流”大讨论活动，推进“干净干事创新业”作风建设专项活动，深入推进党风廉政建设，层层签订党风廉政建设责任书、案件查防责任书、员工廉洁从业承诺书和党员干部进一步改进作风严守底线坚持高线承诺书，每周向重要岗位人员发送廉洁短信提醒，做到警钟长鸣。逐步完善人才培养锻炼机制，选派6名干部赴各乡镇挂职；完成“英才计划”培训工作，对普通员工和管理干部进行分层培训，雄鹰班共20人结业，雏鹰班共49人结业；全年共组织开展各类培训28期，参训人员2557人次，培养“三个千人计划”共37人，提拔干部16名。加强员工行为管控和问责管理，通过开展八小时外家访及公安、法院、人行征信检查，加强员工行为监督检查，完善员工日常行为动态考核综合档案。全年共实施问责443人次，罚款金额41.16万元，其中：警告处分4人，诫勉谈话11人，记过10人，记大过2人，降级1人，待岗清收7人。

【品牌文化建设】 探索“柜面业务分离、柜员分流”工作，通过组织支行参加星级服务网点及文明服务示范单位创建工作，全面提升我行窗口形象和服务品质。做好品牌建设和文化推广，对外宣传实行标准化、统一化管理，不断提升我行品牌形象；加大信息宣传力度，完成12期企业内刊宣传和日常微信公众号宣传等工作。组织人员参加各级文体活动和技能比赛，为全体在岗员工安排疗休养，举办第二届职工趣味运动会。履行社会责任，开展“盛夏送清凉”活动，为区环卫工人送去防暑用品；与省农信联社团委联合开展“暖冬助学”行动，为偏远山区的留守儿童送去校服和学习用品；落实志愿服务、社区帮扶、路口值勤等文明创建工作，助力丽水市创成“全国文明城市”。

浙江稠州商业银行丽水分行

【概 况】 2017年年末，全行资产总额为51.04亿元，较年初增加3.62亿元,增长7.63%；负债总额48.33亿元，较年初增加3.8亿元,增幅为8.53%，所有者权益合计2.71亿元。全行各项存款余额47.54亿元，比年初增加3.89亿元，增幅8.91%。日均存款44.27亿元,同比增加2.25亿元。储蓄存款余额25.18亿元，比年初增加1.70亿元, 增长7.24%,占比52.96%。各项贷款余额42.06亿元(含贴现，不含资产转让)，比年初增加2.31亿元，增长5.81%,其中小微贷余额28.51亿元，比年初增加1.38亿元。不良余额4955.12万元，比年初增加2755.33万元，不良贷款率1.18%。实现账面利润6403.66万元。

【地方经济发展】 2017年，浙江稠州商业银行丽水分行以供给侧结构性改革为主线，贯彻落实优化服务实体经济发展和“绿色金融”战略。推动重大项目建设。围绕棚户区改造、基础设施建设等项目作为信贷投放重点，如授信5亿元对接遂昌“三溪口”棚户区改造项目，支持1734户住户改善居住条件；如认购2亿元公司债支持南城新区拆迁安置房建设等；如授信绿谷信息产业园丽福科技有限公司5000万元，该企业为丽水市区内首个信息产业园项目。支持绿色产业发展。生态经济信贷余额10.39亿元，支持绿色项目8个，支持生态农户1142户，支持生态小微企业100家。如为浙江凯兴新能源有限公司和遂昌县叶家殿猕猴桃专业合作社提供个性化产品和特色服务方案。该项目通过建设棚顶光伏工程实现清洁能源发电，同时在棚下将光伏科技与现代农业有机结合，实现“上能发电、下能种植”的农业发展新模式，预计每年为国家电网输电775万千瓦时。支持农村旅游发展。对接特色农业、乡村休闲旅游，对专业大户、家庭农场、农民合作社、农业龙头等新型农业经营主体的支持，融合、协同推进发展。支持农家乐及民宿信贷余额达到19388万元，较年初增加7088万元。推动小微企业发展。创新推出“税E融”“长抵贷”等产品，并通过创新担保方式，将抵押品范围扩大至电站收费权、采矿权、上市公司股权质押等，落实好“两增两控”要求。

【乡村振兴】 推进农村金融改革，推广“三权”抵押贷款。2017年累计发放“三权”抵押贷款1057笔、金额33899万元，其中林权抵押贷款金额13004万元，农房抵押贷款金额17278万元，土地流转经营权抵押贷款3616万元。开展农村担保组织合作模式，已在庆元、遂昌、松阳三县与7个村级担保组织展开合作，累计担保101笔贷款、金额6463万元，当前贷款户数33户、贷款余额1068万元。开展小额贷款保证保险业务。与人保公司丽水市分公司签署合作协议，针对小微企业、城乡创业者、农户和农村经济组织普遍存在的抵押物不足的问题，为有真实资金需求、有良好信用记录与发展前景的小额借款人提供授信融资，并在客户开发、信息共享、贷后管理等多方面开展合作。符合条件的小微企业单户最高可获得300万贷款额度，城乡创业者单户最高可贷款50万，农户和农村经济组织单户最多可贷30万元。

【服务方式】 移动展业平台上门服务。浙江稠州商业银行丽水分行移动展业平台已形成以远程预开卡、厅堂营销、移动信贷三大业务体系为主线的综合性移动办公平台，初步实现获客、尽职、审批全流程服务。从移动信贷系统基础信息的录入到客户签字，再到授信资料的拍摄上传，前后不过10分钟，通过该平台累计服务客户近5万户。实施减费让利。通过“无缝对接续贷款”减轻企业融资成本，在企业贷款到期前，就把对企业的贷前调查、审查审批等准备工作做好，采取无缝对接形式，贷款到期当日就完成“借新还旧”手续，2017年共办理“借新还旧”转贷179笔，授信金额合计1.45亿元。

【十周年行庆】 2007—2017年，浙江稠州商业银行丽水分行机构已覆盖9县市，营业网点达16家，存贷规模近90亿，客户数超17万。为庆祝行庆，浙江稠州商业银行丽水分行特举办十周年庆暨表彰大会，分行全体员工、支行中层以上人员、先进员工等220余名人参加大会。大会表彰2017年先进员工、先进集体，并为与分行共成长的10位“元老级”员工颁发特别贡献奖。

上海浦东发展银行股份有限公司丽水支行

【概　况】 2017年是浦发银行丽水支行在二级分行等级评定中，丽水支行在全国121家二级分行中位列第40位，是自2008年开业以来的最好排名，不良贷款率也首次降到1%，被丽水银监分局授予2017年度不良贷款化解“先进单位”荣誉称号，获2017年丽水市金融学会金融重点研究课题项目一等奖。

【经营效益】 资产结构持续优化。截至12月31日，各项存款余额29.53亿元（其中对公存款20.16亿元，个人存款9.37亿元），比年初下降2.1亿元，各项贷款余额27.22亿元（其中对公贷款12.87亿元，个人贷款14.34亿元），比年初减少7.42亿元，实现账面营业净收入1.52亿元。2.注重业务结构调整。对公经营方面，进一步加快金融市场业务的发展，实现资产经营的轻型化；零售业务方面，推进个人按揭贷款，上半年通过锁定“中梁·滨湖苑”楼盘按揭项目，累计发放住房按揭贷款42110万元，有效地改善信贷结构。

【不良化解】 2017年，丽水支行按照风险出清、立足打赢的工作要求，以集中式、系统化、帮扶式、专业化手段，统筹推进不良贷款的处置化解，各项化解指标全面超额完成。到年末，丽水支行不良率比上年下降了1.68个百分点，低于同业0.95个百分点，这标志着丽水支行的风险水平已经迈入先进行之列，实现“率先突围”的目标。这也是自2011年以来，丽水支行不良率首次回落到1%以下。

【零售业务】 围绕经营效益，拓展资产业务。积极推广和优化信用卡业务“玩转商圈”活动，在丽水区域已初具品牌效应，实现信用卡净收入2455万元，同比新增138%，占丽水支行零售营收的36.01%，占温州分行全辖支行端信用卡净收的26.52%。围绕客户经营，拓展负债业务。在开门红“五花客户”签约竞赛活动中，青田支行、缙云支行分别获分行支行序列第二名、第三名，大洋河社区支行获社区支行序列第三名；在二季度劳动竞赛活动中，支行基础客户净增和中高端客户净增均位于分行第一位。截至12月末，我行基础客户净增和中高端客户净增仍位于温州分行第一位。围绕业务创新，拓展新型业务。首创温州分行系统的公积金点贷业务，截至12月末，网上获客1283户，成功

146户，提款余额1890万元；开劈以微信公众号获取信用卡客户的新模式，先后成功营销丽水移动、丽水在线、缙云星期八、青田电视台等公众号的获客链接；成功发行“遂昌旅游梦卡”，截至12月末，已发行3651张。

【对公业务】 对公负债结构持续优化。截至12月末，对公基础存款年日均余额218177万元，较考核基数新增21464万元。对公结算性存款日均达165615万元，较上年增加35467万元，占比高达76%，较上年增加10%。存款余额中对公保证金存款比重比2016年年末下降3.89%，2017年年末存贷比为92.17%。转型发展理念持续深化。在当地，金融机构业务和债务融资工具领域的领先地位更加巩固。在投行业务方面，成功募集市城投私募债剩余12亿元额度；7月由我行独家主承的25亿丽水南城新区投资发展有限公司私募债取得注册通知书，该单私募债是至目前丽水辖内单笔注册额度最大的债务融资工具。在交易银行业务方面，优化授信企业结构，实现结算性存款与效益双增长。落地分行首单融资租赁项下福费廷业务；分行首单、第二单“结盈”业务，首单“云监管”业务，支行首单“智慧社区”“云账单”业务。在金融机构业务方面，产品体系进一步丰富。截至12月末，新增当地一级法人机构客户3户，覆盖率达70%。与青田农商行签署战略合作协议，落地总行系统内首笔“T+0”同业理财业务。累计实现委托资管业务8.5亿元，同业存放23.57亿元，同业理财9.8亿元；理财资金托管规模17.89亿元，票据贴现业务2358.84万元。委托资管业务量在总、分行排名均列第一。客户结构整合日趋合理。首先，做好低效贷款的压退工作。截至12月末，支行退出贷款企业31户，压缩、退出业务敞口12502万元。其次，多渠道拓展新客户。通过目标客户清单、无贷户拓展计划、睡眠户唤醒计划等多渠道拓展，截至12月末，对公新开账户客户合计47户，上报授信89600万元。

【风险控制】 一户一策做好控新。2017年，全部后五类贷款余额7100万元，比年初下降22640万元（其中对公后五类贷款余额6083万元，比年初下降22751万元，个人贷款后五类贷款余额1017万元，比年初增加111万），已超额完成。优化信贷结构。一是调整投向结构，单户贷款比例大幅下降，符合监管要求；二是立足服务实体经济，新增实体企业授信取得成效；三是抓机遇促投放，加大个人按揭贷款投放力度，2017年个人贷款占比首次超50%。授信“三查”管理，提升风险管控能力。制定《丽水支行资本管理高级法管理操作细则》《2017年资产质量“控新”奖罚办法》《授信（业务）调查、审查、审批实施时效化管理的细则》等，力求贷后管理实质化，为风险把控提供保障。

【党建工作】 发挥党组织和党员的先锋作用，开展各类党建活动，确保党员、支部充分履职，发挥核心引领作用，推进支部党员发展、储备计划。先后组织了“建规范支部、做合格党员”“两学一做”“三亮、三比、三评”和“钉子精神、光芒四射”等主题活动；制订了《2017年度“两学一做”学习计划》，修订了《支部“党员先锋岗”活动方案》，开展了党员“改革立新功，实干创佳绩”、学习十九大报告、“亮身份、作承诺”、“建规范支部、做合格党员”等活动。

城建·城管·征迁·环保

规划与建设

【概　况】 2017年，莲都区建设分局完成《碧湖大港头分区(2015—2030)》《莲都区老竹镇城镇总体规划(2016—2030年)》《莲都区雅溪镇控制性详细规划》和规划修编及26个村庄建设规划编制；完成建筑设计方案审查32个，建设项目规划审核28个。全力做好330复线沿线及港前线沿线美丽民居整治，至10月底，完成房屋立面房屋整治230栋、改造建筑面积8万余平方米。持续推进美丽宜居示范村建设，2017年共实施省级美丽宜居示范村8个，官桥村、西坑村已基本完成全部改造任务；大港头、洪渡村、新屋村、港口村分别完成59.46%、79.41%、82.54%、85.96%；2017年启动的赛坑村和官岭村完成了美丽宜居示范村提升规划设计。继续实施农村困难群众救助，全年各乡镇上报农村困难群众住房救助对象649户，通过资格审核并公示546户，计划于年底前完成考核验收。推进城市道路改造工作，花园公寓配套道路已完成改造，华墩街完成工程量的55%；丽华小区三期道路正在办理供地手续；接官亭三期北面道路(丽阳坑以西)、凤凰路改造项目正在编制初步设计方案，共完成投资1108万元。集中开展“打非治违”、“模板系统、脚手架和起重机械”专项整治行动和隐患排查专项治理，以及“安全生产月”宣传活动。开展各类安全生产大检查、专项检查25次，日常检查155次，检查工地657个次，参加检查人员867人次，签发安全隐患整改通知书、现场检查记录78份，签发停工整改通知书4份，查出各类安全隐患832条，截至年底，已全部整改到位；对6家施工企业给予行政处罚，对1名从业人员给予信用扣分。出台“最多跑一次”改革工作方案，对分局“最多跑一次”事项进行分类梳理，分类处理，因事施策。已公布4批次，共有38个事项实现了最多跑一次，实现“最多跑一次”事项占97.4%。同时启用投资项目在线审批监管平台，实现互联网+政务服务的应用。在全区范围内率先完成了本单位的“最多跑一次”事项电子化归档工作。

【旧住宅区、城中村改造、老旧社区雨污混排区块改造】 “两改”方面，计划2018年实施的8个旧住宅区均已开工，3个已完工，完成投资9469万元，完成年度投资的182%。计划2018年实施的4个城中村均已开工，2个已完工，完成投资4167万元，完成年度目标任务123%。老旧社区雨污混排区块改造方面，计划实施的36个项目，已完工16个，完成投资5973万元，完成年度投资额的85%。

【农村生活污水运维管理】 2017年，莲都区建设分局基本建立农村生活污水治理设施运维体系，通过终验的256个治理设施全面接收并开展运维管理，验收运维率达100%。同时积极创新运维管理模式，在全市率先上线了区级运维监管平台，实现了区级主管部门、乡镇街道、治理村对运维机构的在线监管。

【危房治理改造】 城镇危房共310幢已全部上报完成治理。括苍路425号原专建区块101户已腾空28户。农村危房1364户(D

级1356户，涉公C级8户）已全部完成腾空，根据乡镇（街道）上报数据，已拆除286户，已修缮加固119户，拆除修缮率为29.91%。上报市里拆除684户，修缮加固127户，拆除修缮率59.68%。

【小城镇环境综合整治】 2017年，莲都区建设分局加快推进项目建设，全区安排的109个项目，已开工项目86个，完成投资1.15亿元，完成投资率46.6%。持续做好点位整治，截至11月30日，共排摸出“脏乱差”点位8088个，已整治6855个。黄村乡、太平乡、峰源乡、老竹镇四个乡镇已通过了省级卫生乡镇市级评估。11月，单位整治率、督办件完成率全市第2。

【全国文明城市创建】 2017年，莲都区建设分局做好物管小区提升工程，完成43个小区352个点位补植、39个小区194个点位基础设施修复、40个小区682条楼道、127个架空层、380个柴间通道及35个电梯房等墙体粉刷，改造面积达30多万平方米；对城区96条小巷里弄进行道路修补、管道疏通、人行道修复、井盖更换、绿地补植等，完成建设的背街小巷装灯率达100%，露天排水沟渠全面消除；外墙脱落整治取得突破，结合文明城市创建，出台《丽水市区老旧住宅外墙修缮改造实施方案（试行）》，采取“以奖代补”形式鼓励业主自行组织实施，共完成173幢房屋外墙脱落修缮，面积共计7.2万平方米。

【发展建筑产业】 加大建筑企业扶持力度，出台扶持本地企业的招投标预选承包商制度和纳税加分制度，前三季度，莲都区建筑业产值86.56亿元（该数据包含开发区，市对区考核不包含开发区，市对区考核为区本级建筑业产值，不包含市本级、和开发区，1—9月为14.58亿元），同比增长11.4%。开展文明标化工地、行业龙头等政策扶持奖励申请，共核准补助资金305.84万元。

【做强房地产业】 2017年10月底，莲都区房地产投资84.94亿元（该数据包含开发区，市对区考核为市本级和莲都区，不包含开发区，1—10月为64.26亿元），同比增长24.1%，总量全市第1名，增幅全市第7。莲都区商品房销售面积102.13万平方米，同比增长4.6%，总量全市第1。其中区本级的四个房地产：怡泉湾（一期）、滨水花苑、风情商业街、意境花苑网签率79.8%。

【党风廉政建设】 2017年，莲都区建设分局落实党风廉政主体责任，将警示教育活动作为常态化动作，以每周一晚的干部夜学会、党组中心组理论学习、支部学习会为载体，学习区纪委通报的典型案例，贯彻学习省、市区党代会精神，共开展党风廉政学习30余次。开展“正家风　立家规”“转作风　提服务”大讨论活动，以“最多跑一次”工作为契机，剖析在作风建设、服务效能上存的问题不足。注重过程管理和痕迹化管理，强化党内监督和群众监督，梳理工作程序全过程，着力党风廉政建设的工作推进和程序规范。督查考核绝不放松，紧盯清明、“五一”、中秋、“十一”重要时间节点，严格执行中央、省市区有关规定，抓住办公用车、办公用房和婚丧嫁娶等重点内容，坚持问题导向，加强对党员干部的日常教育管理和监督，驰而不息反“四风”。

（王萌）

城市管理

·处州·

【概　况】 2017年，城管处州分局推进“全国文明城市创建”“三改一拆”“无违建创建”“六边三化三美”“五水共治”“市区重点项目政策处理”等重点工作，为服从、服务市区，提升城市管理水平，提供了执法保障。全年共计查处各类案件115142件（平均每个工作日查处315件），其中自查案件92689件，12345举报案件4259件，投诉案件得到及时办理；数字城管案件18194件，结案率为99.7%；受理各类信访件4290件，办结率达100%；办理一般程序案件635件；各类罚没收费款总计2244万元。是年，城管处州分局获市文明城市创建二等功、浙江省行政综合执法工作先进集体，白云中队荣获区文明城市创建三等功；办理的“俞有云随意倾倒建筑垃圾案”被省建设厅评为“2017年度全省住房城乡建设系统行政处罚十佳案卷”；15名干部纷获住建部先进个人、省综合执法先进个人、市区文明城市创建三等功、嘉奖等荣誉。

【市容管理】 2017年，城管处州分局以网格化管理为载体，实现城市管理常态化。针对市区“六乱”等问题现状，以社区为基础，专项整治期间，主次街道、公共场所、市场周边、校园周边、车站、广场、27个社区（城中村）市容秩序全部纳入管理，共划分184个基础网格。网格队员按照创建文明城市的标准，以整治补短板，做好“地面、立面、上面”三面工作，重点对辖区内机动车辆乱停放、出店经营、占道经营、马路市场、乱张贴等城市管理中的重难点问题进行专项整治。全年处置流动摊贩、出店经营32441起；捕捉（杀）犬只1105只；处罚不文明遛狗行为225件；处罚乱吐痰、乱扔烟头、垃圾847件次；采集违停车辆83428辆（次）；处置各类小广告牛皮癣276.3万张。以改造提升为手段，实现市容管理规范化。按照“规范、美观、节约”的原则，采取强制性标准、指导性标准、奖罚结合措施，对市区主次街道1699家店铺进行改造，共计面积2.7万平方米。按照“能划则划、便利市民”的标准，对城区停放特点和人行道停车位资源开展精致、科学施划，人行道停车位增加施划近1000个，非机动车车位全面覆盖，硬隔离桩更换近3000个，市区人行道停车秩序有序规范。按照“重点问题回头看”的工作要求，采取错时上班制度，对灯塔小区、青田街、府前菜场等重点反弹市容管理问题加强监管，逐项对照、逐一检查、逐个过关，市容管理环境整体实效得到明显改善。三是以创新模式为驱动，实现市容管理精细化。开展花园路“文明示范街”创建。通过以示范带动外延至解放街、人民路、卢镗街、大猷街等线路，以线促面，逐步扩展到市区每条街道，市容管理井然有序。推行市场化买单模式。在牛皮癣、咪表停车、公共停车场等项目等多个领域实现市场化运作，制定出台相关监督、考核、评分、奖励等管理制度，强化市场化运作服务外包公司的绩效考核管理，提高服务意识，促使管理更加规范。创新零陈述案件处罚模式。创新工作方式方法，以零陈述模式为突破口，推进超门窗占用人行道经营等一般程序的行政处罚工作。在现场通过拍照、摄像或者利用第三方的证人证言等方式锁定证据后，以零陈述办案模式予以立案处罚，破解市容案件取证、询问之难。初探驾照式管理模式。对继光街夜市386家摊位实现驾照式管理模式，进行统一登记，建立档案，并签订《经营户承诺书》，发放身份牌，实行亮证经营，以三级考核办法，对达到扣分累计达到6分、12分的经营户依据《丽水市城市市容和环境卫生管理条例》进行处罚。全年72户经营者被考核扣分，6户经营者拟立案处罚。

【城市管理】 2017年，城管处州分局打好“三改一拆”组合拳。以“三改一拆”为载体，攻坚克难拆除严重违建。配合城区拆违90万平方米，发放限期整改通知书425份，对媒体曝光的青林村违建、长岗背违建第一时间组织人员拆除，对丁香公寓、天宁寺村、九里新村、弄和新村、铁丁桥临时菜场以及天宁工业区落地历史违建有效整治。以“重点项目政策处理百日攻坚”为契机，紧紧围绕重点项目征迁工作，走访调查282户，研究认定266起，起草征收项目工作“两违”建设处置工作机制，做好违建拆除执法配合工作，勾勒重点项目政策处理执法保障的强劲画卷。以“六边三化三美”为载体，累计完成“蓝色屋面”整治87.88万平方米。以“无违”创建为平台，查处市区历史违法案件493户，农村违建380户。尤其是面对农村违建处置滞后问题，各中队入户排摸，建立“一户（楼）一档”信息台账，确保农村违法建筑处置看得了表格、拿得了照片、说得出缘由。以资格审查为后盾，顺利完市区“两代表一委员”、村（居）委会各类先进人员等共9865位候选人的审查工作，确定不宜161例，为各类选拔、推优工作营造良好氛围。以部门联动为保障，对在限期内未整改的龙都丽园，绿谷庄园1787户抄送不动产登记中心进行房产冻结，向组织部报送违法建设的公职人员处罚案件55起，有效营造了依法依规建设的氛围。二是构建综合执法新格局。及时与质监、环保等部门联合执法，先后开展了农贸城专项整治、市场周边专项整治、出店经营约谈等一系列执法检查活动。开展违法广告与牛皮癣全面围剿工作。联合宣传部门通过电视、微信朋友圈向群众发出专项整治通告，组织牵头约谈移动、电信、联通三大运营商，对市区各社区、城中村、各大小公园、东站、高铁站周边等区域开展巡查并清理。加强小金属加工点、娱乐场所、商场、工地等噪音扰民案件的查处工作，处置各类噪声污染行为700起。强化环境保护联合执法，联合交警、运管等部门前后35次开展建筑垃圾清运专项检查，前后对各类运载车辆共劝导处置1100余次，处置收储地块、城郊区露天焚烧　150余起。三是守好平安维稳责任田。信访工作持续强化。全年共受理来信诉求、上级机关交办转办督办的信访事项共4290件，对群众诉求及时受理调处，对不合理诉求做好政策解释工作，处置率100%，群众满意度达99%以上；坚持群众上访局领导接待制度，深入查找问题和产生原因，建立解决问题清单；实现区政府交办5起信访积案“清仓见底”的工作目标。其中，历时17年的苏月娥进京信访件经过三年的努力取得突破性进展。四是活动保障持续发力。全面开展市容专项整治，全力维持市区环境秩序，保障我市半程马拉松赛事、国际摄影界、国际滑轮赛、首届世界丽水人大会圆满举行；开展绿色护考工作，在公务员考试、司法考试、各类中高考为考生营造安静舒适的考试环境。重点时段加强值守。做好“一带一路”国际合作高峰论坛，十九大、省十四次党代会，市、区两会期间信访维稳工作，实行24小时值班制度，确保值班领导、值班人员在岗在位，对可能引发群众事件的不安定因素，及时汇报反馈，做到事情早安排早解决。

【民生服务】 2017年，城管处州分局按时制作报送标准化办事指南、完成“一窗受理、集成服务”，按时梳理上报“最多跑一次”事项比例100%。通过落实局领导坐班、邀请党代表、行风监督员等第三方力量体验等活动，破解群众办事中的堵点、难点问题，确保“最多跑一次”公布事项真正落地。全年办理各类行政审批1785件，完成东方、文昌、高岭、同乐、锦绣等停车场日常管理和监督工作，接受并改造纳爱斯地下停车场并正常投入使用，规范府前周边停车秩序，确保市民正常停车不受影响。环保督查工作圆满完成。中央、省环保督察期间，主办涉及油烟、扬尘、大气、水、噪声及其他问题共七大类问题70件，坚持立整立改、举一反三，对城区452家餐饮单位排油烟情况实行动态管理，发放限改文书99份，责令商家安装油烟净化器79台，得到充分肯定和广泛认可。劣V类水整治有序推进。开展河道长乐坑巡查工作并对问题进行督查和交办；排摸各类对城区涉及餐饮、洗车等435家店铺，发放限期整改通知99份，全面实现了“持证排污”并建立台账；举办各类现场咨询活动20场次，发放宣传资料3000余份，提高社会公众对“五水共治”工作的信心和满意度。法治城管深入推进。开展行政规范性文件定期清理、案卷评查和行政执法决定法制审核工作，利用《丽水市城市市容和环境卫生管理条例》出台、宪法日宣传等重要时点开展城市管理法律法规宣传，发放宣传资料5000份，各中队利用剿灭劣V类水、文明城市创建等活动，开展商户约谈20余次，发放温馨告知5000余份，提高社会公众的城市管理法律意识。五是市民互动更加频繁。通过处州晚报、莲都新闻等传统、新兴、自媒体等宣传报道40余起，广泛邀请热心市民、企业家、流动摊贩开展城管体验活动，不断强化正面宣传，正面教育，引导广大市民理解城市管理执法。办理网络反映120起，及时向网民澄清解释，与网民交流，通过网络信息宣传工作争取广大市民的理解和支持。落实整改提案办理15件。

【党建工作】 2017年，城管处州分局始坚持正确政治方向，不断提高政治站位，坚定不移维护核心，坚定自觉地与以习近平同志为核心的党中央保持高度一致，排查改进“两个责任”落实上存在的问题和不足，营造风清气正的城市管理工作环境。一是体制改革工作收获新进展。市区综合执法体制改革方案终于通过市政府常委会通过，将处州分局划回市综合执法局。既不违背两级执法体制总体格局，又顺利解决执法分局干部的一系列问题，解决了条与块管理指挥、业务指导的紧密结合问题，并有效解决了市综合执法局当前内部机构设置不完善的问题，从而更加有利于城管执法的长远发展。“强转树”行动富有新成效。实行行政执法全程留痕，确保执法过程视频完整、精准、有效地记录，做到执法行为流程清楚、要求具体、期限明确，切实提高执法办案质量。严格审核执法案件，坚持办案人员的现场勘验、调查取证等工作，及时纠正问题，确保规范化，全年共审理一般程序处罚案件635件。执行重大案件集体讨论制，通过召开案件讨论会集体审议违法案件，形成统一意见以后再作处理决定，全年共安排召开11次案审会，审议各类违法案件80余件。坚持案件回访，对工作人员工作态度、工作效率、廉洁自律及处理结果开展满意度回访，做到件件有落实、事事有交代。从严治党工作展示新风貌。继续把党风廉政建设和反腐败斗争引向深入，逐级签订责任状，做到“两手抓，两手硬”。结合新的规章制度，修改完善财务、执法用车管理、接待制度共19项，有力促进提高城管工作和日常管理的规范；有效发挥问责考核指挥棒作用，监督科开展督查50余次，问责10次，被问责19人、通报19人，并对文明创建588个市容整治、资格违法建筑审查等工作开展督查；自行开展督查共计260余次，通报批评2人，对7人进行警告约谈教育，劝退协管员3人，通报各类违纪行为1257人次，并以考核扣分形式落实考核结果，有效形成务实的工作作风，解决推诿扯皮、不思进取、落实不到位的问题。党建工作焕发新活力。深化“两学一做”学习教育常态化制度化，依托“三会一课”等方式，将学习党章党规、习近平总书记系列重要讲话精神融入日常，抓在经常。全局开展“三会一课”80余次，87名党员通过组织开展“共创文明城　党员在行动”“党员志愿服务认领路段”等系列主题党日活动。全年开展中心理论组学习30余此次，党支部各类会议80次，既兼顾法律法规和业务知识，同时融入党的理论教育、作风教育、家风教育，撰写各类学习心得共300余篇，上报省厅、市局、市区创建办各类信息150余篇，扩宽宣传渠道。建立重大政策及项目的舆情风险评估机制，各中队、科室设置网评员1名，及时搜集、研判、处置可能引发群体性事件和社会动荡的言论，掌握新闻报道主动权。

（邹丽）

·莲都·

【概　况】 2017年，城管莲都分局对9个乡镇开展动态巡查112次、实地指导办案30多次，派出执法人员日常巡查7336人次，发现并及时制止新发“两违”案件。开展了新年迎春、春季雷霆、夏日突“违”、盛夏攻坚、金秋献礼和年终冲刺六大专项行动；组织全区性的集中“大会战”12次，在“春季雷霆”行动中单日拆违12.65万平方米创丽水新高，一批关注度高、影响面广、情况复杂的违法建筑得到硬碰硬处置。

【两违处置】 2017年共拆除各类违法建筑198.3万平方米，完成省市下达任务的198%。在完成省市下达的30万平方米重点区域“蓝色屋面”整治任务的基础上，下半年又利用卫星勘测出疑似“蓝色屋面”点位138万平方米，部分已完成整治。根据《莲都区农民占用集体土地违法建住宅处理办法（试行）补充意见》，开展对规划区外的“两违”处置。共排摸出违法建筑17497户353.75万平方米，已处罚2334户、处置金额4650.56万元。

【无违建区创建】 2017年,太平、老竹、仙渡3个乡镇成功创建“无违建乡镇”,使莲都区的“无违建乡镇”总数达到7个,另大港头、白云、万象被评为“无违建创建先进乡镇(街道)”。全区233个村(社区)中有208个已通过“无违建村(社区)”验收,完成率89.3%。

【卫片执法】 国土资源部下发的2017年卫片执法检查监测图斑中属于莲都区乡镇的有39宗。我局会同区国土分局进行了全面核查,其中疑似违法用地2宗,均已立案查处。违法占用耕地面积与新增建设用地占用耕地面积的比例为0.96%,远低于5%的问责、约谈红线。

【依法行政】 2017年共办理行政处罚案件10件,其中国土资源类案件5件,规划类案件5件。参与行政诉讼案件3件,其中行政赔偿案件2件,作为第三人参与诉讼的案件1件,均为及强制拆除被起诉,单位负责人出庭应诉率100%。

【信访工作】 设置24小时信访举报热线,对投诉举报案件快速予以调查核实,2017年共受理、转办各类信访件165件,反馈率达到100%,未发生因“两违”问题造成的越级上访和重大上访事件。

(蓝俊)

征收工作

【概　况】 2017年,市区共安排政策处理项目120个。5月,市、区两级合力启动重点项目政策处理攻坚活动,分百日攻坚阶段和2017年持续攻坚阶段两个进行,集合市区各有关部门、业主单位、市区征收部门、乡镇(街道)开展项目政策处理攻坚大会战,完成114个攻坚项目,完成率达95%,累计征收土地4010余亩,征收房屋14.5万平方米,完成江滨旧城改造区块等项目1685余套安置房源的抽签分配工作。

【市考核项目】 2017年市级考核项目共21个。2016年结转遗留项目6个,均完成下达任务,分别是好溪至丽阳坑、贺家坑提水工程、金丽温高速公路北互通工程、丽阳街东段改造项目(一期)、开发路北延伸、联城路道路及管网工程、桐岭路。2016年未完成结转继续考核项目2个,完成2个,分别是丽阳溪水系综合整治一期工程、华东药用植物园(丽水植物园)。2017年新开工项目13个,完成11个,丽水市大溪治理工程好溪段提升改造工程、绕城西线改造提升、望城岭公寓、括苍路北互通、瓯江航道整治工程丽水段、城东公寓一期、长林路、丽水二中、古渡文化馆、中心医院北侧道路、气象监测预警中心。2个未完成结转至2018年,分别是东地路北段二期、水上派出所。

【区考核项目】 区级考核项目共74个,已完成的有69个,分别是东港小学、丽水盆地易涝区防洪排涝、好溪堰水系整治三阶段工程、旧机场范围1#出让地块(东港路与东地路交叉西北侧)、岩泉街道雨伞岗村二三间民宿、南明湖休闲养生港11、12号地块、图书馆新馆、天宁菜场西侧地块项目、青林村南侧储备土地前期开发项目、市场2#路南延伸段、丽人木业东侧地块、囿山小学新青林校区、南明休闲养生(养老)城三期及进场道路征地、岩泉D级危旧房腾空征收、丽水市实验学校初中部2-3号楼拆建(一层店面)、绿谷庄园北侧道路改造工程、长虹街与开发路交叉东北侧、中驰香园西南侧商住用地出让地块、2016年紫金街道水东至祝村提升改造工程、东升临时菜场搬迁点项目、2017年紫金街道水东至水岭根提升改造工程、丽华小区三期西侧道路、紫金D级危旧房腾空征收、江滨城市综合体1#-3#紫金地块、丽青路与花园路交叉东北侧、白云D级危旧房腾空征收、绿谷信息产业园、丽阳溪综合整治工程白云区块(包含市中心医院急救中心)、百果园110千伏变电站、城西收储地块项目、城西村(下河山、周畈、箬帽坦弄、三肖弄)、丽水饭店白云区块、中山小学城西校区、教工支路南侧、北环路职高北侧地块、丽森木材公司桃山点搬迁点、建筑业大厦地块、黎明中专南侧收储地块、原之江监狱职工宿舍地块、城北加油站、职业技术学院北侧、城南公寓项目、丽水饭店区块、江滨城市综合体1#-3#万象地块、丽阳溪综合整治二期万象区块、摄影节停车场地块、中山街路段改造、丽华小区三期西侧道路、丽南行政楼东侧地块、金丽温天然气管线支线项目、市车管所西北侧地块、常白公寓、之江监狱西侧地质灾害搬迁点、丽水护士学校迁建、经二路、之江监狱东侧收储地块、联城路湾商住用地出让地块、联花路、金周垃圾中转站、武村安置地、2016年联城街道下林至余村联网公路、金周公寓、坑口收储地块、敏河安置地、军分区弹药仓库东侧道路以及林宅口砖瓦厂。未完成的项目4个，分别是大洋路小学长岗背校区、教工路北延伸段、丽阳溪水系综合整治二期白云区块、丽阳溪综合整治工程万象区块（包含市中心医院急救中心）。

【乡镇项目】 2017年乡镇项目共25个。碧湖考核项目10个，均完成下达任务，分别是莲都区人民医院改扩建工程二期、碧湖桥头出让地块、文二路延伸段道路工程、丽水工业园区南山区块、古堰画乡栈道新建项目、大港头至碧湖镇污水主管工程、莲都区万人下山脱贫碧湖安置小区、2016年碧湖镇堰头至畲坑提升改造工程、工业固体废物综合处置场、碧湖中心幼儿园迁建项目。大港头考核项目5个，均完成下达任务，分别是大大线至河村、西坑至西坑口提升改造工程、大港头盘活地块、大港头零星项目（派出所、陈钦贵、高地区块）、大港头江滨休闲街区、大港头至碧湖污水主管工程。峰源1个已完成，2017年峰源乡郑地至正岙提升改造工程。太平2个，均完成任务，分别是太平乡综合文化站新建项目、2016年太平乡彰口塘至垟后提升改造工程。老竹3个，均完成任务，分别是2016年老竹镇沙溪至新屋提升改造工程、2017年老竹镇黄弄至黄兰提升改造工程、宣平溪流域综合治理工程。丽新3个考核任务均完成，分别是宣平溪流域综合治理工程、白岸口电站配套用房、丽新乡畲族综合文化站项目。黄村2017年黄村乡水岭根至天堂提升改造工程1个考核项目已完成。

【百日攻坚阶段】 列入百日攻坚行动的任务共74个，其中包括全市重点项目破难攻坚百日行动项目23个，其他市区重点项目40个，乡镇道路提升改造工程11个。在上半年全国文明城市创建、全境剿灭劣V水、大搬快治、治危拆违等多项重点工作交叉的重压下，攻坚干部发扬连续作战的精神，全员、全勤、全力参战。自5月12日至8月5日攻坚行动结束短短的86天里，累计征收房屋6.65万平方米，清场交地2408余亩。实现了68个项目的销号任务，并提前5天完成了90%的既定工作目标。

【持续攻坚阶段】 持续攻坚开展以来，各攻坚组发挥征收铁军的担当精神，奋勇攻坚，保障了华东药用植物园、桐岭路红线外征收以及括苍路北互通等一批市区重点项目的开工建设。除此之外，在项目情况复杂、被征收户不配合等多重困难下，岩泉街道仅用了40天拿下丽水二中100户的签约任务，拆除面积已达2.2万余平方米。自10月19日至1月15日的87天攻坚过程中，56个攻坚项目销号49个，累计征收房屋7.85万平方米，清场交地106.8公顷。

【安置工作】 在江滨区块安置工作中，“阳光安置”深得人心。江滨区块安置工作难度众所周知，在8月安置分房前，尚有1400余套待安置，部分征收户甚至已等待十年之久，但现房仅有1175套，且房源与需求户型不匹配 。由于安置房源不足，被征收户急盼安置，加之房价的急剧上涨，安置工作举步维艰。经过反复磋商和科学研究，提出“三步走”的阳光安置方案。首先由区征收办、所涉街道领导决定组织相关安置户代表共同参加安置方案的讨论，让大家“全线参与”安置过程。其次，成立安置分房工作小组，具体区分为，现场分房组、维稳组、信访组、后勤服务组，各个小组明确目标、分工协作。最后，坚持“三公开”，公开安置分配方案、安置房源，以及在每一轮抽签过程中，由公证处、派出所等多个机构和部门负责人现场监督，整个过程都有公证处全程录像和拍照，保障分配过程公开、透明，“360度无死角”。完成江滨旧城改造区块、古城区块等项目1685余套安置房源的抽签分配工作。

【完善征收制度】 随着"阳光征收"工作体系的不断完善，阳光征收理念不断在市区征收工作中发酵，项目征收进度明显加快，群众满意度和政府公信力显著提升。万象街道市中心医院北侧道路工程项目，攻坚组将房屋评估结果、房屋征收补偿方案等在签约点醒目位置上墙公示，承诺每一户的征收房屋面积、安置政策、补偿资金等情况全部公开，全程接受监督，被征收户不仅可以了解自家及其他被征收户的征收补偿情况还可以查阅其他已签拆迁户的征收补偿协议，消除被征收户的顾虑，从"抱团抵制"到15天完成全部签约任务，"阳光征收"发挥了极大功效。在专业指导方面，今年指挥部将政策指导组进一步细分为市区范围和莲都区范围两个小组；两违处置组细分为违法建设认定组和违法用地认定组；司法保障组分为执行保障组和司法调解组，确保征收"速度"与"和谐"并存。政策指导组依法依规开展工作，牵头制定了《莲都区房屋征收补偿安置协议审查办法》《莲都区房屋征收评估公司选择暂行办法》，修订了《加强市区征收安置房建设管理实施方案》《用市场方式解决江滨等区块拆迁安置问题的实施办法》等指导性文件，推动征收政策不断完善。两违处置组通过抽丝剥茧，逐一校验，成功处置丽水二中、丽阳溪水系综合整治等项目两违建筑282余处，从根源上遏制了"高额拆迁补偿款"的歪风邪气。

（叶欣）

环境保护

【概　况】 2017年，莲都区公众生态环境满意度为89.69，首次在浙江省90个县(市、区)中位居第一。全区县级以上集中式饮用水水源地水质达标率为100%，跨行政区域河流交接断面水质达标率为100%，地表水环境功能区断面水质达标率为93.3%，莲都区15个地表水监测断面中，处于I类水质类别的有4个，II类水质类别的有10个，环城河口断面由原来的劣V类水质提升至V类。市区PM2.5年均浓度为33微克每立方米，与2016年持平，空气环境优良天数为340天，优良率为93.2%，环境空气质量综合指数为3.58。市区环境噪声为52.1分贝，较上年下降2.2分贝。完成了2016年度环境统计工作。2016年莲都区主要污染物减排指标化学需氧量、氨氮、二氧化硫和氮氧化物排放量分别比2015年削减0.55%、1.2%、0.4%、0.3%，分别超额完成0.5%、0.5%、0.2%、0.2%的年度目标任务。2017年完成了莲都区22家企业的初始排污权核定，9家新建企业排污权交易。

【项目审批】 2017年，区环保分局推动环保"最多跑一次"审批制度改革，坚持一手抓管理，一手抓服务，推动"一站式联办"审批制度，对列入权力清单的环保审批事项进行再梳理、审批服务流程再优化，办事环节再精简，完成梳理公布环保"最多跑一次"事项共17项，全部实现网上办理。实行建设项目环境影响登记表备案制度，在丽水市环境保护局莲都区分局信息公开网站发布了网上备案系统地址链接信息，为建设单位办理备案手续提供便利。2017年共审批建设项目47件，"三同时"验收17个，登记表网上备案公示127件。

【污染防治】 2017年，区环保分局以治水、治气、治土为重点，以开展各类环保专项行动为手段，持续营造执法高压态势，严打环境违法行为，倒逼企业转型升级，共部署开展了"铁拳"系列专项行动、园区企业大排查、畜禽养殖业专项整治、郎奇区块企业环境整治、"剿劣V类水"攻坚战、加油站油气回收综合治理、危废和辐射专项检查、重点行业整治企业"回头看"等污染防治专项执法及整治行动20余次。完成2家加油站油气回收综合治理工作，完成1家企业的热电烟气超低排放系统建设，完成1家水泥企业废气清洁排放改造，完成莲都区危险废物"存量清零"行动。

【环境监察】 2017年，区环保分局严格执行污染源日常环境监管"双随机"抽查制度，共抽查企业40家，其中重点企业9家，一般企业31家，发现环境违法行为4起，立案4起。将航拍执法融入环境监察工作日常，使用航拍仪对辖区内2家化学品仓库进行了检查。2017年共立案调查104起，处罚84起，其中移交公安行政拘留案件4起，处罚金367.72万元。完成违法违规建设项目清理245件。处理各类环境问题信访投诉146起，化解矛盾纠纷1起，群众投诉的处理率和回复率达100%。

【环保督察】 2017年8月和12月，中央环保督察组和浙江省环保督察组先后两轮开展环境保护督察工作，在中央、省环保督察期间，莲都区累计收到环保督查信访交办件31批次131件，累计出动3282人次，检查企业232家，责令企业整改149家，立案处罚65起，拟罚款235.41万元，停产35家，查封扣押3家，行政拘留2人。莲都区顺利完成中央和省级环保督察迎检工作，全区环境保护"党政同责、一岗双责"责任得到有效落实，各职能部门、各乡镇街道、工业园区管委会环境保护主体责任意识得到提高，做到立督立行立改，形成了良好的协作机制，有效解决了一批群众身边反映强烈的突出环境问题。

【环境宣教】 2017年，区环保分局针对全区25个社区，以"晚会""知识问答""儿童绘画""儿童植树""知识讲座""环保小天使""环保猜猜猜"等形式，逐一开展了生态文明知识宣传教育活动，并在微信公众号、丽水在线等同期刊发内容，以参与、分享、领会、传颂等方式，扩大生态文明理念的普及率，提升市民群众环境保护活动的参与度。区环保分局还依托小荷志愿服务环保分队，先后组织开展了包括"'我爱丽水'生态保护公益行进社区""世界水日""无车日"等为主题的18场专项环保志愿服务活动，取得良好效果。

（富静）

环境卫生

【概　况】 2017年，区环卫局提升精细化保洁水平，促进市区656万平方米市场化保洁区域精细化作业标准和水平不断提升，获浙江省城市市容环境卫生工作先进集体，为丽水市创建全国文明城市作出贡献，荣获市级三等功。主干道路清扫采用机械化作业与人工作业相结合方式，市区共配备机扫作业车辆7辆，洒水车9辆，高压清洗车7辆。城区道路保洁总面积为437.04万平方米，其中机械清扫保洁面积384.45万平方米，主干道机械化清扫率达到88%。定期开展"全城大清洗"和"痰迹歼灭战"，制定道路清洗月计划安排表，利用降雨天气，要求标段内卫生保洁示范街每周组织不少于两次全面清洗，其他一、二类道路每半月组织不少于1次清洗，道路交通护栏、隔离墩每月组织不少于1次清洗，并保持随脏随洗。生活垃圾日产日清、平稳有序，及时做好覆土填埋、灭蝇除臭，并做好渗滤液及反渗透系统各级化验工作，为水质监控和加药提供依据。全年共清运垃圾清运垃圾155070.79吨，清理清运化粪池粪便5643吨，疏通公厕管道420次，维修设备1640次，对垃圾集装箱修复使用320余次。垃圾运输至垃圾焚烧厂或垃圾填埋场实行无害化处理，无害化处理率达100%，26个县发展实绩考核制工作，城市生活垃圾无害化处理率指标考核得分排在首位。

【浙江省环卫工人节在丽水召开】 2017年10月25日，，浙江省第二十一个环卫工人节在丽水市莲都区召开，区环卫局局长蓝海霞代表浙江省城市市容环境卫生工作先进集体作典型发言，交流工作经验。此次表彰大会对丽水市莲都区环境卫生管理局等25家市容环卫工作先进集体进行了表彰；授予胡建生等15人为"浙江省最美环卫人"；授予陈小平等135人"浙江省城市美容师"荣誉称号。

【厕所革命】 2017年上半年，为全面贯彻落实《丽水市创建全国文明城市决战决胜行动方案》，区环卫局开展创建全国文明城市公共厕所专项整治工作，历时半年，总投资约343.56万，对市区城中村、物管小区和主街道共110座公厕进行了全面整治，其中包括主街道13座、城中村72座、物管小区16座、主街道3座公厕改造提升，整治内容包括增加无障碍设施、规范标志标识牌、修理外墙、加强卫生保洁等。其中对城区公厕全面修缮和提升改造28座，按二类标准进行改造82座。此外，区环卫局打造三座特色主题公厕，分别为莲意公厕、绿韵公厕、竹韵公厕，提升了市民的满意度。

【垃圾分类】 2017年，区环卫局对市区北苑路中转站、和平路中转站、寿尔福路中转站及囿山路中转站进行了餐厨垃圾清运设备改造。启动了智能化垃圾分类小区试点，采用信息化技术，实时统计居民分类投放情况，对未按要求投放的进行回访教育，对落实到位的居民予以奖励。5月，针对市区所有分布的垃圾分类桶现状进行了摸底统计工作，总计报送破损、磨花垃圾桶3400余只，至8月底，所有破损垃圾桶均得到及时更换，还额外向城区街道和市区周边乡镇提供垃圾桶200余只，最终发放数量达9000只。全年生活垃圾分类袋发放工作涵盖49个小区的3万余户家庭，至10月底，发放垃圾袋1620万只，在各生活小区建设垃圾分类收集亭近40座。组织生活垃圾分类专项宣传9次，范围覆盖区级机关、社区和乡镇，发放宣传册和活动纪念品共800余件，道闸广告投放涵盖12个小区的出入口。年底启动垃圾分类智能化小区建设，选定6个小区和2所学校开展试点工作。

【项目建设】 丽水市餐厨废弃物处置中心PPP项目作为市政府为推动餐厨废弃物资源化利用和无害化处理的首个项目，项目选址在开发区，设计日处理规模100吨，投资8664万元，总建筑面积约2230平方米。通过紧盯项目前期，加强与市本级、开发区管委会等部门之间的沟通对接协调，并及时处理项目投诉等，历时近两年，于2017年7月31日举行启动仪式，并于年底前完成土建施工。市区、乡镇垃圾中转站建设进展顺利。市区寿元路垃圾中转站完成基础施工，金周垃圾中转站完成施工合同签订、施工许可证办理，于11月正式开工。雅溪泄川、联城瑶畈垃圾中转站完成项目前期工作，已与乡镇交接具体实施。

【网格管理】 建立并完善《环卫干部结对路段、结对公厕巡查包干责任制》明确工作任务，落实每名干部“一人一厕一路”，强化责任追究，要求干部按照工作安排和责任分工，开展责任路段和公厕保洁巡查工作，确保责任到人到点和保洁动态考核到位。2017年3月开始，区环卫局将市区保洁企业分为主街道、社区及城中村、公厕三个类别进行“擂台赛”评比，坚持问题导向，强化责任落实，打擂台的结果实行每月通报和点评制度，优胜保洁企业晒成绩、谈经验，后进保洁企业找差距、表决心，打造追赶超越的氛围，让保洁企业在“赛场”上考出压力、增添动力、创出实绩，以经济杠杆激发工作效率，从而促进企业管理的主动性和作业的规范性，取得良好工作实效。

（陈婷）

经济管理

经济发展与规划管理

【概　况】 2017年，莲都区实现生产总值332.98亿元（初步核算），按可比价计算，比上年增长5.2%；实现固定资产投资173.70亿元，增长11.5%。重点建设项目建设进展良好，列入市重点建设项目有9个，全年累计完成投资8.15亿元，完成年度计划投资的156.32%，完成年度目标任务。起草完成《莲都区2016年国民经济和社会发展计划执行情况与2017年国民经济和社会发展计划草案的报告》，并经区人代会通过。起草完成《莲都区2017年上半年国民经济和社会发展计划草案的报告》，并经区人大常委会通过。做好经济运行分析和预测监测工作，分季度提出全区经济运行分析报告。完成《莲都区2017年主要经济社会发展指标分析预测》、《莲都区2016年经济形势回顾与2017年展望》等报告。

【规划综合管理】 2017年，严格遵循《莲都区发展规划管理暂行办法》相关要求，加强规划立项、衔接审核、咨询论证、审批发布、实施监督等环节对规划管理工作进行规范和明确。重点把好立项关、评审关，突出规划实施及检测评估环节，努力确保规划能够落到实地。牵头做好部门2017年发展类相关规划编制计划的审查工作，并提出全区2018年发展类规划初步安排建议。

【固定资产投资】 2017年，完成区属固定资产投资173.70亿元，同比增长11.5%。按三次产业分：第一产业完成投资2.67亿元，同比下降18.5%，占固定资产投资的1.5%；第二产业完成投资17.49亿元，同比增长7.9%，占固定资产投资的10.1%；第三产业完成投资153.55亿元，同比增长12.6%，占固定资产投资的88.4%。主要特点是：工业投资态势逐步好转，全年完成区属工业投资14.67亿元，同比增长5.3%，占区属固定资产投资比重的8.4%。房地产投资保持良好增势，全年完成区属房地产投资71.19亿元，同比增长14.2%，占区属固定资产投资比重的41.0%。房地产大项目拉动作用明显，区属48个房地产项目中亿元以上项目有39个。基础设施投资同比负向增长，全年完成区属基础设施投资51.16亿元，同比负增长5.2%，占区属固定资产投资比重的29.5%。由于同期基数大，且2017年我区新开工的基础设施项目少，拉动力量弱。民间投资稳步增长，全年完成区属民间投资89.42亿元，同比增长17.7%，占区属固定资产投资比重的51.5%。总投资为5000万元以上的新能源汽车分时租赁项目二期、碧湖镇白桥农家乐建设项目以及工业园区招商引资新增项目相继开工，为民间投资增长注入了新的活力。

【重点项目推进】 2017年，安排区重点项目35个，区重点项目完成投资20.03亿元，占固定资产投资的31.7%，骨干支撑作用明显。莲都区列入市重点建设项目9个，完成投资8.15亿元,完成年度任务的156.32%；列入区重大项目前期15个，完成年度目标任务的78%；列入市重大项目前期9个，完成年度目标任务的95%。

价格管理

【政府定价成本调查】 2017年，开展政府定价项目成本调查、监审和调价工作。完成碧湖镇、大港头镇、老竹镇、碧湖镇平原、高溪乡等5个中心幼儿园和城中中学、三胞树人小学、成龙小学、城南小学、育英小学的成本监审、调查和调价工作。

【行政事业性收费】 2017年，按时完成全区行政事业性收费年度材料的征集、汇总和上报工作。贯彻落实国家和省取消、免征行政事业性收费政策。规范行政事业性收费，动态调整全区《行政事业性收费目录清单》和《涉企行政事业性收费目录清单》。在全面清理规范涉企收费的基础上，在门户网站向社会公布"莲都区政府定价的涉企经营服务性收费目录清单"。

【电价政策】 自2017年5月1日起，降低"农产品初加工用电"的销售价格，每千瓦时降低0.1549元。2017年7月1日起，降低"大工业用电"和"一般工商业及其他用电"的销售价格，每千瓦时降低2.22分钱。莲都区工商业电力用户，年降低成本约1190万元。

价格监督检查与认证

【价格监督检查】 2017年共查处价格违法案件1件，罚款200元。开展教育收费专项检查。主要检查了市区42所学校、公办幼儿园收费政策执行情况、教育收费公示制度落实情况。全力开展古堰画乡景区创AAAAA专项整治工作，对古堰画乡景区购物店明码标价情况进行专项整治，对景区内的画廊、农家乐、民宿、旅游用品商店的明码标价等情况进行检查和指导。开展了商品房销售价格行为检查，对莲都区的艺境画苑、滨水花苑、怡泉湾等三个楼盘开展检查。协助区政府发布《关于在市场体系建设中建立公平竞争审查制度实施办法》，建立莲都区公平竞争审查工作部门联席会议制度。

【市场监管】 2017年，开展节日市场价格检查，重要节日期间，对主要集镇的主要超市、农贸市场、旅游景点门票和停车服务、民宿、农家乐、购物场所明码标价情况等进行了检查，保障节日市场价格稳定。引导诚信经营，规范价格行为，维护消费者合法权益。

【价格服务】 2017年，开展价格服务进企业、进社区、进重点项目工程活动。加强价格举报工作，"12358"价格举报平台共收到举报件24件，全部按时办结，办结率100%。开展"3·15"消费者权益保护日和《中华人民共和国价格法》颁布实施十九周年系列宣传活动。

【价格认证】 2017年，办理价格认定案件223件，认定涉案财物标的金额480万元。其中：涉嫌盗窃案件187件，认定标的金额202万元，损毁案件24件，认定标的金额80万元，抢劫案件2件，认定标的金额3万元，诈骗案件5件，认定标的金额50万元，假冒伪劣案件5件，认定标的金额145万元。

（钟婷婷）

国土资源管理工作

【概　况】 2017年，有序开展用地报批，完成规划修改面积31.24公顷、征地告知面积18.75公顷；组件报批面积32.90公顷，其中农民建房专项指标报批13.95公顷。稳步推进土地供应。出让土地85宗，出让面积24.13公顷，收取土地出让金3.1563亿元；划拨土地16宗，划拨面积13.80公顷，收取划拨款7129.1849万元；批准使用集体建设用地4宗，总面积0.31公顷。切实优化土地利用。处置闲置土地4宗，面积9.98公顷，收取闲置费539.2万元；盘活存量建设用地81宗，面积21.58公顷，完成年度任务目标的169.74%；实施城镇低效用地再开发项目56个，用地面积1.4公顷。全面强化用地收储。共收储25个地块140公顷土地，可保障我区4年用地需求。保障市区发展建设。完成无房户、困难户审查103户，20个项目拆迁安置审查1126户，房屋监测认定720户。举全局之力参与全国文明城市创建大决战。

【资源保护】 2017年，区国土分局严格执行耕地保护措施，共划定永久基本农田12666.67公顷、永久基本农田示范区3620公顷、永久基本农田储备库446.67公顷。推进“611”土地整治工程。有序推进耕地垦造，完成水田垦造12个项目共75.07公顷；旱地报备入库3个项目53.33公顷，新立项开工46.67公顷。实施高标准基本农田建设，完成高标准基本农田建设1533.33公顷。农村土地综合整治项目完成验收6.93公顷，立项6.13公顷。开展“一严查两整治”亮剑行动。做好土地例行巡查问题整改和国家省级卫片执法检查工作，严肃查处违法用地，有效推动莲都区用地秩序持续向好。

【服务民生】 2017年，区国土分局推进“大搬快治”，完成21个避让搬迁项目，避让搬迁962户1882人，三年任务提前完成；完成工程排险治理项目12个，解危405人；完成35个省、市、区级地质灾害隐患点的核销工作；逐步推进瓯碧园等四个安置点建设。统筹推进“最多跑一次”改革。推进内部科室职能调整优化，创新性设立综合服务中心，专门牵头负责分局“最多跑一次”改革工作，并将3个科室17项业务的审批职能向综合服务中心集中；对所有权力事项进行大刀阔斧的梳理、调整和优化，大幅精简审批材料，开启投资项目网上审批；对不动产登记、交易、纳税进行整合，实现“一窗受理、集成服务”。开展不动产登记。全年办理不动产登记服务事项1779件次，完成农村宅基地及住房确权登记4329宗；完成丽新乡农村不动产权籍调查国家级试点和林权换证试点工作。

【队伍建设】 2017年，区国土分局开展“两学一做”学习教育、“责任落实年”和“干净干事创新业”深化作风建设活动，深入推进“五型机关”创建；认真履行“一岗双责”，层层分解压实党风廉政建设主体责任；调整优化中层干部结构，其中平级调动9人、提拔使用8人（提拔副股4人，提拔正股4人），因年龄到期免职2人；自觉接受市局党委对分局的巡察，做到立行立改；开展岗位和个人廉政风险点再排查活动，全面从严治党工作水平进一步提升。

（吴梦飞）

审计监督

【概　况】 2017年，莲都区审计局被评为全省审计系统考核优秀单位和全市审计系统综合考核优秀单位。查出管理不规范金额23157万元，核减工程造价4048万元，移送案件线索7件，报送审计要情16篇，获得区委区政府主要领导批示20次。完成审计公告38个。荣获全区2017年度创建全国文明城市工作集体嘉奖。

2017年，完成莲都区本级政府预算执行和决算草案审计、全区被征地农民基本生活保障专项审计调查、机关事业单位房产管理使用情况专项审计调查。完成丽新乡、白云街道、莲都区经商局和莲都区文广新体局的财政决算审计。完成丽新乡自然资源资产责任试点审计。完成丽水市粮食收储有限公司、莲都区交通工程质量监督站、丽水市莲都区教育局教研室的财务收支审计。完成区级农业产业财政扶持资金管理使用情况专项审计调查。完成莲都区太平港小流域太平集镇段治理工程竣工财务决算、丽水市高标准农田示范工程竣工财务决算、太平乡人民政府干部宿舍楼工程竣工决算审计。

【财政审计】 2017年，区审计局在莲都区2016年度财政预算执行和决算（草案）审计中，规范财政管理，提高资金使用效益。推动区财政建立动态管理机制，清理结余资金1455万元，收回财政出借资金3882万元，督促区国资公司及时上缴代收的行政单位房租。督促区扶贫办收回了赛源村和赛坑村的财政补助资金40万元，并对村级互助会开展了全面检查。撰写的《莲都区临时机构资产管理亟待加强》审计要情，得到区委、区政府主要领导的肯定。区委书记批示：该建议很好，针对性强。要求财政、事管局等研究提出操作性强的管理措施，任何国资都必须登记造册严管理。区长批示：此建议非常及时。要求常务副区长牵头研阅落实。区委主要领导在审计要情《我区编外用工管理亟须规范》上批示：请编办牵头研究，彻底摸清底子，出台新的管理规定规范使用。推动区里出台机关事业单位编外用工管理办法（试行）、进一步加强财政预算管理办法、全区集体企业国有资产产权认定暂行办法等制度，推动相关部门出台财政出借资金账务处理办法、科学技术普及专项资金管理办法、品牌创建与质量建设财政资金管理办法、体育业务经费使用管理办法等专项资金管理办法。

【民本审计】 2017年，审计局通过机关事业单位房产管理使用情况专项审计调查，推动机关事业单位房产产权调拨、划转、登记过程规范管理，推进机关事业单位资产清查，规范公有住房、房产产权的管理和使用。撰写《我区公有住房管理比较薄弱亟待加强》《我区机关事业单位房产产权调拨、划转、登记管理有待加强》《我区临时机构资产管理亟待加强》审计要情，得到区政府主要领导的肯定，批示：审计发现的情况很及时，很有针对性，要求常务副区长牵头对国资清理进行系统性研究，加速清理处置到位。通过莲都区农业产业财政扶持资金使用管理情况专项审计调查，推动财政扶持资金规范管理使用。撰写《农业产业项目实施单位财务管理问题突出财政补助资金使用绩效堪忧》《我区木本油料产业提升项目存在突出问题》等审计要情，为区里决策提供参考。

【经济责任审计】 2017年，审计局完成9个单位11名领导干部履行经济责任情况审计，撰写的《工业园区下属公司资金资产安全应引起重视》等专报，推动领导干部守法守纪守规尽责。审山审水审土地，助力河长制落实、水源地保护、生活污水治理、偷采砂石料遏制、垦造耕地项目规范开发，撰写的《宣平溪沿线环保问题亟待引起重视》要情，区委主要领导批示，要求丽新乡、水利、农办共同抓好问题整改，对违规偷采砂石料要坚决打击，从严惩处。申报的课题《乡镇自然资源资产审计主要内容和指标体系构建的实践探索—以莲都区乡镇为例》被省审计厅立项。经济责任审计知识进党校课堂，提升领导干部履行经济责任的能力和水平。

【固定资产投资审计】 2017年，120个政府投资项目随到随审。审计局撰写的《招标控制价设置错误造成财政资金投资风险亟待重视》审计要情，为区里加强政府投资项目管理提供决策参考。挽回南明小学迁建工程中的“塑胶跑道”和区文化中心迁建项目工程中的“小型构件模板”等招标控制价错误而导致的200多万元损失。

【审计整改】 2017年，区政府第10次常务会议专题研究审计整改工作，成立莲都区审计整改工作领导小组，出台审计整改督查管理办法，对审计发现问题由督查室予以交办，先后开展五次的周通报。区长又专题听取审计整改工作情况汇报，明确提出工作要求。

【内部审计】 2017年，审计局推动第二轮“三年一轮审”项目，组织完成59个内审项目的审计。内部审计理论与实务培训班首次被列入组织部主体班。邀请省市内审专家授课，区直各部门、乡镇（街道）的内审干部、区纪委派驻纪检组成员、区农业局农经人员共计120余人参加了培训。编印内部审计法律法规汇编，编制内管干部经济责任审计模板，加强对内审工作的指导。组织完成内管干部经济责任审计项目43个，占当年内审项目的73%。

（胡颖丽）

统计工作

【概　况】 2017年在全市统计系统综合考核评比为优秀单位。

初步核算，2017年莲都区生产总值332.98亿元，按可比价计算，比上年增长5.2%。其中，第一产业实现增加值18.95亿元，增长3.4%；第二产业实现增加值123.30亿元，增长5.0%；第三产业实现增加值190.73亿元，增长5.5%。按常住人口计算人均生产总值69763元（10333美元），增长3.7%。

【统计服务水平】 2017年，区统计局精心编印《统计快报》《统计卡片》《莲都统计信息》《10+2重点指标排序》《统计简要本》、《统计年鉴》《数据莲都》等一系列统计数据产品；为区领导决策提供统计分析40篇，统计专报14篇，其中5篇专报获区政府主要领导批示；围绕全区经济社会发展热点、亮点，开展调查研究，调研课题《推进莲都区旅游业发展，促进产业结构调整的探讨》获2017年度莲都区社科课题一等奖。

【统计规范化建设】 2017年，区统计局继续开展企业统计基础规范化建设工作，进一步督促企业落实统计相关工作制度，明确数据上报职责，切实解决好部分企业统计机构不健全、人员力量薄弱、计算机设备条件差等问题，促进企业统计工作达到制度化、规范化要求。截至年底，莲都区共有201家企业通过区级验收达标。

【统计法制建设】 2017年，区统计局结合文明创建工作，开展"法律进社区，助力全国文明城区创建"普法宣传活动，在多个村居设立咨询点，向群众讲解《中华人民共和国统计法》《中华人民共和国统计法实施条例》《全国农业普查条例》有关知识，取得良好宣传效果；开展数据质量检查，对全区409家四上企业进行例行检查，查找企业数据质量问题和统计工作薄弱环节，对于检查中暴露出的问题，督促企业积极采取措施落实整改；对38家单位开展统计稽查，其中给予当场警告行政处罚3起，给予警告并处罚款1起。

【全国第三次农业普查】 2017年，区统计局精心组织全区900余名普查工作人员，实施农村各户进行现场登记，强化过程指导和审核，严格质量控制，完成莲都区三农普调查数据验收上报工作，共普查登记农户79999户，其中规模农户297户，登记农业经营单位1144家，发布《莲都区第三次农业普查主要数据公报》。

【农　业】 2017年，莲都区实现农业总产值28.32亿元，增长4.1%。其中，种植业产值20.90亿元，林业产值2.51亿元，牧业产值3.85亿元，渔业产值0.72亿元，农林牧渔服务业产值0.33亿元。实现农业增加值19.13亿元，按可比价格计算增长3.5%，其中，种植业增长3.3%，林业增长6.0%，畜牧业增长2.4%，渔业增长2.2%，农林牧渔服务业增长9.3%。全年粮食播种面积8760公顷，下降1.1%，粮食产量4.10万吨，增长1.2%。蔬菜播种面积9993.33公顷，下降3.7%，产量36.80万吨，增长2.8%。水果产量14.19万吨，增长7.1%。茶叶产量1936吨，增长5.3%。生猪年末存栏6.86万头，增长8.4%，生猪出栏11.39万头，下降4.4%；家禽年末存栏101.48万羽，下降6.3%，家禽出栏298.7万羽，下降2.5%；羊年末存栏1.10万只，增长8.9%，羊出栏0.89万只，增长3.5%。年末拥有机械总动力10.35万千瓦，全年化肥施用量(折纯)1.07万吨。农村用电量4622万千瓦时。农田有效灌溉面积达到11720公顷。

2017年主要农产品产量表

表1　　　　（单位：吨）

产品名称	绝对数（吨）	比上年增长(%)
粮　食	40985	1.2
油　料	3040	-9.8
其中：油菜籽	1621	-15.9
食用菌	8822	-15.6
其中:香菇	5086	-25.3
蔬　菜	367962	2.8
茶　叶	1936	5.3
水　果	141888	7.1
其中：柑橘	46819	5.0
肉　类	15167	-1.7
其中：猪肉	10403	-1.6
禽　蛋	3371	-2.6

【工　业】 2017年区属规模以上工业(年主营业务收入2000万元及以上，下同)产值增长1.8%，销售产值增长2.2%，产品销售率为97.22%。五大行业引领规上工业增长。区属电气机械及器材制造业；电力、热力生产和供应业；通用设备制造业；非金属矿物制品业和农副食品加工业产值占规模以上工业总产值的71.3%，对规模以上工业总产值增长拉动了4.5个百分点。园区规模以上工业产值增长4.0%，其中占园区规模以上工业比重较大的通用设备制造业和电气机械和器材制造业产值较去年同期分别增长13.5%和9.8%，对规模以上工业总产值增长拉动了

2.9个百分点。区属私营企业发展活力进一步增强。规模以上企业中私营工业企业产值增长6.3%，占规模以上工业产值的比重为79.7%。小型企业产值增长8.7%，占规模以上工业产值的比重为90.4%，增速高出大中型企业44.8个百分点。出口交货值增势良好。实现出口交货值7.04亿元，增长13.1%，高于销售产值增幅10.9个百分点。其中电力机械和器材制造业；医药制造业；皮革、毛皮、羽毛及其制品业分别比上年同期增长16.4%、3.5%和2.7%。2017年莲都区规上工业总产值增长11.8%，增加值增长5.6%，产销率96.1%，新产品产值增长15.2%。

2017年区属主要工业产品产量表（规模以上工业企业）

表2

名　称	单位	绝对值	比上年增长(%)
皮革鞋靴	万双	451	13.0
商品混凝土	立方米	942861	0.3
阀　门	吨	42836	21.6
啤　酒	千升	27971	-6.8
钢　材	吨	16986	-51.1

【固定资产投资】 2017年区属固定资产投资增长11.5%。其中房地产投资增长14.2%，民间投资增长17.7%，工业投资增长5.3%，制造业投资增长65.2%，工业技改投资增长46.6%，基础设施投资下降5.2%。新开工项目是投资增长的主要拉动力，全年在建项目363个，其中新开工项目229个，创近5年新开工项目个数之最，新开工项目占全部项目的63.1%，比2016年同期增加73个，个数同比增长47.7%，新开工项目实现投资57.90亿元，占项目投资的56.5%。分产业看，第一产业投资下降18.5%；第二产业投资增长7.9%；第三产业投资增长12.6%。三次产业投资比例分别为1.5∶10.1∶88.4，第三产业占绝对优势。分投资领域看，基础设施投资下降5.2%；房地产开发投资增长14.2%；制造业投资增长65.2%。2017年莲都区固定资产投资总量占全市25.6%，增长11.8%，其中房地产投资增长24.3%；工业投资下降4.8%；基础设施投资增长4.4%。

2017年区属固定资产投资完成情况表

表3

指标名称	同比增长(%)	占总投资比重(%)
固定资产投资	11.5	100
按投资主体分		
国有投资	6.0	48.4
非国有投资	17.2	51.6
#民间投资	17.7	51.5
按三次产业分		
第一产业	-18.5	1.5
第二产业	7.9	10.1
第三产业	12.6	88.4
按主要领域分		
制造业	65.2	4.5
房地产开发	14.2	41.0
基础设施投资	-5.2	29.4

【内外贸易】 2017年莲都区社会消费品零售总额增长6.2%，增速较上年回落1个百分点。从消费形态看，商品零售起主导作用。全年商品零售额占社会消费品零售总额比重为88.8%，增长5.1%，拉动全区社会消费品零售总额增长4.6个百分点。餐饮收入提升较快，全年餐饮收入增长15.0%。近年来，莲都区旅游知名度和美誉度显著提升，外来游客数量大量增加，带动全区餐饮市场较快增长。新动能发力，网络零售增长迅猛。随着信息技术的发展，人们的消费观念和消费方式逐渐发生转变，网络购物日渐盛行。2017年，限额以上批发和零售企业通过互联网实现的商品零售额增长19.2%，比社会消费品零售总额增速快了13个百分点，网络消费成为我区消费市场重要的驱动力量。莲都区全年进出口总额50.15亿元，下降14.1%。其中，出口44.52亿元，下降14.7%。全年实际利用外资6846万美元，完成年度任务比例120.1%。

【交通运输、邮电和旅游】 2017年，莲都区实现交通运输、仓储和邮政业增加值12.14亿元，比上年增长5.2%。全年铁路客运量360.4万人，增长1.2%，铁路货运量80.2万吨，增长1.0%。全社会公路、水路货物周转量495314万吨公里，增长1.1%；旅客周转量50016万人公里，下降18.2%。

2017年公路、水路运输完成运输量情况表

表4

指标	计量单位	绝对数	比上年增长(%)
货物周转量	万吨公里	495341	1.1
公路	万吨公里	495341	1.1

续表4

指标	计量单位	绝对数	比上年增长（%）
水路	万吨公里	0	—
旅客周转量	万人公里	50016	-18.2
公路	万人公里	49558	-18.4
水路	万人公里	458	1.0

莲都区全年邮电业务总量6.63亿元，下降8.3%。年末固定电话用户(含小灵通)10.74万户，其中，城市电话用户7.48万户，农村电话用户1.77万户。年末移动电话用户71.17万户，互联网用户（固定互联网宽带）21.49万户。莲都区实现旅游收入158.80亿元，增长17.2%　。区属实现旅游收入77.18亿元，增长29.9%。其中：实现国内旅游收入74.36亿元，增长30.4%；入境旅游外汇收入4188.01万美元，增长15.3%。

【金融和保险】 莲都区年末金融系统本外币存款余额692.30亿元，比上年末增长8.2%。其中人民币存款余额677.24亿元，增长9.0%。金融系统本外币贷款余额662.17亿元，比上年末增长15.6%，其中人民币贷款余额661.50亿元，增长15.6%。莲都区全年保险业实现保费收入18.53亿元，增长13.0%。其中财产险保费收入7.23亿元，增长5.3%；人身险保费收入11.30亿元，增长18.6%。

【教育和科学技术】 2017年，莲都区拥有高等学校3所，在校学生37359人；中等职业学校5所，在校学生6048人；普通高中5所，在校学生7435人；普通初中15所，在校学生16176人；小学19所，在校学生36537人。小学和初中入学率、巩固率均为100%。初中毕业升高中段的比例为99.2%。莲都区拥有幼儿园101所，在园幼儿19615人。莲都区获省、市级政府奖24项，其中省级3项，争取到省级以上科技项目36项，高新技术企业81家。

【文化、卫生和体育】 2017年，莲都区年末共有文化馆2个，文化站15个，公共图书馆2个，博物馆5个。有线广播电视传输干线网络总长1480公里，年末有线广播电视用户达到90454户，广播、电视人口覆盖率均达到100%。年末莲都区共有卫生机构46个（不含诊所、村卫生室），其中医院13个、卫生院19个、社区卫生服务中心5个。卫生技术人员6171人，其中医生（执业医师和执业助理医师）2287人。卫生机构拥有床位5025张。区属城乡居民医疗保险参保率达到99.0%，医保个人账户“家庭共济”人数达到12904人。莲都区运动员在航海模型、轮滑等非奥项目中获得世界冠军3个、全国冠军16个，在田径、小轮车、赛艇、篮球等奥运项目中获得全国冠军6个。全民健身活动蓬勃开展。成功举办莲都区“万洋杯”2017男子篮球比赛、“文明创建　助力冲刺”城市趣味定向赛、“棋乐融融进民宿”围棋象棋赛、体育系统气排球联赛等体育比赛活动50余场，协助丽水市体育局成功举办2017丽水半程马拉松比赛和2017“丽水·清韵杯”全国业余围棋公开赛。圆满完成省级体育强区复评，全区省级体育强乡镇（街道）全覆盖。截至年底，莲都区已成功创建1个全国体育先进社区，46个各类省级体育俱乐部，4个省级中心村体育休闲公园，1个星级体育职工俱乐部。

【人口、就业、人民生活和社会保障】 2017年年末，莲都区公安户籍人口409867人，比上年末增长1.1%。其中，男性人口205632人，女性人口204235人。全年出生人口6614人，出生率16.14‰；死亡人口3714人，死亡率为9.06‰。据2017年全省5‰人口抽样调查推算，年末莲都区常住人口48.03万人，比上年末增加0.6万人。城镇化率为74.9%，比上年提高1.7个百分点。根据城乡一体化住户调查，2017年莲都区全体居民人均可支配收入36138元，比上年名义增长9.3%。其中，城镇常住居民人均可支配收入41857元，农村常住居民人均可支配收入23407元，名义增长分别为8.7%和10.1%。全年城镇新增就业2036人，城镇失业人员再就业1196人，其中困难人员再就业548人。年末城镇登记失业率为2.67%。全区独立建工会的142家企业已全部签订工资集体协商合同，2家行业性联合工会和19家区域性联合工会全部续签，劳动关系和谐稳定。年末参加社会养老保险参保率达到85.3%。

年末各类收养性社会福利机构13家，拥有床位3011张，收养各类人员1571人。基本实现农村五保和城镇“三无”对象集中供养，农村五保和城镇“三无”集中供养率分别达到92.0%和93.2%，有427名农村五保和城镇“三无”对象得到了集中供养，完成城乡居家养老服务照料中心建设234个。

【环境和社会安全】 2017年公众环境满意度首获全省第一。全区15个地表水监测断面中，处于II类水质以上的有14个，占总断面数的93.3%，与去年持平；原劣V类的环城河口断面成功消劣并通过省级验收；国控“水十条”考核断面均达到功能要求和考核目标要求。全区县级以上集中式饮用水水源地水质达标率100%。市区PM2.5为33微克每立方米，空气环境优良天数为340天，优良率（AQI）为93.2%，环境空气质量综合指数为3.58，在全国74个空气质量排名城市中位居第8。全区共发生各类生产安全事故4起，死亡4人，均为工矿商贸事故，事故起数和死亡人数同比均下降20%，未发生水上交通、渔业船舶、职业卫生和经营性火灾事故，未发生较大及以上事故。

注：(1)本公报所列各项数据为年度初步统计数据。

(2)生产总值和各产业增加值绝对数按现行价格计算，增长速度按可比价格计算。

(3)人均生产总值按年平均常住人口口径计算。

(4)本公报莲都区（市区）包括区属、市本级、开发区范围。

（杨志伟）

市场监督管理

【概　况】 2014年9月22日，原丽水市工商局莲都分局向区编办上报《关于莲都区市场监督管理局主要职责、内设机构和人员编制方案的请示》（莲工商〔2014〕21号）；10月10日区编办向区工商分局、区食药局关于征求《莲都区市场监督管理局与其他部门的职责分工》的意见函。接反馈后，2014年10月20日，区编办发布《关于组建丽水市莲都区市场监督管理局的通知》（莲编〔2014〕24号），同意在丽水市工商行政管理局莲都分局、莲都区食品药品监督管理局的基础上组建莲都区市场监督管理局，挂区工商行政管理局、区食品药品监督管理局、区食品安全委员会办公室牌子。同时，将质监部门的食品安全监管职责划入区市场监督管理局。2014年11月11日，莲都区市场监督管理局（以下简称区市场监管局）召开成立大会，正式挂牌成立。

区市场监管局核定机关行政编制16名，市场监督管理所编制98名，稽查大队编制21名，消保委秘书处编制3名，药品不良反应（医疗器械不良事件）监测站编制9名，合计147名。截止2017年度，区市场监管局核定行政编制114名，实有人员99人，缺编15名；稽查大队编制21名，实有1人（事业副科），缺编20名（因稽查大队参公性质尚未批复，该批人员编制尚未使用）；区消保委秘书处编制3名，实有3人；药品不良反应（医疗器械不良事件）监测站编制9名，实有6人，缺编3名，故全局实有公务员身份人员99人，事业身份人员10人（包括稽查大队事业副科1人），合计109人。机构设置方面，区市场监管局按照区街道和中心镇区域设置9个市场监督管理所，挂工商行政管理所、食品药品监督管理所牌子。下属机构包括稽查大队、药品不良反应（医疗器械不良事件）监测站、区消保委秘书处。

区市场监管局办公场所主要有中东路633号楼，面积约1500平方米，该楼为原城东工商所办公用房，于2015年3月翻修完毕后投入使用，目前为局机关各科室办公用房；紫金路347号楼，该楼共有面积3135平方米，土地面积385平方米，处于紫金路和丽青路的交通路口，呈扇形面对马路，目前为紫金、白云、万象、岩泉、联城所及稽查大队、消保科等单位的办公用房。乡镇市场监管所办公场所碧湖、大港头所合署办公，地点为原碧湖工商所，老竹镇所位于东岩路8号，面积689平方米。

截至2017年年底，莲都区登记在册的各类在册市场主体41285家，新增8589家，同比增长15.3%，其中企业8009家，农民专业合作社845家，个体32431家，市场主体的总量及增量均居丽水市首位。食品生产经营单位6558家，其中农产品544家、林产品78家、水产品28家、生产企业48家、小作坊90家、流通单位2799家、农贸市场18个、餐饮单位2858家、相关产品生产企业2家、小摊贩93家。

2017年，在全国文明城市创建工作中，区市场监管局获得丽水市级集体三等功1次、个人三等功1人、个人嘉奖1人，获得区级集体三等功1人、个人三等功1人、个人嘉奖5人；获得市政府护航G20峰会、平安夺金鼎集体三等功1次，丽水市打击传销先进个人1人；全年工作获得区委区政府领导、市局领导批示肯定17次。

·工商行政管理·

【商事登记】 推进“互联网+政府服务+邮政EMS”服务，实现“全程网上办理、证照快递到手”。2017年“最多跑一次”110项事项进驻区行政审批中心，进驻率达100%。2017年，累计办理“最多跑一次”业务8万多件，总量全市第一。办理名称预先核准近1万余件；个体设立登记7000余件，变更登记4000余件，注销登记4000余件；企业设立登记1700余件，变更登记2200余件，注销登记600余件；动产抵押登记13件；股权出质登记24件；办理药品医疗器械许可（备案）300余件，食品经营许可3725件，三小一摊1294件。办理“零上门”事项2万余件，全流程登记企业60余家，办理“一窗受理，证照联办”事项200余件，九成以上群众办事事项可当场办结。各项指标在全市均名列前茅，改革成效获《人民日报》头版文章点赞。

【年报工作】 2017年，完成2016年度企业自然年报率为89.44%、工作年报率为94.8%；个体户自然年报率、工作年报率均为93.44%；农专社自然年报率为70.91%，工作年报率为87.38%，保质保量顺利完成省、市局既定的任务。全年清理企业141家、个体2410户。

【服务小微企业成长】 筛选出丽水市鱼跃食品酿造有限公司等十家小微企业为“莲都区小微企业成长之星”，并予以授牌。搭建“政企互惠通”平台，达成银企对接合作意向44项，企业意向金额2.28亿元，银行发放贷款6000万余元。评选出十家“莲都区小微企业成长之星”。指导帮助小微企业成功申报 “国家高新技术企业”5家、“省科技型企业”3家。获得“浙江制造”认证企业1家，立项上报“浙江制造”认证企业1家。共为40多家外贸企业119个项目争取到补助资金1053.08万元，省级科技型中小企业17家，区级企业技术中心5家，区专利示范企业8家。专利申请907件，发明专利申请量306件。对阿司米阀门有限公司等企业申报的84项专利项目发放补助金额共计238000元。对35个科技创新项目发放扶持金额264.6万元，发放创新券75.98万元。

【信用建设】 引导4家企业申报信用管理示范企业。其中，浙江绿洲眼镜有限公司被认定为省信用管理示范企业，浙江正达环保有限公司、浙江锐丰音响有限公司被认定为丽水市信用管理示范企业。组织丽水队长食品有限公司等22家企业参加市局组织的守合同重信用申报系统培训，共认定2家企业申报AAA级公示，4家企业AA级公示，16家企业申报A级公示。2017年共有701家企业、242家农专社列入经营异常名录。实施食安金融联合惩戒机制，累计向市人行报送不良信息111条。实施食品安全“红黑榜”制度，公布食品安全信用“红榜”单位29家。

【品牌培育】 全区有效商标数7162只，同比增幅2%。目前共有驰名商标3件，省著名商标22件，市著名商标29件。查处侵犯注册商标专用权案件19件，罚没款340540元。助力企业对接“丽水山耕”品牌，着重培育民宿农家乐、旅游、电子商务三个板块，指导经营单位注册商标。2017年共查处侵犯注册商标专用权案件19件，罚没款395380元，

1万元以上大案13件，其中20万元大案1件。

【市场改造提升】 2017年政府全额投入500万元对15个农贸市场(专业市场)进行环境改造，有效提升原有薄弱基础，涌现出灯塔菜市场等明星市场。放心农贸市场超额33%完成创建任务，全区已累计建设10家放心农贸市场，占比正式市场90.9%。市级以上和区级以上示范性农业主体追溯体系覆盖率分别达到100%、96.4%，8家林产品和5家水产品生产主体实现追溯，9家农产品生产主体接入可视化客户端，可在线环节监控。城区农贸市场溯源系统安装覆盖率100%。全区18个市场中有17个建成快检室(其中包含6个非正式市场)，建成率94.4%，均免费开放。

【稽查工作】 2017年立案查处各类案件共285件，办结276件(移送公安7件)，罚没款共288.59万元。开展红盾网剑专项整治，共出动执法人员80人次，检查相关网站20家次，开展部门联合执法行动2次，共办结网络案件14件(其中大要案7件)，涉案货值金额共4.8万元，罚没款共4.8万元，并依法关停了3家网站(网店)。组织开展排雷"百日攻坚"专项行动等各类专项行动，共立案128件，刑事立案6件。开展全省汽车消费领域专项执法行动，共出动检查人员83人次，检查相关企业17家次，检查市场11家次，抽检汽车零配件11个批次，同时对销售不合格汽车零配件的行为立案查处。开展商标侵权专项整治行动，批量立案查处销售侵犯注册商标专用权的商品案15件，办结14件，并依法没收了7箱"旺旺碎冰冰"，172件"LV"皮具，40件"CHANEL"金银首饰。开展成品油专项整治，共检查加油站10家，排查无照经营成品油黑加油点3家，立案调查3家。其中，丽水市那天欧莱酒业有限公司生产销售假酒案被公安部列为督办案件，是全国两起被国际刑警组织列为第六次爱普森打假行动的案件之一；洪波、周建强使用口水油案被列入公安部2017年度督办案件，各大媒体争先报道，充分肯定；丽水市丽惠耳听力技术服务中心商业贿赂案是成功突破商业贿赂领域的典型案件。

【消费维权】 2017年共受理消费者咨询、投诉、举报2071件。其中受理消费投诉833件，823件已办结，办结率达98.8%，为消费者挽回经济损失500余万元。受理举报760件，其中职业打假案154件。办理诉转案22件，罚没金额20余万元。创建1条示范街、1个示范经营商场、放心商店31家、放心网店20家、放心餐饮单位58家，完成既定任务的118%。组织开展"3·15"国际消费者权益日现场宣传活动、消费教育进大专院校活动、消费教育进社区活动等系列活动、市区封闭式载人三(四)轮电动车回购工作 ，直接间接介入处理了多起群体消费纠纷，如涉及上百名会员的健身会馆歇业退款金额不合理争议纠纷、万地儿童游乐场所歇业预付余款无法消费纠纷、万地美容中心经营者逃逸涉及近百名会员充值卡纠纷等。开展假冒伪劣商品集中销毁活动，共销毁、处理各类假冒伪劣产品共850余公斤，其中药品140余盒，中药饮片50公斤，酒、米、油、奶粉等食品460余公斤，无证医疗器械1台，其他物品约293件。

【违法广告整治】 2017年全区拆除违法广告牌351块，清理小广告、牛皮癣5310处，立案查处违法广告案件17件，罚没款13.16万元。累计维修LED显示屏157家，更换控制卡152张，电源187个，单元板214块，上传各类公益广告3872条，市区主要街道LED显示屏公益广告率达到90%，完成创建工作任务。

·食品药品监督管理·

【食品安全保障】 推进省食品安全区创建工作，超额20%完成定量抽检任务。食品小作坊备案登记100%，持证小餐饮量化等级公示率达到98.5%，均超额完成创建任务；餐饮行业实现大提升，建成"示范店"500家、"阳光厨房"93家、提升小餐饮1233家。全区学校食堂持证率、AB等级、"阳光食堂"、统一配送率、品牌超市比例等安全链条持续完善。在区乡两级组建15支食品安全社会监督队伍，常态化邀请检察院、人大代表、政协委员等共同参与执法检查，媒体全程播报“亮亮你的后厨”活动，累计开展15期。在基层建立28个科普宣传站，在学校、农贸市场、企业建立7个科普宣传基地。

【行业协会】 发挥行业协会作用，指导成立两个食品行业协会——莲都区餐饮联盟和乡村厨师协会。餐饮联盟下设培训中心，全年培训食品从业人员2.8万余人次。同时，通过组织召开现代厨房管理新模式主题培训会、建立“莲都厨娘”培训基地、搭建“放心食用油”采购平台等，切实引领餐饮行业的自律提升。乡村厨师协会通过指导农村土厨师加强食品安全管理、推行食品安全责任险等，有效保障农村大型聚餐食品安全。

【食品基层监管网络】 制定《乡镇（街道）食安办和村（社区）食品安全工作站规范化建设实施方案》，进一步厘清乡镇（街道）食安办职责，建立健全与相关部门基层站所（院）的协作机制。按照“十有”标准大力推进乡镇（街道）食安办和村居（社区）食品安全工作站规范化建设，深化基层责任网络建设，发挥乡镇（街道）食安办统筹协调作用，强化属地管理责任，凝聚相关部门合力，共保基层食品安全。召开工作例会，对落实基层食品安全网格化管理责任做出部署，对协管员、信息员进行业务培训。开展10个乡镇（街道）食安办规范化建设，42个村（社区）食品安全规范化工作站建设，统一制作食品安全网格图、网格管理示意图和五大职责制度牌，完善丽水市食品安全协同管理平台数据库，制定《莲都区基层食品安全协管员（信息员）考核奖惩办法》，强化各乡镇街道食品安全协管员（信息员）的管理，发挥食品安全协管员（信息员）的作用。加强基层监管队伍建设，将协管员、信息员队伍调整为全科网格员，加强全科网格员业务培训指导。

【药械监管】 辖区内有药品生产企业2家（基本药物生产企业1家），二类医疗器械生产企业2家，批发企业2家，连锁总部2家，药品零售企业139家，有许可证的医疗器械经营企业36家，备案企业165家，医疗机构298家，互联网药品信息网站1家，交易服务网站1家。2017年辖区128家药店参加信用等级评定，其中A级84家，B级38家，C级2家，D级4家，31家医疗器械经营企业参加信用等级评定，其中A级7家，B级20家，C级4家，D级0家。全年共上报药品不良反应报告215例，其中一般的报告151例，严重的报告22例，新的一般的报告28例，新的严重的报告14例。医疗器械不良事件报告40例，其中一般的报告38例，严重的报告2例。开展城乡结合部与农村地区小药店小诊所药品质量整治、中药饮片质量提升专项整治、一次性医疗器械使用专项检查和无菌类植入类医疗器械专项整治、药品零售（连锁）专项整治，深入开展“双随机”抽查监管，检查药品零售企业18家，医疗机构32家，当场给予警告和责令改正各5家，立案查处1家。发挥示范企业的引领作用。丽水市沐仁泽慧医疗用品有限公司等3企业获得省医疗器械经营质量管理规范典型示范企业，总数全省第一。

（应谨妃）

质量技术监督

【概　况】 2017年，莲都区实现新增丽水名牌产品4个，新增3个市级标准化示范项目，新增1个质量创新项目，完成市政府质量奖现场评审，首项省地方标准《掌叶覆盆子栽培技术规程》正式发布，《闭门器》“浙江制造”团体标准发布实施，标志着莲都区“浙江制造”品牌实现零突破。规模以上企业主导产品采用国际标准和国外先进标准比率达68%；兑付企业品牌创建与质量建设财政奖励94.28万元。全面梳理群众和企业到政府办事“最多跑一次”事项11项，进驻审批窗口事项11项，进驻率100%，“最多跑一次”事项办结1470件。借力“互联网+”推进特种设备智慧监管系统的功能完善和运用普及，智慧质监系统已成功上线应用各类特种设备3474台，上线设备量全市第一，占全市特种设备18.96%。全年产品质量监督抽查103批次，合格100批次，合格率97.1%。后处理复查6批次，加大不合格产品的立案查处，查处案件1起，继续保持特种设备和产品质量“零事故”。全年出动稽查执法人员329余人次，检查企业310余家次，行政复议1起，无诉讼败诉案件，受理投诉举报18起，处理率100%。区质监局被丽水市质监局评为年度考核“先进单位”。

【质量强区建设】 出台《莲都区质量提升三年行动计划》,《莲都区2017年轴承产品质量提升行动实施方案》，质量强区工作有序推进。召开质量强区工作会议，与各乡镇（街道）、部门签订《2017质量工作年度目标责任书》；全区有1家企业、1位个人申报丽水市政府质量奖；指导5家企业导入卓越绩效管理；新增1个质量创新项目《QCC品管圈在柜体防护等级提升中的应用》；推进中小学质量教育实践基本建设，指导百兴菇业成功创建市级中小学质量教育社会实践基地；充分依托“浙江省产品质量信用信息平台”，致力于推动社会诚信体系建设，今年以来共录入产品质量信息24条，其中包括违法及行政处罚6家、产品监督抽查情况17条、企业标准化情况1家。

【品牌强区建设】 2017年，出台《关于提振生态工业发展的意见》,《莲都区推进品牌创建与质量建设财政资金管理办法》；建立“浙江制造”品牌重点培育企业，为今后三年“浙江制造”品牌培育工作明确了目标与任务。指导1家企业制定《直驱圆刀裁剪机》“浙江制造”团体标准；实现新增丽水名牌产品4个；激励引导，落实质量提升与品牌创建的奖励政策，协同区财政兑现2016年度质量与品牌创建奖励资金94.28万元。

2017年新增丽水名牌产品情况表

表5

序号	企业名称	产品名称
1	浙江瑞益不锈钢有限公司	不锈钢板
2	浙江丽水绿谷生态食品有限公司	铁皮石斛鲜条
3	丽水市本润农业有限公司	覆盆子
4	丽水市绿盒电子商务有限公司	电子商务服务

【标准强区建设】 2017年全区规上企业主导产品采标率达到68%；鼓励企业积极在企业产品标准信息公共服务平台上对企业标准进行自我声明，2017年已有73家企业，涵盖361种产品，300项企业产品标准公开声明，完成年度任务目标的131%。推动了首家养老机构公开声明了服务标准，实现了莲都区服务标准自我声明公开零的突破。申报2项市级地方标准制规范修订计划，4个市级农业标准化项目，3个市级服务业标准化项目，创下申报服务业项目历史新高。制定了2项区级地方标准规范，2项市级地方标准规范，1项省级地方标准，1个企业标准；瓯宝安防科技股份有限公司的《闭门器》正式发布实施，这是莲都区首项“浙江制造”标准，标志着 “浙江制造”品牌建设实现零突破。

【特种设备安全监察】 2017年，印发《2017年莲都区质监局安全生产大检查实施方案》《莲都区质监局护航“十九大”维稳安保工作计划》，召开莲都区乡镇（街道）特种设备工作会议，培训新实施的《特种设备使用管理规则》，完成十九大和互联网大会的安保任务；借力“互联网+”推进特种设备智慧监管系统的功能完善和运用普及，特种设备智慧监管系统应用上线设备数量达到92%以上，有特种设备的乡镇（街道）全部上线运用智慧监管系统。莲都区特种设备智慧系统设备上线3607台，上线率达92.8%，上线总量全市第一，辖区内14个乡镇（街道）、1个工业园区全部上线应用。开展专项检查，多部门联合，对液氨制冷企业、工业管道、游乐设施、起重机械开展安全检查；开展安全宣传检查进学校、进小区活动。组织专业人员走进校园开展课堂讲课，讲解电梯构造、安全使用、应急处置等内容，利用展板、发放宣传单、现场讲解等方式宣传电梯安全。组织开展电梯、液化气储罐应急救援演练。全年共检查特种设备使用单位225家次，发现并整改安全隐患367项，发出限期整改指令书26份，责令停止使用特种设备52台，报废、拆除20台，异地移装6台，启用54台，维保单位变更99台，处理投诉10个，受理咨询160余次。

【产品质量监督】 2017年，产品质量监督抽查103批次，合格100批次，合格率97.1%。后处理复查6批次，形成闭环管理。对辖区内的危险化学品、食品相关产品、钢铁、水泥、电线电缆等5类重点产品监管，检查企业36家次，发现问题16个，销号问题16个，责令停业整改1家。抓好产品质量提升，开展食品相关产品质量安全“百日排雷”行动、“平安护航十九大”百日食安系列行动，抽检食品相关产品3批次，合格3批次；开展纤检保健康行动、“阳光纤检”质量消费警示系列活动，以学生服及民政救济絮用纤维制品为重点，检查纤维制品产品标识500余件，抽检学生服3批次，严格监管保证纤维制品质量。开展质量信用体系建设，实施诚信“红黑名单”制度，督促企业落实主体责任，加强社会监督。

【稽查打假治劣】 开展“蓝剑”“质监利剑”等系列专项行动。对民生计量、农资、检测机构、特种设备、建材等开展专项检查，共出动执法人员160多人次，立案7起。以集贸市场、景区餐饮业、土特产销售点等用于贸易结算的电子计价秤为重点，开展计量器具专项执法检查，检查电子计价秤80台件，对查出的问题已责令立即改正，约谈集贸市场管理员10余人次；集中查处加油站、民用三表、医用三源、旅游地购物点等民生产品质量违法行为，督促企业认真履行产品质量主体责任，共出动执法人员136人次，检查企业68家次，发放整改通知书1份。2017年，出动稽查执法人员329余人次，检查企业310余家次，行政复议1起，无诉讼败诉案件，受理投诉举报18起，处理率100%。

【民生计量监管】 2017年，完成省政府民生实事加油机计量“强制检定、诚信承诺、检情公开”100%工作目标，对全区27个加油站92台加油机262把加油枪检查全覆盖，计量检定率达到100%；开展民用三表轮换和检定工作，水表检定21780只，更换19730只，到期检定更换率达到94%；燃气表检定4100只，更换1910只，到期检定更换率达到89%，电表按期更换率达到99.5%。加大检验机构巡查检查力度，组织区属检验检测机构开展交叉检查，共抽调全区10家机构的6名专家分两组对涵盖食品农产品检测、机动车安全检测、环境检测、交通工程检测、职业卫生等领域的10家检验检测机构开展检查，共发现上述10家机构各类问题40余项，已全部整改到位。

【干部队伍建设】 制定完善《莲都区质监局2017年党风廉政建设责任清单》，建立健全局内部各项规章制度，重新编制《莲都区质监局有关规章、制度汇编》。组织学习《中国共产党章程》《领导干部廉洁从政若干准则》《中国共产党纪律处分条例》等党内法规和各项反腐倡廉制度，严明党的纪律特别是政治纪律。组织开展“首善担当创一流”作风建专项活动，扎实推进“两学一做”学习教育制度化常态化。结合党员固定活动日、“三会一课”等活动，组织党员开展专题学习讨论；到岱后村革命老区参观学习，缅怀历史。配合派驻纪检组开展廉政谈话，推进党风廉洁建设主体责任、主要领导第一责任人职责、班子成员“一岗双责”的落实。

（吴淑莲）

安全生产监督管理

【概　况】 2017年，莲都区范围内共发生各类生产安全事故4起，死亡4人，均为工矿商贸事故，事故起数和死亡人数同比均下降20%，死亡人数占全年控制指标的57.14%。全年未发生水上交通、渔业船舶、职业卫生和经营性火灾事故，未发生较大及以上事故。安全生产形势基本可控。2017年，莲都区被丽水市政府评为安全生产工作优秀单位。莲都区安监局被丽水市委、市政府评为丽水市“护航G20、平安夺金鼎”集体二等功。

【安全生产责任】 莲都区委区政府高度重视安全生产工作，区委常委会和区政府常务会议各3次听取安全生产工作汇报，召开4次安全生产工作例会，研究部署安全生产工作。区委区政府主要领导多次对安全生产工作作出批示，并亲自带队深入一线检查安全生产工作。坚持安全生产“一票否决”制度，落实重大事项通报制度和诫勉约谈制度，实行事故指标双月通报制度。“1+7”责任机制有效构建，各专业安委会统筹推进各个领域的安全生产工作；《丽水市莲都区安全生产不良记录“黑名单”管理办法》出台，为安全生产诚信建设体系建设提供制度保障；《丽水市莲都区进一步落实生产经营单位安全生产主体责任的若干规定》修订，不断强化企业主体责任落实。

【安全生产秩序】 2017年结合“护航十九大”“平安夺金鼎”等行动，重点打好隐患排查治理、打非治违、专项整治三场硬战。全年重点行业领域共组织检查人员15590人次，检查企业6992家次，排查各类隐患4842个，已整改到位4838个，整改率99.92%；关闭取缔违法违规企业4家，停产整顿68家，罚款114.8287万元，行政拘留3人。全年完成工矿商贸领域事故处罚4起，罚款123.0471万元；非事故处罚28起，罚款25.6万元。“三个精准”执法检查在工矿商贸领域有效开展，19家金属冶炼单位、危化从业单位和矿山企业按要求配备注册安全工程师，4家未开展有限空间辨识和未建立有限空间台账的企业按要求整改到位，7家较大危险因素辨识管控试点企业和2家尘毒危害治理示范企业完成验收。检查喷涂作业场所15家次，查出并督促整改问题和隐患19个，发放责令限期整改指令书5份；检查标准化运行企业6家次，查出并督促整改问题和隐患4个，发放责令限期整改指令书1份；检查化工、医药生产企业2家次，查出并督促整改隐患2个，发放整改指令书1份；检查矿山企业5家次，查出并督促整改隐患12个；检查危险化学品生产经营单位42家次，查出并督促整改隐患31个。强化全区瓶装燃气销售管控，对辖区范围内液化气供应站点开展了多轮次安全生产专项检查，及时落实整改检查中发现的问题。开展公路边坡灾害治理，委托专业设计公司对我区21条县乡道公路边坡现状开展调查，共排查出有地质灾害隐患的边坡248处，建立边坡隐患数据库，根据边坡危险等级，进行观察、警示、治理工作。投入900余万元，对峰源乡大大线K36+890—K37+035段山体进行治理。深化特种设备领域专项检查，开展起重机、场（厂）内机动车、人员密集场所在用电梯检查。

【安全预防体系】 抓好基层基础能力建设。推进工贸企业双重预防机制试点创建工作，融合标准化创建、职业健康尘毒治理试点工作，开展企业风险辨识、评估，切实遏制重特大事故发生。督促企业强化职业病危害申报，落实用人单位职业病防治主体责任，完成企业职业病危害项目申报263家、检测63家。修订《莲都区矿山事故应急预案》《莲都区烟花爆竹事故应急救援预案》《莲都区危险化学品事故应急预案》《莲都区生产安全事故应急预案》，开展旅游安全事故应急救援演练，强化旅游景区安全意识，提高旅游景区应急救援技能，增强旅游安全突发事件应对能力。抓好科技支撑能力建设。莲都区安全生产“智安监控平台”系统正式上线运行，2017年继续投入近10万元，新增了执法文书现场蓝牙打印、执法检查现场管理等功能，进一步提升安全生产现场执法检查能力。系统上线运行至今，完成全区所有规上企业数据录入，规上企业数据库构建完成。推进智慧用电工作，完成智慧用电设备安装96套，加强企业用电安全。抓好服务企业能力建设。推进社会化服务，全区开展安全生产社会化服务企业共计3200家，合同金额达436.7万元。加强安全生产标准化建设，全区共有78家企业通过三级安全生产标准化达标，3家企业通过二级安全生产标准化达标，另有2家企业正在创建二级安全生产标准化。推进“最多跑一次”改革，20个审批事项全部实现“最多跑一次”，并在浙江省政务服务网进行公布。

【安全生产宣传教育】 加强安全生产教育培训，乡镇（街道）和部门领导、安监员，村居协管员，生产经营单位负责人、安管员和特种设备作业人员，参加各类培训1961人次。依托丽水电视台“百姓热线”节目、中山街大型电子广告屏、纳爱斯广场电子屏、公交车电子屏、楼宇联网视频传媒等传播媒体，加大安全生产宣传力度，营造浓厚的安全生产氛围，强化全社会安全素质的提升。深入开展第十六个“安全生产月”和“职业病宣传周”活动，在纳爱斯广场举办安全生产月宣传咨询日活动，发放宣传资料8300余份，宣传品2000余件；通过微信公众号开展4期“关注莲都安监·答题赢流量”安全生产知识有奖竞答活动，吸引2135人参与；向各乡镇（街道）、部门和企业发放《中华人民共和国安全生产法》《中华人民共和国职业病防治法》、安全生产挂图共600余份。开展安全文化示范企业创建，通过培育、树立和宣传安全文化，建设先进典型，引导生产经营单位负责人和员工树立正确的安全价值观，提高识别和处理“物的不安全状态”和“人的不安全行为”的能力，提升企业安全管理水平。

国有资产经营管理

【概　况】 丽水市莲都区国有资产投资经营有限公司成立于1997年11月，目前注册资本金为2.3亿元，全资控股股东为莲都区财政局。截至2017年末，公司总资产35.62亿元，净资产34.1亿元。

【监管资产工作】（含委托管理） 目前经营的资产，包括区属行政事业单位移交的经营性资产共有300多处的房产，管辖的资产主要分布在丽水市城区、联城街道、碧湖镇区块，主要包括各行政事业单位划转的店面302间，面积约19920平方米；破产、改制企业移交的资产，主要包括厂房、办公用房25处，面积约为36371平方米（含社区等8个单位借用6683平方米）；仓库39间，面积1422平方米；住宅377户，面积约15505平方米，其中油泵厂职工138户、碧湖啤酒厂职工157户、企改丽水市第二建筑公司职工13户、物资总公司职工10户；西银苑菜市场1个，菜场面积1562平方米、超市面积237平方米；学校2所，面积约6084平方米；府前菜场摊位7个；矿山经营场所1个。

【资产经营管理工作】 2017年3月，公司推进闲置国有资产盘活处置工作，对所涉及统一移交管理的国有资产开展全面清理，至12月，合计收回4家（8处）区管单位的各类闲置国有资产面积约6000平方米，移交收回的资产评估价值近1亿元。开展北苑新村区属经济适用房历史遗留资产处置工作，基本完成3套住宅产权证办理，回收资产市场估值近600万元；完成紫金新村20幢401室历史遗留资产产权过户工作，产权面积140平方米，评估价值300万元；根据丽阳溪水系综合整治工程的会议纪要，完成丽龙路24号3套住宅房改工作，收回房改资金20余万元。开展近期可处置资产排摸工作，清理出近期可处置资产19套，合计面积1451.86平方米；并积极开展历史遗留问题处理和产权办理工作。公司全面规范资产拍租、处置程序，提升国有资产效益，全年共拍租9批次，98个标的，拍卖四套住房，累计收益1615万元。提升存量资产的变现能力，办理19套房产处置（面积1451.86平方米）的前期准备工作。公司2016年对国资名下的所有资产进行了安全等级鉴定，对安全鉴定等级为D级危房，实施了腾空加固修缮工作，并对加固修缮完毕后的房屋实行动态监测。每年开展房屋资产安全生产大检查，检查一处，排查一处，治理一处，不留死角。共计检查100家次，排查隐患35处，整改35处，整改率100%。同时，对大众街221号、解放街13号住宅、碧湖大井头原酒厂宿舍漏水部位及时修缮，对括苍路493号49幢前边坡危险处及时治理，全年度累计投入整改、修缮资金60万元。

【政府融资工作】 2017年，公司出资500万元投资丽水龙都杭萧钢构有限公司，占股10%，出资2000万元投资丽水市莲都区政策性融资担保有限公司，占股

28.57%，完成丽水生态经济产业基金第二期投资3600万元，为莲都区农民新社区提供1.1亿元担保。

【项目建设工作】 2017年，公司承担着城西小学、长岗背小学两个市、区重点项目、括苍路536号用房装修工程的建设任务，我们发扬钉钉子精神，"拼"节假日和晚上休息时间，"盯"项目中介机构的设计方案和工作报告，"磨"部门的批文时间和批复文件，确保了项目的稳步推进。城西小学项目于2016年6月15日正式立项，2017年5月26日正式开工建设，项目前期仅仅用时11个月，截至2017年年底，累计完成项目投资1.61亿元。公司接手城西小学项目后，深入研究上级扶持政策，第一时间争取将城西小学列入中央建设资金补助项目库。同时，与教育部门协商和对接，调整城西小学管理类与教学类用房的布局和功能，实现资金争取最大化。截至年底，城西小学成功取得的中央基建资金补助3250万元，省财政厅1亿元，市级重大公共服务基础设施建设配套资金1亿元。目前长岗背小学项目已完成地质勘探前的所有前期审批工作，因土地征迁工作尚未落实，暂时停滞。括苍路536号用房装修工程，已全部完成项目建设工作。

（李淑蓓）

教 育

综 述

2017年，莲都区主要承担学前教育、义务教育、成人教育的办学与管理工作。全区现有幼儿园84所（公办16所，民办68所），有中小学26所（初中12所，小学14所）；有成人教育培训中心1所，区域成技校6所。

2017年，莲都教育以“与全省同步实现教育现代化”为总目标，不断深化教育改革，加快教师队伍建设，提升教育教学水平，为莲都融入“创新区”、建设“中心园”提供强有力的智力支持和人才保障。初三学业考试成绩连续14年名列全市第一，蝉联丽水市中小学生田径运动会团体15连冠，荣获丽水市第四届运动会团体总分第一、奖牌总数第一、金牌榜第一，荣获第二十届全国青少年“阳光校园·五好小公民”主题教育活动优秀组织奖，创成了全国文明校园1所，市级文明校园5所，未成年人思想道德建设在全国文明城市创建考核排名中位列全省第一、全国第六。目前，有省级精品课程9门，市级精品课程51门，莲都区教育局教研室被评为“浙江省先进教研集体”和“浙江省教科研先进集体”。2017年 ，教育部发布的国家义务教育质量监测报告显示，在全国323个样本县中，莲都区四、八年级数学学业成绩分别位居全国第35名和第47名，高于全国均值53分和42分，学生体能分别位居全国第65名和第55名，莲都教育质量评估与监测经验在全国推广。

学前教育

【概　况】 全区现有幼儿园84所，在园幼儿数14419人。其中，城区幼儿园60所，在园幼儿11496人，占全区在园幼儿总数的79.8%。等级幼儿园79所，等级园比例为94%，等级园招生覆盖率为97.7%。全区现有在编幼儿教师208人，编外教师700多人，专任教师持证率为83.8%。全区9个乡镇建有公办幼儿园11所，乡镇中心园创等级率达100%，全区已创建“市学前教育示范乡镇”4个、“市学前教育达标乡镇”5个，市学前达标（示范）乡镇创建率达100%。

【学前教育三年行动计划】 2017年是莲都区发展学前教育第二轮三年行动计划最后一年。学前教育事业经费达到同级财政性教育事业经费的6%以上；实施基础教育“三年攻坚”行动计划，完成天金碧水佳苑、绿谷庄园2所小区配套幼儿园的招标工作；2017年，新审批华侨国际幼儿园和七色花幼儿园2所；规范民办幼儿园有序发展，加大普惠性幼儿园的奖补，强化民办普惠园的奖补监管。2017年，区教育局、财政局、发改局根据文件规定，认定普惠性民办幼儿园51所，占当年民办幼儿园比例的75%，民办普惠园覆盖率在逐年提高；实行教师分层分类培训，2017年，选派35名园长参加了省高端培训，150名幼儿骨干教师到省内优质幼儿园进行跟岗培训，开展幼儿教师任职资格培训、教师资格考证培训，鼓励教师考证，提高幼儿教师持证率；深入开展师德教育、家庭教育，注重园本研修，推进课程改革，围绕“生态特色”主题，实施园本化课程的研究，提高保育教育实践的有效性。

义务教育

【概　况】 2017年，全区有中小学26所(初中12所，小学14所)，在校学生数41476人。其中，公办23所(初中9所，小学14所)，民办3所(初中2所：花园中学、城中中学，九年一贯制1所：莲都外国语学校)。城区在校生数32749人，占全区学生总数的78.95%；非莲都籍学生14213人，占全区学生总数的34.27%。全区有国家级、省级现代教育技术实验学校5所，国家级、省级实验基地学校6所，全国文明校园1所，省级美丽学校1所，省文明学校(单位)6个，省、市级示范学校17所，省、市级校本教研示范学校8所，省义务教育标准化学校24所，国家级绿色学校1所，省、市级绿色学校32所。关注弱势群体教育，整合城区公办教育资源，最大限度的吸纳流动人口子女进公办学校就读，今年招收1300多名符合条件进城务工人员子女，录取率超过85%，保障进城务工人员随迁子女享受与城区户籍学生同等的教育政策。

【德育工作】 2017年全区中小学围绕莲都区第六届未成年人道德文化节活动所制定的方案以及团、队工作的要求，结合学校、学生实际以及全国文明城市创建的要求，丰富活动载体，开展了形式多样的系列德育和团、队活动。莲都区教育局荣获第十二届全国青少年五好小公民“阳光校园.我们是好伙伴”主题教育读书活动优秀组织奖，莲都小学被评为“全国文明校园”，天宁中学被评为浙江省文明单位，联城小学被评为浙江省少先队工作先进集体，莲都外国语学校的“奇迹创意积木”和联城小学的“处州乱弹”两个社团被评为浙江省优秀红领巾社团，大洋路小学教育集团大洋路校区的彩红小队被评为浙江省优秀雏鹰假日小队，处州中学、花园中学、囿山小学、刘英小学等学校被评为丽水市文明校园。团中央《辅导员杂志》总编李沧海到水东小学调研，学校关爱留守儿童的经验及做法受到关注，并在《辅导员杂志》第 7 期发表。组织开展“不忘初心跟党走”主题征文、“文明之花处处开”漫画创作比赛；组织全区中小学生开展浙江好家风演讲比赛；组织全区中小学生开展治水好声音朗诵大赛，开展了“传承好家风好家训”中小学生主题书信比赛；评选出区级100名美德少年。联城小学、处州中学代表莲都区参加全市经典诵读比赛，分别获得小学、初中组二等奖。在刘英小学举行了迎接丽水市第四次少代会队旗传递活动。人民路小学的鼓号队、莲都外国语学校的旗手、大洋路校区的节目展演、天宁中学的200名少先队员参加了活动。

【义务教育课程改革】 推进深化义务教育课程改革，加强拓展性课程建设，将拓展性课程的实施纳入学校发展性督导评估的指标之一。2017年11月，开展了城区初中拓展性课程实施评比，新增省级精品课程4门，市级精品课程26门，区级精品课程45门；评出莲都外国语学校、梅山中学等一批义务教育课程改革优秀学校。继续推进刘英小学、天宁中学“学为中心”课堂教学试点改革，构建适合本区域的课堂教学模式，刘英小学的“学本课堂”和天宁中学的“两主题三展示”教学模式日趋成熟。继续深入开展小班“五学”课堂改革，探索“五学”要素的实施策略，促进城乡教育均衡发展。2月，修订了《莲都区小班化教育联盟学校考核细则》，同时出台了《莲都区小班教学规范十八条》《莲都区小班化教育研究联盟工作的通知》。3月，市区教研室调研小班化教育工作开展情况，一行人先后来到梅山小学黄村校区、城北小学严鸟校区、天宁小学双黄校区调研。6月，开展小班化教育工作考核，共评出一等奖4所，二等奖5所。11月，小班“五学”推进会在梅山小学黄村校区召开。

【体、卫、艺、科技工作】 贯彻落实“健康第一”指导思想，发展素质教育。落实学生每天体育活动一小时，引导学生“走向操场、走进大自然、走到阳光下”，促进全区“体育、艺术2+1”活动深入开展，促进学生身心健康。举办了莲都区2017年中小学生田径运动会、中小学生篮球赛、乒乓球赛和小学生足球赛。组队参加市中小学田径运动会，连续第15年获团体总分第一；组队参加丽水市第四届运动会(竞技体育部)，获团体总分第一、奖牌总数第一、金牌榜第一。参加市教育局组织的“学生五大联赛”中，花园中学男、女篮球队分获第一名，处州中学男、女足球队分获第一名，大洋路小学男子足球队获第一名、女子足球队获第二名，处州中学、城北小学游泳队分获初中组和小学组团体总分第一名，大洋路小学获健美操比赛团体总分第三名，莲都外国语学校男子乒乓球队获团体第一名。贯彻落实教育部关于《中小学生艺术素质测评办法》等三个文件的精神，提升学生艺术素养，开展艺术特色教育。举办了第七届“莲都之春·文艺”“莲都之秋·美术”比赛，围绕“民族魂·中国梦——阳光下成长”主题，坚持育人为本，弘扬中华民族优秀传统文化和社会主义核心价值观。体现时代特征、校园特色、学生特点，推动学校艺术教育发展，丰富校园生活，培养学生兴趣爱好，全面提升学生综合素质，营造浓厚的校园文化艺术氛围。参加丽水市第七届“绿谷之春·文艺”比赛，10个节目荣获一等奖，17个节目荣获二等奖，梅山中学的舞蹈《觅*影》参加2017年浙江省中小学生艺术节现场赛荣获一等奖；参加丽水市第七届“绿谷之春·美术”比赛，成绩优异。继续开展戏曲进校园、高雅艺术进校园等活动。倡导科学思想和科学精神，培养学生创新精神和动手动脑能力，切实提高学生的科学素养。举办了莲都区首届“莲都之光”科技大赛，近1400名学生参赛。在丽水市第四届中小学“绿谷之光”科技大赛中，括苍中学获初中组团体总分第一名，大洋路小学获小学组团体总分第二名。

【学生抚困助学】 2017年，发放中小学各类贫困生补助款396.918万元，其中学生营养餐补助款369.95万元，教育资助券2.218万元，困难家庭寄宿生生活费补助款(一补)24.75万元，受惠贫困学生达7920人次；发放民族教育券补助款23.946万元，惠及少数民族学生2347人。

成人教育

【概　况】 2017年，全区有成人教育培训中心1所，区域成技校6所，开展各类培训班，参加培训近12万人次。2017年3月，太平成技校获得省教育厅颁发的“浙江省现代化成人学校”，城西成技校的“国学进社区”获评“浙江省成教品牌项目”；11月，城西成技校的“五养养生培训”项目先后荣获浙江省和国家级的“终身学习品牌项目”；老竹成技校的“传承畲族民族文化”项目推荐参评“浙江省成教品牌项目”。

【老年教育及扫盲工作】 2017年，推进老年教育，参加社区教育各类培训学习的老年居民达3.89万人次，占莲都区60岁以上人口比重的50%以上。组织社区老年人排练和拍摄的《映山红》《最美太极风》两个节目作品，在“2017年浙江省老年教育文艺作品”评选中分别获得二、三等奖。2017年，实际完成扫盲2170人，达到年扫盲任务的110%以上，完成莲都区创建省教育现代化指标要求中文盲率控制在2%以内的目标任务。

民办教育

【民办培训机构的审批和管理】 执行“最多跑一次”标准，做到严格审批，热情服务。2017年，新审批民办培训机构8家，换证3家，调查走访无证机构36家，处理投诉案件7起。

【育英小学搬迁】 根据莲都区育英小学的实际情况，同意其将地址搬迁至芦埠村金田下，办学层次仍为义务教育(小学一至六年级)，办学规模为18个班，每班学生不超过45人。

【民办初中招生】 结合市区实际，出台《丽水市区民办初中学校2017年招生工作实施办法》(莲教发〔2017〕43号)，明确招生范围，规范招生报名，坚持免试入学，保障招生自主，核定招生人数，严肃招生纪律。2017年，花园中学电脑派位195人，自主招生210人；莲都外国语学校电脑派位16人，自主招生21人；文元中学电脑派位90人，自主招生90人；丽水市外国语学校电脑派位16人，自主招生27人。

【白云小学投入使用】 2017年，莲都区白云小学正式投入使用，首次启动民办学校划片招生。对学区内的适龄儿童符合以下条件可在白云小学(民办)划片招生：适龄儿童户籍、家庭住房一致；适龄儿童户籍在2017年6月15日前落户到划片区域；家庭住房产权为适龄儿童父母全权所有。为引导儿童在学区内实际居住，控制学校班额，该区域内的住房，六年内只认定同一户家庭子女在白云小学就读，计算落户和购房截止时间为招生当年的6月15日。学区内符合入学条件学生选择到白云小学就读的，莲都区政府按小学生均教育事业费80%给予白云小学补贴；白云小学按成本核算收费与政府补贴的差额部分，按学校和学生家长2:8比例分担。2017年共有9名新生通过划片进入白云小学就读。

办学条件

【概　况】 2017年，莲都区教育局多渠道筹措教育经费，增加教育投入，全年经费总投入99243万元，其中国家财政性教育经费77452万元、事业收入20392万元、其他收入1399万元。安排基建项目、维修改造项目经费3641.29万元，中小学(幼儿园)设备费629.03万元，营养餐贫困生补助373.46万元，支付免费教科书1485.72万元，支付学生安全放心车355万元。拨付民办幼儿园发展和幼儿教师发展扶持政策兑现资金691.929万元，民办中小学扶持资金473.788万元，民办中小学公用经费835.475万元。

2017年农村生均公用经费标准小学742元、初中1046元，高于省定标准。对农村小规模学校，学生数低于300人的，按300人计算公用经费，保障小规模学校的正常运转。同时寄宿制学校每生每年200元增加公用经费。公办幼儿园的生均公用经费达到285元，小规模幼儿园，幼儿人数低于300人的，按300人计算公用经费。

2017年终考核奖人均预发18000元，年终离休人员15000元、退休人员12000元的年终慰问金，教育教学质量奖2017年达到614.19万元，支付名师名校长科研经费76.624万元。2017年安排师训经费285万元。

莲都区教育局下属中小学校以及等级以上幼儿园学校食总数有114家，300人以上就餐学校食堂数37家，截至2017年年底，建成阳光厨房32家，A、B等学校食堂总数36家。

【教育项目建设】 2017年，教育建设项目投资16个(其中企业投资1个)，其中新建5个，续建2个，装修及维修改造项目8个，零星修理项目1项。全年完成政府项目建设投资约30475万元，新建校舍面积约23854平方米，维修改造校舍面积约18456平方米。基本完成梅山中学二期、碧湖中学二期工程建设；开工建设城西小学、东港小学、碧湖中心幼儿园迁建工程、括苍中学风雨操场等工程；完成玫瑰家园小区配套幼儿园装修工程并作为区机关幼儿园括苍园搬迁投入使用；完成了绿谷庄园、天金碧水佳苑小区配套幼儿园完产权移交和经营权招商工作；完成了丽新小学教学楼、处州中学教学楼和科技楼、刘英小学时代楼、天宁小学阶梯教室、大洋路小学录播室、天宁中学录播室等37个维修改造及零星修理项目工程；完成全区中小学校40所(含市直)、约99个点位的学校无障碍通道建设工程建设。启动长岗背小学、八一宾馆幼儿园等工程前期工作。

【教育装备】 2017年，莲都区成功创建省级教育技术装备规范管理示范区。莲都区共投入资金1279余万元用于改善学校的教育信息化设备。投资710余万元购置更新现代信息技术设备装备，投资146余万元更新实验室器材和设施，投资317余万元更新学科功能教室器材和设施。投资105余万元购置图书器材设施。其中，投资56万元为学校更新电脑150台；投资96万元更新电子白板和平板多媒体79套；投资100万元为两所学校新装精品录播教室2套；投资43万元为学校新增和更新配备校园广播系统和音响系统13套；投资70万元为中小学学生宿舍新增空调173台；投资8万元建成了梅山中学无线校园覆盖；投入15万元为全区所有学校添置图书。获得省级装备补助90余万元。其中莲都区梅山中学通过竞争性获取，新配备200套移动学习终端；莲都区天宁小学创新科技拓展实验室项目1个；括苍中学、联城小学、刘英小学、人民路小学各获常态化录播一套；为城南小学、三胞树人小学、丽阳小学、成龙小学、华侨国际幼儿园配备电脑200台，价值30万元。

师资队伍

【概　况】 2017年，莲都区有中小学专任教师2542人（含民办学校）；幼儿园专任教师937人。现有省特级教师5名，省教坛新秀9名，市级名师21名，市级学科带头人76名，区级学科带头人176名，市区级教坛新秀、德育新秀226人。成立了39个由市教学名师、市学科带头人领衔的莲都区名师工作室，共有成员194人。

【师德师风建设】 依据《中共莲都区教育局党组莲都区教育局关于加强和改进师德师风建设的若干意见》，全面实施师德承诺制、师德评估制和师德帮教制，通过开展表彰先进典型、“师德群体创优”、师德报告会等多种途径，在全区教师中形成“学优秀教师先进事迹，走优秀教师成长道路”的良好氛围。根据省、市有关文件精神，开展有偿家教专项整治行动。实行教师评先、评优、评职“师德一票否决制”，推进师德师风建设，弘扬“爱岗敬业、关爱学生”的优良传统，树立良好师表形象。

【“区管校聘”管理改革】 2017年，莲都区教育局会同区财政、编办、人力社保等部门研究制定并印发了《莲都区中小学教师“区管校聘”试点工作实施方案》，指导13所试点学校制订《学校教职工竞聘上岗工作方案》，规范流程，同步实施。试点改革涉及在编在岗教职工1184名，占全区教职工的59.2%，跨校交流教师达5%以上。试点学校中首轮校内竞聘未聘60人，通过跨校交流了36人，跨校竞聘上岗11人，组织调配12人，待岗培训1人。城区5位名优骨干教师主动要求到农村支教，14位名优骨干教师向薄弱学校交流。“区管校聘”试点改革使教师配置更加合理，学科匹配度更高；教师流动更加顺畅，广大教师顺应改革，认可度高，实现“零投诉”；教师队伍更具活力，教师成长环境更加优化。

【校长教师交流】 根据《莲都区关于进一步推进义务教育学校教师校长交流工作实施意见（暂行）》的文件精神，2017年，全区教师校长交流193人，其中校园长、校区负责人等组织调动30人，竞聘型交流（进城考试）25人，文元中学三岩寺校区分流15人，主动交流112人，新教师留城锻炼期满三年下乡11人。

【教师专业培养】 以五年为周期，对全区中小学在职专任教师和校长进行360学分的全员培训，对新分配教师、骨干教师、骨干校长进行的专项培训。2017年，举办干部培训项目8个，培训12期，参训人数712人；师训项目60个，办班89个班，参训学员人数为11503人次。教师培训人均完成学分100.13学分（省定优秀标准为72学分）；教师集中培训完成率20.32%；教师培训自主选课率67.71%；教师培训项目匹配率（90学分）70.88%；教师培训实际参训率99.05%；教师规定省培训完成率100%，符合培训规定。参训教师对莲都区开设的培训项目质量的总体评价平均满意率为99.94%。

【教师聘任工作】 2017年，招聘录用中小学教师29人，其中研究生学历1人，本科学历28人；人才引进研究生学历教师2人；招聘录用幼儿教师4人。2017年，新聘高级教师30人，一级教师83人。全区在聘高级教师419人，一级教师1186人，二级教师765人，三级教师121人，未定级教师150人。

（何朝琳）

科学技术

科技管理与科技成果

【概　况】 莲都区科技局现有行政编制7人，其中党组书记、局长1名，副局长2名，科室领导职数3名。内设办公室、计划科（星火计划办公室、行政审批科）、综合科（知识产权办公室）。下属单位莲都区科技信息中心（防震减灾工作站），全额事业编制9名，设主任1名，副主任2名。编外用工3名。1—12月，高新技术产业增加值绝对值完成24.27亿元，完成考核任务数的85.4%，全市排名第5；同比增长20.2%，全市排名第4；高新技术产业投资完成15.67亿元，完成考核任务数的116.84%，全市排名第6；发明专利申请量476件，完成考核任务数的109.29%；成功认定国家高新技术企业9家，超额完成2017年3家的任务，也是历年来申报数最多的一年；申报省级科技型中小企业17家，超额完成2017年14家的任务。

【科技投入和项目建设】 2017年区本级科技项目立项情况：共安排科技项目13项，补助经费187.8万元，其中工业项目6项，农业项目5项，社发项目2项。2017年科技创新活动事后扶持35个项目，补助金额264.6万元。2017年争取上级农业、社发科技项目情况：共向上争取上级补助经费225万元，其中：26县绿色技术应用专项——基于常年TMR青秸秆—肉羊—有机肥生态循环关键技术研究与示范100万元、省派个人科技特派员项目70万元、市县创新券绩效奖补14万元、市级科技特派员16万元、优秀县（市、区）20万元、2016年浙江省专利优秀奖5万元。2017年成功申报省级农业科技园区，推动农业科技园区向高端化、集聚第、融合化、绿色化方向发展。

【专利与技术合同】 2017年完成省级知识产权示范区创建的申报工作；发放专利补助84项，共计23.8万元；新增莲都区企业技术中心5家；新增莲都区专利示范企业7家，每家2万元奖励。根据全国技术合同认定登记系统统计，2017年，莲都区吸纳技术合同交易额达到6361万元，考核要求为1667万，完成进度381.58%。

【科技特派员】 2017年莲都区共有省市两级科技特派员11名(其中省级科技特派员7名、市级4名),一个团队特派员，一家法人特派员企业。2017年省、市两级科技特派员围绕莲都区的经济发展目标，立足全产业和全域旅游，以项目开发为载体，开展全方位、多层次的科技服务。实施科技项目15项，科技总投入270万元，团队和法人特派员实施创新项目2个，投入95万元，64人直接参与创新和服务，建立示范基地13个，示范面积2250亩，示范效益5714万元，辐射带动效益16800亩，禽类260万羽，推广新技术27项，引进新品种44个，培训2802人次，发放资料3000多份，新增就业172人，带动221人农民增收，扶持创办利益共同体6个，帮助组建农村合作组织44个。

【科技合作与交流】 开展“精准服务企业、振兴实体经济”专项行动，对联系企业进行深入走访，了解企业的困难和需求，协助企业协调解决问题；实地走访调研规上企业及重点规下企业83家，搜集技术需求42项，发布网上技术市场，充分发挥科技局牵线搭桥作用，并已达成技术合作15项。

【人才建设】 依托省“千人计划”和“万人计划”，“绿谷精英计划”等引才政策，加快与浙大，华中农业大学，中国计量大学等高校的对接工作建立“院士工作站”、“博士工作站”。深入研究人才体制机制改革，出台适合我区科技人才培育的评价激励政策。与华中农业大学邓秀新博士签订了“院士工作站”合作协议。

【防震减灾】 2017年获得国家级防震减灾工作先进单位和省级防震减灾工作先进单位的荣誉称号。共建有防震减灾队伍4支，防震减灾志愿者44人。成立防震减灾知识宣讲队伍，依托科技活动周、全国科普日、“5·12”防震减灾日宣传活动、科技送下乡和科技知识进文化礼堂等，进学校、进社区，到乡镇、到企业，开展不同形式的宣讲活动，进行多方位多角度宣传防震减灾知识，共发放宣传资料2000余份，参与群众3000多人次。制定预案，提升地震应急处置能力。开展 “居安思危，防患未然”和“减轻社区灾害风险，提升基层减灾能力”为主题的社区、校园防震减灾逃生演习活动。在雅溪镇、丽新乡开展地震应急桌演，启动地震应急预案，进行决策、协调、调度和指挥抢险救灾，区、乡、村三级联动各部门协同应对。牵头组织区红十字会、区卫计局、各乡镇街道防震减灾助理员和社会各专业救援队伍，开展防震减灾应急救援演练，演练达到了“检验预案、完善机制、磨合队伍、提升能力”的预期目标。

【体系建设】 2017年创新券兑现情况：向25家中小企业发放了总额达80.98万元的创新券，比2016年增加19.98万元，增长率达32.75%，使用创新券64.54万元，比2016年增加28.85万元，增长率达80.83%，兑现创新券51.19万元，各类创新载体累计为中小微企业提供服务46次。

（秦渝）

科技团体

【首届“生态文明与绿色发展”莲都国际生态研讨会】 2017年10月8日—10日，区科协本着“有为有位”的理念，积极主动谋划、建议和参与举办首届“生态文明与绿色发展”莲都国际生态研讨会，得到省、市科协肯定和市委，区委、区政府主要领导点赞。省科协副主席姜长才，市委常委、莲都区委书记杜兴林，市科协主席潘志强等领导到会致辞，区长陈豪主持会议。20余位国内外顶级生态文明专家参会并作主旨演讲，莲都600余名干部参加开幕式。会议举办大大提升了莲都的知名度和美誉度，进一步打响了莲都生态文明品牌，同时也大大提高了区科协的影响力。

【引智助农经济洽谈会】 2017年3月7日，在丽水学院举办引智助农经济洽谈会。丽水学院副院长蒋黎红，丽水学院生态学院院长朱海平、党委书记李振亮，莲都区政府副区长郭巧燕，市科协副主席叶荣华等领导出席会议。丽水学院50多位教授、博士和丽水工业园区管委会，莲都区科协，莲都区人才办及莲都区各乡镇(街道)、涉农企业负责人参加会议。洽谈会上，丽水学院教授、博士与莲都区各乡镇(街道)、涉农企业面对面交流，为更好地发展生态农业出谋划策。

【引智助工经济洽谈会】 2017年4月，莲都区科协联合丽水学院工学院举办了引智助工洽谈会。丽水学院工学院党委书记及相关院领导，莲都区政府副区长俞丽威等领导出席会议。40多位教授和博士、相关单位和20余家工业企业负责人参加会议。洽谈会上，教授、博士与企业家们就工业园区的企业技术需求，转型升级、技术瓶颈等问题进行了对接交流，积极探索发展新思路，努力提高发展新能力，助力企业转型升级，助推工业经济新发展。

【乡镇、社区科普阵地建设】 自2016年6月开始，莲都区科协积极开展社区科普活动室创建工作，2017年，已实现全区25个社区科普活动室全覆盖。每个乡镇街道都建有10米以上科普长廊。并着手抓好鱼跃科普馆、百兴菇业科普馆和不知科普馆建设,2017年,三个企业科普馆受众人数达到2万多人次。

【科普活动周、科普日活动】 2017年共举行科普下乡进社区(村)活动20余场次,不断提升基层科学素养,产生了良好的科普社会效应。如开启暑期科普大讲堂网络直播模式。莲都区5所中小学7个班级共260余名学生和家长现场参加讲座,通过莲都区数字文化馆网络直播平台,累计在线人数达到3.7万多人。

【大走访活动】 2017年2月13日至22日,莲都区科协开展了服务企业、助力企业创新驱动发展大走访大调研活动。并计划用一个月时间,走访企业20余家,了解企业人才和技术创新方面需求,和企业一起探索转型升级之路,助力企业创新驱动,为莲都生态经济建设和发展做出应有的努力和贡献。

【院士站建设工作】 2017年10月10日,经过区科协多次的对接与推动,莲都区古堰画乡特色小镇与美国小约翰·柯布院士正式签约,建立了全省首家特色小镇海外院士专家工作站,为全区特色小镇的发展提供了海外智力支持,推动了全区绿色发展和生态文明建设。同年10月14日下午,莲都区现代农业园区管理委员会、丽水市农业科学研究院和华中农业大学在武汉举行了邓秀新院士专家工作站签约仪式,此举将进一步加快科技创新与成果转化,全面促进莲都柑橘产业的提升和发展。

【一批科技示范户和农业服务专家】 2017年5月,莲都区科协联合区农业局等部门在丽水职技院举办农业科技干部培训班。通过联合办班,培养造就了一批一支年轻化、知识化、专业化的农业科技干部队伍。同年11月份,丽水市莲都区科协联合市科协在丽水职业技术学院举办全市种养殖业业务培训班,通过举办培训班,提高了种养殖户科技素质,提升了种养殖户服务能力和科技水平,为加快打造农业强区提供了人才支撑。全年共认定培育20户为莲都区农村科技示范户,并向市科协推荐其中10户作为市级农村科技示范户。

【全国科技工作者日的活动】 自2017年5月下旬开始,莲都区积极组织开展了首个“全国科技工作者日”系列活动,活动主要包括:由区分管领导带队开展科技工作者的走访慰问活动。围绕如何服务好科技工作者和为“城市共建、经济共融、福祉共享”主题献策献力两方面内容邀请2016年度市科技进步奖获奖者、科技特派员优秀代表、科学家代表等召开座谈会。联合相关新闻媒体做好优秀科技工作者事迹宣传工作。组织最美科技人进课堂为学生上课。

【首届“莲都之光”科技大赛】 2017年5月6日,牵头并联合区教育局等部门举办莲都区中小学首届“莲都之光”科技大赛。莲都城区和乡镇40多所中小学近800余人参加了本次科技大赛。通过大赛进一步加强青少年科技素质教育,培养学生的创新精神,提高青少年科技创新能力。

【学(协)会工作者座谈】 2017年10月19日,莲都区科协召开学(协)会工作座谈会,听建议,谋思路,部署学(协)会下一步工作。要求学协会做好三方面工作:要坚定政治方向。要求学(协)会引领全区科技工作者坚定不移跟党走,特别是要学习贯彻好中共十九大精神。要谋划好工作。围绕区委区政府积极做好协会自身建设,不断提升科普能力和水平,多开展各类学术交流和科技培训活动。要服务基层。要利用协会中科技工作者的知识水平和科学技术服务基层,服务农村,服务百姓,带动百姓发家致富,助力高水平全面小康社会建设。

(李鹏飞)

文化

综述

【概　况】 2017年，莲都区公共文化服务体系不断完善，区、乡镇（街道）、村（社区）三级公共文化设施网络逐步健全，区数字文化馆已正式对外免费开放，区图书馆已完成验收。全区14个乡镇（街道）文化站、233个村（社区）文化活动室实现全覆盖，新建农村文化礼堂9个、乡村戏苑3个、“天天乐”活动点42个。各类文化惠民活动丰富多彩，举办各类文化活动近800场，配合区委区政府中心工作开展各类主题的送戏下乡419场，送书下乡19539册，送电影下乡2800场。通过省公共文化服务重点县考核，根据动态填报指标，莲都区公共文化在全省的排名推进到41位。通过成功举办2017古堰画乡小镇艺术节暨“玩转画乡”旅游季“乐绿水青山”版块等活动，组织2017中国浙江国际二胡演奏邀请赛，推进文旅融合，打造文化品牌。文化遗产保护力度不断加大，国保通济堰龙庙、通济堰渠道、省保花门楼和堰头村古民居“玉叶流芳”“光荣南级”“懋德勤学”修缮进展顺利；通济堰古水利工程测绘和数字化项目通过省文物局组织的专家验收。举办第三届丽水鼓词演唱会。撰写《丽水鼓词研究》《括苍蕴玉——莲都非遗大观》等专著。文化市场环境不断优化，组织开展系列专项整治行动，为文明城区创建作出积极贡献，全年共出动执法人员1580人次，检查各类场所3726家次。广电新闻水平不断提升，在莲都农村范围内，开展了卫星锅转数字电视活动，累计拆除非法安装使用卫星电视接收设施1000多处。不断提升《莲都新闻》节目质量，共播发区内新闻1900多条，由《莲都新闻》独立采编的新闻首次于CCTV-1《新闻联播》播出。群众体育事业不断发展，完成省级体育强区复评，全区省级体育强乡镇（街道）全覆盖。举办2017年莲都区“文明创建　助力冲刺”城市趣味定向赛等大型体育活动10余场，推进体旅融合。

2017年年底，区文化广电新闻出版局（体育局）共有下属单位12个，其中局直属部门6个，分别为：区广电网络传输中心（丽水莲都华数广电网络有限公司）、区文化馆、区图书馆、区文化事业服务中心（丽水莲城影视文化传媒有限公司）、区文化市场行政执法大队、区文保所；乡镇（街道）文化广电中心站6个，分别为：城区文化广电中心站、大港头文化广电中心站、联城文化广电中心站、雅溪文化广电中心站、老竹文化广电中心站、黄村文化广电中心站。全系统共有在职人员135人，其中局机关11人，下属事业单位124人，具有高级职称8人，中级职称51人，初级职称48人。

（项维芳）

文化工作

【概　况】 2017年，以全国文明城市创建为契机，以省公共文化重点县为抓手，实现区、乡镇、村三级文化基础设施全面提升。区数字文化馆建成，区图书馆完成验收，计划2018年4月底投入使用。2017年，先后建成老竹镇、万象街道乡镇（街道）文化活动中心；完成峰源乡、雅溪乡综合文化站装修改造；完成太平、丽新文化站新建项目立项，预计2018年年底完成主体工程建设。全区14个乡镇（街道）文化站、233个村（社区）文化活动室实现全覆盖，2017年新建农村文化礼堂9个，累计已达61个；新建乡村戏苑3个，累计已达52个；新建“天天乐”活动点42个，累计已达520个。

【文化惠民活动】 坚持常年开展“送文化”惠民活动，2017年送戏下乡525场，送书下乡19539册。全年开展各类公益培训、讲座741期，参加人数56698人次；公益展览116次。挖掘优秀民间文艺人才，以农村文化礼堂和社区文化中心为主阵地，组织进行社区村文艺会演、“天天乐”文体活动展演等活动。开展文化展示交流，完成赴秀洲、嵊州等地文化走亲16场，打造开放式活动平台，促进地域文化交流互动。积极培育本土文化特色，以开展“三月三”畲文化、“六月六”莲文化、“九月九”孝文化，“十二月十二”乡村春晚等系列主题活动，挖掘地方特色资源，丰富群众精神生活。2017年组织开展“金鸡报晓闹新春”系列活动，“欢乐莲城”莲都区第七届社区文化艺术节、2017古堰画乡小镇艺术节系列文化活动、中国浙江国际二胡演奏邀请赛等区级大型活动60余场、各类中小型文化活动700余场。

【农家书屋建设】 按照“四个一批”建设原则，制定《2017年莲都区农家书屋建设实施方案》，全区农家书屋210个，其中建强村5个，提升村15个，维持村100个，整合村90个。发放农家书屋图书10707册、报刊1349份、音像制品1400个。同时，为农家书屋赠送电脑、书架、书桌、宽带、农家书屋开放时间牌等文化设施设备。4位农家书屋管理员荣获2017年度浙江省优秀农家书屋管理员称号。

（李薇）

图书馆工作

【概　况】 莲都区图书馆开展送书下乡工作，2017年投入资金20万元，分批次送书进农家书屋、敬老院、养老服务中心、特色民宿以及边远乡镇的学校共计17220册。组织开展了莲都区“书香莲都”关爱贫困留守儿童赠书活动，全年帮扶400名贫困留守儿童。开展“四个一”活动推进全民阅读。全年共开展免费展览33场、公益培训和讲座16次。图书馆新馆建设项目基本完成，新增图书分馆5个，图书流通点4个，爱心书屋30个。2017年图书馆新馆全面引入数字化、智能化设备，新增5台电子借阅机，手机移动图书馆建成并推广，建成VPN专网，在全市率先实现了全区14个乡镇街道及城区25个社区文化服务中心文化信息共享工程全覆盖。实施“互联网+”行动计划，开展网络资源服务和新媒体服务。统筹整合资源，构建图书馆自建和外购的数字资源库。电子图书藏书量在目前25000册的基础上将逐年增加。

【图书馆服务工程】 2017年投入资金20万元，分批次送书下乡共计17220册；乡镇图书流通次数达8次，共计6400册。组织送书进农家书屋、送书进敬老院、养老服务中心、特色民宿以及边远乡镇的学校等地，组织开展了莲都区“书香莲都”关爱贫困留守儿童赠书活动及“我最喜欢的一本书”征文活动和演讲比赛。组织世界读书日活动开展，通过“四个一”活动推进全民阅读：一场阅读马拉松挑战赛，一组系列宣传展览，一次阅读征文比赛，一场移动图书馆宣传推广活动，推进书香莲都建设。全年共开展免费展览33场、公益培训和讲座16次。组织　“文化礼堂日”活动开展，走进大港头镇大港头村，举办“传扬优秀传统文化建设书香文化礼堂”　“琅琅书声”走进文化礼堂活动。并开展“文化礼堂日”送书活动，组织参加丽水市朗诵大赛，分别获得二等奖和三等奖各1个。9月，首次承办省级全民阅读推广与图书馆服务创新研讨会，围绕全民阅读推广与推进图书馆服务创新进行研讨交流。开展“馆际走亲”，与温州市鹿城区图书馆联合主办“莲情鹿韵——2017莲都·鹿城油画联展”。建立志愿服务队伍，开展各类志愿服务，深化阅读推广、共建全国文明城市。参加市区志愿服务活动57

场次，提供志愿服务时间 541.5小时。成立“莲城朗读团”，联合莲都区妇联开展“莲都区妇女干部能力素质提升培训”活动，招募朗读志愿者128名，发展文化志愿者56名。

【图书馆项目建设工程】 2017年，图书馆新馆建设项目基本完成。通过了浙江省文化重点提升县的验收，并计划在4月23日开馆运营。分馆建设全面铺开。截至年底已建成6个图书分馆，分别是联城小学分馆、归零书院分馆、老竹分馆、大港头分馆、城区分馆、碧湖分馆，拉开了以区图书馆为总馆、乡镇（街道）综合文化站为分馆、村（社区）图书室为服务点的图书馆总分馆服务体系的建设步伐。图书流通点布局逐步完善。新增区武警中队、区消防大队、彩虹优优艺术学校、白云派出所等4个图书流通点，共建成7个图书流通点。创新设立“爱心书屋”。建成第一批30个爱心书屋逐步安家入户在社区、公园、小区里，由招募的30个志愿者管理员和图书馆人一起参与日常保洁和图书管理。2017年爱心书屋共收到捐赠书籍5000多册。

【图书馆数字化建设工程】 2017年，图书馆新馆全面引入数字化、智能化设备，充分利用大数据平台打造智能化的现代图书馆。利用移动电子借阅机促进阅读。新购置的5台移动电子借阅机已分别布置在大港头镇古堰画乡、老竹镇、联城小学、丽水市青少年宫、高铁站等位置，为市民、游客提供免费电子阅读的平台。手机移动图书馆建成并推广，提升全民阅读的氛围。文化信息共享工程实现全覆盖。以全国文明城市创建为抓手，建成VPN专网，在全市率先实现全区14个乡镇街道及城区25个社区文化服务中心文化信息共享工程全覆盖。实施“互联网+”行动计划，开展网络资源服务和新媒体服务。建成莲都区图书馆官方网站、微信公众号，建立基于宽带互联网、移动互联网等跨网络、跨终端的阅读服务推广平台，实现计算机、手机、移动终端等全媒体传播并满足查询、借阅、预约等功能，全面提升公共图书馆的影响力。通过微信等第三方社交媒体建立自己的信息发布和读者互动机制，实现图书馆资源线上服务。建立数字资源架构。统筹整合资源，构建图书馆自建和外购的数字资源库。电子图书藏书量在25000册的基础上将逐年增加。

【图书馆宣传】 2017年莲都区图书馆各方面工作受到了群众的热烈欢迎和新闻界的关注，各种宣传报道先后登上新华网、图书馆网、搜狐、腾讯、浙江在线、省文化厅官网、丽水日报等各家媒体。全年“文化莲都”微信录用通讯稿近百篇篇；浙江省文化厅、莲都政府网、丽水日报等对外信息上报录用近80篇。起到较好的宣传效果，扩大莲都图书馆的知名度，提高了社会影响力。完成图书馆徽标及24小时自助图书馆名称征集，确定莲都区图书馆徽标和24小时自助图书馆馆名。

（武振红）

文化市场工作

【概　况】 2017年，全年围绕文化市场管理和“扫黄打非”工作重点，以“零容忍”“全覆盖”的整治决心，坚持联合执法与集中行动相结合，日常巡查与错时突查相结合，不断加大查处力度，为保障全国文明创建和全国“两会”、中共十九大胜利召开等营造良好的社会文化环境。

【行政审批工作】 2017年，共梳理群众和企业到我局办事事项57项，实现“最多跑一次”占比达100%。实现“最多跑一次”“零上门”及全程网上办理事项22项。积极开展“局长坐班制”，一把手深入窗口一线，从决策者、服务者和体验者的身份转换中发现审批服务中的薄弱环节，实现审批环节再精简、流程再优化。全年共受理办结各类审批服务事项334件，行政审批受理办结率100%，零投诉群众满意率100%。实现“最多跑一次”事项的办件量245件，平均办结时间比规定缩短了55%。

【文化市场工作】 加强监管，文化市场环境不断优化，结合“创建全国文明城市”“校园周边整治”等中心工作，组织开展2017

"扫黄打非.清源、净网、护苗、固边、秋风"等5项重点专项行动;开展保障十九大"百日攻坚"行动,及平安综治、场所消防安全检查工作。定期开展"双随机"抽查,全年出动检查48人次,检查场所240家次。规范事中事后监管,实施文化市场"黑名单"制度,逐步建立了文化市场执法监管信用体系。共出动执法检查2074人次;检查经营场所4835家次,其中网吧3148家次,电子游戏77家次,娱乐场所262家次,印刷126家次,出版物580家次。收缴非法音像制品1282盒(张),收缴非法出版物132册。行政处罚案件24件,停业整改4家,吊销网络经营许可证1家。获国家版权局颁布的2016年度查处侵权盗版案件有功单位三等奖。

【扫黄打非工作】 完善制度,扫黄打非进基层工作持续深化,全区14个镇(街道)建立"扫黄打非"联络站、268个村(社区)建立了"扫黄打非"工作点,初步形成区、乡镇(街道)、村(社区)分级负责、协同管理的"三级管理"体制机制。2017年7月,确定白云街道、三岩寺社区为进基层示范点,以点带面,发挥示范作用,建立完善了"扫黄打非"工作机制。白云街道三岩寺联络站被入选为省级"扫黄打非"示范点,"扫黄打非"基层工作再上新台阶。

(胡叶莉)

广电工作

【概　况】 2017年,做好网络基础建设和安全播出管理工作,确保广电网络安全播出;提升"广电低保"工程,推进农村电影事业,建成10个行政村农村室内电影固定放映点。

【网络基础建设】 2017年,新增光节点348个,共计覆盖实际安装用户数5674户;完成道路管道建设11条,共计25.321孔千米;完成各线路迁改任务约15千米;城域网建设以各前段机房的环网建设为主,完成主干光缆建设5条,共计43.1千米;完成新建小区有线电视双向接入网图纸设计和开通工作,覆盖用户8400户。

【广播电视安全播出】 2017年,成立莲都区安全播出领导小组和网络安全领导小组,制定莲都区广播电视安全播出重点保障工作实施方案》《丽水市莲都区文化广电新闻出版局广电安全播映应急预案》《莲都区电影安全放映突发事件应急预案》《网络播出安全应急预案》。与局下属涉及安全播出的各单位签订《十九大安全播出责任书》《十九大安全放映责任书》《广播电视安全播出和消防安全管理承诺书》。将安全播出工作列入相关单位年度考核内容。加强广播电视安全播出机构的检查督查,拆除非法安装使用卫星电视接收设施1000多处,完成中心机房和乡镇机房升级优化,顺利完成元旦、春节、清明、"五一"、中秋、国庆、十九大、互联网大会等安全播出工作。

【广播电视业务培训】 选派技术人员参加省、市相关部门举办的各类广电培训学习活动。召开莲都区2017年度广播电视安全播出安全生产等培训会,并针对农村应急广播体系建设开展基层广电员维护技术培训和应急处理演练工作。

【广电低保工程建设】 继续提升"广电低保"工程,农村低保户有线电视或直播卫星电视免费收视覆盖率达到95%以上,免费服务低保用户4610户;建立广电低保工程动态管理数据库,每月更新一次,确保信息数据的准确性。

【小城镇环境综合整治"线乱拉"治理】 牵头成立莲都区小城镇环境综合整治"线乱拉"工作领导小组。开展实地勘察,召开"线乱拉"治理专题工作会议和"线乱拉"整改事项商讨会,完成9个乡镇整治方案编制、评审工作。相关乡镇"线乱拉"整改有序推进,黄村乡、丽新乡、大港头镇完成"线乱拉"治理工作,并通过省级验收;太平乡、仙渡乡、峰源乡、老竹镇、雅溪镇、碧湖镇治理工作稳步推进。

【农村电影建设】 实施五项电影放映制度,组建6支农村数字电影放映队,购置农村数字电影

28部，共放映农村公益性数字电影有效场次2820场，观众65万余人次，完成全年省里下达任务2200场的128%。组织“电力安全”“森林防火”“城市文明创建”等电影宣传，积极开展文化礼堂电影放映周活动和健康生活电影放映活动。结合文化礼堂建设和民宿村建设，建成10个行政村农村室内电影固定放映点。

（程凯娅）

新闻宣传工作

【概　况】 2017年，莲都区广电新闻中心紧紧围绕莲都区创建全国文明城市、最多跑一次、剿灭劣V类、首善担当创一流主题大讨论、聚焦“世界丽水人”、喜迎十九大、“两学一做”学习教育等重点工作展开重点报道。开设32个专栏助力全区重点工作，深层次解读区委区政府的重要决策，播出后收到良好的社会效果，为全区各项工作的开展做好舆论宣传。开通并做好“微莲都”“莲都发布”“丽水潮生活”微信公众号运营工作，尝试性开展微信视频直播、图文直播（微媒宝），推出“莲连看”视频直播平台，做好全区各项重大活动的宣传工作，不断提升新闻质量和报道水平，外宣工作实现重大突破。

【中心宣传】 广播、电视《莲都新闻》开设了32个专栏助力全区重点工作。相继推出了《创建全国文明城市进行时》《首善担当创一流　莲都铁军在行动》《剿灭劣V类　莲都在行动》《聚焦世界丽水人莲都分会》《融入“创新区”建设“中心园”》等系列报道，积极宣传贯彻十九大精神，开辟《喜迎十九大　共创文明城》《喜迎十九大》《护航十九大》《感受身边变化　百姓憧憬未来》《新时代　新榜样》《学习贯彻十九大精神—系列访谈》等专栏，营造全社会学习贯彻十九大的浓厚氛围，为全区各项重点工作的顺利开展起到推动作用。

【民生报道热点】 2017年，新闻中心继续关注、报道民生民情。《莲都“厕所革命”》《暖冬行动》等系列报道有重点、有关切、有温度，推动社会健康和谐发展。专题《聚焦莲都》节目组持续关注莲都农业、民俗、经济、文化等题材，制作出《莲都迎来水果季：鲜甜葡萄采摘正当时》《祭祖纳福欢庆畲家三月三》《莲都区经商局：精准帮扶提振企业发展信心》《首届“生态文明与绿色发展”莲都国际研讨会》等几十部节目。在节目制作中做到画面优美，以人性化的角度配乐、以时间或空间的顺序剪辑，为大家呈现“贴近群众、贴近实际、贴近生活”的节目。

【外宣工作】 市级外宣成绩有新起色，2017年，在丽水市广播电视总台各频道播出电视新闻稿件211条；省级外宣实现新突破，2017年，独立完成的13条稿件被《浙江新闻联播》录用，是2016年的3倍；央视外宣实现新突破，3条稿件被央视《新闻联播》录用。

【新媒体协同发展】 在做好网站新闻宣传工作的基础上，开通并做好“微莲都”“莲都发布”“丽水潮生活”微信公众号运营工作，完成世界丽水人大会莲都分会场、2017古堰画乡小镇艺术节官方微信平台相关工作，并尝试开展“微矩阵”“滚动新闻”“公共服务”等相关功能设计、完善、维护工作。尝试开展微信视频直播、图文直播（微媒宝），推出“莲连看”视频直播平台，完成世界丽水人大会莲都分会场开幕式暨主旨大会直播，当天直播观看人数突破13万。网络中国节·春节主题宣传，结合莲都乡村春晚，推出“网红”直播活动，对莲都十个村进行了深入的直播报道，引起众多在外村民的关注与互动，乡村春晚网红直播（回放）的网络点击率累计达60万次。

（陈雅萍）

体育工作

【概　况】 2017年，完成省级体育强区复评，全区省级体育强乡镇（街道）全覆盖，创建1个全国体育先进社区，4个省级中心村体育休闲公园，1个星级体育职工俱乐部。完善体育基础设施建设，维修475件户外健身设施，对新建健身器材280件，室内外乒乓球桌18张。开展群众体育活动，举办体育比赛活动50余场。做好纳爱斯广场等体育场馆的管理工作，完成各项群众体育基础性工作。

【全民健身活动】 开展体育品牌活动，2017年完成省级体育强区复评，全区省级体育强乡镇（街道）全覆盖。成功举办2017年莲都区“文明创建 助力冲刺”城市趣味定向赛、莲都区“万洋杯”2017男子篮球比赛活动、“棋乐融融进民宿”围棋、象棋赛、莲都区2017体育系统气排球联赛等体育比赛50余场，将“快乐体育、民生体育、和谐体育”的文化理念传递给广大群众。并将体育活动作为载体，开展以“我锻炼、我健康、我快乐、我文明”为主题的文明创建宣传活动，让更多的市民养成科学健身的良好习惯。带队参加丽水市第四届运动会（大众部）比赛，莲都区首善担当分别获得大众体育部团体总分，金牌总数，奖牌总数三个第一。体旅融合成效显著。举办环浙江自行车骑旅大会、丽水市第一届电子竞技大赛“英雄联盟”等重大赛事，通过举办一系列全国有影响力的大型体育活动提升莲都的知名度和美誉度，推进体旅融合。

【基层体育设施建设】 基础设施建设是民生的要求，是发展群众体育的基础。莲都区以满足人民群众日益增长的健身需求为出发点和落脚点，不断完善体育基础设施建设。完善基层公共体育设施，新建健身器材280件，室内外乒乓球桌18张；完成小康体育村提升工程建设任务，按照建设需求，为农村和社区配送安装一批健身器材并做好管理与维护，做好民宿村体育场地设施的提升。

【纳爱斯体育场馆的管理工作】 根据浙政办发〔2015〕94号《浙江省人民政府办公厅关于推进公共体育设施和学校体育场地设施向社会开放工作的通知》等相关文件要求，做好对外开放工作，纳爱斯广场、府前体育馆免费或低收费对外开放举办活动58场。做好场馆的日常管理维护工作，为前来运动、休闲、娱乐的广大市民提供了一个环境优美、安全和谐的健身环境。依法依规完成丽水市健身大楼二楼台球室、三楼乒乓球馆、三楼电子竞技室、二楼健身舞厅等地的公开拍租等工作。

【各项群众体育基础性工作】 完成丽水市莲都区全民健身实施计划（2016—2020）；开展社会体育指导员培训，共培训出柔力球、瑜伽、形体的三级社会体育指导员100名；做好全区国民体质监测工作，有乡镇街道检测点11个，2017年检测样本1700余个。做好健身大楼的《消防安全重点单位档案》的台账工作；完成2017年省级群体项目预报工作；对乡镇基础设施进行检查，并召开座谈会，听取意见建议，查找体育设施在基层存在的问题，对农村体育设施现状展开调研；做好2018年莲都100越野赛的筹备方案；完成2018年省级群体项目预报工作；开展莲都区2018年体育产业专项调查工作；探索并做好全域旅游示范区创建体育旅游相关工作。

（练晶晶）

文化遗产保护工作

【概 况】 围绕莲都区创建国家文明城市、国家全域旅游示范区、古堰画乡创AAAAA级景区等建设，深入挖掘历史文化资源，传承延续文化血脉，做好文旅融合文章，开展文化遗产的抢救保护和管理利用等工作。

【重要文保单位维修】 开展各级文保单位的保护管理工作，国保通济堰堰头村古民居“玉叶流芳”“光荣南级”“懋德勤学”修缮工程，已通过国家文物局立项，委托完成修缮方案设计并通过省、国家局审批，现已进入招投标环节；国保通济堰渠道文物修缮工程，项目总投资约2900万元，已委托编制修缮设计方案；省保西溪乡土建筑群之“与德为邻”“温慈惠和”“沛国旧家”“奎壁联辉”修缮工程，维修面积约6287平方米，项目总投资约467万元，4幢房子整体维修工程基本完成；省保沈家邸维修工程，维修面积约710平方米，委托编制维修方案并通过省文物局方案审批，编制预算价为130万元，已与住户签订维修期间的搬迁协议；市保沈氏宗祠维修工程，

10月组织市级文物专家进行了验收。完善文化遗产保护体系，经申报浙江铁工厂19个点、碧湖镇古建筑群12个点被公布为第七批省级文保单位；开展重要文物的抢险加固工程，全年共开展了保护工程6项，协助区农办、项目所在乡镇开展历史文化村落保护利用重点村、一般村建设共9个村。

【通济堰古水利工程测绘和数字化项目】 开展《通济堰古水利工程测绘和数字化项目》研究，分为保护管理、档案管理和对外展示三个平台建设，运用三维图形图像技术、计算机网络技术、360度实景拍摄等技术，对通济堰的建筑结构、地理环境、文献记载、碑刻以及相关规划等进行数字化建设，通过互联网+的形式，实现生动形象的展示效果，对大区域面积的文物保护单位的保护管理提供了快速、便捷的科技方法，推动古代文化遗产的保护和利用。

【执法对违法改建行为进行立案调查】 联合打击破坏文物犯罪行为，配合区文物监察大队对国保通济堰堰头村古民居被违法改建进行立案调查，该违法人被判处拘役5个月，缓刑10个月，罚款3000元。

【各文保单位安全保卫工作】 层层落实文物安全管理责任，由莲都区政府与各乡镇街道、各乡镇街道与文物所在村签订安全责任书；定期检查更换灭火器材等设备；开展了智慧消防物联网预警项目，对省保碧湖建筑群12处古民居安装了无线报警主机12台，无线点式光电烟感78个，共投入经费35100元，实行三年运行维护管理；对新公布第七批省保单位共10幢古建筑进行白蚁防治，面积约6381平方米，防治经费31905元。

【非遗保护制度】 根据省文化厅的统一部署和莲都区实际，做好《丽水鼓词》国家级非遗项目和《通济堰营造技艺》《太平庙会》《丽水吹打》《处州乱弹》等省级非物质文化遗产代表性项目“八个一”保护措施落实情况自查工作，自查表上报省非遗处；制定2016年被省政府公布为第五批省级非遗名录项目《陈十四信俗》《翻龙泉》 “八个一”保护措施的具体实施方案。完善莲都区非物质文化遗产传承基地评分细则，对各非遗传承基地进行规范管理，实现非遗保护工作制度化、科学化。

【“国遗”项目保护传承成效显著】 全面开展莲都区国家级非遗项目《丽水鼓词》的保护传承和弘扬工作。莲都区非遗保护中心历时3年多深入挖掘、撰写出版《丽水鼓词研究》专著和《丽水鼓词》丛书，使丽水鼓词有史以来传承方式从口传心授到图文并茂传承的突破。巩固完善了丽阳门鼓词场（室外）、大港头鼓词场（室外）、丽水鼓词展示体验点等活态传承载体。录音像视频200多小时，建立丽水鼓词艺人档案制度，激励传承人带徒授艺。举办第三届丽水鼓词演唱会。排练丽水鼓词新编曲目《诸葛亮招亲》《水事》参加浙江省“非遗薪传”展演展评活动，获省级二、三等奖。促进丽水鼓词 “活态”保护传承和弘扬。

【非遗项目申报】 莲都区非遗保护中心撰写申报的《陈十四信俗》和《翻龙泉》2个非遗项目被浙江省人民政府公布为第五批浙江省非遗代表性项目名录；陈美英、陈理平、周官友3位传承人列入第五批浙江省非遗代表性传承人，申报率和入选率均100%。莲都区保定村处州乱弹传统戏剧特色村列入第四批浙江省传统戏剧特色村。大港头历史文化名镇列入丽水市首批非遗主题小镇（民俗）。孙伟祥、钟银英等10人被列入第五批丽水市非遗代表性传承人。莲都荣华处州乱弹传承基地被列入第三批丽水市级非遗传承基地。进一步完善了我区“四级”非遗名录保护体系，“三级”非遗代表性传承人保护体系。

【非遗传承活动】 2月4日，隆重举办莲都区第三届丽水鼓词演唱会。组织了我区省级非遗代表性传承人、老艺人、新生代传承人演唱了《全家福》《斩韩信》等优秀传统曲目和新曲目《诸葛亮招亲》，既保护传承了我区国家级非遗名录项目，又使广大群众度过了欢乐祥和的新春佳节。5月6日，举办《处州乱弹》传承保护专场演出，观众达500多人次。6月10日，成功承办“处州古韵”丽水市2017年“文化和自然遗产日”系列活动，授牌、新书首发式，国家级、省级、市级非遗项目节目展演，品赏传统美食技艺，体验传统手工艺，来自全市30个传统美食、传统手工艺、传统美术项目等精品非遗项目展示，非遗保护成果图片展览等活动精彩纷呈，向市民展示了丽水各县（市、区）非遗保护和利用工作的丰硕成果，彰显了丽水市区厚重的文化底蕴和独特文化魅力。10月16日，隆重举办处州乱弹《穆桂英游山打猎》专场演出。　11月6日，组织复排了处州乱弹《蔡文德下山》传统剧目参加2017丽水市传统戏剧展演活动，让群众零距离地享受了到民间艺术瑰宝，受到领导观众一致好评。组织复排丽水吹打《连奏曲》参加2017“非遗薪传”——浙江传统音乐展演展评活动，荣获优秀入选奖。组织我区鱼跃食品酿造技艺、畲族彩带编织技艺、蓑衣编织技艺等优秀非遗项目参加丽水市“美丽非遗文化礼堂四季行”和“金丽衢”非遗展示展演活动，受到兄弟市、县人民群众的青睐。全年共办非遗传承专场演出9次，观众5.6万人次；举办民俗活动6次，1.5万人次参与；举办非遗保护展览6次，观众1万多人次；举办培训班（讲座）6次，培训学徒190人；开展组织传承人群培训班次11次，培训175人次；巩固完善了6个非遗传承基地。

【非遗保护宣传】　为了保护传承莲都区各级优秀非物质文化遗产名录项目，撰写出版《括苍蕴玉——莲都非遗大观》书籍，于2017年“文化与自然遗产日”举行首发，作为传承范例，进行科学的保护传承。联合丽水市二频道《绿谷采风》《处州晚报》等新闻媒体对莲都根雕等市、区级优秀非遗项目开展专题采访宣传活动；联合区新闻中心制作了我区省级非遗扩展项目《处州乱弹》传承保护专场演出在《聚焦莲都》栏目中播出；通过省非遗网、丽水日报等媒体宣传我区非遗保护传承工作和优秀非遗项目。组织莲都区名老艺人轮番演唱“丽水鼓词”传统长、短篇曲目，并对传统曲目进行录音录像100多小时，进行保护传承。编排丽水鼓词新编曲目参加浙江省2017年曲艺专题汇报演出，得到省厅领导和专家的充分肯定。并协助人民网为期一周深入基层采访丽水鼓词名老艺人，拍摄丽水鼓词纪录片，在全国进行广泛的宣传。扩大了莲都区国家级“非遗”项目的影响力和知名度，促进了活态的保护、传承和弘扬。

【非遗进校园活动】　“以点带面”开展传统戏剧进校园活动。在联城小学二年级段开设莲都区省级非遗项目处州乱弹保护传承课程，每周三下午安排三节课，邀请市区级处州乱弹代表性传承人轮流为学生讲授处州乱弹唱腔、曲调、基本功和经典传统戏剧的复排等一系列内容。2017年复排处州乱弹折子戏《百花公主》，参加2017“莲都之春”文艺会演荣获二等奖。全面推动全区其他学校传统戏剧拓展性课程项目的开展，如碧湖、水东、刘英、大港头、老竹等9所学校开展处州乱弹和婺剧进校园活动，使传统戏剧在学校里开花结果，并发扬光大。

（陈芳红、徐金莲）

文联工作

【概　况】　2017年，全区文学爱好者在各级刊物上刊登近千篇作品，范军的《身心安顿惟西湖》获我的西湖记忆全球征文活动金奖，流泉的组诗《山中戏》获首届中国徐霞客地学诗歌散文三等奖。书法作品多人次入展：杨忠伟的《草书书论册页》于首届海峡两岸青年书法组品展入展；李志根被评为第四届中国书坛兰亭雅集“兰亭七子”等，陶华峰的油画作品入选2017年全国首届美术教师作品展；黄小华的粉画作品入选第三届中国粉画展；兰丙二的国画作品获浙江省第八届花鸟画展优秀奖等。参加全国、省市级展览、发表和获奖的作品50余幅。2017年11月3日，文联组织区作协进行换届。

【省政协送文化下乡活动的书画笔会与书法讲座】 2017年5月15日—16日，浙江省政协原副主席、党组副书记陈加元带领省内知名书画家、曲艺家来到莲都区，开展“送文化”下乡活动。

【“莲都杯‘中国好家风’”故事征文大赛】 2017年4月与上海故事会做好对接工作，做好76篇入选稿件的审查、评选工作；5月完成5篇典型故事的初稿写作、审稿。5月25日，召开“中国好家风”故事大赛表彰大会，对获奖作者进行颁奖，会后撰写“莲都杯‘中国好家风’”故事征文大赛祝贺信，推出一批富有浓郁时代特色、生活气息的鲜活作品，向全国读者推介莲都。

【“加油·莲都”摄影大赛】 2017年4月1日至12月31日，为贯彻落实市区党代会精神，展示和谐莲都、奋进莲都、绿色莲都、文化莲都的风采。莲都区文联在区委宣传部的支持下，开展“加油·莲都”摄影比赛，共收到摄影作品3000余张。12月底，评出单位组织奖3名，评出个人一等奖3名，二等奖10名，三等奖30名。

（莲都区文联）

卫 生

综 述

【概 况】 截至2017年年底，全区共有医疗卫生机构159家，其中县级综合医院1家，乡镇卫生院17家，社区卫生服务中心5家，社区卫生服务站4家，村卫生室108家，民营医院2家，个体诊所21家，检验所1家；全区执业（助理）医师457人，注册护士331人，注册乡村医生115人；核定住院床位532张，其中莲都区人民医院200张、丽水南山法朝骨伤医院99张、莲都南山法敏骨伤医院99张、乡镇卫生院134张；“20分钟医疗卫生服务圈”实现全覆盖；建制乡镇卫生院（社区卫生服务中心）标准化率100%；正式启动医疗联合体建设；顺利通过国家卫生城市复评、创成省级卫生应急示范区；获全市无偿献血工作一等奖、获计划生育工作先进单位；创成省级家庭医生签约服务示范点一家；创成国家级群众满意乡镇卫生院一家；区卫计局获2017年度浙江省文明单位、丽水市2017年度卫生综合目标考核优胜单位。

【卫生监督】 2017年，辖区新办理完成公共场所卫生许可65件、医疗机构164件、执业医师53件、执业护士44件；完成国家级“双随机”执法21家、省级“双随机”执法29家，其中行政处罚案件13件、出具卫生监督意见书7份；全年卫生监督执法查处案件57件，其中一般程序8件，简易程序49件，罚没款共计319974.60元；卫生计生监督协管机构覆盖率、协管信息报告率100%；公共场所卫生行政许可等事项安排上门事先指导，材料提交后可“上门送达”“快递送达”，实现“最多跑一次”。

【医政管理】 2017年，建立检验、口腔、中医、药事等14个质量控制中心，制定完善其工作职责及技术规范；建立省、区级托管式合作关系1家（省新华医院与莲都区人民医院），成立市级医联体试点6家，成立区级医联体试点5家，全年开展医联体“点单式”义诊83次，“点单式”指导283次；启用新药械采购平台，实施药品采购“两票制”；通过“师带徒”等形式培养中医人才，市级名中医师带徒有5人参加，全区100%的社区卫生服务中心及91.7%的乡镇卫生院设置中医科、中药房，76%的村卫生室能够提供中医药服务；开展65岁以上老年人及0—36月儿童中医药健康管理工作，管理率分别达到55.08%、48.81%；各基层医疗卫生机构配备中医内容健康教育处方均达到6种以上；全年辖区政府部门及企事业单位组织献血活动达40余次，参加献血人数达5393人次，献血量1457.14升；全年共开展医疗保障服务156次，派出救护车31次，医护人员441人次。

【医教科研】 2017年，公立医疗机构和民营医疗机构继续教育覆盖率100%；中级职称以上继续医学教育学分达标187人，达标率96.7%；2017年举办三项市级继续医学教育项目，执行率100%；市级科研项目2项获得立项；全年共举办业务学习、培训138次，共培训60720人次，其中高级3588人次、中级26220人次、初级30912人次。

【基层卫生工作】 全区基层医疗机构门急诊达362648人次，同比增长2.5%，其中中医门诊41337人次数，同比增长10.38%，中医非药物疗法5351门诊人次，同比增长131.12%；住院床日3503天，同比增长21.09%，门诊转诊率同比增长245.8%，县域内就诊率达91.82%；3家中心镇卫生院全年出院人次493人，同比增长24.49%；抗菌药物占药品使用比例17.46%，静脉输液比例13.52%；新建成基层中医馆7家，完成市级示范中医馆创建3家，省级基层中医药适宜技术示范基地建设1家；3家中心镇卫生院医疗服务能力显著提升、5家街道社区卫生服务能力提升项目建设顺利通过市卫计委中期考核评估；基本公共卫生项目服务内容增至14类55项，项目合格率100%；全区建立居民电子健康档案325878份，建档率88.44%，健康档案合格率91.15%；辖区高血压患者规范管理率63.85%，糖尿病患者规范管理率64.09%；辖区居民对基本公共卫生服务知晓率92.67%，服务对象满意率98.31%；2017年全区家庭医生规范签约115486人，规范签约率达31.34%，重点人群签约覆盖率达62.71%；6个封闭式小区启动社区卫生服务点试点；签约医疗机构为养老机构搭建24小时服务热线，对常见病、多发病进行上门诊疗；建立养老机构老年人住院治疗和康复建立绿色通道；全区养老机构服务对象家庭医生签约覆盖率100%；我区家庭医生签约服务的做法入选《2017年全省责任医生（家庭医生）签约服务交流材料汇编》。

【妇幼保健】 2017年，莲都区人民医院、区计划生育技术宣传指导站开设“再生育咨询门诊”；辖区内实现公立医疗机构免费药具发放全覆盖；超额完成城乡妇女“两癌”免费检查民生实事项目，完成宫颈癌检查2386人，筛查出病变15例，完成乳腺癌筛查2668人，筛查出病变2例；全区未发生孕产妇死亡事件，5岁以下儿童死亡率4.15‰，婴儿死亡率3.32‰；孕产妇系统管理率96.81%，0—2岁儿童系统管理率95.92%，0—6岁儿童保健覆盖率97.71%；全年全区共发放《母子健康手册》3275册。

【疫病预防控制】 2017年，完成电子健康档案与医生诊疗系统的互联互通；完成信息报告系统升级改造；强化急性传染病联防联控工作，有效处置了1起人感染H7N9禽流感疫情和碧湖多犬伤多人事件；成立莲都区精神卫生工作领导小组，健全严重精神障碍患者救治救助信息共享、送诊治疗、接收管控、跟踪服务等工作机制；规范开展严重精神障碍患者健康管理，截至年底，在册患者1789人，规范管理率84.18%，规范服药率57.14%；完成莲都区人民医院食源性疾病监测信息报告系统升级改造，实现门诊病例通过HIS系统实时上报；万象和紫金街道社区卫生服务中心推行“预防接种5S”管理；新创健康单位、健康食堂、健康社区各一家，雅溪中心卫生院和太平卫生院新建健康指标自助检测点，截至年底，全区共建设健康指标自助检测点15个，健康类单位41家。

【爱国卫生】 2017年，新增省级卫生乡镇4家，省卫生村23家，市级卫生村24家；全区农村生活饮用水水样抽检合格率72.73%，同比提升9.93%，其中省级15个监测点合格率为85.48%，同比提升38.65%，建制村抽检合格率91.66%；无害化卫生厕所普及率达91.45%，卫生厕所普及率达97.24%；新增5个健康教育宣传公园，新创健康促进金、银、铜牌学校各1所；开展机关单位、重点场所控烟工作检查考核，发放控烟标识2万余块；开展“清洁家园，灭蚊防病”活动，组织专题培训50场1600余人次，发放宣传单3万余份，开设专题宣传栏360个，投入消杀用药4288公斤。

（周斌剑）

红十字会

【概　况】 莲都区红十字会于2008年7月经区编委批准设立，核定编制3名，规格相当于正科级。2010年1月，区委配备红十字会常务副会长，同年8月人员到位，区红十字会正式独立，并选址中山街613号区委党校2号楼4楼作为新的办公场地。

【组织建设】 2017年，区红十字会继续理顺红十字会管理体制，在乡镇、街道、企业、机关、学校、社区广泛建立健全基层红十字组织，做好红十字志愿者培训工作，实施红十字志愿服务和青少年发展计划，做好学校红十字会组织建设工作，组织青少年开展各类有意义的活动。6月28日，成立莲都区红十字机械抢险救援队，这支救援队伍有30人，他们当中有党员、退伍军人、村干部，拥有大型挖掘机、推土机、吊装运输机等抢险设备近千万元，大大提高了我区抢险救灾能力，成为莲都区抢险救灾的新生力量和主力军。充分调动红十字服务站、红十字学校、红十字救护站、红十字户外救援队、红十字无偿献血队、红十字志愿者队、红十字机械抢险救援队的积极性，参与各类救灾、救助、救护培训等活动100余次，使基层红十字力量得以发挥。

【自身建设】 2017年，区红十字会推进和完善学习培训、资金募集、财务管理、项目管理、审计监督、新闻发布等各项规章制度。重点推进各项制度的细节完善，尤其是财务制度的细化，严格实行财政资金和社会捐赠资金分开管理，严格按照工作程序办事，用制度管人管事、管钱管物。规范财务监管和项目流程自律制度，完善捐赠人、受赠人、公众监督等他律制度，形成有效的制度体系，同时加强了信息管理系统建设，及时更新日常工作的信息发布平台，增强透明度，提高公信力。做好红十字会干部队伍建设工作，参加省、市红十字会系统干部的教育培训、轮训会，开展学雷锋活动，形成全区红十字会系统团结互助、诚实守信、助人为乐、勇于担当、敢于负责的良好风气。

【宣传工作】 2017年，区红十字会利用媒体和群众的关注事项，建立与媒体良好的公共合作关系。适时对红十字会历史和作用的正面宣传。利用“红十字博爱送万家活动”、“5·8”世界红十字日、“12·5”志愿者日等重要时机，宣传红十字会员、志愿者和工作者先进事迹，影响感召社会，激励青少年，促进整个社会爱心和人道理念的传递，不断扩大红十字事业的社会影响面和覆盖面。创新宣传工作机制和方式，结合救灾、救护、救助等业务工作，加强与新闻媒体的沟通与合作，发挥好电视、报纸、广播、杂志、网络等媒体的作用，结合讲座、展板、画册、资料等宣传载体，探索和创新宣传模式和途径，提高莲都区民众对红会的认知度。

【救护培训】 2017年，区红十字会贯彻落实中国红十字会《关于进一步加强红十字应急救护工作的意见》，推动救护培训工作普遍开展。制定全区红十字救护培训和中小学生及社区群众应急避险、初级救护知识普及培训计划。全区全年培训红十字救护员1069人，应急避险、初级救护知识普及培训6121人次。组织并参加各中小学的抗震救灾演练活动，把初级救护培训从最初的社区延伸到农村，从企业延伸到机关事业单位，从一般民众延伸到特种人群。全区有培训师资15名，分布在各乡镇(街道)、学校等企事业单位，有着强有力的红十字精神传播功能，充当人道救援生力军的作用。做好古堰画乡AAAAA级旅游景区的红十字救护站建设的后期维护工作，打造景区生命救护和志愿服务平台。

【救灾工作】 2017年，区红十字会完善突发事件应急体系建设，加强与政府及各相关部门的信息沟通与合作，将传统的救灾工作关口前移，补充备灾仓库物资相关的器材和物资，建立完善我区红十字会应急物资储备体系。发挥红十字救援队的作用，逐步实现救援队伍规范化、专业化，同时建立健全救援队各项规章制度，加强救援队伍培训和演练。组织救援队人员到东阳红十字救援队、义乌民间救援协会、杭州上城区红十字志愿者服务队观摩学习；组织救援队参加了各种省级应急搜救培训、山地救援培训、水上救援培训、绳索专业技能等培训；强化体能和技能训练，组织参加神仙居飞拉达拓展训练，练足了基本功，提升了救援能力。2月10日，组织户外救援队参加北埠水上救援；5月21日组织户外救援队参加五里亭水库溺水失踪搜救；6月25日在雅里村河道整治的挖机被洪水围困，区红十字会组织机械抢险救援队，出动2台吊车，成功施救，并对公里沿线的塌方石方进行清理；7月17日，组织机械抢险救援队出动1台吊车，施救在云和石塘被洪水围困的挖掘机。

【救助工作】 2017年，区红十字会做好人体器官捐献、造血干细胞捐献、无偿献血宣传推动等工作，总结人体器官捐献工作中存在的问题，推动造血干细胞捐献工作，扩大库容，加大宣传和再动员力度，密切配合有关部门，开展无偿献血、艾滋病预防等工作的宣传。全年参与无偿献血共29563人，采血总量达到8460490毫升，造血干细胞捐赠33人，遗体捐献2例，眼角膜捐献1例。开展城乡社区红十字服务工作，结合助老、助残、助学等活动，继续推广东银苑社区示范点工作，开展红十字社区服务示范建设；关注常态下贫困人群的生活状况和健康状况，继续争取和认真实施"小天使基金"项目品牌；加大筹资力度，加强与爱心企业联系与沟通，多次组织人员慰问敬老院、环卫工人、社区孤寡老人，让他们感受到红十字的温暖。全年用于慰问救助资金49000元，惠及400多名困难群众。

【服务中心工作】 2017年区红十字会首次纳入全区的综合考核，接受"五水共治""六边三化三美"、文明创建等区委区政府的中心工作，涉及岩泉、联城、丽新、峰源两个街道共计8个村的保洁、巡查宣传工作。协助峰源乡的夏庄、山养村等得了红旗村，所联系的公路河道村庄的面貌得到很好的改观，在文明城市的创建过程中，区红会下属的沈姐献血队、红十字志愿者服务队，都积极投入到全区的创建工作。红十字志愿者服务队，由原来的30人壮大到85人，红十字无偿献血队获浙江省优秀团队，其中涌现出丽水市最美志愿者孙毅、吴立新，莲都好人蓝连武、莲都最美小荷陈剑芬。组织志愿者清洗路牌、公交车站牌、广告牌、垃圾桶和护栏扶手，志愿活动160次，志愿服务近13000小时；组织高铁有序排队文明劝导180余次，交通文明劝导396余次，参加"小烟头、大文明"活动共计600人次。在全国文明城市创建活动中，沈姐献血队和红十字志愿者服务队均被区文明委评为"十佳小荷"志愿服务队。

（陈金军）

社会生活

民政工作

【概　况】 2017年，全区民政事业持续健康发展，完成第十一届村委会和25个社区居民委员会换届选举工作；开展低保边缘户审批认定，全年共审批低保边缘户8483户11442人，与低保对象人数比例基本达到1∶1；强力推进省、市十方面民生实事工作，全区新建成避灾安置场所27个，完成年度任务的135%，新建新建日间照料中心5个；深入推进最多跑一次改革，64个事项实现“最多跑一次”，30个事项实现“零上门”；荣获2017年度全市民政系统目标责任制考核三等奖，被评为2017年全市老龄工作目标考核优秀单位。

（潘丽芬）

【城市社区】 佳和、星湖、娄丰堰等3个社区成立居民委员会，完成了25个社区居民委员会换届选举工作。累计举办邻里节活动230多场，2万多人参加活动，年底开展　“最喜爱的邻里节”评选活动，实行活动经费奖补。实行“自下而上”的审报评估机制，开展星级幸福社区创建，2017年有4个社区被创成“星级幸福社区”。推进社区、社会组织、社会工作“三社联动”工作，共服务7800多人次。新增18人取得社工师资格证书，全区累计取得社工师资格证书79人，中级28人，初级51人。96345市民服务中心服务水平不断提升，中心收集整理信息1万多条，全年累计接到市民求助电话17.2万个，日均471个，回访满意率99.97%，开展免费送服务进社区活动7场，“小荷”志愿服务活动13次。

（吴君霞）

【农村社区】 按照“一厅五室四站两栏一校一场所”的要求，充分整合现有村级办公场所、图书阅览室、综治室、星光老年之家、救助帮扶站、卫生计生站等各类设施资源和服务资源，多元投入建设服务平台，构建了以财政资金为引导，村集体经济投入为主体，企业赞助、社会捐赠为补充的多元化投入机制，多方筹集资金，建设服务平台。将教育、卫生、文化、体育、科技、法律、社会治安、社会救助、社会福利、社会保险等公共服务纳入农村社区服务中心，在服务中实施管理，在管理中体现服务。2017年，完成联城街道瑶畈社区服务中心、紫金街道河村便民服务中心、碧湖镇周巷社区服务中心、雅溪镇岩蒙社区服务中心、仙渡乡、皂树社区服务中心、黄村乡皂坑社区服务中心共6个村的农村社区服务中心完善提升工程。

【基层政权建设】 贯彻宣传“一法两办法”，强化民主管理和村务公开，深入开展“阳光工程”，建立健全村党组织领导的充满活力的村民自治机制，推行村级重大事务村民（社员）代表会议票决制，全区村务公开和民主管理工作的基本实现了制度化、规范化和程序化。探索基层协商、基层治理新模式，探索符合莲都区实际情况的城乡社区协商制度。全区208个村、28个社区完成了村规民约、社区公约的修订工作。

【第十一届村委会换届选举工作】 全区208个村全部顺利完

成换届选举，合法选举产生村民委员会成员655人，其中女性226人、占34.5%，35周岁及以下59人、占9%，大专及以上学历81人，占12.37%，新进班子数286人，占43.7%。推选产生新一届村民代表10073人，其中党员代表2386人，妇女代表3499人。一批奉公守法、德才兼备、有文化、有致富本领、群众认可、年轻有为的优秀人才被选进了村委会领导班子，村级干部整体素质有了明显提高。

（许靖）

【防灾减灾】 2017年5月12日是全国第九个防灾减灾日。为进一步普及防灾减灾知识，切实提高广大群众的防灾减灾意识，区民政局携丽水市民政局、莲都区消防大队以及白云街道等部门在灯塔公园开展了以“减轻社区灾害风险，提升基层减灾能力”为主题的“5·12”防灾减灾日宣传活动。通过搭展台、摆展板、拉横幅、发放宣传材料的方式，并向广大居民进行现场消防安全疏散演练、灭火器的使用以及现场急救等科普宣传。2017年建成村级避灾安置场所27个，并实现地质灾害隐患村服务保障全覆盖。开展避灾安置场所房屋质量安全检查和鉴定工作，出台《莲都区避灾安置场所规范化建设资金补助办法》，明确避灾安置场所建设、资金补助和使用标准，进一步加强规范化建设。白云、丽阳、后庆、永辉、丽阳门、天宁、东银苑、朝阳等8个社区被国家减灾委、民政部评为“全国综合减灾示范社区”称号，大水门、厦河门社区、白口村（社区）被评为“省级综合减灾示范社区”。

【重大节日走访慰问困难群众】 开展春节困难群众的慰问和救助。走访慰问五保对象、困难户近1200多户，发放慰问金42万元，被子700多床，大米2100多公斤，油900多升，确保了节日期间困难群众生活得到明显改善。落实冬春和应急救灾救济款共225万元。吸引社会资金参与慈善助学，筹措助学金60.57万元，资助孤儿、困难学生256名，帮助解决了困难学子入学难的问题。

【城乡最低生活保障制度】 2017年，新增低保对象990户1369人，因死亡和家庭经济状况不符合政策等原因取消低保对象1103户1336人。全区共有最低生活保障对象8251户，11311人，全年共核拨低保金3756万元；资助低保对象参加城乡居民医疗保险。低保工作做到“应保尽保，应退尽退”的动态管理机制。开展最低生活保障边缘家庭认定工作，低保边缘对象认定数达低保人数的100%。

【城乡困难居民医疗救助】 2017年，共医疗救助11456人次，支出医疗救助资金2749.7万元，全年人均享受救助2400元，医疗救助人均筹资73.92元，全市最高。民政持证对象推行医疗救助即时结报“一站式”服务，方便困难群众，有效缓解困难群众看不起病的问题。

【“救急难”临时救助】 2017年，根据《莲都区“救急难”工作实施意见》要求，实行救助关口前移，“急难”救助1000元以下的委托乡镇（街道）实施，全区共救助各类困难群众3800多人，发放救助金279.1万元，发挥了托底线、保基本、救急难的重要作用。

【落实支宁人员政策】 根据《丽水市支宁返丽人员固定生活补助政策实施办法》（丽民〔2015〕6号）文件要求，2017年，对96名支宁返丽人员及时按月发放困难生活定期补助，全年共发放补助金33.4万元。

【孤儿和困境儿童保障】 完善困境儿童保障机制，出台《莲都区困境儿童基本生活分类保障实施方案》（莲民〔2017〕157号），坚持孤儿和困境儿童生活费与当地上年度城镇居民家庭人均消费性支出挂钩，执行自然增长机制。2017年，机构养育孤儿从每人每月1470元提高到1588元，散居养育孤儿每人每月882元提高到953元。全区共救助161人，发放孤儿和困境儿童生活费221.4万元。

【精减、三老人员定期补助】 完成精减退职人员和三老人员的生活补贴发放工作。根据文件要求及时调整定期补助标准，做到按月及时发放，重大节日安排慰问，订阅报纸等活动，全年发放定期补助153.7万元。

(徐必勇)

【婚姻与收养管理】 2017年，办理登记结婚3357对，离婚1728对，补发结婚证1020本，依法办理合格率达100%。共办理收养登记34件，其中社会福利机构抚养的弃婴(儿童)33件，三代以内血亲1件，解除收养关系3件。

(陈敏)

【退役士兵安置工作】 围绕“妥善安置、各得其所”的要求，按照“从哪里来，回到哪里去”的原则，逐步推进安置保障机制的创新发展。根据丽水市人民政府办公室《关于调整自主就业退役士兵一次性经济补助标准的通知》丽政办发〔2014〕150号文件精神，2017年度要达到70%。为促使尽快走上新的城乡退役士兵一体化自主择业的道路，提高自主择业的吸引力，提高经济补偿标准，自主就业的退役士兵(服役2年)，城镇户口补助标准(基数)为38000元； 农村户口补助标准(基数)在2016年的19400元提高为24600元， 达到70%，超期服役每增服役1年增发1500元。全区共接收2016年秋冬季退役士兵157人，其中选择城镇自主就业安置的退役士兵31人(超期服役6人)；选择农村自主就业安置的退役士兵126人(超期服役29人)；5月份省厅移交市区转业士官14人(区级单位安置任务5人)，共计171人。经审核，符合城乡统一自主就业经济补助政策的退役士兵157人，发放资金448.385万元(莲民〔2017〕55号文件)。符合政府安排工作条件的转业士官14人，其中区级单位安置任务5人，由区政府指令性安置，安置到丽水广播转播台1人、白云街道1人，峰源乡劳动保障所1人、碧湖镇下属事业单位2人。

【军休接收安置工作】 根据浙江省军安办《关于做好2016年第四季度军队离退休干部退休士官接收工作的通知》和有关政策规定，前期工作的准备，经丽水市消防支队政治部、丽水市莲都区退伍军人和军队离退休干部安置领导小组办公室、被移交人三方共同协商，丽水市消防支队司令部警训科参谋壹名退休干部吴金航，移交到丽水市莲都区退伍军人和军队离退休干部安置领导小组办公室(以下简称区军安办)，实行分散供养，交由莲都区军队离退休干部休养所服务管理，三方商定于2017年10月23日下午办理了移交协议签约。

【专场就业招聘会】 2017年10月25日，莲都区举行2017年度退役军人返乡欢迎大会暨专场招聘会，为退役士兵顺利就业搭建平台。莲都区副区长卢进、区人武部政委任万户，区人力社保局、民政局等领导参加，会议由民政局朱珈仪副局长主持。副区长卢进给退役士兵职业技能培训教育基地(大地汽校)授牌仪式。23家用人企业和培训机构提供100多个就业岗位，招聘需求400人，涉及特勤保安员、安保、押运员、汽车驾驶等30多个工种，吸引了90多名退伍军人进场应聘，经过一个上午的互相推介，40余人当场达成就业意向。

【祭扫烈士】 2017年4月1日上午，莲都区直机关240余人在万象山开展清明祭扫革命烈士活动，深切缅怀革命先烈的丰功伟绩，颂扬革命先烈的崇高精神，区委副书记、政法委书记胡伟华，区领导潘新雄、陈鲁军、叶建光、任文红参加祭扫活动。叶建光主持的。胡伟华在活动中指出，莲都是一个具有光荣革命传统的地方，要用先烈们不畏艰难、勇于献身的革命精神鼓舞斗志，要以更加务实的作风，积极投身到推动莲都发展的伟大实践之中，为实现“一个率先、两个提升、三个迈进”目标做出新的更大的贡献！随后全体祭扫者满怀对先烈的无限敬意，向烈士纪念碑三鞠躬致敬，并将鲜花摆放在烈士墓前，缅怀先烈的丰功伟绩，寄托对烈士的崇敬和怀念之情。连日来，各级党、团、工会和学校纷纷组织干部、职工、师生到万象山革命烈士墓献花圈，祭奠革命烈士。据统计，在万象山烈士墓祭奠单位共115个，人数达10357人次，花圈119只。分散在全区各地的烈士墓，当地政府、学校也组织青少年到烈士墓进行祭奠扫墓。总之，莲都区广大群众在纪念烈士活动中开展得比较广泛深入，既隆重庄严，又扎扎实实。2017清明节安徽省铜陵市的王桂五烈士亲属儿子王力明及孙子2人到浙江丽水开展了烈士亲属祭扫烈士墓活动，给予补助3900元。

【优抚工作】 2017年，完成提高优抚金和残疾军人1—4级护理费标准自然增长机制（调整标准），及时足额发放抚恤补助金，通过金融机构直补到户。同时做好新增残疾军人5人、带病回乡6人、60周岁以上退伍军人130人的生活补贴审核发放等工作。1—4季度共发放抚恤补助费13996273元；1—4季度病故对象38人，丧葬补助共发放194993元。今年根据《浙江省民政厅关于发放烈士遗属、因公牺牲军人遗属和病故军人遗属优待证的通知》（浙民优〔2015〕229号）和《浙江省民政厅办公室关于规范“三属”优待证发放与年检工作的通知》（浙民办〔2015〕优47号）精神，2017年度共发放遗属优待证5本，其中烈士2本，因公牺牲军人1本，病故军人2本；已年检101本。按照部、省《关于做好重点优抚对象数据更新工作的通知》精神，全区对部分优抚对象数据进行梳理、更新和新增对象的审核、录入工作。截至2017年11月，全区共核查689人，其中80岁以上163人，70岁—79岁115人，60—69岁358人，60岁以下53人，核查率157.31%，完成上级交办任务。

【医疗补助】 实行重点优抚对象医疗补助一站式服务，不断提高医疗补助标准及待遇。2016年10月至2017年9月部分优抚对象门诊治疗实施医疗补助，全区门诊补助对象830人，共发放门诊补助金为908593元；2017年优抚对象医院“一站式”结报医疗补助上半年198人次，结报金额403535.33元；1—4季度优抚对象住院人工结报医疗补助51人次，结报金额160274.4元。

【义务兵优待金】 2017年，现役义务兵352人，共发放优待金7874864元（进疆义务兵的家属优待金标准按1.5倍发放：32496元）。2017年度义务兵及其家属优待金标准调整为：非农户口和农业户口义务兵及其家属优待金按年人均2016年标准19955元调整为21664元。

【现役军人奖励金】 奖励2016年度立功受奖现役军人家属110户，奖励金4.98万元（包括驻莲部队）。已于2017年6月底前全部发放到位。

【职业技能教育和培训】 按照政府扶持、个人自愿的原则，积极组织退役士兵在退役后一年内免费参加相关的职业技能教育培训，提高就业创业能力。区退役士兵职业技能教育培训工作领导小组办公室组织民政、财政、劳动保障、物价等相关部门深入对接、认真考察，对培训专业及政府补贴标准等一一进行了确定。根据丽水市莲都区人民政府办公室《关于印发莲都区退役士兵职业技能教育培训工作实施方案的通知》（莲政办发〔2011〕23号）及莲都区财政局、民政局《关于提高退役士兵汽车驾驶技能培训政府补贴标准的通知》（莲民〔2016〕172号）文件，区民政局通过发送技能培训指南、公开信、打电话等各种宣传方式确保2017年度157名退役士兵对该项工作的知晓率达到100%。参加区组织免费培训人员104人（8人是年度参加统考的），其中参加2017年度汽车驾驶类培训96人（参加汽车驾驶C1的90人和B2的6人）和在浙江旅游职业学院学习1人、警官职业学院学习2人、金融职业学院学习3人、经济职业技术学院1人、建设职业学院1，人等5所学院学习的政府补贴8人共计392100元予以发放。

（邹丽勇）

【养老服务】 2017年12月，大港头镇善安养老院完成许可，新增床位90张，其中护理床位40张。新建日间照料中心示范点6个。出台《莲都区养老服务补贴制度实施意见》和《莲都区养老服务补贴实施方案》两个规范性文件，养老服务补贴的对象从一类扩至三类，通过公开招投标确定3家养老服务组织（温州佳和长者健康服务中心、丽水不老松为老服务中心、丽水唯乐为老服务中心)。截至年底,浙江省养老服务信息管理系统内莲都在册服务补贴人数2205人。

(张国萍)

【民间组织管理】 注册登记的全区性社会团体138家,其中行业性社团17家,专业性社团53家,学术性社团20家,联合性社团48家;区本级民办非企业单位161家,其中教育类96家,卫生类7家,科研类13家,劳动类22家,民政类23家。71家社会团体和113家民办非企业单位应参加年度检查,年检率100%,合格率100%。完成社会团体清理规范工作, 规范干部兼职和取酬行为。共注销社会团体9家(手续正在办理中),176名干部辞去社团兼任的207个职务,70名干部办理了兼职审批手续,6个社团(区慈善总会除外)于7月开始停止发放补贴。16家行业协会商会与主管的行政机关脱钩。完成2017年社会组织等级评估工作,评定4A级社会组织1家,3A级社会组织8家。

(陈敏)

移民工作

【概 况】 2017年,莲都区实有紧水滩水库、石塘水库、滩坑水库等30座大中型水库移民10444人,占全区总人口的2.4%,涉及14个乡镇、街道183个行政村(居委)。全区还有小型水库43座,移民688人,涉及10个乡镇、街道183个行政村(居委)。全区移民人均可支配收入22313元,比2016年增长11.79%。加大移民安置遗留问题处理力度,全年共接待移民来访25批101人次,处理移民来信4批111人次,均比2016年有所增加。区本级举办移民创业致富技能培训班2期,培训移民92人次,新增移民就业23人次。

【移民遗留积案处理】 2017年区移民办共排查出15个信访维稳问题,按轻重缓急,逐个制定解决方案并落实维稳措施,确保"一带一路"高峰论坛、省第十四次党代会、中共十九大、第四届互联网大会等重大政治活动期间移民群体稳定,没有发生赴省进京上访事件。全年共接待来信来访移民群众29批212人次,解决历年信访遗留积案4起。

【移民项目工作】 2017年累计下达移民项目80个,计划补助移民资金1842.9万元。截至12月底,共竣工验收项目71个,拨付移民项目资金1600万元,项目完成率88.75%,资金拨付率86.82%。完善移民资金分配办法。探索因素分配制度,以绩效完成情况作为资金分配的主要依据。对2015年以来移民项目实施中出现严重质量问题、严重拖延时间、严重违反项目和资金管理要求的项目实施单位(村),原则上2017年不予安排或少安排项目。完善项目管理。申报项目计划,减少项目个数,加大资金扶持力度,克服"撒胡椒面"的项目分配方法。

【直补人口年度复核工作】 2017年3月,共核减直补人口227人。4月,通过市审计局信息筛查帮助,再核减了46人,同时对46人多领的直补资金进行追缴,至9月底所涉的15.9万元全部追缴回国库。2017年全区直补人口10444人。全年共发放直补资金626.64万元。

【移民创业贷款贴息】 区移民办于2015年5月与财政、农商银行联合下发了《关于开展大中型水库移民创业贷款贴息的通知》,明确以户为单位,对移民生产开发和生产经营的贷款额在10万元以内的贷款项目,按照年利率3%予以补助。2017年专项安排66万元用于该项目支出。9月,在总结前两年贴息工作经验和教训的基础上,结合"最多跑一次改革"要求,重点对贴息额度和流程进行修改。提高贴息额度,从原来10万元提高到15万元,简化办事流程,从原来跑3个地方盖3个印章简化为跑1个地方盖1个印章。截至12月底,已有238户办理了相关手续,贴息62.63万元,全区移民创业贷款余额6781.5万元。

【代理征收水库库区基金工作】 区移民办根据省移民办和财政厅的统一部署代理征收水库库区基金,按照上级管理部门和财政的要求,督促电站业主及时缴纳库区基金。2017年共征收库区基金138.76万元，已足额上缴省财政。

（潘瑞冰）

残疾人事业

【概　况】 2017年，全区有各类持证残疾人10957人。莲都区残联扎实有效地全面开展了残疾人各项工作，充分履行“代表、服务、管理”残疾人的职能。出台等扶残新政策，推进残疾人社会保障和服务体系建设，完成各项工作任务指标，年度考核列全市残联系统9个县（市、区）第一名。

【残疾人社会保障】 实施四项补贴制度，为符合条件的残疾人发放生活补贴4974人，发放护理补贴4025人，每月发放补贴总额近200万元，应补尽补；4887名残疾人享受低保政策，应保尽保；为371名个体就业和灵活就业残疾人缴纳职工基本养老保险补助共72.57万元；为862名残疾人缴纳城乡居民基本养老保险共8.62万元，为8553名残疾人缴纳城乡居民基本医疗保险共278.45万元，为8683名残疾人缴纳意外伤害险共51.83万元，为10642名残疾人缴纳大病保险共31.92万元，为8家残疾人托养庇护机构参保机构综合责任险。全年莲都区残疾人各商业险理赔总人数为128人，理赔金额达100余万元。

【残疾人康复工程】 2017年，以各种形式惠及2000余名残疾人进行各类康复。康复服务有效实施。落实残疾儿童基本康复服务与补贴制度，对发育滞后、发育障碍的儿童和身体条件需要缓学超龄（6—8周岁）的儿童，落实康复服务和补贴。完成儿童康复服务93人，超额50.5%。全区2000余名有康复适应指征的贫困残疾人得到免费康复，完成助行助明助听工程563例，对80户贫困残疾人家庭实施无障碍改造。同时，结合“创建全国文明城市”，牵头做好无障碍设施改造工作，对城区公共设施进行多次督查，并督促指导相关单位做好无障碍改造；做好结对村城东村的巡查帮扶工作，做好申报台账，加大宣传力度，创造良好的创建氛围。区残联在2017年度莲都区创建全国文明城市工作中被区委、区政府授予集体嘉奖。全面落实精神残疾人免费服用基本药物政策，每季度支付药费15万余元。

【残疾人扶持救助】 鼓励残疾人从事种养业或加工业，给予创业初期有困难的残疾人2000元的资金扶持，达到扶贫基地标准的给予15000的一次性扶持。2017年度扶持种养基地4家，扶持种养户52户，扶持资金达16.4万元。对从事个体经营的58名残疾人进行一次性的资金补助，对残疾人贷款开展生产或种养业进行贴息共34.38万元。开展临时生活困难救助，全年慰问残疾人440人次，慰问金额共22万元；临时救助残疾人500人次，救助金额共25万元。

【残疾人教育就业】 贯彻执行新的《残疾人就业保障金征收使用管理办法》，严格审核用人单位残疾人就业情况，积极配合地税部门做好残疾人就业保障金减免工作，2017年地税共征收残保金952万元。拓展残疾人就业平台。全区新增按比例就业24人，新增集中就业20人，其他类型就业39人，均超额完成年度任务。整顿规范9家、新建2家庇护机构，406名残疾人得到就业安置。开展残疾人职业技能培训。全年职业技能培训221人，培训残疾人参加电商活动104人，全年共安置10名残疾人实现电商就业，培训残疾人来料加工63人，发展来料加工人员153人；召开残疾人专场招聘会2场，均超额完成年度任务。办好培智学校，普及适龄残疾儿童少年义务教育。加大助学力度，每学年发放补助，帮助贫困残疾学生和贫困残疾人家庭子女完成各类学历教育，残疾学生和残疾人家庭子女助学共234人，补助金额共59.2万元。

【残疾人文体宣传工作】 举办残疾人运动员选拔赛。为备战2018年的全市残疾人运动会，10月28日，来自包括开发区南明山街道在内的15个乡镇（街道）的共130名残疾人运动员参加田径、乒乓球、羽毛球、游泳等四个大项共40多个小项的角逐。开展各类文体活动。5月16日，组织残疾人参加全市第二届残疾人艺术会演，六个节目在会演中取得一金三银一铜、团体第二名的好成绩。在6月5日的全省残疾人艺术会演中，获得一个银奖和一个优秀奖。梅兴宙、莫强参加2017年全国残疾人象棋、围棋锦标赛分别获得冠军。周建丽、蓝伟杰参加市残联"干净干事创新业"主题演讲比赛，分别获得二、三等奖。丽水市、莲都区残联11月3日邀请省残疾人艺术团在丽新乡共同组织举办了"中国梦、两美情、残健行"特殊艺术进万家巡演。宣传残疾人事业。在华数电视上播放残疾人公益宣传片，2015年起，开通电视手语新闻节目，内容为电视台的《莲都新闻·每周重点关注》。政务信息、新闻报道工作，在各级各类媒体上刊登莲都区残联各类工作信息260余篇次。在丽水日报上刊登"最多跑一次"信息一篇，在浙江卫视爱心浙江栏目播出我区残联"最多跑一次"报道。开办了莲都残联微信公众号，运用新媒体宣传莲都区残疾人工作，取得很好效果。12月27日完成区、乡两级残联换届工作，确定今后一个时期残疾人事业发展战略、工作方针和任务；选举产生新一届主席团；选举产生出席上一级残联代表大会代表，推荐上一级残联主席团委员人选。通过各种活动的开展，也涌现出了一批残疾人优秀人才，优秀残疾人代表蔡余庆燕被推选为区政协委员、市人大代表，残疾人参政议政工作有了实质性地推进。

（谭洁平）

民族工作

【概　况】 丽水市莲都区是浙江省民族工作重点县（市、区）之一，有汉族和蒙古族、回族、藏族、维吾尔族、苗族、彝族、壮族、布依族、朝鲜族、满族、侗族、瑶族、白族、土家族、哈尼族、哈萨克族、傣族、黎族、傈僳族、佤族、畲族、高山族、拉祜族、水族、东乡族、纳西族、景颇族、土族、达斡尔族、仫佬族、羌族、布朗族、毛南族、仡佬族、普米族、塔吉克族、俄罗斯族、京族等39个民族成分。2017年年底，全区少数民族人口27148人，占全区总人口的6.62%。其中畲族有2.53万人，位列全市第一位，人口绝对数列全省第二位。辖区内有老竹、丽新两个畲族乡镇，少数民族人口在1000人以上的乡镇（街道）10个，分别是岩泉街道、紫金街道、白云街道、万象街道、联城街道、碧湖镇、大港头镇、老竹畲族镇、丽新畲族乡、南明山街道（水阁街道和富岭街道合并，由丽水市经济开发区管辖）。

【少数民族经济】 2017年，全区少数民族农村居民人可支配收入21276元，比上年增长13.2%。全区98.58%的少数民族农户家庭人均可支配收入达到8000元以上，民族村集体经济不断壮大，城西村、沙溪村等28个民族村集体收入超过10万元，消薄率达到80%。推进丽新乡咸宜村等少数民族特色村寨建设，指导丽新乡开展以畲族文化为主线的小城镇环境综合治理工作，探索和推动少数民族特色村寨与民宿经济融合发展，以特色展业发展促进少数民族村转型升级，带动农民增收致富。利山村经过层层筛选和考察，获"浙江省十佳特色村寨示范培育名录"荣誉称号2017年，利山村共有民宿经营户28户，床位435张，餐位650个，实现旅游收入720多万元；沙溪村有农家乐民宿20家，床位360张，餐位2600个，实现旅游收入340多万元。

【民族优惠政策】 贯彻落实浙政办函〔2013〕98号、丽委发〔2015〕31号文件精神，协助老竹、丽新两个民族乡镇与省直结对部门和经济发达县结对单位做好沟通对接，推动项目资金落地。落实省财政民族乡镇一般转移支付资金400万元（两个民族乡镇各200万元），市民族乡镇发展资金100万元，区民族乡镇发展资金200万元。省体育局扶持老竹镇民族乡镇体育运动会筹办资金20万元，桐乡市扶持老竹镇新屋村文化中心项目50万元。省农业厅扶持丽新乡绿洲湖羊养殖基地提升项目50万元，平湖市扶持丽新乡白岸口村文化礼堂项目60万元。以项目建设为依托，有力推动了美丽畲寨建设，进一步完善民族村基础设施，改善了生产生活条件。2017年共下达落实中央、省、区民族发展资金410万元，其中中央资金140万元（项目3个），省级资金170万元（项目3个），区级资金100万元(项目14个)。在成功打造利山、沙溪两个特色畲寨的基础上,启动丽新乡咸宜村的特色畲寨项目,挖掘民族村固有潜力,整合更多资源投入,增强畲族特色村寨精准化、差异化发展。多次召集发改、农办、交通、旅委、东西岩管委会、联城街道、老竹畲族镇、丽新畲族乡等单位负责人及丽水学院、区畲研会专家进行座谈和实地调研,共同谋划老竹丽新畲族风情带建设。全力做好全省民族经济工作现场会活动组织服务工作。2017年7月5日上午,省民宗委楼炳文主任一行及全省150余位民族工作干部到利山村和沙溪村进行现场考察。

【民族团结进步创建活动】 落实少数民族优惠政策和社会服务工作,做好少数民族中高考学生民族成分的审核服务工作,依法为符合条件的公民办理民族成分变更手续,全面落实少数民族教育券补助政策。关心关爱少数民族困难群众,增进民族团结。结合省、市民宗部门开展春节等节日慰问,共向150位少数民族群众发放慰问品和慰问金,共计7.5万元。开展民族团结进步示范单位培育。经过层层筛选和充分研究,确定白云街道三岩寺社区为莲都区首批首个民族团结进步创建示范单位。联合丽水学院民族学院、街道,整合社区组织、辖区党员干部、社会工作者、民族工作志愿者等各方面力量参与,开展民族团结宣传教育活动,共同创造各族群众共居、工学、共事、共乐的社会条件。按照成熟一个创建一个的要求,计划向其他街道社区稳步推进、推广。加强少数民族干部和实用人才培养、培训。今年共组织推荐少数民族群众参加省、市民宗部门举办的培训班5批次,培训少数民族干部群众25人次。

【少数民族优秀文化】 协助做好全区民族工作会议相关工作,协助指导大港头镇北埠村成功举办莲都区第十四届畲族“三月三”文化节,吸引了2000多名群众和游客参加,民族文化与生态旅游融合发展的成效不断显现。借助媒体优势,做好民族领域宣传工作。《丽水莲都:魅力畲寨飞出“金凤凰”》一文被新华网、人民网、浙江在线等多家主流媒体转载。新华社、中新社、凤凰网等媒体到沙溪村采风,宣传我区特色畲寨建设成果。邀请退休老同志,组成编撰委员会,收集整理莲都区民族工作历史资料,配合做好《浙江通志·民族卷》《浙江少数民族乡(镇)志》编撰资料的收集整理工作。开展民族团结进步创建、教育宣传、模范宣传进学校、进村(社区)、进乡镇、进宗教场所等系列活动,助力全国文明城市创建。会同教育部门组织刘英小学师生到“全国民族团结进步教育基地”——丽水市博物馆开展民族团结进步教育活动,开展民族团结进步模范个人和集体的宣传。引导丽新小学和老竹中学开设彩带编制、畲语教学、畲族体育等特色课程,弘扬和传承畲族优秀传统文化。

(李飞)

老龄工作

【概　况】 2017年,全区60周岁以上老年人口81345人,占总人口19.91%,增长率5.3%。其中90岁以上长寿老人1723人,百岁老人24人。全年老龄工作以中共十八大、十九大精神为指导,以科学发展观为统领,按照省、市、区老龄事业发展“十三五”规划及老龄工作会议精神的总体要求,围绕全区中心工作,夯实基础,巩固成果,在老年友好城市创建工作、敬老文明号创建、居家养老服务、老年人合法权益保障等方面取得新突破,推动我区老龄工作水平再上新台阶。

【省“老年友好城市”创建工作】 根据创建方案,对照创建指标,采取各项有力有效措施,重点做好创建项目,做好检查总结,及时解决问题,保障创建推进和任务完成,完成44项创建指标,完成25本创建工作台账,3月9日省老龄办带领考核验收组到莲都实地考察验收后,成功创成省“老年友好城市”。

【莲都区老龄事业“十三五”规划】 通过对莲都区老龄事业“十二五”期间各项工作总结,编制出台“十三五”规划初稿,经过书面征求意见并多次召开的征求意见会，于1月20日召开了《莲都区老龄事业发展“十三五”规划》评审会，并于4月13日与区发改局联合发文正式出台《莲都区老龄事业发展“十三五”规划》。

【惠老政策落实工作】 对全区300名高龄困难老人进行慰问，发放慰问金15万元，发放大米、面条、食用油1200余份，看望慰问百岁老人53人次，发放慰问金4.98万元。完成莲都区老年人意外伤害保险签订工作。为全区1.43万名80周岁以上老人实行意外伤害保险，莲都区户籍80周岁以上老年人发生意外将获得2000—50000元不等的赔偿，目前止已完成18位老年人意外伤害的理赔，理赔金额6.97万元。

【为老服务平台建设工作】 推动第三届“敬老文明号”创建工作，莲都区现有省级“敬老文明号”单位5家，市级“敬老文明号”3家，2017年启动第三届创建工作。同时，启动“2017年浙江省特困老人社工示范项目”，与康乐家综合养老服务中心签约，对莲都区城区60名70岁以上特殊困难老人开展精神慰藉、关系调适、心理危机干预、人文关怀、资源链接等一对一个性服务，进一步提升特殊困难老年人的社会融入度和社会支持度，推进社区养老服务发展。

【“最多跑一次”改革工作】 区老龄办于12月购置15套老年优待证制卡设备，分别安装在丽水市行政服务中心，以及各乡镇（街道）便民服务中心，并对窗口人员进行了统一的培训。从原来“现场受理、统一制作、快件送达”工作模式，到现在直接扫描提取身份证信息（照片），现场制卡，即办即领，避免了因照片的尺寸、背景不符合要求而跑多次的问题，有效地实现了“最多跑一次”这一目标。

【老年教育建设工作】 2017年我区积极开展老年协会规范化建设以及深化老年电大办学成效。积极开展送课送辅导下乡活动，丰富第二课堂、第三课堂教学活动。截至年底，社区老年协会建会率达100%，全区老年电视大学学员人数达5476人，28个社区建立了电大教学点，建设率达100%。

关心下一代工作

【概　况】 2017年，莲都区关工委有22个成员单位，由区委常委、组织部长周显荣和区政府副区长任名誉主任；主任1人，专、兼职副主任15人；下设1个办公室，为参公副科级单位，有主任1人，高配正科级，工作人员2人；有科技、教育、法制、社区4个组，由在职和离退休及退二线同志组成。全区共有基层关工委277个，其中乡镇14个，村208个，社区25个，学校30个。参加关工委组织的“五老”人员共有1300余人，其中区本级80人。4月14日，章旭宇任莲都区关心下一代工作委员会办公室主任。

【社会主义核心价值观教育】 2017年，区关工委围绕“中国梦”主题教育活动，区关工委联合文明办、教育局等部门，开展了以“践行核心价值观　争当美德好少年　创建全国文明城”为主题的第六届未成年人道德文化节，引导学生践行中华民族传统美德。区关工委以万象国学书院为阵地，与市关工委联合成立了公民道德教育基地。通过招收未成年人国学班、家长班和成人国学班，进行公益教学。全年累计举办家庭教育、传统文化、健康教育等公益讲堂45场，积极传承中华传统文化，弘扬核心价值观。区关心下一代讲师团先后与社区学校、人文小讲堂合作，分赴学校、社区、农村开展社会主义核心价值观教育宣讲活动。累计开展了《弘扬民族传统文化，构建和谐家庭》《弘扬传统家教文化，做现代智慧家长》《了解孩子心理，助孩子健康成长》等传统国学经典文化、家庭教育、心理健康等讲座120场，受益群众达1.5万人次，取得了良好的社会效果。区关工委联合政法各部门，组织法制宣讲小组，深入学校、社区，坚持以案说法，引导青少年自觉守法、遇事找法、解决问题靠法。先后开展了“杜绝欺凌　共沐阳光”公益巡讲、“禁毒和预防犯罪”“女童保护”

等主题宣讲活动42场次，受教育青少年达1.3万余人。

【“双百”活动】 2017年，区关工委为深化、提升百名老科技专家联百村的“双百”活动，区关工委科技组对碧湖蒲塘千亩休闲农业观光园无花果基地、仙渡太山村猕猴桃基地、陈寮村高山西红柿基地等联系点进行了技术指导，并对引进特色新品种开展试验，帮助广大青年农民积极投身全面小康建设，取得了良好的成效。同时，科技组积极探索未成年人的科技知识普及，在碧湖蒲塘休闲观光园建立中小学生参观学习基地，专门安排五老人员讲解，积极探索未成年人的科技知识普及。

【帮困助学】 2017年，区关工委全年共资助贫困大学新生84名，发放助学金32.2万元。资助贫困中小学生105名，发放助学金和物资共18.3万元。

【特殊群体】 2017年，区关工委围绕“关爱少年重源头，发现苗头抓挽救，盯住孩子讲维权”的要求，区关工委法制组以“法润少年”工作品牌为载体，全方位开展了依法维权与法制教育工作。全年共参与未成年人刑事案件社会调查、以合适成年人到场参与未成年人案件诉讼、参与未成年人犯罪刑事案件讯（询）问谈话20余人次，收到了一定的法律与社会效果。配合区检察院参与对附条件不起诉未成年人的教育感化工作，2017年有5位未成年人通过六个月的考察矫正，挽救了一批濒临犯罪边缘的青少年。

【集中培训】 2017年11月2日，区关工委组织五老骨干、宣讲团讲师、街道关工委等召开党的十九大精神专题学习会。11月17日，组织乡镇街道关工委主任、副主任召开业务工作培训会。11月28日，组织五老骨干，实地参观考察现代农业园区，开拓视野。

【自身建设】 2017年10月16日，区委办下发文件《关于调整区关心下一代工作委员会成员的通知》（莲委办发〔2017〕91号），对区关工委本级领导班子及成员进行了调整。2017年12月26日，中共莲都区委、区政府下发了《关于进一步加强关心下一代工作的意见》（莲委发〔2017〕76号），明确关工委的工作原则、职责定位、主要任务，为全区关心下一代工作指明了方向。11月，区关工委将五个工作小组调整为四个，分别是教育组、科技组、法制组、社区组。

【首家民营企业关工委】 2017年10月20日，区关工委在浙江欧亿轴承制造有限公司举行了莲都区首家民营企业关工委授牌仪式，实现莲都区企业关工委建设零的突破。

（周华敏）

人口与计划生育

【计划生育工作】 全面两孩政策平稳实施，2017年全区共出生上报5207人，其中计划内5039人，计划生育率96.77%；全年性别比为106.98；将村级计生服务员和卫生信息员进行整合，稳定基层计划生育工作队伍；启动生育全过程服务平台建设，推动生育登记服务网上办理；完成丽水高铁站等8个大型公共场所母婴室建设；落实扶助机制，发放计生公益金22.9万元用于补助47户，奖扶金发放187.97万元惠及1958人，特扶金发放182.52万元惠及252人；累计走访计生特殊家庭232户，慰问400余人次；开展对630个集体和10817名个人的“一票否决”审查，否决集体18个、否决个人39人。

（周斌剑）

乡镇·街道

岩泉街道

【概　况】 岩泉街道地处丽水市莲都城区的东北部,东与黄村乡相邻,西以大洋路为界,南至丽青路,北与仙渡乡相邻。辖区面积92.19平方千米(非建城区面积75.94平方千米,建城区面积16.25平方千米),办公楼坐落在丽阳街1089号,辖18个村,5个社区(山区9个村、城乡接合部9个村、城中5个社区),户籍人口44308人,常住人口104606人。

2017年实现工业总产值25.2亿元,比上年下降12.7%,实现工业销售产值24.05亿元,比上年下降11.2%;农业总产值增长4%,农民人均收入24702元,增幅9.9%;共有工业企业228家,其中规上9家,规模以上工业增加值2.16亿元,主要产品有轴承、水泥、家具、电商、制笔等。共有耕地面积578公顷,山林面积5373公顷,农业以种植为主,特色农产品有叶平头皇菊、余岭高山蔬菜、枫树湾杨梅、雨伞岗葡萄、黄畈桃子等。2017年,岩泉街道坚持"绿水青山就是金山银山"战略思想不动摇,紧紧围绕"城市共建、经济共融、福祉共享"总任务,在区委、区政府的正确领导下,主动适应新常态实干担当,干净干事,着力在更高层次上推动岩泉优质、高效发展。

【全国文明城市创建工作】 街道列入文明城市创建有5个社区9个城中村,面积16.5平方千米。按照网格化管理要求,各村、社区持续整治不间断。开展了"六乱整治剿灭战"系列行动,社区城中村环境卫生改善成效明显。挂牌整治的九里湾新村、弄和新村、333省道铁钉桥、丽阳街1000号等四个点位全部完成,并获市领导批示肯定。根据要求,对岩泉街道辖区内的公益广告进行地毯式的排摸并全面更新。完成5条文明小巷建设,快速推进美丽楼道建设。以"区创建办实地考察点位督查交办单"数量及整改情况、创建帮扶情况、"岩泉街道创建曝光台交办单"数量及整改情况为考评依据,在5个社区、11个创建城中村、城郊接合部开展星级评定,巩固氛围进一步浓厚。重点项目建设全面完成,社区(城中村)背街小巷改造工程、绿化带补植工程、绿化带改停车位工程、开放式小区楼道改造工程全部在规定时间按项目规定流程完工。

【"六边三化三美"工作】 全面开展每周一的"全民洁净日",开展"六三三"专项整治行动,重点整治公路沿线、河道边、村庄居民区,清除"脏乱差",确保"六边"区域可视范围内无明显垃圾,无乱堆乱放,村容村貌、人居环境整洁有序。岩泉街道洁净村居工作围绕"五个如何"狠抓落实,清理垃圾600余吨,出动2000多人次。2017年投入350万元对新330复线沿线秋塘、冷水、瑄头3个村房屋外立面进行改造共约7万平方米。330国道扩建工程刚刚完工,沿线村庄环境基层薄弱,洁净村居工作一直不理想。

【"五水共治"工作】 治水事关民生,事关美丽岩泉建设目标的实现,岩泉街道现有好溪、好溪堰、枫树湾坑、杉树坑四大水系,26条支流,上百条坑,3个小微水体区级点位。街道党工委、办事处坚持把剿灭劣五类工作作为一项政治任务、头都大事来抓。围剿劣V类清淤泥8条河，2300米，完成散养生猪整治185头，完成率100%，连续开展为期一个月的剿灭劣V类水整治工作，发动村（社区）党员、群众志愿者3000多人参与治水，建立河长巡查，党员志愿者督查制度，完成3个小微水体整治。围绕“清污、灭V、夺鼎”总体要求，自我加压、主动作为，全线发力打好“治水”围剿战。扎实推进城岗背村、岩泉村城中村污水改造工程，完成九里湾污水点整改工程。

【“三改一拆及无违建”工作】 2017年主要对和尚岗征迁、城东公寓及冷冻厂，以及青林村连片厂房和330国道沿线违建进行重点整治。并且开展了拔钉会战及蓝皮棚专项整治活动。全年街道累计拆除违章322708.07平方米，任务总量202500平方米，完成率159.36%。

【经济发展】 2017年，实现工业总产值25.2亿元；企业增加值4.77亿元；税收收入3583万元；实现农业总产值2.02亿元，增幅3.5%；农民人均收入24611.22元，增幅9.5%。围绕扩大有效投资抓项目建设。2017年招商指标是2.3亿，截至12月，岩泉街道招商引资主要是浙江艾莱依羽绒制品有限公司和万丰中西医结合医院、好溪水系综合整治三阶段工程PPP项目、福景华府大酒店续建项目。分别到位资金2750万元、2366万元、1987万元、6825万元。截至年底，签约的有，名峰建材城项目，第一期已投资4500万元，山地气雾立柱栽培项目已投资400万元，南明湖休闲养生港投资18038万元，东港小学项目和区教育局一起签约。在谈项目分别是丽水花鸟鱼虫文化市场项目、图书馆PPP项目、丽隐集团枫树湾民宿项目。

【重点工程政策处理】 岩泉街道地处市区东北部，随着市区东扩，“攻坚克难保供地，服务市区上水平”成为岩泉街道的主要职责。2017年整年的征迁工作分为百日攻坚阶段和持续攻坚阶段，街道纳入百日攻坚的重点项目18个，持续攻坚项目10个。我们实行一个项目一张时间进度表、一张作战路线图，大力推行“一线工作法”，开展现场指挥、现场协调、现场攻坚，精准突破项目涉及的“拦路虎”和“硬骨头”，实现了政策处理对象从不谈、不签、不配合到主动签约的逆转。通过用情征收、阳光操作，最终实现了征迁历史遗留问题（除城东公寓15户国测结束后拆除外）全部处置归零。40天100户，全面完成丽水二中南扩项目签约工作，变不可能为可能。全年销号24个，额外完成2个报批项目，合计清场交地37公顷，拆除面积17460平方米。

【项目建设】 争取上级补助资金，推进农村公路网建设，总投资880万元，建设秋塘至后弄、后弄至贾坑农村公路提升改造，330复线至老鸦矿农村公路提升改造，坑口至枫树湾大中修3个项目。

【民宿经济】 抓住发展机遇，依托区位优势，到处布点、整村推进、全面提升。余岭村已发展高档民宿23户，123个房间，182张床位；枫树湾村已发展高档民宿19户，112个房间，175个房位；叶平头自然村已发展高档民宿5户，23个房间，35个床位。2017年以来，共接待上海、杭州等周边大城市游客达6000人。同时推动农家乐、民宿提质增效。完成52家民宿的特种经营行业许可证办理工作，是全区乡镇、街道第一个完成这项工作的。

【养生农业】 以点带面，以线扩面，全面发展农村休闲观光旅游。打造“雨伞岗葡萄”“枫树湾杨梅”“叶平头皇菊”等金名片。大力推行不使用化肥、农药的农产品生产，加快养生农业示范村和示范基地建设，切实加强养生农业发展。与丽隐投资集团签订了枫树湾—初衷休闲度假中心项目，投资1800万元，年内投资超过500万元。引进新鼎明影视集团，计划在陈寮投资5000万元开发高档民宿和生态农产品。雨伞岗雾耕栽培示范基地投资500多万元，打造观光、旅游、科普为一体的农业生产基地，已初见成效。

【农村改革】 完成八亩坑山塘产权改革及综合整治，通过验收。完成枫树湾水库综合整治并通过验收。截至2017年，岩泉街道万方以上山塘水库均完成整治。完成叶平头皇菊基地、丽水市灵山鲜果专业合作社、丽水市莲都区麻勇军家庭农场、莲都区岩泉街道永兵家庭农场等四个高效节水灌溉工程，灌溉面积53公顷。完成黄畈村饮用水提升及叶平头、枫树湾、余岭脚3个自热村的饮用水建后管护工作，收益人口2500人。完成饮用水长效考核工作，修复水毁工程4处。

【农业生产】 2017年实现粮食作物播种面积557公顷，产量2778.1吨。完成生态公益林4278公顷，发放个人公益林补偿金额123.175万元。完成人工造林1.33公顷，中幼林抚育面积333.33公顷，四旁植树6000株。有效地开展松材线虫病的疫情调查，共砍伐可疑松木4000多株。实现来料加工费收入1930万元，其中低收入集中村加工费20万元，累计从业人员达513人。村级集体收入734.67万元。耕地地力补贴556.91公顷，直补资金480336.025万元。开展动物疫病防疫，有效防止重大疫情的发生。

【社会稳定】 围绕《平安护航十九大大会战实施方案》《平安夺金鼎工作实施方案》的任务和要求，开展重点人员稳控工作，重点稳控对象由上年G20峰会期间的73个下降至52个。梳理信访积案，成功化解2个由杜兴林书记亲自督办的省级挂牌积案，同时化解市级积案3个。初信初访工作全面落实，2017年111件来电来信来访全部按规定时间办结。全面开展矛盾纠纷排查调处工作，每个月召开一次工作例会，严格落实三定一包制度，共组织排查矛盾纠纷18次，调处166件。对征地拆迁等有可能影响社会稳定的工作开展事前公告、排查摸底、问卷调查等风险评估，上报结果并跟踪调查。

【平安综治】 整合资源，构建“四个平台”体系建设，信息运转逐步走上正轨。来自9个派驻机构的12名联络员纳入街道日常管理考核。经过筛选，选聘出54名素质过硬、责任心强的村（社区）专职网格员，有效充实了基层治理队伍。基层治理综合信息平台新旧系统有序衔接，每月超额完成信息上报任务。建立特殊人群一人一档制，落实帮扶计划和帮扶小组，积极开展回访工作。建立群防群治队伍109个，社会志愿者队伍146个，平安志愿者5310人。村规民约全部重新修订并公告张贴。制定平安综治宣传工作计划，每个月至少开展一次宣传活动。和村（社区）、规模企业、共建单位、学校等签订综治目标管理责任书213份。及时调整落实基层综治工作站人员，确保在岗在位。

【安全生产】 始终把安全生产作为重于一切、高于一切、压倒一切的头等大事，拉高标杆、自我压力。签订安全生产责任书2546份。持续推进安全生产社会化服务，组织500万元以上企业主安全生产培训暨召开安全生产社会化服务推进会，目前已经完成签约157家，发放安全生产职工培训资料2万份，落实企业主体责任。借势借力开展安全生产综合性大检查。对重点领域、人员密集场所、重点行业、规上企业，街道主要领导亲自带队进行安全大检查。合计开展安全检查173次，发现各类一般性隐患185个，立即整改到位185个，无重大隐患。落实消防安全，每个工作日检查3家，确保做到风险隐患排查“零盲区”。

【食品安全创新标】 为保障人民群众身体健康和生命安全确，保食品环节不出任何问题，街道始终保持食品安全监管整治的高压态势。建立食品安全责任一个大网络，23个中网格，46个小网格。制定完善并发放了食堂经营、食品经营、饭店经营、熟卤菜经营、面点小吃、农产品种植、畜禽养殖、烘烤肉食品等食品安全工作制度。与所属18个村、5个社区逐一签订食品安全责任书。以各种节日和重大活动开展为契机，开展食品安全专项检查。9月以来，对辖区内所有餐饮行业进行全面的排查整治，共排查出食品经营单580家，副食品314家，餐饮258家，其中大型餐饮酒店8家。多次召开紧急会议，研究对策，组织了餐饮单位用油情况排查、餐饮单位购进肉类情况排查、食品添加剂使用情况排查等，及时反馈信息，确保街道辖区内食品安全。

【基层党建】 街道有党员1837名，基层党组织65个，党工委紧紧围绕“抓好党建是最大政绩”的目标，对照问题清单，全力抓好基层党建工作。以“两整”（整乡推进、整县提升）工作是基层党建工作的主抓手，街道党工委严格按照建设标准，对照问题清单，全面对标建设。按照“示范引路、以点带面”的要求，推动基层党建工作整体提升。实施基层党组织“对标建设”，根据浙江基层党建工作“二十条”基本经验和各领域党组织整体提升基本指标，街道18个村根据这次检查问题清单，逐一查找短板并建立规范提升清单。按照区委的工作任务，制定目标任务书、完成时间表，明确责任和举措，制定考核检查办法，项目化推进基层党组织整体提升。

【“两学一做”学习教育新高度】 街道党工委始终把“两学一做”学习教育活动永远在路上，6月25日　组织街道全体党员干部1000余人召开“七一”党员大会，上主题党课，每月15日为党员活动日，做好党建+文章。将“两学一做”学习教育活动深入基层每个党员。

【换届选举新风气】 2017年是村（社区）四套领导班子换届选举年，换届风气是一个地方政治生态的“晴雨表”，是检验换届成功与否的重要标志。换届纪律上一开始就标定红线、划定雷区，把纪律规矩挺在前。从考场开始就大力宣传，使“九严禁”“十不准”人人皆知。要让所有人知道，哪怕传一条短信、递一张名片、派一包香烟、发一块钱的微信红包进行拉票，都是违反换届纪律，都要受到严肃处理；用人导向上强化党的领导。新一届村社党组织班子选出后，通过法定程序，把村党组织书记选为村股份经济合作社董事长，把村社党组织成员特别是负责纪检工作的委员选为村（居）务监督委员会主任。把党的领导体现到换届选举的各个环节，无论是党组织选举，还是村（居）民委员会选举；无论是选举办法制定，还是组织实施选举；无论是推荐提名，还是资格审查，都在党组织领导下进行；严把资格条件。指导各村（社区）将“五不能、六不宜”等要求写进选举办法，提交党员或村（居）民代表会议通过后严格执行。街道顺利完成18个村和6个社区的四套班子换届选举任务，为岩泉经济发展注入新活力。

【宣传工作】 2017年，街道结合全国文明城市创建工作，利用宣传橱窗、公益广告、横幅等形式，通过讲座、入户等形式加强精神文明建设，开展“移风易俗节俭养德”系列活动以及我们的节日、邻里节等主题活动。匠心培育文化礼堂，精心谋划“最美岩泉人”评选。岩泉街道坚持紧紧围绕党委、政府中心工作做到宣传报道工作，“传递岩泉正能量、讲述岩泉好故事”，在浙江新闻客户端、丽水日报、处州晚报、丽水电视台、莲都新闻、莲都发布、莲都宣传等市、区媒体上发布新闻报道60余篇。自街道开通“最美岩泉”官方微信公众号，为岩泉街道新闻发布、政务信息公布平台，现有粉丝数1000余名，发表原创文章738余篇，最高阅读量2594多次。

【社会保险救助事业】 为户籍及辖区人口办理城乡医保、城乡养老保险各类业务。全年累计办理城乡两保业务6046件。完成2016年7月至2017年5月被征地补贴发放和失地保险生存认证等业务。办理城镇失业人员登记、就业证申请审核手续。共计发放退管经费1065750元。完成异地领取养老金人员生存认证。完成精简人员生存信息提供、互通、核减。完成城乡居民职业培训登记审核。完成城乡医保扩面摸底调查2068人，参保信息更新1000余人，城乡养老未参保人员梳理核对5416人，未缴费人员与职工重复参保人员梳理核对1196人。

【社区便民服务】 完成6个社区换届选举工作，其中新增佳和社区工作开始步入正轨。开展社区邻里节活动，各社区根据实际开展了诸如卷饼节、百家宴等邻里节活动。完善居家养老照料服务中心建设，为老年人休闲、学习、娱乐提供了有利条件。

【人民武装工作】 兵役登记工作做到早谋划、早部署、早实施，2017年岩泉街道在全区率先完成任务。民兵整组工作提早安排、精心组织、逐村核对、择优编组，顺利完成各个环节的工作任务，特别是在民兵的到点率、点到率上下足了功夫，得到了上级的充分肯定。

【卫计工作】 2017年1—12月，出生总数675，计划内出生659，计划外出生16人，计生率97.63%。

岩泉街道村情表

表1

村名	面积（平方千米）	户数（户）	人口（人）	农村经济总收入（万元）	农村经济总费用（万元）	农村经济净收入（万元）
天宁寺	0.5915	1219	2779	89.52	146.75	-57.23
后甫	0.0606	637	1527	31.44	74.81	-43.37
九里	0.7041	989	1850	175.97	83.63	92.33
岩泉	2.3621	835	1542	59.94	135.80	-75.87
青林	2.7141	1055	1843	19.63	118.26	-98.63
长岗背	1.6685	626	1174	19.95	75.74	-55.79
关下	0.7564	464	835	16.44	56.07	-39.63
社后	0.4485	327	508	18.1	41.92	-23.82
凉塘	0.3296	274	564	125.33	48.15	77.18
秋塘	6.5506	480	1049	17.22	23.48	-6.26
冷水	7.0626	518	1037	17.40	34.30	-16.90
枫树湾	12.1947	865	1787	19.46	38.54	-19.08
余岭	4.5109	441	988	17.50	21.29	-3.79
黄畈	6.9262	536	1260	20.53	18.11	2.42
里佳源	6.6198	681	1480	18.98	16.03	2.95
雨伞岗	9.0245	664	1486	19.83	21.85	-2.02
琯头	8.7113	711	1518	20.69	46.66	-25.97
下后弄	6.8868	541	1174	26.74	17.18	9.56

紫金街道

【概　　况】 紫金街道成立于2001年8月30日，12月31日正式挂牌。紫金街道原属丽水市城关镇，撤镇建办后分四个街道办事处，紫金街道是其中之一。本街道地处莲都区城区东南部，占地面积60.04平方千米。西至大洋路，北至丽青路，南至瓯江（南明湖），东至青田县的石帆乡、舒桥乡，辖海潮、厦河、大众、新建等19个行政村，辖永晖、金苑、万丰、大洋河、西银苑、东银苑、东升、星湖8个社区，是一个城区和山区相结合的综合型街道。共有户籍人口数50421人，常住人口96200人（其中学龄前儿童3480人），外来人口59613人，其中跨省人口7292人，外出人口13362人，就业人员48392人。辖区内有中学3所，小学4所，幼儿园2所（其中民办中学2所，民办小学2所，民办幼儿园1所）。全市有名的花园中学、梅山中学、外国语小学均在本辖区。

社区总面积3.16平方千米，社区工作者52人；居民代表410人，楼道长704人，楼院长423

人，居民小组长219人，文明单位25个（其中省级6个，市级15个，区级6个）；企业交托管理人员6233人；社区共建单位65个（其中市级25个，区级24个，其他16个）；义工队伍19支，219人，志愿者队伍51支，1508人。

19个行政村，137个村民小组，行政村中有10个为城区村，分别为海潮、厦河、大众、新建、城东、古城、水东、金东、芦埠、塔下；5个郊区村，分别为开潭、湾岙、风化、黄泥墩、河村；4个山区村，分别为瀑泉、杨坑、祝庄、水岭根。耕地面积92公顷，山林面积5046公顷。主要种植多年生经济作物。农业经济的"三宝"是杨梅、柑橘、枇杷。

街道有党委8个，党支部77个。全年共确定入党积极分子21名（其中2人已参加2017年度入党积极分子培训班），发展预备党员19名，党员转正19名。共查处10名党员违纪案件，其中开除党籍1人，留党察看两年1人，党内严重警告4人，党内警告4人。

街道按"三定"方案行政编制为21名（含1名工勤人员），领导职数13人。现实有人数为26名（不含挂职人员1名），其中：领导班子成员17名，股级干部1名，退二线人员6名，一般干部3人。街道下属事业编制11名，实有人数12名，具体为计生专干3人、社保员5人、安监员1人、统计员1人、财务人员1人。

紫金街道办事处社情表

表2

社区名称	人口（人）	党（总）支部书记、居委会主任
合计	36399	—
永晖社区	7285	陈晓丽、叶海燕
金苑社区	5790	杜有雷、商艳
万丰社区	2550	李文娟、徐蓓
大洋河社区	6579	陈东盛、齐玲燕
西银苑社区	4723	李敏、何琪琪
东银苑社区	5770	徐世宝、吴婕
东升社区	2915	张烨、杨林波
星湖社区	787	刘荣平、张梦斓

紫金街道各行政村基本情况表

表3

村 名	面积（平方千米）	户数（户）	人口（人）
合 计	56.88	5965	14022
大众	0.57	268	556
海潮	2	501	1242
新建	0.6	184	443
厦河	0.18	640	1684
城东	0.3	172	424
古城	1.3	239	472
水东	4.2	580	1443
芦埠	2.66	313	529

续表3

村 名	面积(平方千米)	户数(户)	人口(人)
塔下	0.8	125	275
黄泥井	1.33	130	287
河村	3.2	145	366
开潭	0.7	324	641
瀑泉	3.4	262	771
风化	5.2	408	966
湾岙	2.82	195	434
金东	0.3	213	552
水岭根	13.33	458	1116
祝庄	7.07	338	774
杨坑	6.92	470	1047

【从严治党】 坚持党工委书记上党课制度和联村领导进村入社上党课制度，严格遵守夜学制度；推进党建工作，征求意见建议51条次，组织中心组学习12次。对街道、社区干部进行常规督查5次，对等重点工作进行督查2次，发放督查通报6期；落实对6个村的农村基层作风巡查整改工作；专项督查行动中查处违纪党员8名，办结区纪委转办纪检信访件10件。

【国家文明城市创建】 2017年，完成背街小巷改造项目59处，楼道改造提升1589条，停车泊位改建179个，绿化带补植16500平方米，外墙脱落修缮172处，修缮面积33000平方米。累计安装广告超过120套，花草牌800余处，群众满意度、获得感普遍增强。

【信访维稳】 紫金街道护航十九大，每位重点对象建立一个以街道班子成员为组长，联村(社区)干部为成员的稳控小组。在十九大期间，组建一支信访维稳应急小组，制定班子领导带班24小时值班制度。

【重点项目】 自3月底启动以来，街道根据时间节点要求，地质灾害危险区域红线内住户175户、259人全部腾空撤离，6月底红线内房屋全部拆除。涉及市区攻坚的11个项目除1个因市级土地报批程序未到位外，其余都已销号。

【"洁净紫金"】 街道落实河长制，完成区级小微水体整改点位14处，清淤面积7925平方米，提升河村村小河和黄坭井村池塘的2处美丽点位建设；纳入"六边三化三美"考核的9个建制村均成功创建为洁净村居红旗村；完成拆违20.9万平方米，完成存量处置85户，140万元；城中村合计完成"三改"面积218.87万平方米；"蓝色屋面"完成点位300余个，喷涂面积8万多平方米。

【"最多跑一次"改革，建设"四个平台"】 紫金街道对照权力清单和公共服务事项目录，8类别共梳理出89项，其中57项权力清单、32项公共服务事项；接收群众和企业申报事项658 项，已办结658项，公布 57项办事流程和指南；招聘52名全科网格员；开展10余次相关培训。

白云街道

【概 况】 2017年，白云街道总面积37.7平方公里。东起大洋路，南至丽青路、丽阳路，西面与联城街道接壤，北依风景秀丽的白云山森林公园。辖区内有6个社区、4个村委会，其中村常住人口12912人，社区常住人口71401人；户籍人口31086人，其中农业户籍6436人，社区户籍24650人。耕地面积10.3公顷。

【经济发展】 全年实现工业产值1.67亿元，工业增加值3280万元，同比分别增长15%、16%；以生态效益农业为主线，抓好防台防汛抗旱，确保农业稳产。街道辖区现有农民6000多人，充分发掘城中村优势创业和城区优势就业潜力，鼓励和支持农民以出租房、经营开店、农家乐等多种形式实现增收，打造区三星级农家乐8家。抓好农村电子商务工作，2017年销售额达1.66亿元。大力推进三产发展，全年招商引资2.4亿元，完成年度任务的104%。不断加强财源建设，全年实现税收140万元。

【民生保障】 打造阳光政务，高效政务和便民政务，“最多跑一次”改革全面推进，建立“一站式便民服务大厅”，争创国家级标准化便民服务中心。切实加大计生监管服务力度，2017年辖区内的出生人数为429人，计划生育率97.67%，育龄妇女“三查”率96.5%，当年社会抚养费征收率39.33%。继续扩大社会保险覆盖面，街道辖区内医疗保险8093人，养老保险新增12人，失地保险新增200人，达到莲都区全民参保率98%的目标。做好坟墓整治及骨灰跟踪管理、优抚人员年度审核等工作，按要求完成60周岁以上老人信息采集。落实扶困措施，确保弱势群体生活，给街道低保户、困难户、优扶对象等及时足额发放低保金、补助救济款，2017年度共发放医疗救助10批次84人75.6万元，临时救助13批98人12万元，民政资金116.34万元，发放残疾人各类补助经费和物资86人次7.1万元。

【重点项目】 2017年，白云街道列入市区重点项目政策处理大项目有22个，需征收土地1485亩，拆迁房屋4.7万平方米。已完成20个项目的全面销号。在百日大会战和持续攻坚行动中，街道攻坚组“三力”并举谋征迁、“三法”巧施战征迁、“三气”可受赢征迁，教工支路南侧项目攻坚中，街道攻坚组锲而不舍化解矛盾，历时300多天的攻坚画圆句号；丽水职业技术学院北侧收储项目，9天内完成40户（有证）的征收协议签订。此外，丽阳溪水系综合整治工程第一期、绕城西线改造提升工程（白云区块）、华东药用植物园区(丽水植物园)白云区块项目和中山小学城西校区等重点项目，均顺利推进完成任务。

【剿灭劣V】 街道与村级河长依托“巡河APP”开启掌上治水，以上率下，始终奔走在治水一线。坚持最大范围地发动社会力量参与治水，2017年街道已开展“激浊扬清，碧水莲都”全民剿劣V类水集中大行动47次，“我为丽阳坑、南明湖常洗脸”活动25次，累计发动党员、干部、志愿者8200人次，清理垃圾28吨，劝导制止不文明行动70余起，全面彻底整治了9个市、区劣V类水体点位， 辖区内的丽阳坑水系水质已达到四类以上标准。中央电视台四套《走遍中国》栏目专程赴丽阳坑河段采访拍摄，市级河长市委史书记向全国观众介绍了丽阳坑的巨大转变，获得了社会各界广泛赞誉，全国各地纷纷前来取经。街道巡河员刘燕，连续三年每天巡河所记录的15本《河长日记》，在浙江省展览馆的“治水馆”中展出。白云街道获得了2016年度丽水市“五水共治”工作集体嘉奖。

【治危拆违】 重拳出击拆违治乱，联合执法拆除违章建筑100多处，累计完成治危拆违13.2万多平方米，完成蓝色屋面整治19682㎡，分别完成年度任务的160%、100%。其中在4—6月的全区集中拆除行动中，街道均率先完成当月任务数。特别是在3月的“雷霆行动”中，20天内完成了22幢106户1.3万平方米违章建筑地拆除，为旧住宅区的拆违和改造提供了白云样板。全面排查D级危房1幢1户，已按时完成搬离腾空；C级危房156户，均建立“一户一档”台账，落实“一户一干部”联系制度，开展日常巡查机制，加强对危旧房的动态安全监管。

【全国文明城市创建】 一是持续打好“六乱”攻坚战。重拳出击持续对存在的问题和薄弱环节狠抓整改，累计出动人员2917人次，整理乱堆放791处，整治乱张贴、乱拉乱挂754处，清运垃圾806吨。开展接官亭社区的“示范社区”建设，以庆春街、文进街为示范点，硬件软件同步推进。二是项目建设按时完成。背街小巷改造中，地面破损、露天沟渠等需修缮点位36处，社区（城中村）设施修补工程7个；完成星火市场改造提升；新增市区停车泊位工程，共完成停车位302个，摩托车位30个，优化消除消防通道画线约3100米。对6个社区的非物管小区楼道进行粉刷，总体613条楼道。沿街外墙立面修补共18个点位，合计施工面积预计为4653平方米。完成辖区内补植绿化完成52个点位近7000平方米。白云街道获得丽水市创建全国文明城市工作集体三等功，白云社区、城西村获得丽水市创建全国文明城市工作集体嘉奖。

【换届选举】 从3月初启动村级组织换届工作，至5月27日全部完成，街道党工委在区委的正确领导下，始终贯彻“4+1”绝不允许的要求，把坚决贯彻落实好上级党委精神作为重中之重，面对长期以来辖区城中村选情复杂、矛盾交织的困难局面，做到选情分析会天天开、选举要求时时讲、选举工作人人上，明确目标、压实责任，精准选出一流铁军队伍。村级四套组织全部实现了三个100%，即100%一次性成功，职数100%选足，当选人100%从正式候选人（自荐人）中选出，是全区14个乡镇街道唯一一次性成功的街道。

【社区品牌】 10月20日我区首个“孝”文化节在白云开幕，市区首个“孝”文化主题公园在灯塔小区同时揭牌，这是街道贯彻落实中共十九大精神，坚持文化自信，构建和谐街道的一次成果展示。坚持了11年的社区居民议事厅在社区管理方面中发挥了积极作用，更好实现居民自我管理、自我服务。后庆社区开设的未成年人爱国主义教育第二课堂，是目前全市唯一在社区开设的，以革命战争年代历史为主题的爱国主义教育第二课堂，已累计近2000人次到现场参观体验。灯塔社区楼院文化节、三岩寺社区民工子女帮扶团、接官亭社区的“护绿·养生”志愿同行社等举措，都成为各社区联系居民，服务居民的有效载体，“一街一特，一社一品”的发展格局得到社会广泛赞许。

【平安建设】 将“平安夺金鼎、护航十九大”作为街道平安维稳工作的头等大事，完善各类矛盾纠纷和不稳定因素的常态化排查化解机制，加强对重点时期排查稳控，做好重点人员的稳控劝访工作。加强辖区内信访老户的维稳工作，确保敏感时期盯死看牢稳控在当地。1-12月共收到信访件187件，其中来访9件、来信7件、网上投诉6件、来电投诉165件，均在规定时间内完成答复。完善“大调解”体系，落实“一岗双责”“领导包案”等制度，深化网格化管理，有效开展社会治安综合治理、安全生产、食品安全、应急管理、防灾减灾、吸毒人员管控、社区矫正、法律服务等工作，有力维护辖区平安稳定。

【组织党建】 抓好“三会一课”制度的落实特别是每月的主题党日活动。认真落实党员重要事项“五报告”制度、流动党员“四要”规矩、党员参加组织生活“四个不”规矩等制度，切实提升党员的“四个意识”和纪律规矩意识。全年发展党员9名，开除党籍2名，留党察看两年1人，警告处分3人。针对 “双整工作”和“10+88”要求，查漏补缺，及时整改，完成城西村1个示范型，灯塔、城北村2个提升型，丽光1个基本型的任务。成立莲都区电商产业青春党支部，把支部建在产业链上，为白云两新组织输入新鲜的血液。破解城中村村级组织场所面积小、经常搬迁的问题，想办法解决场所瓶颈问题，占领宣传阵地，突出党建元素，让党的光辉照遍每个角落。突出党的领导核心作用，支持人大依法履行职能，组织市、区人大代表活动80余次落实建议交办12件。加强党管武装工作，基层人武部规范化继续走在全区前列，圆满完成征兵任务，为部队输送优质兵源10人，大学生比例达到80%以上。

白云街道办事处村情表

表4

村名	面积(平方千米)	户数(户)	人口(人)
合 计	13.99	2666	6436
丽光	0.02	571	1218
城北	0.87	508	1285
城西	9.2	525	1295
灯塔	3.9	1062	2638

白云街道办事处社情表

表5

名称(个)	人口(人)	党(总)支部书记　居委会主任
白云社区	4150	卢君红　黄激芬
北郭桥社区	6460	黄士祥　黄俊燕
后庆社区	3765	吴杨琳　翁丽霞
灯塔社区	3092	赵丽霞　刘慧芬
三岩寺社区	3731	陈朝霞　陈苏芳
接官亭社区	3452	管伟红　杨初春

（黄俏超）

万象街道

【概　况】 2017年，万象街道总面积7.26平方千米，下辖有7个社区4个行政村，200个居民组、28个村民小组。全街道总户数23012户，其中，农业户2826户，总人口53927人，其中，农业人口5656人，有外来人口31544人。人口自然增长率10.5‰。山林面积167公顷；耕地面积2.64公顷，其中，水田0.66公顷。

财政总收入5802万元，增长26.5%。村级集体经济总收入1150万元，增长5%；农民人均收入24508元，增长13.6%。街道辖区内规模以上批发零售企业16家，全年营业收入126亿元。规模以上住宿餐饮企业6家，全年营业收入7093万元。

万象街道各行政村基本情况表

表6

村名	面积（平方千米）	户数（户）	人口（人）	农村集体经济收入（万元）	农村集体经济总费用（万元）	农村集体经济净收入（万元）
合计	4.307	2826	5656	1150	476.4	673.6
丽华	0.2	1295	2698	695	147.2	547.8
水南	0.8	435	827	54	49.7	4.3
丽南	1.2	411	801	205	46.4	158.6
城南	2.107	685	1330	196	233.1	–37.1

2017年，农业经济持续稳步增长，粮食播种面积3公顷，粮食总产量13.7吨，农民专业合作社3个，成员数90户，农民素质培训500余人。专业奶牛场1个，有68头奶牛。生态农业朝着农旅融合方向迈出更加坚实的步伐，积极发展第三产业，推动线上线下资源整合，加快推进培育全域旅游产业及相关配套服务行业。

2017年，招商引资态势良好，处州府城完成持续投资1亿元，桐岭路项目投资1.5亿元，东方宾馆1555万元，花园小镇4000万元，汽车4S店2000万元，万盛酒店2905万元，招商引资实际到资1.82亿元，浙商回归1.27亿元，完成年初招商引资既定目标。市区下达重点项目政策处理任务15个，完成政策处理任务14个，包括市车管所西北侧地块、金丽温天然气管线支线、瓯江大溪治理、中山街改造、丽华三期西侧道路、桐岭路、水南公寓土地打款、城南公寓、江滨城市综合体、市中心医院北侧道路、市中心医院急救中心、括苍路425号房屋征收、丽水饭店区块等项目。

2017年，万象街道被评为丽水市文化强街道；获丽水市“护航G20、平安夺金鼎”工作集体嘉奖荣誉称号；获丽水市创建全国文明城市集体三等功荣誉称号。

【全国文明城市创建】 2017年，万象街道全员开展全国文明城市创建。通过宣传栏、LED电子屏、微信公众号、短信等形式加大文明宣传，完成户外大小公益广告设置2万余块。创新开展文明宣讲团入户“千万家”活动，各社区组织宣讲课11堂，7个社区的入户宣讲覆盖达万户。丽南水果市场、棉布市场、处州商城等三个市场的改造在5月底完成。推进“六乱”整治，组织“六乱”整治1万余人次，清运垃圾950余吨。打造酱园弄、文昌路、刘祠堂背等7条处州精品小巷，成为宣传莲都的新名片。完成背街小巷改造、楼道粉刷、外墙立面改造、楼宇防盗门安装、80条美丽楼道建设等创建项目。

【环境整治工作】 2017年，治危拆违方面，高质量完成辖区内88幢危房撤离腾空工作，占全区总任务的77%。先后组织拆违行动10余次，已有1500余人参与，拆除面积9.14万平方米，完成任务的110%，清运建筑垃圾170余吨。推进处州花苑东侧、梅山二区等3处旧住宅区改造。“五水共治”方面，街道上下开展“剿灭劣V类”治水行动。通过截污纳管、部分填埋、清淤、种植莲花等方式，新建2座52立方米的化粪池，机械加人工清淤4000多立方米，截污纳管1000多米，11个区级小微水体100%通过验收，为28处小微水体配备小微水体长，治水成效得到了群众的好评。“六边三化三美”方面，完成省级点位蓝色屋面整治4个，市级交办点位9个、区级交办点位70个、六边快曝点位205个。

【文教体卫工作】 2017年，重点学习宣传社会主义核心价值观、中共十八届六中全会和十九大精神，以及习近平总书记一系列重要讲话精神。完成丽南村廉政文化墙、80条美丽楼道和文明小巷建设工作；建成城南村吕埠坑休闲文化广场；加强校园消防、食品安全督查；做好贫困生慰问，创设和谐教学环境；依托社区家长学校、未成年活动中心、心理咨询室等平台，深化未成年人思想道德阵地建设。举办“五一”劳动模范宣讲和清莲文化进社区活动，开展“小荷”志愿者服务、关心未成年教育活动以及开展端午节、中秋节等“我们的节日”活动。年度计生率97.9%，享受奖扶、特扶对象补助资金15人25690元，发放计生特殊家庭系列保险4500元，共惠及45人，两性安康参保人数1183人，慰问计生特殊家庭23户。

【数字城管工作】 2017年，万象街道共处理数字城管案卷4190件，缓办0件，结案4190件，案卷和结案数位居四个街道之首，完成结案率100%，及时结案率99.88%。结合全国文明城市创建开展治堵宣传和辖区停车位、消防通道画线等工作。建立相关制度和指挥室，指定专人负责，对派驻站所人员进行整合，每月受理案件达300余件。大力推进“最多跑一次”改革，对权力事项、责任清单等进行梳理，优化办事流程，实现“一窗受理，集中服务”。

【社区工作】 2017年，万象街道坚持以人民为中心的工作导向，配合市、区、街道开展创建全国文明城市，不断提升群众满意度和幸福感。完成社区居家养老服务中心、阳光家园残疾人庇护中心等建设，组建了“小荷”志愿者和党员志愿者等服务队，并开展剿劣V、文明宣传等志愿服务。建立全科网格员队伍，推进“四个平台”建设和“最多跑一次”改革，左渠门社区被列为区级“最多跑一次”进行改革试点。厦河门社区新办公服务用房完成装修并搬迁，梅山社区新办公服务用房正在装修中。

【社会保障工作】 2017年，万象街道完成城乡居民基本医疗保险和养老保险征缴任务。处置2起欠薪事件，开展失地农民保险转职工养老保险工作，退休人员社会化管理工作、农民转移就业等相关工作。

【民政残联工作】 2017年，新增低保对象37人，续保103人，完成政府购买居家养老服务147人，完成7个社区和3个行政村居家养老日间照料中心建设。积极组织各社区开展“5·17”助残日活动，全年为77名残疾人新办残疾证，有331名残疾人享受护理补贴，232名残疾人享受政府发放的生活补贴，258名重度残疾人纳入最低生活保障。广泛开展拥军优属活动，关心伤残军人、复员退伍军人等重点优抚对象的生活。

【人武工作】 2017年，万象街道坚持党管武装原则，鼓励适龄青年踊跃报名参军，共为部队输送了9名优秀青年，其中大学生7人，占总数的77%，完成了年度征兵任务；积极引导做好民兵“参建”工作，组织民兵参加文明创建和护航十九大活动。广泛开展形式多样的国防教育活动。

【平安综治工作】 2017年，万象街道开展安全生产宣传，万象街道多次组织安全生产工作专题培训会，结合“安全生产月”活动，发放宣传资料2600余份，100%签订安全生产目标责任书。围绕“护航十九大”“平安夺金鼎”等开展安全生产专项行动，对辖区3716家生产经营单位、31个小区、879条楼道进行大检查，投入600余万元对处州商城、棉布市场以及丽南水果市场3个市场软硬件设施进行全面改造，为小区增设灭火器6577个、水枪806个、水带764条、消火栓接口726套、疏散指示灯284盏。组织检查企业43家次，发现隐患数32条，发放整改通知书2份，整改率100%。完善综合治理网络体系。建立由42人组成的全科网格员队伍，与4个村、7个社区和辖区内97家单位、企业、学校签订综治目标管理责任书。调解矛盾纠纷95件，化解历史信访积案3件。

【基层组织建设】 2017年，万象街道在中央、省、市报刊、网站发表5篇，街道主办的微信公众号积极宣传十九大精神、政策等。平稳有序完成4个村和7个社区的72个党支部换届以及村（社区）级组织选举工作。扎实推进“10+88”“4+30”基层党建工作，按照“整乡推进，整县提升”的要求，建成2个示范村和2个基本型，建成丽华村、左渠门社区党建示范点，成立沈姐无偿献血志愿者协会工作支部。在共产党成立96周年大会上表彰了73名优秀共产党员、优秀党务工作者和6个先进基层党组织。开展廉洁家庭、廉洁家规家训、廉洁家庭好故事等评选活动，建成了7条廉政文化长廊和1个广场，涌现出一批优秀廉洁家庭、十佳廉洁家规家训、廉洁家庭好故事。2017年，万象街道发展党员8人，培养入党积极分子18人，2名党员予以除名，立案查处案件6件，其中开除党籍2人；受理信访件5件，办结4件。

（祁鹏飞）

联城街道

【概　况】 联城街道办事处驻地武村，距市区6千米。东与丽水市市区相邻，南与南明山街道办事处隔江相望，西与丽新乡、老竹镇等毗邻，北接太平乡。总面积108平方千米，辖21个行政村，1个社区，总人口13041人，拥有耕地7600公顷，山林7867公顷。按地理位置和旧行政规划习惯上把联城分为联城片、苏港片和张村街片。

2017年联城街道成立电商

公共服务中心，以“互联网+精品农业”形式，培育下林黄金李，敏河水晶梨、凤鸣“阳光玫瑰”等精品小水果，发展莲景、凤鸣梅花鹿、苏港鸵鸟、瑶畈奶牛等特种养殖业，助推农旅线上发展，让农民足不出户迈上致富路。同时将街道9个集体经济薄弱村资金捆绑，引进光伏产业，力促9个村脱贫摘帽。先后举办瑶畈村首届“丽水夫人山铁皮石斛养生节”和下林村“九坑桃花节”。以忠孝官桥、港口、下林九坑民宿、瑶畈夫人山铁皮石斛休闲区为引领，依托山水和传统民居，建设集田园观光、农事体验、养生民宿于一体的乡村旅游综合体，展现一个宜居、宜业、宜游、宜养的新联城。

2017年，联城街道共承接市区重点项目政策处理项目19个，征收土地161公顷，调查拆迁房屋57920平方米。项目按照区委、区政府要求的时间节点、进度、标准推进，取得市、区重点工程项目政策处理“百日攻坚”和“持续攻坚”两个阶段全区第一的好成绩。

2017年，联城街道实际利用内外资达2.45亿元，超额完成区委下达的2亿元的招商引资目标任务。截至年底，在建项目5个，其中金丽温高速公路丽水北互通工程项目，竣工并投入使用；丽水市金鹿梅花鹿养殖场投资项目，引进鹿种，部分已投产；敏河加油站项目，完成土地平整，正在建设管理大楼和铺设污水管道；绿谷花田农庄项目与联城1号加油站均已动工建设。

2017年，联城街道完成农民审批建房及危房改造300多户，农村困难群众房屋修缮29户；对辖区范围内的1108户危旧房进行排摸、并做好106户D级危房的撤离腾空工作，对部分C级危房进行修缮和加固；提前完成7公顷的垦造水田项目，27公顷的垦造旱地项目正在验收；遗留多年的港口滑坡灾害点完成治理。

联城街道各行政村基本情况表

表7

村名	耕地面积(公顷)	户数(户)	人口(人)
合 计	806.73	12861	29093
张村街	39.93	440	914
下 林	56	496	1062
坛 峡	60.4	430	904
莲 景	68.87	456	941
苏 港	77.2	691	1394
竹 道	42.4	424	867
青 岗	39.2	538	1123
花 街	4.53	265	566
金 周	19.4	478	1073
路 湾	28.07	412	842
敏 河	9.67	232	473
武 村	34.4	946	1468
白 前	12.73	308	607
常 宅	7	144	279
林宅口	24.27	331	703
凤 鸣	33.47	605	1381
官 桥	33.8	305	613
坑 口	20.53	295	644

续表7

苏 埠	69.8	642	1273
港 口	24.47	277	647
瑶 畈	100.6	646	1319
楼丰堰	0	3500	10000

【"六边三化三美"工作】 2017年联城街道共创"红旗村"21个，完成区、街道两级点位整治9820处，清理垃圾7845余吨，1—4月，考核位列一类单位第二名，5—8月考核位列一类单位第一名，有计划地对港前线联城片涉及苏港和瑶畈两个行政村，10多个自然村，170多个点位，5万多平方米的面积，进行外立面改造美化工作。在建"六三三"项目共10项，涉及官桥、路湾、汝河村、九坑四个村，总投资1267.62万元，完成九坑村村庄节点改造项目、官桥村美丽村庄景观改造建设项目。

【"五水共治"工作】 2017年，开展剿灭劣V类水整治和农村生活污水整治工作，开展河长巡河工作，落实塘长、沟长，签订责任书，对涉及的17个村，需整治的9个小沟、小渠点位及38个小池塘点位，确保责任到点、到人。开展散养生猪集中整治，关停36家，处置生猪1495头；组织13000余人次，完成24个市级和23个区级小微水体点位治理，全境全域歼灭劣V类水体， 农村生活污水净化处理率达到90%，22个农村生活污水集污纳管项目，完成终验，并全部交付运维公司进行运维。

【"三改一拆"工作】 2017年，联城街道开展拆违控违集中整治专项行动。依法拆除花街村文元中学党校门口的项目尾留用房，共计3000平方米；常宅村的7户临时住宅和生产用房、张村街两户养殖场以及路湾石材场违章建筑共计18500平方米；对青冈涉及7户村民的新发违建附属生产用房进行依法拆除，共计2000多平方米，共拆除违法建筑面积达117122.43平方米，其中住宅34566.67平方米。

【社会保障事业】 继续扩大城乡居民养老保险和被征地人员养老保险参保覆盖面，对困难群体的帮扶力度，截至年底，发放社会保障卡2600余张，办理低保57人，临时救助104800元。进一步提升街道人口和计生工作水平，2017年辖区内出生总数241人，计划内232人，计划生育率为96.27%，三查率96.87%，共征收社会抚养费金额158694元。

【"平安夺金鼎"工作】 2017年联城街道建立街道、村、社区情报信息网络，做好日常维稳排查工作，切实加强对"213"人员、刑释解教人员、吸毒人员等重点人员稳控帮教工作。截至年底，历史积案化解率100%，在平安护航十九大、"一带一路"国际合作高峰论坛、世界互联网大会维稳期间，均未出现赴省进京情况。全年共排查矛盾纠纷167起，完成调处167起，调处率100%。全年共接待信访群众331人次，处理各类信访件177件（中央环保督察组交办信访件4件，省环保督察组交办信访件6件，来信来访20件，领导信箱7起，来电件答复140起）。

【"四个平台"工作】 2017年联城街道建立以街道党工委书记为首的"四个平台"联席会议制度，落实全科网格员的工作制度。为辖区内21个村配置电脑，为网格员配备平安通手机，进一步整合资源力量，增强街道管理服务功能，提升街道社会管理和服务群众水平。实现"小事不出村、大事不出街道"的工作目标，让群众在"家门口"就能把事情办好，打通服务群众的"最后一公里"。

【科教文卫工作】 2017年联城街道以提高群众思想道德素质为核心，做好传统文化与和谐文化建设工作，提高辖区居民文明素质，开展文明城市创建工作。新建家风家训展览馆1个，文化礼堂7个，确保群众日常活动的开展。完成林宅口村教堂审批工作，规范宗教信仰活动秩序。完成联城街道商会换届，为街道发展聚才引智。

【党建工作】 2017年联城街道以“党建引领、凝聚力量、服务需求、共筑和谐”为核心理念，通过“干净干事创新业”作风建设实践活动，开展系列主题教育，推进基层党建“10+88”整乡推进工作，开展上下班工作纪律抽查16次，会纪会风督查7次，约谈提醒15人次，受理区纪委移交信访件19件，自办案件3件，均已办结。处理党员17人，其中开除党籍2人，正在走报批程序开除党籍2人，留党察看10人，党内严重警告1人，党内警告2人。挽回经济损失351213元。

（练杨蓉）

南明山街道

【概　况】 辖区总面积108.86平方千米，其中城市规划面积58平方千米，包含水阁、富岭、龙江三个管理区，下辖35个行政村，农村户籍人口3.33万人，外来人口8.17万余人。共有35个农村党支部，1521名农村党员。街道办公驻地位于开发区绿谷大道50号，距市区6千米。

2017年，开发区实现地区生产总值64.2亿元，同比增长8.1%，增速比上年提高了4.7个百分点。规上工业产值和规上工业增加值分别实现197亿元和40.6亿元，同比分别增长17.2%和8.8%。完成固定资产投资57.4亿元，同比增长12.9%。财政总收入和一般公共预算收入分别完成11.2亿元和7亿元，同比分别增长20.6%和14.3%。村级集体经济总收入911.26万元，增长23.96%；农民人均收入16062元，增长15%。

2017年，以“双十工程”和“区街村三级联动办百件实事”为工作载体，推进民生各项事业全面发展。

南明山街道各行政村基本情况表

表8

村名	户数（万户）	人口（万人）	农民人均纯收入（元）
合计	1.5628	3.2851	521050
水阁	0.0753	0.1594	20654
张村	0.0737	0.1609	17907
叶岙	0.0309	0.0689	18113
旭光	0.1219	0.2574	15005
白岩	0.0566	0.1152	16470
垟店	0.0624	0.1341	14120
吴垵	0.0612	0.1252	17906
桐岭	0.0388	0.0848	15593
余庄前	0.0552	0.1159	15077
七百秧	0.0472	0.1024	19156
龙石	0.0201	0.0444	16128
岑山	0.0195	0.0416	15640
丽沙	0.0485	0.1046	14573
上沙溪	0.0213	0.0402	9094

续表8

村名	户数(万户)	人口(万人)	农民人均纯收入(元)
大源	0.0358	0.073	7698
下章	0.0144	0.0286	7500
松坑圩	0.0235	0.0443	7300
丽周	0.0162	0.0289	7278
山根	0.023	0.0444	7880
陈店	0.0354	0.0732	9519
里坑	0.0373	0.08	11869
章巷	0.0209	0.0414	7900
潘田	0.0183	0.0415	8100
金山	0.0105	0.0265	13356
大门楼	0.0156	0.0325	19636
小木溪	0.0255	0.056	18769
中堂	0.0535	0.0877	18653
叶村	0.0615	0.1301	18080
大坑口	0.0752	0.1611	17165
张垵	0.072	0.153	18256
下仓	0.0545	0.1179	18284
陶庄	0.0534	0.1154	18490
富岭	0.0929	0.2002	19995
前垟	0.0639	0.1412	18815
下张	0.0269	0.0532	21071

【美丽乡村】 2017年，南明山街道整合资金800余万元用于“一线三村”创建工作，创成市级精品村大源村、市级花样村庄山根村、市级经济示范村中堂村。“富岭迎宾大道连接线”获得“省级最美高速入城口”称号。完成水阁、垟店、张村、吴垵4个村的垃圾有效收集剩余村，并在此基础上推进水阁村、垟店村、张村、吴垵村、前垟村5个村的生活垃圾分类处理工作。开发区农村生活垃圾集中有效收集处理率为100%，垃圾分类处理率为40%。2017年安排涉农项目41个，总投资2360余万元，涉及村道路修复、硬化、绿化，河道修复、清淤，卫生设施建设，村庄环境提升，美丽田园建设等，全年完成投资额2200万元，项目完成率达93%。建成水果采摘基地4个，总面积14.67公顷，年产值可达180余万元。辖区内农家乐、民宿共45家，全年接待游客60余万人次，直接营业收入3500万元。全年完成27个集体经济薄弱村消薄任务。

【基层党建】 完成村级组织换届选举工作，共选出新一届村“两委”干部266人，新一届村“两委”班子呈现出群众公信力高、文化水平高、平均年龄低的“两高一低”的特点。制定完善村级考核机制，对10个村开展基层作风巡查，全面强化基层党员干部牢固树立"四个意识"。根据省市基层党建"10+88"工作要求，街道各党组织把学习党章党规作为"基础课"，把学习习近平总书记系列重要讲话精神作为"必修课"，依托"三会一课"制度、"主题党日+"、党员远程教育等活动载体，学习内容具体化、学习计划精细化，党员学习规范化、系统化。

【农村生活污水治理】 全年安排资金1000万元用于农村生活生活污水治理设施提标改造、运维管理等工作，已完成叶岙村、吴垵村应急截污纳管工程进行提标改造，实施叶岙村雨污分流改造工程、吴垵村雨污分流改造工程。其中叶岙村雨污分流改造工程完成管道铺设1900余米，投资120余万元；吴垵村雨污分流改造工程完成管道铺设1400余米，投资90余万元。

【征收安置】 完成垟山脚、龙石、桐岭余村、张村菜市场、丽沙村、DMF集中精馏等项目房屋征收49户，其中需安置40户，征收面积约2.3万平方米，完成市下达指标3万平方米的77%。迁建安置完成余庄前三区、四区共747间安置房主体工程建设；完成遂松路北段延伸道路项目(吴垵垟山脚村)、余庄前四区陈店村的地基抽签工作；减发临时安置补助费305万元，安置工作进展顺利。

【扶贫增收】 2017年，实现低收入农户户均产业扶贫资金支出1000元，打造地方特色产业扶贫典型1个，即张村菜市场及疏导点建设；全年动态调整低收入农户665户1051人，"雨露计划"扶贫助学11人，健康扶贫491人，异地搬迁206人，就业扶贫110人；全年发放移民直补资金110.28万元，惠及移民1838人，南明山街道被评为2017年度全市水库移民工作考核优秀单位。全年农业产值8714.42万元；农家乐民宿营业收入3589.7万元；来料加工费610万元；投资经商、房屋租赁收入1.16亿元；劳务输出收入2.58亿元，总收入达50314.12万元，实现农民人均纯收入16074.8元，比2016年增长15.1%。

【便民服务】 围绕"放得开、管得住、服得好"的总体要求，积极落实"最多跑一次"工作，全面梳理"最多跑一次"事项，"最多跑一次"事项达97.14%。全年办理服务事项8553件，实现办理事项"零投诉"。以"四个平台"建设为抓手，完善"网格化管理，组团式服务"，民情民意通过网格化平台上传反映、相关部门通过平台转办处理，全年共受理并办结事件613件。按时推进社区筹建工作，前期4个社区专职社工招聘、社区命名网上公示等工作已基本完成，待已定的社区装修完成后即可正式上岗服务。

【医疗卫生】 2017年，水阁、富岭卫生院总门诊量达15.17万人次，比上年同期增长25.3%；业务收入1374.68万元，比2016年同期增长40.3%。城乡居民健康档案累计建档31888人，电子健康档案建档率94.2%。老年人健康管理2887人，老年人健康管理率70.83%；儿童预防接种建证建卡率达到100%，0—6岁儿童健康管理3057人，儿童保健覆盖率97.93；孕产妇早孕建册率达到96.85%，孕产妇系统管理率96.17%，产后访视率99.15%，孕产妇叶酸服用率达93.76%；传染病疫情报告率达到100%；开展卫生监督协管工作机构比例100%。

【文化体育】 2017年，投资320万元改建的街道文化中心投入使用，辖区公共文化场地面积达20407平方米，同比增长6%，为群众开展各项文化娱乐活动提供了保障。全年支付各类文化活动经费87万元，开展乡村春晚、庆"七一"文艺晚会、文体团队才艺展演、第九届十佳歌手大赛、一康杯广场舞大赛、送文化下乡文艺演出、第十届篮球赛、第四届市运会等各类活动35余场，配合区电影公司"送电影下乡"活动，全年共放映电影156场次。组织参加"丽水市第四届运动会"、喜迎"十九大"万人健步走活动、乒乓球比赛、广播操比赛、气排球比赛、太极拳比赛等体育赛事12场，215人参赛。对35个行政村的53处健身点进行统一检查，对损坏的健身器材全部进行更换维修。

【社会保障】 2017年享受居家养老服务补贴131人，其中，享受机构养老补贴33人。享受残疾人两项补贴650人，155.8万元。其中，生活补贴256人，88.8万元；护理补贴353人，42.7万元。救助困难群众1009人，救助金额300.1万元，其中，临时救助460人，救助金额31.1万元；医疗救助491人，救助金额266.2万元；企业临时救助58人，发放金额为2.8万元；年终老龄、优抚、民政、残联慰问共139人，慰问金额22.3万元；市慈善总会慰问村困难群众、企业困难职工20人，共计金额4万元。城乡居民基本医疗保险参保20492人，参保率达98%。完成残疾人“无障碍进家庭”设施改造3户，走访慰问残疾人43户并赠送5台助听器、13辆轮椅、为607户残疾人家庭办理残疾人专项补助，2017年两项补贴159.13万元，其中生活补贴239人补贴金额64.46万元，护理补贴368人补贴金额94.67万元。

（赵华丽）

碧湖镇

【概　况】 2017年，碧湖镇总面积219.57平方千米，辖43个行政村、3个居民组、611个村民小组。全镇总户数30337户，其中，农业户28486户；总人口62182人，其中，农业人口59422人，外来人口11652人。人口自然增长率0.65%。山林面积14159.2公顷；耕地面积3666.7公顷；其中，水田2600公顷。

全年实现工农业总产值50.93亿元，比上年增长5.9%；财政总收入11901.6万元，增长69.2%，其中，地方财政收入6927.8万元，增长53.1%；村级集体经济总收入829.6102万元，增长-1.35%；农民人均收入2.07万元，增长7.2%。年末银行存款余额7135.69万元。2017年安排政府类投资项目18个，完成攻坚项目10个，完成投资1.1亿元。其中，第一水厂、污水处理厂提标改造工程建成完工，城区给排水管网改造工程等项目加快推进，碧湖镇城镇综合体、松坑口安置小区建设等项目前期进展顺利，碧湖镇环境综合整治项目规划方案被评为省小城镇环境综合整治优秀方案。

成功获评省级“平安农机”示范镇，成功创建省级森林城镇，连续三年被选为优质水稻育种试验点。新增铁皮石斛、白枇杷、红心火龙果、处州白莲等特色现代农业观光基地近73.33公顷。发展“农户+基地+企业”的农业经营模式，建成碧湖区块千亩钢管大棚蔬菜基地、千亩嫁接西瓜基地、万亩无公害蔬菜基地等。举办下南山杨梅节，“莲丰享”庄园首届葡萄节，促进下南山村杨梅产值增至700多万元，“莲丰享”庄园葡萄销售收入85万元。

白口水仙花博览园、中溪玫瑰花园、高溪桑园春晓等项目打造了独具碧湖特色的农耕田园风情景观线。下南山村成功创建AAA级景区村庄，下圳、畲坑村成功创建AA级景区村庄、上县头村成功创建A级景区村庄。以欢庭·下南山原生态度假村为代表的农家乐（民宿）规模持续扩大，全镇发展农家乐（民宿）经营户57家，实现客房数432个、床位数675个、餐位数5744个，共接待游客数约27.6万人，主营业务收入近1500万元。

碧湖镇中心幼儿园迁建工程完成清场交地并开工建设，碧湖中学扩建项目主体工程完成，莲都区人民医院完成PPP招投标。完成白桥、缸窑、概头3个农村文化礼堂的建设。全年举办大型文化活动11场，中小型文化活动5场，村级文化活动48场。完成辖区内体育健身器材的维修更换，为10个村新增体育健身器材，建设完成南山村、高溪村、古井村等3个点位的小康体育村提升工程。共招收19名青年光荣入伍，完成征兵任务。实施“妇联基层组织改革”工程，全镇43个村全部完成“会改联”工作，村妇联主席进村两委，其中南山村、上赵村先行建立妇女之家。召开共青团碧湖镇第十四次代表大会，完成团委班子换届工作，选出团委委员11名，其中书记1名，兼职副书记3名。

全年共支出困难补助、医疗救助等各类民生保障资金1314.69万元。社会养老保险群众8722人，农村医疗保险参保4万余人，参保率达98%。建成30个避灾中心，达到避灾中心全覆盖。完成残疾人“无障碍进家庭”设施改造6户,走访慰问残疾户并赠送18台助听器、46辆轮椅,为112户参加人家庭办理残疾人专项补助。全年动态调整低收入农户2947户、4578人,其中,获雨露计划补助学生16人,共计4.8万元。617户低收入农户申请产业帮扶,发放补助资金30.81万元。

是年,碧湖镇被评为2017年年度工作责任制考评乡镇街道综合优胜单位、2017年法治政府建设工作优秀单位、2017年度全区“关爱两性健康、护航家庭幸福”活动先进单位,并获2017年度动物防疫先进集体三等奖。

碧湖镇各行政村基本情况表

表9

村名	面积(平方千米)	户数(户)	人口(人)	农村集体经济总收入(万元)	农村集体经济总费用(万元)	农村集体济净收入(万元)	农民人均存收入(元)
合计	214.26	30337	62182	829.6102	705.2147	124.3955	20695.55
高溪	5.43	861	1883	12.3400	18.1787	−5.8387	19289.15
竹溪	5.92	115	1619	20.8400	32.6300	−11.79	18955.45
南坑	20.59	678	1413	10.6500	4.3312	6.3188	14643.88
龙岩	20.77	511	1028	8.9600	7.1460	1.814	17913.67
大吴山	21.75	521	1160	12.0100	6.2610	5.749	15724.32
缸窑	6.17	1030	2232	20.0600	27.5095	−7.4495	18369.45
红南	3.54	556	1182	206.5000	22.5200	183.98	18670.59
联济	6.06	427	875	10.4400	2.2746	8.1654	10956.97
中岙	8.49	491	1015	7.1100	2.5895	4.5205	9766.66
南山	6.48	639	1462	50.4100	22.6881	27.7219	20859.95
中溪	13.45	841	1733	10.5400	2.5078	8.0322	10810.47
松坑口	11.84	780	1590	10.1700	16.2118	−6.0418	12485.04
魏村	3.30	786	1674	11.1000	17.8000	−6.7	16894.28
概头	1.55	663	1364	10.6100	10.9000	−0.29	17474.18
保定	4.81	816	1723	7.7400	28.9500	−21.21	15626.65
岩头	2.87	314	715	4.7500	2.1300	2.62	16084.46
三峰	1.57	661	1390	12.2400	5.4000	6.84	16230.96
周巷	5.68	977	2065	6.0500	10.3000	−4.25	15891.16
堰头	15.29	856	1845	38.8500	2.6900	36.16	16979.74
大陈	1.10	413	893	4.9089	1.5167	3.3922	18159.88
红圩	1.35	675	1330	13.5757	18.7868	−5.2111	17527.08
里河	1.43	509	1030	11.4398	19.9471	−8.5073	19602.49
上阁	1.56	493	113	14.2898	27.9552	−13.6654	14810.73
九龙	4.31	1281	2641	28.6255	78.1927	−49.5672	16646.04
章塘	2.03	835	1791	16.1569	13.5203	2.6366	14983.68
下叶	2.24	565	1256	11.5465	21.6317	−10.0852	16403.91

续表9

村名	面积（平方千米）	户数(户)	人口（人）	农村集体经济总收入（万元）	农村集体经济总费用（万元）	农村集体济净收入（万元）	农民人均存收入（元）
同心	2.15	663	1386	10.1936	78.1927	−67.9991	16906.49
郎奇	8.84	912	1914	28.9109	42.2206	−13.3097	24567.21
蒲塘	2.33	830	1887	12.1436	5.4754	6.6682	15075.24
白桥	4.46	626	1435	14.2508	8.3487	5.9021	14869.73
下赵	0.85	352	796	10.5751	2.9906	7.5845	13728.26
泉庄	0.78	329	755	11.8949	3.5606	8.3343	15233.95
石牛	2.23	956	2122	36.3288	26.5430	9.7858	16495.48
白口	3.82	897	1906	13.2994	12.4634	0.836	15734.49
河口	1.96	461	928	10.9600	4.7347	6.2253	16509.72
上街	0.86	635	1056	10.4500	4.0557	6.3943	16519.89
古井	0.64	548	1023	10.7000	19.1749	−8.4749	16100.74
行口	1.24	550	1070	14.4100	15.0003	−0.5903	18310.45
下街	0.55	409	752	22.0100	15.3357	6.6743	16503.61
碧一	0.83	778	1441	19.3700	13.6698	5.7002	16367.29
上赵	1.40	536	1074	11.3000	14.4504	−3.1504	15606.30
河东	0.77	448	732	10.1600	8.3140	1.846	16475.13
沙岸	1.00	545	1159	10.7400	6.1155	4.6245	14468.89

【文明城市创建】 组织开展“飓风行动，横扫六乱”专项整治行动；创新建立“六+X”创建工作长效管理机制；组建常态化志愿服务队伍，开展大型志愿服务活动；创作脍炙人口的碧湖创建“三句半”，营造浓厚的文明城市创建氛围。联合交警、市场监管、城管执法等部门，“重点整治”和“日常巡查”相结合，力促镇区管理常态化。原大众街农贸市场“早市”搬至碧兴街东段蔬菜收购市场。

【环境整治工作】 全年拆除违章44.8万平方米，完成计划的135.8%，位居全区拆违总量第一。累计处置违章建筑农户1060户，处罚金额2384.67万元，处罚面积40.81万平方米。完善“六边三化三美”工作机制，全镇30个村创成洁净红旗村，覆盖率69.7%，新50省道创成省级精品道路。中央环保督察组交办的4件信访件全部办结，顺利完成南山村、概头汤村自然村、中溪村砖厂的整治工作。下南山、九龙、郎奇、行口、红南、保定等6个垃圾站房项目建设有序推进。

【“五水共治”工作】 剿灭劣V类和生猪养殖场治理工作成绩突出。2017年，完成小微水体区级点位整治188个，占全区52.5%。其中包括市级点位26个，占全区26.8%。完成市区生猪养殖污染治理任务，推进城镇截污纳管、农村生活污水治理、河湖库塘清淤等工作，做好畜禽养殖污染治理管控工作，巩固提升“清三河”成效。全镇60个村农村生活污水治理已全部完成验收，并移交第三方开展长效运维。

【美丽乡村建设】 推进白口（下圳）、堰头、下南山3个美丽乡村重点村项目建设。投资1500多万元，完成新50省道6个节点的美丽村庄景观改造项目，推进桃碧线全线景观整治工程。完成下南山、下圳、古井历史文化村落的保护利用工作。里河村、岩头箬溪口村和白口下圳村入围2017年度市级特色精品村和花样村庄创建评选。推进行口等8个村垃圾分类，下南山等6个垃圾站房建设，进一步提升镇垃圾减量化资源化水平。

【招商引资工作】 全年完成招商引资2亿元，储备项目27个，吸引意向招商项目10个，签约3个，接待考察客商50余批次。其中，倪老腌生态观光基地开始营业，省直经易物资有限公司丽水分公司(碧湖)石油贸易项目和首个封闭式小区“瓯碧园”项目落地，成功引进万洋低碳智造小镇项目。

【征迁工作】 完成攻坚项目9个，征收土地累计485.4亩。顺利完成新合街东段道路工程清场，处置搁置多年的松坑口安置小区遗留问题，综合施策打开郎奇坟墓搬迁工作停滞局面。

【“大搬快治”工作】 提前完成中岙大岙村避让搬迁项目，按时完成中溪村避让搬迁项目。上述两个地质灾害避让搬迁项目共涉及341户611人，分别占全区的35.4%、32.5%。重视农村C、D级危房处理工作，334户D级危房已全部完成腾空，467户C级全部列入日常监管。

【“最多跑一次”改革】 推行政务服务事项“清单式管理”，梳理出《碧湖镇便民审批服务事项办理服务清单》，形成《碧湖镇便民服务事项办理汇编》下发至各村。召开便民服务事项办理“快一些、再快一些”承诺会议，建设、计生、民政、农林等10个部门负责人当场做出承诺。碧湖镇行政审批中心每月平均办理群众事项3000件以上，按时办结，群众办事更加高效便捷。

【村级组织换届工作】 建立选情分析例会制、班子包村选举制、选举委员会主任签字背书制。以“三个100%”完成村党支部换届选举，即43个村党组织换届100%一次性成功，支委职数100%选足，当选人100%从正式候选人中选出。以“三个高”完成村委会换届选举，即村委委员一次性选举成功率高，村委会主任一次性选举成功率高，选民参选率高，分别为89.1%、93%和85.9%。

【“百名干部进千家访万民”活动】 以“走访、专访、回访”的形式，走访群众2万多人，排查矛盾纠纷200多起。严格落实信访积案“歼灭战”专项行动，妥善化解信访积案14件，化解量全区乡镇街道第一。在全国两会、“一带一路”高峰论坛、省第十四次党代会、中共十九大召开期间，实现碧湖籍人员“零赴省京访”的目标。在“4·26”“5·11”等重要节点，实现碧湖籍涉军群体、民师群体“零参与”的目标。

(徐颖萍)

大港头镇

【概　况】 2017年，大港镇总面积94.22平方千米，辖10个行政村、1个居委会、140个村民小组。全镇总户数6130户，农业户6130户；总人口12684人。耕地面积1212.25公顷，有林地6271.14公顷。全年实现农业总产值984万元；财政总收入5105万元，增长228%，其中地方财政收入2455万元；上缴国税1298万元、地税3807万元，增长228%。年末银行存款余额2168万元，增长12%。

大港头镇各行政村基本情况表

表10

村名	组数	户数(户)	人口(人)	耕地面积(公顷)	有林地(公顷)	茶叶面积(公顷)	村级集体经济收入(万元)
合 计	140	6130	12684	1212.25	6271.14	1560	261.05
大港头	18	1316	2316	118.78	458.25	46	28.06
河边	13	630	1314	43.21	334.65	32	20.09
石侯	6	298	630	28.96	181.54	15	23.15

续表10

利山	13	429	864	108.66	577.69	48	18.46
西黄	8	325	779	118.18	507.49	24	9.25
小井	6	311	662	99.13	624.09	18	12.16
西坑口	14	504	1044	99.33	710.38	137	18.6
小山	12	435	978	145.65	933.68	220	21.39
均溪	16	615	1418	127.43	624.32	188	13.68
北埠	34	1267	2679	322.92	1319.05	832	96.21

2017年，全省首家特色小镇海外院士工作站落户大港头镇，莲都和古堰画乡特色小镇的知名度和美誉度得到提升；各方统筹协调，小城镇环境综合整治工作创建市级示范、省级样板；大港头镇获评省级文明乡镇、省级森林休闲养生小镇、市级森林特色小镇；全年实现税收5105万元，完成固定资产投资8.1亿元，实现农村居民人均可支配收入22664元。

开工建设大港头镇至碧湖污水处理厂污水主管工程、大港头镇区给排水管网改造工程。投资1000多万元，惠及农户68户的西坑口徐山自然村旧村改造工程基本完工；惠及农户26户，新建房屋60间的利山栋村自然村旧村改造二期项目完成场地平整。丽云路以北杆线下地、镇区主入口景观改造、停车系统建设、农贸市场改造、店招店牌统一、镇区水系沿岸绿化、渡南路停车场路面硬化等项目已完工，镇区基础设施配置更加完善，服务功能显著增强，居民生活的便利性、获得感和幸福感大幅提升。

推进“互联网+”产业融合发展，全年实现网络零售额7225万元，电商行业直接解决就业岗位500余个。推进电子商务示范村（社区）、村级服务网点建设。依托古堰画乡小镇集聚发展现代金融服务业，累计引入基金公司78家。

全年完成工程项目30个，总投资1.1亿元，小城镇环境综合整治项目、高标准农田项目和均溪土地复垦项目均完成验收。大港头镇金港小区A区块金港小区公寓项目，以1920万元被丽水市宝业房地产公司拍得。该项目建筑总面积4657.82平方米，新建安置公寓200套，下山脱贫农民安置迈出实质性步伐。

采取“浙商回归”模式，加快项目落地。完成招商引资1.4亿元，其中浙商回归5000万元，提前完成年度任务。主要投资项目为利山村拓展项目2000万元，水墨居客栈项目1000万元，画乡一号酒店综合体2000万元，金蚂蚁证券投资项目1000万元，文化产业园区二号、三号地块项目5000万元，一机游1500万元。

完成区“百日百项”攻坚任务，大港头镇高地区块房屋征收面积约2580平方米。完成大港头至碧湖自来水管网工程及大港头至碧湖污水管网工程前期政策处理，以及金港小区AB区块、江滨休闲街区等历史遗留问题的政策处理工作。

全年办理人民调解案件67件，调解率100%。受理信访案件60件，按时办结率100%。顺利完成省第十四次党代会、中共十九大等重点时期信访维稳工作，化解区级信访积案3起，镇级信访积案2起，扎实推进“平安大港头”建设。开展安全生产专项巡查　25次，关停2家非法金属加工厂。加强动物疫病防控工作。“大搬快治”工作两年任务一年完成，共涉及26户41人，已于2017年5月中旬完成全部治理任务，拨付补助资金112.5万元，并完成资料复审。大港头派出所办案用房结顶。

“四个平台”“最多跑一次”建设初显成效。打造“一窗受理，集成服务”的便民服务平台，建成民政、社保、计生等10个窗口的便民服务大厅，对新纳入镇“四个平台”管理的国土、建设、农林水、市场监管、综合行政执法等部门派驻在镇的人员，实行统一管理。整合基层社会治理各类网格资源，组建11人的全科网格员队伍。建成标准化综合信息指挥室。梳理出台9类138项权力清单，其中52项实现 “最多跑一次”，在线办理办结量86件。

【农业产业】 搭建“现代农业园区”发展平台。全镇发展茶叶种植总面积1560公顷，茶农总户数4042户，占全镇现有户数70%左右，茶叶加工厂38家，茶业合作社16家，茶叶品牌5个，茶叶产量395吨。提升北埠杨山自然村省级茶产业示范园区基础设施建设。发展高山蔬菜，利用小井村高山生态优势，种植西红柿、黄瓜、小尖椒等6.67公顷，种植生态稻米9.13公顷，稻米产量约5万公斤。

【农旅融合】 依托古堰画乡核心景区的优势，打造“干净、整洁、有乡愁、有特色”的美丽乡村，挖掘当地特色，创建完成3个A级景区村，其中利山为AAA级，西坑口为AA级，西黄官岭为A级。涌现出“莫奈的花园”、“一默家”、“画居匠心”等一批中高端民宿。全镇发展农家乐民宿122家，餐位5830个，床位数2391张，解决就业300余人，节假日民宿平均入住率达70%以上。古堰画乡景区全年游客接待量172.9万人，同比增长8.2%，实现门票收入同比增长16.1%，其中网络票收入占总收入的11.5%，同比增长118.8%。

【环境整治】 支持配合中央、省委督察组在我镇的环保督查工作。动真碰硬推进“三改一拆”工作，全年累计整治蓝色屋面卫星排摸主干道点位30处，4683平方米， 完成率100%；拆除违法建筑面积10.8万平方米，完成率144%；完成既有违建处罚金额共计361.8万元；完善“洁净村居”工作机制，积极开展“全民保洁日”活动，完成点位整治2200余个，其中区级六边快曝点位整治368个，完成率100%。10个行政村均夺取洁净村居“考核先进村”红旗。

【全国文明城市一举创成】 围绕创建目标和任务要求，实行网格化管理，完成各类交办单97件，整治点位380处。开展以“垃圾不落地、出行讲秩序、办酒不铺张、邻里讲和睦”为主要内容的小城镇文明行动，成功举办“我为丽水助助力，乡风文明促和谐”万人小城镇文明行动主会场活动。建立镇区志愿者队伍，开展文明志愿服务活动60余次，其中“我为画乡洗把脸”“我为画乡献爱心”“道德模范与身边好人宣讲”“跟着乡贤学民俗”等活动调动了广大群众参与文明创建的积极性。大港头镇获莲都区创建全国文明城市工作行政奖励集体三等功。

【美丽城镇、美丽乡村建设】 大港头镇被列入小城镇环境综合整治省级样板乡镇创建名单。围绕“一加强三整治”工作要求，以“首善担当、争创一流”的目标定位，推进环境卫生、城镇秩序、镇容镇貌整治工作，对照考核标准高标整治、全域整治、持续整治，彻底解决“脏、乱、差”，接受省级考核验收。大港头镇被评为浙江省文明乡镇，石侯村被评为浙江省文明村，利山村被评为省级森林人家特色村，并列入浙江省十佳特色村寨示范培育名录。

【扶贫工作】 完成低收入农户录入857户，1156人，有劳动能力的低收入农户做好产业帮扶政策，做到一户一策，无劳动能力农户落实好低保政策，做到应保尽保，完成雨露计划。加大下乡脱贫工作力度，加快金港小区A区块下乡脱贫小区建设进度，预计2019年交付。全年完成利山天平岗12户，18人，利山二期7户14人就地安置工作任务，上井自然村119户,230人完成下山脱贫资格审核，已纳入搬迁计划。

【民生事业】 大港头镇被评为省级文明乡镇，创成省级民间文化艺术之乡、市级非遗主题小镇，石侯村被评为省级文明村。开展“我们的节日”活动37场，送戏下乡、文化走亲等150余场。成功举办“三月三”畲族文化节、全省民族经济现场会等。成立新联会古堰画乡分会。培育和践行社会主义核心价值观，深化未成年人思想道德建设，大港头学校开展道德文化节活动。总投资3500万元的大港头卫生院PPP项目预计年后开工建设。全年发放低保金171万元，惠及392户，527人；截至12月底发放医疗救助金65万元，惠及118人；建成9个养老服务日间照料中心，为1500名老年人提供服务；新建避灾安置中心2个。全镇参加城乡居民基本医疗保险9745人，完成失地保险参保371人。

（王璐璐）

峰源乡

【概　况】 2017年，峰源乡总面积189平方千米，辖8个行政村，107个村民小组。全乡总户数3948户，总人口8634人，其中农业人口8584人，有外来人口70人。山林面积12933公顷，耕地面积13447.87公顷。

2017年财政总收入3892.31万元，其中，地方财政收入27.42万元；上缴国税、地税57.58万元。农村经济总收入94.81万元，村级集体经济总收入55.30万元。年末银行存款余额1645.41万元。

峰源乡位于莲都区西南部，距丽水市区58千米，乡东部、南部、西部、北部分别与青田、景宁、云和、大港头镇接壤。平均海拔735米，平均气温比市区低5℃，年降雨量比市区多200毫米，负氧离子达8000—10000个/立方厘米，具有独特的高山气候、资源、环境。境内生态资源丰富，旅游资源丰富，是国家级生态示范乡，拥有莲都区唯一的峰源省级自然保护区。

【现代农业】 2017年峰源乡继续发展高山特色种植产业，高山蔬菜年产量1.1万吨，实现产值0.42亿元。依托峰源乡优异的生态环境以及高海拔气候，错开与平原大田蔬菜的上市期，峰源乡高山蔬菜产业极具市场竞争力。其中，香菇种植业已发展成峰源乡支柱产业，2017年全村共有香菇种植户210余户，年出产香菇470万棒，产值2800余万元，产品远销东南亚及欧美市场。2017年全乡高山单季茭面积100公顷，年产量2200余吨。此外，四季豆、番茄、茄子、辣椒等均有较大规模种植。四季豆、茭白、番茄、茄子等品种已完成无公害农产品认证。高山蔬菜产业俨然已成为峰源乡农户致富增收的主产业于，以正岙门村为代表的高山蔬菜种植村已发展成为莲都区最大的高山蔬菜种植基地，依托“合作社+农户”的生产模式，全村共发展蔬菜种植户40余户，高山蔬菜种植总面积46.7公顷，此外还有高山猕猴桃、中草药、茶树等，为当地农户尤其是留守老人带来可观的收入。

【生态旅游】 依托高山小气候及特色旅游资源，深挖“乡愁”文化，推动峰源乡村旅游发展。陆续开展“彩墨峰源”采风活动、“助力峰源民宿发展”赠字等活动；7月22日，在小上垟自然村举办“青峰绿源·山水以沐”首届全域旅游启动仪式暨第四届纳凉节开幕式，现场设置“农耕峰源”“食享峰源”“趣享峰源”三大主题活动，充分展示峰源乡特有的自然景观、民俗文化、原生态食材、特色民居等旅游资源优势，吸引近千名游客参与。8月26日至27日成功举办“相约七夕·情定峰源”相亲会活动。扶持小上垟民宿村建设，指导成立小上垟民宿协会，小上垟、库坑、庞山等村已发展民宿床位230余个，接待游客达到1.5万余人次，带来的收入使民宿经营户平均每户增加收益约2万元以上。

【小城镇环境综合整治】 2017年计划完成建设或整治的8个项目，已有7个项目在如火如荼的建设中，截至12月底，停车系统建设、外立面整治建设已基本完工，完成率达70%。同时，庞山村临河鸡舍鸭棚拆除、村办公楼建设申报等工作推进有条不紊，特别是旱厕拆除工作，乡干部、村双委干部历时3天，将83个旱厕全部拆除完毕，创莲都区先例。深入开展“六边三化三美”“洁净村居”“五水共治”环境整治工作，推进“省级卫生乡创建”工作，累计整治鸡舍鸭棚12处，清理乱堆放176处。扎实推进“三改一拆”工作，累计拆除违法违章建筑2.7万余平方米，超额完成区下达的1.8万平方米的任务，首批通过“无违建”乡创建验收。“五水共治”成效显著，4月初率先完成剿灭劣V类水任务，6月中旬顺利通过水质监测，全域水质达到Ⅱ类水标准。推进“六边三化三美”工作，所有行政村均通过红旗村验收，完成率100%，从全区倒数第二直接冲刺到正数第二。2017年4月，获省政府批准建立莲都峰源自然保护区，生态环保、绿色发展的理念深入人心。

【社会保障】 2017年，全乡共征缴农医保5845人，养老保险参保2260人，住房保险2234户。切实加强“两消除”工作力度，开展2017年低保农户认定工作，2016年低收入农户的全部转入低保，2017年新增最低生活保障边缘对象43户，62人，现已审核通过42户。累计发放低保、五保、医疗、优抚、困难家庭、自然灾害等各类救助、补助款130多万余元。完成5名学生的“雨露计划”助学帮扶，完成5户贫困户的产业帮扶。乡党委、政府始终把加强精神文明建设、创建最美文明乡镇纳入峰源乡经济建设和社会发展的总体规划。开展全乡范围文明创建活动9次，各村自发开展文明创建活动20余次。为规范乡村秩序，开展六乱整治工作，新建停车位38个。

【民生工程】 2017年10月24日，峰源乡城乡客运“村村通”公交正式开通，直接覆盖庞山、夏庄、郑地、正岙门村，公交连通了峰源的各个行政村，结束了峰源乡不通交通的历史。不断推进赛坑至小岭根通村公路工程、峰源山区小流域农业生态工程建设，实施正岙门村水田垦造项目，农村生产生活基础设施建设不断优化。开展危旧房排查、改厕、饮用水工程设施维护、水利基础设施建设等工作，完成60余户危旧房修缮改造项目申报，完成修缮40余户，新增山塘挡墙120米、堤顶路200米。汛期，安排乡、村干部入村巡查，及时封屋D级危房80幢，确保群众生命、财产安全。根据地质灾害“大搬快治”三年行动计划要求，推进周坑、横山后两个搬迁点位搬迁工作及金坑治理点位治理工作。6月，48户农户完成腾空撤离，总体工作进度位居全区前列。

【社会事业】 文化、卫生、计生、教育、社会保障等社会事业健康发展。重视体育基础设施建设，借力省级“体育强乡镇”创建工作，新建峰源乡篮球场，积极参加区各项体育赛事。重视村级文体队伍的建设和发展，举办乡村春晚、天天乐、文化走亲等各类文体活动，丰富农民群众的精神文化生活。医疗卫生事业积极推进，深入开展责任医生签约、省级卫生乡创建等工作。开展“爱心献血”等志愿者服务活动，彰显“峰源铁军”风范。落实计生政策，做好对流动人口的管理和服务工作。

【廉政制度】 开展基层作风巡查工作，2017年共查处农村党员干部违规违纪案件9起，涉及党员12人，党外村干部2起，追回资金6万余元。

【森林工作】 峰源乡是莲都区重点林区，全乡森林面积12933公顷，森林覆盖率86.3%。公益林面积6796公顷，公益林占林业用地面积比例达52.5%。丽水莲都区峰源乡省级自然保护区，位于峰源乡东端，洞宫山脉东段南麓，总面积5053.87公顷。属于野生生物类型自然保护区，2017年峰源乡完成森林抚育85公顷。红花油茶栽培21公顷，新建林道路17千米。峰源乡注重森林资源的管理，全年未发生重大毁林占用林地和森林消防事件。

峰源乡各行政村基本情况表

表11

名称	人口(人)	农村经济总收入(元)	农村经济总费用(元)	支部书记　村民主任
总计	8653	948012.7	840344.61	——
庞山	1645	237545.21	93346.73	叶善文　徐君林

续表11

名称	人口(人)	农村经济总收入(元)	农村经济总费用(元)	支部书记　村民主任
夏庄	1323	172300.99	138166.33	叶育文　夏利洪
赛源	1134	114222.3	110188.25	叶新龙　陈海燕
库坑垟	1391	67591.5	113173.74	毛莲玉　王存村
郑地	669	115570.85	63234.28	郑伟平　徐士天
正岙门	878	107593.77	61362.53	叶景伟　叶忠平
毛山	617	84519.97	94142.88	吴根成　吴伟东
新砀	996	48668.11	166729.87	郑伟平　徐士天

（王拯）

太平乡

【概　况】 2017年，太平乡总面积105.34平方千米，辖19个行政村、203个村民小组。全乡总户数10740户，其中，农业户9660户；总人口23383人。人口自然增长率4.54‰。山林面积8769.3公顷；耕地面积666公顷，其中，水田59.7公顷。全年财政总收入611.66万元，增长30.93%，其中，地方财政收入279.42万元，增长2.36%。村级集体经济总收入340.4万元，增长69.5%；农民人均收入16260元，增长29.46%。针对8个省定集体经济薄弱村，立足各村资源和环境条件，因村施策、精准扶贫。 新增富山头树莓33.33公顷，出水鸟茶场白猕猴桃、黑李子15公顷，白枇杷20公顷。促成本乡丽白枇杷合作社与上海联怡枇杷有限公司达成常年收购废弃枇杷叶的合作，将枇杷叶——农田废弃物转变为农民增收的新渠道，发展枇杷花茶、枇杷膏等农产品加工业，提高农产品附加值，将水果收益期延长至全年，助推资源优势向产业优势的转化。将养生文化、农耕文化整合植入农业中，并与民宿、旅游业等多行业有机融合，持续催生第三产业的发展。

太平乡各行政村基本情况表

表12

村名	面积(平方千米)	户数(户)	人口(人)	农村集体经济总收入(万元)	农村集体经济总费用(万元)
合　计	105.34	10740	23383	319.61	228.24
吾　古	5.09	483	1093	29.56	17.30
太　平	14.25	921	1895	25.72	19.56
竹　舟	3.34	348	809	12.21	14.43
下土夭	6.47	1099	2492	21.61	15.95
长　濑	3.02	294	676	10	10.50
小　安	9.69	856	2016	27.92	19.40
城　头	3.13	542	1208	12.31	12.80

续表12

村名	面积（平方千米）	户数（户）	人口（人）	农村集体经济总收入（万元）	农村集体经济总费用（万元）
大 畈	3.16	450	966	11.94	12.91
朱 弄	2.95	457	1000	12.51	12.15
大 河	5.25	441	916	16.87	16.03
吴 弄	3.20	355	783	11.53	8.90
长 乐	5.77	417	897	10.53	7.14
横 岗	4.21	576	1301	24.99	9.88
戴 彰	2.46	585	1283	12.47	6.77
巨 溪	3.12	776	1532	17.98	8.17
玉 田	3.98	488	1081	14.09	3.88
留 龙	4.59	501	1074	14.96	10.60
富 源	11.5	650	1350	13.93	9.37
富山头	6.03	501	1011	18.48	12.50

【党建引领】 2017年，太平乡开展中共十九大精神宣讲活动，邀请区委党校高级讲师帅丽芳老师为全体乡、村干部进行十九大精神主题宣讲，通过座谈会、专题学习会等形式，组织青年代表、人大代表、商会、残疾人代表等不同群体，有效学习贯彻十九大精神。组织宣讲队进村入户宣讲，共开展20余次宣讲。全年建成6个示范型、9个提升型村级党支部，创成“党员爱心敲门队”“党员帮你忙先锋站”“党员志愿服务队”“三岩寺红色讲坛”“远教广场”等党建服务品牌，并在全市第三轮基层党建巡查中取得全市第五的好成绩。完成19个行政村村级四套班子及调委会、妇联、团支部等换届选举工作，职数100%选足，村监会主任100%由分管纪检工作的支委当选。完成长濑、朱弄等村的基层作风巡查工作，全年受理反映党员干部违纪问题线索12件，立案调查8件，给予党纪处分8人，其中开除党籍4人。全年选拔任用正股级干部3人，副股级干部3人，干部选拔任用工作公开、公正、透明。

【环境整治】 2017年，太平乡以创建全国文明城市工作为契机，开展“我为丽水洗把脸”“四关爱”“垃圾不落地、出行讲秩序、办酒不铺张、邻里讲和睦”等系列志愿服务活动以及“推进移风易俗树立文明乡风”党员集体承诺仪式，获丽水市人民政府行政嘉奖。建成污水项目28个，完成治理生猪22户235头，完成生猪整治比率126.1%，户数完成比率110%。结合每周一全民洁净日，乡村党员干部，区、乡人大代表，共青团员、矫正服刑人员等开展河道整治行动，共出动人员6300余人，并于7月通过小微水体区级、市级验收。打造“四桥”主题文化公园，种植三角梅、杜鹃花景观盆栽3000余株，桂花、桃树、枇杷100余棵；从源头、截污等方面加快对太平木后溪的综合整治，厚植地域生态文化气息，高质谋划、小处发力，打造具有太平本土特色的景观文化小镇。举办“金秋割稻庆丰收 百姓喜庆十九大”首届割稻节，并在浙江卫视中报道播出，重点提到高附加值的富硒大米，展示太平乡良好的生态环境和浓郁的民俗风情。排查鉴定D级危房106户，C级危房282户，其中D级危房全部完成腾空，7户完成原址改造恢复性重建；地质灾害

“大搬快治”工作涉及的51户172人，以高度负责的担当精神，在全区率先完成“大搬快治”工作。全乡共拆除处置违法建筑114646.49平方米，完成年度任务目标的152.86%；按文件处置存量违法住宅218户，收缴罚金374.59万元，8月顺利通过市区两级“无违建”创建考核验收，11月被正式命名为“无违建”乡。全年共计整治六边快曝点位115张、475个，完成率100%，成功创成省级卫生乡镇，小安村、长濑村于11月成功创成市级花样美村。

【改善民生】 2017年，太平乡落实各项惠民政策，城乡居民社会养老保险参保人数4961人，城乡居民社会医疗保险参保15362人；农村住房保险参保6087户，低保、困难家庭等1107户，救助困难群众90人次，发放救助金7.84万元。常态化实施残疾人“两项补贴”、居家养老服务中心建设，开展低收入农户产业帮扶，有效提升困难群体的生活水平。计划生育率为93.5%，超额完成无偿献血任务，走访慰问计生特殊困难家庭及困难家庭30余人次；新建横岗村文化礼堂，并利用已建成的文化礼堂积极开展乡村春晚，重阳敬老礼仪、人文小讲堂等活动，其中巨溪村举办的乡村春晚获得2017年莲都区优秀“乡村春晚”特等奖。完成困扰群众多年的彰口塘至样后农村公路提升改造工程、样后至玉田农村公路大中修公路，通过公开招投标，实现太平乡范围内农村公路集中养护。全年接待群众来电来信来访、受理矛盾纠纷共94件，成功率100%，组织接访、下访86批次，成功化解信访积案8个。做好重点人群和重点对象的动态稳控工作，在全国“两会”、十九大、“世界互联网大会”等重大节庆及重要活动期间未发生进京赴省到市上访情况。是年，太平乡获市级农业生态示范乡镇，市级残联先进单位。

（太平乡）

雅溪镇

【概　况】 2017年，雅溪镇总面积156.65平方公里，辖19个行政村、0个居民组、200个村民小组。全镇总户数12072户，其中，农业户10207户；总人口21596人，其中，农业人口13371人，有外来人口2371人。山林面积12731公顷；耕地面积545公顷，其中，水田541.87公顷。村级集体经济总收入154.55万元

雅溪镇各行政村基本情况表

表13

村名	面积（平方千米）	户数（户）	人口（人）	农村经济总收入（万元）	农村经济总费用（万元）	农村经济净收入（万元）
合 计	157.95	7968	27549	158.55	121.66	36.89
双溪	11.15	729	2030	6	4	2
洪渡	8.04	470	1349	11.22	9.2	3.02
上黄	3.75	298	799	12.53	10.53	2
莲房	14.03	855	2200	22	20	2
周村	2.64	264	802	6.5	4.2	2.3
季岭根	2.42	255	653	10.35	7.3	3.05
雅里	9.30	678	1598	5	4	1
上陈	10.22	226	706	2.85	1.4	1.45
金竹	12.13	327	938	10.62	9.5	1.12
里东	3.64	600	1601	5	3.2	1.8
西溪	10.6	592	1641	14	8	6
潘百	5.47	319	916	11	9	2

续表13

村名	面积（平方千米）	户数（户）	人口（人）	农村经济总收入（万元）	农村经济总费用（万元）	农村经济净收入（万元）
岩蒙	18.73	322	835	10.33	7.33	3
雅义	13.78	539	1300	5	4	1
库川	4.39	592	1650	9.7	7.7	2
双源	6.79	219	606	5	4.5	0.5
岱后	7.09	287	832	5	3.3	1.7
上金竹	8.08	136	405	2	1.3	0.7
泄下	8.79	260	6694	4.45	3.2	1.25

【生态农业】 2017年，雅溪镇7个村经营收入达到五万元以上，完成了2017年经济薄弱工作任务，并继续做好三年一轮审工作。做好动物防疫工作及生猪散养户整治工作，为五水共治工作打下良好的基础。期间的农产品质量安全工作。积极开展农产品质量安全排雷“百日攻坚”行动，确保了群众消费安全，赢得了百姓的赞誉。推进农村信息化建设。建立村联网网站，发布气象预警、农产品安全宣传，惠农政策、农业技术等信息。对重大植物疫情防控。组织村网格员学习如何控制加拿大一枝黄花生长及开展红火蚁危害普查工作，避免灾害的发生。农业技能培训工作。全年组织农民培训达284人次。旅游农业产业工作。全年针对申报农户实地测量，完成验收工作，旅游农业产业种植覆盖12个村，795.37亩，补贴金额达405335元。

【城镇整治】 小城镇环境综合整治规划方案已完成，公交车站及公厕项目、污水管网提升完善工程顺利完工。开展全民保洁日行动，成功创建“洁净村居”红旗村15个。“三改一拆”共拆除违章面积11.4万平方米，完成年度任务量的152.2%，存量违建处置89户，处罚金额148.9万元。深化“五水共治”，开展剿灭劣V类水活动16次，全面剿灭2个劣V类水点位，推进“河长制”工作，成功制止上陈村河道捕鱼、里东村非法制铝等行为。针对生猪养殖污染，关停整治12户散养户。26个农村生活污水治理项目全部通过验收并投入运维阶段，受益农户4550户。

【招商引资】 坚持招商引资“一号工程”不动摇，以项目激活发展动力，共引入投资1.256亿元，雅溪漂流项目和萤石矿浮选开采项目有序推进。以漂流项目为引领，带动全域旅游发展，新增农家乐2家，古村落保护利用项目省级重点村西溪村一期完工并通过区级初验。莲房后山、洪渡（章山）垦造耕地项目已经完工并顺利通过区级验收。娃娃鱼养殖、金竹大米、古方红糖等特色产业发展良好。

【民生福祉】 完善基础设施建设，遗留多年的双桥路东段道路工程项目、雅溪镇文化中心工程及镇区污水处理站项目均顺利通过验收。2016—2017年公路水毁项目已全部验收，岱后至青峰岭联网公路完成进度达80%。10月24日、泄下和雅义两条“村村通”客运班车顺利通车。推进“双增”工作。利用金竹水稻种植基地、雅里水果实业合作社等，带动50多余农户参与，帮助600余户低收入农户申请产业帮扶，圆满完成消除集体经济薄弱村任务7个。丰富乡村文化活动。积极宣传“党建好故事”，培育“党建好声音”，评选出十位“雅溪好人”与八位“新乡贤”，将“六星文明户”创建与“立家规、传家训、树家风”征集评选活动相结合，在文化礼堂建成村开展“乡村春晚”、重阳节敬老礼仪等活动，丰富群众文化生活。加快健全社会保障。社会保障卡申领332人，新增纳入低保142户179人，根据雨露计划申请27000

元资助贫困学生9名。

（冯笑悦）

仙渡乡

【概　况】 仙渡乡位于莲都区东北部，北靠缙云县，西接雅溪镇，南连太平乡，东与岩泉街道接壤，330国道丽缙复线穿乡境而过，双滴公路贯穿全乡6个村，乡政府驻地葛畈村，距市区28千米，距金丽温高速公路洪渡出口约10千米，交通相对便捷。辖区总面积65.8平方千米，其中耕地面积502.93公顷，林地面积6394.2公顷，森林覆盖率达81.6%，是一个的典型山区乡。全乡生态环境良好，风景优美，是生态之乡、水果之乡、红色之乡。农业以种植、养殖为主，其中水果面积731.87公顷，年产量达1万多吨。下辖11个村，36个自然村，130个村民小组，总人口4912户、11663人。

【主导产业】 2017年，全乡粮食播种面积506.67公顷，总产量2480吨，耕地地力保护补贴面积739.4公顷。新建南源皇菊基地10.67公顷，引进董弄村中华土蜂项目，推进白莲产业发展，“红美人”扩大种植面积10余亩，实施梅田村桃树肥药减量控害增效研究与示范项目、科技示范基地建设项目。

【畜牧业】 丽水市意鑫牧业有限公司成功创新应用高床发酵模式技术，真正达到排泄物零排放，实现经济、社会和环境保护三赢。并推广“非接触发酵床养猪零排放”新型养殖模式。意鑫牧业入选国家农业部公布的畜禽养殖标准化示范场名单

【“三改一拆”工作】 2017年共组织拆违37次，拆违面积5.6万平方米，完成率达150%以上。共完成违法建筑处置173户，收缴罚金230多万元，完成率全区第一。蓝皮棚整治工作全面完成，顺利创成市级“无违建”乡镇。

【“五水共治”工作】 率先出台乡级剿灭劣V类水考核办法，发动5千余人次参与剿劣大行动，完成5个市级点位、6个区级点位和61个乡级点位的小微水体整治，率先完成458头散养生猪治理，关停拆除2900多平方米的滴水岩村枫银养殖场，2017年五水共治工作考核成绩名列前茅。全面深化河长制，推行河长APP，实现河道巡查保洁常态化，积极推进农村生活污水治理运维。

【民生实事】 完成仙里蒙弄、芦村、芦村里朱、张山后村共计32户67人的“大搬快治”避让搬迁和1800多平方米房屋的集中拆除任务，是全区第三个完成该项工作的乡镇。想群众之所想，急群众之所急，自我加压完成任务范围外的芦村影响区涉及160多人的房屋腾空和近4000平方米的拆除工作。启动根竹园、梅田、董弄、芦村公交站及道路护栏工程，开通农村客运“村村通”班车，有效解决群众出行难问题。

【社会事业】 不断提高城乡居民医疗保险覆盖率，农村最低生活保障实现应保尽保，2017年城乡居民基本医疗保险参保率98%以上。抓计划生育，严控计划外生育，坚决落实各项措施。培育文明乡风，丰富社会主义精神文明，全年4个文化礼堂村开展各类文化活动96次。完成全年献血任务数的125%，通过省级卫生乡镇复评。输送9名优秀青年入伍，完成年度征兵任务。

【招商引资】 2017年招商引资合同引进资金3000万元，实际到位资金为2500万元。在优质资源、良好的招商引资环境和宣传下，成功引进轩德皇菊种植基地建设、芦村生态养殖场建设、意鑫牧业生态养殖有机肥生产等3个项目，当年实到资金3500万元，完成年度目标任务的116%。

【平安建设】 抓好信访维稳工作，完成中共十九大、世界互联网大会等重点时期的信访维稳任务。积极推进社会矛盾化解，成功化解信访积案5起。合理划分和设置全科网格，配强村级网格员队伍，完善基层社会治理体系。全面加强安全生产工作，定期开展公共领域安全生产、消防大检查，全年未发生安全生产死亡事故。

【创全国文明城市】 结合全国文明城市创建工作加强“六乱”整治，成为全区首个所有建制村均夺得“洁净村居”红旗村的乡

镇，被评为“全域洁净第一乡”。改建与新建滴水岩、葛畈垃圾中转站，推进“垃圾分类”工作，创新设置2个积分兑换超市，吸引800余人次参与兑换，收集烟头、农药瓶等废弃物3.6吨，有效破解农村生活垃圾处理难题。

【最多跑一次、四个平台】 整合集成各类公共服务、公共管理、公共安全等平台和功能，全面减权放权，加快提升基层治理体系和治理能力现代化水平。全年共收集和流转处理各类信息7500余条，梳理政府公共服务144项，实现“最多跑一次”事项123项，实现比例达85%以上。

【小城镇环境综合整治】 围绕乡村振兴生态宜居的要求，强化规划设计引领，通过多次召开方案论证会广泛听取各方代表意见，编制小城镇环境综合整治设计方案，确定实施13个项目。自我加压，提速建设，推进葛畈村小城镇环境综合整治，已有5个项目提前进入施工阶段。

【农旅融合】 举办第七届桃花节、采桃节、轩德皇菊南源基地开园活动，利用慢旅文化季、摄影节、相亲大会、皇菊品茗、“桃王争霸赛”等子活动，吸引7000多游客前来赏花旅游、采摘游玩，通过深耕农旅融合之道，将绿水青山变现为金山银山。

【基层组织建设】 高标准部署“整乡推进”，严格落实基层党建“10+88”指标，强化党建阵地打造，不断浓厚党建氛围。建立健全党员干部学习教育、流动党员管理、党员教育管理等党员管理制度，强化责任落实。围绕“两学一做”学习教育要求，开展主题党日，学习党章党规和习近平总书记重要讲话精神，强化党建引领，发挥党员在各项中心工作中的先锋模范作用。

【党风廉政建设】 履行全面从严治党主体责任，进一步压实“一岗双责”责任，增强党风廉政建设的思想自觉和行动自觉。执行中央八项规定，驰而不息纠正四风，开展“干净干事创新业”系列活动，抓好党员干部作风建设。加强农村基层作风巡查，2017年完成葛畈村、皂树村、滴水岩村、芦村村的巡查工作。加大对党员、干部违纪案件的查办力度，重点解决农村党员干部办事不公、行为不廉、作风不实等问题。严格选人用人机制，全年选拔任用正股级干部2人，副股级干部2人，干部选拔任用工作公开、公正、透明。

【村级组织换届】 通过届末考察、村级组织换届大走访活动，结合住村连心工作，深入排摸各村选情；建立选情分析研判会商机制，在复杂的选情中找准主要矛盾，动态把握选情变化；严格规范选举程序，按照德才兼备、以德为先的选人用人标准，换出了一届有凝聚力、有战斗力的村两委班子。

仙渡乡村情表

表14

村名	人口（人）	耕地（公顷）	自然村	支部书记	村民主任
合 计	11663	504	35	—	—
仙 里	1392	66	4	周志东	翁国勇
何金富	1191	32	5	刘育国	富宣跃
葛 畈	973	30	3	周内文	李廷勇
张山后	1085	58	5	沈 静	杨军方
根竹园	703	37	1	周益龙	周晓娟
梅 田	818	36	2	周炳林	周军勇
皂 树	1207	64	4	张君武	樊永林
南 源	859	43	1	周丽君	刘余高

续表14

村名	人口（人）	耕地（公顷）	自然村	支部书记	村民主任
滴水岩	1150	45	3	尚林法	周腾剑
芦 村	1389	59	5	朱小华	许理君
董 弄	910	32	2	梅金仙	武再付

（党政办）

老竹畲族镇

【概　况】 老竹畲族镇位于丽水市区西北部，地处丽水、武义、松阳三县市交界地带，国家AAAA级景区东西岩坐落境内，距市区19千米，区域面积83.9平方千米，其中镇区面积0.353平方千米。全镇有耕地面积1018.6公顷，林地面积6325.7公顷，山林面积6106.6公顷。全镇下辖12个行政村，74个自然村，共有户数7190户，人口16094人，其中榴溪、沙溪、后坑、郑丰、赤坑5个村为民族村，畲族人口3380人，占总人口的21%。先后获2011年浙江省旅游强镇、全国环境优美镇、浙江省体育强镇；2015年浙江省森林城镇、丽水生态精品现代农业示范乡镇；2017年省级卫生乡镇、省级美丽乡村示范乡镇、入围省级旅游特色小镇创建名单，新陶村省美丽乡村特色精品村、新屋村被评为浙江省AAA级景区村；2018年省级文化强镇。

2017年，实现工农业生产总值22477.7万元，增长9.8%，其中农业总产值16959.7万元，工业总产值5518万元，同比增长16%；财政收入5827万元，同比增长11.5%；农民人均收入20452元，同比增长14.7%；完成固定资产投资1.5亿元；旅游收入2.08亿元，同比增长26%。

【农　业】 主导产业：1.粮蔬产业。2017年，全镇粮食蔬菜种植面积10954亩，产量5180吨，全镇现有种粮大户7户种植面积600余亩。2.水果产业。现有桃子323.3公顷，产量3500余吨。蓝莓、火龙果、猕猴桃、红美人柑橘、覆盆子等33.3公顷。3.白莲产业。通景公路沿线的白莲种植基地120公顷，实现了游客观光旅游和农民增收致富双重效应。特色产业:处州蜂业产品有土蜂枇杷蜜、绿谷土蜂蜜、洋槐蜂蜜等7种，年销售额350万元左右，锋鱼农业，现已经量产优质溪鱼1.5万公斤左右，主要有石斑鱼和马口鱼，以及鸡年产10000只左右，年产值300万元左右；申屠丽尧，种植红美人、春香柑橘4.67公顷，春美早熟桃基地4.67公顷、养殖有诺比亚黑山羊240头左右，年产值230万元左右；清水小龙虾，龙虾年产值约53.3斤/公顷，平均20元/斤，年产值180万元左右。畜牧工作:保留三家已引进异地发酵床技术的规模养殖场，现有存栏3300余头，出栏2000余头。全年累计完成肉类总产200余吨，禽蛋总产量20余吨。畜牧业产值1000多万元。

【文化旅游】 红色文化为主题的旅游之路，全年共接待游客1万多人次，新屋南乡食堂接待游客3600余人，直接收入20余万元。投资300万元的历史文化村落保护利用一般村（新屋、梁村）的古民居修缮已竣工。同时，培育出了如青藤小院、凤凰山歌、畲歌嘹亮、汝南人家等一批独具特色的民宿体验点，年接待游客约10万人次，村旅游收入达600余万元。

【环境卫生整治】 “五水共治”：生猪散养整治完成数118户，完成率157.7%，全区排名并列第一；同时，组建12支治水铁军，当好“河小二”，参与莲都区组织的“激浊扬清、碧水莲都”行动，共清理河道沟渠398条，28590米，清理小池塘15个，镇区截污纳管工程基本完工。“三改一拆”：累计拆除112623.94平方米，完成率150.19%；在9月被中央环保督查整改的曳岭脚砖瓦厂顺利拆除。截至12月底,存量违章处置登记申报990户,累计处罚108户,金额167.28万元。综合整治:组建14支党员志愿者队伍,每周一集中提升镇区、村庄、河道的环境卫生,共组织行动50余次(参加区里组织的大型主题活动6次,如:我为丽水助助力、我为丽水洗把脸等),出动人员4548人次,清理垃圾81.4吨,清理牛皮廯396处,全镇12个行政村都插上洁净村红旗。

【项目建设】 依托小城镇环境综合整治,整体布局提升镇区建设,目前11个项目已全部开工,已完成工程量的40%;啃下5个(大片、黄桂、金桥畈、高畔、沙溪)地质灾害点治理硬骨头;基本完成沙溪、新屋美丽乡村重点村建设。完成红桥加油站土地征迁出让、风情一条街、梁村古民居土地征迁、清场;完成沙溪至新屋道路拓宽提升,做好黄兰至黄弄、丁公村至小黄弄村道路拓宽及硬化项目前期。宣平溪流域治理、赤坑水库清淤等项目建设正在有序推进中。2017年,老竹畲族镇项目总数105个,其中政府投资项目70个,总投资约11630万元;村级投资项目35个,涉及8个村,总投资约820万元。

【民生工作】 社会管理:全镇共出生210人,计划外10人,计生率95.24%。 共有低收入农户987户1313人,农医保征收人数达到11293人;养老保险征收人数3546人;新增避灾中心8个,新增居家养老服务中心11个,开设全区首个村级居家养老日间照料服务业务。全镇现有残疾人723人,享受重残低保199人,全年走访慰问困难党员群众数58人。同时,致力于国防,为部队输送优质兵员5人,其中大学生4人。社会稳定:共收到来信来访信访件58件,其中来信来访规范流程答复自办13件,来电、网信等直接回复45件。开展东西岩景区林权归属、水库移民等信访积案化解,靠前有效化解民师、参战老兵信访事件,签订息访承诺书9份,全年司法调解127件,镇派出所刑事拘留犯罪嫌疑人17人,起诉16人,治安处罚53人,营造和谐向上的氛围。农村土地确权工作:截至2017年1月14日,完成公示签字核对工作1721户,完成率51.22%,签字率在全区二标段排名为第三,综合排名第二。便民服务:抓住"最多跑一次"改革和"四个平台"建设,梳理责任、权力清单,搭建综治工作、市场监管、综合执法、便民服务等窗口,发挥全科网格员作用,着力推动一站式服务,实现"最多跑一次"。截至目前,累计受理1958件,已办结1958件,办结率100%,制发办事指南500余本。

【清廉政府】 意识形态建设:组织开展"我们的节日"系列活动182次,每月组织各文化礼堂村"星期日"活动,组织开展乡村春晚,开展助力文明创建送文艺下村巡回演出、喜迎十九大"唱红歌"活动等。廉政建设:2017年,老竹畲族镇创新举措,筹划部署老竹畲族镇村级小额工程项目招投标程序规范化,印发《莲都区老竹畲族镇小额项目招投标管理办法(试行)》,各个环节条线清晰、协作高效,进一步扎牢防止农村干部腐败的笼子。截至年底,已有5个村7个小额工程项目招投标在老竹畲族镇招投标中心完成,项目总金额132.7万元。

老竹畲族镇各行政村基本情况表

表15

村名	总户数(户)	总人口(人)	村民小组(个)	耕地面积(公顷)	其中		林地面积(公顷)	山林面积(公顷)	村集体经济收入(万元)	人均收入(元)	村双委成员(人)	党员数(人)
					水田(公顷)	旱地(公顷)						
曳岭脚	669	1714	14	117.7	73.33	11.07	526.67	525.13	3	9500	8	68
榴 溪	575	1303	14	88.87	75.33	13.53	366.27	362.00	—	8600	5	53

续表15

村 名	总户数(户)	总人口(人)	村民小组(个)	耕地面积(公顷)	其中		林地面积(公顷)	山林面积(公顷)	村集体经济收入(万元)	人均收入(元)	村双委成员(人)	党员数(人)
					水田(公顷)	旱地(公顷)						
新 陶	705	1440	14	112.20	68.80	43.40	695.60	653.27	5	9500	6	77
沙 溪	318	678	6	28.93	25.47	3.47	232.13	227.33	17	8500	6	35
老 竹	825	2110	13	66.80	54.87	11.93	161.67	194.60	25	10050	7	78
后 坑	465	1112	9	68.73	65.40	3.33	413.87	406.33	5	10427	6	53
周 坦	730	1630	10	131.07	104.40	26.67	620.20	583.33	4.8	12500	7	73
郑 丰	242	518	8	38.67	34.87	3.80	600.20	532.00	0.125	8000	6	19
梁 村	581	1332	9	100.27	61.80	18.67	25.73	389.40	5	7275	7	45
徐 庄	1059	2361	20	99.33	87.33	12.00	911.27	891.73	0.3	9864	7	88
丁 公	334	769	6	52.57	32.87	19.70	56.67	211.33	10.6	9800	6	37
赤 坑	547	1146	16	59.80	46.47	13.33	1012.40	968.80	4	9537	7	48
工 办	—	—	—	10.67	—	10.67	—	—	—	—	—	5
非 农	—	—	—	—	—	—	—	—	—	—	—	—
合 计	7050	16113	139	975.61	730.94	191.57	5622.68	5945.25	79.825	113553	78	674

丽新畲族乡

【概　况】 2017年，丽新畲族乡总面积83.22平方千米，辖9个行政村、67个自然村，106个村民小组。全乡总户数4742户，总人口10733人，有外出人口4497人。人口自然增长率3.23‰。全乡山林面积6804.6公顷；耕地面积570.77公顷；粮食播种面积675.53公顷，总产量0.3258万吨，同比增长7%，农业总产值增长8.2%。财政总收入3520.65万元，增长25%，其中，地方财政收入83.53万元，农民人均纯收入19656元。

丽新畲族乡各行政村基本情况表

表16

村 名	村域面积(公顷)	户数(户)	人口(人)	农村经济总收入(万元)	农村经济总费用(万元)	农村经济净收入(万元)
上塘畈	342.22	449	1008	22.81	39.99	-17.18
黄弄	546.58	635	1457	28.07	34.22	6.15
咸宜	460.95	638	1524	16.95	17.66	-0.71
畎岸	633.90	938	2137	39.42	52.61	-13.19
黄岭上	1307.69	553	1260	19.19	16.05	3.14
山村	695.83	275	645	15.45	9.47	5.98
马村	335.66	342	727	18.39	35.8	-17.41
白岸口	1527.10	507	1124	20.06	22.11	-2.05
吾赤口	2049.65	405	851	38.27	31.99	6.28
合计	7899.58	4742	10733	—	—	—

2017年，全乡有上塘畈、山村、咸宜3个民族村，畲族人口主要分布在上塘畈、山村、咸宜、黄岭上、白岸口等6个行政村的18个自然村，其中上塘畈村共有畲族人口占全村总人口的95%，称为“浙江畲族第一村”。

【农业产业】 先后引进浙江大德经济林苗科技有限公司、丽水安邦护卫有限公司，在黄弄、咸宜等村建立生态中草药种植基地、生态循环农业基地，共流转土地100公顷，实现农民收入的大幅提升。帮扶解决湖羊养殖基地等农业企业的突出问题，乡属区域的各个农业企业实现了平稳发展。开展农村土地承包经营权确权颁证工作，农村产权制度工作有序推进。

【工业产业】 全乡共有工业企业12个，均系规模以下企业。分类为水电站7个，砖厂2个，蓄电池隔板厂1个，木制品厂1个，轴承厂1个，各企业生产经营情况正常。截至12月底，全乡实现工业总产值5020万元，与去年同期有所增长，完成年度考核任务4700万元的106.8%。实现工业增加值985万元，与上年同期有所增长，完成考核目标890的110.7%。

【民宿旅游】 以小城镇环境综合整治为契机，在项目建设中植入畲族元素，畲乡风情进一步凸显，为下步民宿旅游业的发展夯实了坚强的基础。启动了咸宜占湾特色村寨外立面项目，完成了工程量的80%。完成了畎岸村AA景区和吾赤口A级景区村庄的申报创建工作。民宿、农家乐等第三产业继续保持稳定发展势头，以黄弄小学旧校舍为基础的田园风民宿项目正在建设中。

【村庄综合整治】 投资1400余万元，开展小城镇环境综合整治工作，畎岸村取得较大变化，获得市、区领导的一致肯定，并顺利通过省级验收。以全面文明城市创建为契机，对村庄的“六乱”进行全面整治，村庄的环境面貌有了较大的提升。以动真格碰钉子的正气，推进“三改一拆”工作，全年累计整治蓝色屋面21处4399平方米；拆除违法建筑面积34881.21平方米；完成既有违建处罚共计61203.23平方米，处置金额215.26万元。继续强力推进“洁净村居”工作，9个行政村均夺取洁净村居“考核先进村”红旗，实现满堂红。完成了丽武公路沿线黄弄、咸宜、畎岸等3个村的房美项目。

【基础保障】 按照“项目为王”的理念，全年共谋划项目71个，并一一落实班子成员联系项目，先后完成了完成白岸口、畎岸、咸宜、吾赤口、黄岭上等村的饮用水改造项目，惠及1200余人；完成吾赤口村垦造水田项目，新增水田1.81公顷；完成畎岸村上湖田拍卖地块二期室外基础设施建设；徐岸自然村旧村改造工作顺利推进，42户农户已启动建房。扎实推进政策处理工作，顺利并提前完成了宣平溪流域综合治理工程（丽新段）、白岸口电站配套用房土地等项目的政策处理工作。

【污水治理工作】 全年完成治污工程共2.3万立方米，池塘治污5处0.8万立方米，河道治污5.3公里1.2万立方米，渠道治污8公里0.3万立方米。建立治水铁军队伍10支，先后开展20余次集中剿灭劣V类水活动。完成散养生猪治理70户329头，人居环境得到明显改善。完成全乡9个行政村农村生活污水治理项目验收，并全部纳入社会化运维管理。连续开展36次“激浊扬清，碧水莲都”全民剿劣v类清淤清河大行动，全面完成全境剿灭劣v类水任务。

【生态环境保护】 落实“河长制”，水质有明显提升，其中宣平溪流域水质常年保持在二类水质标准。全年清理松材线虫病枯死木2866株，松材线虫病防治面积达194公顷。启动黄弄、马村垃圾资源化利用中心建设项目，启动生活垃圾分类试点工作。高标准完成中央和省级环保督察迎检工作，中央、省委督察组交办的3个信访件全部办结。拆除黄弄、咸宜两家违章砖瓦厂，治气工作取得明显成效，空气质量明显得到改善。

【扶贫工作】 完成全乡636个贫困户、847个低收入农户的数据更新和信息化系统完善工作，积极争取省级重点扶贫资金68余万元。申报省级产业发展补助资金150余万元，收益人口达3000余人；实施国家“雨露计划”，补助5人共15000元。全面完成了全乡38户C级、40户D级危房鉴定工作，并启动治理工作。全年共发放低保金、救助金、优抚金等共计245万元，惠及群众491人，达到全乡人口比例的4.6%。完成老年人信息采集工作，共采集信息2173人，及时掌握辖区内老年人生活水平。

【维稳工作】 完成村委会换届选举工作，实现按期换届、优化结构、确保稳定、促进发展的工作目标。落实社会治安综合治理领导责任制，针对排查出来的重点稳控人员、一般稳控人员，分别落实责任人员，制定稳控措施，完成重点时期的安保任务。全年共受理来电来访等各类信访案件35起，答复率100%；成功化解信访积案9件，妥善解决了咸宜砖瓦厂民工欠薪案、黄弄砖瓦厂民工欠薪案。

【社会事业】 重视畲族文化的传承和保护，在丽新民族小学开设校本课程，对学生进行畲族语言、文化、传统体育活动教学。乡卫生院落实责任医生到村开展服务，群众健康检查、医疗咨询更加便利。开展文艺下乡演出活动，全年组织文艺演出、春晚20多场，观众人数达10000多人次。加强人武工作，圆满完成区人武部下达的征兵任务，4名合格青年应征入伍。做好城乡居民基本医疗保险、城乡居民养老保险、农村政策性住房保险等参保缴费工作，其中城乡居民基本医疗保险7698人。关心移民工作，畎岸、咸宜两个村移民的人居环境有了明显的提升。

【政府效能】 以推进“最多跑一次”改革和“四个平台”建设为抓手，提升政府的办事效能。建立了“一窗受理，集成服务”的便民服务平台，审批事项效率得到了有效提升。整合基层社会治理各类网格资源，组建了全科网格员队伍，建成了综合信息指挥室。强化干部的教育、培训、管理，切实转变干部工作作风，提高干部队伍的整体素质。接受新闻舆论和社会公众监督，推进政府信息公开工作，提高政府工作透明度。落实党风廉政责任制建设，构建教育、制度、监督并重的惩防体系，完善政府采购、工程招投标、公车管理、公务接待等制度，建立村级小额工程招投标制度。

（雷丽娟）

黄村乡

【概　况】 2017年，黄村乡总面积129.06平方千米，辖11个行政村、62个自然村、142个村民小组。全乡总户数5547户，总人口11845人，其中，农业人口,11419人、非农人口346人，外来人口80人。人口自然增长率4.62‰。耕地面积348公顷，其中水田面积204.4公顷；山林面积7391.2公顷。

全乡实现工业销售产值2728万元，比上年增长14.3%；农业总产值8801万元，增长2.74%。财政总收入3393万元，财政总支出3512.86万元。上缴国税、地税599.07万元。农村农民人均可支配收入19167元，增长10.1%。

乡所属工业企业共有21家，其中大部分为小水电；新增8家电站，一家光伏科技公司，努力探索消薄增收新渠道。全乡企业职工共有79人，工业总产值2728万元，比2016年增长14.3%。

全年粮食播种面积213公顷，粮食总产量937.9吨；承包耕地面积369公顷，其中流转面积132公顷。农民专业合作社11个，成员数420户，家庭农场5家。顺利完成人工造林2公顷，中幼林抚育333公顷，开展义务植树5000株；年出栏生猪、牛、羊731头、家禽5091羽。全年动物防疫0.4万头次、家禽免疫1万羽，免疫率100%。

农业规模化、生态化发展进一步提高。发展生态农业种植10公顷；举办郑村白茶节等农产品节日活动，黄村生态农产品的影响度进一步提高。和垟茭白、池岭高山蔬菜等农产品成功对接电商销售平台，分别与“菜篮子”、绿盒、莲城宾馆等签约订单销售。加大科技投入，培训新型农民103人，举办科技培训2期。

乡村生态旅游环境进一步提高。黄泥墩岩头沙滩旅游开发项目已完成规划；皂坑古民居修缮工作基本完成；黄泥墩小处村发展民宿示范村，推进村庄环境大整治，拆除危旧房、违章建筑1000多平方米，开展沿线环境整治，民房墙体立面改造，景观点修葺等。推进“花样农家”、“美丽庭院”等创评工作；推进“六边三化三美”“五水共治”“三改一拆”、洁净村居等工作，落实河长责任制，坚持每周一全民保洁日活动，组织活动44次，参加人数5720人次，清理垃圾88吨，清理乱堆放484处。和垟、黄村、皂坑等11个村全部创成流动红旗村，其中黄村村被评为2017年第一洁净镇区村，乡村生态环境得到明显改善。

农村基础设施建设进一步完善。严溪流域黄村段综合治理工程投资185万元，整治河道长753.6米，项目已完工。天堂村陈坑黄山头家庭农场节水灌溉工程已完工验收，完成黄村村的饮用水改造提升工程。完成除戈剳村外，其他村的生活污水建设。争取一事一议项目资金，黄村办公楼新建项目已进入设计阶段。

民生保障体系进一步完善。全年参加城乡居民基本医疗参保7908人，参保率66.8%。开展困难群众帮扶工作，帮扶低保户320户772人，发放低保金130余万元，重度残疾户118户118人，发放低保金80余万元。开展医疗救助活动，全年共对132名因患大病、重病的对象进行了救助，共发放医疗救助款76余万元。安排各类救灾救济金和慰问金共计12万元，上报临时救助76人，发放临时救助16万元，所有资金及时发放到困难户手中。

安全生产管理责任进一步落实。落实安全生产和食品安全责任制，2017年共举办了六期食品安全监督员培训学习会，并邀请区市场监督管理局、黄村卫生院等相关领导来乡授课。认真组织安全生产事故防范宣传，开展“安全月”活动，共分发宣传资料300份，悬挂宣传条幅18条，在森林防火、入企检查工作中认真开展安全生产宣传教育活动。

2017年度荣获莲都区2017年度工作责任制考评综合优胜单位。

黄村乡各行政村基本情况表

表17

村名	面积（平方千米）	户数（户）	人口（人）	农民人均可支配收入（元）
合 计	129.06	5414	11845	19167
黄村	28.059	1332	2639	—
黄泥墩	10.957	512	1105	—
戈剳	10.14	532	1066	—
和垟	7.158	303	660	—
天堂	8.606	263	660	—
池岭	6.019	284	718	—
郑村	10.202	272	687	—
严鸟	20.539	717	1685	—
汇村	10.899	565	1207	—
皂坑	11.769	314	660	—
金鸟	4.715	320	758	—

【“六三三”工作】 出台《黄村乡“六边三化三美”工作考核办法》和《黄村乡“六边三化三美”工作经费使用管理办法》，明确制度管理，建立长效管理办法。党员干部带头全员发动，开展拆除乱搭建、整理乱堆放、清洁河道、美化田原、清除旱厕、整治坟墓等行动。组织全域保洁活动52次、6420人次参加，清理各类垃圾1200多吨，清理乱堆放656处，完成上级交办点位480个。

【“五水共治”工作】 落实河长包干河道管、治、保“三位一体”职责，继续推行建筑垃圾保证金制度。做好禁止畜禽散养管理工作，加大入户宣传，联合多部门开展执法检查，严控水源保护区畜禽散养。除了戈割村，其他村的生活污水建设已全部完成。开展农村生活污水治理项目运营维护管理。

【“三改一拆”工作】 全乡共拆除各类违章建筑3.8万多平方米，拆后利用率达到80%以上；“既有违建”处置测量795户约19万平方米，2017年共处罚67户1.5万平方米，收罚金728029.15元。出台《关于黄村乡加强农村建房管理有关规定》文件，明确村干部和驻村干部的职责，每周巡查并上报本村违建情况，及时掌握违建动态。创新节点管控新方式，既执法干部基础放样到场、基础浇筑到场、楼层结顶到场，严控新违建情况的发生。

【文明城市创建】 坚持以“认准目标不放松、决战决胜”为目标，全力备战创建全国文明城市。在乡班子人员调整后，及时调整了文明城市创建工作领导小组，实现人员调整而工作无缝对接，将工作任务和责任清晰地分解到各线分管领导、驻村干部，做到人人肩上有担子，任务件件有人管。开展宣传引导，以小城镇文明行动和全国文明城市创建为契机，营造铺天盖地的浓厚创建氛围。共发放宣传单、宣传品2000余份，设置户外宣传画270余处，社会主义核心价值观标语11个行政村全覆盖。结合小城镇综合环境整治及“三改一拆”“六三三”“五水共治”等活动，开展一整治、二保洁、三美化，使乡村环境干净、整洁、有生机。

【电子商务工作】 2017年完成销售额500万元，培训人数100多人，新成立农村服务点2家，出台《黄村乡产业扶持脱贫实施方案》，激励电子商务产业的快速发展。联姻浙江绿盒、菜篮子等生鲜农产品销售平台，池岭高山蔬菜、和垟茭白、严鸟土面等一批农产品成功签约电商平台，并取得良好的销售业绩。

【乡村文化建设】 坚持抓好文化礼堂、村级文化活动室、乡村戏院、农家书屋、天天乐示范点等建设工作。成立文化市场巡查领导小组，对乡文物、非物质文化遗产进行保护，做好宣传、展览、申报非物质文化遗产名录等工作。开展了周日故事会、村晚、重阳敬老活动等一系列文化活动。

【民生保障工作】 帮扶低保户320户772人，发放低保金130余万元，重度残疾户118户118人，发放低保金80万余元。开展医疗救助活动，全年共对132名因患大病、重病的对象进行了救助，共发放医疗救助款76余万元。安排各类救灾救济金和慰问金共计12万元，上报临时救助76人，发放临时救助16万元，所有资金及时发放到困难户手中。全年完成坟墓整治备案635座，防止青山白化现象的蔓延，开展骨灰跟踪制管理，严把审核关，全面规范生态殡葬管理。

【养生农业发展】 推进池岭村高山蔬菜、和垟茭白、郑村白茶等一批特色养生农业基地的发展，引导农民开展自制有机肥料种植，减少农药化肥的使用，提高农产品质量。利用微信、微博、网络、媒体等平台开展养生农产品宣传，举办郑村白茶节、和垟茭白节等活动，扩大养生农产品知名度。为农户联系电商、宾馆、专营店等销售平台，拓宽农产品销售渠道。

【基础设施建设】 截至年底，除戈割村，其他村的生活污水建设已全面完成。新批和危旧房改造60户、困难群众房屋修缮11户。

【住村联心工作】 推进“三天两夜”制度和“组团夜访服务”活

动，加强干部住村情况督查，建立健全住村联心工作考核制度。开展走访工作，全年共计走访农户1576户，其中，离任村干部、党员、村民代表、困难户等重点对象全部走访了1次以上。督促干部记好《住村工作日记》，每月定期交乡主要领导审查，及时指出记录中存在的问题，确保日记记录详细、规范。

【基层队伍建设】 按照“八个好”的要求，实施“整乡推进、整县提升”工作，乡党委严格落实农村基层党建工作责任，严格执行中心组学习制度、干部夜学组团服务制度，开展干部下村走访大调研活动，全年组织乡干部学习900余人次。完成2017年度“四评议三承诺”工作和农村党员先锋指数评定和基层党组织评星定级活动；党员发展程序，严把入口关，全年共新发展党员15名，打造示范型基地3个，提升型7个，基本型1个。

【农村产权改革】 推进农村确权颁证，土地流转经营权证颁证7本、新增农村产权公开交易数7宗、完成任务数的100%。完成土地确权的指界认定、户籍信息、第一轮公示。推动产权抵押贷款，推进土地经营权、林权、农房抵押贷款工作，林权抵押1800万元，土地抵押200万元、农房抵押700万元。建立健全“农合联”组织，推进“三位一体”助农发展，建立“农合联”组织，吸纳会员51名，成功召开第一届理事会。

（陈阳）

文件选编

中共丽水市莲都区委
关于推动首善担当创一流的若干意见

莲委发〔2017〕27号

各乡镇党委，各街道党工委，区直各单位党委(党组)：

首善担当创一流既是目标，也是任务，更是落实区第十四次党代会精神的必要之举，对于新一届区委区政府开好局、起好步，为实现“一个率先、两个提升、三个迈进”奋斗目标打好基础具有重要意义。为深入推动首善担当创一流，现提出如下意见：

一、重要意义

1.形势所迫。当前，我国的经济发展、从严治党、社会治理等都已进入新常态。新常态是一场新考试，考验驾驭市场经济的智慧，检验掌控复杂局面的本领，更体现干部的水平、责任和担当。必须清醒看到，面对新常态，全省、全市各地主动出击，以亮剑精神奋力赶超，竞争态势更加激烈。近年来莲都各项工作取得了长足进步，但莲都发展还任重道远，干部担当干事生动局面未真正形成。唯有正面形势，克难攻坚，奋勇争先，才能推动新一轮发展、在经济提速换挡中不掉队。

2.发展所需。省委提出要打造全面小康标杆省份；市委提出要勇当全国绿色发展的探路者和模范生；区委提出要在全市率先高水平全面建成小康社会，争当全国县域绿色发展模范生。面对宏伟目标，作为全省经济后发“26县”之一、市委市政府所在地，省委对莲都发展更加关切，市委对莲都的希望更加殷切，我们争创一流的意识要更加迫切。务必以“首善担当创一流”的勇气，务实干事、激情创业，不断提升区域经济实力和竞争力。

3.民生所盼。随着社会发展和人民生活水平的不断提高，老百姓已从“盼温饱”到“盼小康”，从“求生存”到“求福祉”。莲都当前经济总量、居民收入、社会保障、基础设施、优质教育、先进医疗、地质灾害防治等与群众期盼还有差距，任务较重，压力不小。要承载起民生期盼，落实好政府担当，必须躬身为民谋福祉，最大程度提升老百姓的幸福感、满意度和获得感。

二、总体要求和基本原则

4.总体要求。推动首善担当创一流，要迅速掀起新一轮比学赶超、争创一流的热潮，进一步激发干部干事创业激情，争当生态文明标兵、绿色发展先锋、强区富民示范。一是首位意识更强。清醒认识莲都的历史方位，找准坐标，找对路径，树立战略思维，既主动服从服务全市发展大局，更积极谋深谋实莲都发展格局，不仅要有心往一处想的大局意识，更要有劲往一处使的实际行动，切实扛起在全国领先实现、在全市率先实现高水平全面小康的大旗，以“理应如此”的担当，体现“尤为如此”的示范。二是首善标准更高。更加深刻认识“市区一家”，不断强化争先进位意识，顺应趋势、强化担当、精准定位、善作善成，各项工作都要以最高的标准和要求去谋划、去推进、去落实，做到作风更加严谨，工作更加细致，措施更加有力，充分展现莲都干部干事创业的高水平、高品位和高质量。三是首创精神更足。更加重视和尊重基层创新、体制建设，像巧媳妇一样精明持家，力戒形式主义，反对官僚主义，崇尚实干主义，做到效率与效益并重，敬业与尽力并举。

5. 基本原则。一是坚持问题导向。要瞄着问题去，追着问题走，碰到难题敢于破解，遇到矛盾主动化解，切实加强薄弱环节，补齐短板，努力开创事业发展新局面。二是坚持目标导向。要紧紧围绕区第十四次党代会确定的奋斗目标，认清“历史方位、工作定位、价值地位”三件事情，回答“全市业内排名、区内贡献排名、今后发展定位排名”三大问题，以目标倒逼工作推进。三是坚持结果导向。要以实绩论英雄，把工作成效与领导班子考核评价、干部选拔任用、干部绩效奖励相结合，切实解决干与不干一个样、干好干坏一个样的问题，让满怀激情、勇于担当的干部有舞台，让“太平官”“逍遥官”“滑头官”没有市场。

三、突出“五问”

6. 一问“战略思维强不强”。是否有：缺全局观，思考问题站位不高、视野不宽，谋划工作“自弹自唱、自娱自乐”；缺核心观，不了解区委区政府工作的兴奋点、突破口，干工作只顾自己“一亩三分地”；缺历史观，没有“功成不必在我”的胸怀，推进工作只顾眼前，不顾长远，急功近利，作表面文章，搞形式主义。

7. 二问“推进工作优不优”。是否有：工作定位不清，不知道哪项工作最优、最特、最差，哪些工作在省内、市内有地位，稀里糊涂干工作，不善于在全市、全省、全国的大格局中找标杆、定目标；统筹能力不强，不会“弹钢琴”，抓点丢面，抓小失大；协调左右不够，乡镇(街道)之间、部门之间、乡镇(街道)和部门之间以及各项工作之间没有有效衔接，合力不强。

8. 三问“工作作风实不实”。是否有：干事不实，沉不下心来干工作，心浮气躁，干事蜻蜓点水、走马观花，看不到问题，拿不出硬招实招；要求不严，缺乏精品意识，不够务实严谨，应付差事，差不多就行；韧劲不足，干工作三分钟热度，前紧后松，虎头蛇尾，迟迟打不开工作新局面。

9. 四问“创新能力足不足”。是否有：新知识学不好，主动学习意识不强，尤其不善于学习研究和应用新生事物，对知识恐慌和本领危机没有感觉；新亮点创不出，习惯于听鼓下锣、被动服从，主观能动性较差，创新性办法不多、创新性典型不够；新形势适应不了，因循守旧、不思进取，习惯于用老眼光看待新事物、用老办法解决新问题。

10. 五问“担当意识够不够”。是否有：喜欢搞和气，不敢抓、不敢管，“栽花”多，“种刺”少，习惯当“太平官”“逍遥官”；喜欢“踢皮球”，对待工作拈轻怕重、挑肥拣瘦，不敢较真碰硬，遇到矛盾往上交，出了问题向外推；喜欢“挂空挡”，干劲不足，精神懈怠，不思进取，推着干、看着干，多一事不如少一事。

四、聚焦重点

11. 聚焦市区一家，打好服务市区主动仗。“一市一区”是莲都最鲜明的特色，在融入市区、服务市区、发展市区中，要体现莲都的主动、莲都干部的担当。要把政策处理作为考验干部担当的试金石，健全完善征收工作体制机制，增强市区合力、区内合力，持续推进依法征收、阳光征收、和谐征收，确保市区重点建设项目无障碍推进。要积极响应全国文明城市创建“集结号”，全面加强城市管理与服务，推进智慧城市建设，完善综合行政执法体制，统筹推进“六乱”整治、环卫保洁、交通治堵、农贸市场整治提升等工作，打造“小荷”志愿者、幸福社区、96345等亮点品牌，为创成全国文明城市发挥“主力军”作用。要以我市“建设更高水平的平安丽水、打造全国最平安城市”为坐标，找准方位和定位，以责无旁贷、义不容辞的使命感，坚持共建共融共享理念，努力提供更多莲都素材、做出更多莲都贡献。

12.聚焦实体经济，夯实产业培育基础桩。实体经济是社会财富的源泉，在强区富民的征途中要体现责任担当，激发干事激情。要以“功成不必在我”的气魄，提振生态工业，积极推进“腾笼换鸟”，破题高溪低丘缓坡区块开发利用，加快莲都—义乌山海协作产业园建设。要以强烈的市场导向发展生态精品农业，深化农业供给侧结构性改革，推进生态循环农业示范区创建，尤其要做好农产品转化为旅游地商品这篇文章，让好产品卖出好价钱，促进农业增效、农民增收。要坚持“唯实务实、精准施策”原则，推进古堰画乡创5A、东西岩景区提档升级，有序发展民宿（农家乐），丰富旅游产品结构，提升旅游服务水平，积极创建国家全域旅游示范区。要牢牢树立“创新第一动力”理念，着力培育新兴业态，加快现代服务业发展，不断壮大城市经济。

13.聚焦福祉共享，唱响民生改善重头戏。全面小康的成色理应用民生标准加以检验。要牢记居民增收始终是头等大事，致力增加工资性、财产性、经营性、转移性四大收入，让居民口袋鼓起来。要积极顺应群众对社会事业发展的期待，在推进基础教育“三年攻坚”行动、提供优质便捷医疗服务、完善“五保合一”大社保体系、深化“文化惠民”工程上出实招、用实劲、求实效。要回应居民对基础设施改善的需求，突出综合交通、水利设施、能源保障、信息平台、防灾减灾等基础设施建设，加快南山互通至丽新公路、大大线莲都段改建、宣平溪流域综合治理和碧湖平原水系连通工程等重大项目建设，推动基础设施向农村延伸。

14.聚焦量质并举，牵牢项目制胜牛鼻子。项目是莲都发展之基。必须切实增强“项目为王、项目成就未来”理念，全力谋划项目，着眼产业、完善基础、看清趋势，谋划和包装更多生态环保、生态经济、基础设施、战略产业、民生保障等方面的大项目、好项目，建立数量充足、保障有力的重点项目储备库。要全力招引项目，按照“大小通吃、远近通吃、三产通吃、城乡通吃、内外通吃”原则，坚守生态环保底线，科学编制“产业地图”和“招商地图”，支持引入社会资本项目，优化投资结构。要全力推进项目，重点围绕抓落地、抓推进、抓投产三个环节，积极推行PPP项目投融资新模式，强化项目资金、用地、人才保障，确保项目按时有序推进。要坚持区领导领办项目，按照“一个项目、一个领导、一个责任单位、一个倒排工作计划表，一揽子抓到底”的运作模式，变“给我上”为“跟我上”，带领干部齐上项目一线。

15.聚焦争先进位，挥好绩效考核指挥棒。科学的绩效考核是推动首善担当创一流的有效之策。必须坚持改革创新，营造比学赶超、创先争优浓厚氛围，让干部自觉、快乐、高效工作。要层层传导考核压力，坚持复杂问题简单化，按照“基础保质保量、全局贡献加分、全局添乱扣分”的原则，推进年度综合考核改革，优化考核评价体系，加强考核结果运用，使考核与单位奖励挂钩，与干部任免挂钩。要持续固化工作载体，围绕全区中心工作，以运动战形式推进各项专项行动，组织开展干部履职实绩大比拼，真正提振干部士气。要建立容错纠错机制，鼓励党员干部大胆去试、放手去干，免去“真改革者”后顾之忧，激活莲都创新创业基因。

16.聚焦内生动能，提升发展环境竞争力。环境是竞争力、生产力、吸引力。要着力优化生态环境，全力打好“拆治归”组合拳，落实源头严控、过程严管、恶果严惩的环境监管机制，开展小城镇环境综合整治，实现大地常绿、空气常新、碧水常流、土壤常净，将生态优势转化为经济优势、后发优势、招商优势。要着力优化人文环境，大力弘扬志愿服务精神，加强社会诚信建设，传播好故事，唱响主旋律，凝聚正能量。要着力优化创业环境，围绕“实业强区、实干富民”，正确处理好政府与市场的关系，以“最多跑一次”为目标，推进“放管服”和“四张清单一张网”改革，实现政府从管理者向服务者转变。

五、组织保障

17.加强领导。各乡镇（街道）、部门要高度重视推动首善担当创一流的重要性，主要领导为第一责任人，亲自抓部署、抓督查、抓落实。各级领导干部特别是党政“一把手”要以自己的模范行动引领和带动广大干部群众。各级党组织要切实加强指导和检查，督促各项工作落实。

18.营造氛围。区新闻中心、处州晚报专版、莲都发布公众微信号、区委办报道组、信息科、信息中心要及时宣传推动首善担当创一流的意义，全面激发干部群众干事创业热情；要总结推广各级各部门的好做法好经验，跟踪报道一批先进典型，形成首善担当创一流良好风气。

19.注重实效。推动首善担当创一流的目的在于真正解决问题，有效推动工作。要把首善担当创一流与干部群众的思想、工作和生产实际紧密结合，深入查找和剖析突出问题，认真落实整改措施，使承诺的目标任务明显见成效。各单位承诺兑现情况作为年度绩效考核的重要依据。要把群众的热情引导到工作上去，掀起干事创业、争创一流的热潮，确保各项任务的顺利完成。

中共丽水市莲都区委

2017年3月23日

关于建立乡镇（街道）“组团下访”工作机制推进服务型基层党组织建设的实施意见

莲委发〔2017〕64号

根据《中共丽水市莲都区委关于从严加强干部队伍建设打造首善担当创一流莲都铁军的决定》（莲委发〔2017〕26号）要求，为打造莲都“住村联心”的升级版，深入推进服务型基层党组织建设，经研究，决定在全区各乡镇（街道）建立“组团下访”工作机制。

一、指导思想

坚持以“八八战略”为总纲，深入开展“两学一做”学习教育常态化制度化，积极探索新时期践行党的群众路线的有效途径，通过将“组团下访”与“住村联心”“乡会村开”“十个一”等工作机制有机结合，不断改进干部工作作风，增强党员干部与群众的血肉联系，打通联系服务群众“最后一公里”，为实现区第十四次党代会提出的“一个率先、两个提升、三个迈进”总目标提供坚强的组织保障。

二、主要内容

（一）走访内容

1. 宣传政策精神。始终坚持正确的政治方向，广泛深入地向群众宣传党在基层的路线、方针、政策，及时传达上级党委、政府的重大决策和重要会议精神，把群众的思想统一到党的决定上来，巩固党在基层的群众基础。

2. 谋划发展思路。积极出谋划策，协助村（社区）理清发展思路，指导村（社区）制定经济和社会事业发展规划，配合村（社区）落实好为民办实事项目。充分发挥自身优势，积极为联系村引进投资项目、农村适用技术项目和新产品项目，提供市场、技术、信息服务，实现“农民增收、集体经济增收”工作目标。

3. 督促工作落实。根据乡镇（街道）党（工）委、政府（办事处）阶段性工作重点，督促指导村（社区）抓好具体工作落实，按时完成各项任务。同时把推行“组团下访”制度与小城镇综合整治、大搬快治、项目政策处理和“最多跑一次”改革等重点工作相结合，推动重点工作顺利开展。

4. 促进社会治理。加强和创新农村（社区）社会综合治理，及时排查化解矛盾纠纷、化解积案，消除不稳定因素。督促做好联系服务群众制度的落实，定期安排集体走访重点户、困难户。正确处置突发事件，消除安全隐患，解决群众困难，梳导群众情绪，协调社会关系，促进社会公正，保持农村（社区）社会安定团结。

5. 指导党的建设。把全面从严治党的要求真正落实到基层，进一步加强农村（社区）党的建设，指导农村（社区）党组织规范执行“三会一课”、主题党日、组织生活会、民主评议党员等基本制度。突出经常性教育特点，把抓好农村基层作风巡查问题的整改，作为深入开展“两学一做”学习教育的有效载体，作为深化基层党风廉政建设的有效途径，发挥好基层党组织在从严教育管理党员中的应有作用。

（二）走访形式

乡镇（街道）党（工）委要按照“便于操作、利于实施，不影响农民（居民）生活、不影响农村生产”的要求，根据走访主题，结合工作实际，“组团”到村下访，实现“思路大家想、工作集体干、矛盾齐解决”。

1. 组建团队。坚持以问题为导向，以实际需求为依据。一般由党政主要领导或班子成员带队，安排住村干部参加；也可以根据行政村（社区）分片区组建团队，还可以根据不同阶段工作要求灵活组建专业性团队；需要职能部门帮助协调解决的，可邀请相关部门参团组队。

2.确定主题。利用住村（社区）干部平时走访掌握基本村情和主要问题，在夜学或干部会上讨论确定下访主题，预先安排活动方案，针对群众关心的问题，做好政策解说、发展思路等相关准备。

3.排好计划。统筹安排走访时间，实现“两个确保”，即：各乡镇（街道）确保每月安排一次以上“组团下访”，确保每年到各村（社区）开展一次以上集体走访。遇到需即时解决的问题也要根据工作需要，及时开展组团服务。

4.开展走访。根据计划安排，按照当地群众工作、生活规律，合理确定“组团下访”的时间、地点、方式，结合群众面对面的诉求，实施针对性的“问诊”“解困”。

（三）规范程序。各乡镇（街道）党（工）委对“组团下访”的工作实行动态跟踪检查，切实巩固集体走访成果，规范办理程序，要求在下访中由住村（社区）干部和村（社区）党组织书记汇报相关情况，明确存在问题和困难。要把清单管理贯彻始终，落实好问题清单，针对集中沟通交流和入户走访收集的群众意见和建议，梳理问题列出清单；落实好任务清单，根据面对面“组团下访”反映的问题情况，形成明晰的任务清单；落实好责任清单，根据任务清单进行责任分工，形成明确的责任清单。

要做好“组团下访”工作与“四个平台”建设、“最多跑一次”改革的有机融合，通过“一个中心”受理分解任务，通过“四个平台”协调解决问题，把“最多跑一次”落到实处，让群众有更多的获得感。能够现场协调解决的应立即组织协调解决；无法现场解决的问题应在3个工作日内，由组团领导牵头，及时召开群众反映事项交办会，落实办理责任部门和相关责任人员；责任部门自收到交办事项之日起，对紧急事项立即处理，对普通事项则于规定工作日内办理完结，并通过电话、公示、群众见面会等形式向群众反馈，做到办理细节群众知晓、办理方案群众支持、办理过程群众参与、办理结果群众满意；需要区级部门协助解决的问题，由领办班子与部门对接，定期回复群众；对于一些重大的历史遗留问题，重大发展和民生问题，由主要领导召集专题会议研究落实。

（四）开展回访。针对“组团下访”中群众提出的问题，领办的班子对群众要进行一次回访。已经办结的问题，现场回访群众对办理情况的满意度，了解是否存在办理不到位、需求不对称、引发新问题等情况。没有达到群众期望的不能销号；暂时不能解决的问题，要通过现场回访群众，做好政策说明和解释工作，争取群众的理解和配合；产业发展问题，要主动跟踪落实，做好服务，帮助群众把产业发展壮大。

三、工作要求

（一）强化组织领导。各乡镇（街道）党（工）委要把推行“组团下访”制度作为转变干部作风、熟悉基层情况、增进群众感情、推动基层工作和打造莲都“铁军”的有力措施，切实加强领导，务求工作实效。乡镇（街道）党（工）委书记要承担起第一责任人职责，建立强有力的工作推进机制，及时研究部署落实，并确定相关分管领导具体抓，其他班子成员共同参与，真正做到分工明确、责任到人。

（二）强化工作考核。区委将对各乡镇（街道）落实“组团下访”情况进行定期或不定期督查，把“组团下访”工作开展情况作为基层党建工作考核的重要内容，与目标责任制考核工作挂钩，并列入乡镇（街道）党（工）委书记年终抓基层党建述职内容。区委组织部承担牵头抓总职责，做好业务指导和绩效评议工作。各部门要把联动服务作为一项重要职责，帮助基层群众解决好实际问题。各乡镇（街道）要充分结合实际，根据本地的工作重点和村（社）情民情制定具体实施方案，每年年底前报送下一年度实施方案至区委组织部备案

（2017年实施方案于10月底前报送）。建立下访台账定期报送制度，各乡镇（街道）要认真填写《组团下访登记表》（附件1）和《组团下访回访表》（附件5），每月底报组织部；每年12月31前将《组团下访统计表》（附件6）和年度“组团下访”情况工作总结报组织部。

（三）强化保障机制。各乡镇（街道）要为开展“组团下访”工作提供必要的保障措施，妥善解决干部下访期间生活问题，确保干部人身安全、交通安全，同时协调好干部业务工作与“组团下访”工作的关系，使干部有更多的精力开展“组团下访”工作。“组团下访”期间，要千方百计为群众排忧解难，自觉做到不增加基层负担，严格执行中央“八项规定”精神，自觉遵守省委“六个严禁”要求，带头树立良好风气，展示莲都铁军的过硬形象。区委坚持树立重基层的用人导向，从政治上、工作上、生活上关心关爱干部，在“组团下访”工作中发现干部、考察干部，加大从“一线”选拔使用干部的力度。各部门要注重总结和宣传好做法、好经验，充分发挥先进典型的示范带动作用，进一步营造开展“组团下访”工作的浓厚氛围。

附件：

1.乡镇（街道）组团下访登记表（略）

2.行政村（社区）问题清单（略）

3.乡镇（街道）组团下访任务清单（略）

4.乡镇（街道）组团下访责任清单（略）

5.乡镇（街道）组团下访回访表（略）

6.乡镇（街道）组团下访统计表（略）

（附件略）

中共丽水市莲都区委
关于高举习近平新时代中国特色社会主义思想伟大旗帜
奋力推进“城市共建经济共融福祉共享”的决定

（2017年12月13日中国共产党丽水市莲都区
第十四届委员会第四次全体会议通过）

莲委发〔2017〕73号

中国共产党丽水市莲都区第十四届委员会第四次全体会议，深入学习贯彻党的十九大精神，紧密结合省第十四次党代会、省委十四届二次全会、市第四次党代会、市委四届三次全会和区第十四次党代会以来的各项决策，对高举习近平新时代中国特色社会主义思想伟大旗帜，始终遵循“八八战略”总纲和“尤为如此”重要嘱托，奋力推进“城市共建、经济共融、福祉共享”作出了全面部署。

全会一致认为，党的十九大是一次具有划时代、里程碑意义的历史性盛会，是引领全党全军全国各族人民满怀信心为决胜全面建成小康社会、夺取新时代中国特色社会主义伟大胜利而奋斗的历史性大会，必将成为实现“两个一百年”奋斗目标和中华民族伟大复兴中国梦历史进程中一座光耀千秋的里程碑。党的十九大把习近平新时代中国特色社会主义思想确立为党必须长期坚持的指导思想，开辟了马克思主义中国化的新境界，实现了党的指导思想又一次与时俱进，对于党和国家事业发展具有极其重大而深远的意义。

全会强调，学习宣传贯彻党的十九大精神是当前和今后一个时期的首要政治任务。全区上下要坚决按照中央、省委、市委、区委的部署，迅速兴起学习宣传贯彻党的十九大精神的高潮，把思想统一到党的十九大精神上来，把力量凝聚到党的十九大确定的各项任务上来。要准确领会和把握党的十九大精神的思想精髓、核心要义，把着力点聚焦到习近平新时代中国特色社会主义思想是党必须长期坚持的指导思想上，聚焦到5年来党和国家事业取得历史性成就和发生历史性变革上，聚焦到作出中国特色社会主义进入了新时代、社会主要矛盾已经转化为人民日益增长的美好生活需要和不平衡不充分的发展之间的矛盾等重大论断的深远影响上，聚焦到贯彻落实党的十九大重大决策部署上，聚焦到以习近平同志为核心的新一届中央领导集体是深受全党全国各族人民拥护和信赖的领导集体上，聚焦到习近平总书记是全党拥护、人民爱戴、当之无愧的党的领袖上，高举习近平新时代中国特色社会主义思想伟大旗帜，自觉肩负进行伟大斗争、建设伟大工程、推进伟大事业、实现伟大梦想的历史使命，在以习近平同志为核心的党中央坚强领导下，奋力推进新时代中国特色社会主义在莲都的生动实践。

全会指出，习近平总书记在浙江工作期间，围绕浙江改革发展稳定的重大课题进行了一系列前瞻性思考和探索，作出了“八八战略”等重大决策，提出了“两山”“两鸟”等重要思想，在省域层面对中国特色社会主义进行了卓有成效的理论创新和实践创新。习近平总书记曾八次来到丽水，叮嘱我们坚决保护绿水青山，坚定绿色发展道路。特别是2006年7月29日，时任浙江省委书记的习近平同志在考察古堰画乡后，深切寄予我们"绿水青山就是金山银山，对丽水来说尤为如此"重要嘱托，告诫我们"守住了这方净土，就守住了'金饭碗'"。党的十九大就建设生态文明和美丽中国作出新的决策部署，"美丽"首次被写入强国目标，"绿水青山就是金山银山"写进十九大报告和党章，"人与自然和谐共生"纳入社会主义现代化建设新格局，"乡村振兴战略"上升为国家战略，为我们加快绿色发展提供了新的历史性机遇。哪里有绿水青山，哪里就是发展高地。全区上下要倍加珍惜习近平总书记在浙江工作尤其是到丽水调研时留给我们的宝贵财富，倍加珍惜十九大赋予我们的重大历史性机遇，认真落实省委"当好学懂弄通、做实笃行习近平新时代中国特色社会主义思想的排头兵"的要求，始终遵循"尤为如此"重要嘱托，奋力推进"城市共建、经济共融、福祉共享"，首善担当创一流，浓墨重彩开辟"绿色发展生态惠民"新境界。

一、总体要求和战略安排

区第十四次党代会提出了"一个率先、两个提升、三个迈进"总目标、"同心同向同力、共建共融共享、善谋善作善成"总要求和"城市共建、经济共融、福祉共享"总任务，完全契合党的十九大精神，符合省委"两个高水平"和市委"两大历史使命"决策部署。奋力推进"城市共建、经济共融、福祉共享"，是贯彻落实习近平新时代中国特色社会主义思想的实际行动，是满足人民群众日益增长的美好生活需要的目标追求，是莲都勇立新时代生态文明建设和绿色发展潮头的责任担当。

1. 总体要求。高举习近平新时代中国特色社会主义思想伟大旗帜，全面贯彻党的十九大精神，不忘初心、牢记使命，大力弘扬红船精神，始终遵循"尤为如此"重要嘱托，以"八八战略"为总纲，以"两山"重要思想为指引，围绕"打好五张牌，培育新引擎，建设大花园"新定位新要求，首善担当创一流，主动融入浙江(丽水)绿色发展综合改革创新区，着力建设纯美、实力、宜业、活力、安康的丽水大花园的"中心园"，奋力推进"城市共建、经济共融、福祉共享"，为决胜高水平全面建成小康社会、高水平全面建设社会主义现代化，夺取新时代中国特色社会主义伟大胜利、实现中华民族伟大复兴的中国梦、实现人民对美好生活的向往作出新的更大贡献。

2. 战略安排。根据党的十九大关于决胜全面建成小康社会和分两步走建成富强民主文明和谐美丽的社会主义现代化强国，以及省委奋力推进"两个高水平"建设、市委奋力高质量实现"两大历史使命"的精神，我区奋力推进"城市共建、经济共融、福祉共享"的战略安排是：

从现在到2020年，是高水平全面建成小康社会的决胜期。在提前一年在全市率先高水平全面建成小康社会的基础上，坚定实施科教兴国战略、人才强国战略、创新驱动发展战略、乡村振兴战略、区域协调发展战略、可持续发展战略、军民融合发展战略，厚植"秀山丽水、画乡莲都"生态优势，做好"特、富、美、安"四篇文章，完成融入"创新区"、建设"中心园"各项任务，生态涵养持续提升，"两山"转换通道初步打开，高水平全面小康得到人民认可、经得起历史检验。

高水平全面建成小康社会之后，要乘势而上、砥砺奋进，分两个阶段高水平全面建设社会主义现代化。

第一个阶段，从2020年到2035年，再奋斗十五年，与全省同步高水平基本实现社会主义现代化。生态经济成为区域发展的新引擎，城市首位度进一步提高，"中心园"更富意境，美好生活更有质感，成为"绿水青山就是金山银山"全国标杆、"美丽中国"的璀璨明珠和乡村振兴的国家示范。

第二个阶段，从2035年到本世纪中叶，再奋斗十五年，物质文明、政治文明、精神文明、社会文明、生态文明全面提升，社会治理体系和治理能力实现现代化，人民共同富裕水平大幅提升，建成最宜居、最宜业、最宜游城市，成为人人向往的最美“中心园”，在全国生态文明建设中处于领先位置。

二、牢固树立并践行社会主义生态文明观

牢固树立绿水青山就是金山银山的理念，顶格实施生态标准，严格推进生态治理，科学探索生态补偿，以生态“底色”描绘转型发展“绿色”。

3. 高标准推进生态治理和涵养提升。严格落实环境功能区规划、环保“三线一单”制度，创成国家生态文明建设示范区，确保市区生态环境质量和公众满意度全省领先。统筹山水林田湖草系统治理，实施重要生态系统保护和修复重大工程，提升整体生态涵养。全面保护生物多样性，提升森林、河流、湿地等自然生态系统质量和稳定性，完善国土生态安全保障体系。坚决守住耕地红线。推进绿化造林和以珍贵彩色林为重点的美丽林相建设，构筑更高水平的华东生态屏障。

4. 高要求打赢污染防治攻坚战。实施环境污染整治行动和“碧水蓝天”工程，完善生态基础设施，统筹推进“水、气、土、固废”治理和“大搬快治”，决不把污泥浊水、违法建筑、脏乱差环境和重大地质灾害隐患带入全面小康。全面深化河长制，巩固提升剿灭劣V类水成果，加强农村生活污水治理设施运维管理，强化水源安全保障。严格执行产业负面清单，实行更严格的节能降耗、污染物排放和总量控制标准。加强农业面源污染防治，推行城乡生活垃圾分类化减量化资源化无害化处理，实现城市生活垃圾总量“零增长”和农村生活垃圾分类处理全覆盖。

5. 高定位培育生态文化。深入开展“丽水生态文明日”系列活动，普及生态环保知识，营造全民参与生态文明建设的浓厚氛围。强化全社会的生态伦理、生态道德、生态价值意识，倡导尊重自然、顺应自然、保护自然理念，促进人与自然和谐共生。构建生态文明教育网络体系，不断提高全社会生态文明素养。积极倡导绿色健康生活方式和消费方式，开展绿色系列创建行动，建设生态文明教育示范基地，让人民群众共建共享生态文明成果，获得更多的绿色福利、生态福祉。

6. 高水平创新生态文明体制。构建源头严控、过程严管、损害严惩、责任严追、权责严明的生态保护制度体系。严格执行领导干部生态环境损害责任追究细则的各项要求。配合推进全市生态环境监管制度改革，完善生态环境执法联动机制，提升生态环境监测监管能力。实行市场化、差别化生态补偿模式。实施生态资源资产化改革，建立健全碳汇、小水电企业股权交易机制和生态产品价值实现机制。推动生态环境保护综合督查长效机制落地，形成“党政同责、一岗双责、权责一致、多方联动”的常态化生态环境保护工作格局。

三、加快构建现代化绿色产业体系

坚持发展第一要务，以供给侧结构性改革为主线，加快生态经济化、经济生态化，提高绿色发展质量和效益，让“绿水青山”源源不断带来“金山银山”。

7. 着力提升农旅融合发展水平。加快发展休闲农业和乡村旅游，助推“丽水山耕”“丽水山居”等公共品牌建设，推动农业与市场、品牌、电子商务的有效链接和效益叠加，让更多的优质农产品转化成旅游地商品。积极培育农家乐民宿等新业态，全力打造农旅融合精品线路。围绕把生态旅游业培育成第一战略支柱产业，坚持全域旅游发展方向，突出中心城区旅游集散功能，创成省级全域旅游示范区，形成全域化、多层次的旅游发展格局。认真抓好山区潜力旅游资源开发，创成古堰画乡5A级景区、通济堰国家级水利风景区，推动东西岩景区提档升级，提升旅游核心竞争力。完善旅游厕所、标识标牌、绿色慢行系统等旅游基础配套，实现全域景区化、景区公园化。

8. 着力提振生态工业。围绕丽水创建“省级生态工业试点市”“国家可持续发展议程创新示范区”和“丽水生态制造

2025”，以“绿色环保、高效低耗、高端低碳”为导向，深入实施莲都生态工业“32615”五年行动计划，着力培育先进装备制造、时尚轻工、农林产品加工、信息经济四大主导产业。大力改造传统动能，再造传统产业新优势。培育一批名企、名品、名家。以绿色低碳循环理念改造提升工业园区，实现园区之外基本无工业、园区之内无非生态工业。高度重视丽水万洋低碳智造小镇建设，力促早投产、早达产、早见效。完善企业帮扶长效机制，合力帮扶企业排忧解难。

9.着力打造环瓯江现代服务业集聚区。深入挖掘并科学开发瓯江资源，强化瓯江元素与三次产业、美丽城乡的融合，加快建设环瓯江现代服务业集聚区。加快生活服务业电商化进程，大力建设智慧生活、智慧商业、智慧出游三大体系和智慧城市服务中心，实现线上线下融合。推进电子商务创业创新综合体建设，推动商贸流通、大宗商品、农产品交易等与电子商务深度融合，培育一批互联网创业创新主体和品牌，创成省级电子商务示范县。提升特色专业市场，培育集购物、休闲、娱乐、文化为一体的现代商贸综合体。积极引导社会资本发展健康产业，推动健康与养老、旅游、互联网、健身休闲、食品的深度融合。培育发展总部经济、共享经济、分享经济。超前谋划空港经济、无水港经济。

四、全力打造处州韵味美丽城乡

坚持城乡融合、产城融合发展，坚持绿韵作裳、人文立魂、特色扬名，构建“美丽环境、美丽经济、美好生活”三美融合发展新格局，打造处州韵味的美丽城乡。

10.超常规实施乡村振兴战略。坚持农业农村优先发展，把乡村振兴战略作为莲都高水平全面建成小康社会的奠基工程，作为高水平谱写新时代中国特色社会主义莲都篇章的根本大计，制定实施乡村振兴战略的意见，积极创建乡村振兴样板区。构建现代农业产业体系、生产体系、经营体系，培育新型农业经营主体，促进农村产业融合发展。坚持农业“高效生态、特色精品、绿色安全”方向，坚决守住粮食生产红线，提升农产品质量和食品安全高线，夯实农业基础设施现代化基线，打造长三角最安全农产品生产供应基地。深化小城镇环境综合整治和“六边三化三美”工作，推进百村景区化工程。实施中国传统村落复兴工程，开展拯救老屋行动，盘活一批空心村、留守村、空巢村，实现文化传承、经济发展的“双赢”。培养造就一支懂农业爱农村爱农民的“三农”工作队伍。

11.统筹推进中心城市、特色小镇、美丽乡村建设。突出服务市区、全域统筹、城乡一体、多规合一，促进城镇、产业、文化、旅游四位一体融合发展。以“青山画城、绿水兴城、文化荣城”理念，认真落实美丽城市行动方案，配合推进瓯江旅游风情度假带建设，加强历史文化街区保护开发利用，打造山水城市新标杆，提高中心城市首位度。立足生态、人文优势，高标准推进古堰画乡小镇、丽水万洋低碳智造小镇、水墨田园小镇、风情东西小镇等特色小镇建设。全面落实美丽乡村行动方案，精心打造处州民居和美丽乡村风景线、示范带，创成美丽乡村示范县。深化和拓展“打造整洁田园、建设美丽农业”专项行动，打造三生融合、城乡一体、疏密有致、自然和谐的美丽田园。

12.以交通为重点提升基础设施支撑水平。主动对接义甬舟开放大通道和“1210交通强省行动”，完善“三高四纵五横”公路网主体格局，加快推进丽龙高速公路南山互通至丽新公路建设工程、临安至苍南公路莲都区大港头至峰源段改建工程、安全生命防护工程及农村公路提升改造等，谋划金丽温高速公路洪渡出口至黄村公路建设工程、仙居至庆元公路莲都段公路改建工程等，形成城乡半小时快速交通圈，打造美丽经济交通走廊。统筹抓好绿色能源、环保设施、安全水利、智慧信息等基础设施网络建设，加快天然气管网建设，大力发展绿色交通，提升城市防洪能力，打造“智慧城市”。

五、大力推进改革、创新和开放发展

始终坚持向创新要动力，向

改革要活力，向开放要潜力，真抓实干，蹄疾步稳，打破坛坛罐罐，突破陈规陋习，有效集聚绿色发展新动能。

13.推动“最多跑一次”改革向纵深发展。坚决打破信息孤岛、实现数据共享，以强有力的举措加快推进“最多跑一次”改革，营造“政务环境最好、权限下放最到位、办理流程最优、提交材料最少、服务速度最快、办事成本最低”的发展环境。推动政府数字化转型，实现政府治理体系和治理能力现代化。建立健全企业投资项目高效审批服务机制，实施“部门定标准、企业做承诺、一次性审查”的承诺制改革。探索“审批权限下放、就近就便受理、数据网络流转、网格员代办跑腿”模式，推动“最多跑一次”改革向乡镇（街道）、村（社区）延伸。

14.推动重大改革项目落地见效。以重大改革试点为抓手，推动重大举措、重大政策、重大项目、重大平台落地见效。积极助力全国生态文明先行示范区、国家全域旅游示范区、浙江（丽水）农村电子商务创新发展示范区建设。深入推进农村改革，扎实开展农村集体产权制度改革、基层农技推广体系改革等国家级试点工作。推进投融资体制和国有企业改革，建立绿色金融服务体系，鼓励社会资本进入基础设施、社会事业等领域。全面落实中央关于深化机构和行政体制改革的各项部署。

15.推动创新驱动发展战略落地生根。推进全方位、全领域创新，实现创新驱动、要素推动、投资拉动共同发力。发挥科技创新的引领作用，整合人才、技术、信息、金融、组织等创新要素，提高科技进步对经济增长的贡献率。强化企业创新主体地位，完善科技投入引导机制，积极培育创新型企业。夯实创新创业平台，协助国家农业高新技术产业示范区创建，推进电子商务产业园、大学生创业孵化园等公共技术服务平台建设，培育发展众创空间。助力知识产权强市和质量强市示范城市建设。

16.推动区域开放发展。积极对接“一带一路”建设，推动现代物流和贸易体系建设，提高对外开放质量和外向型经济发展水平。深化与长三角、海西区域合作，助力跨境电子商务产业园和华侨经济文化合作试验区建设。借助“义新欧”等对外通道，深化莲都-义乌山海协作在产业转型、对外贸易、电子商务等领域的推广合作，打造山海协作工程升级版。坚持招商引资“一号工程”不动摇，利用好世界丽水人大会、丽水摄影节等重大合作交流平台，吸引浙商（丽商、莲商）回归，引进优质项目和资本。

六、积极发展社会主义民主政治

坚持中国特色社会主义政治发展道路，坚持党的领导、人民当家作主、依法治国有机统一，巩固和发展民主团结、政通人和、生动活泼的政治局面。

17.改进党的领导方式和执政方式。坚持党总揽全局、协调各方，支持人大、政府、政协和监察委、法院、检察院依法依章履行职能。加强和改进党的群团工作，深化群团改革，保持和增强群团组织政治性、先进性和群众性。落实党管武装工作制度，加强全民国防教育，推动军民融合深度发展。支持各民主党派、工商联、无党派人士、党外知识分子、新社会阶层人士积极发挥作用，巩固和壮大最广泛的爱国统一战线。支持老竹、丽新少数民族地区加快发展，促进民族交往交流交融。全面贯彻党的宗教工作基本方针，引导宗教与社会主义社会相适应。构建亲清新型政商关系，支持非公有制经济健康发展和非公有制经济人士健康成长。做好外事、侨务、港澳台等工作，促进经济文化交流合作。

18.健全人民当家作主的制度体系。扩大人民有序政治参与，保证人民依法实行民主选举、民主协商、民主决策、民主管理、民主监督。坚持和完善人民代表大会制度，支持和保障人大依法履行监督权、决定权、任免权，更好发挥人大代表主体作用。健全人大组织制度和工作制度。推动协商民主广泛、多层、制度化发展，统筹推进政党协商、人大协商、政府协商、政协协商、人民团体协商、基层协商以及社会组织协商。发挥人民政协作为社会主义协商民主重要渠道和专门协商机构的作用，把协商民主贯穿政治协商、民主监督、参政议政全过程。巩固基层政权，坚持和完善基层群众自治制度。

19.建设更高水平的法治莲都。加强和改进党对法治工作的领导，统筹推进严格执法、公正司法、全民守法，提高党委政府公信力。以建设人民满意法治政府为主线，强化运用法治思维和法治方式解决问题的能力，打造职能科学、权责法定、执法严明、公开公正、廉洁高效、守法诚信的法治政府。深入推进司法体制改革，构建开放、动态、透明、便民的阳光司法机制，努力让群众在每一个司法案件中感受到公平和正义。推进社会主义法治文化建设，认真抓好普法工作，形成全社会尊法、学法、守法、用法的良好氛围。

七、着力推动社会主义文化繁荣兴盛

坚定文化自信，坚持走中国特色社会主义文化发展道路，唱响主旋律、传播正能量，不断提高文化软实力。

20.牢牢掌握意识形态工作领导权。加强党对意识形态工作的领导，把学习研究习近平新时代中国特色社会主义思想作为重中之重，开展面向全社会的宣传教育，推动习近平新时代中国特色社会主义思想深入人心。增强学哲学用哲学的自觉性积极性。压实党委意识形态工作主体责任，始终坚持正确舆论导向，旗帜鲜明反对和抵制各种错误观点。健全网络“大治理”体系，做细做实网上意识形态斗争，筑牢网络安全防线，确保网络空间“纯净”。深化媒体融合发展，提升新闻舆论传播力、引导力、影响力和公信力。

21.大力弘扬社会主义核心价值观。弘扬民族精神和时代精神，加强爱国主义、集体主义、社会主义教育，用中国梦和社会主义核心价值观凝聚共识、汇聚力量。弘扬红船精神、浙江精神、丽水精神和莲都精神，唱响创新和实干的最强音。加强公民思想道德建设和社会诚信建设，强化道德模范、最美人物、时代楷模、凡人善举等典型宣传。巩固提升全国文明城市创建成果，深化群众性精神文明创建活动，持续开展“小荷”志愿服务活动。推动社会主义核心价值观融入文化传承，培育良好家风家教，不断提升公民文明素养和社会文明程度。

22.大力推动优秀传统文化传承发展。深入挖掘优秀传统文化蕴含的思想观念、人文精神、道德规范，结合时代要求继承创新。强化对本土文化、乡土文化的自信与坚守，加强“处州文化”“瓯江文化”的研究、传承和发展，把弘扬传统美德和培育文明新风有机结合起来，营造更加积极健康向上的社会风尚。实施文化精品工程，推出更多具有高品质、影响力的文化作品。加强文化遗产保护，促进传统文化活化更新。加强村规民约建设。

23.打造文化事业和文化产业发展新高地。扎实推进文化莲都建设，做好“文化+”文章，开拓全区文化发展新境界。推进基本公共文化服务标准化均等化，深化文化惠民工程，加强农村文化礼堂、“天天乐”文体广场等公共文化体育设施的建设和管理，积极开展群众性文体活动，不断丰富城乡居民精神文化生活。推进文化创意产业发展，助力浙西南文化创意中心建设。加快地方文化、民间工艺、民俗传统与实体经济跨界融合，培育新型文化业态，打造一批文化创意街区、影视旅游基地。

八、全面推进富民惠民安民

坚持人民对美好生活的向往就是我们的奋斗目标，着力增进民生福祉，努力让人民的获得感、幸福感、安全感更加充实、更有保障、更可持续。

24.大力提高就业水平和社会保障水平。坚持就业优先战略和积极就业政策，实现更高质量和更充分就业。深入实施农民素质提升工程，抓好农民工返乡创业国家级试点。完善社会保障制度，推进全民参保计划，补齐乡村公共服务短板。健全养老保险体系，实施全民医保制度，完善失业、工伤保险制度。完善社会救助、社会福利、优抚安置制度，保障妇女儿童权益，发展残疾人、公益慈善、红十字事业。积极改善农民住房条件，促进房地产市场平稳健康发展。

25.坚决打好群众增收致富攻坚战。坚持在经济增长的同时实现居民收入同步增长、在劳动生产率提高的同时实现劳动报酬同步提高，促进收入分配更合理、更有序。围绕工资性、经营性、财产性、转移性四项收入，寻找增收路径，挖掘增收潜力，稳步推进农村改革，增强农村发展活力和农民增收动力。加大精准脱贫、政策兜底和社会帮扶力度，认真实施省光伏小康工程，全面消除集体经济薄弱村，农民收入增幅保持全省前列、高于城镇居民收入增幅，低收入农户收入增幅高于农民收入平均增幅，确保全面小康“一个都不能少”。

26.大力提升教育发展水平。坚持教育优先发展，倡导全社会尊师重教，确保与全省同步实现教育现代化，让每个孩子都能享有公平而有质量的教育。落实立德树人根本任务，发展素质教育，培养德智体美全面发展的社会主义建设者和接班人。深化教育领域综合改革，推行中小学教师“区管校聘”改革。培养高素质教师队伍，提高师德素养和施教能力。推进城乡学前教育普惠健康发展、义务教育均衡优质发展，加强办学模式创新，推进名校集团化办学，不断扩大优质资源覆盖面。

27.全面建设健康莲都。深入实施健康莲都2030行动纲要，把健康融入所有政策，大幅提高健康水平，显著改善健康公平。坚持医保、医疗、医药、医院、中医、医生“六医”统筹，深化医药卫生体制改革。健全“双下沉、两提升”长效机制，加快医联体建设，完善基层医疗卫生服务体系和分级诊疗体系。加强医疗质量安全体系和公共卫生体系建设，加强妇幼保健工作，提高出生人口素质，加快发展中医药事业。深入开展爱国卫生运动，强化重大疾病防控。实施全民健身工程，打造生态体育之城。

28.提升社会治理现代化水平。完善党委领导、政府负责、社会协同、公众参与、法治保障的社会治理体制，打造共建共治共享的社会治理格局。完善社会矛盾预防化解机制，加强和改进信访工作。深化基层治理体系“四个平台”建设，推动社会治理重心下移，实现事务处理、矛盾纠纷排查化解和群众咨询投诉举报在基层解决。加大社会治安防控体系建设投入力度。如期夺取平安金鼎。助推“雪亮工程”国家级示范城市建设和平安浙江示范区创建，打造全国最平安城市。构建自治、法治、德治相结合的乡村治理体系。

29.坚决打好防范化解重大风险攻坚战。突出维护政治安全，严密防范和坚决打击各种渗透颠覆破坏活动、暴力恐怖活动、民族分裂活动、宗教极端活动。深化安全领域改革发展，严格落实安全生产“党政同责、一岗双责、齐抓共管、失职追责”责任制，坚决防止重特大安全事故。强化防灾减灾救灾能力建设，抓好防汛防台、消防安全等工作。坚决打击非法集资等金融违法行为，健全防范政府债务风险机制，牢牢守住不发生区域性金融风险的底线。推进社会稳定风险评估工作，防止发生极端事件。

九、坚定不移全面从严治党

坚定不移地落实新时代党的建设总要求，牢牢抓住管党治党主体责任“牛鼻子”，全面推进党的政治建设、思想建设、组织建设、作风建设、纪律建设，把制度建设贯穿其中，深入推进反腐败斗争，不断增强各级党组织的政治领导力、思想引领力、群众组织力、社会号召力，为奋力推进“城市共建、经济共融、福祉共享”提供坚强保证。

30.突出抓好党的政治建设。旗帜鲜明讲政治，牢固树立“四个意识”，坚定“四个自信”，坚定执行党的政治路线，严格遵守政治纪律和政治规矩，坚决落实中央政治局关于加强和维护党中央集中统一领导的若干规定精神，把忠诚维护习近平总书记领导核心地位作为最大的政治，在政治立场、政治方向、政治原则、政治道路上同以习近平同志为核心的党中央保持高度一致。以党章为根本遵循，更加自觉地学习党章、遵守党章、贯彻党章、维护党章，坚持和加强党对一切工作的领导。严格执行新形势下党内政治生活若干准则，坚持和落实民主生活会和组织生活会制度。严格执行民主集中制，完善和落实各级党委（党组）集体议事规则、决策程序和责任追究制度。发展积极健康的党内政治文化。加强党员干部特别是领导干部的党性锻炼。

31.用习近平新时代中国特色社会主义思想武装头脑。全面开展专题学习和集中轮训，发挥党委（党组）理论学习中心组示范带头作用，推动习近平新时代中国特色社会主义思想进企业、进农村、进机关、进校园、进社区、进网站。把学习习近平新时代中国特色社会主义思想和习近平总书记八次到丽水调研时重要讲话精神结合起来，历史地、联系地、全面地体悟蕴含其中的马克思主义立场、观点和方法，更好地武装头脑、指导实践、推动工作。立足“两山”理论重要发源地，深入研究和实践，组织开发精品课程，贡献更多的莲都经验。加强理想信念教育，用好岱后中共丽水县委旧址等红色资源，提升党员干部担当精神。推进“两学一做”学习教育常态化制度化，认真抓好“不忘初心、牢记使命”主题教育。

32.建设高素质专业化干部队伍。坚持党管干部原则，认真落实好干部标准，精准打好“上下管育爱”组合拳，锻造首善担当创一流的莲都铁军。认真开展“攻坚创新区、五千锻铁军”比实干创新业大赶考活动。推进干部队伍专业化建设，选优配强各级领导班子，注重培养专业能力、专业精神。加大年轻干部培养力度。认真做好离退休干部工作。突出党政正职和关键岗位干部，建立领导干部抓早抓小预警式管理机制和大监督工作机制。推动从严监督管理干部常态化，完善调整不适宜担任现职领导干部制度，激发干部担当作为。坚持严管和厚爱结合、约束和激励并重，建立健全干部激励机制，完善和落实容错纠错机制。坚持党管人才原则，制定和实施更加积极、更加开放、更加有效的人才政策，大力培育工匠精神，加强人才队伍建设，发挥人才作用。

33.全面加强基层组织建设。以提升组织力为重点，突出政治功能，全面压实各级党组织书记的第一责任，树立“一切工作到支部”鲜明导向。抓好“整乡推进、整县提升”，高标准落实农村基层党建“浙江二十条”，提高基层党建整体水平。推进城市“大党建”融合发展，抓好社区党建，加强学校党建，创新推进两新组织和新领域新业态党建，统筹抓好机关、事业单位党建，构筑适应新时代要求的基层党建新格局。全面推进技能型服务乡镇建设，实现群众到乡镇办事“最多跑一次”。深化“住村联心”“组团下访”工作，密切党群干群关系。坚持“三会一课”“主题党日”制度，推进党的基层组织设置和活动方式创新，常态化整顿转化软弱后进基层党组织。扩大基层党内民主，推进党务公开。注重党员发展工作。加强党员教育管理，强化党内激励关怀帮扶，稳妥有序开展不合格党员组织处置工作。

34.驰而不息正风肃纪。始终保持党同人民群众的血肉联系，完善党员干部直接联系服务群众制度，强化作风建设，厚植党执政的群众基础。持之以恒落实中央八项规定实施细则精神，始终保持正风肃纪高压态势，坚决防止“四风”问题反弹回潮，坚决反对特权思想和特权现象。坚持纪在法前、纪严于法，全面加强纪律建设，重点强化政治纪律和组织纪律，运用“四种形态”强化监督执纪问责，用纪律管住大多数。加强党性党风党纪教育，弘扬党的优良传统和作风，以坚强党性保证团结，以严实作风攻坚克难，以良好党风带动政风民风，推动社会风气持续好转。

35.坚持不懈反腐惩恶。坚持党对反腐败工作的统一领导，坚持无禁区、全覆盖、零容忍，坚持重遏制、强高压、长震慑，坚持受贿行贿一起查，减少腐败存量、重点遏制增量，巩固压倒性态势，夺取压倒性胜利。牢牢把握巡察政治定位，充分发挥巡察利剑作用，切实加强基层党风廉政建设，深化农村基层作风巡查，积极构建与巡视相衔接、巡察巡查上下联动新机制。坚决查处侵害群众利益的腐败问题，让人民群众真切感受到反腐败斗争成果。建设覆盖纪检监察系统的检举举报平台，强化追逃追赃和防逃工作。以反腐败永远在路上的坚韧和执着，深化标本兼治，确保干部清正、政府清廉、政治清明，全面打造清廉之都。

36.建立健全监督体系。加强对权力运行的制约和监督，把党内监督同国家机关监督、民主监督、司法监督、群众监督、舆论监督贯通起来，增强监督合力，让权力在阳光下运行，把权力关进制度的笼子。强化自上而下组织监督，改进自下而上民主监督，发挥同级相互监督作用，加强党员领导干部日常监督。深化监察体制改革，加强监察委员会建设，确保对所有行使公权力的公职人员监察全覆盖。整合纪检机关执纪监督部门和派驻机构的力量，完善派驻监督机制。加强和改进审计工作。

37.全面增强执政本领。着眼于党的长期执政，全面增强党员干部的“八个本领”，确保政治过硬、本领高强。大兴调查研究和理论联系实际之风，营造善于学习、勇于实践的浓厚氛围，切实增强学习本领。提高保持政治定力、驾驭政治局面、防范政治风险的能力，切实增强政治领导本领。发扬大胆创新、勇闯新路、埋头苦干的优良作风，切实增强改革创新本领。自觉适应新常态、贯彻新理念，切实增强科学发展本领。带头尊法学法守法用法，切实增强依法执政本领。解决人民群众最关心最直接最现实的利益问题，组织动员广大人民群众坚定不移跟党走，切实增强群众工作本领。大兴干事文化，不务虚功，切实增强狠抓落实本领。保持清醒头脑，不墨守成规、不搞教条主义，尽可能把风险和矛盾消除在萌芽状态，切实增强驾驭风险本领。

新时代要有新气象，更要有新作为。全区各级党组织和广大党员要紧密团结在以习近平同志为核心的党中央周围，高举习近平新时代中国特色社会主义思想伟大旗帜，始终遵循“尤为如此”重要嘱托，牢记时代使命，扛起历史责任，奋力推进“城市共建、经济共融、福祉共享”，不断把新时代中国特色社会主义莲都实践推向前进！

中共丽水市莲都区委办公室 丽水市莲都区人民政府办公室 关于深入开展“精准服务企业、振兴实体经济”专项行动的通知

莲委办发〔2017〕41号

各乡镇党委、政府，各街道党工委、办事处，区直各单位：

为认真贯彻落实中央、省委、市委经济工作会议和区第十四次党代会精神，奋力开创莲都生态经济发展新局面，根据全市“精准服务企业、振兴实体经济”专项行动统一部署，区委、区政府决定，在全区深入开展“精准服务企业、振兴实体经济”专项行动。现将有关事项通知如下：

一、总体要求

（一）指导思想。

始终遵循习近平总书记“绿水青山就是金山银山，对丽水来说尤为如此”重要嘱托，深入践行“两山”理论，坚持供给侧结构性改革主线，落实“最多跑一次”改革要求，坚持问题导向，强化“首善担当创一流”的使命担当，打造“干净干事创新业”的良好氛围，切实把开展精准服务企业与深化体制机制改革、打造勇立绿色发展潮头莲都铁军结合起来，着力把生态工业作为第一经济来培育，着力解决一批影响和制约企业发展的突出问题，构建有利于企业发展的体制机制，振兴实体经济，为确保在全市率先高水平全面建成小康社会做出应有的贡献。

（二）行动目标。

通过深入开展“精准服务企业、振兴实体经济”专项行动，实现“五个全面”目标，即：全面帮扶属于政府职责范围内的企业困难、全面提振企业信心、全面振兴实体经济、全面完成年度经济指标、全面提升干部干净干事能力。

（三）基本原则。

——精准施策原则。坚持清单式精准服务，切实将服务措施精准到企业、责任落实到部门，将对象分为十二个专项组分类施策，将问题分为个性问题、共性问题进行分类帮扶。

——集中攻坚原则。坚持把企业服务作为当前的一项政治任务来抓，集中时间、集中资源、集中办理，切实解决一批影响企业发展的突出问题。

——分级办理原则。各部门要高度重视，突出主体责任，切实按照各自职责目标落实企业问题的解决，做到守土有责；确需区级层面协调解决的，及时上报协调办理。

——长短结合原则。全面开展企业问题排摸，对近期突出问题进行集中攻坚解决；对历史遗留、产业短板等问题，探索体制机制创新，建立长效机制解决。

二、主要内容和工作要求

围绕经济工作的中心内容、当前企业存在的突出问题以及破除政策执行“玻璃门”“弹簧门”“旋转门”等改革需要，重点推进各领域企业清单式服务，着力提振实体经济。

（一）推进领导干部联系结对清单式服务，着力解决一批企业问题。实施区副处级以上领导干部联系结对区重点企业制

度(附件2),包括规上工业企业、小升规培育工业企业、税收300万元以上的建筑业企业、重点金融企业、重点扶持电商企业、重点农业企业、重点旅游企业等,集中时间、集中资源、集中办理,切实解决一批影响企业发展的突出问题,切实扶持实体经济企业加速成长。具体联系结对工作要做到:

1. 定期走访联系企业。每月联系企业至少一次,切实了解企业经营和发展情况,每月报送一次联系情况表(附件3)。

2. 列出问题清单。对企业提出的问题按已协调解决、拟提交交办、不属于政府职责范围等进行分类列出清单(附件4)。

3. 跟踪督办。督促主办单位按月提交工作进展情况,协调有关部门加快办理。

4. 做好反馈解释。对按时办结的,及时反馈办理情况并销号处理;对部分办理、不能按时办结以及确实无法办理的,要与责任部门一道做好沟通和解释说明,确保做到"件件有落实、事事有回音"。

5. 建立长效机制。对历史遗留、产业短板等问题,探索体制机制创新,建立长效机制解决。

(牵头单位:区经济商务局,责任人:各联系领导)

(二)推进企业融资清单式服务,着力培育一批上市企业。加大对拟股改、挂牌上市企业的服务指导,推动上市后备企业培育,争取年内新增股份公司1家、"新三板"签约1家挂牌1家、浙江股权交易中心挂牌企业4家。区直有关部门要对安派科和联合创展挂牌"新三板"涉及的相关事项开通绿色通道,实施精准服务,争取早日挂牌上市。完善政银企常态化对接帮扶机制,加快不良贷款化解,精准帮扶企业脱困。深入开展银行行长进企业活动,充分运用小微企业帮扶基金、助保贷、转贷通、科技金融等政策性金融服务平台,协调银担合作,着力缓解企业融资难、融资贵问题。(牵头单位:区金融办,责任单位:区法院、区公安分局、区财政局、区经济商务局、丽水工业园区管委会等)

(三)推进精准招商清单式服务,着力盯引一批重点招商项目。加强招商引资项目的督查管理,紧盯投资意向企业、在谈项目和已签约项目,确定攻坚目标,倒排时序,做到落人、落责,做到查问题与解决问题同时推进,督查与通报同时推进,推动招商引资项目盯引一批、签约一批、开工一批、投产一批,确保全年实际利用内资27亿元,实际利用外资1200万美元,浙商回归到位资金16亿元,引进大项目8个以上。(牵头单位:区经合办,责任单位:各招商责任单位)

(四)推进在建项目清单式服务,着力促成一批有效投资。聚焦重点项目、紧盯有效投资,进一步强化部门联动机制,加强部门协调合作,及时汇总各时间节点建设任务清单,通过进一步建立完善项目建设、月通报排名、季度点评、领导领办、部门会办、全程服务、融资保障等机制,迅速兴起重点项目攻坚高潮,着力解决项目建设过程中的薄弱环节和问题漏洞,力争在建项目投资保持较快增长,实现规上工业增加值同比增长7.5%以上,重点技术改造投资同比增长15%以上。(牵头单位:丽水工业园区管委会,责任单位:区经济商务局,区发改局、区国土分局、区建设分局等)

(五)推进腾笼换鸟清单式服务,着力处置一批闲置土地和厂房。深入开展闲置土地、厂房基本情况的排摸,理清理顺债权债务关系,明晰资产产权,建立处置资产动态项目库,协调解决闲置土地、厂房在转让、拍卖、协议收回等过程中的问题,做好闲置土地、厂房的招商推介,加快实现闲置土地、厂房的腾笼换鸟。(牵头单位:区经济商务局,责任单位:丽水工业园区管委会、区国土分局、区法院、区经合办、碧湖镇、岩泉街道等)

(六)推进"互联网+"清单式服务,着力做大一批电商经济主体。深入开展电商换市、电商标准化的建设,以区电商产业园、智慧商圈、生鲜农产品冷鲜系统建设等重点项目为抓手,有效发挥电商服务中心的带动效应,在区域内集聚一批电子商务产业链企业,推进生鲜农产品冷链系统建设。积极引导传统企业转型，帮助一批传统企业熟悉网络营销方式。力争全年实现网络零售额达36亿元以上，同比增长35%以上。（牵头单位：区电商办，责任单位：团区委、区经济商务局、区金融办、区人力社保局、区农业局、区农办、区科技局等）

（七）推进创新引领清单式服务，着力打造一批科技型企业。通过发放创新券等形式，鼓励引导企业加大科技投入，提升企业科技创新能力。争取在2017年培育高新技术企业3家、浙江省科技型中小企业14家。大力推进“三名”工程，实施“标准化+”战略，助推企业加快发展。（牵头单位：区科技局，责任单位：区经济商务局、丽水工业园区管委会、区质监局等）

（八）推进农业主体清单式服务，着力扶持一批农业企业转型升级。充分发挥政府扶持政策的导向作用，鼓励和支持农业企业积极转型升级，提升企业市场竞争力。推动企业品牌和文化建设、以农旅融合发展和企业自主创新为核心动力，帮助企业做大做强。加强企业人才的培育和引进，以人才支撑农业企业可持续发展。优化服务，加强对企业的政策帮扶和技术指导，着力帮助企业解决发展中遇到的困难问题。培育和发展农业龙头企业，发挥龙头企业带动农民增收致富的示范带动作用。（牵头单位：区农业局，责任单位：区财政局、区农办、区旅委、区市场监管局、区国土分局等）

（九）推进工程建设清单式服务，着力做大一批建筑企业。完善工程建设组织模式，积极推进工程总承包方式。大力实施“走出去”发展战略，为我区企业拓展外地市场提供高效便捷服务。规范市场，完善招投标制度，积极营造公平公正的市场环境。强化质量安全监管，促进建筑企业健康发展。加强建筑业人才培育和引进，以人才支撑行业发展。坚持建筑业“质量兴业”方针，增强企业创优夺杯能力，大力推动企业实施品牌战略，培育新的竞争优势和发展优势。优化服务，加强对企业的服务和指导，依法简化审批程序，提高审批效率。（牵头单位：区建设分局，责任单位：区发改局、区国土分局、区财政局、区人力社保局、区行政审批中心等）

（十）推进在建旅游项目清单式服务，着力打造一批优质旅游项目。聚焦重点旅游项目、强化部门联动机制，加强部门协调合作，通过进一步建立完善项目建设、部门会办、全程服务、融资保障等机制，强化重点项目攻坚，着力解决招商引资和项目建设过程中的薄弱环节和问题漏洞，力争旅游招商项目尽快落地以及旅游在建项目早竣工、早出效益。（牵头单位：区旅委，责任单位：区发改局、区财政局、区国土分局、区建设分局、区环保分局、区消防大队、区农办、区农业局、区林业局、区水利局、区征收办、区交通运输局、各旅游项目落地乡镇等）

（十一）推进审批代办清单式服务，着力加快一批项目审批进度。继续深化“四张清单一张网”改革，加快推进“最多跑一次”改革，积极推行投资项目审批“全天候”代办、区领导领办重大项目审批联系人制度、“一站式”联办审批等一系列审批服务举措。（牵头单位：区行政审批中心，责任单位：区编办、区经济商务局、区财政局、区市场监管局、区发改局、区环保分局、区国土分局、区建设分局、区安监局、区消防大队、区水利局、区信息中心等）

（十二）推行涉企执法清单式服务，着力推行一批便民利企措施。充分利用各类平台和载体，及时向企业公布、宣传最新相关法律、政策和信息。加强涉企执法部门规范文明执法，探索建立按年度计划联合执法检查机制，将对企业生产的影响降至最低。牢固树立服务理念，增强服务意识，倡导“人性化”执法，注重发挥行政指导、说服教育、劝导示范等非强制手段作用，处理好执法与服务、严格与适度的关系，指导企业依法经营、依法办事，自觉履行法定义务，主动纠正违法行为。（牵头单位：区法制办，责任单位：区环保分局、区安监局、区质监局、区消防大队、区人力社保局、区建设分局、区市场监管局、城管处州分局、城管莲都分局）

三、实施步骤

（一）制定方案（4月下旬）。制定开展“精准服务企业、振兴实体经济”专项行动方案，对专项行动工作进行部署。各部门结合各自实际，细化确定行动措施。

（二）集中走访（5月至8月）。由各行业主管单位统筹安排各联系领导、各相关部门集中时间、人力，全面走访联系企业和职责领域内的企业，梳理汇总企业反映的困难和问题，建立表格式问题清单，切实做到氛围浓、底数清、全覆盖、负担少。

（三）攻坚服务（5月至9月）。针对工业企业家建议交办工作中企业家提出的建议和集中走访梳理汇总的问题，以联系领导和各专题服务单位为主体，进行认真协调办理。对于不属于政府职责范围的问题或经协调认为确实无法办理的问题，联系领导和各相关单位应做好解释沟通，明确答复办理意见。

对于联系领导和各相关单位无法协调落实的问题，提交区领导小组办公室汇总后，由区政府办公室统一交办，进行集中攻坚办理。经交办后，各责任部门难以解决，确需区领导层面协调的，及时提交区政府协调解决。区府办工业口副主任视情况及时进行分析研究，区长、分管工业副区长定期不定期召开现场办公会、专题会或区政府常务会议研究解决企业突出问题。

（四）巩固提升（10月）。各相关部门根据上级有关文件精神，结合集中走访和攻坚服务过程中反映出来的问题，按照优化提升的要求，研究建立完善本部门服务企业、减轻企业负担的长效措施，并为企业提供更加优化、精准的服务。

（五）总结评议（11月）。组织企业对涉工部门服务企业的情况进行满意度测评，组织区领导对部门服务企业情况进行评价，及时向社会通报企业评议结果。

四、保障措施

（一）加强组织领导。区委、区政府成立区“精准服务企业、振兴实体经济”专项行动领导小组，区委书记、区长任组长，常务副区长、分管工业副区长任副组长，各涉工部门主要负责人为成员。领导小组下设办公室。“精准服务企业、振兴实体经济”专项行动列入区委、区政府对各乡镇（街道）、区直部门的年度综合考核内容，对工作落实不力的给予年度考核扣分，并严肃追究责任人的责任。区督查室将不定期进行督促检查，并及时公布督查结果。

（二）加大政策扶持。全面落实《丽水市人民政府关于进一步降低企业成本减轻企业负担优化发展环境的实施意见》，出台《莲都区关于提振莲都生态工业发展的意见》，开展企业减负政策督促落实，提升实体经济竞争力，振兴我区生态工业发展。

（三）营造浓厚氛围。各类新闻媒体要加大对开展“精准服务企业、振兴实体经济”专项行动的宣传力度，广泛宣传各级领导和相关部门帮扶企业发展的好经验、好做法，为推动“精准服务企业、振兴实体经济”专项行动顺利开展创造良好舆论氛围。

附件：1.区“精准服务企业、振兴实体经济”专项行动领导小组成员名单

2.区领导联系结对重点企业清单

3.领导干部联系结对走访情况月报表

4.企业反映问题清单

5.莲都区银行行长进企业安排表

6.企业融资重点服务清单

7.招商引资项目重点服务清单

8.工业在建项目重点服务清单

9.闲置工业土地、厂房处置重点服务清单

10.电商企业重点服务清单

11.科技创新企业重点服务清单

12.农业企业重点服务清单

13.建筑企业重点服务清单

14.旅游企业重点服务清单

15.审批项目重点服务清单

中共丽水市莲都区委办公室
丽水市莲都区人民政府办公室
2017年5月22日

附件1

“精准服务企业、振兴实体经济”专项行动领导小组成员名单

组　长:杜兴林　陈　豪

副组长:王世强　俞丽威

成　员:管兴标(丽水工业园区管委会)

陶旭峰(区委办)

郭晓波(区府办)

刘建斌(区金融办)

陈华君(区经济商务局)

章金宝(区发改局)

刘海勇(区旅委)

赵建勇(区经合办)

赖志平(区财政局)

梁永光(区人力社保局)

叶庆武(区农业局)

程　炜(区国土分局)

赵秀峰(区建设分局)

吴慧彬(区科技局)

陈灵敏(区环保分局)

钟金亮(区市场监管局)

王　弘(区质监局)

王伟荣(区安监局)

李冠武(区行政审批中心)

曾群英(区电商办)

留红伟(区委宣传部)

施国平(区公安分局)

卢土法(区法制办)

李丽革(丽水工业园区管委会)

领导小组下设办公室,办公室设在区经济商务局,陈华君任办公室主任,刘建斌、赵建勇、李丽革、曾群英、吴慧彬、叶庆武、赵秀峰、刘海勇、李冠武、卢土法任办公室副主任。

附件2

区领导联系结对重点企业清单

序号	企业名称	企业负责人	联系电话	地址	联系领导	联系部门	企业助理
1	纳爱斯集团有限公司	庄启传	13905788159	括苍南路19号	杜兴林	区委办	陶旭峰
2	丽水万控科技有限公司	王兆玮	13957711817	南山区块南山路571号		区经济商务局	陈华君
3	丽水莲都农村商业银行股份有限公司	陈胜珠	13757805567	解放街438号	陈　豪	区府办	郭晓波
4	浙江乾麟缝制设备有限公司	赵乾麟	13905788047	天宁工业区和平路69号		区财政局	赖志平
5	富来森集团有限公司	王正郁	13305887190	天宁工业区天宁街888号	陈元龙	区经济商务局	陈华君
6	丽水市中立建筑工程有限公司	周国强	2116058	人民街649号东辅楼四楼		区建设分局	赵秀峰
7	浙江非王泵阀有限公司	王弈民	13567093666	郎奇区块朗源路15号	谷江南	区发改局	章金宝
8	丽水市天宇建筑工程有限公司	陈春香	15105884959	庆春街和紫金路交叉口		区建设分局	赵灵敏
9	丽水欧意阀门有限公司	陈朝魁	13968952666	碧湖区块金牛街799-1号	胡伟华	区安监局	王伟荣
10	浙江坤湧兴阀门有限公司	李　坤	18958819799	碧湖区块金牛街802号		区环保分局	陈灵敏
11	浙江不知慢运动服饰有限公司	盛春仙	18606787188	南山区块园中路133号	赵加慧	区人力社保局	梁永光
12	瓯宝安防科技股份有限公司	陈晓建	13905777920	碧湖区块碧兴街809号		区经济商务局	叶卫东
13	浙江彼特服羽绒制品有限公司	叶少琴	13857080877	天宁工业区城北街891号	王世强	区金融办	刘建斌
14	浙江丽水驿动新能源汽车运营服务有限公司	刘文付	15057875688	东升南区13-4幢10号		区发改局	章金宝
15	浙江瑞益不锈钢有限公司	张万存	13957732899	碧湖区块碧兴街806号	宋珍花	区人力社保局	梁永光
16	浙江康骏机械有限公司	潘银威	13967701100	碧湖区块文一路796号		丽水工业园区管委会	周伟巍
17	丽水市宏远塑胶有限公司	尤金滔	13906875203	南山区块南园六路11号	周显荣	丽水工业园区管委会	钟申友
18	丽水程翔矿业有限公司	过　昶	13606697123	太平乡太平村		区经济商务局	刘鹤林
19	丽水市浙南蓄电池隔板有限公司	谢东华	13606696888	天宁工业区和平路65号	叶建利	区公安分局	朱启东

序号	企业名称	企业负责人	联系电话	地址	联系领导	联系部门	企业助理
20	丽水莱克制笔有限公司	林雪平	13905788538	联城街道官桥村		区公安分局	李　豪
21	丽水市处州混凝土有限公司	杨剑平	13905885189	联城街道原化肥厂内	翁伟标	区经济商务局	刘鹤林
22	浙江万众阀门有限公司	戴进光	13738398222	碧湖区块新合街801号		丽水工业园区管委会	吴益民
23	燕京啤酒(浙江丽水)有限公司	叶　旺	18805788988	碧湖镇下江埠1号	叶祖平	区行政审批中心	徐少玉
24	丽水市百兴菇业有限公司	吴其耀	18806880111	碧湖区块采桑路808号		区农业局	程碧霞
25	浙江依莱特纺织有限公司	江勇明	13606690809	联城街道原化肥厂内	楼章能	区财政局	赖志平
26	丽水市百货大楼有限公司	李　炎	13905788974	中山街498号		区经济商务局	瞿宗囡
27	丽水市莲城铅笔制造有限公司	孙金华	13905883882	天宁工业区和平路66号	潘新雄	区金融办	翁菀翎
28	中仪电力科技有限公司	朱宝生	13868757333	碧湖区块碧云街808号		丽水工业园区管委会	叶小郭
29	菲比克阀门有限公司	蒋晓克	13777703500	碧湖区块新合街797号	张继芳	区安监局	王伟荣
30	丽水市中凯新型建材有限公司	梁利生	13757805777	大港头镇石侯村8号		区环保分局	张雪峰
31	丽水东方华泰玻璃有限公司	叶　亮	13867700792	碧湖区块金牛街805号	雷勇军	区行政审批中心	李冠武
32	丽水市正阳电力建设有限公司	陈正旗	13906788555	南山区块南山路573号		区建设分局	毛南维
33	浙江省丽水传人笔业有限公司	王　珏	13606697731	天宁工业区东地路7号	江爱军	区国土分局	季晓华
34	万兴小额贷款公司	李五一	13957082151	花园路179号		区金融办	翁菀翎
35	浙江浙丰阀门制造有限公司	范建仁	13706697301	碧湖区块文一路811号	兰仁生	区安监局	陈　圆
36	丽水市中诚市政园林有限公司	周剑豪	15857808272	丽青路159号		区建设分局	冯　远
37	浙江六江源绿色食品有限公司	陈晓南	13905888495	碧湖区块九龙街815号	陈鲁军	区农业局	程碧霞
38	凯尔特阀门有限公司	沈银卓	13806831039	碧湖区块新合街799号		丽水工业园区管委会	陈雅云
39	浙江浩富妮鞋业有限公司	陈光隆	13806681968	碧湖区块金牛街811号	周贤华	区质监局	王　弘
40	丽水市萤火虫金融服务外包股份有限公司	吴庆峰	13306785858	瓯微大厦21楼		区金融办	刘建斌

序号	企业名称	企业负责人	联系电话	地址	联系领导	联系部门	企业助理
41	丽水市绿盒电子商务有限公司	梁汀汀	13957053981	万象街道吕埠坑1号	徐旭卿	区电商办	曾群英
42	丽水亚溪旅游开发有限公司	李金慧	15325789999	雅溪镇金竹村		区旅委	刘海勇
43	浙江瑞新药业股份有限公司	林松顺	13857070718	天宁工业区开发北路168号	俞丽威	区经济商务局	陈华君
44	浙江阀毕威阀门有限公司	吴 素	13906771065	碧湖区块碧兴街815号		区经济商务局	叶卫东
45	浙江航星电机有限公司	刘少宏	13905785099	碧湖区块金牛街798号	郭巧燕	区科技局	吴慧彬
46	浙江天润电力科技有限公司	蒋余建	15381338888	碧湖区块文一路788号		区科技局	吴慧彬
47	丽水伊人农业开发有限公司	金之江	13600600470	碧湖镇缸窑村	卢 进	区农业局	叶庆武
48	丽水市鱼跃酿造食品有限公司	陈旭东	13606696396	天宁工业区金笔街28号		区农业局	叶庆武
49	浙江申华水泥有限公司	舒明强	13957073228	岩泉街道岩泉村220号	叶建光	区国土分局	程 炜
50	丽水万邦鞋业有限公司	郑万清	13957704156	碧湖区块碧兴街810号		区国土分局	季建忠
51	丽水科艺阀门有限公司	方贞良	18958923666	碧湖区块碧中路1号	黄 程	丽水工业园区管委会	邵 皓
52	浙兴小额贷款公司	江勇明	13606690809	人民路539、541号		区金融办	翁菀翎
53	丽水市正达建筑工程有限公司	麻爱丽	13857082344	华敦街148号	雷 成	区建设分局	赵秀峰
54	丽水超特阀门有限公司	吴永康	13355872666	碧湖区块碧中路3号		区市场监管局	钟金亮
55	浙江恒诺阀门制造有限公司	徐林章	18969599999	碧湖区块联合街801号	虞为粮	区科技局	吕旭勇
56	丽水市勇安中小企业服务有限公司	梁勇明	15205787333	丽阳街515号山水集团2楼		区经济商务局	叶卫东
57	浙江泉舜流体控制科技有限公司	洪谋曲	13503716266	郎奇区块郎源路18号	叶晓东	区市场监管局	钟金亮
58	丽水市晓锋金鱼养殖有限公司	柳剑光	13157888008	灯塔街21号		区电商办	纪伟锋
59	丽水宾迪实业有限公司	陈光新	13968855598	碧湖区块金牛街811号	任文红	区质监局	王 弘
60	莲都民间融资服务中心	陈建平	13606690671	丽阳街515号山水大厦6楼		区金融办	刘建斌
61	浙江方泰铝业有限公司	李小成	18967078188	碧湖区块碧兴街813号	沈建祖	区环保分局	王 炜
62	浙江丽水恒大科技电气有限公司	胡建程	13355888889	碧湖区块联合街799号		区科技局	张 伟

序号	企业名称	企业负责人	联系电话	地址	联系领导	联系部门	企业助理
63	丽水市海卓科技有限公司	张初旻	15990800283	碧湖区块碧兴街804号	虞海雄	区行政审批中心	李冠武
64	浙江华歌建设有限公司	蒋真	13059633333	中山街八一宾馆附楼		区建设分局	陶卫东
65	丽水市绿洲农业发展有限公司	李　东	18867806765	丽新乡黄岭上村	李美顺	区农业局	梁聪女
66	浙江中嘉建筑园林有限公司	周蒙蒙	13968965909	北苑路世贸花园4号楼508室		区建设分局	钟　声
67	丽水市金丰建筑工程有限公司	蓝水翠	13905885119	水阁经济开发区吴垵路48号	王小刚	区建设分局	张云亮
68	浙江丽水东盛园艺建设有限公司	马忠华	13357080726	丽青路179号2楼		区建设分局	周连军
69	丽水中航混凝土有限公司	徐建华	13906788738	紫金街道风化村188号	蔡通友	区环保分局	陈灵敏
70	浙江上工阀门有限公司	金定勇	13605879730	碧湖区块金牛街799号		区人力社保局	侯学峰
71	浙江万钢铜业科技有限公司	胡少龙	13905887777	碧湖区块开源路777号	陈岳波	丽水工业园区管委会	李丽革
72	浙江荣景园林建设有限公司	余荣和	13905882912	万地商会大厦20楼（海关隔壁）		区建设分局	黄　飚
73	浙江万景市政园林工程有限公司	张松云	0578-2188986-808	丽东二村255-259号	汪强华	区建设分局	叶永森
74	丽水市润生苔藓科技有限公司	温从发	15205882242	中山街五宅底2号		区电商办	纪伟锋
75	浙江金尊人防设备有限公司	付董捷	13587635822	碧湖区块碧兴街802号（租赁在海卓科技）	管兴标	丽水工业园区管委会	朱小波
76	浙江斯科阀门有限公司	肖建文	13757739520	碧湖区块大众街188号		丽水工业园区管委会	朱小波
77	丽水市带你玩网络科技有限公司	侯学武	18658815881	括苍路493号17号楼	蔡毓良	区电商办	曾群英
78	浙江亿鼎市政园林建设工程有限公司	黄　杰	15925733333	卢镗街487号		区建设分局	周建军

附件3

领导干部联系结对走访情况__月报表

联系领导					
联系企业					
联系部门			企业助理		
本月电话联系企业次数		本月走访企业次数		解决企业问题（个）	

企业问题：

问题责任部门、责任人：

帮扶企业的主要措施、解决情况：

其他建议：

填写说明：每月28日前将工作总结报至区经济商务局企业科包慧，2025790。

填报人：　　　　联系电话：　　　　填报日期：

附件4

企业反映问题清单

一、已解决的问题

序号	企业名称	问题类别	企业反映的问题

二、拟提交办理的问题

序号	企业名称	问题类别	企业反映的问题	拟交办建议

三、不属于政府职责范围或无法办理的问题

序号	企业名称	企业反映的问题	备　注

问题类别分为：1.政策服务类；2.人才服务（用工）类；3.融资服务类；4.审批服务类；5.法律服务类；6.公共基础建设类；7.产业链配套类；8.科技创新类；9.遗留问题类；10.其他类。（表格中请填序号）

联系人：区经济商务局包慧，联系电话：2025790。

附件5

莲都区银行行长进企业安排表

序号	机构	姓名	职务	联系企业(项目)名称	企业类型	具体诉求	意向融资规模(万元)
1	工行莲都支行	吴庆青	行长	瓯宝安防科技股份有限公司	正常类	继续支持	8778
				浙江坤湧兴阀门有限公司	帮扶类	继续支持	2260
				浙江非王泵阀有限公司	帮扶类	继续支持	1902
				丽水鱼跃酿造食品有限公司	正常类	新项目投入需资金	1500
2	工行莲都支行	严关锋	副行长	浙江上工阀门有限公司	正常类	继续支持	1083
				浙江丽水传人笔业有限公司	正常类	继续支持	800
				浙江菲比克阀门有限公司	正常类	继续支持	780
				浙江依莱特纺织有限公司	帮扶类	继续支持	660
				丽水市宏远塑胶有限公司	正常类	新设备投入需资金	1000
3	农行莲都支行	邹敏	行长	凯尔特阀门有限公司	正常类	—	—
				瓯宝安防科技股份有限公司	正常类	—	—
				丽水万邦鞋业有限公司	正常类	—	—
4	农行莲都支行	甘建群	副行长	丽水鱼跃酿造食品有限公司	正常类	—	—
				浙江万钢铜业科技有限公司	正常类	—	—
				浙江齐利物流有限公司	正常类	—	—
5	中行莲都支行	王爱中	行长	丽水正阳水电发展有限公司	正常类	贷款置换股东借款	28000
				丽水市启程教育投资管理有限公司	正常类	授信需求	10000
6	中行莲都支行	周晓丹	副行长	浙江丽水古堰画乡旅游投资有限公司	正常类	授信需求	15000
				浙江澳兰农业科技有限公司	正常类	授信需求	—
7	中行莲都支行	叶志民	副行长	丽水市莲都区农民新社区建设发展有限公司	正常类	授信需求	20000
8	建行莲城支行	潘俊	行长	浙江阀毕威阀门有限公司	帮扶类	流动资金贷款	—
				浙江康骏机械有限公司	帮扶类	流动资金贷款	—
9	建行莲城支行	雷晓丽	副行长	丽水方文机电设备有限公司	正常类	流动资金贷款	—
				丽水顺康金属插瓶针有限公司	正常类	流动资金贷款	—
10	莲都农商银行	陈胜珠	董事长	丽水宏义电子商务有限公司	正常类	希望能及时获取更多融资	30
				丽水市本润农业有限公司	正常类	希望能及时获取更多融资	30
11	莲都农商银行	刘俊毅	行长	丽水顶固五金装饰有限公司	正常类	希望能及时获取更多融资	80
				浙江处州山茶油有限公司	帮扶类	希望能及时获取更多融资	300
12	莲都农商银行	朱敏	副行长	丽水市财进印刷有限公司	帮扶类	希望能及时获取更多融资	400
				浙江绿园禽业有限公司	正常类	希望能及时获取更多融资	2250

序号	机 构	姓 名	职 务	联系企业(项目)名称	企业类型	具体诉求	意向融资规模(万元)
13	莲都农商银行	林小勇	副行长	浙江在水一方旅游文化发展有限公司	正常类	希望能及时获取更多融资	500
				丽水市那天瓯莱酒业有限公司	正常类	希望能及时获取更多融资	190
14	莲都农商银行	刘洪芝	监事长	丽水市太平乡学坑电站	正常类	希望能及时获取更多融资	80
				丽水市申屠农产品专业合作社	正常类	希望能及时获取更多融资	150
15	邮储银行莲都支行	阙琦梅	副行长	浙江梅峰茶叶有限公司	帮扶类	持续提供融资服务	320
16	泰隆银行莲都支行	项光庆	行长	浙江不知慢运动服饰有限公司	正常类	融资需求	300
				浙江非王泵阀有限公司	正常类	融资需求	300
				丽水市海卓科技有限公司	正常类	融资需求	300
17	莲都建信村镇银行	陈 江	董事长	浙江梅峰茶业有限公司	帮扶类	—	—
				浙江富来森食品有限公司	正常类	—	—
18	莲都建信村镇银行	潘连兴	行长	丽水白云山土特产开发有限公司	正常类	—	—
				丽水市金铭温室大棚设备有限公司	正常类	—	—
				丽水市莲城铅笔制造有限公司	正常类	—	—
19	莲都建信村镇银行	张春来	副行长	丽水七和生态农业综合开发有限公司	正常类	—	—
				浙江隆科酒业有限公司	正常类	—	—
				丽水市轩德皇菊开发有限公司	正常类	—	—
20	莲都建信村镇银行	吕小军	财务总监	浙江丽水博莱斯科技有限公司	正常类	—	—
				丽水市五金有限责任公司	正常类	—	—
				丽水一森文教用品有限公司	正常类	—	—

附件6

企业融资重点服务清单

序号	企业名称	负责人	联系方式	地址	重点服务需求
1	浙江彼特服羽绒制品有限公司	叶少琴	13857080877	天宁工业区城北街891号	希望政府帮助企业解决融资困难
2	丽水市莲城铅笔制造有限公司	孙金华	13905883882	天宁工业区和平路66号	希望政府协调清除信用不良记录
3	万兴小额贷款公司	李五一	13957082151	花园路179号	要求兑现后三年的扶持政策
4	丽水市萤火虫金融服务外包股份有限公司	吴庆峰	13306785858	瓯微大厦21楼	帮助协调银行与其开展转贷业务合作
5	浙兴小额贷款公司	江勇明	13606690809	人民路539、541号	希望政府建立风险补偿机制
6	莲都民间融资服务中心	陈建平	13606690671	丽阳街515号山水大厦6楼	加强金融服务相关培训辅导并帮助协调解决问题

附件7

招商引资项目重点服务清单

序号	项目名称	投资额（万元）	投资方	服务形式
1	古堰画乡坪地半岛	50000	待定	项目盯引
2	古堰画乡江滨休闲街区项目	45000	待定	项目盯引
3	5D梦幻油画馆及酒吧一条街	20000	待定	项目盯引
4	杭萧钢构生产基地	15000	待定	项目盯引
5	草木间精品民宿	10000	待定	项目盯引
6	郎奇—白桥养生(养老)基地	10000	待定	项目盯引
7	丽水市餐厨废弃物处置中心建设项目	8664	待定	项目盯引
8	碧湖城市综合体	90000	待定	项目盯引
9	太平乡平天岗生态畜牧养殖项目	1000	待定	项目盯引
10	汽摩配项目	2000	待定	项目盯引
11	麻雀湾景区项目	52000	待定	项目盯引
12	太极湾观光度假区	20000	待定	项目盯引
13	年产5000吨锌、铝合金铸件建设项目	5000	丽水市浩增金属制品有限公司	项目推进
14	建筑废弃物综合循环利用建设项目	12148	丽水市建材循环开发有限公司	项目推进
15	年产15亿件金属紧固件建设项目	12148	丽水正好铁构件有限公司	项目推进
16	年产5000吨API球阀建设项目	10102	丽水欧维克阀门有限公司	项目推进
17	年产皮带轮5000万只、铝端盖1000万只建设项目	10800	浙江特利隆汽车配件有限公司	项目推进
18	古堰画乡大花蕙兰基地	20000	浙江天边旅游开发有限公司	项目推进
19	萤火虫基金	20000	丽水市萤火虫金融服务外包股份有限公司	项目推进
20	玩摄影“古堰画乡”营地项目	40000	浙江云境旅游投资有限公司	项目推进
21	“莲溪花谷”农旅项目	5000	丽水市十里荷花生态观光农业发展有限公司	项目推进
22	白桥农家乐旅游综合开发项目	10000	丽水市锦秀旅游开发公司	项目推进
23	东港小学	20000	丽水市启程教育投资管理有限公司	项目推进
24	西溪牡丹园	1600	中科农香禾牡丹发展有限公司	项目推进
25	丽水城市花园温泉度假中心建设项目	75000	浙江丽水花园温泉开发有限公司	项目推进
26	古堰凌波园项目	12500	浙江格丽雅园艺有限公司	项目推进
27	中草药种植	1000	大德经济林苗科技有限公司	项目推进
28	雅溪漂流项目	12900	丽水亚溪旅游开发有限公司	项目推进
29	现代生态农药林示范基地建设项目	6000	浙江丽东农林开发有限公司	项目推进
30	蝴蝶谷摄影文化园	5000	丽水市竣泰旅游文化发展有限公司	项目推进

序号	项目名称	投资额（万元）	投资方	服务形式
31	元宝枫项目	21450	丽水汝康生态科技发展有限公司	项目推进
32	莲都区丽龙高速公路南山互通	34957	丽水市丽浦建设投资有限公司	项目推进
33	敏河加油站	6000	瑞安市中油油品有限公司	项目推进
34	梦泉花海旅游开发项目	10000	浙江梦泉旅游开发有限公司	项目推进
35	万丰骨伤科医院	10000	丽水市万丰骨伤科医院	项目推进
36	皇菊基地	500	轩德皇菊有限公司	项目推进
37	荣装网互联网家装平台	20000	浙江联合创展装饰股份有限公司	项目推进
38	钭氏医院	10000	浙江钭氏医疗投资有限公司	项目推进
39	绿谷花田农庄	5100	丽水市竹道农业开发有限公司	项目推进

附件8

工业在建项目重点服务清单

序号	企业名称	项目名称	建设内容	联系人	联系电话	2017年形象进度	服务清单
1	丽水市鱼跃酿造食品有限公司	年产9300吨、500吨绿谷琼液（白酒）建设项目	用地面积20亩，总用地面积13324平方米，总建筑面积12608.59平方米	陈旭东	13606696396	厂房及附属工程建设完毕，进驻设备，完成竣工验收，开始投产	促投产，提供企业竣工验收一站式服务
2	丽水市和乐食品有限公司	年产15000吨保鲜蔬菜水果、3000吨速冻食品、4000吨冷冻饮品建设项目	用地面积30亩，总用地面积20000平方米，总建筑面积14366.3平方米	王伟豪	13105785858	厂房及附属工程建设完毕，设备已进驻，完成竣工验收，开始投产	促投产，提供企业竣工验收一站式服务
3	丽水市联威机电元件有限公司	年产20亿件紧固件建设项目	用地面积30亩，总用地面积20000平方米，总建筑面积22479平方米	戴克华	13906876809	厂房及附属工程建设完毕，设备进驻，完成竣工验收，开始投产	促投产，提供企业竣工验收一站式服务

附件9

闲置工业土地、厂房处置重点服务清单

序号	闲置类型	企业名称	位置	土地面积（亩）	处置进展
1	厂房	浙江舒美特鞋业有限公司	南山区块	39.9	三次流拍，变卖价格为2852万元。
2	厂房	浙江玛贝乐集成家具有限公司	南山区块	14.9	司法处置中，预计拍卖价格约为750万元。
3	厂房	浙江鸿佳鞋业有限公司一期	南山区块	48.2	三次流拍，变卖价格为1985万元。
4	厂房	丽水市万顺印刷厂	南山区块	13.4	司法处置中，完成资产评估。
5	厂房	丽水市联鑫轴承有限公司	南山区块	10.7	司法处置中，将进行法院拍卖
6	厂房	浙江银凯科技有限公司	郎奇区块	43	三次流拍、变卖失败
7	厂房	浙江天时利有限公司	郎奇区块	14	三次流拍、变卖失败
8	厂房	浙江巨力机械有限公司	郎奇区块	11.77	司法处置中
9	厂房	浙江星球棋牌有限公司	天宁区块	14.38	司法处置中
10	土地	浙江百山食品有限公司	碧湖区块	18.5	涉及闲置
11	土地	浙江广丽科技有限公司	碧湖区块	23.6	提交退地申请，涉及闲置
12	土地	浙江森宇生物科技有限公司	碧湖区块	128.7	提交退地申请，涉及闲置
13	土地	浙江新菲特农业科技开发有限公司	碧湖区块	6	涉及闲置

附件10

电商企业重点服务清单

序号	企业名称	负责人	联系方式	地址	重点服务需求
1	丽水市绿盒电子商务有限公司	梁汀汀	13957053981	芦埠坑村	冷链物流问题
2	丽水市润生苔藓科技有限公司	温从发	15205882242	中山街五宅底2号	帮助对接人才引进
3	丽水市晓峰金鱼养殖有限公司	柳剑光	13157888008	灯塔街21号	帮助对接资本市场和人才引进
4	丽水市带你玩网络科技有限公司	侯学武	18658815881	括苍路493号17号楼	帮助对接人才引进

附件11

科技创新企业重点服务清单

序号	企业名称	负责人	联系方式	地址	重点服务需求
1	丽水市海卓科技有限公司	张初旻	15990800283	碧湖区块 碧兴街804号	申报高新技术企业
2	浙江天润电力科技有限公司	蒋余建	15381338888	碧湖区块 文一路788号	申报高新技术企业
3	中仪电力科技有限公司	石福义	18501714328	碧湖区块 碧云街808号	申报高新技术企业

附件12

农业企业重点服务清单

序号	企业名称	负责人	联系方式	地址	重点服务需求
1	丽水伊人农业开发有限公司	金之江	13600600470	碧湖高溪	加强对企业的政策帮扶和技术指导
2	丽水市百兴菇业有限公司	吴其耀	18806880111	碧湖区块 采桑路808号	加强对企业的政策帮扶，推进农旅融合发展
3	浙江六江源绿色食品有限公司	陈晓南	13905888495	碧湖区块	帮扶对接人才引进、企业融资
4	丽水市绿洲农业发展有限公司	李　东	18867806765	丽新乡 黄岭上村	帮扶企业基地建设、产品营销及融资等工作
5	丽水市鱼跃酿造食品有限公司	陈旭东	13606696396	天宁工业区 金笔街28号	加强企业品牌和文化建设，推进农旅融合发展
6	浙江新三和动物保健品有限公司	应林翠	13905788239	天宁工业区 天宁街881号	推进企业转型升级

附件13

建筑企业重点服务清单

序号	企业名称	负责人	联系方式	地址	重点服务需求
1	丽水市中立建筑工程有限公司	周国强	2116058	人民街649号东辅楼四楼	服务企业转型升级
2	浙江荣景园林建设有限公司	余荣和	13905882912	万地商会大厦20楼(海关隔壁)	服务企业转型升级
3	丽水市天宇建筑工程有限公司	张伟明	13395788003	庆春街和紫金路交叉口	服务企业转型升级
4	丽水市正达建筑工程有限公司	麻爱丽	13857082344	华敦街148号	服务企业转型升级
5	丽水市金丰建筑工程有限公司	蓝水翠	13905885119	水阁经济开发区吴垵路48号	服务企业转型升级
6	浙江万景市政园林工程有限公司	张松云	0578-2188986-808	丽东二村255-259号	服务企业转型升级
7	浙江亿鼎市政园林建设工程有限公司	黄杰	15925733333	卢镗街487号	服务企业转型升级
8	丽水市正阳电力建设有限公司	陈正旗	13906788555	南山园南山路573号	服务企业转型升级
9	浙江丽水东盛园艺建设有限公司	马忠华	13357080726	丽青路179号2楼	服务企业做强做大
10	浙江华歌建设有限公司	蒋真	13059633333	中山街八一宾馆附楼	服务企业做强做大
11	丽水市中诚市政园林有限公司	周剑豪	15857808272	丽青路159号	服务企业做强做大
12	浙江中嘉建筑园林有限公司	朱乐静	15305781984	北苑路世贸花园4号楼508室	服务企业做强做大

附件14

旅游企业重点服务清单

序号	企业名称	负责人	联系方式	地址	重点服务需求
1	浙江盛景旅游开发有限公司	徐忠强	13968897227	黄村乡黄泥墩村	服务企业加快项目建设
2	浙江丽水花园温泉开发有限公司	江文虎	13587886018	碧湖镇白桥村	服务推进旅游项目尽快开业、加快项目建设
3	丽水亚溪旅游开发有限公司	李金慧	15325789999	雅溪镇金竹村	服务企业加快项目建设

附件15

审批项目重点服务清单

序号	企业名称	负责人	联系方式	地址	重点服务需求
1	丽水市启程教育投资管理有限公司	王增才	13606690666	东港路以东、关下路以北地块	莲都区东港小学行政审批全流程代办服务
2	丽水市锦绣旅游开发有限公司	俞俊超	13004698413	碧湖镇白桥村三角圩和尚弄40号	白桥农家乐行政审批全流程代办服务
3	燕京啤酒(浙江丽水)有限公司	叶旺	18805788899	碧湖镇下江埠1号	协调解决公司属地上已建的一个单层钢结构的纸箱库项目验收工作以及新建2000平方米(单层)钢棚项目审批流程

中共丽水市莲都区委办公室
印发《关于推进“两学一做”学习教育
常态化制度化的实施方案》的通知

莲委办发〔2017〕44号

各乡镇党委，各街道党工委，区直各单位党委（党组）：

《关于推进“两学一做”学习教育常态化制度化的实施方案》已经区委同意，现印发给你们，请认真贯彻执行。

中共丽水市莲都区委办公室

2017年5月30日

关于推进“两学一做”学习教育常态化制度化的实施方案

2016年在全体党员中开展的“学党章党规、学系列讲话，做合格党员”学习教育，以尊崇党章、遵守党规为基本要求，坚持深入细致学、攻坚克难干，着力解决突出问题，推动党内教育从“关键少数”向广大党员拓展、从集中性教育向经常性教育延伸，取得了显著成效。为进一步推进“两学一做”学习教育常态化制度化，统筹推进“五位一体”总体布局和协调推进“四个全面”战略布局，确保党的组织充分履行职能、发挥核心作用，确保党员领导干部忠诚干净担当、发挥表率作用，确保广大党员党性坚强、发挥先锋模范作用，确保在全市率先高水平全面建成小康社会，根据中央和省委、市委安排部署，结合莲都实际，现就推进“两学一做”学习教育常态化制度化，提出如下实施方案。

一、准确把握目标要求，切实推动学习教育取得实效

推进“两学一做”学习教育常态化制度化，必须把思想教育作为首要任务，坚持用党章党规规范党组织和党员行为，用习近平总书记系列重要讲话精神武装头脑、指导实践、推动工作，坚持学思践悟、知行合一，坚持全覆盖、常态化、重创新、求实效，以“两学一做”为基本内容，以“三会一课”为基本制度，以党支部为基本单位，按照突出问题导向、注重以上率下、强化分类指导、激发基层活力、选树先进典型、坚持常抓不懈的要求，推动实现“六个更加”。一是政治信仰更加坚定，突出思想政治建设、党性锻炼，不断增强政治意识、大局意识、核心意识、看齐意识，做到在思想上拥护核心、政治上维护核心、行动上紧跟核心；二是纪律规矩更加严明，执行党的决定，服从组织分配，严守党的纪律，自觉接受组织和群众的监督，做到心存敬畏、言有所戒、行有所止，确保中央和省、市、区委各项决策部署落到实处；三是宗旨观念更加牢固，树立以人民为中心的发展思想，强化群众意识，践行群众路线，站稳群众立场，增进群众感情，提高做群众工作的本领，努力为群众服务，让群众满意；四是党内政治生活更加严格，不断增强党内政治生活的政治性、时代性、原则性、战斗性，切实增强自我净化、自我完善、自我革新、自我提高能力，营造风清气正的党内政治生态；五是作用发挥更加充分，党组织充分履行职能、发挥核心作用，党员领导干部忠诚干净担当、发挥表率作用，党员党性坚强、发挥先锋模范作用；六是党的基层组织活力更加显现，把党员群众组织起来、凝聚起来，不忘初心、继续前进，为实现区第十四次党代会提出的“一个率先、两个提升、三个迈进”总目标提供坚强组织保证。

二、精心组织学习教育，把思想教育融入日常、抓在经常

“两学一做”基础在学。把巩固和发展学习教育成果的着力点落在常态化制度化上，以立根固本的决心和久久为功的精神，坚持不懈地用马克思主义中国化的最新成果武装全体党员。

（一）健全学习机制。各单位党委（党组）和基层党组织每年底要在总结上一年度“两学”情况的基础上，突出问题导向、目标导向和绩效导向，编制年度党员自学和专题研讨的具体安排，把各项学习任务融入“三会一课”、主题党日、民主评议、述职考核等计划中。今年二、三、四季度分别围绕“严守党章党规，规范日常言行”“学习系列讲话，增强‘四个意识’”“践行‘四个合格’，发挥先锋作用”3个专题开展集中研讨。自学要有组织、有计划地进行，要有明确的书目、篇章和考学要求。党员领导干部要结合实际制定个人学习计划，报支部备案，每年按规定完成网络学院学分。各单位

党委(党组)和基层党组织每次集中都要形成详细的专门记录，并实行签到制度，留档备查。纪检机关和组织部门要培养建立党章党规和《准则》《条例》辅导的师资队伍，宣传部门要建立宣讲团，每年组织集中备课，开展常态化辅导宣讲。党校要开设专门课程、配备专职教师，把党章党规和系列讲话纳入所有党员干部培训轮训班次的必修课程。

(二)明确学习内容。把学党章党规、学系列讲话作为会议安排和党员学习的基本内容，深入学习《中国共产党章程》和《关于新形势下党内政治生活的若干准则》《中国共产党廉洁自律准则》《中国共产党纪律处分条例》等党规，以及习总书记关于改革发展稳定、内政外交国防、治党治国治军的重要思想，特别是习总书记8次到丽水调研时的重要讲话精神。组织党员领导干部深入学习《中国共产党地方委员会工作条例》《中国共产党党组工作条例(试行)》《党政领导干部选拔任用工作条例》《中国共产党问责条例》《领导干部报告个人有关事项规定》等党内重要法规制度。坚持读原著、学原文、悟原理，联系实际学、带着问题学、不断跟进学，领会掌握基本精神、基本内容、基本要求，做到学而信、学而思、学而行。各单位党委(党组)和各基层党组织要结合实际，采取理论测试、知识竞赛、征文比赛、撰写心得体会等形式，加强学习成果检验，增强学习效果。各单位党委(党组)和各基层党组织要及时组织学习中央和省委、市委、区委重要会议、重大部署、重要文件等精神。

(三)丰富学习载体。在抓好党章党规、系列讲话学习的同时，组织党员认真学习党的历史，用好浙西南革命根据地纪念馆、中共丽水县委旧址等红色教育资源，使党员干部能身临其境“知党史、强党性”，提升学习实效。认真学习先进典型，组织编写“党建好故事”系列，用身边典型案例影响带动身边人；加强警示教育，运用被查处的党员违纪违规案例开展警示教学，深刻汲取教训；推行“会前10分钟”学习模式，党支部将每次会议前10分钟作为集中学党章党规、学系列讲话的时间。

三、围绕中心搭建平台，着力推动形成学做结合常态化

“两学一做”关键在做。坚持学做互进、知行合一，教育引导广大党员按照“四讲四有”标准，做到政治合格、执行纪律合格、品德合格、发挥作用合格。

(一)推动党员服务中心工作。基层党组织和广大党员要在勇担重任中作表率，积极参与“拆治归”、剿灭劣V类水、小城镇综合整治、大搬快治、“三美”建设、文明城市创建和“最多跑一次”改革等中心工作，撸起袖子加油干，在硬任务和攻坚战中检验“四个合格”。在村社干部中大力推行精准考核，聚焦治水拆违、农民增收和村集体经济增收等工作重点，有侧重设置考核指标，特别是对剿灭劣V类水工作不力、任务没有完成的村社干部，要坚决调整下来。

(二)积极引导党员立足岗位争先锋。深化“看齐创优、双先双创当先锋”行动，分领域开展农村“致富创业”、乡镇“住村联心”、社区“共驻共建”、企业“红领助企”、机关“服务发展”、事业单位和社会组织“岗位奉献”等六大子行动。继续深入开展“佩党徽、亮身份、作表率”活动，组织党员在重大活动、重要工作中佩戴党徽、亮明党员身份。通过设立“共产党员户”“党员示范岗”，开展“党员一句话承诺”等，展示先锋形象。在农村党组织开展花样农家“我承诺、我倡议”和建设“党员先锋林”活动。

(三)不断深化党员志愿服务。开展“全域化推行志愿服务”行动，在区级建立党员志愿服务总站的基础上，乡镇(街道)要设立党员志愿服务分站，村里要有志愿服务点，并且层层建立志愿服务队。发挥党员在“小荷志愿者”团队中的示范引领作用，打造具有莲都特色的“小荷”党员志愿服务品牌。通过以“统一平台+专业团队+常态服务”为主要模式，深化推进96345党员志愿服务工作。推广党员“爱心系列”服务活动，因地制宜打造“爱心农场”“爱心课堂”“爱心超市”等志愿服务项目。在景区、车站、广场、商圈等人流量大的地方，设立固定展示党员志愿服务形象的窗口，公开服务内容、爱心热线等，开展党员志愿服务时提倡穿红马夹，现场一般要有党旗，要体现出党建元素。

（四）全面落实联系服务群众长效机制。各领域基层党组织要进一步健全联系服务群众制度，普遍开展“党员联系群众、党员干部联系困难户”活动，明确平安建设、扶贫解困、民生实事等联系服务内容和工作要求，确保长效实效，确保党群联系全员化、全覆盖。机关事业单位党组织与农村、企业、社区等党组织结对联系，与困难党员、困难群众结对帮扶。推广乡镇（街道）班子“组团夜访”工作，通过班子集体“夜访夜谈夜宿”，打通联系服务群众“最后一纳米”。继续深化乡镇（街道）干部“住村联心”“四必到四必访”等工作机制，开展手绘“民情地图”上墙工作，住（联）村干部实行包片联系，每年对联系片区内的居民或农户至少走访1遍。严格执行乡村干部值班、坐班制度，推动农村党员干部深入一线，联系服务群众。

（五）全面落实“整乡推进、整县提升”。继续开展区乡联动逐乡蹲点指导，认真对照整乡推进分类建设标准和提升内容，逐村梳理问题清单，完善基础数据台账，针对存在的问题，及时分类研究提出整改措施，组织人员集中力量攻坚。通过辐射带动，以点带线、以线促面，争取到十九大召开前，全区所有村党组织达到基本型以上要求，2018年春节前，精心打造风情东西线、古道问今线、瓯江滨水线和红色北乡片、山水黄村片、生态峰源片等“三线三片”基层党建示范群，全面完成我区“整乡推进、整县提升”工作任务。

四、对标检查整改落实，联系实际经常查找解决问题

“两学一做”核心在改。坚持学做结合，突出针对性，敢于直面问题，勇于自我革命，把查找解决问题作为“两学一做”学习教育的规定要求，不等不拖，即知即改。

（一）查找问题短板。深入开展“三查找分析、三着力解决”活动，切实查摆党组织和党员存在的问题。党委（党组）、各党总支部要查找分析是否落实全面从严治党主体责任，是否坚决执行党的理论和路线方针政策，是否认真坚持民主集中制，着力解决党的领导弱化、党的建设缺失、管党治党宽松软等问题。党支部要查找分析组织生活是否经常、认真、严肃，党员教育管理监督是否严格、规范，团结教育服务群众是否有力、到位，着力解决政治功能不强、组织软弱涣散、从严治党缺位等问题。党员要对照党章党规，对照系列讲话，以先进典型为标杆、以反面典型为镜鉴，把自己摆进去，经常自省修身，打扫思想灰尘、进行“党性体检”，有什么问题解决什么问题，什么问题突出重点解决什么问题；要查找分析理想信念是否坚定、对党是否忠诚老实、大是大非面前是否旗帜鲜明、是否做到在思想上政治上行动上同以习近平同志为核心的党中央保持高度一致，着力解决党的意识不强、组织观念不强、发挥作用不够等问题。

（二）推动问题整改。通过建立问题清单，实行销号整改，并同抓好党的群众路线教育实践活动、“三严三实”专题教育、“学党章、守纪律、讲规矩”主题教育的问题整改结合起来，使解决问题前后呼应、持续推进。基层党组织每半年开展一次党员先锋指数考评，年底结合组织生活会开展“党性体检、民主评议”，组织党员深入查摆问题，列出具体整改措施，确保整改到位。

（三）深化正风肃纪。把党章、《准则》和《条例》作为规范党员干部言行的硬约束，高标准、严要求落实好中央八项规定精神和省、市、区委对作风建设各项规定。以“干净干事创新业”作风建设专项活动为载体，着力推动作风建设向纵深发展，向基层延伸，向成果转化。持续开展明察暗访、督促检查，始终保持正风肃纪的高压态势。深入开展“为官不为”专项整治，全面开展“中梗阻”“慵懒散”问题整治，持续开展“酒局”“牌局”专项检查，切实整治群众身边的不正之风。严格执行理想信念缺失、政治立场动摇、组织纪律散漫、廉洁自律不够等党员管理“十条红线”，着力解决党员队伍中存在的“不像党员、不在组织、不守规矩、不起作用”等问题，严格稳慎处置不合格党员。

五、突出抓好“关键少数”，发挥领导干部示范带动作用

“两学一做”的榜样是“关键少数”。推进学习教育常态化制度化，党员领导干部要有更高标准、更高要求，以身作则、率先垂范，做到“五带头”。

（一）带头深化学习。党员领导干部要带头讲政治，把参加学习教育作为重要的政治考量和旗帜鲜明讲政治的重要体现，自觉贯穿于日常工作和生活，贯穿于党性锻炼全过程。带头学习党章党规和习总书记系列重要讲话，带头学原文读原著、参加集中学习、开展专题研讨，带着信念学、带着感情学、带着使命学、带着问题学，不断提高马克思主义理论素养，提高用党的创新理论指导解决实际问题的水平，增强工作的科学性、预见性、主动性和创造性。各单位党委（党组）要进一步用好理论学习中心组等有效载体，每季度至少开展1次专题学习研讨，明确学习主题、健全学习制度、提升学习效果。

（二）带头到基层上党课。坚持党员领导干部讲党课制度，结合基层调研、结对联系、走访慰问等工作，紧扣学党章党规、学系列讲话，践行“四讲四有”等内容，到基层讲党课。区级党员领导干部和各单位党委（党组）班子成员每年到基层上党课不少于2次，一般安排在“七一”和年底，也可结合中央、省、市、区党代会及各类重要会议精神的宣传贯彻，随时安排专题党课，推动党员领导干部上党课成为常态。农村第一书记、住村党员干部及基层党组织书记要积极开展上党课活动，每年上党课不少于1次。党课内容要贴近党员、贴近实际，不搞照本宣科，增强吸引力感染力。

（三）带头严格党内政治生活。党员领导干部要严格执行双重组织生活制度，既要参加党委（党组）理论中心组学习，又要参加支部的学习和活动，每年既要参加领导班子民主生活会，也要参加所在支部的组织生活会，对照党章党规党纪，对照《准则》《条例》，带头开展批评和自我批评，带头接受“党性体检、民主评议”，不断增强发现和解决自身问题的能力。在涉及重大问题、重要事项时必须按规定如实向组织请示报告，重要事项和谈话函询自查情况等必须在民主生活会上如实作出说明。带头执行党内谈心谈话制度，经常与班子成员、与党员谈心谈话，敞开心扉、交流思想，拉近距离、促进沟通，发现问题、及时提醒。

（四）带头查摆和整改问题。党员领导干部要紧密联系思想、工作和生活实际，对标检视责任落实，深挖细查“四风”等问题，做敢于面对、真抓真改的表率。各单位党委（党组）书记是带头查摆、带头整改的第一责任人，必须从自身带头做起，带头把责任和压力层层传导下去。党员领导干部要勇于揭短亮丑，对号入座、深查细纠，并举一反三。针对查找出来的问题，要敢于动真碰硬，有的放矢、对症下药，真抓实改，取信于组织和群众，带头做一名纯粹的领导干部。要带头加强作风建设，持续整改“四风”问题，带头立家规正家风严家教，坚决同不良作风作斗争。

（五）带头干事创业。党员领导干部要以区第十四次党代会为新的起点，咬定目标、励精图治抓落实，紧紧围绕“同心同向同力、共建共融共享、善谋善作善成”的工作总要求和“城市共建、经济共融、福祉共享，在全市率先高水平全面建成小康社会”的总任务，带头联系重大项目、带头改革攻坚、带头化解矛盾、带头扶贫帮困、带头领办实事，一级做给一级看、一级带着一级干。进一步完善改革创新容错免责机制，为敢于担当的干部担当，为敢于负责的干部负责，使敢担当、敢作为在干部队伍中蔚然成风。

六、严格规范组织生活，全面建强基层支部

“两学一做”的重点在党支部。落实学习教育常态化制度化，在“融”字上下功夫，在“建”

字上加力度，将学习教育常态化制度化“融”入到“三会一课”中，“建”强基层支部，树立党的一切工作到支部的鲜明导向。

（一）严格落实党内政治生活制度。坚持先党内后党外的原则，健全支委会和党员大会议事规则，村社等基层单位涉及重大事项、重要工作和重大项目的规划和实施，以及有关人事安排等，应先由支委会或党员大会研究后，再按党内规定或依法决定部署实施。严格按照《关于新形势下党内政治生活的若干准则》的要求，从基本组织、基本队伍、基本制度抓起，突出“三会一课”、主题党日制度，严肃认真的开展理论武装、教育管理、组织生活会、民主评议等党内政治生活。党支部要组织党员按期参加党员大会、党小组会和上党课，定期召开支部委员会会议。将每月15日作为主题党日，各级党组织结合当前重点工作，确定符合本单位实际的活动主题，并严格执行入党誓词必须重温、党费必须缴纳、党章党规和习总书记系列讲话必须学习、上级党委精神必须传达、支部书记必须点评、志愿服务必须参加等“六必须”要求。各党支部要制订“三会一课”和主题党日的年度计划，通过党务公开等形式进行公告，并报上级组织备案。完善党内组织生活记录，及时上传活动图文资料到丽水先锋网支部活动记录栏目，实现全程留痕、全程纪实。上级党组织要对党支部执行各项制度情况进行指导和检查，对不经常、不认真、不严肃的要批评指正，情况严重的要采取整顿等措施，进行组织处理。

（二）强化党员教育管理。将从严教育管理党员作为党支部的一项重要政治责任，作为全面从严治党向基层延伸的重要抓手，切实提升党员的“四个意识”和纪律规矩意识。严格落实党员请示报告制度，党员重要事项实行“五报告”，即涉及红白喜事、建房乔迁、长期外出、突发状况、违纪违法五个方面情况的，要及时向上级党组织报告。健全流动党员管理制度，严格落实外出要报告、春节要报到、七一要必到、每月要汇报的“四个要”规矩，党员外出时主动向党组织报告并申领流动党员证，“七一”等重大活动节日回支部参加，平时每月向党组织汇报学习、工作等情况，春节回家要向党组织报告，并将流动党员证交党组织查看，验收在外学习情况。全面推行党员参加组织生活“四不准”规矩，进一步规范党内政治生活。从严督促落实，对没有正当理由长期不参加主题党日的党员，要进行批评教育或处置。对开展主题党日不经常、不认真的要及时纠正，问题严重的进行组织整顿。

（三）进一步抓实支部建设。坚持把党支部建设作为最重要的基本建设。对照基层党组织堡垒指数考评标准、基层服务型党组织建设标准、农村基层党建20条和“3+15”任务清单等要求，不断提升党支部建设制度化规范化科学化水平，让党支部真正成为教育党员的学校、团结群众的核心、攻坚克难的堡垒。牢固树立“抓党建第一政绩”的理念，坚持“书记抓，抓书记”，加大责任传导力度，压实各级书记抓党建的责任，推动学习教育落地生根。健全并严格落实党员组织关系接转、党费按月按标准收缴、党员档案规范化建设、党支部统一按期换届等各项工作制度。运用“首善担当创一流”工作交流会、党建项目领办、党建项目发布等载体，深化学习教育效果。探索运用信息化手段，打造“指尖上的课堂”和线上学习交流平台。加强基层党组织书记培训，每年轮训一遍。强化软弱落后党组织的整顿转化，全面实行区乡领导挂点包干制度，确保整转到位。抓好机关事业单位“灯下黑”问题整治，推动机关党员真正做到学在深处、做在前头。不断优化社区“大党委”制，逐步健全共建共享机制、管理联动机制、运转保障机制，推进社区党组织与驻区单位党组织共建互补。探索建立“工作支部”，按照一方隶属，分众分时组织活动的管理模式，切实加强“两新”组织党员管理。探索将党支部搬到项目攻坚的一线，设立项目支部，促进重点工程项目建设。

七、落实责任强化督导,推动学习教育有效开展

(一)压实工作责任。全区"两学一做"学习教育常态化制度化工作在区委领导下开展,区委组织部牵头,区纪委、区委宣传部、区委党校、区直机关党工委、区委两新工委等共同做好相关工作。各乡镇(街道)和区直各单位党委(党组)要高度重视推进"两学一做"学习教育常态化制度化,精心组织实施,抓常抓细抓长。要切实履行主体责任,把推进"两学一做"学习教育常态化制度化纳入管党治党的责任清单,每年要专门研究部署,一级抓一级,层层抓落实。各级党组织书记要认真履行第一责任人的职责,领导班子其他成员要落实"一岗双责"。区"两学一做"学习教育协调小组要统筹做好谋划、组织协调和督查指导,作出具体安排,切实抓好工作落实。

(二)加强督查指导。要针对党组织、党员状况精准施策,充分发挥基层的自主权和灵活性。要通过集中督查、随机抽查、听取汇报、专项调研、情况通报、重点约谈、参加学习讨论、列席组织生活会等方式,加强对党组织的督促指导,推进学习教育和问题整改。要把重点放到基层、放到党支部,及时总结交流新鲜经验,发现和纠正苗头性倾向性问题。

(三)坚持统筹兼顾。各基层党组织要统筹时间和精力,把推进学习教育常态化制度化同做好改革发展稳定各项工作结合起来,同完成本单位重点任务结合起来,引导党员干部把"学"的成果、"做"的实践体现到日常工作中,把激发出的工作热情转化为干事创业的强大动力。

(四)强化考核问责。要健全学习考勤、学习档案、学习交流、学习通报和学习测试等制度,对党组织和党员"学"的情况进行检查评估。要结合工作总结、党员领导干部述职评议、一线考核、民主评议党员以及抽查、巡察、督查等方式,对党组织和党员"做"的情况进行考核评价。要把组织开展"两学一做"学习教育情况纳入领导班子和领导干部综合考核的重要内容,作为评判党组织和党组织书记履行管党治党责任情况的重要依据。注重从支部工作和党员作用看效果,让党员群众作评价,对学习不重视、工作不落实、整改不到位,搞形式走过场的,要严肃批评、问责追责。

丽水市莲都区人民政府办公室关于印发《莲都区金融机构支持地方经济发展考核奖励办法》的通知

莲政办发〔2017〕8号

古堰画乡小镇指挥部，各乡镇人民政府，各街道办事处，区政府直属各单位：

《莲都区金融机构支持地方经济发展考核奖励办法》已经区政府第65次常务会议审议通过，现印发给你们，请认真贯彻执行。

丽水市莲都区人民政府办公室

2017年2月14日

（此件公开发布）

莲都区金融机构支持地方经济发展考核奖励办法

为进一步深化金融改革，推动金融创新，鼓励金融机构加大对我区生态经济发展的支持力度，结合我区实际，特制定本办法。

一、考评范围

（一）银行业金融机构：农业发展银行丽水支行、交通银行丽水分行、浦发银行丽水支行、中信银行丽水分行、浙商银行丽水分行、稠州银行丽水分行、邮储银行丽水市分行、杭州银行丽水分行、温州银行丽水分行、民泰银行丽水分行，工商银行莲都支行、农业银行莲都支行、中国银行莲都支行、建设银行莲城支行，莲都农村商业银行、泰隆银行莲都支行、莲都建信村镇银行。当年新增银行业金融机构在次年度纳入考评。

（二）其他金融组织：莲都区属各小贷公司及保险业、证券业金融机构。

（三）金融管理部门：人民银行丽水中心支行、丽水银监分局。

二、考评内容

年终根据各银行业金融机构对莲都经济发展的支持力度、当年各项业务指标完成情况和工作绩效，通过分项打分的办法进行考评；其他金融组织根据其年度业务开展情况、服务质量及对地方经济建设的贡献度，通过综合评价的方式进行考评；金融管理部门主要考核其在贯彻落实上级党委、政府和上级主管部门工作要求，以及在企业帮扶、金融服务和深化农村金融改革等方面的情况，根据实绩进行考评奖励。

三、考评标准

（一）对银行业金融机构的考评。

考评采用百分制，按项分别计分。综合指标（30分）实行基础分和加减分计算；结构指标（50分）以各银行业金融机构中完成情况最好的为基准分（计为满分），其他金融机构的该项得分以其与基准分的占比进行计算；测评指标（20分）以区政府相关部门和区属企业对各银行工作进行综合评价打分。三项指标之和为该金融机构年度考评分值，按总得分排出名次。

1.综合指标（30分）。包括全部的存贷款增速、存贷比。

（1）本外币存款余额及增速（10分）

①以各银行业金融机构上年末各项存款余额为基数（5分），每增减5000万元加减0.5分。最高加5分，扣完5分为止。

②以本外币存款增速8%为基数（5分），每增减一个百分点加减0.5分。最高加5分，扣完5分为止。

（2）本外币贷款余额及增速（15分）

①以各银行业金融机构上年末各项贷款余额为基数（5分），每增减5000万元加减0.5分。最高加5分，扣完5分为止。

②以本外币贷款增速8%为基数（10分），每增减一个百分点加减0.5分，最高加10分，扣完10分为止。

（3）本外币存贷比（5分）

以本外币存贷比达到78%为基数，每增减一个百分点加减0.5分。莲都农商银行人民币存贷比达到70%的得5分，每增减一个百分点加减1分。

2.结构指标（50分）。考核各银行业金融机构对莲都区属的中小企业贷款、“三农”信贷支持情况。

（1）支持中小企业贷款（25分）

结合莲都区中小企业发展状况及当前普遍存在的融资难、融资贵等问题，加大信贷支持力度，改进信贷服务，积极开展业务创新，拓宽融资渠道。本考核项目中的中小企业主要是指工业、商贸流通业、服务业等企业，涉农企业贷款在第二项“支持三农贷款”考核项目中考核。区属企业名单由区经济商务局提供。

①新增贷款(15分)。对银行业金融机构当年投入区属中小企业贷款净增额(包括为区属企业提供银行承兑汇票、办理票据贴现)进行考核。对企业法人代表个人贷款不并入计算。该金融机构当年系统内发放区属企业的新增贷款，以及系统外投放区属企业的新增信贷资金，视同该金融机构的新增贷款，一并计算。当年新增贷款最多的银行业金融机构得15分，其他银行业金融机构按占比计算得分。

②金融创新(10分)。一是创新小额保证保险贷款。鼓励各银行业金融机构创新贷款抵(质)押方式，拓宽中小企业融资渠道，积极探索推进小额贷款保证保险试点。发放小额保证保险贷款最多的银行业金融机构得5分，其他银行业金融机构按占比计算得分。小额保证保险贷款余额以保险业金融机构出具的证明为准。二是创新金融产品为中小微企业提供信贷支持的，如银行业金融机构开展小微企业帮扶基金、助保贷等业务，年末贷款余额最多的银行业金融机构得5分，其他银行业金融机构按占比计算得分。

为区经济商务局推荐的困难企业办理应急转贷、续贷的金融机构，可以酌情加分。最高可加10分，其他金融机构按占比计算得分。

(2)支持“三农”贷款(25分)

继续加大信贷支农力度，拓展农户小额信用贷款、“三权”抵押贷款以及涉农担保贷款，保证农户生产经营和外出创业的资金需求。创新金融产品，加强金融服务，活跃农村金融市场。本考核项目中的“三农”主要是指区属涉农企业及莲都籍农村居民个人贷款。

①新增贷款(10分)。对银行业金融机构当年投入区内涉农贷款净增额进行考核。当年新增贷款最多的银行业金融机构得10分，其他银行业金融机构按占比计算得分。

②“三权”抵押贷款(15分)。对“三权”抵押贷款任务考核实行基础分和加减分计算，基础分值为15分，其中林权抵押贷款5分、农房抵押贷款5分、土地流转抵押贷款5分。完成当年区政府下达的任务指标得基础分，分项贷款余额每增加100万元加0.2分，未完成的每减少100万元减0.2分。

3.支持区委、区政府中心工作(20分)。根据各银行业金融机构支持区委、区政府中心工作开展情况，由区金融办和区经济商务局一起组织区经济工作部门和区属企业对各银行业金融机构工作进行综合评价打分。

①民主测评(10分)。由区政府确定相关经济工作部门对各银行业金融机构进行民主测评。

②社会测评(10分)。组织30家区属规上企业，并随机抽取20家小微企业对各银行业金融机构进行测评打分。

(二)对其他金融组织的考评。

(1)对小贷公司的考评，根据《浙江省人民政府办公厅关于深入推进小额贷款公司改革发展的若干意见》(浙政办发〔2011〕119号)文件精神，按照年度考评情况给予奖励。被省金融办考评为A+级的，给予5万元奖励；被评为A级的，给予3万元奖励；被评为B级的，给予1万元奖励。

(2)参与小额保证保险贷款试点的银行业和保险业金融机构，各按当年该项贷款净增额的0.05%给予奖励。

(3)参与推动企业股改上市的证券业等中介机构，每推荐成功1家上市企业奖励20万元，成功进入“新三板”挂牌上市的每家奖励5万元，在浙江股权交易中心成长板挂牌的每家奖励0.5万元，在创新板挂牌的每家奖励0.1万元。

(三)金融管理部门的考评。

对人民银行丽水中心支行、丽水银监分局支持地方经济发展，积极争取国家金融政策支持，督促引导各银行业金融机构扩大信贷投放，监管协调困难企业应急转贷措施等方面的落实，“两个高于、两个不低于”等金融工作目标任务完成情况进行考评，根据考评结果给予“支持地方经济发展组织奖”。奖励金额按各银行业金融机构奖金的平均数给予奖励。当年莲都区存款和贷款增速分别高于全市平均水平的，每增一个百分点，再增加人民银行丽水中心支行2万元奖励。

（四）设立“特别贡献奖”。当年对推动地方经济和社会发展中有突出贡献的银行业金融机构，如开展与政府战略合作，在推进全区重点项目建设中有突出贡献，开展金融创新，贷款总量、贷款增幅、税收等方面贡献度特别突出的，可设特别贡献奖。奖励金额由区政府确定。

（五）设立“农村金融改革奖”。对上级政府和部门确定的当年农村金融改革目标任务完成情况进行考评，根据在全市考核的排名情况，对人民银行丽水中心支行计奖，第一名给予5万元奖励；第二名给予4万元奖励；第三名给予3万元奖励。

（六）与地方经济发展密切相关的其他奖励和补助项目。

1. 对小额贷款公司有融资支持的银行业金融机构，按当年该项贷款金额给予0.3%的奖励。

2. 银行业金融机构在莲都开设分支机构的一次性奖励5万元，在莲都乡镇（不含城区街道）设立营业网点的，每增加1个奖励2万元。

3. 区属融资性担保公司按担保月均余额给予0.5%风险补助，村级担保互助社按担保月均余额给予0.8%风险补助。

四、一票否决指标

被考核金融机构如出现以下情况之一的，取消其当年考评和政府性资金竞争性存放资格：

1. 在金融经营运行过程中，由于未及时采取有效防范和化解风险措施，影响区域内金融稳定的；

2. 对区属规上企业发生恶性抽贷压贷而导致企业破产的；

3. 对区政府应急转贷承诺未兑现的。

五、组织领导与考评方式

（一）建立考评机制。为确保考核工作科学化、制度化、规范化和公平、公正、公开，区政府成立银行业金融机构支持地方经济发展绩效考评工作领导小组，由分管副区长担任组长，领导小组成员单位由区金融办、区财政局、区经济商务局、人行丽水中心支行、丽水银监分局组成，领导小组下设办公室，办公室设在区金融办，负责全区金融机构支持地方经济发展绩效考评组织、协调、检查考核和奖励工作。

（二）考评方式。

1. 考评每年度实施一次。各金融机构平时应根据考评内容做好相关台账，于次年1月20日前对照考核内容进行自评，填报《莲都区金融机构支持地方经济发展考核奖励申报表》，经主要负责人签字后，附自评材料报送区金融办。

2. 考评工作由区金融办负责牵头，会同区财政局、区经济商务局、人行丽水中心支行、丽水银监分局对各金融机构进行考核，根据考核情况进行综合评分，提出考核奖励的初步意见，报区政府审定。

3. 各金融机构对报送材料的真实性、完整性、合法性负责。对考核资料申报不实，采取弄虚作假手段骗取奖励的金融机构，一经查实，按照《财政违法行为处罚处分条例》追回奖励资金，并取消下一年度参评资格。

六、奖励办法

以各银行业金融机构综合指标和结构指标考评的得分排出名次，从高到低进行评奖，设特别贡献奖一名、一等奖一名、二等奖二名、三等奖三名，区政府对获奖金融机构授予“支持地方经济发展先进金融单位”荣誉称号，给予通报表彰。奖励资金分别为特别贡献奖30万元、一等奖20万元、二等奖10万元、三等奖6万元。同时设鼓励奖若干名，鼓励奖3万元。考核总得分排名后3名的不予评奖，并向区财政局建议不纳入政府性资金竞争性存放的名单。考核结果向人行丽水中心支行、丽水银监分局、市金融办及市级分行通报。奖励资金主要用于获奖单位领导班子及相关工作人员的奖励。

七、附则

本办法自2017年1月1日起施行。2016年度对金融机构支持地方经济发展考核奖励参照本办法执行。

附件：莲都区金融机构支持地方经济发展考核奖励申报表

附件

莲都区金融机构支持地方经济发展考核奖励申报表

申报单位名称				主要负责人			
年度主要金融指标完成情况(万元)							
各项存款 年末余额		比年初 增减%		比年初 增减额			
各项贷款 年末余额		比年初 增减%		比年初 增减额		上年末增 速	
年末存贷比 (%)		去年存贷 比%		新增存贷 比%			
区属中小 企业贷款		比年初 增减%		比年初 增减额			
区属涉农 贷款		比年初 增减%		比年初 增减额			
与村级担保互助社合 作贷款		比年初 增减%		比年初 增减额			
小额贷款保证保险贷 款总额			合作的保险公司名 称				
申报单位意见			考核组审核意见				
负责人签字　　（公章） 年　月　日			考核组成员签字 年　月　日				
考评工作领导小组审查意见							

负责人签字：

年　月　日

丽水市莲都区人民政府办公室关于印发《莲都区“最多跑一次”专项行动工作方案的通知

莲政办发〔2017〕31号

各乡镇人民政府，各街道办事处，区政府直属各单位：

《莲都区“最多跑一次”专项行动工作方案》已经区政府第2次常务会议审议通过，现印发给你们，请认真贯彻执行。

丽水市莲都区人民政府办公室

2017年4月6日

（此件公开发布）

莲都区“最多跑一次”专项行动工作方案

为加快建设廉洁高效、群众满意的政府，根据党中央、国务院关于深化行政体制改革、转变政府职能的总体部署和省、市党委、政府关于加快推进“最多跑一次”改革工作的具体要求，结合我区实际，制定本方案。

一、指导思想

以“绿水青山就是金山银山”为战略指导思想，围绕“同心同向同力、共建共融共享、善谋善作善成”总要求和“一个率先、两个提升、三个迈进”总目标，以深化改革为着力点，以群众需求为导向，大力推进政府自身改革，加快建设智慧型、标准化、高效率的行政服务运行管理模式。通过“最多跑一次”改革，实现“干净干事创新业”，把麻烦留给政府，把方便让给群众和企业，不断提升社会公众的获得感、幸福感和满意度，激发市场活力，努力谱写莲都经济社会发展新篇章。

二、工作目标和主要内容

按照“群众和企业到政府办事最多跑一次”的理念和目标，各有关单位（包括承担行政和公共服务职能的行政、企事业单位）和各乡镇（街道）要全面梳理公布群众和企业到政府办事“最多跑一次”的事项，成熟一批、公布一批。到2017年底基本实现群众和企业到政府办事“最多跑一次是原则、跑多次是例外”的要求。

用“最多跑一次”来倒逼各级各部门减权、放权、治权，加快形成覆盖行政许可、行政处罚、行政征收、行政裁决、行政服务等领域的“一次办结”机制；用“最多跑一次”来杜绝多头执法、重复检查，形成“部门联合、随机抽查、按标检查、一次到位”的监管机制；用“最多跑一次”来全面推行“互联网+政务服务”，形成各项便民服务“在线咨询、网上办理、证照快递送达”的“零上门”运行机制。

各乡镇（街道）、各有关单位要以浙江政务服务网公布的权力清单和公共服务事项目录为基础，对群众和企业到政府办事事项进行全面梳理，通过加快推进流程优化、环节简化、网上运行、部门联动等工作，最终实现通过政府自身改革，带来百姓、企业、政府共赢的局面。

三、重点任务

（一）开展行政审批服务“最多跑一次”行动。

各职能部门全面梳理行政许可、行政确认和其他行政权力事项，优化流程、简化环节、减少前置，规范行政服务行为，达到群众和企业到政府部门办事“最多跑一次”目标。

1. 明确行政审批服务要素标准、流程标准、裁量准则标准和服务方式标准，编印标准化办事指南，并有效实施运行。

2. 对各部门能够当场办理的简单事项，实行即办制，一次办结。

3. 对相对简单的办理事项，结合网上申报审核方式，申请人在网上审核通过后即可到窗口取件或通过快递送达。

4. 对内容复杂、涉及现场踏勘、图纸审查、方案文本审查等办理事项，结合批前指导、代办服务、上门服务、联合审批等方式推进，达到群众和企业到政府部门办事“最多跑一次”目标。

（牵头单位：区行政审批中心　责任单位：区质监局等各职能部门）

（二）开展行政给付、行政征收服务“最多跑一次”行动。

各职能部门涉及的各类行政给付、行政征收、行政奖励事项，如抚恤金、社会救济福利金、自然灾害救济金及救济物资、各类贷学金、助学金审核发放等权力事项，要进一步梳理规范办理程序，加快推进网上办事力度，实现群众和企业到政府部门办事“最多跑一次”。

（牵头单位：区财政局　责任单位：区教育局、区民政局等职能部门）

（三）开展监管服务“最多跑

一次”行动。

各职能部门涉及行政处罚、行政裁决、行政强制权力事项，按照“谁审批、谁监管，谁主管、谁监管”原则，在政务服务网上公开办理程序，及时公开监管信息，强化监管合力，提升监管执法效能。着力推行“双随机、一公开”监管机制，扩大在市场监管执法和其他行政执法中随机抽查的范围，及时公布查处结果，营造法治化便利化营商环境，实现群众和企业到政府部门办理各类监管处理事项“最多跑一次”。

（牵头单位:区法制办　责任单位:各职能部门）

（四）开展公共服务“最多跑一次”行动。

根据转变政府职能、推进简政放权和健全公共服务体系的要求，以需求为导向，以公平、可及为目标，全面梳理政府部门、事业单位、相关企业直接面向公民、法人和其他组织的公共服务事项，并向社会公开。重点梳理公开有关政策支持、法律和信息咨询、知识产权保护、就业技能培训、公共资源交易等综合服务事项，以及公共教育、劳动就业、社会保障、职业资格、医疗卫生、住房保障、文化体育、扶贫脱贫等与群众日常生产生活密切相关的公共服务事项。按照便捷、高效、有序的要求，简化优化公共服务事项流程，逐项编制办事指南，列明办理依据、受理单位、基本流程、申请所需材料、示范文本、收费依据及标准、办理时限、咨询方式等内容，将公共服务事项录入浙江政务服务网公共服务事项库，并通过浙江政务服务网面向社会公开，实现群众和企业办理各类公共服务事项“最多跑一次”。

（牵头单位:区编办　配合单位:区行政审批中心、区法制办、区发改局、区财政局、区信息中心　责任单位:相关职能部门、相关事业单位、相关国有企业）

（五）开展乡镇（街道）“最多跑一次”行动。

各乡镇（街道）依托基层治理“四个平台”建设，全面梳理行政权力和公共服务事项，通过优化服务、简化流程、快递送达等方式，因事制宜，分类实施，分步实现各类行政服务事项“最多跑一次”，进一步提高乡镇（街道）响应群众诉求和为民服务的能力。

［牵头单位:区编办、区行政审批中心　责任单位:区综治办、城管处州分局、城管莲都分局、区市场监管局、各乡镇（街道）］

（六）推进行政审批中心“一窗受理、集成服务”改革。

推行“一窗受理、集成服务”改革，将部门分设的办事窗口整合为“投资项目”“商事登记”“社会事务”“公安服务”等综合窗口，实行“前台综合受理、后台分类审批、综合窗口出件”全新工作模式，把行政审批中心打造成“最多跑一次”的主平台，使人民群众到政府办事，只要进行政审批中心“一个门”、到综合窗口“一个窗”就能办事。同步推进“一窗受理、集成服务”改革向乡镇（街道）、村（社区）便民服务中心延伸。

［牵头单位:区行政审批中心　责任单位:区编办、区市场监管局、区发改局、区公安分局、区民政局等相关职能部门，各乡镇（街道）］

（七）推进互联网+政务服务应用。

依托政务服务网，充分运用大数据、云计算、移动互联网等技术，大力推进互联网+政务服务，加快实现信息共享和业务协同。探索以企业社会信用代码和自然人身份证号为唯一标识的办理模式，构建网上网下服务一体化、标准化，实现跨部门、跨层级、跨区域的数据互通共享，逐步解决“信息孤岛”“奇葩证明”“循环证明”等问题。

（牵头单位:区府办　责任单位:区信息中心、各职能部门）

（八）推进统一政务咨询投诉举报平台建设。

加大非紧急类热线整合力度，强化“12345”政务服务热线电话功能。建立健全公共服务事项数据库，发挥统一政务咨询投诉举报平台在解答群众和企业办事咨询中的作用，凡是群众和企业到政府办理的公共服务事项，都可通过“12345”政务服务热线电话或网上咨询，详细了解办事流程、所需材料和其他相关事项。

（牵头单位：区信访局　责任单位：各职能部门）

（九）统筹推进“最多跑一次”其他改革工作。

区行政审批中心牵头，区发改局等单位主动配合，做好投资项目在线审批监管平台运行等工作。区市场监管局负责牵头推进商事制度改革等工作。区公安分局负责户口办理、身份认定等便民服务事项方面的工作。区人力社保局负责牵头推进职业资格改革，全面梳理职业资格资质事项，建立职业资格规范实施的长效机制等工作。

四、实施步骤

（一）宣传发动阶段（2017年2月—3月）。

1.确定莲都区“最多跑一次”专项行动工作方案。

2.组织召开全区“最多跑一次”专项行动推进会。

（二）组织实施阶段（2017年2月—11月）。

1. 2月底，公布第一批群众和企业到政府办事“最多跑一次”事项清单。各有关单位在公布事项清单后7天内，同步更新浙江政务服务网相关事项目录库。

2. 3月底，公布第二批群众和企业到政府办事“最多跑一次”事项清单，实现全区行政服务“最多跑一次”事项占所有事项的60%以上。各有关单位在公布事项清单后7天内，同步更新浙江政务服务网相关事项目录库。

3. 3月底，完成区行政审批中心“一窗受理、集成服务”改革，将部门分设的办事窗口整合为“投资项目”“商事登记”“社会事务”等综合窗口，实行前台综合受理、后台分类审批、统一窗口出件，避免群众在不同部门之间来回奔波。

4. 4—6月，确定办理事项标准，编制办事指南。梳理近期难以实现“最多跑一次”的事项，研究提出深化改革、提高效能、优化服务的对策措施和意见建议。

5. 7月底，对全区“最多跑一次”专项行动进行评估评议，向社会通报评议结果。

6. 8—9月，进一步梳理服务事项，核查核验各类服务事项信息，公布若干批“最多跑一次”事项，实现全区行政服务“最多跑一次”事项占所有事项的90%以上。

7. 10—12月，基本实现“最多跑一次是原则，跑多次是例外”的要求。

（三）总结评议阶段（2017年12月）。

组织开展“最多跑一次”专项行动落实情况测评，将评议情况纳入区委、区政府对区级部门年度综合考核。

五、保障措施

（一）加强组织领导。各乡镇（街道）、各有关单位要以“干净干事创新业”作风建设专项活动和“首善担当创一流”主题大讨论活动为抓手，切实增强服务群众、服务企业的紧迫感和责任感，加强组织领导，明确工作责任，落实工作举措，确保行动取得实效。建立“最多跑一次”专项行动领导小组，区长任组长，分管副区长任副组长，相关部门主要负责人为成员。领导小组下设办公室和五个专项工作组（审批服务组、公共服务组、专项资金服务组、监管服务组、技术服务保障组）。各牵头单位负责做好各专项领域“最多跑一次”工作，制定具体工作方案，做好事项梳理、审核汇总和上报，指导督促各乡镇（街道）、各相关单位落实改革工作各项任务。各乡镇（街道）、各职能部门要根据区里统一部署和要求，制定工作方案，落实工作措施，同步推进改革行动开展。

（二）加强要素保障。要加大对“最多跑一次”专项行动的投入，加强“互联网+”信息技术方面的支撑，确保改革工作财力、物力、人力、精力到位，形成相互配合、齐抓共管的良好工作格局。

（三）加强监督考核。“最多跑一次”专项行动列入区委、区政府对各部门的年度综合考核内容，对工作落实不力的给予年度考核扣分。各部门要结合工作性质和特点，明确工作目标和工作重点，按时、保质完成，确保“最多跑一次”专项行动全覆盖并有效运行。加强对“最多跑一次”专项行动推进情况的督查，“最多跑一次”专项行动领导小组办公室要加强统筹协调，定期通报开展情况，定期汇报工作进度。

（四）加强氛围营造。要加大对“最多跑一次”专项行动的宣传力度，广泛宣传各乡镇（街道）、各相关单位服务群众和企业便捷办事的好经验、好做法，为推动“最多跑一次”专项行动顺利开展创造良好舆论氛围。各乡镇（街道）、各相关单位要做好“最多跑一次”专项行动的工作总结和提炼，凸显为民服务工作亮点，树立一批先进典型。

丽水市莲都区人民政府办公室关于印发《莲都区农村公路提升改造工程实施办法》的通知

莲政办发〔2017〕40号

各乡镇人民政府，各街道办事处，区直各部门：

《莲都区农村公路提升改造工程实施办法》已经区政府第2次常务会议审议通过，现印发给你们，请认真贯彻执行。

丽水市莲都区人民政府办公室

2017年5月5日

（此件公开发布）

莲都区农村公路提升改造工程实施办法

我区农村公路新建至2014年底已基本告一段落，由于受地理条件及资金等限制，我区现有农村公路普遍标准较低，无法满足日益增长的通行需求，较大程度上影响了农村地区的生产生活。“十三五”期间，我区农村公路工作的重心是对现有农村公路进行提升改造：2016-2020年，计划投入约5.5亿元对全区约385公里农村公路进行提升改造，其中县道约60公里，乡道约35公里，村道约290公里。为加强项目管理，使该项工作得到更为有力的推进，根据省交通运输厅《浙江省农村公路改造提升工程考核管理办法》（浙交〔2015〕205号）等文件要求，特制定莲都区农村公路提升改造工程实施办法：

一、农村公路提升改造工程：农村公路提升改造工程主要是指针对现有农村公路，以基本消灭等外公路，有效改善交通条件为目标，根据地理环境等实际条件实施的提升等级（改造）和提升改善工程。

二、项目范围：莲都区农村公路提升改造工程项目范围原则包含全区已建成的并已录入省交通运输厅农村公路数据库的公路项目。

三、项目计划：我区农村公路提升改造工程县、乡道项目计划根据我区相关规划和投资计划研究后报上级交通主管部门审批确定；考虑到提升改造工程的特殊性，为解决政策处理和资金自筹困难等问题，村道项目路基工程、路面工程分两个阶段实施，项目计划由项目业主单位将符合政策条件的项目申报区交通运输局，区交通运输局根据每个项目的条件情况进行项目计划预审查，经预审查同意后由业主单位自行先期实施路基工程，路基工程实施完成并经验收合格后，由区交通运输局将项目计划报上级交通主管部门，待上级计划下达后实施路面工程。年度实施计划以当年上级下达的相关文件为准。

为更好地发挥农村公路提升改造工程对于农村经济发展的支持和服务作用，计划项目的选择原则上优先考虑重要农村公路、重点培育的民宿特色村和中心村等。

四、资金筹措：根据省厅相关补助标准，我区农村公路提升改造工程资金筹措方式拟定如下：

（一）县、乡道项目建设资金由上级补助资金和区财政配套资金组成。

（二）村道项目建设资金由上级补助资金、区财政配套资金和乡、村自筹资金组成：

村道项目路基工程建设资金由项目业主自行筹措，区财政通过“以奖代补”的形式在路基工程实施完成并经验收合格后根据工程建设标准给予相应的资金补助：对具备提升改造条件的四级及以下农村公路，根据工程技术规范规定和实际情况，1.改造为路基宽6.5米及以上的，区财政给予路基改造补助资金15万元/公里；2.改造为路基宽5.5米及以上且小于6.5米的，区财政给予路基改造补助资金10万元/公里；3.对受地理环境限制，不具备提升拓宽条件且交通量较小的农村公路，通过采取路面拓宽、路肩硬化、弯道改善、降低纵坡、按标准增设错车道等综合方式实行改造，改善其行车条件，区财政给予路基改造补助资金5万元/公里；4.平原地区项目路基改造补助资金在以上标准的基础上乘以系数0.7；5.乡（镇、街道）作为“以奖代补”政策落实的责任主体，在补助资金下达过程中要加强把关。

村道项目路面工程建设资金由上级补助资金和区财政配套资金组成。

五、政策处理：我区农村公路提升改造工程政策处理由沿线乡（镇、街道）、建制村负责。县、乡道项目政策处理补偿标准参照市区相关政策执行，村道项目区财政不设政策处理补偿资金。

六、项目实施：我区农村公路提升改造工程县、乡道项目按照基本建设程序实施；村道项目路基工程在通过项目计划预审查后由业主单位自行先期实施，路面工程以所在乡（镇、街道）为业主在上级计划下达后通过公开招投标组织实施，区交通运输局负责项目监管和技术指导。

七、质量和安全生产管理：我区农村公路提升改造工程质量和安全生产管理参照《浙江省交通建设工程质量和安全生产管理办法》执行，实行政府领导、行业监管、建设单位负责的管理体系。

八、项目验收：我区农村公路提升改造工程验收程序参照《浙江省公路工程竣（交）工验收实施细则（试行）》执行，由项目业主组织验收，并报区交通运输局备案。

九、督查考核：我区农村公路提升改造工程纳入年度交通工作考核，由区政府委托区交通运输局根据《莲都区农村公路养护（建设）目标考核责任书》对年度计划项目的完成情况进行督查、考核。

十、生效时间：本办法自发布之日起生效。

附件：

1.莲都区农村公路提升改造工程（村道）项目申请表

2.莲都区农村公路提升改造工程（村道）路基验收备 案表

3.莲都区农村公路提升改造工程（村道）路基改造补助资金申请表

附件1

莲都区农村公路提升改造工程（村道）项目申请表

<table>
<tr><td>项目名称</td><td colspan="5"></td></tr>
<tr><td>申请人
（建设单位）</td><td colspan="5">（盖章）</td></tr>
<tr><td rowspan="2">法定代表人姓名及联系方式</td><td>姓名</td><td></td><td rowspan="2">委托人姓名及联系方式</td><td>姓名</td><td></td></tr>
<tr><td>电话</td><td></td><td>电话</td><td></td></tr>
<tr><td>工程地点</td><td colspan="3"></td><td>估算投资
（万元）</td><td></td></tr>
<tr><td>建设规模
及内容</td><td colspan="5"></td></tr>
<tr><td>自筹资金
到位情况</td><td colspan="5">（到位金额）</td></tr>
<tr><td>路基工程
工期安排</td><td>开工时间</td><td>年　月</td><td>完工时间</td><td colspan="2">年　月</td></tr>
<tr><td>预审查意见</td><td colspan="5">（盖章）
年　月　日</td></tr>
<tr><td>申请日期</td><td colspan="2">年　月　日</td><td>法定代表人
（委托人）签字</td><td colspan="2"></td></tr>
</table>

注：此表一式两份，申请人和审查单位各留一份

附件2

莲都区农村公路提升改造工程（村道）路基验收备案表

<table>
<tr><td>项目名称</td><td colspan="4"></td></tr>
<tr><td>建设单位</td><td colspan="4">（盖章）</td></tr>
<tr><td rowspan="2">法定代表人姓名及联系方式</td><td>姓名</td><td></td><td rowspan="2">委托人姓名及联系方式</td><td>姓名</td><td></td></tr>
<tr><td>电话</td><td></td><td>电话</td><td></td></tr>
<tr><td>工程地点</td><td colspan="2"></td><td>路基工程 造价（万元）</td><td colspan="2"></td></tr>
<tr><td>建设规模
及内容</td><td colspan="5"></td></tr>
<tr><td>路基工程
工期情况</td><td>开工时间</td><td>年 月</td><td>完工时间</td><td colspan="2">年 月</td></tr>
<tr><td>路基工程
验收时间</td><td colspan="2">年 月 日</td><td>质量评定等级</td><td colspan="2"></td></tr>
<tr><td>备案意见</td><td colspan="5">（盖章）
年 月 日</td></tr>
<tr><td>备案时间</td><td colspan="2">年 月 日</td><td>法定代表人（委托人）签字</td><td colspan="2"></td></tr>
</table>

注：此表附路基工程验收相关材料，此表一式两份，申请人和备案单位各留一份

附件3

莲都区农村公路提升改造工程(村道)路基改造补助资金申请表

<table>
<tr><td>项目名称</td><td colspan="5"></td></tr>
<tr><td>建设单位</td><td colspan="5">（盖章）</td></tr>
<tr><td rowspan="2">法定代表人姓名及联系方式</td><td>姓名</td><td></td><td rowspan="2">委托人姓名及联系方式</td><td>姓名</td><td></td></tr>
<tr><td>电话</td><td></td><td>电话</td><td></td></tr>
<tr><td>工程地点</td><td colspan="3"></td><td>路基工程 造价（万元）</td><td></td></tr>
<tr><td>建设规模及内容</td><td colspan="5"></td></tr>
<tr><td>路基工程 工期情况</td><td>开工时间</td><td>年 月</td><td>完工时间</td><td colspan="2">年 月</td></tr>
<tr><td>路基改造 补助标准</td><td colspan="2">万元/公里</td><td>补助金额(万元)</td><td colspan="2"></td></tr>
<tr><td>审批意见</td><td colspan="5">（盖章）
年 月 日</td></tr>
<tr><td>申请时间</td><td colspan="2">年 月 日</td><td>法定代表人(委托人)签字</td><td colspan="2"></td></tr>
</table>

注:此表附路基工程结算相关材料,此表一式两份,申请人和审批单位各留一份